2024 年度［最新版］

注目情報はこれだ！

インターネット対応 BOOK

http://www.mrpartner.co.jp/cyukore2024/

2024年度版 注目情報はこれだ！ ≪目次≫

CONTENTS

2024年度版
注目情報はこれだ！

暮らしを豊かにする
話題のアイテム

物価上昇の中でも
各企業の工夫やアイデアが詰まった
素晴らしいアイテムが世の中にはたくさんある。
その中でオススメのアイテムを厳選。

こだわりの瞬間速乾
発汗してもすぐドライ
登山や屋外スポーツ中
ずっと快適な着心地

登山やトレッキングなどのアウトドアを楽しむ方が多く悩んでいる汗対策。「瞬間速乾」をテーマに登山やトレッキング、屋外スポーツなどの屋外での活動時にも快適に楽しめるように徹底的に吸汗速乾性にこだわった『BREEZE/DRY』のアウトドアインナーが注目を集めている。汗は、身体の体温を調節する大切な働きをしているが、汗で身体が濡れたまま放置してしまうと体温が奪われてしまい、パフォーマンス力が低下したり、最悪の場合は低体温症を発症して命の危険に繋がってしまうこともある。じっとりとべたつく汗に不快感を感じる方も多いため、汗をかいた後でもなるべく肌をドライに保てる吸汗速乾性の高いアウトドアインナーを選ぶことがオススメだ。汗をかきやすい身頃やボトムの前立て部分、後身に疏水性の高い特殊繊維ポリプロピレンを採用し、汗を肌から素早く離して吸収、速乾させることで従来のインナーの5倍のサラサラ感を実現した。メンズは、適度なドライ感を感

オールシーズンアウトドアインナー「ブリーズドライ」

BREEZE/DRY ALL SEASON 季節を選ばない

瞬間速乾
遮熱
衣服内の温度上昇を軽減
汗冷え予防
汗をかいてもベタつかない
風を通して、
暑さは通しにくい。
しかもサラサラ感5倍

レディース:
プレーティング天竺素材
1素材
1,100〜1,650円（税込）

メンズ:プレーティング天竺素材、
ピンフォールメッシュの2素材
1,100〜1,430円（税込）

じられる快適な着心地のプレーティング天竺素材と毛細管現象により水分が生地表面に移動するピンフォールメッシュ素材を使用したタンクトップや半袖Tシャツ、前開きボクサーパンツ・前開きロングボクサーパンツ（ピンフォールメッシュのみ）をラインナップ。また、レディースはプレーティング天竺素材を使用したタンクトップをご用意している。白や杢グレー、ブラックと使い勝手の良いカラーを展開しており、ストレッチが効いた動きやすさとさらりとした着心地の良さが好評だ。遮熱性が高く、風を通しても暑さは通さないため、衣服内の温度を快適に保つことができる。汗をかいた時だけでなく海や川に飛び込んだ時も絞るだけであっという間に乾き、不快感が持続しないのも嬉しい。素早く乾き、汗冷えや肌のベタつきからしっかりと守る高機能インナーで、登山やトレッキング、キャンプ、ランニングなどのアクティブなシーンを今まで以上に快適に過ごしてみては。

（ライター／彩未）

株式会社アズ

072-728-8011
㊟ 大阪府箕面市船場東3-3-7
https://www.ascorp.co.jp/

こちらからも
検索できます。

肌 あずや

0120-377-107 post@as-ya.jp
https://www.as-ya.jp/

優れた機能と
デザインで
コンディション管理
最新スマートリング

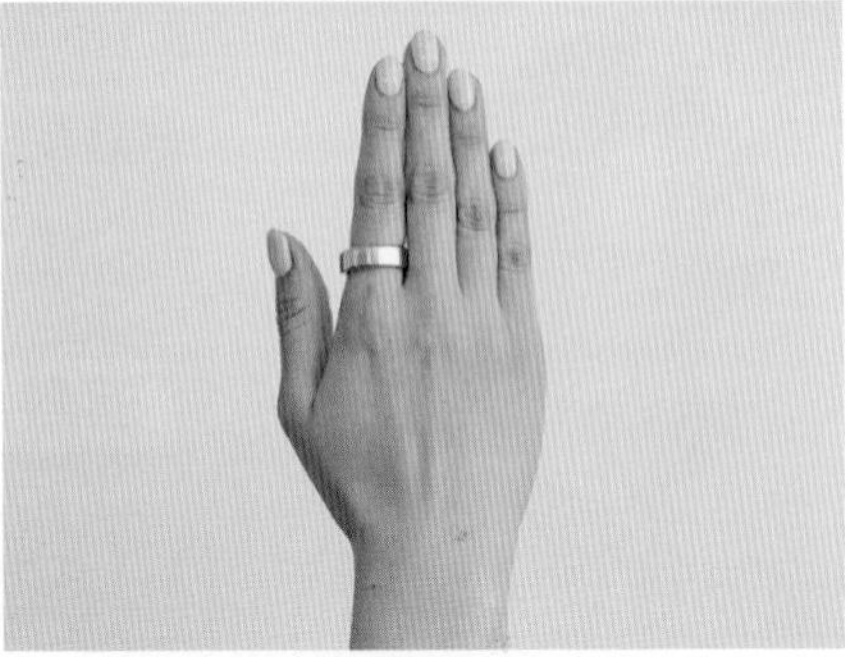

「指輪一つで健康は管理できる」

健康を守る、世界最小のコンディション管理スマートリングが『株式会社SOXAI』の『SOXAI RING 1（ソクサイリングワン）』。小さなリングに最先端のテクノロジーが搭載され、心拍数や血中酸素レベルなどのバイタルデータを正確に取得・分析する。

特に力を入れているのが睡眠分析。指輪内部の高度なセンサーとアルゴリズムで毎晩の睡眠データを収集し、日々の睡眠の質を記録して睡眠時間や入眠までの時間、睡眠の深さに関わる睡眠ステージ、睡眠時の呼吸の乱れなど睡眠状態を知るための様々な情報を分析。睡眠習慣に基づき、その週に必要な睡眠時間も提案する。

心拍変動や血中酸素レベル（SpO2）、皮膚温度やストレスレベルを解析し、その日のコンディションを100点満点で採点。案外自分では分かりにくい体調を数値化してくれるので、無理に頑張りすぎずに、よりよいパフォーマンスを達成できる。

『SOXAI RING 1』35,980円（税込）
2022年3月のクラウドファンディングにおいて、公開後1分で目標額を達成し、目標達成率は脅威の4675%に及んだ『SOXAI RING 0』が、機能と見た目の両方をアップデートして進化した『SOXAI RING 1』。

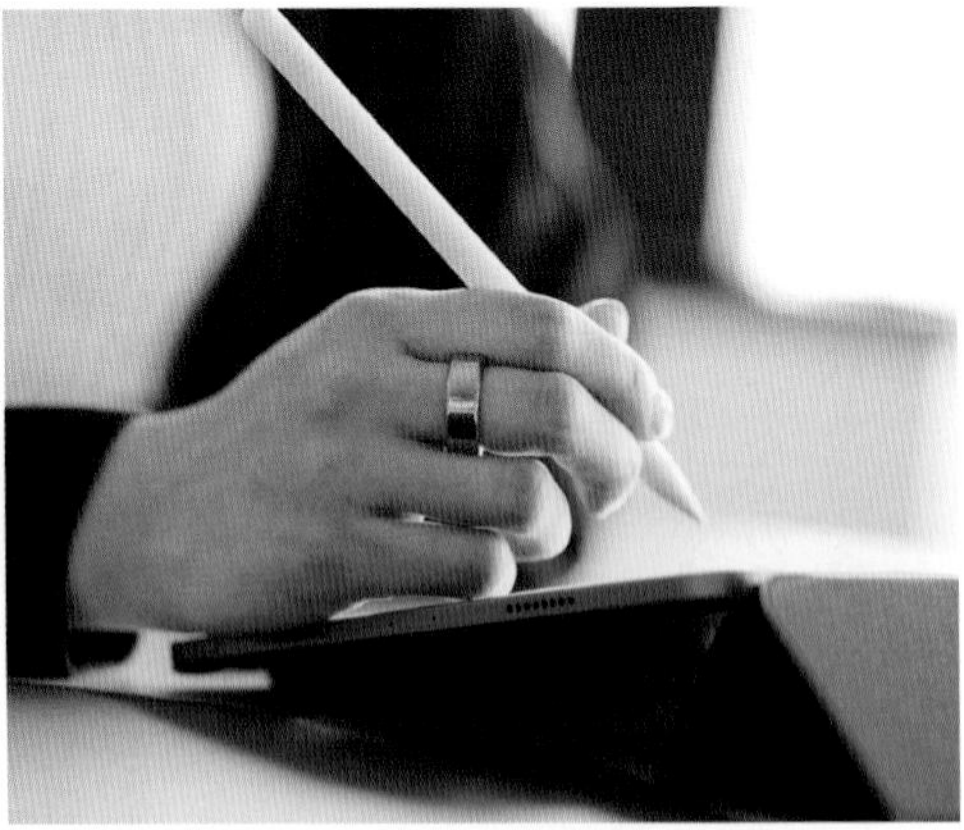

指と手首の脈波形

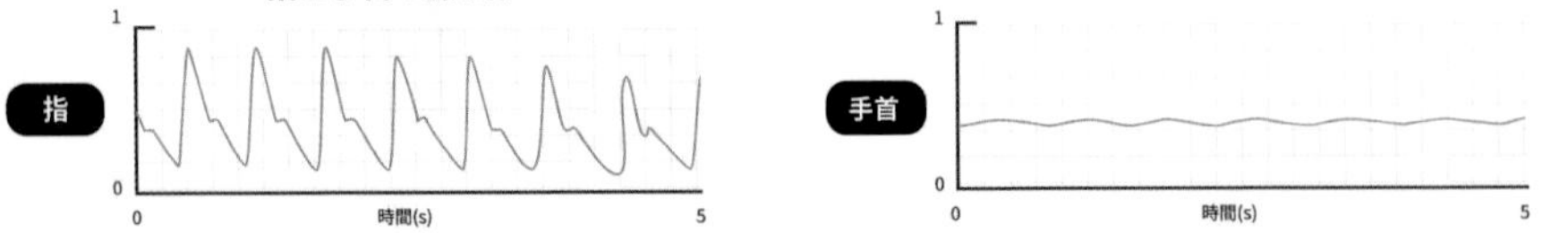

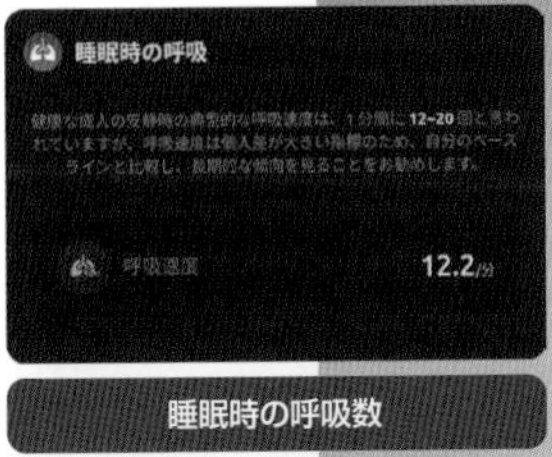

4色、各8サイズの展開で、生活スタイルや指の太さに合わせて着用が可能。

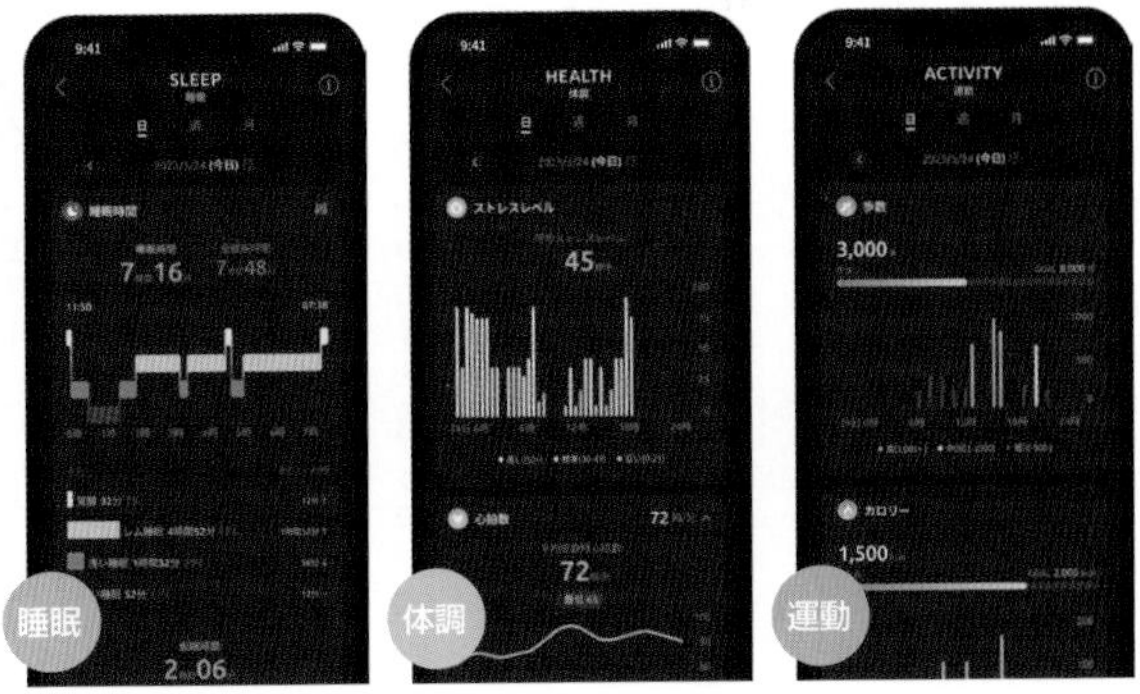

さらに、一日の活動量も記録。歩数や消費カロリーを分析してくれるので、一日のアクティビティレベルも一目瞭然、自然と運動習慣の継続にもつながる。睡眠・体調・運動スコアを総合的に評価して算出する「QoL」を把握することで生活の質をあげることにつながっていく。

また、「日本人の指に合う」をコンセプトに追求された究極のミニマルデザインは、ファッションリングとして、あらゆるシーンで着用可能。チタンで作られたボディは軽く強く、表面はシチズンの高級時計と同じコーティング「デュラテクト加工」が施されているので傷もつきにくい。完全防水なので、家事や水仕事、プールやサウナも付けたままで大丈夫。

バッテリーは、たった60〜120分の充電で最大8日間も持続する。今、日本中が注目する最先端スマートリングだ。

（ライター／播磨杏）

SOXAI RING

株式会社 SOXAI
ソクサイ
045-264-9397
info@soxai.co.jp
㊟ 神奈川県横浜市中区不老町1-2-1 中央第6関内ビル1102
https://soxai.co.jp/

創業130年を超えの鋳物産が金陀美具足を再現したアイテム

約130年にわたり、静岡の鋳物産業の発展に尽力してきた「栗田産業株式会社」は、「挑戦する鋳物屋」をスローガンに、ダグタイル鋳鉄、高級合金鋳鉄、機械加工および販売など、様々なサービスで、日本のモノづくりの一翼を担ってきた。同社のブランド『重太郎』では、世界初・徳川家康公が着用したとされる甲冑「金陀美具足（きんだみぐそく）」を鋳物で再現したペーパーウェイトを発売。「金陀美具足」とは、19歳の家康が1560年、桶狭間の戦いの前哨戦で身に着けたとされる鎧。表面全体が「金溜塗り」と呼ばれる金箔押であしらわれているのが特長だ。現在は、徳川家康公を御祭神とする「久能山東照宮博物館」に所蔵されている。本体は、純度100%の錫を使用。熟練の鋳物職人が、一つひとつ手作業で鋳造。細部を再現するため、原型はかなり複雑な型構造になっている。美しく転写させるため、錫の注ぎ込みの温度を幾度となく調整して様々な試行錯誤を繰り返し、完成した逸

『徳川家康公着用の「金陀美具足」ペーパーウェイト』

時々ぐい呑

ビアグラス

サンコウチョウの栓抜き

鶴の箸置き

亀の小皿

『5月人形セット』

縁付金箔仕上げ
15体 57,200円(税込)

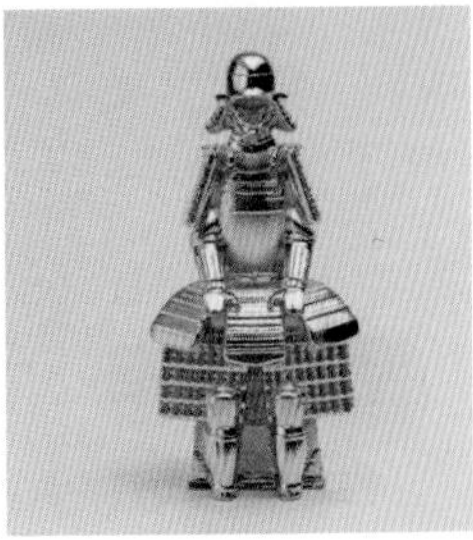

金メッキ仕上げ
20体 42,900円(税込)

品だ。最大の特長である金色については、「金メッキ」と「縁付金箔」、2種類の工法を使用することで、本物の「金陀美具足」に施されている金泥と透き漆による金溜め塗りを再現。４００年以上前から行われている金箔の製造技術の一つ「縁付金箔」は、久能山東照宮の補修にも使われている金箔という縁もあり、金沢の金箔職人に依頼したというこだわりも。また、収納箱の内側には、「厭離穢土欣求浄土(おんりえどごんぐじょうど)」の文字を記載(「苦悩の多い穢れたこの世を厭(いと)い離れたいと願う心から欣(よろこ)んで平和な極楽浄土を冀(こいねが)う」こと)。大樹寺本堂に書かれた文字をそのまま使用している。売上金額の3割は、「久能山東照宮」へと寄付され、久能山東照宮が所蔵する文化財の保護など日本の文化財の伝承に貢献することにもなる。金屏風・名札・敷板をセットにした5月人形も発売。場所を取らないコンパクトな甲冑飾りで、贈り物に喜ばれそうだ。

(ライター/播磨杏)

重太郎 栗田産業 株式会社
じゅうたろう
054-282-0644
info@kuritasangyoh.co.jp
㊟ 静岡市駿河区豊原町3-6
https://jutaro-shop.stores.jp/

こちらからも
検索できます。

世界に一つだけのカスタムカーで理想のキャンプライフを

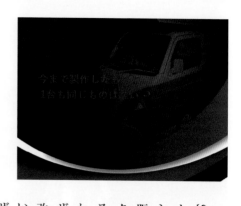

兵庫県に本拠を置く『SECRETBASE 58』は、「トラキャン」と呼ばれる軽トラックの荷台に居住用のキャンピングシェルを装着したカスタムカーの製造・販売をしているカスタムショップ。カスタムカーというと、速く走るためのカスタムであったり装飾的なものだと思われがちだが、最近では市販車をユーザーそれぞれの使用目的に特化した改装で楽しむことが一般的になってきているという。同社では、市販車をユーザーそれぞれの用途に合わせた改装を行い、使い勝手の良いキャンピングカーを手ごろな価格で提供している。

『SECRETBASE 58』の「トラキャン」は、燃費が良い、価格が安い、税金が安いなどの「優れた経済性」と市町村道などの細い道路や狭い駐車スペースでも取り回しがラクな使いやすさが大きな特長。また、同社がこれまで培ってきた住宅リフォームと自動車鈑金塗装の技術を活かしてシェル内の居住空間をオリジナルで製作している。

完全受注生産、世界に一つだけ!!

ライフスタイルや目的に沿った大きさ、形、色、内装、設備など細部に渡るこだわりもじっくりと相談、ベストな一台を提供してくれる。

いつくるかわからない地震の備えにも

キャンピングカーやキッチンカー、移動事務所など様々な用途で活躍してくれるだけでなく、旅行費用の節約や災害時・非常時の避難場所などもしもの時も心強い。

例えば、シェル内の壁・床・天井に住居用の断熱材を、シェルの外壁には遮熱性にも優れている「ガルバリウム鋼板」を使用するなど居住空間としての質を高いクオリティで担保している。外壁はカラーの選択が可能で、約65種類のバリエーションの中から選べるなど、お好みで彩ることができる。室内空間は、立ちあがったり足を伸ばして寝ることもできるほど。さらに水回りを設けたり、冷暖房空調設備を備えることも可能と用途に合わせたカスタマイズ性の高さも同社が選ばれる理由の一つだ。

シェルは取り外すことも可能なので、使用しない時は普通の軽トラックとして活用することもできるなど利便性も抜群。細部に渡ってお客様の要望をじっくりと聞き入れた丁寧な対応で「世界に一つしかない」唯一無二の一台を作り上げてくれる。

（ライター／長谷川望）

SECRET BASE 58
シークレット ベース ごじゅうはち
090-3281-0058
secret-base-58@docomo.ne.jp
㊟ 兵庫県加古川市東神吉町天下原52
https://secretbase58.com/　@secretbase58

こちらからも
検索できます。

LINE

いつでもどこでも
誰とでも
気軽にトトノウ
本格サウナ

アウトドアの新しい楽しみ方として老若男女問わず楽しむ方が増えているテントサウナ。国内の流通品は海外輸入のテントサウナが主流だが、静岡県にある自動車部品の専門会社『エイケン工業株式会社』が県内の中小企業と協力し、すべてのパーツをメイドインジャパンにこだわって製作した『Garage Sauna』が好評だ。テント内で薪ストーブを焚き、ストーブ上で熱したサウナストーンに水をかけて発生した蒸気を浴びる「ロウリュ」を楽しむことができるテントは、2m×2・4m×1・9mの大型設計。通常のテントよりも重みがあり、ペグや重りを十分に設置すれば風速15m／sまで耐えられる。キャンプのテントのように解体し、コンパクトに収納して持ち運べるので自宅の庭はもちろんキャンプ場や渓流場、ビーチなど様々な場所で素敵な景色を眺めながらサウナを楽しむことができる。最大定員は6名。お気に入りのベンチや椅子、ロウリュ用品を持ち込んでソロでゆったりと楽しむのはもちろ

『GarageSauna』『ガレージサウナ一式』（テント・ストーブ・スタートセット）
外寸/W206×L245×H190㎝　重量/15kg　297,000円（税込）

こちらからも
検索できます。

Instagram
@tent_sauna_eiken

『ストーブ一式』
176,000円（税込）

『サウナストーン』
約10kg 6,600円（税込）
富士山溶岩石の密度の高い石を選定している。

ん、家族や友人、カップルなど親しい仲間たちと心ゆくまで癒しの時間を過ごすのもオススメ。『ステンレスストーブ』本体の板厚は1・0㎜、天井は1・5㎜で内部で薪を燃やしても変形しない頑丈さを実現。細かく分解して清掃や部品交換などのメンテナンスができるので、長く使い続けることが可能。

また、薪の量や蒸気によってテント内の温度70〜90℃まで上がり、テント素材に撥水性の高い材料を採用しているため、湿度が下がりにくく、体への負担が少なくゆっくりと体の芯まで温まれる。血行促進や疲労回復、美肌効果など身体に嬉しい効果も期待できる。アロマ水を石にかければ、アロマの香りと水蒸気に含まれるマイナスイオン効果で心身をリフレッシュ効果もある。

薪の使用でも地域活性化に貢献できないかと、森林組合に相談して利用させてもらった間伐材を使用。パーツや部材は、すべて安心・安全の国内生産。

（ライター／彩未）

エイケン工業 株式会社
エイケンこうぎょう
0537-86-3105
holhol@eiken-kk.co.jp
㊟ 静岡県御前崎市門屋1370
https://www.garage-sauna.jp/　https://ekstreet.base.shop/

牛を熱中症から守る
ネッククーラー登場
冬の寒さから仔牛を守る
コートなども開発

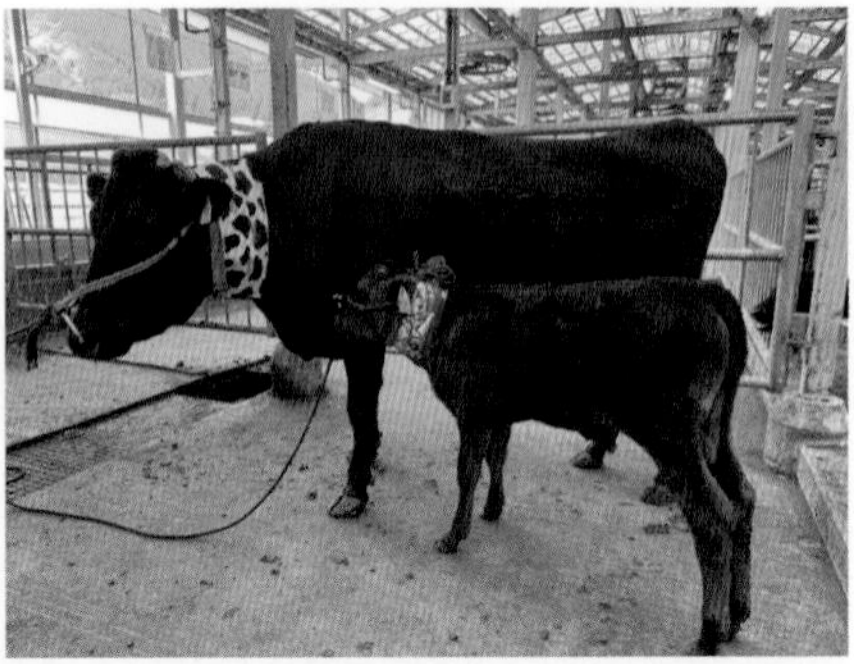

「家畜の生産性に及ぼす環境要因の中で影響が最も大きい」と独立行政法人農業・食品産業技術総合研究機構の研究員が指摘するのが温度だ。猛暑続きだった2023年夏、牛など多くの畜産動物が熱中症で命を落とし、その対策が課題になる中、養牛農家の助けになる商品が開発された。「株式会社オオツキ」の牛専用のマフラー型ネッククーラー『USIMO接触冷感モーっとクール』。冬の寒さから仔牛を守る先行開発商品と共に、養牛の温度対策として注目され、全国から問い合わせが来ているという。

『モーっとクール』は、表面、中面、裏面ともポリエステルで作られ、裏地に驚冷プリントを施し、内側に保水綿と保水力が使用状況によって変わるが、約20時間持続する特殊給水ポリマーを使用。使い方は、たっぷりの水、氷水に浸して牛の首に巻くだけ。氷入れポケットもついている。その効果について同社は、保水綿で片寄りなく水分を冷感プリントに伝え、吸水ポリ

『モーっとクール』
U-S12 仔牛用
HYBRID
3,850円（税込）
U-S13 出荷牛用
HYBRID
7,150円（税込）
U-S14 親牛用
HYBRID
7,150円（税込）

接触冷感素材のひんやり度の指標をQ-max値（最大熱吸収速度）といい、JIS日本産業規格では、Q-max:0.100 W/ cm²以上であれば接触冷感性の性能を有するとされているが、『モーっとクール』は、Q-max:0.94~1.08W/ cm²で、接触冷感性の性能を有することが確認された。

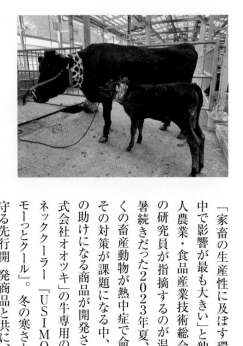

『ぬっくモーる』16,500円（税込）

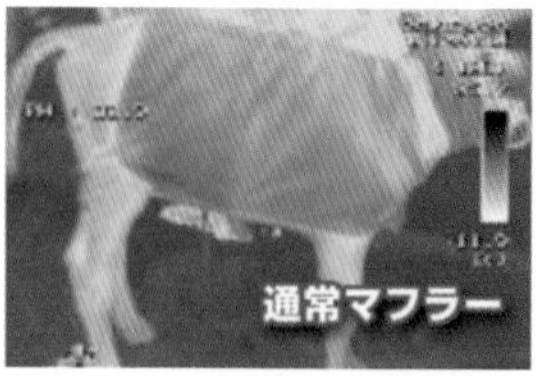

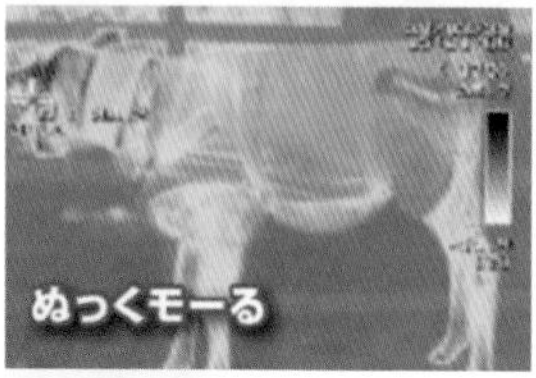

仔牛用の防寒コート
『モーっとほっと』

マーでより長く水分を伝え続け、気化熱の働きを持続し、より冷たく、より長持ちすると説明する。

冬の寒さから仔牛を守る商品は二つある。『ぬっくモーる』は、低電圧仕様のマイクロカーボンヒーターを電熱線に使用したネックウォーマー。太い血管のある首を温めることで保温効果を高める商品だ。充電式のバッテリーでコードレス、温度は3段階切り替えで、外気温の変化、仔牛の体調に合わせて調節することがでる。マジックテープの脱着式で、様々な大きさの仔牛に使用でき、汚れても手洗いの洗濯ができる。『モーっとほっと』は、仔牛用防寒コート。表地に太陽熱など外からの熱が加わると温度が上がる蓄熱素材を使い、裏地は熱を逃さないアルミ加工、表地と裏地の間に防風シートを入れた、魔法瓶のような仕組みの特殊3層構造になっていて、電気を使わず、身体に添う服のように隙間がなく、保温効果で冷気から仔牛の身体を守ることができる。

（ライター／斎藤紘）

株式会社 **オオツキ** USIMO事業部

0795-74-0179
usimo@otsuki.ne.jp
㊟ 兵庫県丹波市春日町新才518
https://usimo.jp/

こちらからも
検索できます。

いつもと違う
オシャレをしたい方
「抜染」で作る
和モダンなアクセ

あらかじめ無地染した布に白く模様を描く「抜染（ばっせん）」という染の技法を用いて布に柄を描き、その布でアクセサリーや小物を制作販売する『髙田加工所 takada』。アクセサリー作家の髙田有里さんが、京都にて60年以上染色補正を行ってきた伯父と父に強い影響を受け、染技法をつないでいきたいと思い立ち上げた工房だ。

日本の伝統技術で生み出される絵柄は繊細で、優しく和モダンな雰囲気。つつましく凛と美しい日本人モダンなポップさを組み合わせたデザインは、唯一無二。矢絣や青海波、七宝 など様々な日本の伝統文様をアレンジして描いたピアスは、ボタン型や菱形などバリエーション豊富。樹脂ピアスや樹脂 ノンホールピアスもあり、金属アレルギーやピアス穴があいていない方でも楽しめる。受注生産で一つひとつ丁寧に手作りで仕上げていくので、注文から発送まで1週間ほどかかるが、その手作業の味わいがまた愛おしい。

（ライター／播磨杏）

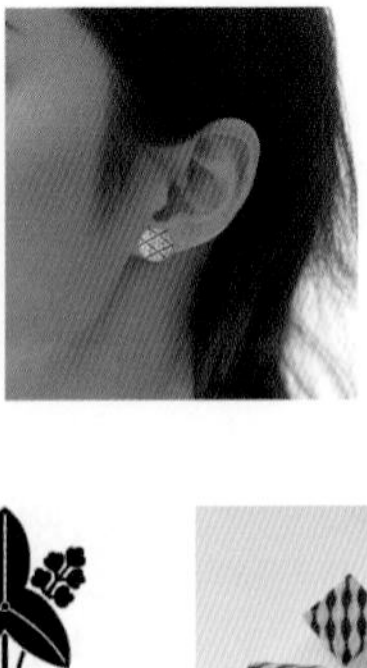

髙田加工所 takada
たかだかこうじょ タカダ

✉ takaday@kyoto-takada.jp
㊟ 京都府京都市下京区七条通油小路東入大黒町227
第二キョートビル402
http://kyoto-takada.stores.jp/

takada
kyoto

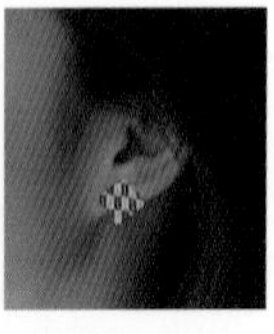

新品にはない センスが光る 自分だけの ファッション

WELCOME TO 古着倉庫

-USED CLOTHING-
SINCE 2017

新品にはない使い込まれたかっこよさがあり、サスティナブルにファッションを楽しめると人気の古着。「株式会社TOP END TOP」が山形県に4店舗展開し、イオンモールの中にも出店している『古着倉庫』では、アメリカ古着を中心にレギュラーアイテムからブランドアイテムまで幅広く取り扱っている。

パーカーやTシャツ、ジャケットやジーンズなどの定番の古着から、キャップやマフラーなどの小物まで揃っており、アイテムのボリューム数とバリエーションの豊富さが人気。毎週入荷があるため、新しい出会いが多いのも嬉しい。

流行に流されない個性的なファッションを楽しめるアイテムが揃いながらも、古着好きのオーナーや若いスタッフのセンスが光るアイテムばかり。古着好きな男性はもちろん、女性でもアイテムのサイズ感にこだわったメンズライクコーデが好きな方にもオススメ。

（ライター／彩未）

古着倉庫 **株式会社 TOP END TOP**
ふるぎそうこ
☎ 0238-33-9602
✉ rs.rainbowstar2010@gmail.com
㊟ 山形県米沢市中田町514-1
https://souko2017.thebase.in/

デニム地の割烹着
オシャレで実用的
細かなこだわりで
頑張る主婦を応援

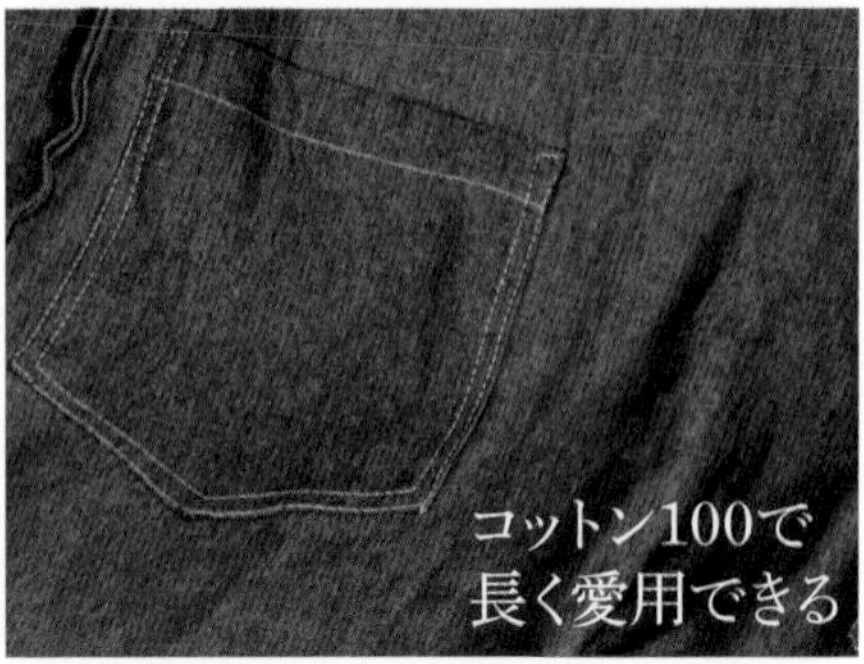
コットン100で
長く愛用できる

「ナチュラルで大人かわいいをお手軽なプライスで」をコンセプトに、ファッション雑貨を販売する『Fieldstone』。オススメは、コットン１００％デニムスタイルの割烹着（エプロン）。和の心にデニムの遊びスタイルと質感が際立つデザインで、そのまま外出しても様になるオシャレな割烹着だ。袖口はゴムなので腕をまくっても下がってこない。水作業でもストレスフリーで快適。配達の受け取り時のことまで考えられた大きめポケットで、スマホも印鑑もスッと入れてサッと出せるので楽々。ホームウェア感覚でそのままリラックスタイムも過ごせる。デニムなのに軽くて涼やかだから着心地も抜群。丈夫な生地でアイロンなしでキレイに着られるのもポイント。確かな縫製で耐久性・通気性に優れ、長く愛用できる。細かなディテールにもこだわられたデザインで、和風にもアメカジにも感じられる面白さが特長。昔ながらの割烹着のイメージを払拭する画期的なアイテムだ。

（ライター／播磨杏）

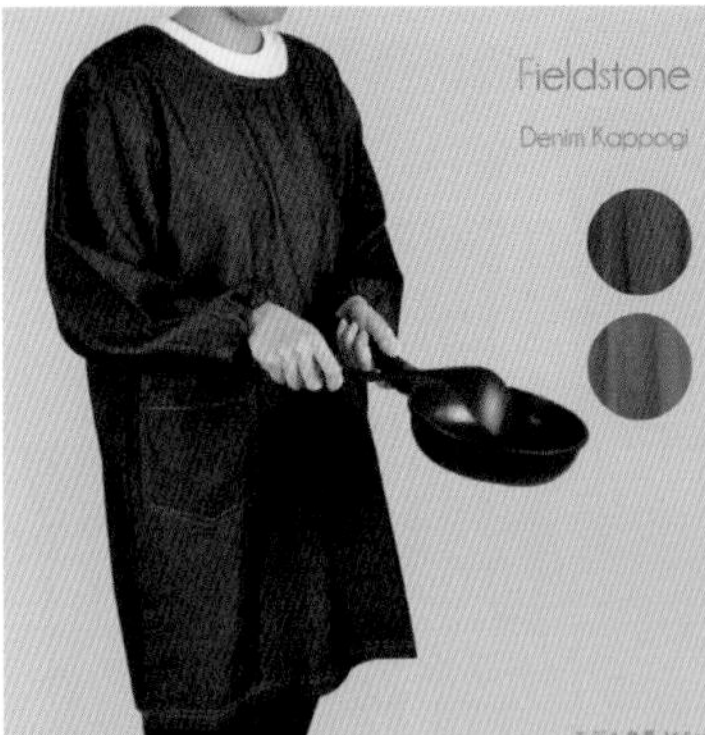
Fieldstone
Denim Kappogi
モデル身長165cm
『コットン100%デニム生地の割烹着』1,930円（税込）

袖口がゴムだから
手をまくっても
下がってこない
炊事でも洗濯でも
これならストレスフリー

耐久
通気性
軽量

Fieldstone
フィールドストーン
☎ 0533682822
✉ fieldstone1205_2@shop.rakuten.co.jp
㊟ 愛知県蒲郡市元町6-3
https://item.rakuten.co.jp/fieldstone1205/3181208/

抜群の機能性と
デザイン
老舗メーカー
渾身のボディバッグ

かばんの街、兵庫県豊岡市の老舗バッグメーカー『株式会社ウノフク』の『129virka ボディバッグ』は、シンプルかつおしゃれなデザインと抜群の機能性が好評だ。生地は、環境に配慮した再生ナイロンを使用。撥水加工が施されているため、急な雨でも安心だ。汚れもつきにくく、お手入れも簡単。メインルームには、クッション性のあるナイロンポケットやペン差しがついており、財布や鍵、タブレットやペットボトル、イヤホンなどをスッキリと収納可能。その他、マジック付きポケットや背面ポケットなど収納ポケットが多く、整理しやすい。色はグレー、ブラック、ネイビーブルーの3色展開。同シリーズにはトートバッグやデイバッグもあり、シーンやコーディネートに合わせて使い分けるのもオススメ。身体にフィットして落下や紛失を気にせず使えるボディバッグは、デイリー使いはもちろん、ドライブやサイクリングなどにも活躍間違いなしのマストアイテムだ。

（ライター／彩未）

『129virkaボディバッグ』
22,000円（税込）

豊岡鞄® 認定商品

ネイビーブルー

背面ポケット内装は起毛生地を使用。

マジックテープ付きポケット。

クッション性の内装ポケット。

グレー

『129virkaデイバッグ』

ブラック

『129virkaトートバッグ』

株式会社 ウノフク

0796-23-1155
sales@unofuku.com
㊟ 兵庫県豊岡市梶原328
https://www.bag.jp/

UNOFUKU
創業100年の信頼

日本最大級のインテリア用品数洗面台・バスルームをカスタマイズ

日本最大級のインテリア用品の品揃えで、DIY愛好者から熱く支持される輸入建材会社『株式会社インクコーポレーション』。洗面ボウルだけでも700種類の取り扱いがあり、豊富なサイズや形、素材、模様、柄の洗面ボウルから好みのものを選べると好評だ。商標登録済のおしりの形をした「ヒップボウル」や自分で自由にカットしてサイズ調整ができる「切れる洗面」、オリジナルの「コーヒーカップ洗面ボウル」など、個性豊かな洗面ボウルを多数取り扱う。また、猫足バスタブやシャワーブース、照明などバスルームまわりのアイテムも充実。倉庫併設なので、その場で直接購入が可能だ。

　デコラティブなスチームパンク、味わいのあるヴィンテージ、ラグジュアリーなヴィクトリアン、無骨なインダストリアルなど様々なスタイルのインテリア用品からお気に入りのアイテムをセレクトし、自分だけのコーディネートを楽しんでみては。

（ライター／彩未）

株式会社 インクコーポレーション

048-956-9889
kenzai@inkc.jp
㊟ 埼玉県三郷市鷹野5-557
https://www.inkc.jp/

INK CORPORATION

三郷ショールーム

美容と健康に敏感なリモートワーカーが大注目 バランスボールのような新感覚のスツール

座るだけで手軽に体幹や腰・背中の筋肉が鍛えられ、肩こりや腰痛防止、またはダイエットにも効果があると人気のバランスボール。特にデスクワーカーに人気があり、中にはバランスボールを普段の椅子代わりに使用している人もいるほど。そんなバランスボールの機能を取り入れ、かつインテリとしてもおしゃれな造形を持つスツールが『Find If』の『PUFFBO（パフボ）』だ。丸い座面は座りやすい適度な大きさで、内部はエアークッションによりまるで浮き輪のような座り心地。それでいて適度な安定感。すっかり日常となったリモートワーク中でもリビングでくつろいでいても姿勢に合わせてフレキシブルに座面が動き、安定した姿勢を意識すればいつの間にかそれがトレーニングになるという。サイズはSとLの2種類。ヘリンボーン柄3Dニットの座面5色、天然木の木目を活かした脚部4色はいずれもシックな色合いで、部屋の景観に合わせて自由に組み合わせできる。

（ライター／今井淳二）

『PUFFBO』

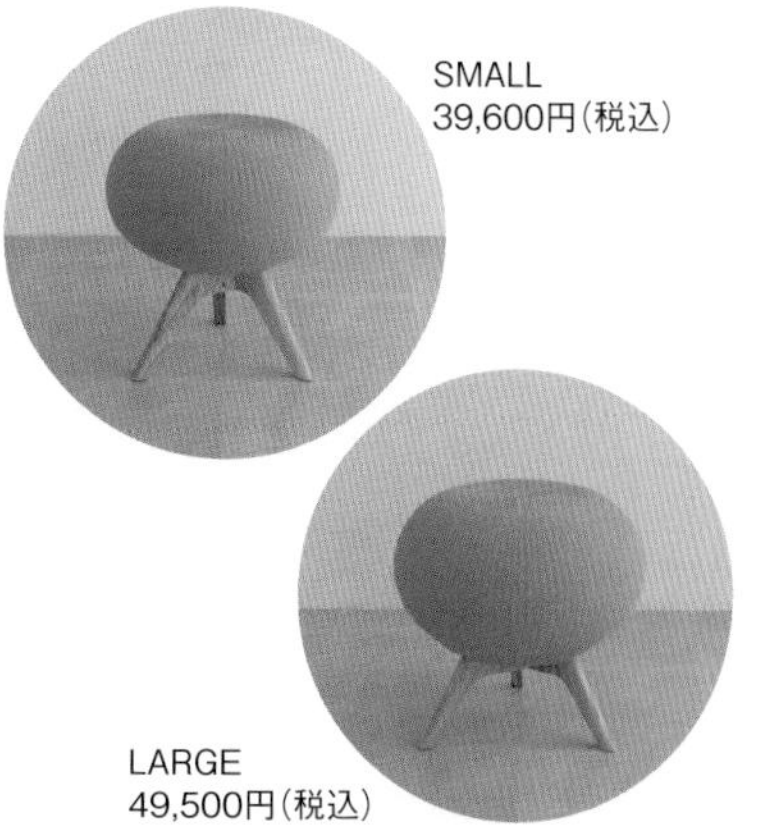

SMALL
39,600円（税込）

LARGE
49,500円（税込）

Find If
ファインドイフ
☎ 0120-382-505
✉ info@evisya.co.jp
㊟ 埼玉県さいたま市岩槻区本町1-3-3
https://findif-shop.com/

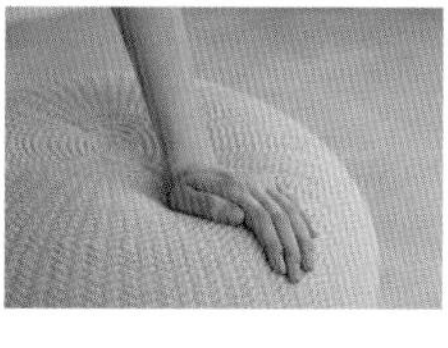

座面

脚

自由にカスタマイズ。

特殊3層構造で究極の座り心地実現快適エアクッションの進化形が誕生

斬新な健康アイテムなどを展開する『株式会社JFT JAPAN』が座り心地の良さを徹底的に追及して開発したエアクッションシリーズに進化版が誕生。椅子に使用できるだけでなく、身体に装着することができ、多様なシーンで活躍する新しい発想の『3Dマルチエアクッション』。キーテクノロジーは、特許技術のエアバックを採用。圧力がかかった箇所から連動して他のエアバックへと空気が移動し、独自の循環テクノロジーで体圧の分散を実現。お尻への負担と蒸れを低減。お尻から太ももの付け根にかけての部分をしっかりとフィット、サポートする設計。耐摩耗性に強い生地を使用しているので、身体に装着し、キャンプ、スノーボード、スケートボード、釣りなど屋外アクティビティでの衝撃吸収用としても活用できる。家庭のダイニングチェアや車のシートにも使うことができることはもちろん、ライフスタイルにあわせて使用することが可能なマルチ性に優れたエアクッションだ。（ライター／斎藤紘）

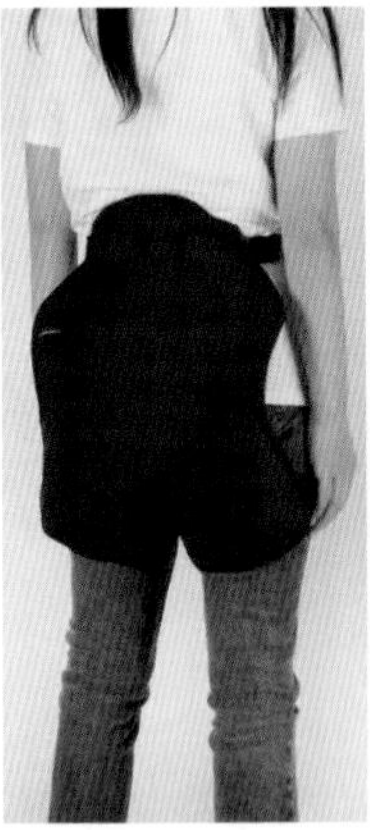

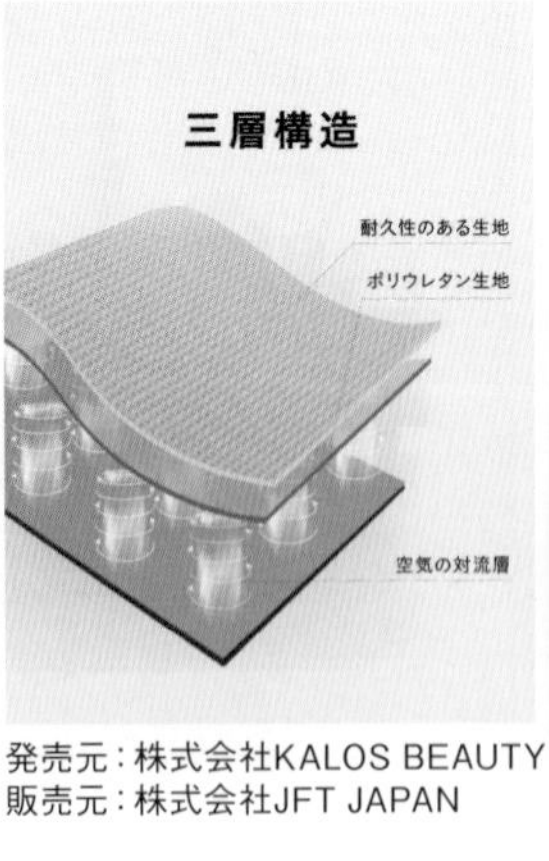

発売元：株式会社KALOS BEAUTY TECHNOLOGY
販売元：株式会社JFT JAPAN

株式会社 JFT JAPAN & 株式会社 KALOS BEAUTY TECHNOLOGY
ジェーエフティ ジャパン & カロス ビューティー テクノロジー
03-4405-2548
info@kalosbt.jp
㊟ 東京都千代田区外神田6-14-9 秋葉原MFビル28号館7F
https://www.kalos-beauty.jp/

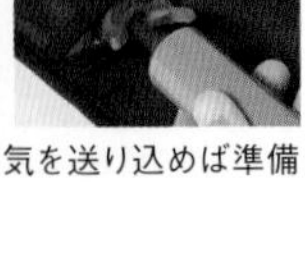

付属の空気入れで空気を送り込めば準備完了。

インドアでも アウトドアでもOK 軽量で持ち運びも 自由なチェア

『なわぞう株式会社』では、オーナーが世界中の展示会から掘り出してきたユニークなリクライニングチェアを取り扱っている。折りたたみ式のロッキングチェア、オットマン付きのコンパクトチェアなど、おしゃれで座り心地も良いチェアを豊富に取り揃えている。

中でも『有頂天コンパクトチェア』は、座り心地も良く、軽量で、たためて、運べて、寛げる。高さ調整ができ、取り外し可能なフットレストや15度のリクライニングもついている。家の中でも大自然でも、足を伸ばしリラックスして、昼寝もできてしまう優れものだ。使用しないときはコンパクトに折り畳んで収納できるのでお部屋もスッキリ。室内でもアウトドアでも、オールマイティに使用することができる。

ちょっとした休憩に便利なサイドポケット&ドリンクホルダーも付いている優れもの。最高のチェアリングが実現する。

（ライター／河村ももよ）

『有頂天コンパクトチェア』

なわぞう 株式会社

✉ info@nawazou.com
㊟ 山口県山口市秋穂東7696-5
https://www.nawazou.com/

こちらからも
検索できます。

1957
なわぞう
NAWAZOU

キャンパーに好評
軽量で手軽に
持ち運べる
焚き火台

神奈川県綾瀬市で各種産業機械部品などの精密板金加工を主な業務としている『有限会社馬場製作所』では、既製のものにとらわれずものづくりを楽しむ企業として、新たな製品の開発も行っている。

その一環として発表・発売され、使い勝手の良いアウトドアギアとして好評を得ているのが、『コンパクト焚き火台』だ。組み立て式のステンレス製、１８４㎜×１９５㎜、高さ１３０㎜で重量９８０ｇの軽量コンパクトサイズ。クッカーを乗せてちょっとした料理やＢＢＱもできて、ソロや少人数のキャンプにもぴったり。熱による板反りや、ゆがみを自分で補修すれば独特の味わいを持つアイテムに。収納に場所もとられないので、災害時など非常用の備えとしても有効だ。

小型のスキレットが乗せられるさらに一回り小さなミニサイズも用意。おしゃれに持ち歩けるミニカバー付きで、ミニマリストキャンパーにも人気。

（ライター／今井淳二）

『コンパクト焚き火台』

有限会社 馬場製作所《ばばせいさくしょ》

0467-78-8735

㊟ 神奈川県綾瀬市吉岡東1-16-43

https://www.baba-mfg.com/

職人による遊び心溢れるデザインのランタン

モノづくりの街、北九州の「株式会社樫本商店」は、日頃、表舞台に立つ機会が少ない鉄一筋75年の町工場。同社が一般の方向けに、ドキドキ、ワクワクできるモノが作れたらと世界に一つだけのインテリアを生み出したのが『ASOBIBA』ブランドだ。

「心に遊び場」をモットーに、見て使って楽しめる日常や心を形にした『ASOBIBAらんたん』は、レーザー加工によって多彩なデザインを施し、金属の重厚さとオリジナリティを兼ね備えているのが特長。ソーラーで防水加工にもなっており、野外でも使用できる。

職人の手仕事によって一つひとつ心を込めて作り上げたランタンは、灯すとより一層、目にも心にも温かみが増す。自分だけのオリジナルランタンで、優しい明かりを灯してほしい。

アウトドアでもインテリアとしても◎。おしゃれな『ASOBIBA 焚き火』や『ASOBIBA キーホルダー』も発売中。

（ライター／河村ももよ）

『ASOBIBAらんたん』
16,500円（税込）
ケース 4,500円（税込）
サイズ／150×160×160
カラー／黒マット、カーキ、レッド

『ASOBIBA焚火台』
16,500円（税込）

ASOBIBA　株式会社 樫本商店
アソビバ
090-84077961
kasimoto-ai@outlook.com
㊟ 福岡県北九州市若松区安瀬1-23
https://kasiasobiba.base.shop/

Instagram

『ASOBIBAキーホルダー』1,000円（税込）

ユニークな見た目で意外と役に立つアウトドの必需品がバイクに変身

キャンプ場でキャンプサイトから水場や炊事場への移動時に荷物を持っての移動は、煩わしくないだろうか。そんな時にも役に立ち、注目度も抜群のユニークなバイクが、２０２４年起業予定の『ＫＤＫ有限会社』の『クーラーボックスバイク』。頑丈でアウトドアでは時に椅子代わりにも使えるクーラーボックスをそのままバイクの座席として転用する電動バイクだ。バイクとはいっても前輪と４つの後輪を備え、小型特殊自動車の規定で作られており、ウィンカーにブレーキライト、クラクション、ヘッドライトも搭載しているので小型特殊自動車でナンバー取得も可能。公道走行もできる。前輪インホイールモーターで駆動させることにより、余分な設備もなく小型化を実現。自動車にも手軽に搭載可能。キャンプ以外にも海釣りなどで長い堤防をクーラーボックスを担いで歩くのではなく、乗って走ることもできる。どこにでも持っていってトコトコ走ってみたくなるニュービークルとしても要注目だ。

（ライター／今井淳二）

『クーラーボックスバイク』

KDK 有限会社
ケーディーケー
080-6848-8686
kadoki.home@gmail.com
㊟ 千葉県木更津市金田東1-49-3
https://kadokihome.wixsite.com/kadoki

車にもすっぽり入る。

エンジンオイルの交換スパンを延長 人にも環境にも優しい添加剤

自動車の走行に欠かせないエンジンオイル。走行距離に応じて都度交換をしないと、オイルの劣化により加速や燃費といった走行性能は落ち、あまつさえエンジンの故障にもつながりかねない。エンジンオイル劣化の主な原因は酸化。『合同会社Bonding』の『Redox Oil+（リダックスオイルプラス）』は、エンジンオイルの酸化を還元方向に転換させるエンジンオイル添加剤。酸化還元されたエンジンオイルを使用することにより、オイルの交換サイクル延長はもちろん、燃焼室の密閉が保たれるため、エンジン性能が向上し、結果燃費向上に繋がるうえ、エンジン本体の耐久性も向上する。ユーザーからは「静粛性が向上した」「加速性能が良くなった」「エンジントラブルが少なくなった」「運転ストレスも軽減」など様々な効果を実感したという声も上がっている。さらにトラックなどではエンジンオイル劣化や不完全燃焼による排気ガスの黒煙減少効果も期待され、環境・健康被害の削減にも貢献できる。（ライター／今井淳二）

エンジンオイル酸化還元剤『REDOX Oil+』
100ml 6,600円（税込） 250ml 16,500円（税込）

『REDOX Oil+ DPF』
（トラック専用）
250ml
15,400円（税込）
500ml
30,800 円（税込）

『REDOX Oil+ NOB』
（二輪車専用）
200ml
11,000円（税込）

合同会社 Bonding
ボンディング
080-2970-2104
info@bonding.co.jp
㊟ 愛媛県宇和島市三間町是能202-27
https://bonding.co.jp/

我が家の大切な家族ペットの似顔絵を描いてもらおう

似顔絵師でイラストレーターのたなんさんは、2018年に看護師から一転、似顔絵師となり、現在フリーランスで活動しているイラストレーターだ。人物はもちろん、特にペットのイラストを得意とし、ペットへの愛が溢れてた素敵なイラストが評判で、『たなん似顔絵やさん』として福岡を中心に九州全域でペット似顔絵出店をメインに活動している。

大切な家族であるペット、可愛くて観ているだけで幸せになれる世界に一つだけのうちの子の似顔絵を描いてもらえば、嬉しさ倍増。また、ペットを飼っている方への贈り物にもオススメだ。心を込めて描かれたイラストを観た瞬間、笑顔が溢れること間違いなし。

イラストタッチも相談にものってくれるので、ぜひ相談しながら描いてもらおう。

福岡を中心に九州全域〜ペット似顔絵出店メインに活動中。ペットへの愛は誰にも負けないという。

（ライター／河村ももよ）

『色紙ペット似顔絵』6,000円（税込）

『メッセージ込みペット似顔絵』7,000円（税込）

『デジタル似顔絵』6,500円（税込）

たなん似顔絵やさん

たなんにがおえやさん

080-5142-8090

㊟ 福岡県福岡市西区今宿西1-32-23-102

たなん似顔絵やさん　検索

@tanan_nigaoe09

Instagram

伝統的な日本の技術 抜染の雪華紋様が美しいストラップ

北海道ニセコ発のジェンダーレス化粧品ブランド『LABASA（ラバサ）』は、紫外線による肌ダメージにアプローチする天然由来成分のオールインワンクリーム。日本の伝統文化を継承する『LABASA』のイメージキャラクター『北海道デニヒグマ』は岡山県産のデニム生地を使用し、京都手描友禅の工房にて着物の染色を行う職人が手仕事で雪華紋様を染め上げている。江戸時代から続く雪華紋様がとても美しく、見た目もコロンとしていて、なんとも可愛らしい。

この紋様は、抜染という技法で柄入れを行っている。デニム生地の藍色を柄状に抜き、素材の風合いを残したまま紋様を表現している。

伝統的な日本の技術を広めるため、京都のバッグブランド「京都デニム」と『LABASA』がコラボし、エシカル商品「デニヒグマ」が誕生。オンラインショップでは、『北海道デニヒグマ』単体とオールインワンクリーム『LABASA』とセット販売も行っている。

（ライター／河村ももよ）

『北海道デニヒグマ』6,930円（税込）

『LABASAオールインワンクリーム』
120g 5,280円（税込）
300g 9.680円（税込）

株式会社 **OFFICE雪季**
オフィスせっき
0136-55-6733
info@sekki.org
㊟ 北海道虻田郡倶知安町北七条東1-4-31
https://labasa-gel.officesekki.com/

こちらからご購入できます。
オンラインショップ
https://www.labasa-niseko.com/

デニヒグマ
日本文化を世界へ繋ぐ
Sekki Niseko × 京都デニム

タブレットタイプで簡単・便利な粉末調味料専用乾燥剤

キッチンになくてはならない各種粉末調味料や鰹節、海苔などの乾物。買ってきたそのままでは使いにくいので、実用的にもまたインテリアとしての美的要素も含めて専用の入れ物に移し替えるという人も多いのでは。そんな時にどうしてもついてまわるのが湿気問題。ほんの少し開けておいただけでもカチカチに。

創業以来70年、医薬品用乾燥剤メーカーとして大きな信頼を得てきた『山仁薬品株式会社』が開発した『カタマラーーン』は、コンパクトなタブレットタイプの調味料専用乾燥剤。小瓶からポットタイプまで、容器の大きさに合わせた3サイズを用意。ポイッと一粒入れて置くだけで、サラサラ状態を長くキープできる。タブレットの原料は、安全なシリカゲル。包み紙は、調味料に触れても安全なものを使用。混ざる心配もない。サラサラと最後まで調味料が使えるから、不要なストレスともおさらば。お料理時間がより楽しくなる。

（ライター／今井淳二）

調味料専用乾燥剤
『カタマラーーン』
7個入 880円（税込）
『カタマラーーンmini』
10個入 880円（税込）
『カタマラーーンminimini』
15個入 880円（税込）

カタマラーーン　山仁薬品 株式会社

06-6351-5100
info-healthcare@yamani-g.co.jp
㊟ 滋賀県犬上郡甲良町金屋1260-3
https://www.yamani-g.co.jp/katamaraan/

こちらからも
検索できます。

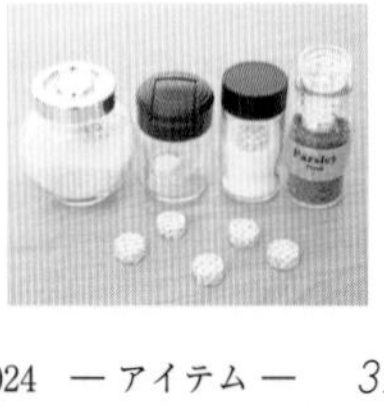

上向きの自動消毒液噴出装置 触らずに感染対策 手早くキレイ

壁掛けオプション

手をかざすだけで上向きに消毒液が噴出される非接触型・上向き自動液体噴出装置『LiquidJet』。特許取得済みの独自技術で適量を噴出するため、使いすぎを防ぎ経済的。液だれの心配もなく、こまめな拭き取りも不要だ。

『Cplus3LJ-02』は、手のひらサイズでデザインもスタイリッシュなので、玄関やリビング、オフィスデスクなど場所を選ばず設置できると好評。USBと乾電池の2WAY対応なので屋内外問わず使用可能。電源の無いところでも24時間連続通電可能になるオプションの充電式バッテリーも人気。キューブタイプの『LJ-01』は、事務所、お店や医療施設、公共施設、イベント会場などで導入が進んでいる。どちらのタイプも触らなくても消毒液が出てくる便利さが好評だ。「神戸発優れた技術」に認定の独自技術で、素早く感染予防。お好みのデザインや文字を入れてノベルティや贈り物にもオススメ。

（ライター／彩未）

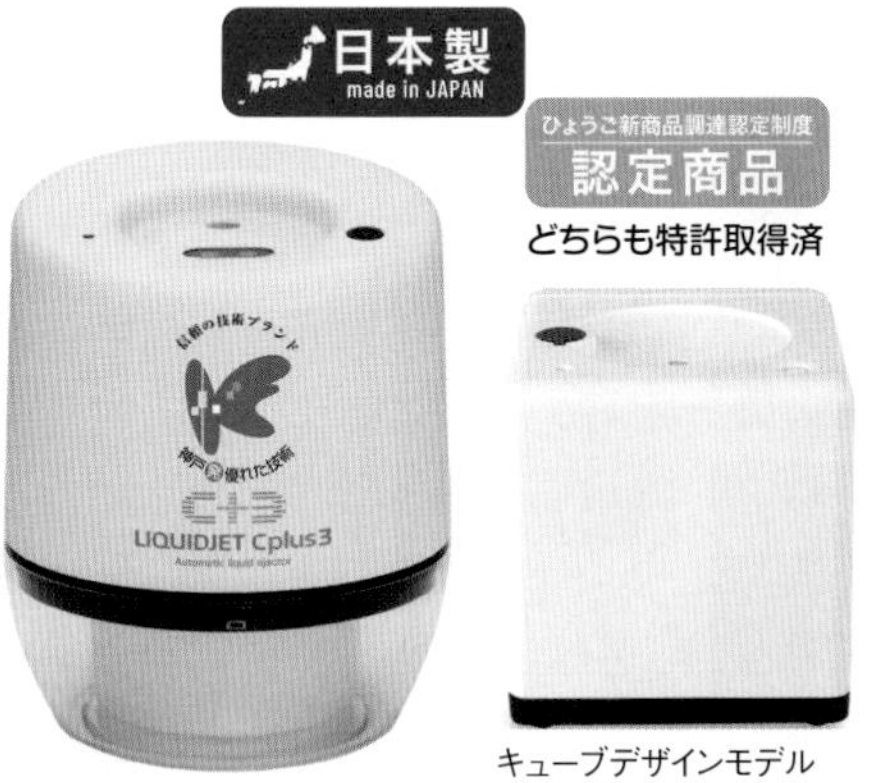

コンパクトモデル『LJ-02』
キューブデザインモデル『LJ-01』

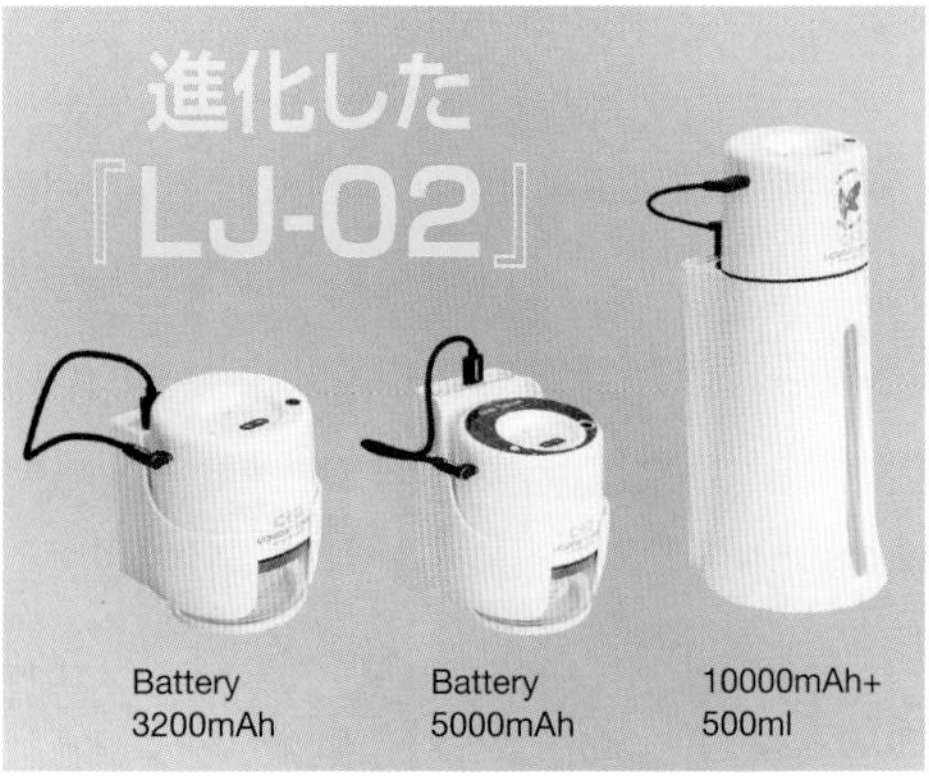

バッテリーオプション。24時間充電で長時間利用が可能に。

ライズテック 株式会社

078-652-1229
info@risezero.co.jp
㊟ 兵庫県神戸市長田区苅藻通り7-4-27 別棟2F
https://risezero.co.jp/

こちらからも
検索できます。

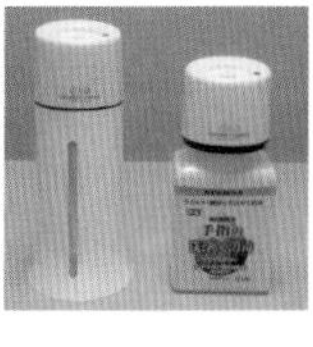
市販の消毒ボトル
にも装着できる。

イチオシのこだわり 水だけでできる 除菌スプレーと ペットの健康サプリ

N SELECTION

コロナやインフルエンザなどの感染対策が習慣になっている昨今、アルコール消毒で手が荒れてしまったという声もちらほら。水だけで作れる！ 除菌水ボトル『ウイルスバスター除菌スプレー』は、ボトルに水を入れると金属イオンの力で除菌率99％以上の除菌水ができる。中身がなくなったら、また水を入れて約200回繰り返し使えるボトルだ。ノンアルコールのため、小さなお子様からお年寄りまで安心して使用できる。

さらにオススメのアイテムは、獣医師やブリーダーも推奨の犬猫用サプリメント『しおDAS』だ。愛する家族であるワンちゃんやネコちゃんの塩分過多の食習慣は体に負担をかけてしまうので、早いうちから塩分ケアをすることはとても大切。スティックタイプなので、いつものフードにさっと振りかけるだけで塩分ケアができる。生きた乳酸菌40億個を配合し、おなかの健康や健やかな口内環境をサポートする。

（ライター／河村ももよ）

『しおDAS』

『しおDAS』2.0g×30包入り 2,980円（税込）

『ウイルスバスター
除菌スプレー』
30ml 1,980円（税込）

N selection
エヌ セレクション
☎ 0120-989-068
✉ info@n-selection.com
㊟ 東京都港区六本木1-6-1 泉ガーデンタワー35F
https://n-selection.com/

『ウイルスバスター除菌スプレー』

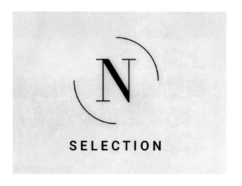

毎日の暮らしを安心と安全に植物由来の害虫除け製品

奇跡の木
ニームから抽出した
天然成分
天然成分で虫よけ
天然植物忌避剤
ニゲット

生活空間にどこからともなく現れる不快な害虫たち。殺虫剤や虫よけに含まれる成分は、お子さんやペットがいる家庭はもとより、誰もが気になるところ。「自然が育てた知恵を人のために」をテーマに様々な商品開発を行う『株式会社テクノリーフ』の『ニゲット』は、代表取締役の林俊浩さんが奇跡の木「ニーム」をとことん研究して造り上げた虫よけ剤。

安心して使える成分だけで、様々な不快害虫が嫌がる忌避剤ができないかの答えは、やはり自然の中にあった。世界の有機農業において虫を寄せ付けない効果が注目されているハーブ「ニーム」は、インドでは古来よりアーユルベーダとして日常的に使われてきた。『ニゲット』の使い方は簡単。プチッとして気になるところに置くだけでダニやコバエ、クモにムカデ、アリ、ダンゴムシ、カメムシなどを はじめ、200種類以上の不快な虫が嫌がる成分「アザディラクチン」などを発散する。その効果は、約2ヵ月間お部屋に広がる。使った後は燃えるごみとして処分でき、環境にも優しい。

（ライター／今井淳二）

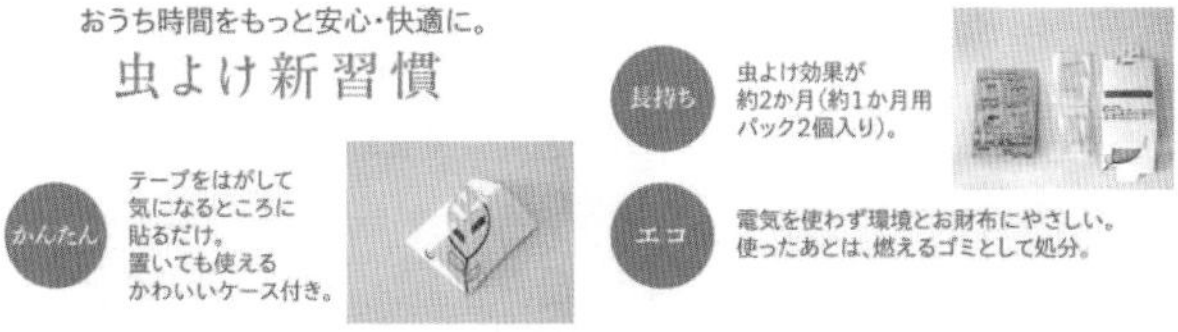

おうち時間をもっと安心・快適に。
虫よけ新習慣
かんたん
テープをはがして
気になるところに
貼るだけ。
置いても使える
かわいいケース付き。
長持ち
虫よけ効果が
約2か月（約1か月用
パック2個入り）。
エコ
電気を使わず環境とお財布にやさしい。
使ったあとは、燃えるゴミとして処分。

『ニゲット』

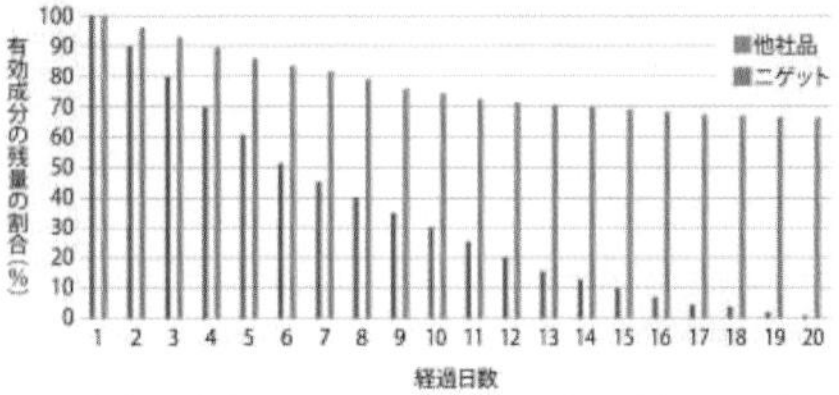

有効成分の残量の割合（%）
100
90
80
70
60
50
40
30
20
10
0
他社品
ニゲット
1 2 3 4 5 6 7 8 9 10 11 12 13 14 15 16 17 18 19 20
経過日数

開始時の有効成分量を100として示した忌避剤の有効成分の残量

LD50 比較表	
対象物	LD50
ニコチン	LD50＝50 mg／kg
カフェイン	LD50＝192 mg／kg
食塩	LD50＝3,000 mg／kg
ニーム	LD50＞5,000 mg／kg
砂糖	LD50＝20,000 mg／kg

※数字が多いほど安全

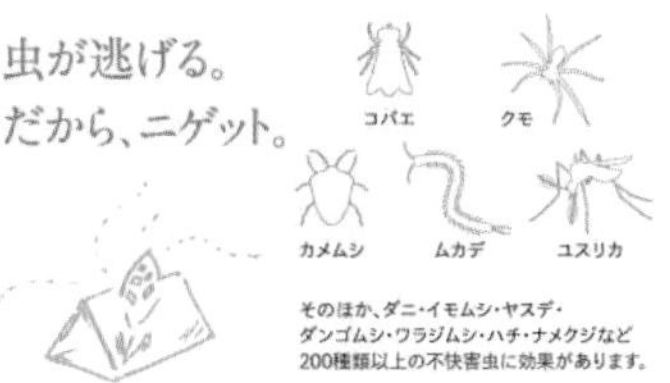

虫が逃げる。
だから、ニゲット。
コバエ
クモ
カメムシ
ムカデ
ユスリカ
そのほか、ダニ・イモムシ・ヤスデ・
ダンゴムシ・ワラジムシ・ハチ・ナメクジなど
200種類以上の不快害虫に効果があります。

株式会社 テクノリーフ

080-4159-3366
aw3008310@gmail.com
㊟ 京都府京都市右京区鳴滝蓮池町17-4
https://www.techno-leaf.com/

すぐにでも防災グッズに取り入れたい排便処理剤

「能登半島地震の被災地でも使用されています」

テレビなどでも話題にされることが多い地震などの自然災害。災害のシミュレーションなどを見て身につまされている方も多いのではないだろうか。災害や非常時に避難所生活を余儀なくされる際に大きな問題となるのがトイレだ。断水で水洗トイレが機能しなくなると排せつ物の処理が滞り、感染症や害虫なども発生し健康被害にもつながる。また悪臭も大きな問題だ。避難所生活で一番困ったのがトイレの悪臭だったという報告もある。

『株式会社テイト微研』の微生物研究を重ね開発された、人と地球にやさしい排便処理剤『バイオコートBB10』は、排便の臭いを5分程度で完全に消臭・分解。処理済みの袋は、1年以上保存しても悪臭が発生しないという優れもの。備えておけば、衛生的にも精神的にも安心だ。

災害時には、断水の復旧に1ヵ月かかることもあるので、ぜひ備蓄に加えて頂きたい。

（ライター／河村ももよ）

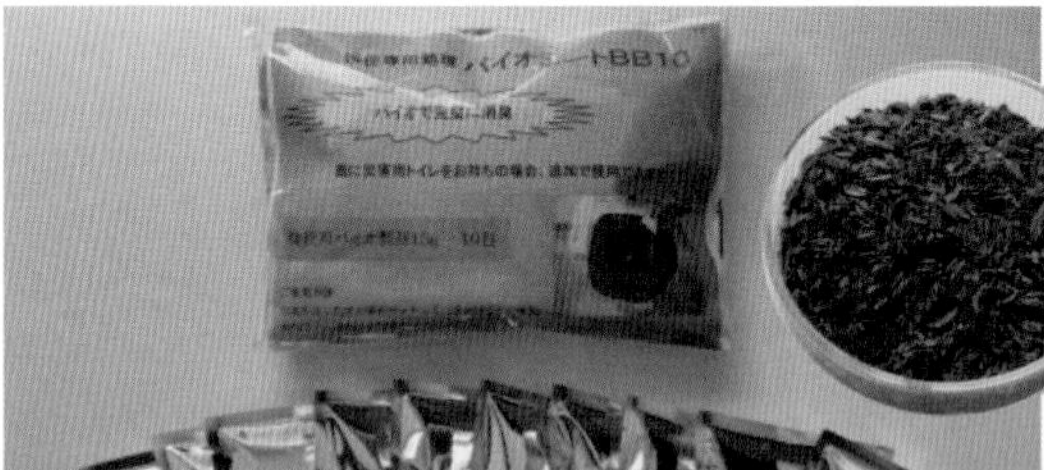

『バイオコートBB10』日本製　15g入り(約58ml)×10包入り

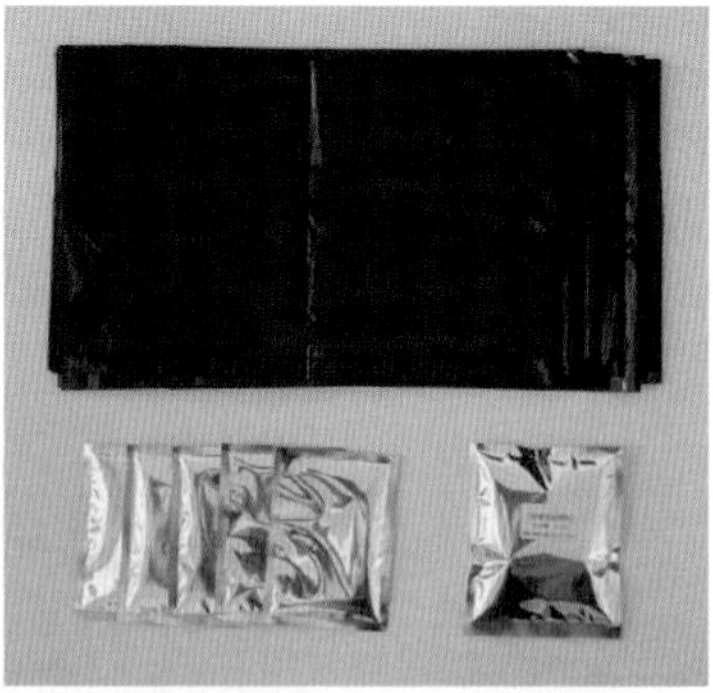

『携帯トイレ1DAY用』
オフィス、避難所にて1日分の処理剤。日本製。
排便用1包、排尿用5包入

株式会社 テイト微研
テイトびけん
03-3576-0334
t_syuto@teito.org
㊟ 東京都北区滝野川1-66-7-1302
https://www.teito.org/

株式会社テイト微研

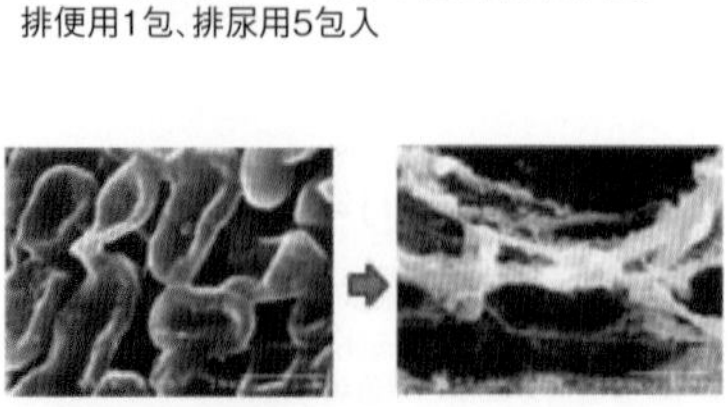

放線菌による大腸菌の分解。

あなたを高めてくれる特別なオーダーメイドランジェリーを

「下着は女性の戦闘服」がコンセプトのオーダーメイド補正下着専門店『Infinity trip』。女性が心地よく過ごすことができるオーダーランジェリーを提案している。下着の締め付けが苦手、正しいサイズが分からない、肩紐が落ちてくるなど様々な悩みにオーダーメイドならではの対応で、一人ひとりに合ったサイズで製作。生地も豊富な中からセレクトできる。自分だけの特別なランジェリーをぜひ体験してみて欲しい。

（ライター／河村ももよ）

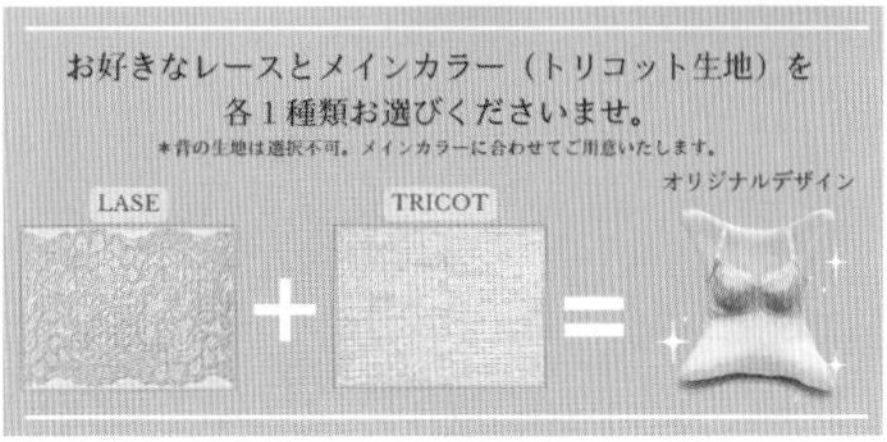

『shape monster（オーダーメイド補整下着）』
1着 33,000円（税込）

Infinity trip
インフィニティ トリップ
050-8890-8856
lingerie@infinitytrip.shop
㊟ 愛知県名古屋市中村区名区4-24-5 第2森ビル401
https://infinitytrip.shop/　@infinitytrip_ordersalon

人前で上着を脱いでも気にならない画期的インナー

Tシャツやポロシャツ、ワイシャツなどを着た時に気になる乳首浮き問題。見てて不快に感じる人も多く、男性といえども非常にセンシティブな問題だ。そんな悩みを解消してくれるのが、高機能インナー『POCHILESS』。特殊シートを乳首周辺の生地に貼り付け、乳首を目立たなくしてくれる。生地は、軽くて吸水性や速乾性にも優れ、アウターからはみ出しにくい作りで、いつものシャツの下に着用しやすい。

（ライター／今井淳二）

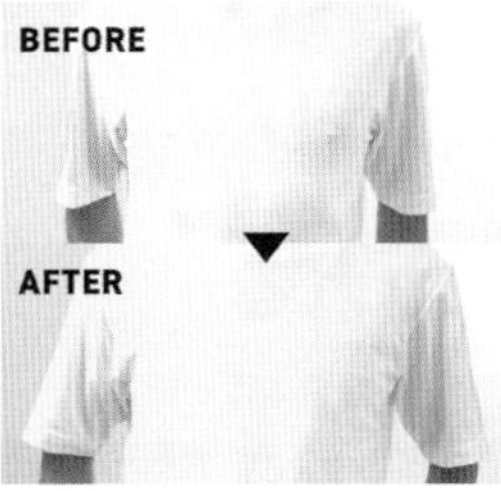

『POCHILESS』
半袖シャツ（オフホワイト、ベージュ、グレー、ブラック） 3,850円（税込）

タンクトップ
（オフホワイト、ベージュ、グレー、ブラック）
3,850円（税込）

POCHILESS　株式会社 ソーシャルコンセンサス
ポッチレス
POCHILESS@social-consensus.co.jp
㊟ 宮城県仙台市泉区八乙女1-3-11
https://www.p-office.co.jp/pochiless/

サウナ後の
整いタイムに
そんな声から誕生した
セットアップ

『リナム』（カラー／ネイビー、グレーベージュ、ピンク）
半袖Vネック上下セット 24,200円（税込）
長袖プルオーバー上下セット 24,200円（税込）

こちらからも
検索できます。

『curaso』のルームウェア『リナム』は、湯上りやサウナ後の整いタイムのために作られたセットアップ。素肌に着ても気にならないよう、素材は呼吸する繊維とも呼ばれる天然リネンを使用。汗をかいた状態でもサラッと着られ、ムレずにクールダウンできる。リネンは使い込むほど肌触りが変化し、洗濯をするたびに柔らかい肌触りに。体に馴染んで自分だけの一着となる。「一度着たらクセになる！」ぜひ一度袖を通してみて欲しい。

（ライター／奈良岡志保）

curaso
クラソ
090-4985-3419
info@curaso-village.com
㊟ 大分県大分市長浜町1-1-12 尾形ビル102
https://curaso-village.com/

自然をまとう香り
素直に
真っすぐになれる
香水

『I am free bird』

50ml 13,000円（税込）

15ml 5,000円（税込）

『ORGAN』では、「日本の繊細で美しい植物をもっと生活に取り込んでほしい」と九州阿蘇の山奥で野草の栽培や和ハーブの活用、調合、芳香蒸留水と天然香水の研究、商品開発を行っている。『I am free bird』は、「一歩踏み出す人のための香り」というコンセプトのもと、すべて天然由来の素材で作らた天然香水。自分を整えるための香りとして、お出かけの前、疲れた時、気持ちを整えたい時などにぜひ使用して欲しい。

（ライター／奈良岡志保）

ORGAN
オルガン
090-5547-0200
organum432@gmail.com
㊟ 熊本県阿蘇郡産山村山鹿2056
https://www.organ432.com/ @organ432

小物をさっと出し入れできるスタイリッシュなインド刺繍ポーチ

「いつもバッグからリップやイヤリングなどを探す」をバッグのスタイリッシュなアクセサリーとして、小物を気軽に出し入れができるポーチに。それが『kirakira cookie』の『インド刺繍リボンバッグチャームポーチ』。バッグに下げられるチェーンとマスクなどをかけられるナスカンがついていて便利。艶の合皮で軽く、バネロで出し入れもスムーズ。種類豊富な刺繍リボンの中から選べるポーチをバッグにつけて、「私らしく」いつも一緒に。

（ライター／河村ももよ）

『インド刺繍リボンバッグチャームポーチ』
1,700円（税込）

kirakira cookie
キラキラ クッキー
kira.kira.cookie383@gmail.com
@kirakiracookie_handmade

購入は、こちらから。

日本の手仕事美しい急須で暮らしに少しの余白を

『小茶箱』

煎茶・中国茶向け急須専門店『東山堂』のテーマは、「暮らしに少しの余白」。お茶をより美味しく、愉しく飲むことを提案している。常滑焼、京焼、備前焼など美しい急須は、陶芸作家の手によるもの。産地の土の個性や伝統技法を活かして作られている。煎茶道具を中国茶向けにアレンジした『小茶箱』や国産の『釜炒り茶』、『烏龍茶』も販売している。日本の新しい茶文化を紹介する秀逸な専門店だ。

（ライター／河村ももよ）

『白藻掛け茶壺』
17,600円（税込）

『極平急須』
6,600円～15,400円（税込）

東山堂
とうざんどう
080-3137-1856
info@tozandosenchaki.com
㊟ 大阪府茨木市西駅前町13-17 FSビル202
http://tozandosenchaki.com/

見るたびに癒される羊毛フェルト作品 手のひらサイズの可愛いネコちゃん

手のひらにちょこんと乗る小さな可愛い羊毛フェルトのネコちゃんが人気の『meow-felt』。むっちりしたボディーやなんともいえない愛嬌のある表情に、誰もが癒される。仕事先の机に置いてホッと一息したり、棚にいくつか飾ったらお部屋が華やかになりそうな羊毛ネコちゃん。見るたびにキュンとしてしまう癒しの小さなネコちゃんをぜひ。時間をかけて一つひとつ手作り、作品に込められた作り手の気持ちがその手に伝わる。

（ライター／河村ももよ）

羊毛フェルトのネコちゃん

1体 11,000円（税込）〜

meow-felt
ミャオ-フェルト
✉ sawa777888b@yahoo.co.jp
@meow_felt
meow-felt 検索

購入はこちら。

日本のものづくりの入り口で創造力を広げる味方

まちづくりや家づくりにおけるプランニングや設計過程において欠かせない建築模型の材料やPOP素材・クラフト材料などを手がける『株式会社光栄堂』。耐光性や耐久性に優れ何度も使いやすい同社の新製品『アクリル模型』は、1㎜〜2㎜の厚さのアクリル板を使用し、人物・自動車・樹木の3種類を1／50、1／100スケールで用意。きわめてシンプルな造形デザインは、プロはもちろん、クリエイティブな趣味の分野でも活躍する。

（ライター／今井淳二）

『アクリル模型』
人物（1㎜厚）750円（税別）〜
自動車（2㎜厚）700円（税別）〜
樹木（2㎜厚）800円（税別）〜
（白・黒・透明の各3種）

株式会社 光栄堂
こうえいどう
047-425-8411
✉ info@koeido.org
㊟ 千葉県船橋市北本町2-64-12
https://www.koeido.org/

汚れやキズに強い
水洗いできる
ポリプロピレン製
お洒落なゴザ

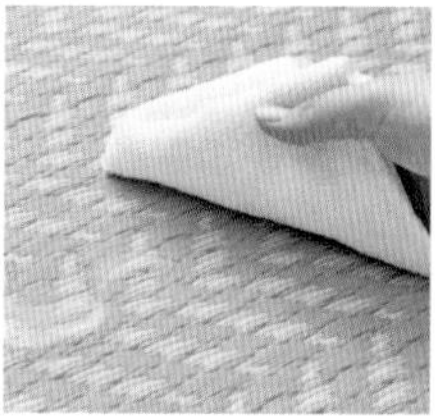
汚れやキズに強く、水洗いができる。

敷くだけで明るく、かわいい部屋に。

『パスラッシュ』江戸間2〜10畳 3,990円（税込）

カーペットやラグ、各種敷物を製造・販売している『萩原製造所』から、敷くだけで和室をおしゃれにイメージチェンジできる『パスラッシュ』が登場。水洗いできるポリプロピレン製パイプ材をい草と同じ要領で織り上げ、丈夫で汚れにも強い。肌との接地面積も少なく湿気がこもりにくいので、夏はベタつきにくく快適。冬はパイプの中の空気の層が床からの冷気も防ぐ。子どもやペットの居る家にぴったり。カラーは、優しい色調のくすみパステル4色を用意。

（ライター／今井淳二）

萩原製造所
はぎはらせいぞうしょ
086-465-6114
info@hagiharaseizosho.shop
㊟ 岡山県倉敷市西阿知町西原884
https://hagiharaseizosho.shop/

こちらからも
検索できます。

安定した走りで介護予防にもなる噂のシニア向け自転車

『こげーるノラッセ』20型 3段変速
（サイズ/1710×1000×590㎜）105,380円（税込）

『株式会社サギサカ』のシニア向け自転車『こげーるノラッセ』は、介護予防の観点から発想された自転車。転倒予防として行う足首の体操の動きと自転車のペダルをこぐ動きが似ていることに着目し、「乗ることで介護予防」にもつながる安全な自転車を開発したという。高齢になると転倒のリスクから自転車の運転を控えたり、移動手段が制限されることも多くなるが、年齢を重ねても移動の足として乗れる自転車として注目を集めている。

（ライター／河村ももよ）

株式会社 **サギサカ**

0565-28-6000
㊟ 愛知県豊田市美山町1-80
https://www.sagisaka.co.jp/cogelu/

今までもこれからも安全で快適なカーライフの必需品

『クリンビューPRIME®』

発売開始より60年、車の窓ガラスのくもり止めやドアミラーの消滴、油膜落としに高い効果のあるガラスクリーナーとしてドライバー達からの信頼も厚い『クリンビュー®』から新製品『クリンビュー®PRIME』が登場。強密着特殊ウェッティング剤配合により、くもり止め効果の持続力が従来品の1・5倍。デフロスターの使用が走行距離に大きく影響するEVにぴったり。ダブルガス使用で寒冷地でも安定の噴射力を維持。

（ライター／今井淳二）

クリンビュー® 株式会社 イチネンケミカルズ

03-6414-5602
㊟ 東京都港区芝浦4-2-8 住友不動産三田ツインビル東館8F
https://www.ichinen-chem.co.jp/

社会に役立つ
話題のサービス&ビジネス

社会には様々なサービスやビジネスがあって、
私たちの生活や暮らしを支えている。
普段は接点がないようなサービスから
よく知っているサービスを紹介。

Nicoldsystemは想像を創造する

ジュール・ヴェルヌの名言『人間が想像できることは、人間が必ず実現できる』

浸水被害防止に有効な超軽量防水板開発
災害時応急組立橋に次世代枕木活用考案

豪雨によって河川から水があふれる外水氾濫による洪水は地域一帯に被害を及ぼすが、都市部や住宅地で下水道や水路などから雨水があふれ出す内水氾濫による家屋や店舗などへの浸水被害も生活や経済活動に大きな影響を与える。その対策として注目度を高めているのが『Nicold system 株式会社』が販売する超軽量防水門『たまぼうすいばん』と、それをさらに軽量化し、デザイン性を高めた新商品『スライド防水板』だ。

また、同社は能登半島地震を受けて、2024年1月に『たまぼうすいばん』と同じ素材でできた次世代枕木、『たまぼう』を利用して応急的に人力で作れる応急組立橋の実験も行い、今後、震災時などで道路が封鎖された場合に役立てる方策も検討していく。

『たまぼうすいばん』『スライド防水板』『たまぼう』は、同社の代表取締役の石村憲之さんが企画し、防水技術で数々の特許を持つ東京・八王子市の多摩防水技研株式会社と共同開発したもので、石村さんが労働安全コンサルタントとして監修し、「多摩防水技研」と共同で製造し、『Nicoldsystem』が販売する。

『たまぼうすいばん』は、公共施設や事業所、店舗、工場、住宅の出入り口に設置して内水氾濫による浸水被害を最小限に抑えることを目的に開発したものだ。アルミニウム製フレーム

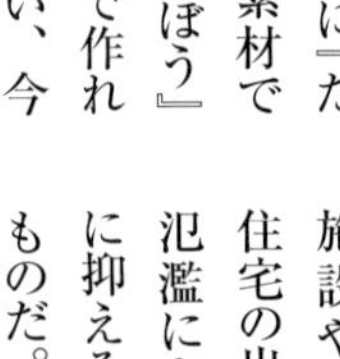
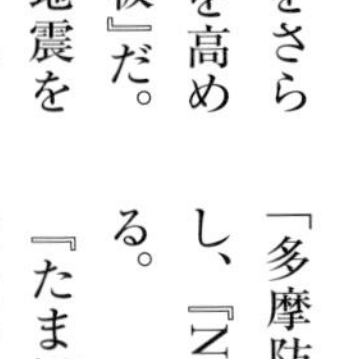
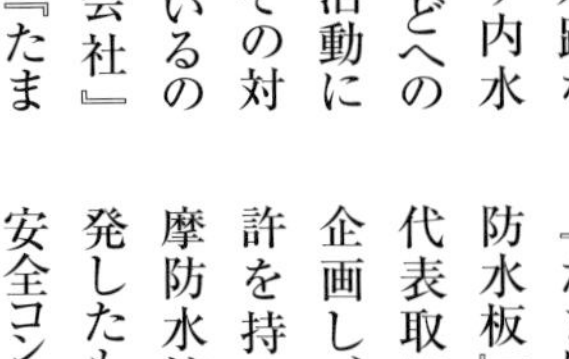
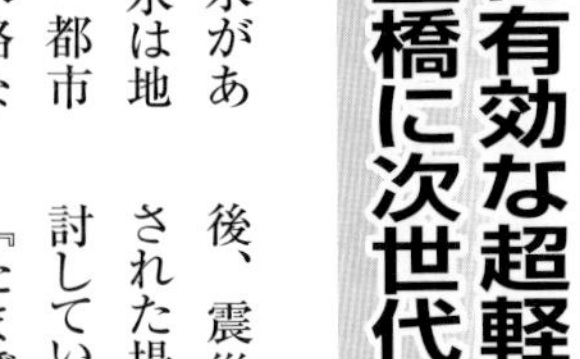

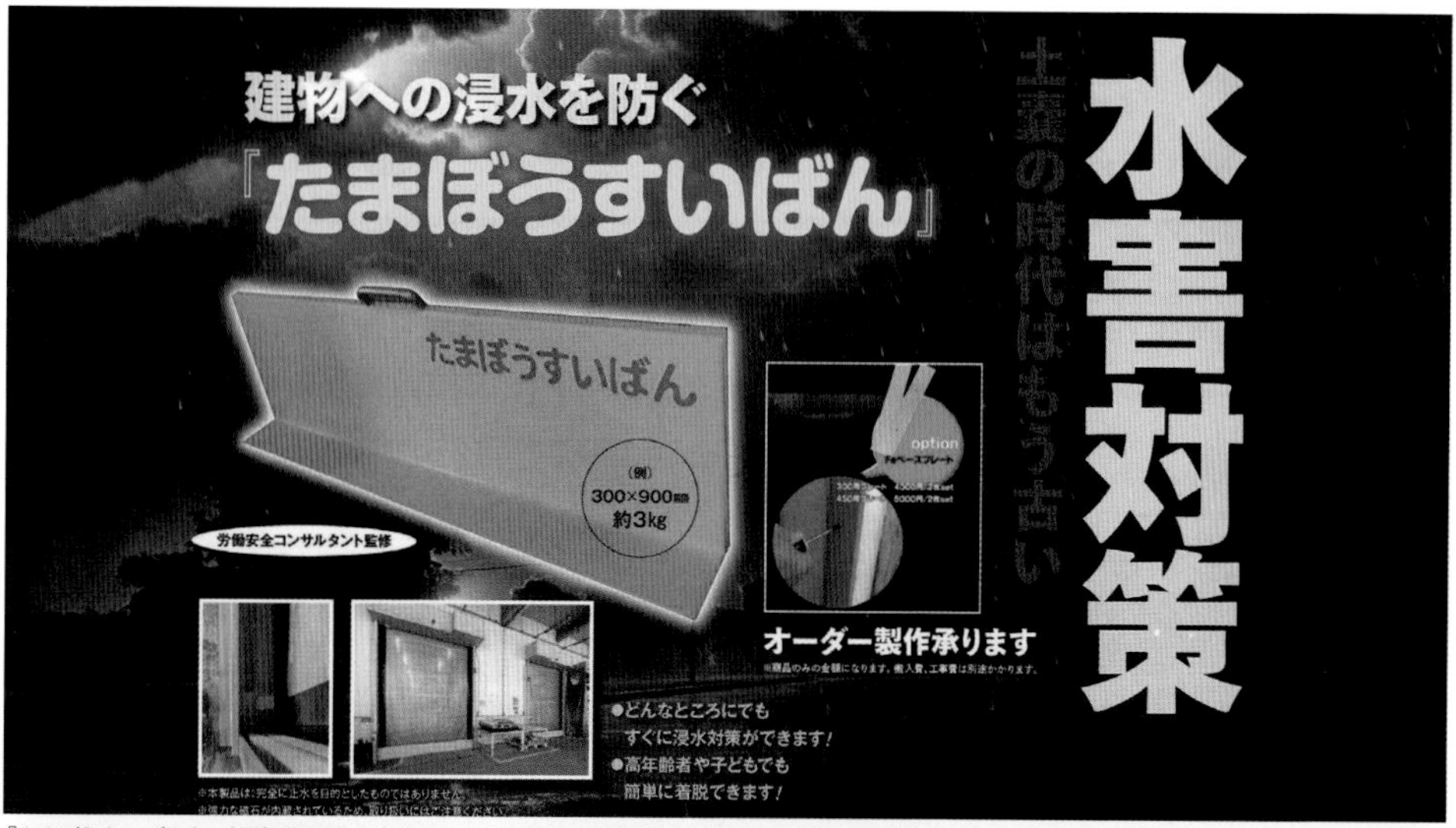

建物への浸水を防ぐ
『たまぼうすいばん』
水害対策
土嚢の時代はもう古い
たまぼうすいばん
（例）
300×900mm
約3kg
労働安全コンサルタント監修
option
オーダー製作承ります
●どんなところにでも
すぐに浸水対策ができます！
●高年齢者や子どもでも
簡単に着脱できます！

『たまぼうすいばん』　価格帯は法人向けのアルミ水門よりも大幅に製作原価を引き下げて、一般ユーザーでも手の届く範囲の価格帯に設定。

と発泡体を組み合わせ、防水性を持たせたり、発泡体の弱点である紫外線の影響を抑えたりするため表面をポリウレア樹脂でコーティングしてある。板の裏に強力磁石を備え、鉄製の柱などにワンタッチで設置できる。オプションで鉄製のプレートを用意し、磁石で取り付けできない箇所でも使えるようにした。出入口の大きさに合わせて選択できるよう様々なサイズを用意している。超軽量で、幅30cm、長さが2m〜3mのもので、重さは8・9kgだ。

『スライド防水板』は、アルミニウムやポリカーボネート、鋼材、ネオジム磁石、ゴムなどの素材で作られ、『スライド防水板』本体1枚　とプレート2枚から成る。住宅や小規模店舗でも使いやすいように軽量化し、取り付けや持ち運び、後片付け、保管が簡単にでき、スライド式

次世代リサイクルエネルギー開発事業

『コンテナ及び自動車』は、冷却しながら発電するコンテナと蓄電した自動車で新鮮な野菜やワクチン輸送を目的として開発。『発電装置及び発電方法』は、日本の電力逼迫状況を鑑み、より熱効率の良い発電所やすてられている熱を有効利用を行うために開発。

労働安全コンサルティング事業

労働災害発生時に初期対応を誤るとお客様からの信頼を大きく損なう。再発防止対策を計画するには経験や知識が必要。少しでも経営者様や安全担当者様の負担を減らすべくお手伝いさせていただいている。

労働安全コンサルタント登録証

スライド防水板

台風や集中豪雨などの水害時に建物への浸水を阻止！
マグネット式で簡単取付！超軽量なので、持ち運び・設置・後片付けも楽々！
更に、スライド式フレームで間口サイズに合わせた位置調整も可能！

1袋 20kg の土嚢《どのう》を、
高さ 30cm×横幅 100cm 分用意すると…

総重量 約 200kg！

軽さが魅力のスライド防水板

高さ 30cm×横幅 110cm
奥行 9 cm のスライド防水板は…

総重量 3.9kg！

フレームで間口サイズに合わせた位置調整もできるのが特長。「独立系調査機関一般社団法人企業価値調査機構」の「SMB Expert AWARD2024」の防災部門で専門性、独自性などが評価され、SMBエキスパート企業賞を受賞した。

『スライド防水板』は、高さ30cmと高さ45cmで間口サイズに応じて選択できるよう6種類のサイズを用意、高さ30cm用で間口サイズ70～１００cm、商品サイズ横幅１１０cm奥行約9cmの最小タイプの総重量はわずか3・9kgだ。1袋20kgの土嚢を高さ30cm横幅１００cm分用意すると総重量は約２００kgにもなることを考えると、いかに軽量で設置が簡単かがわかる。最も大きいタイプは、高さ４５０cm用間口サイズ１５１～１８０cm商品サイズ横幅１９０cm奥行約9cmだ。

取り付ける方法は、まず間口を計測し、『スライド防水板』の価格表でサイズを確認し、購入する『スライド防水板』を選択する。取り付ける部分の汚れや油分を拭き取った後、プレートの裏面に貼ってある両面テープを間口の両端に貼り付ける。この時、床から隙間をあけず垂直に貼り付ける。強力な両面テープを使用しているため、貼り直しはできない。『スライド防水板』の裏側に2本のスライドバーがあり、それぞれ上下4ヵ所にあるつまみを緩め、間口サイズに合わせてスライドバーを動かす。位置が決まったら、すべてのつまみをしっかりと固定し、『スライド防水板』を間口に取り付ける。付け直しや取り外す場合は取っ手を持ち、手前に引く。強力な磁石が内蔵されているので勢いよく付く。取り付けた後、本体がしっかり地面に付くように軽く上から押せば設置が完了する。プレートは取り付ける間口枠が鉄製以外の時に使用する。

『Nicold system』では、『スライド防水板』を２０２３年12月からヤマダ電機公式オンラインショップ「ヤマダモール」で販売を開始した。『スライド防水板』は富山県立山町のふるさと納税の返礼品にも採用された。同社は『スライド防水板』の第1号納入先となった富山県砺波市の会社の正面玄関に設置したほか、工場裏側のシャッター部には『たまぼうすいばん』2枚で5・4mの大型防水板を設置した。

石村さんが、『たまぼうすいばん』『スライド防水板』の製作を思いついたのは、地球温暖化による気候変動で豪雨災害が多発していることに加え、最近の水害が河川の氾濫や堤防の決壊で市街地に水が流れ込む外

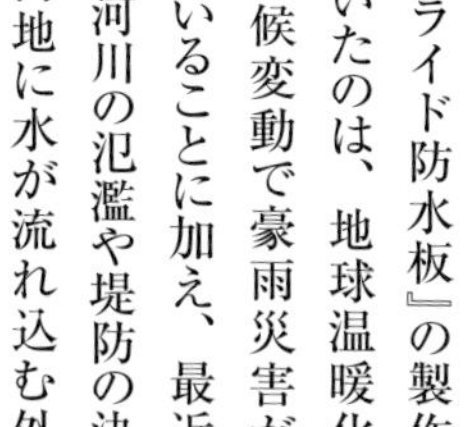
富山県魚津市・富山市への義援物資提供。

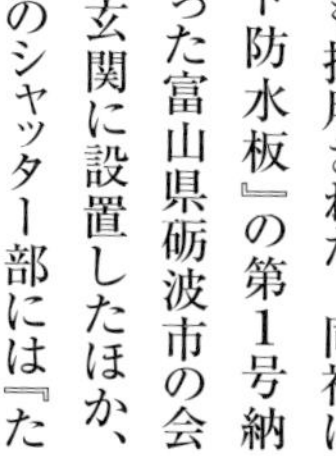

SMB
エキスパート
企業

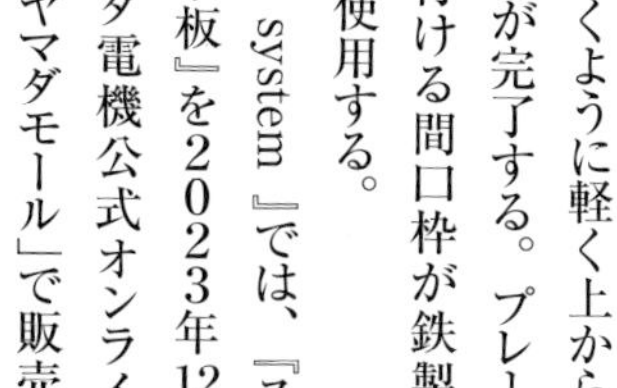
立山町消防本部に寄贈。

水氾濫による被害より、市街地の下水道や排水路が水をさばききれなくなり、溢れだした雨水が建物や土地、道路などを水浸しにする内水氾濫の被害の方が多いことだ。

国土交通省の２０２０年のデータでは、過去10年間の全国の水害被害額の合計は約1.8兆円で、そのうち約４割が内水氾濫による被害だ。東京都では被害の約７割が内水氾濫によるという。また、この間の内水氾濫による全国の浸水棟数は約22万棟にものぼる。

「気候変動は世界的に著しく、日本においても局所的な大雨による床下浸水や地震による津波など記憶に深く刻まれています。自然災害が起きても速やかに経営を再開できるようにするＢＣＰ事業継続計画は企業としても急務であり、また、一般住宅においても土嚢などで浸水対策を講じてはいるものの、予防的措置ではなく、事後処理となって後手後手になっている状態です。『たまぼうすいばん』や『スライド防水板』はどんなところにでも着脱可能であり、高年齢者および若年者でも簡単に設置できるように開発したので、玄関先に保管しておき、有事の際にはすぐに浸水対策できるのが大きなメリットです。価格帯も法人向けのアルミ水門よりも大幅に製作原価を引き下げて一般ユーザーでも手の届く範囲の価格帯としました」

一方、次世代枕木『たまぼう』は、『たまぼうすいばん』と同じ素材でできた枕木。荷物が直接地面に触れないよう地面と荷物の間に置いて使うもので、高さ、奥行が10㎝、幅１・８ｍ、重さが３・６㎏。同サイズの木材に比べ３割ほど軽い。

「『たまぼう』は、木材の代替となる製品です。木材よりも軽量であり、腐食しないのが大きな特長です。枕木は仮置き材として多く利用されていますが、腐食による破損、屋外では水分を吸って重量が増えます。また、ささくれによる負傷、運搬時の腰痛などの労働災害が発生しています。『たまぼう』を利用することによって、高年齢者や女性労働者の作業環境が改善され、エイジフレンドリー社会、女性活躍社会に大きく寄与すると考えています。導入される事業者のニーズに合わせてサンプル品を製作し、屋上用太陽光パネル架台や溝蓋、屋根材、重量物用ライナーなど多様な使い方を模索しています」

『たまぼーど』

『たまぼう』

石村さんは、２０２４年元日に発生した能登半島地震を受け、『たまぼう』を被災地で活用できないかと思い立ち、１月13日、震災時などで道路が封鎖された場合を想定し、『たまぼう』を使って応急的に人力で作れる応急組立橋の実験を「建幸合同会社」の協力を得て行った。作業員２人が約30分で『たまぼう』を組み上げて応急組立橋を造り、ゴムキャタピラの約２ｔのバックホウを走らせても、応急組立橋は無傷だった。石村さんはその様子を動画で公表、道路陥没などで通行できなくなった被災地での活用も視野に、行政など防災当局に提案していく考えだ。

石村さんは、防水板や枕木の考案のほか、２０２２年に「発電装置及び発電方法」「レドックスフロー熱電発電を利用したコンテナ及び自動車」「ねじの緩み止め方法及び保護カバー」の３件で特許を取得した発明家でもある。「発電装置及び発電方法」は、日本の電力が逼迫状況にあることから、より熱効率の良い発電や捨てられている熱エネルギーの有効利用を行うために開発したものだ。「レドックスフロー熱電発電を利用したコンテナ及び自動車」は、冷却しながら発電するコンテナと蓄電した自動車で生鮮食品やワクチンの輸送を目的として開発された。「ねじの緩み止め方法及び保護カバー」は、水力発電所にある水門の巻上装置、巻取装置などの駆動部とその内部に異物が侵入しないように覆う保護カバーに関するものだ。

石村さんはまた、労働安全コンサルタントの資格を生かし、企業の労災防止対策などについてのコンサルティングにも力を入れている。

（ライター／斎藤紘）

石村さんは、能登半島地震被災地の富山市や魚津市に軽量運搬車やブルーシート、簡易トイレなど義援物資を寄贈。

次世代枕木『たまぼう』を利用した応急組立橋の実験。

Nicold system 株式会社
ニコルド システム
076-461-3396　nicoldsystem@yahoo.co.jp
本店　㊟ 富山県中新川郡立山町新堀1282-4
立山営業所　㊟ 富山県中新川郡立山町米沢82
https://www.big-advance.site/c/138/2032

舗装工事
戸建駐車場舗装工事から
高速道路まで幅広く対応。
宅地造成工事
"使われ易い"会社を目指して
自己主張せず、お客様の要望に
柔軟に対応。
砕石などの販売運搬
RC-40をはじめ、
様々な砕石を要望に応じて対応。

創業50年を貫いた揺るぎない方針
成長を支えた人・建機一対派遣体制

人口が増え、郊外の宅地開発が活発化した高度経済成長期の1973年に宅地造成業からスタートし、2023年に創業50周年を迎えた神奈川県厚木市の『株式会社開発工業』は、今や大手ゼネコンから厚い信頼を得て本州全域で宅地造成工事や道路舗装工事を施工する建設会社に成長、早世した夫から経営を引き継いで25年になる代表取締役社長の坂巻美代子さんは経営理念通り、今後も「地球環境に配慮しつつ、未来に生きる子どもたちのためにも緑豊かで住みやすい住環境を整備していく」決意だ。

同社の成長の最大の要因は、夫が築いた「人・建機一対派遣」という施工体制を坂巻社長がぶれることなく堅持してきたことだ。監理技術者となるスタッフ、建機オペレーター、作業員と最新鋭の建機をセットで現場ごとに派遣、完工まで現地に滞在して作業し、マンパワーとマシンパワーの相乗効果で機動力と施工力を最大化する体制で、施工の品質や工期厳守を求めるゼネコンの期待に応えてきた。同社が請け負う仕事の8割が土地開発や道路建設などの公共工事の元請けとなるゼネコンからの依頼という実績がそれを裏付ける。

建機は、5年ごとに更新し、創業以来導入した建機は205台にのぼるが、坂巻さん

は環境配慮型の機種を選定してきた。特定特殊自動車排出ガス基準をクリアした次世代ブルドーザーやCO_2排出を抑制するハイブリッド油圧ショベル、国の低騒音基準をクリアしたロードローラーなどを次々に導入、施工に当たっても、安全管理と環境保全管理に責任を持つ施工管理者の指揮の下、環境にやさしい工事に徹する。

　工事を請け負うエリアは本州全域で、常時4～5ヵ所で作業する。土地造成工事や道路舗装工事のほかにも、太陽光発電のメガソーラー用敷地の造成、都市部の河川浚渫、建設残土の処理、運搬なども請け負ってきた。作業現場ではスタッフは地域のアパートを借り、工事を完遂すれば、会社に戻り、次の工事のためのチームを編成するというローテーションを維持してきた。同社は第三の事業として、コンクリートを0㎜から40㎜に粉砕し、駐車場などの敷石用や下層路盤工で使用される再生クラッシャーランRC40などの砕石材の販売も行っている。

　こうした事業全般に、土木施工管理技士の国家資格に裏付けられた坂巻さんの知見と時代の潮流を見定める経営感覚が投影される。

（ライター／斎藤紘）

株式会社 **開発工業**
かいはつこうぎょう
046-241-3364
info@kaihatsu-kogyo
㊟ 神奈川県厚木市下荻野863-2
http://kaihatsu-kogyo.co.jp/

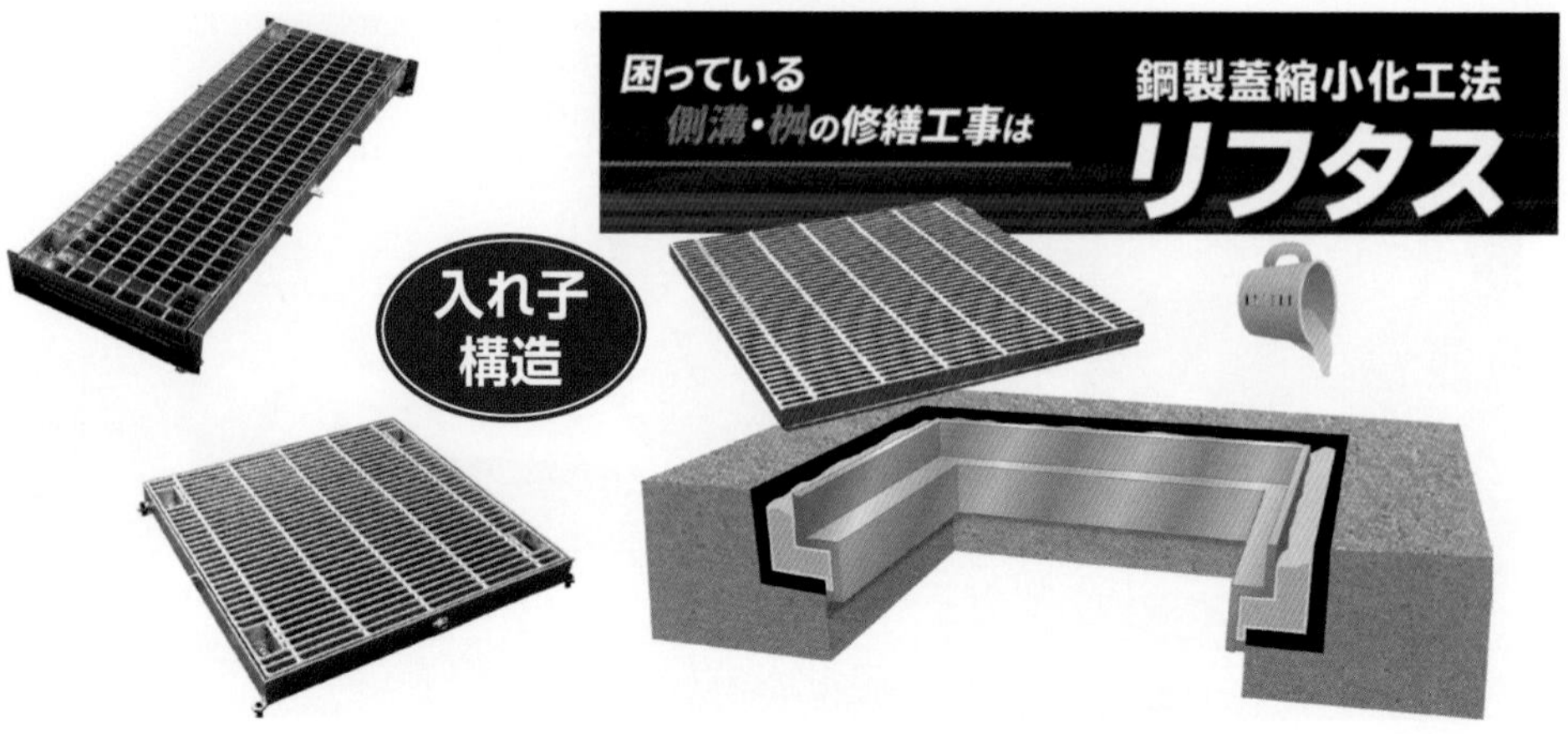

業界唯一の鋼製蓋縮小化工法 側溝修理で快適な道路環境を維持

高度経済成長期に集中的に整備されたインフラの老朽化問題が深刻化している中で、業界内唯一大型作業車両を使わずに桝や側溝の修理を可能とする『株式会社宝機材』の鋼製蓋縮小化工法『リフタス』が大きな注目を集めている。従来の桝や側溝修理では、ハツリや裁断、型枠工事、生コン打設などの作業を行うために大型作業車両が必要だった。交通規制が必須で工期も長く人手も必要だったが、『リフタス』では傷んでいた側溝をたった数時間で修理可能。既設の蓋よりも一回り小さい枠を入れ子のように設置し、グラウト材（無収縮モルタル）で蓋受け部と新しい受枠を固定して新しい蓋を入れる。蓋を小さくしても必要な耐荷重を出すため、蓋・枠共に強度が高いハイテン鋼を使用しており、従来の強度基準を満たした状態でグラウト材の充填スペースの確保ができる。駆体を壊さないため、一般の工具のみで施工が可能。省スペースで作業できるため、交通規制を最小限に抑えられる。たった数時間で施工可能なため夜間工事のみでの対応ができると高速道路の側溝修理にも導入されている。老朽化による側溝の破損や跳ね上がり、段差、目詰まり、グレーチングの盗難問題もすべて解決可能。掛かりしろが壊れた側溝でも簡易的な枠組みを組むことで既設構造物を活用し

グラウト材充填。

受枠をセット。

た修繕が可能なため、廃材の削減ができて環境にも優しい。コンクリート蓋の改修や側溝を入れ替えずに入れ部だけの部分的な改修、点検蓋を固定式にする開閉式＋細目、大型桝の改修など様々な対応ができるので、蓋の騒音問題を解消したい、流雪溝の蓋の重さを軽くしたい、隙間を小さくしてバリアフリー化したい、グレーチングの目詰まりを解消したいなど、様々な要望に応えることができる。既設よりもスリムな蓋になるが、桝開口や側溝幅は変わらないため流量・流速・容量には影響なし。グレーチング本体、受枠ともに溶融亜鉛メッキ設計のため、長い年月を経てもメッキが剥がれずサビや腐食の発生もない。軽量化して維持管理がしやすくなると好評だ。

従来の工法では改修が難しかった現場や長時間の交通規制がネックで改修が難しかった現場でも安心・安全に修理し、快適な道路環境の維持に貢献するとともにインフラ老朽化や人手不足の問題も解決してくれる鋼製蓋縮小化工法だ。

（ライター／彩未）

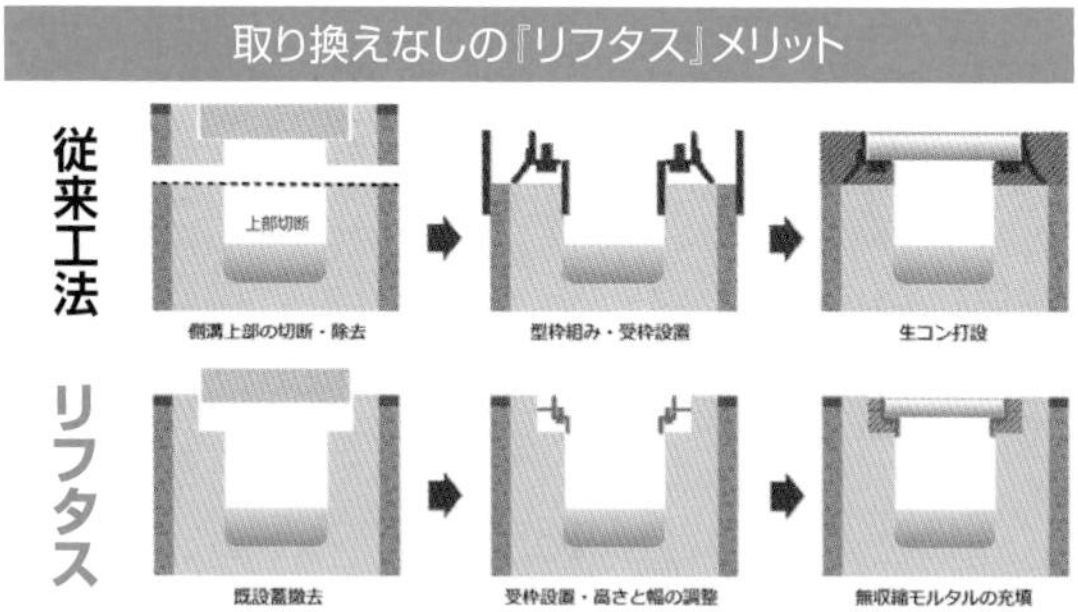

株式会社 宝機材
たからきざい
058-327-2222
info@takara-kizai.com
㊟ 岐阜県瑞穂市別府1723-1
https://www.takara-kizai.com/

特殊カメラで風力発電の雷撃箇所特定
災害発生時のレスキューカメラも開発

カメラで社会に貢献する。こんな経営意思が鮮明な映像のように伝わるのが、カメラ機器開発のベンチャー、『株式会社D-eyes』代表取締役の橋本健さんの取り組みだ。その象徴が、中部大学の山本和男教授、ケイプラス社、エイプス社と共同で特許を取得した雷検知システムを基に開発した風車用落雷監視カメラシステム『Lightning Eyes』。再生可能エネルギー利用の発電の一翼を担う風力発電設備が故障する最大の原因が落雷であることに着目した技術で、従来の落雷検知技術では困難だった、雷が落ちた回転翼の特定や損傷状態のリアルタイムな遠隔監視を可能にし、早期修理、稼働停止時間短縮に寄与する。

経産省は、風力発電設備について「雷撃を受けた風車のブレードが折損して発電所構外へ飛散したり、雷撃により風車が焼失したりする事故が起きている」と指摘し、雷被害防止に向けた対策を促しているが、その対策のソリューションとなるのが『Lightning Eyes』だ。

これまでは、後日天候の回復を待って、落雷箇所の特定や損傷状況の所見は、作業員による目視確認に頼っていたのが現状。これに対し、『Lightning,Eyes』は、『D-eyes』の雷道検知と風車状況確認を担う複数の超高性能特殊カメラ、

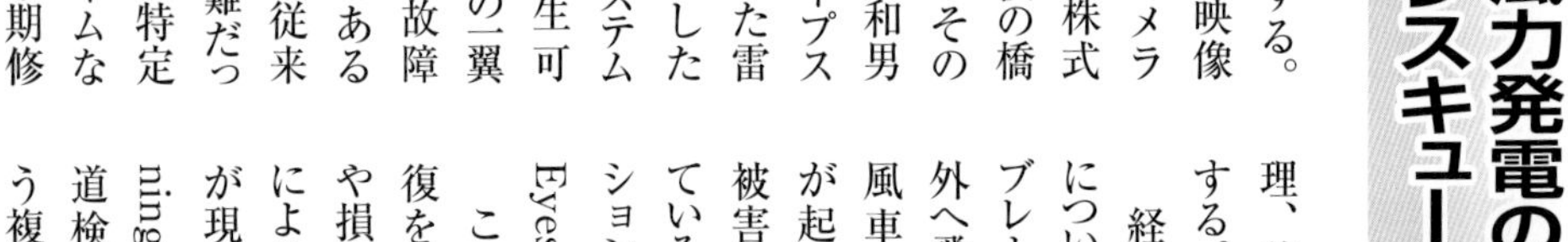

本システムで実際に撮影した稲妻（雷道）の画像例。冬季雷のため風車の羽から空に向かって雷道が伸びているものが多い。つまり羽に強力なエネルギーが集中し、最悪の場合、大きなトラブルに繋がる。

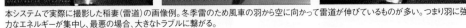

洋上風力発電
風力発電所は、風の良い日本海側沿岸部に集中する。今後は更に風車が大型化し、海岸線から洋上（落雷頻度の多い方向）へと開発が進む。

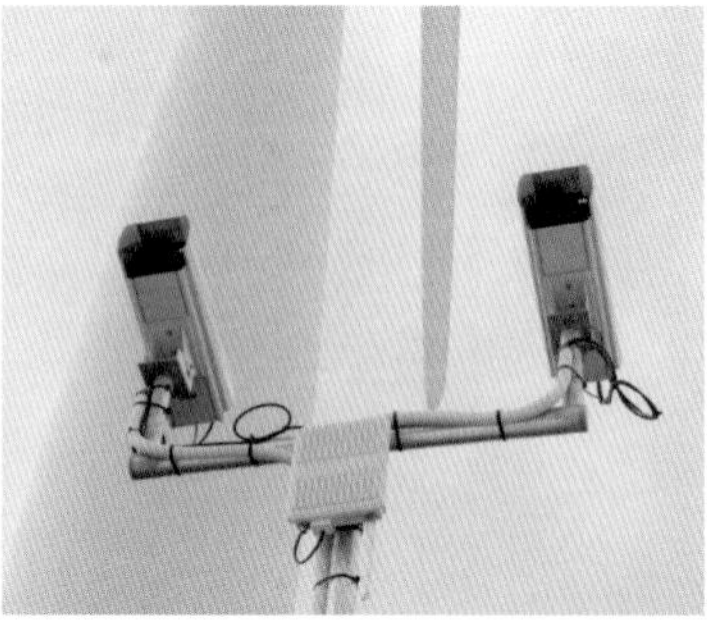

風車用落雷監視カメラシステム『Lightning Eyes』カメラ配置例
あらゆる稲妻を捉えるため、設定の異なる2台の特殊カメラで捕捉。出力画像にAI処理を施し落雷箇所を特定する。

解析用コンピュータ、データ蓄積用クラウドサーバなどから成り、雷の閃光を検知すると同時に、画像をコンピュータで解析、稲妻の先端が当たった回転翼の箇所や損傷状態も確認できる。そのデータはサーバ経由で監視部門に送信されるので、間を置かず修理などの対応が可能になる。

「暗い環境下でも撮影可能な超高性能特殊カメラを用いたシステムにより、風車の稼働状況を24時間観測できます。風力発電施設の立地条件やご要望に即したシステム構成、設計、設置工事にも対応いたします」

大手メーカーのカメラ部門で開発者として35年歩んできたという橋本さんにはもう一つ、「メイドインジャパンの力で災害大国を救いたい」との思いで開発したカメラがある。ドローンに搭載する災害用レスキューカメラ『WCAM001』。防塵防滴仕様で、和歌山県から富士山の山肌が見えるほど超高性能の超高感度光学31倍ズームと物体の表面温度を測る高分解能サーモグラフィーを搭載、赤外光を使うと靄の中でも遠方を見通すことができる。夜間でも倒れた人の体温を検知して生存者を発見でき、救命に寄与するカメラで、目下活躍中だ。

（ライター／斎藤紘）

『レスキュー用カメラWCMA001』

株式会社 D-eyes
ディ アイ
072-242-7678
info@d-eyes.net
㊟ 大阪府堺市北区中百舌鳥町2-34
https://d-eyes.co.jp/

高レベルの断熱・気密を実現
世界基準のいい家づくり

昨今の日本では、家事動線が少ない間取りやデザイン性などを重視した家づくりを行うハウスメーカーが多く、高性能を謳っている住宅でさえも住まいの快適性は世界最低レベルといわれることも。寒さや暑さを我慢して生活している方も少なくないのではないだろうか。

「目指すのは世界基準のいい家」をコンセプトに、断熱性や気密性に優れた健康で快適に暮らせる家づくりを『PASSIVESTYLE 株式会社』では、ヨーロッパをはじめとした世界の多くの国で採用されている断熱性能基準の中でも高いレベルを誇る「HEAT20G3仕様の高性能住宅」で設計した健康で快適に暮らせる世界基準の家づくりを行っている。

「スーパーウォール工法」の採用と基礎や屋根裏などの見えないところまで完璧に断熱処理を行うことで、UA値（断熱性能）は0・26W／㎡・K以下、C値（気密性能）は0・29㎠センチメートル／㎡以下という高断熱・高気密を実現。太陽光や熱、風など建物を取り巻く自然エネルギーを活かすパッシブデザインと高性能な断熱材をふんだんに使用した家全体を魔法瓶のように包み込む設計で季節関係なく室温を一定に保ち、空調機器を使用しなくても一年中快適に過ごせる。

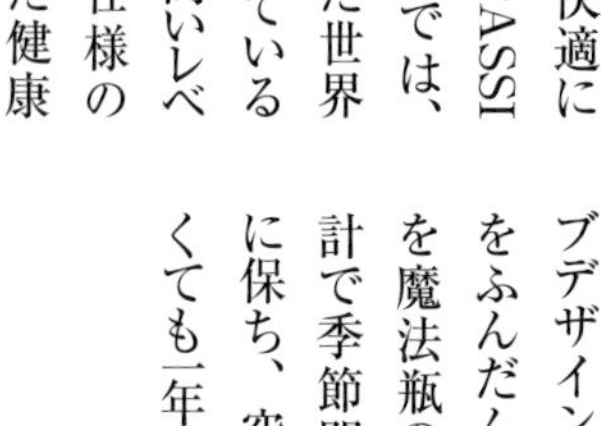

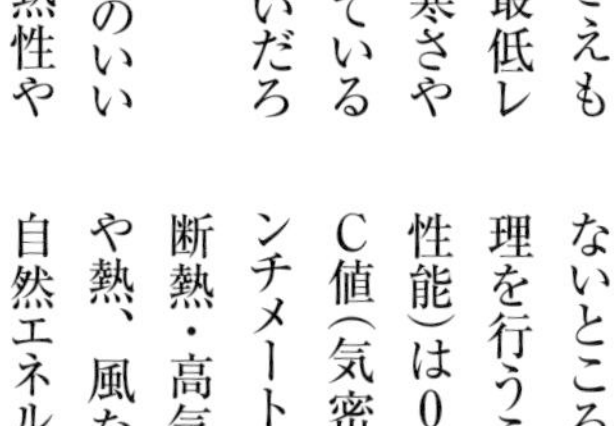

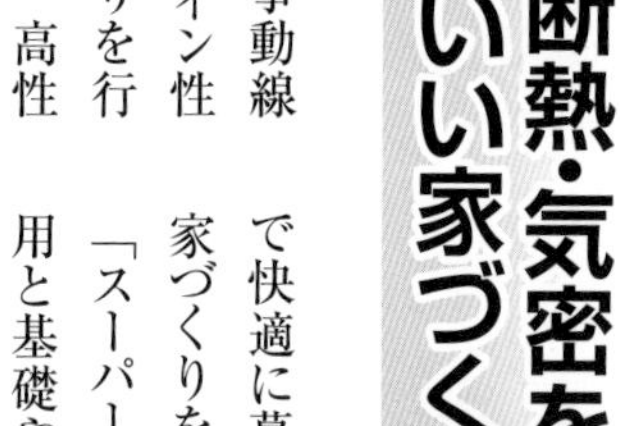

また、日本の住宅づくりで常識的に使用されているペアガラスやアルミサッシ、現場吹抜けの断熱材などは、世界では快適に生活できるレベルに達していないとして使用されてい。そのため、同社ではそれらの素材を使用せず、世界基準に達している鹿児島県産の良質なスギや調湿や消臭性に優れたサンゴ由来の塗料「マシュマロタッチ」、雨と共に外壁に付いた汚れを流すドイツ製の外壁塗り壁材「Ｓｔｏ（シュトー）」、トリプルサッシの窓など機能性が高い素材を厳選して使用する。

日本よりも遥かに長い住宅寿命を誇る世界基準での設計とダメになるまえの定期的なメンテナンスによって住宅の寿命を伸ばし、子どもや孫、その先の世代まで安心して住むことができる住まいを提供する。何世代も続く家族の健康をしっかりと守り、豊かな生活を送れる「世界レベルのいい家づくり」を行っている。

（ライター／彩未）

「世界基準のいい家を形に」
漫画でも紹介中。

価格ではない、それ以上の快適で豊かな暮らしが返ってきます！
人生が変わる家づくりは是非、PASSIVE STYLEへ！

PASSIVESTYLE 株式会社
パッシブスタイル
099-800-4579
㊟ 鹿児島県鹿児島市吉野3-49-13
https://passive-style.com/
@passive__style

事務所&モデルハウス。

タイルカーペットのリユースで地球環境保護に貢献

日本のオフィスビルや商業施設、空港、病院など様々な施設で使用されているタイルカーペット。毎年約２５００万㎡生産される内、約２０００万㎡が貼り替え需要になるとも言われている。そしてその貼り替え後のカーペットはほとんど廃棄されているのが現状で、その総重量は約10万トンに上るという。そんな現状を解決しようとタイルカーペットのリユースで「ＳＤＧｓ」に貢献しているのが『株式会社エムシープランナーズ』だ。新品貼り替えに伴い投入されるCO_2の削減効果で地球環境保護に貢献すると共に、リユースを採用される企業の「ＳＤＧｓ」の取り組みもサポートしている。

現在、三つのサービスを軸にタイルカーペットリユース事業を展開。一つ目がお客様の現場に洗浄マシンを持ち込んで洗浄するリセット施工サービス。同社が提供するカーペットの汚れを洗い流してくれる『丸洗いリセット施工』を行うことで綺麗なフロアに蘇る。新品貼り替えに比較して約半分のコストで対応可能だという。二つ目は、使用済みタイルカーペットを回収・再生し、リユース品として販売するサービス。オフィスビルの原状回復工事などで貼り替えられたタイルカーペットを買取・回収し、同社のリユースセンターで『丸洗いリセット洗浄』を行い、衛生的に再生。リユースカーペットと

『丸洗いリセット施工』

衛生的に再生されたリユースタイルカーペット『エシレ』。

リユースカーペット『エシレ』を使用した張り替え工事。

丸洗いリセット洗浄作業

して販売する仕組みだ。またカーペットの洗浄を行うリユースセンターでは、障がい者・高齢者の就労支援による社会貢献も行っている。洗浄作業は過度な熟練を要さないため、知的障がい者や高齢者が戦力となって活躍しているという。

三つ目がリユースカーペット『エシレ』を使用した敷設工事を行うサービス。『エシレ』のラインナップの中からカーペットを選択できる。見積りは無料。

同社は、これらのサービスを通して廃棄物量の削減効果CO_2の排出抑制効果が地球環境保護に有効と評価され「エコプロアワード2019」で優秀賞を獲得。また、リユースしたタイルカーペットを自然災害で被災された方々の生活再建に役立てる被災地支援も行っている。被災した住居は、ボランティアなどの支援を得ながら復旧作業が行われるが、資材の多くは被害者が自費で購入しなければならないといい、費用を抑える一案としてリユースカーペットが役に立っているのだという。

同社は「タイルカーペットを無駄に捨てない社会を目指して！」を企業目標に掲げ、大幅な廃棄物削減とCO_2削減で地球環境保護への貢献を目指していく。（ライター／長谷川望）

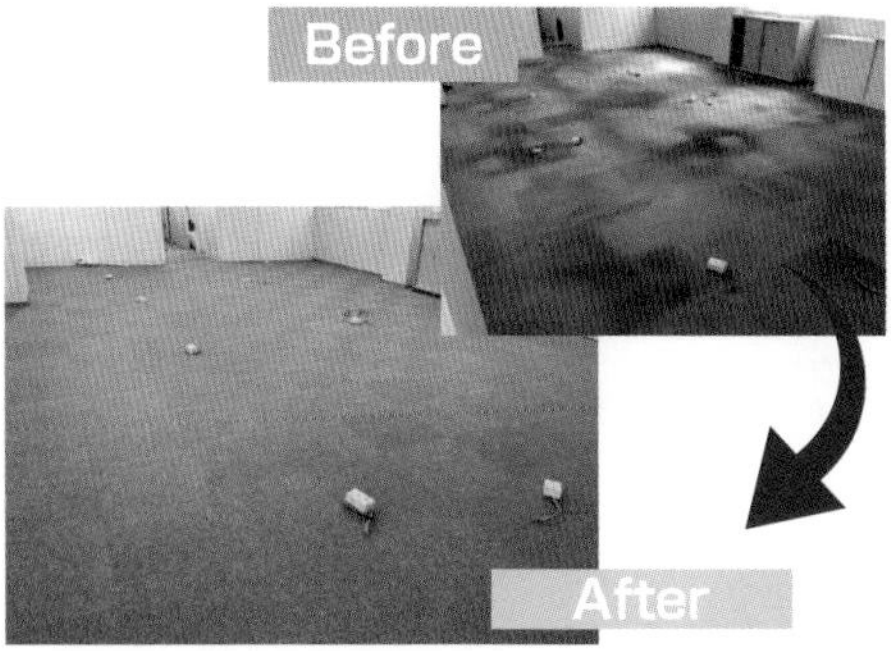

株式会社 エムシープランナーズ

03-6666-2766
info@mc-planners.com
㊟ 東京都江東区北砂1-11-5
https://www.mc-planners.com/

こちらからも
検索できます。

千葉県大網白里市の「タイルカーペット
リユースセンター」。

普段は家具やベンチとして。

多様なシーンで自由に空間を作る新感覚の木質ユニット誕生

「地域の林業や木材業を活性化し、小さな循環型社会を生みだす」

　こんなコンセプトの下、木材を組み合わせて自由な発想で空間を生み出せる新感覚の木質ユニットが誕生した。森林の循環利用による木材の利用促進を目指して「株式会社日建設計」が企画・プロデュースし、国内最大規模の生産能力を誇るスチールラックメーカー『三進金属工業株式会社』が製造販売する『つな木』。

　2種類ある独自形状のクランプ金具で角材を自在につなぐことができるのが特長で、イベントや災害発生時などアイデア次第で利用シーンは大きく広がる。

　『もしもつな木キット』は、普段は家具として使い、非常時には医療ブースや避難所など個室空間に組み換えられるキットで、万が一の時の備えとしても役立つ。会議ブースやカフェブース、ワクチンブース、医療ブースになり、ベンチとしても利用できる。

　『どこでもつな木キット』は、1畳サイズの小さな空間を組み合わせてイベントのポップアップショップなどをつくることができるキット。つなぎ方のバリエーションが豊富なため、遊びから非常時まで使い方が広がる。複数台組み合わせることで使い方や場所にぴったりの自由な空間を演出することも可能だ。

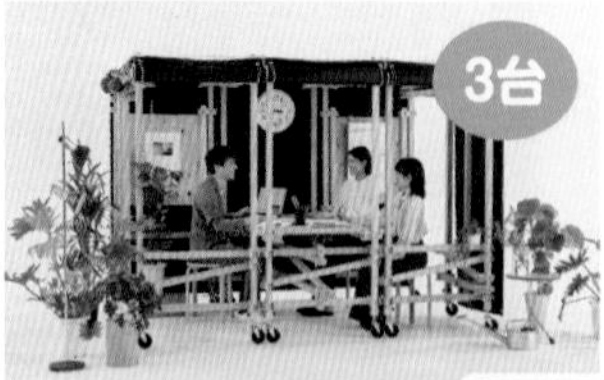

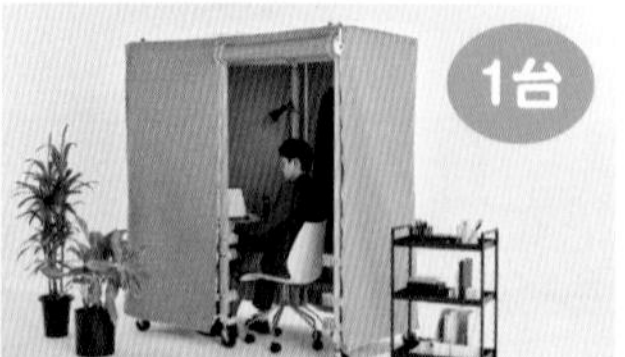

『どこでもつな木キット』

イベントでのテーブル。

木材を金具でつなぎ、自由空間を生み出す。

これらのキットの角材を組み付けるクランプ金具は、直交タイプと回転タイプの2種類があり、ラチェットハンドルや六角レンチ1本でボルトを締め付けるだけで組み付けができる。6色のカラーバリエーションで、設置場所の雰囲気やデザインに合わせて自由に選択できる。

両社は、『つな木』を用いた空間デザインのコンサルティングも実施、「こんな場所に『つな木』を置いてみたいから、レイアウトのアイデアがほしい」などといった相談にも応じる。また、誰でも簡単に組み立てることのできる『つな木』の特長を生かし、老若男女が木にふれ、木を知る場づくりとなる「木育」ワークショップのコンサルティングや企画、運営も行っている。

『つな木』の普及を通じて、木と人と暮らしをつないで豊かな社会の実現を目指すこの取り組みは、国産材の利用を促進するのほか、水源の保持や災害の防止、環境保全などの機能があり、CO_2をたくさん吸収できる森林を維持することができ、カーボンニュートラルの取り組みにもつながり、「SDGs」の様々なゴールの達成にも貢献するものだ。

（ライター／斎藤紘）

植物を使った空間ディスプレイとベンチ。

『つな木サイト』
https://tsunagi-wood.jp/

企画・プロデュース／株式会社日建設計 Nikken Wood Lab
製造・販売／三進金属工業株式会社

三進金属工業 株式会社 東京支社
さんしんきんぞくこうぎょう
03-5822-7400
HPのお問い合わせフォームより
㊟ 東京都中央区東日本橋1-9-5 サンシンビル
https://www.sanshinkinzoku.co.jp/

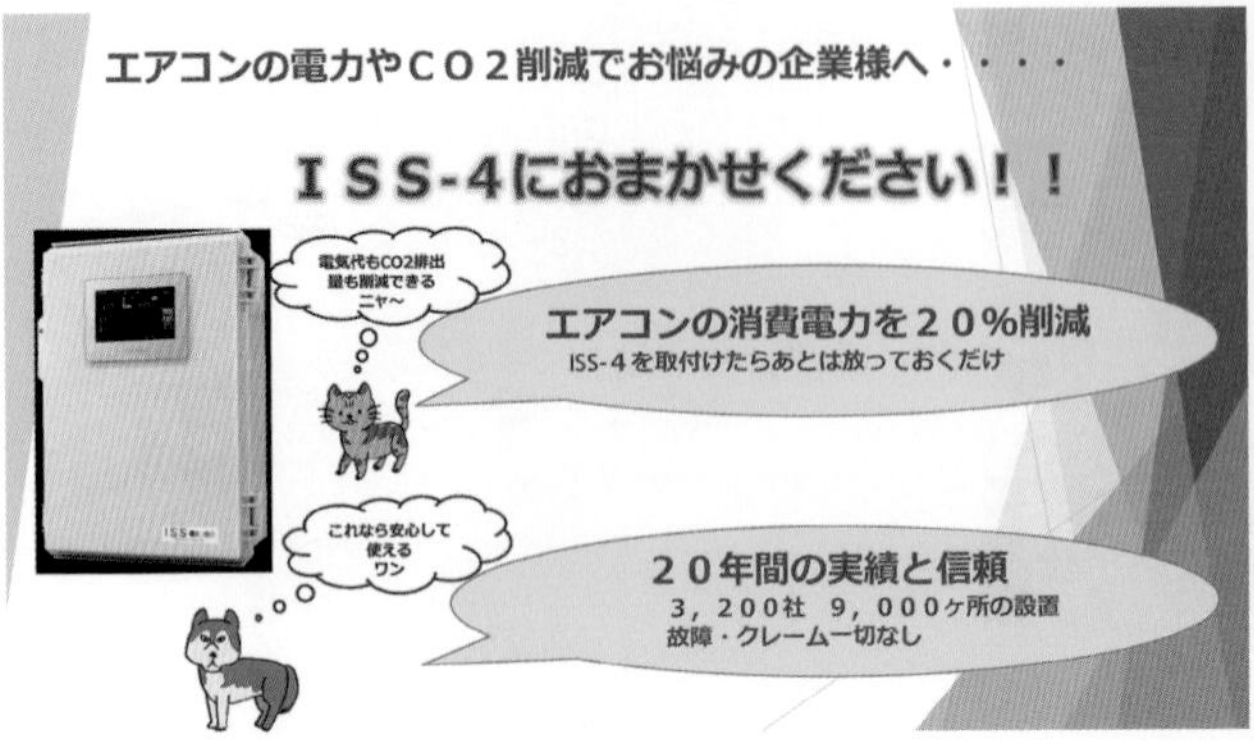

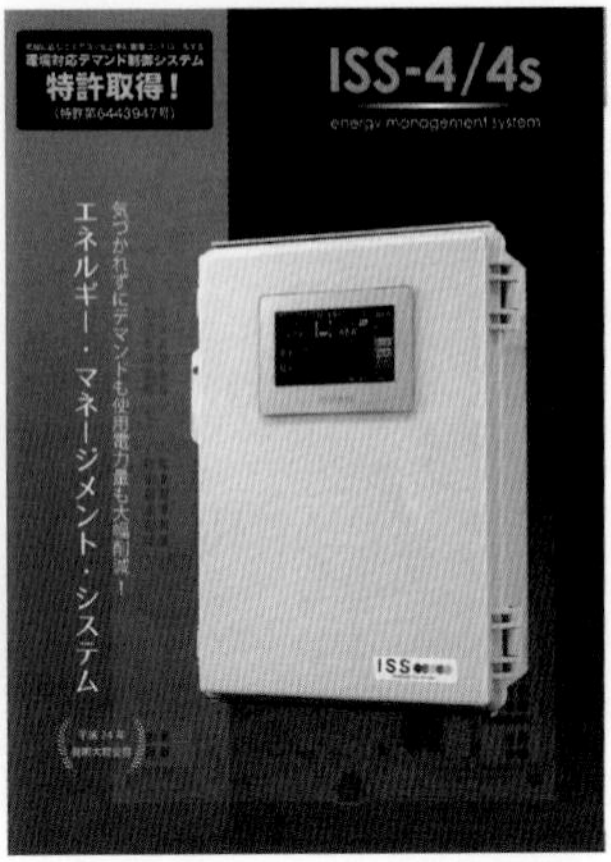

エアコン制御で使用電力量を大幅削減
太陽光反射の遮熱シートで温暖化対策

発電所工事や電気設備工事などを手がける『株式会社EnFeel』の事業で施工実績を伸ばしているのが『温暖化対策工事』として掲げる『環境対応デマンドコントロールシステムISS-4/4s』と『Keep thermo Wall（キープサーモウォール）』だ。

『ISS-4/4s』は、時分割デマンド制御方式でエアコン1台毎をきめ細かくコントロールするシステム。一般的なデマンド・コントローラのように最も条件の悪い部屋のエアコンに合わせてデマンド目標値を設定する必要がなく、低めのデマンド目標で運用でき、使用電力量を大幅削減できるのが特長だ。

具体的には、常時、外気の温度と湿度を計測し、そのデータよる不快指数に応じて目標電力をあらかじめ設定した範囲内で自動的に変更する機能や、夏季、冬季制御パターンを自動切換する機能で空調能力に余裕がある施設ではエアコンの無駄な運転を確実に防いで節電を図ることができる。また、従来のシステム導入費の過半を占める配線工事費用も大幅に抑えられるマルチホップ強力無線制御ユニットと『ISS-4/4s』を組み合わせることで、短期間に導入費用の回収ができるシステムを構築できる。

このほか、病院や老人ホームでも安心な室内環境優先制

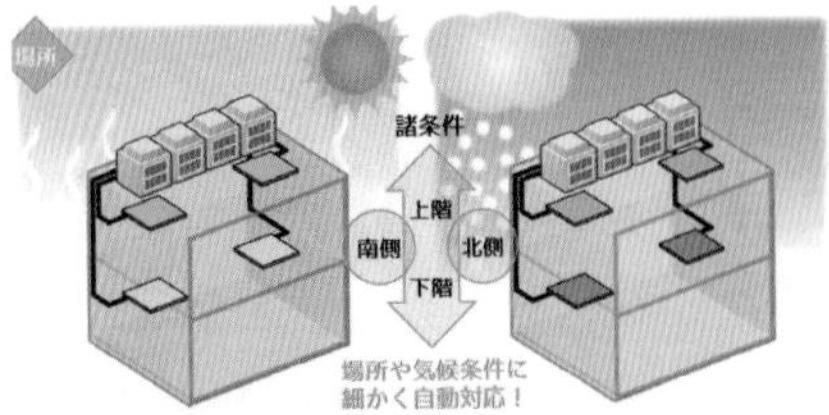

低めのデマンド目標で運用。

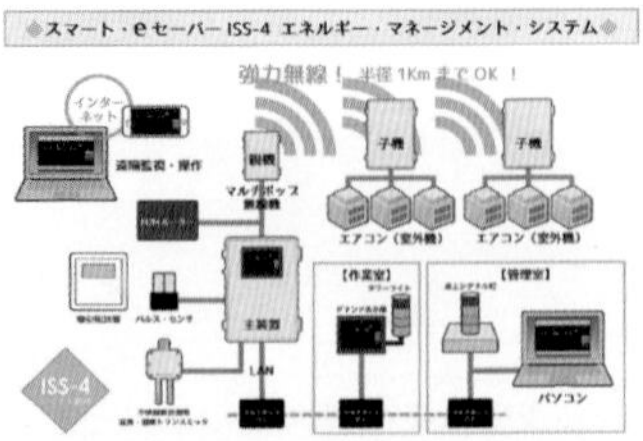

「空調機室外機カバー」

室外機にカバーをつけて直射日光を遮れば、室外機が暑くなるのを防げるので、電気代節約に効果的。カバーありなしで4.3度の違い。『空調機カバー』は電気料金を10～15％削減できる商材。特殊な素材を加工して、オーダーメイドで作成している。

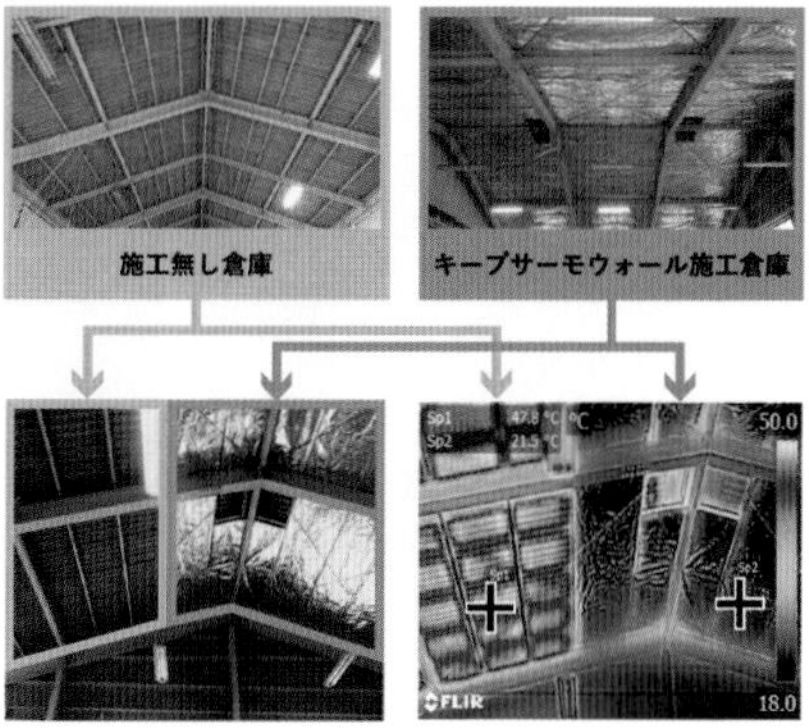

御モードや食品スーパーなどで確実に節電できる冷凍機エネカット散水機能を搭載、遠隔監視・操作機能でスマホによるリモート・メンテナンスが可能で、計測データを長期保存することもできる。

『Keep thermo Wall』は、アルミ箔と高密度ポリエチレン織布などで作られた遮熱シート。工場や倉庫の屋根の下地や屋根裏、内壁と外壁の間に張り付けるように施工する。一般的な断熱材は熱が伝わるスピードを遅くするだけだが、この遮熱シートは高い反射性能を持し、暑さの原因となる太陽光の赤外線を反射し、熱の侵入を抑えることができる。2019年4月下旬にスレート屋根の倉庫で行った実証実験では、遮熱シートを施さない倉庫の室内温度は47・8℃だったのに対し、施した倉庫は21・5℃と26・3℃もの差があったという。

また、遮熱塗料などとは異なり、遮熱シートは経年劣化する心配もなく、外観を損ねることもないのも特長。建設機械や飲料メーカーの工場印刷工場、物流倉庫、危険物倉庫、防災品倉庫、ホームセンター、自動車ディーラーなどで採用されているという。

（ライター／斎藤紘）

株式会社 EnFeel
エンフィール
050-3150-8952
s-itofuji@enfeel301.jp
㊟ 愛知県名古屋市緑区鳴海町字小森48-1
https://enfeel301.jp/

こちらからも検索できます。

En Feel

食品工場冷媒配管工事

冷凍・冷蔵設備の設計施工はおまかせを。

一貫体制で冷凍冷蔵設備を設計施工
用途や設置場所を問わず的確に対応

『高橋冷機株式会社』は、暮らしや事業に欠かせない「冷やす力」を生み出す冷凍・冷蔵設備の設計施工に長けたプロフェショナル集団。冷凍空気調和機器施工技能士、管工事施工管理技士などの国家資格に裏付けられた専門知識と技術を駆使し、飲食店などの小型冷蔵冷凍設備からスーパーなどの業務用冷蔵冷凍庫、横型のコールドテーブル、寿司店などのネタケース、食品加工工場などで使われる冷水チラー設備、物流拠点の大型冷蔵冷凍倉庫などまで幅広く対応する。

代表取締役の高橋進さんが構築した業務遂行体制は、冷凍冷蔵設備導入の相談があれば、詳しくヒアリングした上で、設置場所の状況、保存する食品や製品の種類を確認し、導入費用、維持費用などなどを含めたプランニングから設計、必要な部材の調達、組み立て、電気系統の配線、温度や圧力などを計測して制御する装置を整備する計装を含めた施工、稼働開始後のメンテナンスまでカバーする自社一貫体制だ。

「当社は、臨機応変な対応ができるのが強みです。設備が不調になって早期回復が必要な案件には、電話を受けた当日中に現場を訪問して状況を確認し、その場で対応できないものは、業務に支障が出ないように代用品で当座をしの

デシカント空調機経由配管工事

リモートコンデンサー配管工事

ショーケース設置・配管工事

ぎ、後日、本格的に修理するなど事業に支障のないように臨機応変に対応しています」

同社は、冷蔵冷凍設備の機能を維持するための製品も取り扱う。その一つ、冷蔵冷凍倉庫につきものの床凍結、着霜、結露を簡単に低コストで防ぐことができる次世代装置『IRデフロスター』は、床を解体して施工するためコストも高く時間もかかった従来のフロアヒーターと異なり、照明器具を取り付けると時と同じ程度の作業で済む。リークシール剤「エクストリーム(Extreme)」は、冷蔵庫ショーケースなどの小型コンプレッサーにできる300ミクロンまでのピンホールの内側に張り付け、冷媒漏れを防止する。

また、オフィスや飲食店などで使われている空調機器や冷蔵機器に含まれているフロンガスは、オゾン層破壊や地球温暖化に繋がるため適正な回収をすることがフロン排出抑制法で義務付けられているが、同社は、フロンガスを安全に回収し、破壊処理を行い、地球環境保全にも寄与する。

このほか、空調設備の設計施工、冷蔵庫や冷凍庫、冷凍冷蔵庫、ショーケース、製氷機などの冷機器の販売も行っている。

（ライター／斎藤紘）

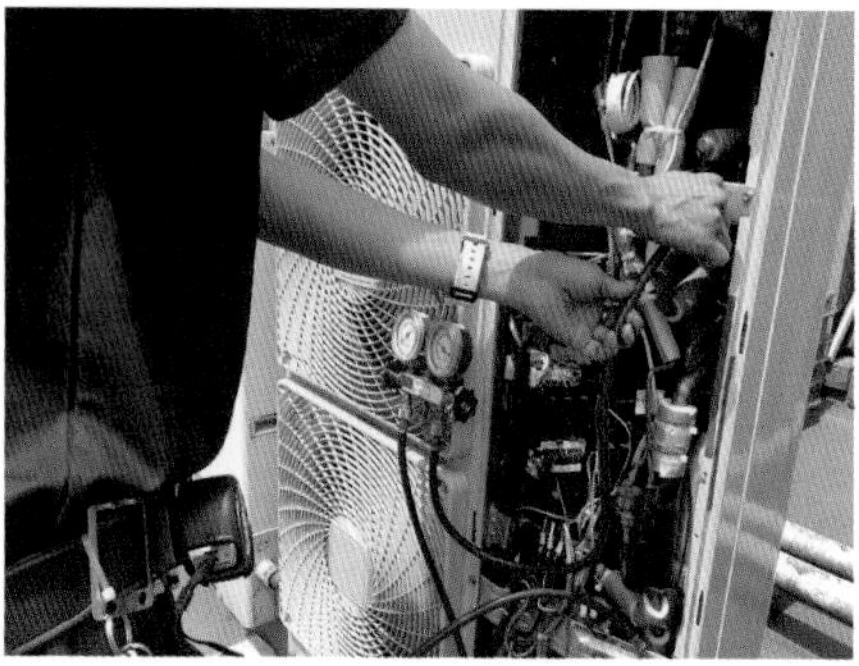

高橋冷機 株式会社
たかはしれいき
084-999-6440
info@takahashi-reiki.com
㊟ 広島県福山市引野町1-11-11
https://www.takahashi-reiki.com/

高橋冷機株式会社
TAKAHASHI REFRIGERATORS CO.,LTD.

清掃管理の簡素化とコスト抑制を実現
年間管理のトータルクリーニング

商業施設や店舗、ホテル、福祉施設、オフィスなどで導入例を増やしているのが『株式会社アンプラ』の『トータルクリーニング』だ。清掃業務全般、カーペットのスチームクリーニング、インテリアのクリーニング、空調や給排気設備、給排水設備のメンテナンス、貯水槽、冷却塔の清掃、水質検査、ゴキブリやネズミ、家ダニなどの害虫駆除などの業務を年間契約で一括又は組み合わせで請け負い、個別業務を専門業者に依頼する場合の煩瑣な手続きや累積する多額の経費を大幅に軽減する業界異例のスキームが支持される理由だ。衛生管理の複合作業を年単位で管理。トラブル防止に貢献する。

外食産業の大型店舗で『トータルクリーニング』の「年間管理システム」を導入した場合の対応について同社の説明を聞けば、メリットの大きさがわかる。「店舗の衛生環境が悪化すれば、エアコンが突然故障することや詰まりが原因となって排水管が機能しなくなること、ダクトに溜まった油汚れなどに引火して最悪火災が起きること、害虫の異常発生など、様々なリスクが起こり得ます。特にダクトのトラブルはお店だけでなく、お店をご利用する方にも影響を及ぼします。『アンプラ』の年間管理システムは、衛生管理の複合作業を年単位で管理するもので、店内、厨房床、ダクト、グリーストラッ

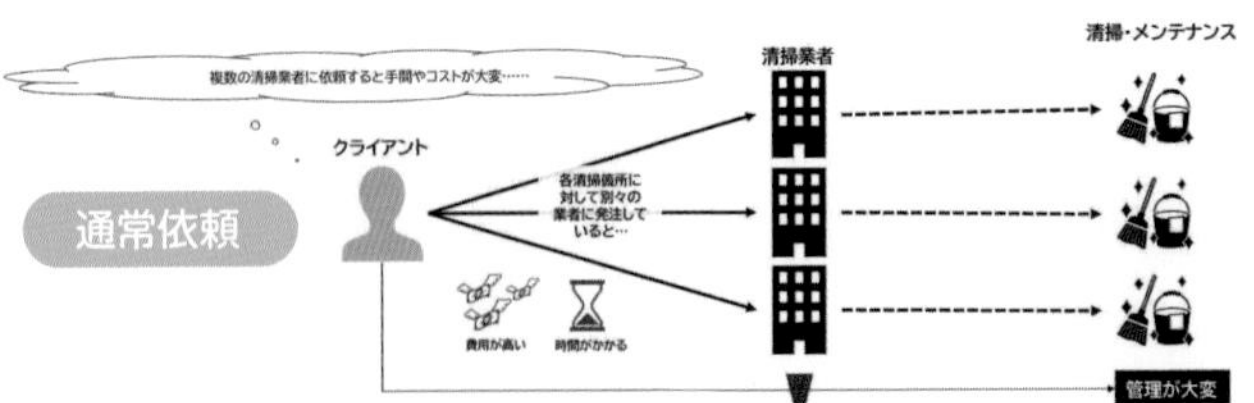

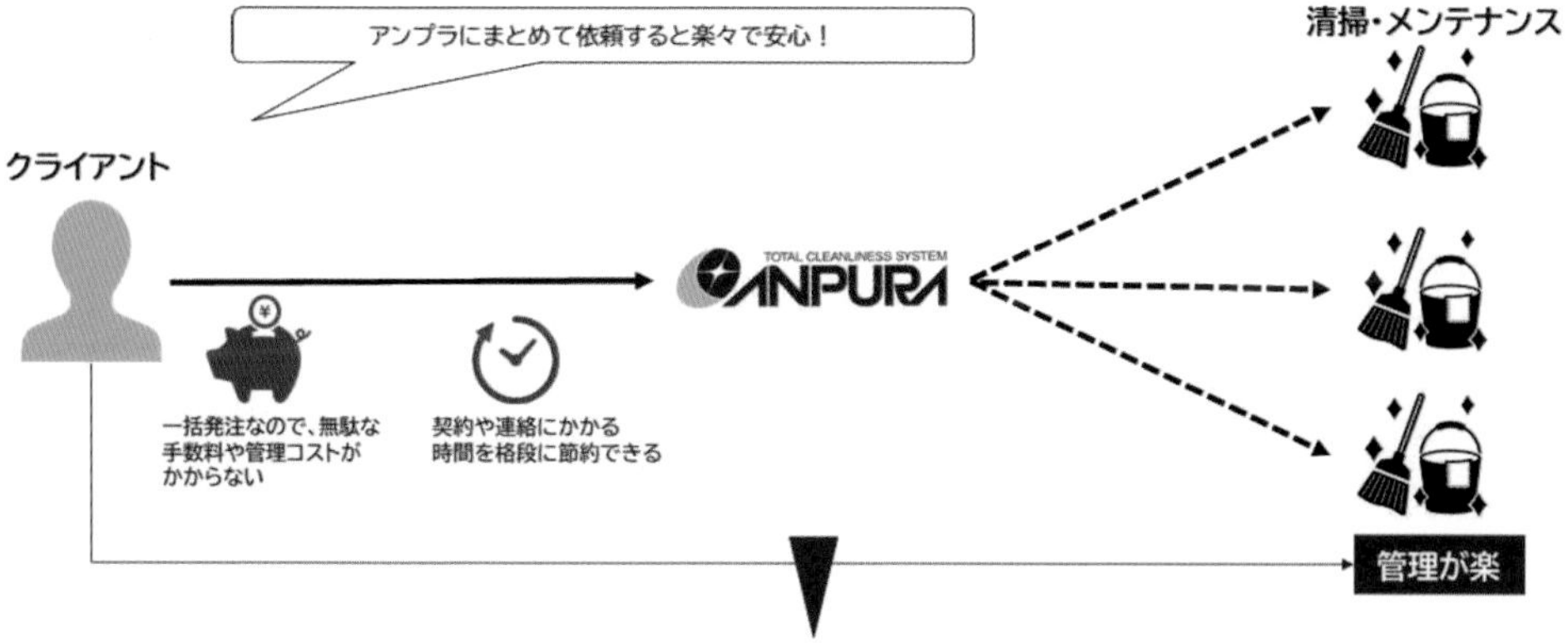

最高のコストパフォーマンスで安心して清掃依頼ができる

プの清掃などの清掃項目をそれぞれの店舗の状況やニーズに合わせて実行し、トラブルが起きるリスクを排除することで、店舗維持の安定性やお客様の安心安全を確保することが可能になります」

清掃後には、『バイオプロテクト5000c』という薬剤を静電スプレーであらゆる部分に噴霧し、新型コロナウイルイスを含む18種類の細菌、ウイルス、微生物を90日以上物理的に消滅させ、施工済ステッカーを発行する念の入れようだ。

こうした業務の充実ぶりが評判になり、導入した事業所は、コンビニチェーン、建設会社、映画館、児童施設、学習塾、神社、駐車場会社などにも広がっている。

代表取締役の吉田里美さんは、『アンプラ』を引き継いで3年目となり、2024年で創業30年目を迎えた。「衛生的で安心してお客様をお迎えできる空間、その中で働くスタッフの皆様も安心できる環境を提供」という経営理念をより一層、実践していく決意だ。

同社は、経済産業省から健康経営優良法人に認定されているほか、プロバスケットボールBリーグの「大阪エヴェッサ」のオフィシャルパートナーとして地域活性化にも力を入れている。

（ライター／斎藤紘）

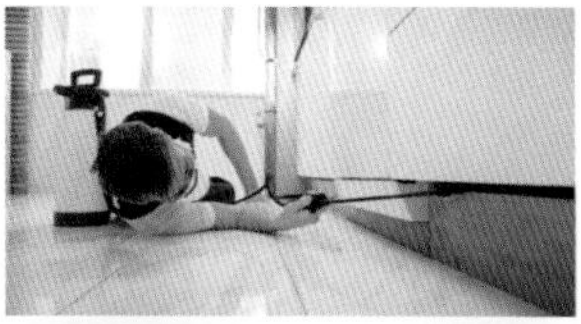

株式会社 アンプラ

06-6644-9191
info@anpura.jp
㊟ 大阪府大阪市浪速区敷津西2-1-5 アリタビル大国3F
https://anpura.net/

『最後の砦』Vシリーズ

『最後の砦』Gシリーズ

備えあれば憂いなしの防災シェルター
1・9気圧実現の酸素カプセルシリーズ

「みなさまの健康と安全と生命を守る」

東日本大震災級の大地震や相次ぐ国際紛争、軍拡競争に対する不安、急速な社会の変化に伴うストレスが常態化する時代の中、注目度を高め、導入例を増やしているのが、この経営理念を形にした『ワールドネットインターナショナル株式会社』の『防災シェルター』と『酸素カプセル』だ。時代の要請に応える発想力と技術力は主要メディアでも高く評価された。

『防災シェルター』は、大規模自然災害や戦争などによる放射能汚染の対策になるもので、室内、庭、地下などに設置できるよう3タイプを用意、購入先の状況に応じたカスタマイズも可能だ。

『最後の砦』は、地下に埋める必要のない、日本初の室内設置用箱型シェルターで、イスラエル製CBRNフィルターを搭載した有害物質遮断装置を備え、防放射性物質、防生物兵器、防化学兵器、耐震、災害時の屋内家財倒壊による二次災害防止の5WAYマルチ防災シェルター。分割型で間口が狭い部屋でも搬入設置が可能だ。

『サバイブ』は、コンクリート厚20センチ~150センチで放射線遮断能力とミサイルが直に着弾しても堪える強度を持ち、台風、竜巻、暴風、耐震、耐火、ミサイル、防放射性物

「地下シェルター」室内イメージ

「地下シェルター」

「地下シェルター工事」

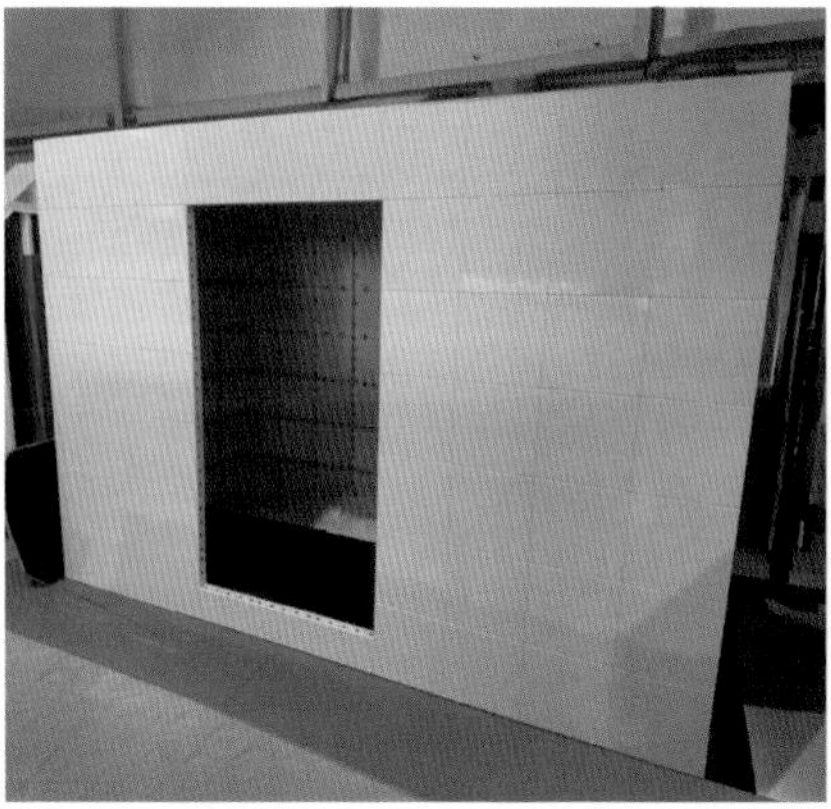

『『ブロックビルドシェルター』』

『サバイブ7000』

質、防生物兵器、防化学兵器の9WAYマルチ防災シェルター。倉庫や部屋としても利用できる。

『ブロックビルドシェルター』は、建築基準法によるマンションへの納品設置が可能で、防放射性物質、防生物兵器、防化学兵器、災害時の屋内家財倒壊による二次災害防止の4WAYマルチ防災シェルター。

一方、疲労回復やリラックスなどの効果が期待できる『酸素カプセル』は、一般的な1・3気圧ではなく、医療機器となる2・0気圧ぎりぎりの1・9気圧モデルを日本で初めて実現し、『O2 DOCTOR（オーツードクター）』ブランドで展開。主力の『酸素カプセル』は、耐久テストで580トンに耐える強度が確認され、耐震シェルターとしても利用できる日本発のカプセル。『酸素キャビン』は、設置面積が『酸素カプセル』と同じだが、体積は約2倍のスリム型。閉塞感もなく、横になったり自由に動いたりすることができる。『高圧型酸素ドーム』は、トレーニング機器を入れられる大型タイプ。ユニットを増やせば使用できる人数も増やすことができる。トレーニングジムやゴルフ場などに最適だ。

（ライター／斎藤紘）

仕入れ0円でフリマ副業 本気で稼げるコミュニティー

「メルカリ」などフリマアプリの副業を後押しし、本気で稼がせてくれるサービスが『ＯＲＵＣＡＮ３７３（オルカンサンナナサン）』。『ALLS COMPANY株式会社』の運営する会員制アパレルコミュニティーだ。

会員登録をすれば、超有名アパレルメーカーで販売されていた商品を独自のルートで仕入れることが可能になる。仕入れ金額は０円。売れない場合はいつでも返却可能で、在庫を抱えるリスクもない。商品が売れたら１００％利益へ直結。中には、始めてから1ヵ月で15万円以上を売り上げる会員もいるという。

現在多くの方が行っている、大手ＥＣサイトや量販店で仕入れてきたものを購入・転売する方法では、仕入れの段階からライバルが多く、薄利多売で商売がしにくい。価格競争に巻き込まれて利益が出ない、売れる商品が分からず在庫を抱えてしまうなど多くの問題がある。『ORUCAN ３７３』に参加すれば、そのリスクをすべて回避できる。会員になれば、副業やフリマアプリが未経験でも、安心して取り組めるよう丁寧に指導。リアル＆Ｚｏｏｍを通して売上ＵＰの勉強会の開催やスタッフやベテラン会員がＰＩＣＫの仕方や売りやすい商品などを教えてくれたりなどのサポートもある。

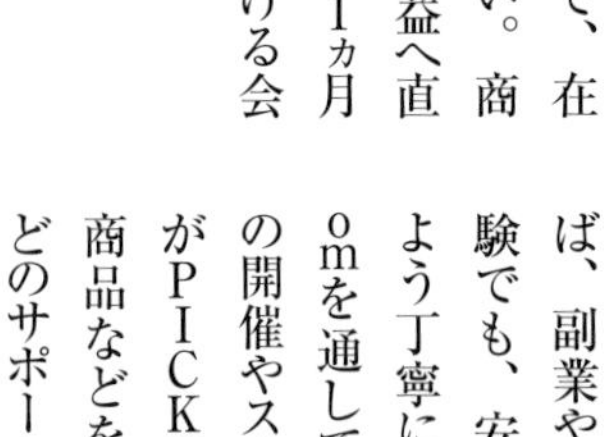
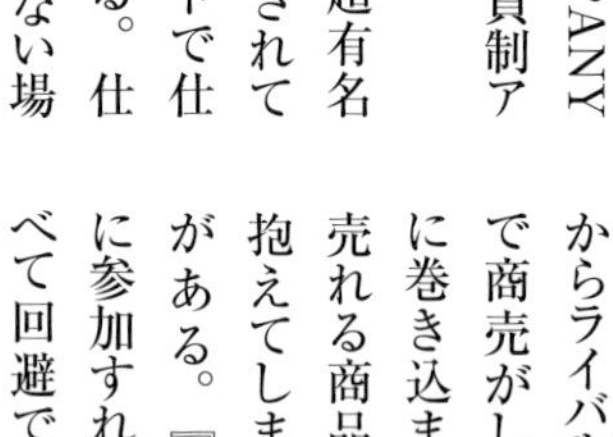
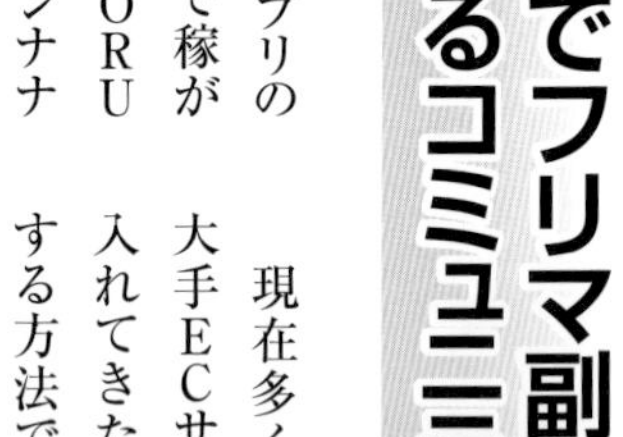

ORUCAN373の仕組み

弊社とお客様WinWinの関係

- 会員さんは仕入れ代金**0円**
- 在庫を抱える**リスクなし**
- 売れない商品はいつでも**返却可能**
- 利用者は**お小遣いをGET**できる
- **ゴミ問題を減らす**ことができる
- アパレルメーカーも**助かる**

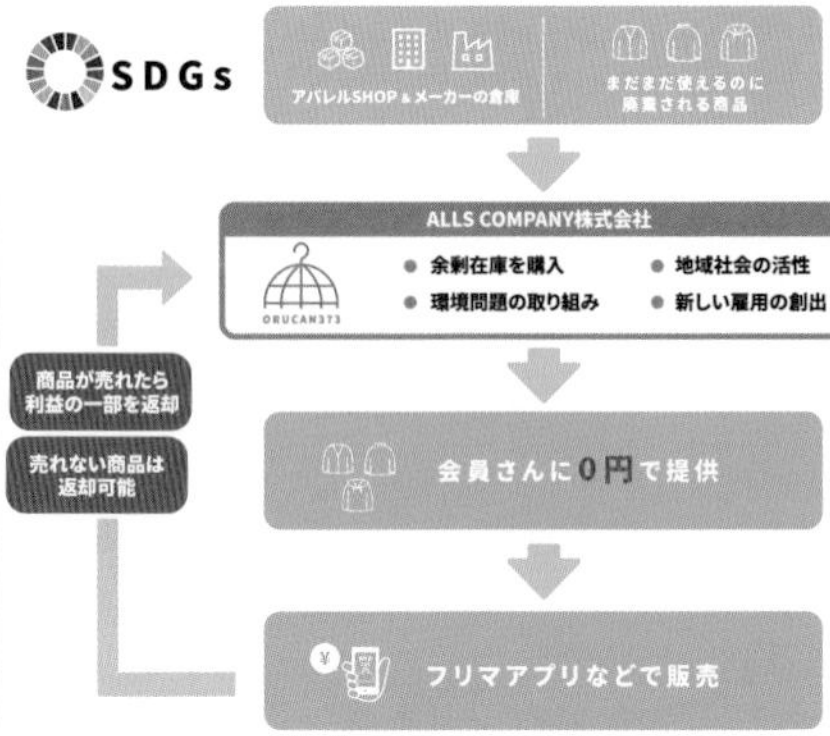

安心の会員サポート

その1

副業・フリマアプリ
未経験の方でも
安心して取り組めるように
丁寧に指導します。

その2

リアル&ZOOMを利用して
売り上げUPの
勉強会を開催しています。

その3
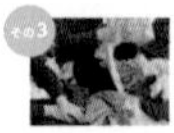
PICKの仕方
売りやすい商品などを
スタッフやベテラン会員さんが
楽しく教えてくれます。

こちらの動画で詳しく紹介しております！
YouTube

友だち募集中
@654rtfio
LINE 公式アカウント

同社が『ORUCAN373』を立ち上げたのは、アパレル業界が抱えている社会問題に真摯に取り組み、環境問題と雇用問題を解決する世界を構造していくためだという。在庫に悩むアパレル店、メーカーの倉庫からまだまだ使えるのに廃棄される商品を買い取り、会員に0円で提供。会員が販売することで、洋服を廃棄する時に発生するCO^2の削減に貢献することとえ会員は利益を得られ、商品は必要とされる人の元へ届き、笑顔を生み出す。「SDGs」に基づいた画期的な仕組みだ。

また、本社が所在する東大阪在住の子育てママパパやシングルで子育てをしている方、学生には特別優遇措置を設け、サポートしている。

社会問題、環境問題に取り組みながら、副業でお小遣いを稼ぎたい方はぜひ公式サイトをチェック。（ライター／播磨杏）

信頼関係を築き、一緒に新しい副業を。

ALLS COMPANY 株式会社
オールズ カンパニー
072-943-2993
mail@alls-company.com
㊟ 大阪府東大阪市川田4-5-32
https://alls-company.com/

こちらからも検索できます。

東大阪 オルカン　検索

世界でも研究が活発化する光合成細菌
果実の収量・収穫品質・栄養価・
葉の面積・葉の細胞分裂が向上

農地の土壌を改良し植物を元気に
有用微生物群の主役の光合成細菌

　農地や水環境の改善に威力を発揮する善玉菌といわれる微生物の集合体、ＥＭ（有用微生物群）を主成分とする農業や園芸、家庭菜園用資材の販売を手掛ける『有限会社イーエムテックフクダ』の製品で、農家や園芸家の間で好評なのが、『光合成細菌（ＰＳＢ）』と『光合成細菌』を培養するための基質（エサ）となる『ＰＳＢ培基』だ。『光合成細菌』は、植物が育つ土壌を改良し、植物を元気にするのが支持される理由だ。

　ＥＭとは、光合成細菌や発酵型の乳酸菌、酵母など自然界にいる善玉菌を絶妙な比率でブレンドし、相乗効果が生まれるようにした微生物群で、農薬や化学肥料に頼る農業に限界に気づいた比嘉照夫琉球大学名誉教授が開発、菌の総合的な働きで環境中に存在する微生物を活性化させるという。光合成細菌は作物栽培や観賞魚において有用だ。

　この微生物は、太陽光のエネルギーを利用して光合成を行い、空気中の窒素を土に固定することができるうえに、有害物質をエサにしてアミノ酸やビタミン、核酸物質を生成、土壌に投入すれば肥沃化されるという。

　期待できる効果として同社は、①日照不足、冷害の生育不良に　天候不順による日照不足の生育不良時でも光合成細菌が植物の光合成を助け正

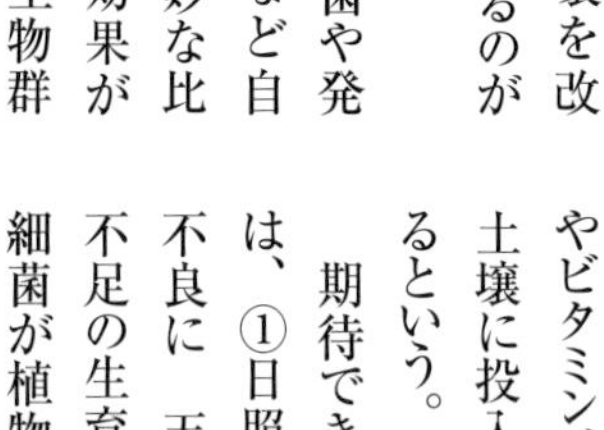
高機能バイオ炭

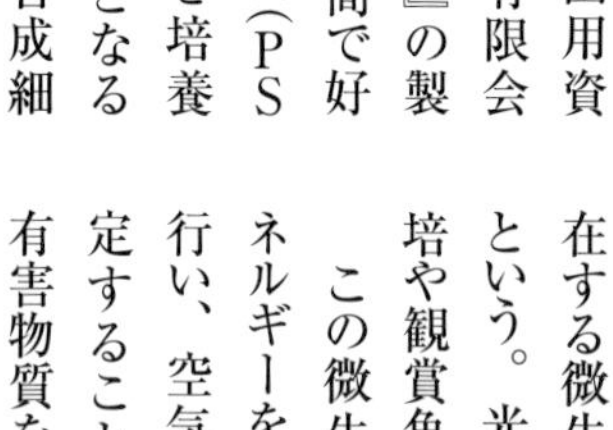
根張り比較

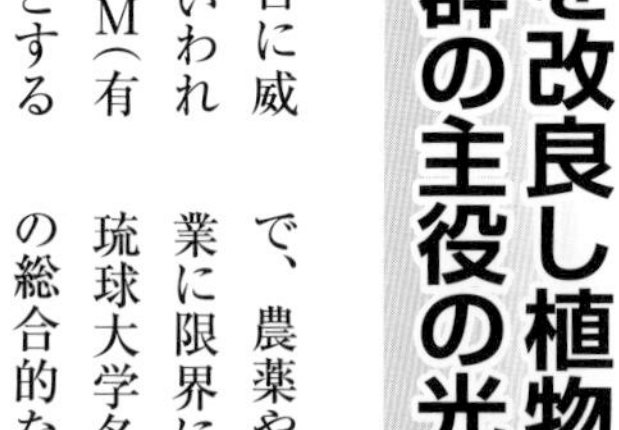
モリンガ樹勢

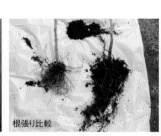

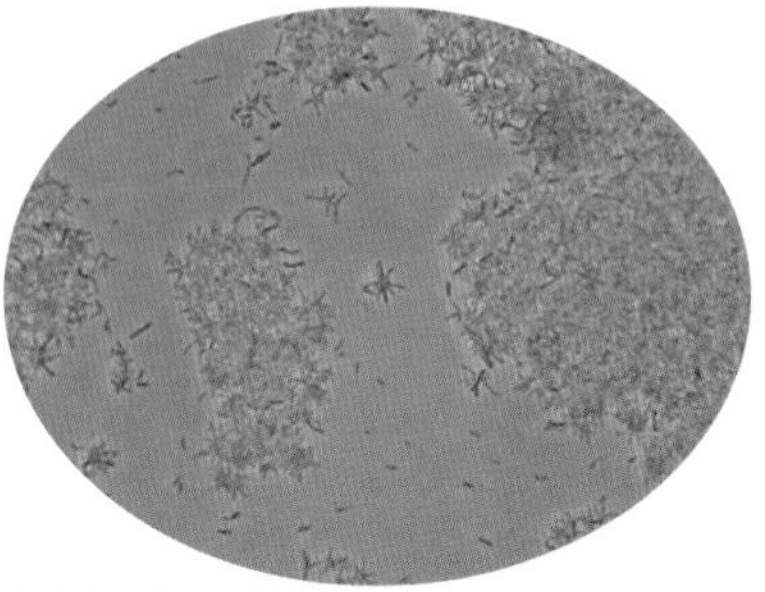
光合成細菌の顕微鏡写真。

常な生育をする。また冷害にも光合成細菌が作るアミノ酸、特にプロリンが作用し正常な生育をする ②果実の色、糖度、収量が改善する。特に光合成細菌が作り出す核酸物質のウラシル・シトシンは受精に効果があり、プロリンは結実に効果絶大で、隔年結果を起こす果樹には効果的 ③植物病原性の強いフザリュウムなどを殺す放線菌などが増殖して病原性細菌による連作障害をなくす ④水田に湧く硫化水素を食べて、アミノ酸や核酸物質などを生成して増収を促す、などを挙げる。

　農林水産省が策定した「みどりの食料システム戦略」で、農地へ施用すると炭素が土壌中に貯留するとともに、土壌の透水性、保水性、通気性の改善などに効果があるとして推奨する、間伐材などを炭化させたバイオ炭と『光合成細菌』を併用すれば、相乗効果も期待でき、製造時に光合成細菌を用いた高機能バイオ炭と併用することで、化学肥料を減らすことができるという。『光合成細菌』を培養する『PSB培基』は、総水量の1%を使うので、『PSB培基』1リットルで100リットルの『光合成細菌』が培養できるという。

（ライター／斎藤紘）

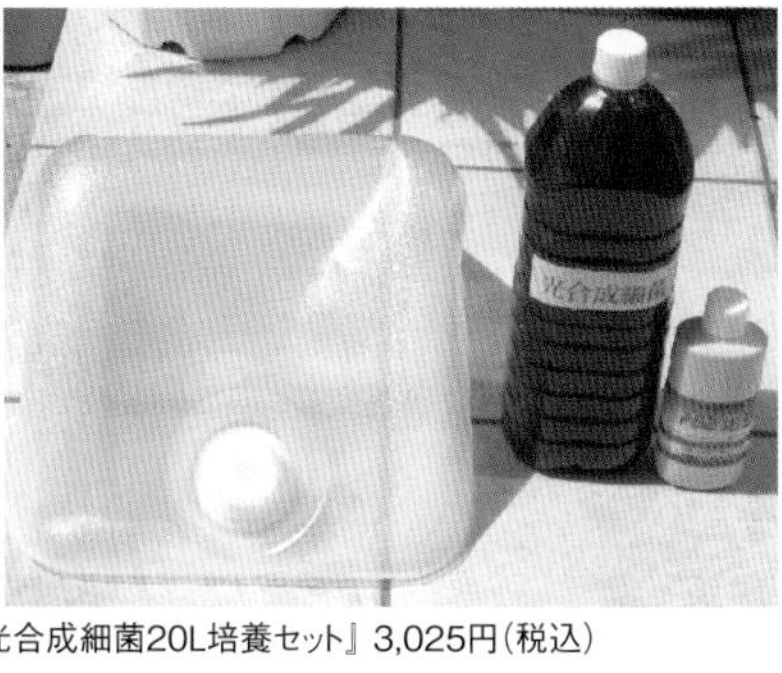
『光合成細菌20L培養セット』3,025円（税込）

有限会社 イーエムテックフクダ

072-654-1855
info@emtec-fukuda.com
㊟ 大阪府摂津市鳥飼西2-18-23
https://emtec-fukuda.com/

『PSB培基』
200ml
880円
（税込）
1000ml
3,300
円（税込）

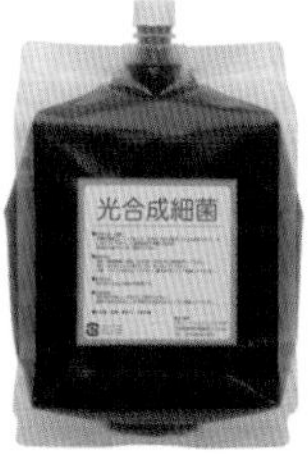

『光合成細菌』
2L
1,650円（税込）
10L
3,300円（税込）
18L
5,800円（税込）

声から個性や適性、ストレス度などを解析する声紋分析ツール

『株式会社ライフスタイルマネジメント』が展開する『VOICETECH』は、声から個性を導く世界初の個性分析システム。僅か6秒で声から個性や適性、ストレス度などがわかる「声紋分析（VPA）」システムを採用し、個性を分析している。

声には、心や身体の情報が乗っていることが理論的に解明されている。声帯の振動に心や身体の調子が乗り、心や身体の調子を声が表し、それ故に声から心や身体の状態を知ることができるという。周波数を分析すれば、今の状態を客観的に観ることができるのが『VOICETECH』の革新的な点だ。

解析方法は、声を周波数変換し、資質本質や意識思考などの3階層12色の色のバランスで観ていく仕組み。結果は色の分布や数値グラフで表され、タイプ分類も自動で出てくるので分かりやすい。強みや適正、モチベーションアップ方法といったものからストレス度やストレス耐性、ストレス解消方法まで様々なことが解析可能だ。データ数も現在1万人を超える統計データがあり、それを統計解析することで、より正確な結果を導き出す。活用方法も多岐に渡り、採用や人材育成、ストレスケアなどの健康経営、また自己分析ツールやカウンセリングツールとして様々な使い方がされている。

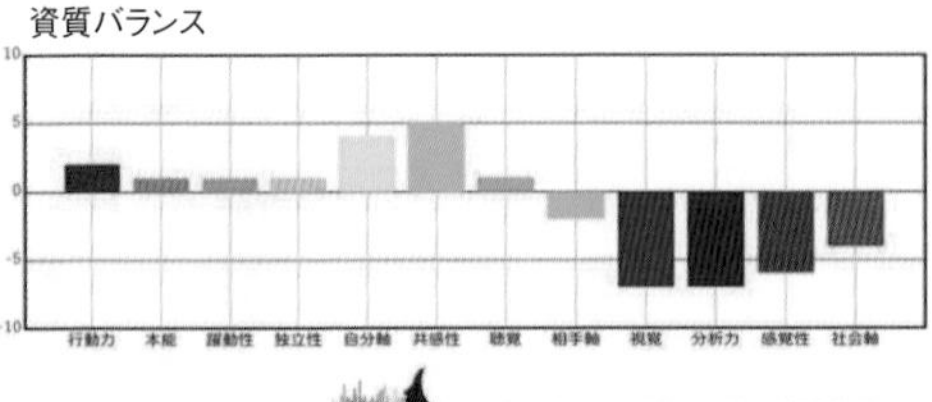

声から意識・心の階層を可視化した
世界初のシステム

強みやモティベーションアップ方法が解り
適性や向いている業務が導けます。

いまの状態やストレス具合も解り
メンタルヘルスにも役立ちます。

特性分析グラフ

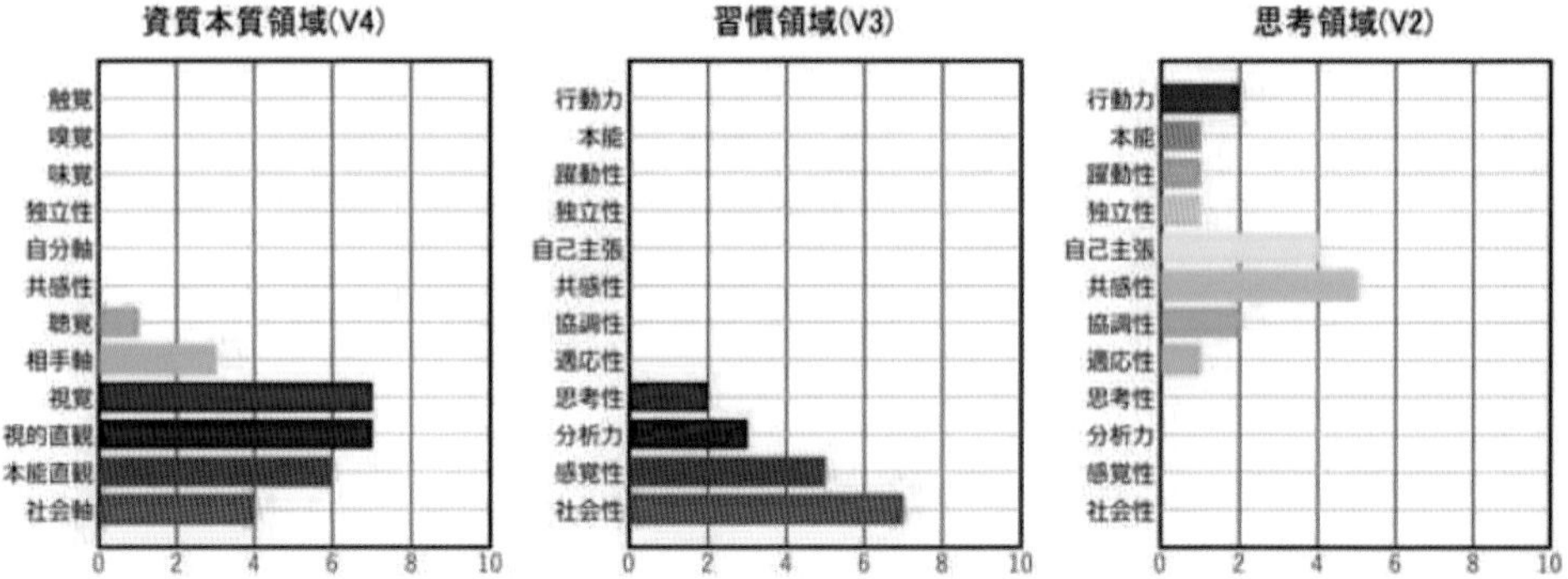

企業では「人材分析ツール」や「人材活用ツール」として、主に採用や人材育成・人材教育及びストレスチェックの代替として使われている。社員・スタッフの個性・特性を知ることで、部門や事業所の適正配置にも活かしているという。また介護施設では、スタッフの離職防止と利用者の満足度アップのために活用。スタッフと利用者の個性・特性に対するマッチングにも活かすなど幅広く活用されている。

『VOICETECH』の導入方法は、現在二つの方法で実施している。

一つ目はソフトウエア一式を購入して、内部で導入する方法。テキストや事例集を使って、ソフトの使い方や解釈の仕方等の講座を受けて頂き活用してもらう仕組みだ。そして二つ目がセミナーや講座、コンサルティングやカウンセリングの実施の他、遠隔でのレポート作成・提供を行う方法。東京や大阪を中心に全国各地の企業や学校で行っている。

（ライター／長谷川望）

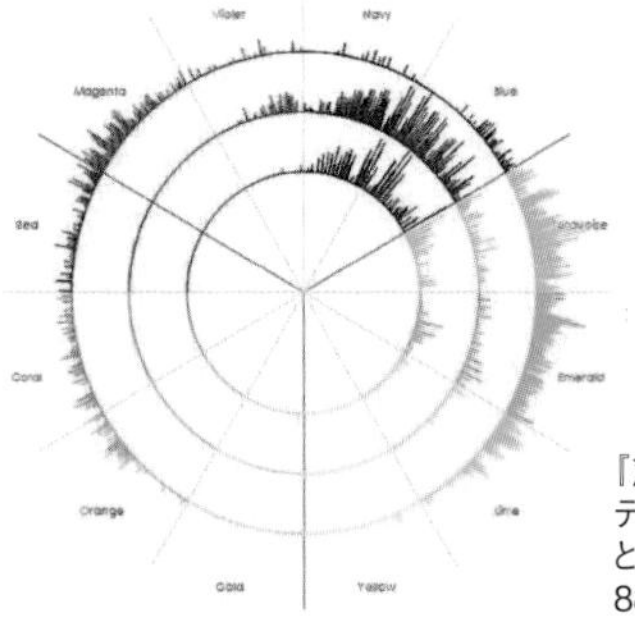

『声紋分析』システム
テキストと解析集、講習とその後のコンサルト付。
880,000円（税込）

代表取締役 柊木匠さん
物理学の大学卒業後に、企業で半導体などの研究開発を行い、その後、経営企画や人事戦略部門に約10年従事。事業計画や人事戦略の作成、新規事業の立ち上げなどを経験。声から個性・適性を分析する手法を確立し、各方面にて展開している。

株式会社 ライフスタイルマネジメント

092-600-4170
info@seimonbunseki.net
㊟ 福岡県福岡市中央区春吉2-12-14 デザインセンタービルII-301
https://seimonbunseki.net/

保育の基本方針は、「生きる力を育む」「自己肯定感を高める」。

一人ひとりを大切に
満点を狙わない子ども主体の保育

「つながる保育・つながる子育て」を保育理念に、保育者と保護者が一丸となって子どもたちを見守り、一緒に成長していくことを大切にする北海道札幌市の『まんまる保育園』と『澄川まんまる保育園』。「合同会社むすびや」が運営する2園では、子どもたちが保育園でのびのびと過ごせるよう、保育スペースに仕切りを設けていないなど、園内のレイアウトにもこだわっている。

まるでお家のお茶の間のような室内で夢中になって遊ぶ子どもたち。お絵描きやおもちゃ、遊具など様々な遊びに興味を持ち夢中になることで集中力が養われ、もっと遊びたいという意欲をもつ。毎日全力で笑い、泣いたり、怒ったり、楽しんだり、時には友達と喧嘩をしながら少しずつ人との関わりを学んでいく。外遊びができない悪天候の日でも退屈しないよう、室内には最高に楽しめるスペースを用意。

<まんまる保育園>
✆ 011-802-5815
㊟ 北海道札幌市清田区
里塚緑ヶ丘6-1-1-2F

<澄川まんまる保育園>
✆ 011-818-0015
㊟ 北海道札幌市南区
澄川3条4-4-17-2F

遊びだけでなく、知育や自然とのふれあいにも力を入れており、好奇心旺盛な子どもたちは毎日新たな発見をして楽しんでいるという。

　昔ながらの「子どもとぶつかりあいの子育て」を実践しながら、子どもたちが好奇心豊かに、様々なことを経験しながらすくすくと成長できるようにサポートする。

『まんまる保育園』が目指すのは、80点を取り続けること。理想を持つことは大切だが、求めすぎると無理が生じてしまう。その時その時に良いことを選びながら80点を取り続け、気がついたら100点になっていることが理想だという。その中でブレずに貫き続けているのは、「子ども・保護者・地域に寄り添い、守る」ということ。「関わっている全員でこどもたちを見守りたい」という想いから、保護者と保育者、そして地域が繋がりをもてるように子育て支援やイベントなどを積極的に行っている。小規模保育園ならではのアットホームな雰囲気と、子どもたち一人ひとりの個性に合わせたきめ細やかな対応で安心して預けることができる。

（ライター／彩未）

置き去り防止システムをいち早く採用。日本初の全席に子ども用シートベルト装着。

まんまる保育園　合同会社 むすびや

まんまるほいくえん

https://manmaru-kids.com/

卒園式

障がいのある子の成長を促す環境構築
放課後等デイサービスに光る独自理念

「人を選ぶような福祉は福祉ではなく、本当に必要な人たちに必要なだけの支援を提供することが、本当の福祉だと思っています」

『合同会社フェリックス』代表の久保勝喜さんが2023年4月、長崎県諫早市に障がいや発達に特性のある児童生徒を預かる放課後等デイサービス『ぷれいらんど本町』を開設した際、可能な限りどんな障がい特性をもった子どもでも等しく受け入れることを決意した理由だ。

「放課後等デイサービスは、一日の利用定員が決まっていて、報酬単価が決まっていれば収益の上限も決まってきます。軽度の子も重度の子も報酬にあまり変わりがないのであれば、軽度の子を受け入れた方がいいと考える事業所も悲しいことに存在しています。しかし、それでは本当に療育を必要とする子どもたちに支援の手が行き届かなくなってしまいます」

　こう指摘して久保代表が開設した『ぷれいらんど本町』は、小学1年から高校3年までが対象で定員は10人。放課後のほか学校休日や長期休暇中にも預かる。放課後の場合、下校時刻に合わせて送迎車で学校に迎えに行き、最大午後6時まで預かる。その目的は、「学校や年齢の違う子どもたちが一つの場所で子ども同士の関わり方を学び、ルールを守

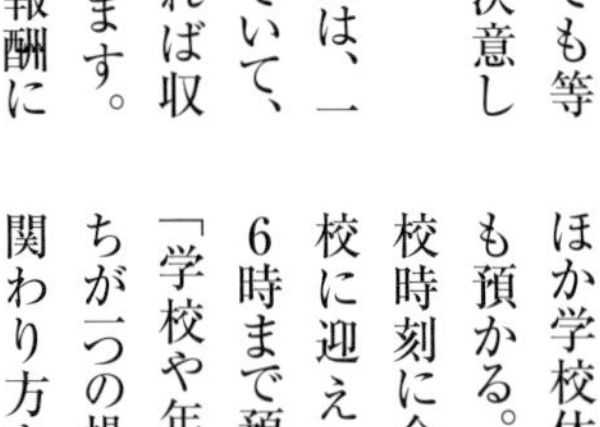

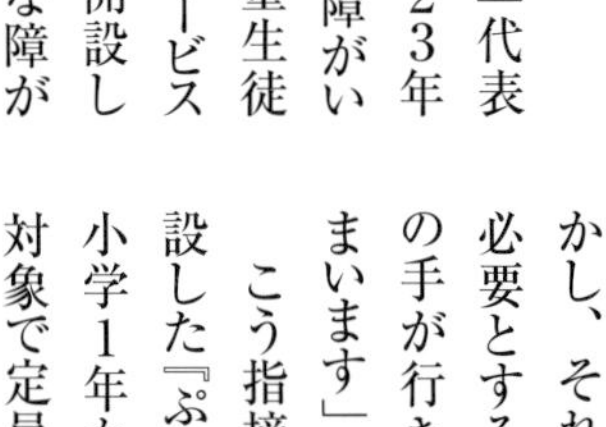

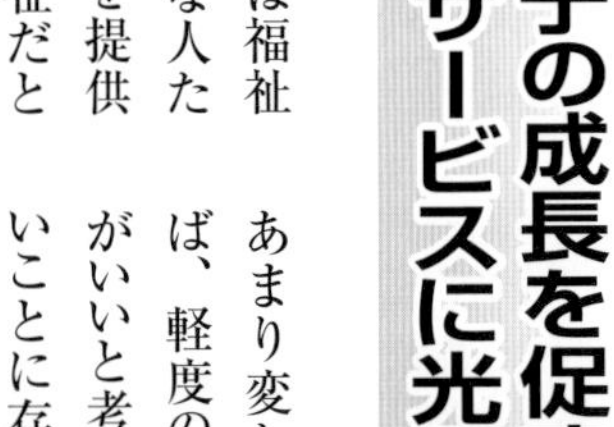

り、社会性を身に付け、将来社会の一員として暮らしていけるように」成長を促し、同時に家族を社会的に支えることだ。

　具体的な支援内容は、スケジュールを使い、生活に見通しをもって過ごせるようにすると同時に、遊びと学習のエリアを分けることで、どこで、何をするのかわかりやすくして、子どもたちが迷わずに自発的に行動できるような環境を提供する「構造化」、子どもたち一人ひとりに合わせ、遊具を使って身体機能の向上を図る「粗大活動」、遊びや様々な活動を通して友達との関わり方が学べるようにする「対人関係能力育成」が三本柱。

「子どもたちの『やってみよう』が聞こえ、沢山見られ、その気持ちを応援できる場所にしたい、こんな思いで運営しています。どんな特性があっても将来も変わらず、皆と同じように笑い、共に生活し、共に社会の一員として活動できるよう、子どもたちやお父さんお母さんの想いに寄り添って支援していきます。この施設を利用して大学では福祉の勉強をし、人の役に立つ仕事に就きたいと言ってくれる子もいて、そういった声も励みになっています」

（ライター／斎藤紘）

合同会社 **フェリックス**

0957-47-9804
info@playland-day.com
㊟ 長崎県諫早市本町3-14 IMビル
https://playland-day.com/

家族の笑顔・幸せを導く、器づくり
House building to bring smile and happiness
for your family
ポーラスター　ご家族の幸せ・笑顔を導く道しるべ
ポーラスター　古より人々が、道・航路を見失わないように天に輝く北極星

認知症による資産凍結回避に最適解提案
助言の信頼性支える専門資格の深い知見

加速する高齢化に伴って認知症の高齢者も増え、内閣府が２０２５年には約７００万人になると推計する中、認知症によって判断能力が失われ、銀行の預金を引き出すことができなくなるなどの、いわゆる資産凍結を回避するための対策で頼りにされているのが、不動産リスクマネジメントを手がける『都築潔』さんだ。不動産コンサルティングマスターや家族信託コーディネーター、不動産後見アドバイザー、認知症ケア准専門士などの資格が裏付ける知見が助言の信頼性を支える。

都築さんは、認知症と資産凍結について、平均寿命と健康寿命から高齢者不動産取引の留意点、意思能力に関する判例、意思能力の要素、意思能力確認・判断、意思能力に対する対策まで様々な角度から研究を重ね、資産凍結防止対策を考えてきた専門家だ。

「認知症などによって意思能力を有しなくなった方がした法律行為は無効とされている」と指摘し、資産凍結で認知症の高齢者が直面する問題の代表例として金融機関口座と不動産取引を挙げる。

「金融機関窓口で預金の払い戻しをする際に、意思判断能力が低下していた場合、払い戻しを受けることができない可能性があります。例えば、高齢者住宅入居一時金や賃貸住宅の修繕費、孫のための教

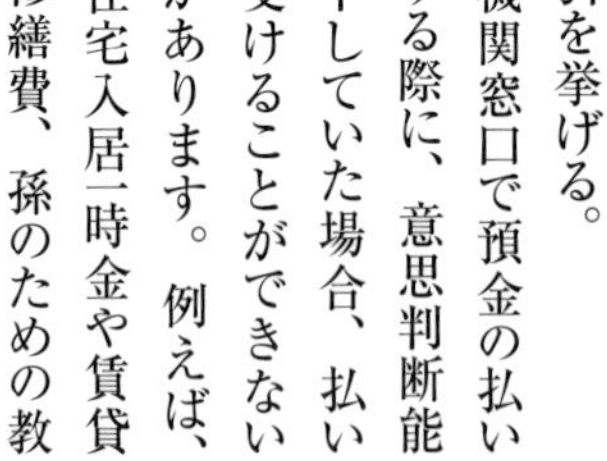

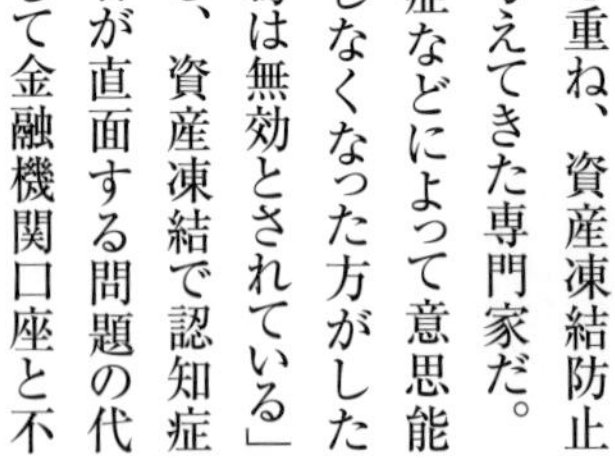

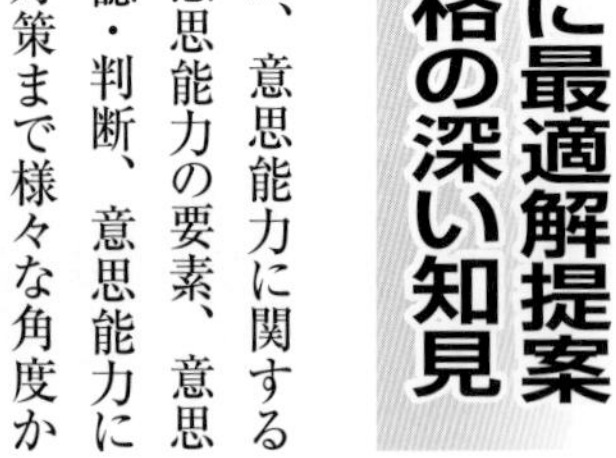

「元気な内」に将来に向けた準備で安心・幸せの暮らしを！

今、何をしましょう

今から将来へ〈自分の想いを具現化させるのは今！〉 資産凍結防止

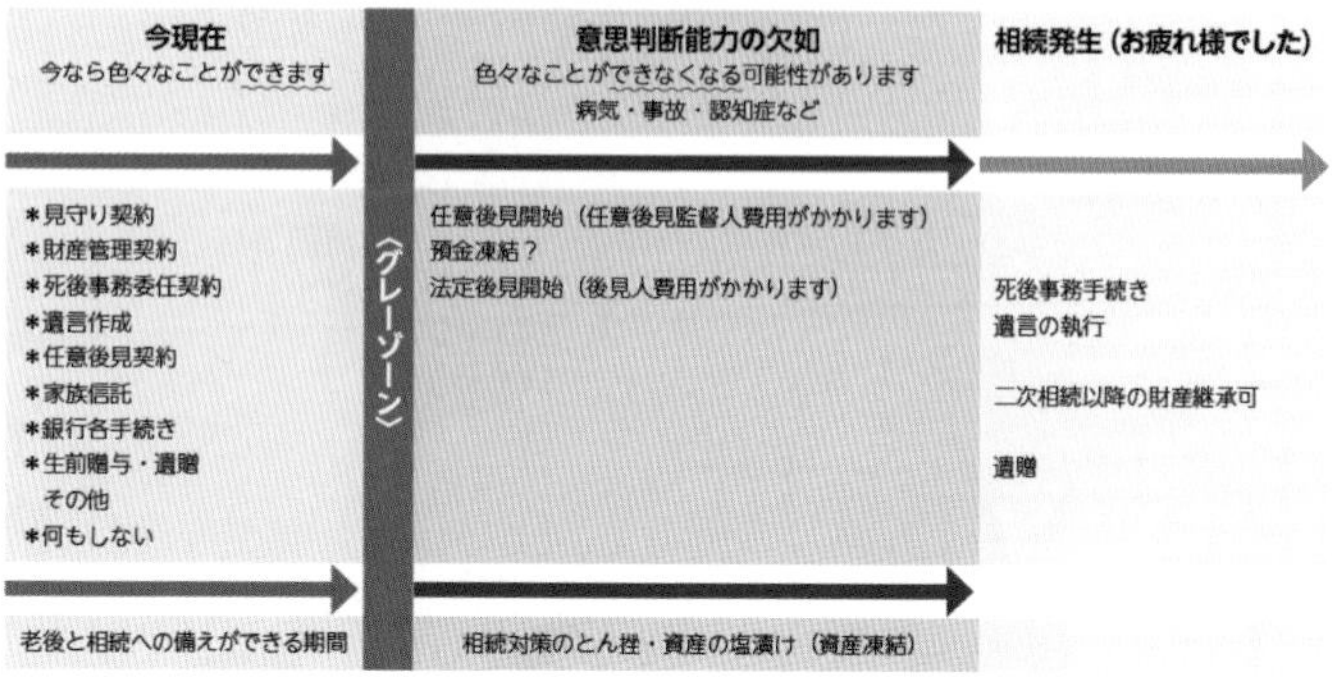

育資金など必要になっても下ろせなくなるのです。また、不動産売買は本人確認と本人の意思確認が前提となりますが、意思判断能力が低下していた場合取引ができなくなる可能性があります。有料老人ホームやサービス付き高齢者向け住宅に入居する資金が捻出できなくなります。売却資金で高齢者住宅一時金を捻出しようとしてもできなくなり、塩漬け状態になります。ハウスリースバックやリバースモーゲージもできません。賃貸住宅を貸していた場合、借主との契約関係、委任先の不動産会社との契約関係などの問題が生じる場合があります」

　こうした状況を回避する対策として都築さんは、家庭裁判所によって選ばれた成年後見人に財産管理をゆだねる法定後見制度や任意成年後見制度、賃貸住宅の管理・家賃回収などを管理会社に委任する民法上の委任、信託契約を締結して信頼できる親族などに財産管理を託す民事信託（家族信託）、個人が別の相手方に無償で財産を与える生前贈与など様々な手法の中から相談者の状況に最善の対策を助言する。

（ライター／斎藤紘）

お客様の「想い」を具現化し、資産凍結防止を考える。

不動産リスクマネジメント **都築潔**
つづききよし
0422-52-1960
info@frm-tokyo.pro
㊟ 東京都小金井市梶野町1-2-36 東小金井事業創造センターKO-TO B08
https://rm-polarstar-site.club/

こちらからも
検索できます。

FRM

「自分らしく」「自分自身の力で」、
家族も「明るく」「元気に」「楽しく」「前向き」な
生活が送れるよう支援

訪問看護で精神障がい者をサポート
充実したメンタルヘルスケアが特長

「利用者が生活の中で感じる様々な問題やご家族の方々の悩みなど一見看護とは直接関係ない部分でも全てサポートしたい」

宮城県仙台市で主に精神障がい者を対象にした訪問看護ステーション『スマイルケアステーション青葉』を運営する「小野看護総合研究所」代表の小野芳勝さんの心遣いが伝わる言葉だ。小野さんも含め看護師や保健師の資格を持つスタッフ９人で精神科病院を退院したり、自宅から通院治療したりしている精神障がい者１３０人超をサポートしている。

小野さんが訪問看護で目指すのは、利用者が「自分らしく」「自分自身の力で」、家族も「明るく」「元気に」「楽しく」「前向き」な生活が送れるよう支援することだ。具体的な仕事は、主治医が作成する訪問看護指示書に基づき、健康状態のチェックや療養指導、医療処置、身体介護などを行い、利用者の社会的立場や家族との関係の調整、社会適応の支援などもする。精神障がい者は治った気になって指示通りに薬を飲まなくなったりすることがあり、メンタルヘルスケアで修正していくという。必要時には病院や関係機関と連携を取って対応する。

「精神障がい者の方の精神障がいの状態は常に変化し、担当者が訪問できなくなると精

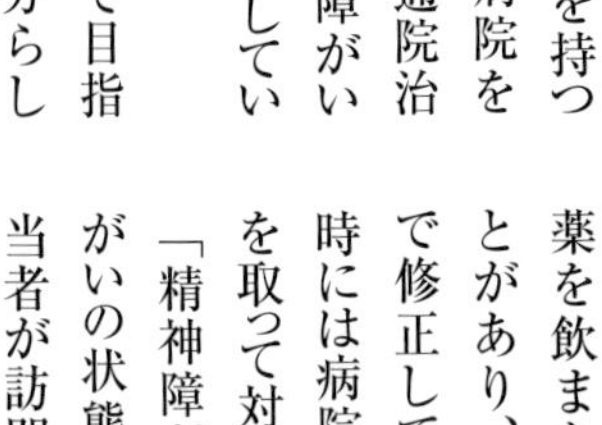
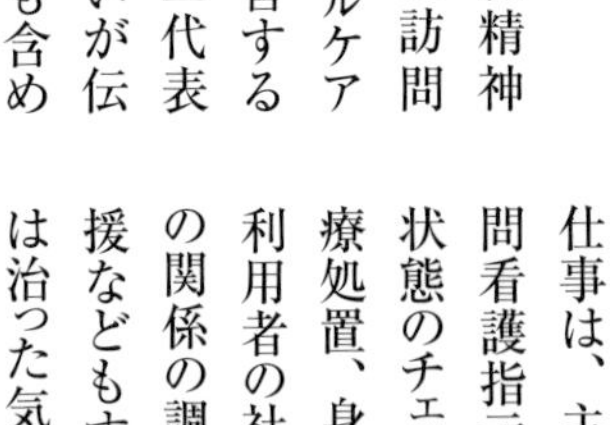
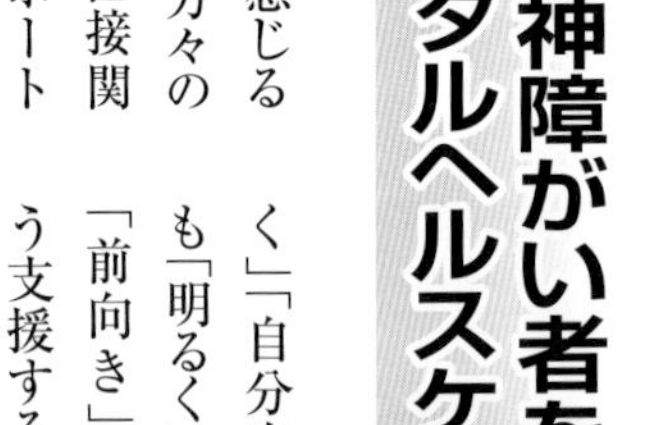

神的に不安定になり、様々なトラブルにつながる恐れが出てきますから、看護師であれば誰でもできるわけではなく、メンタルヘルスケアの知識が求められます。その点、当ステーションは、メンタルヘルスケアに精通した者が業務に当たり、最適な支援をしますので、安心していただけると思います。また、利用者様から信頼されない限りケアはできませんので、しっかりコミュニケーションを図り、自分たちの価値を押し付けず、利用者様の立場に立って考え、寄り添っていくよう心掛けながら信頼関係を築いています」

　小野さんは、精神科病院で長年看護師を務めた経験を生かして、２００８年に『スマイルケアステーション青葉』を開始した。人体の構造と機能及び疾病、精神障がい者の生活支援システム、心理学理論、地域福祉の理論などの知識が求められる精神保健福祉士の国家資格と介護関連資格では最高峰の介護支援専門員の公的資格を併せ持ち、その知見と経験がメンタルヘルスケアの充実ぶりに表出する。精神障がい者を持つ家族を対象にした自治体主催の交流会の講師も務めている。

（ライター／斎藤紘）

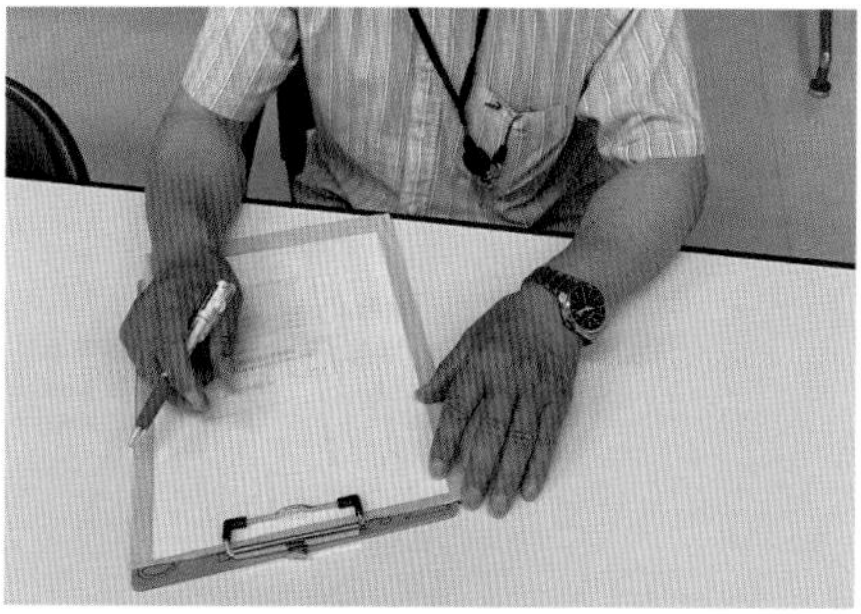

訪問看護指示書に基づき、健康状態などをチェック。

スマイルケアステーション青葉　株式会社 小野看護総合研究所
スマイルケアステーションあおば
☎ 022-719-8333
FAX 022-719-8344
㊟ 宮城県仙台市泉区南中山1-30-11 コンフォート泉101
https://kaigo.homes.co.jp/scare/ob_465590081/

代表取締役
小野芳勝さん

次の世代へと紡ぐ技術。京都府木津川市の株式会社幸喜建設

事業継承で新たな一歩を踏み出す 社長自身の卓越した技術が経営資源

京都府木津川市の『株式会社幸喜建設』は、約30年の歴史を持つ「日皆田建設」の経営者が他界した後、社員だった吉仲健さんが代表取締役として事業を承継した。公共土木工事をはじめとする数々の工事の中で磨かれ、蓄積された技術と経験、信頼を経営資源に、土木工事、解体工事、測量の主要業務を通じて地域社会に貢献していく決意だ。同社にはもう一つ、貴重な経営資源がある。淀川に建設された最初のダムである天ヶ瀬ダムの右岸で行った落石エネルギーを落下途中で低下させる減勢工落石対策工事の確かな仕事ぶりが認められ、2022年に国土交通省近畿地方整備局長から「極めて優秀な建設技術者」として表彰されたことでもわかる吉仲さん自身の卓越した技術力だ。

「発注者様の意図通り施工する出来形管理と品質管理、情報共有による迅速的確な対応を重視しながら前進していきたいと思っています」（ライター／斎藤紘）

施工管理や測定、設計、調査、計画などを通じて現場を支える。

株式会社 幸喜建設
こうきけんせつ
0774-76-0024
㊟ 京都府木津川市加茂町法花寺野風呂田15
https://www.kouki-construction.com/

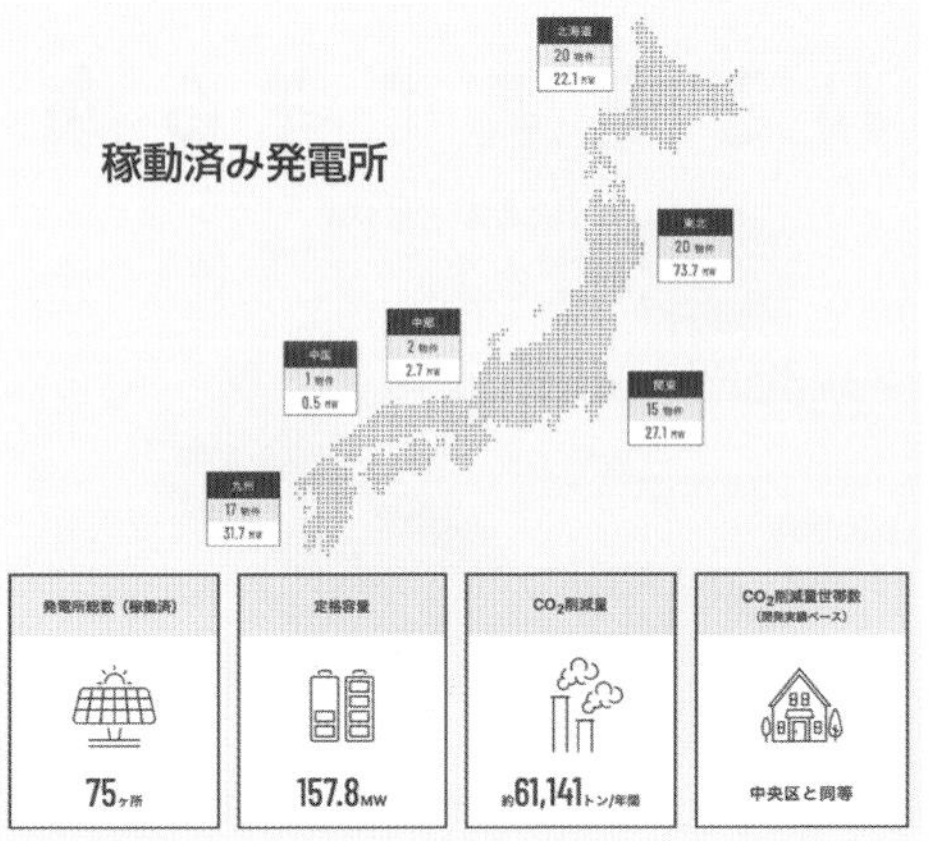

太陽光発電所の「再生事業」で実績
経年劣化で低下した発電効率を回復

ＦＩＴ再生可能エネルギーの固定価格買取制度の開始から10年以上が経過し、劣化による発電効率低下に直面している太陽光発電設備を再生させる『再生事業』で発電事業者に恩恵をもたらしているのが、太陽光発電所の開発、運営、保守管理などの事業を全国で展開している『ブルースカイソーラー株式会社』だ。同社の『再生事業』の主な手法は、太陽光パネルを片面タイプから両面タイプに取り換え、反射シートを敷設することで発電量の向上とメンテナンスの効率化を図り、パワーコンディショナを集中型から分散型に交換し、故障時のリスクを低く抑えるものだ。これらの措置によって発電量が改善され、収益性が高まる効果が出ているという。同社は稼働している太陽光発電所の買取り、再生事業も進めている。太陽光発電所の管理も受託しており、稼働済み発電所の運営管理を通じて、地域社会における雇用創生を図っていきたいと考えている。２０２３年９月現在で１００件超、パネル実績ベースで１５０メガワットの『再生事業』工事を完了、今後も増やしていく計画だ。

（ライター／斎藤紘）

再生可能エネルギー事業を通して、カーボンニュートラルな社会の実現。

『ブルースカイソーラー』太陽光発電設備開発実績

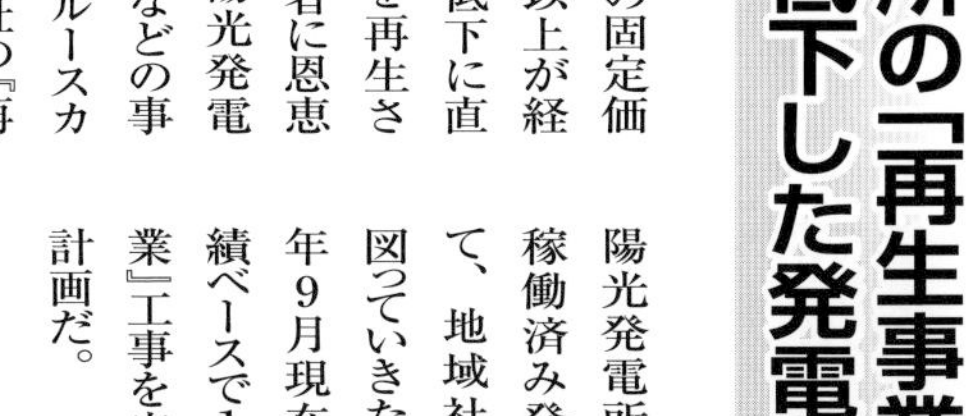

ブルースカイソーラー 株式会社

03-6261-3384
info@skysolar.co.jp
㊟ 東京都港区東新橋1-5-2 汐留シティセンター8F
https://www.blueskysolar.co.jp/

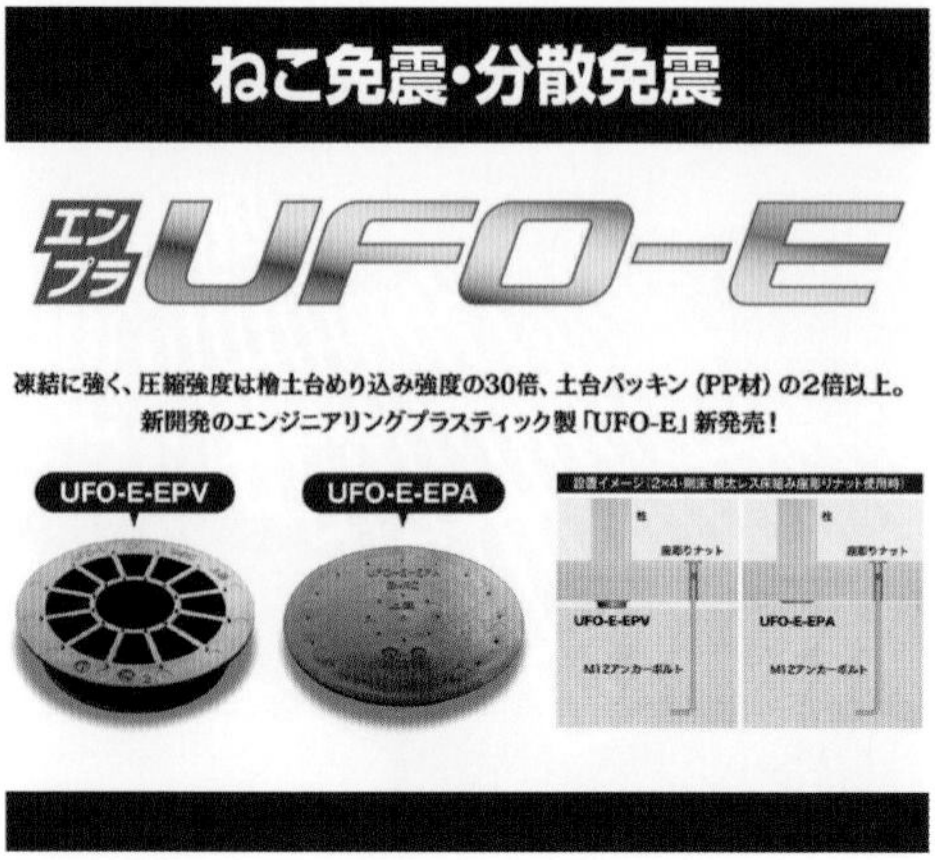

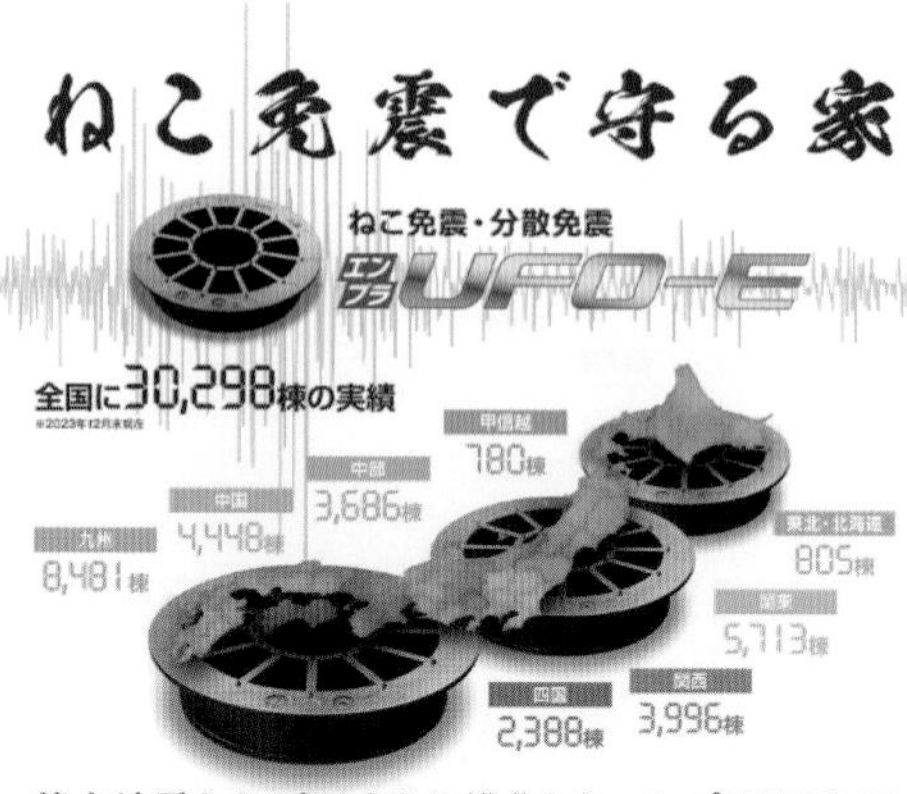

熊本地震から8年！さらに進化したエンプラUFO-E

注目の最先端小型免震技術 ねこ免震で命と財産を守る

地震の繰り返すゆっくりとした揺れは、建物を変形させて駆体にダメージを与えるが、「キラーパルス」と呼ばれる1～2秒周期の細かい揺れは木造建物と共振現象を引き起こして倒壊させる力をもつ。熊本地震、能登半島地震などの繰り返す大地震で発生しており、能登半島地震では最大加速度が2・9galと東北大震災並みの地震加速度で、倒壊した建物の50％が2000年以降の新築住宅だった。最先端小型技術ねこ免震『エンプラUFO-E』は、駆体に地震のエネルギーが伝わる前に摩擦とバネとスライド効果で応答加速度を小さくし、建物倒壊を防ぐ。強度と耐久性が高いエンジニアリングプラスチック製のパッキンを基礎と土台の間に設置するだけ。これまで震度7クラスの揺れでも倒壊例なし。地震加速度の減衰がグラフで可視化されているのは『UFO-E』のみ。リフォームも可能なねこ免震で長期に亘り予期せぬ大地震から命と財産を守る。

（ライター／彩未）

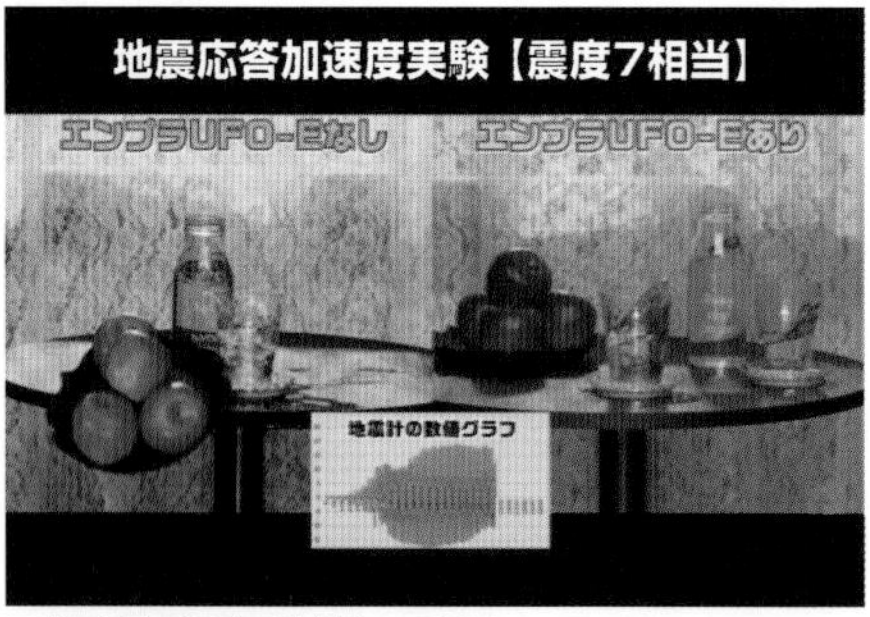

震度7（青）が震度5強（赤）まで免震。

SMRC 株式会社
スマーク
03-6276-9350
ご購入、代理店希望のお問い合わせの方は、
販売元 北日本ユーフォー販売株式会社 011-633-2015
https://www.smrci.jp/

「ねこ免震で長持ち住宅」動画

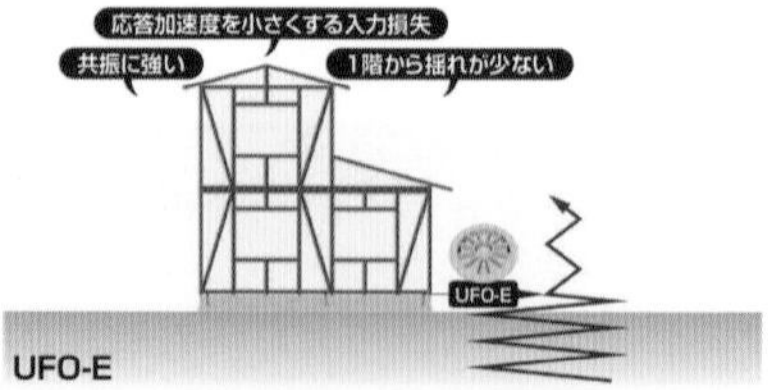

●土台下の小さなスライドは応答が小さくなるので層間変形角は常に安全範囲。
●応答解析シミュレーションで確認できます。

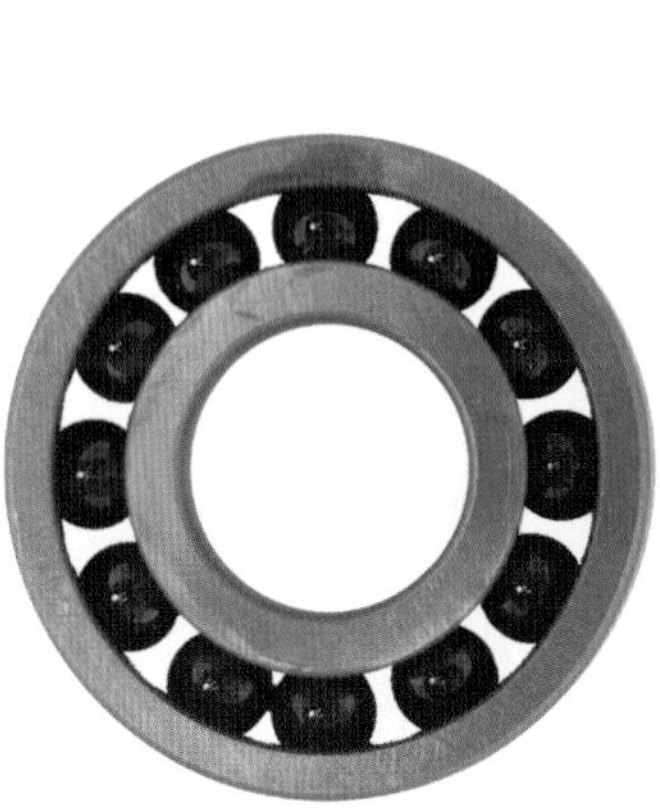

ベアリング『ADB®』

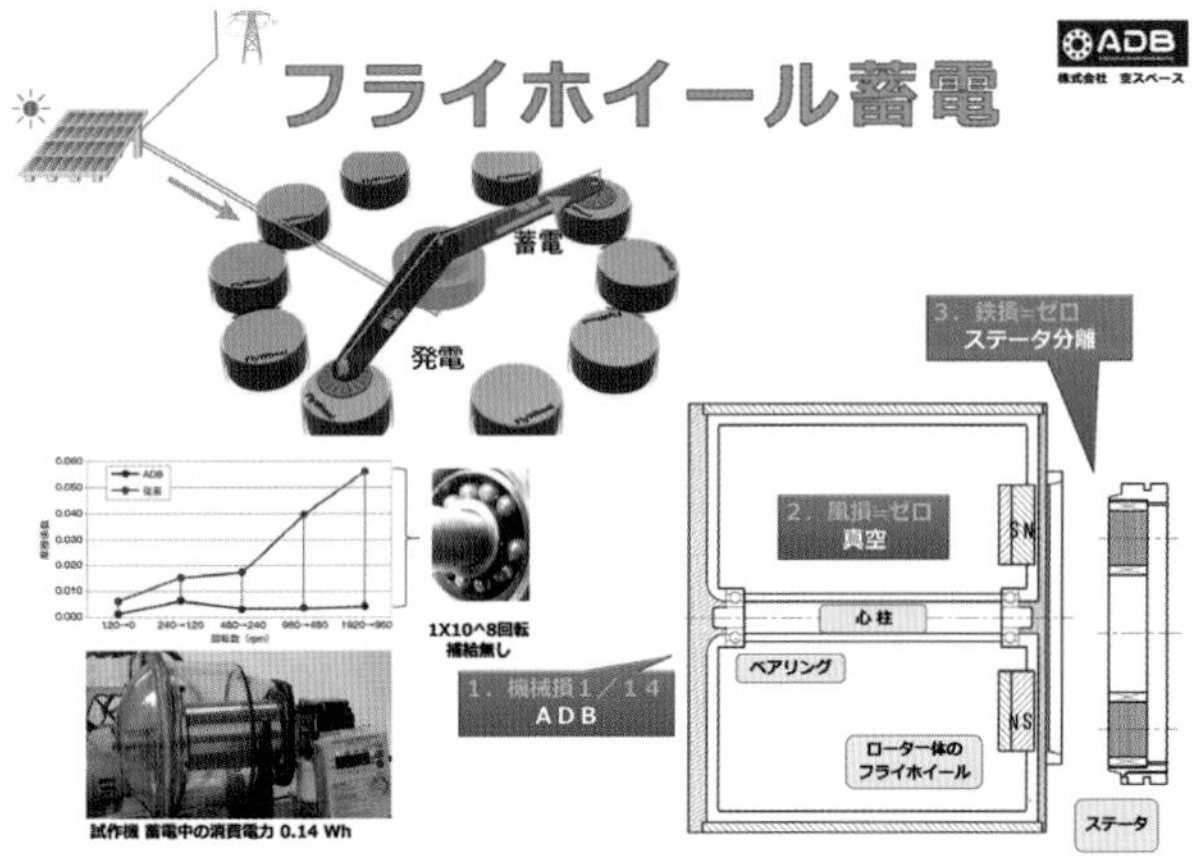

進化し続けるエコ充電
フライホイールの電力供給

太陽光や風力で発電した自然エネルギーを回転エネルギーに変換して蓄えるフライホイール蓄電。自然エネルギーをフライホイールバッテリーに仲介することで、電力の生産が多い昼間に電力を溜め、夜間に発電する。従来のフライホイールは高価で繊細な磁気軸受で浮遊させるため、稼働させる為に電力を消費する問題や、停電故障による破損などの課題を抱えていた。『株式会社空スペース』の『フライホイール』は、磁気軸受を止めて、ボール同士を非接触に維持する転がり軸受『ADB®』とし、新たな特許構造、分離ステーターや心柱構造と合わせ、大幅なコストダウンと信頼性の向上を両立させている。また今冬にアメリカで問題となった、寒冷地でのEV充電問題はフライホイールでは発生せず、バッテリーの弱点である充放電回数による寿命も無い。同社の『フライホイール』は、2010年から鉄道研究所との共同研究を開始、2013年はクレーンが吊り下げる鋼材の揺れを抑えるジャイロ機構用に建設会社へ納入、など実績を積み上げている。

（ライター／彩未）

鉄道研究所向け評価『AOB®』

株式会社 空スペース
くうスペース
☎ 0422-57-3508
✉ brg@coo-space.com
㊟ 東京都小金井市東町3-4-26
http://coo-space.com/

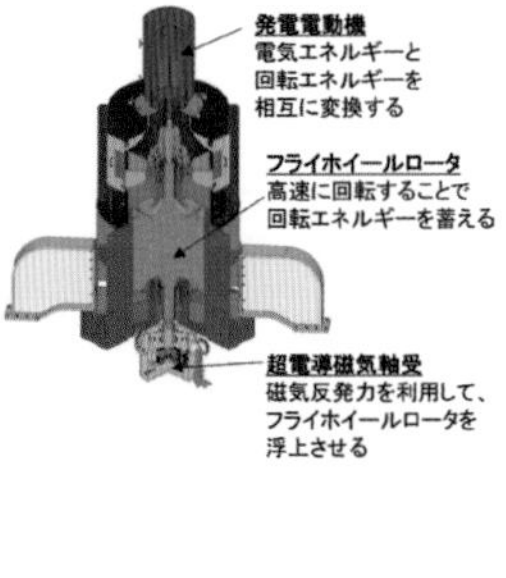

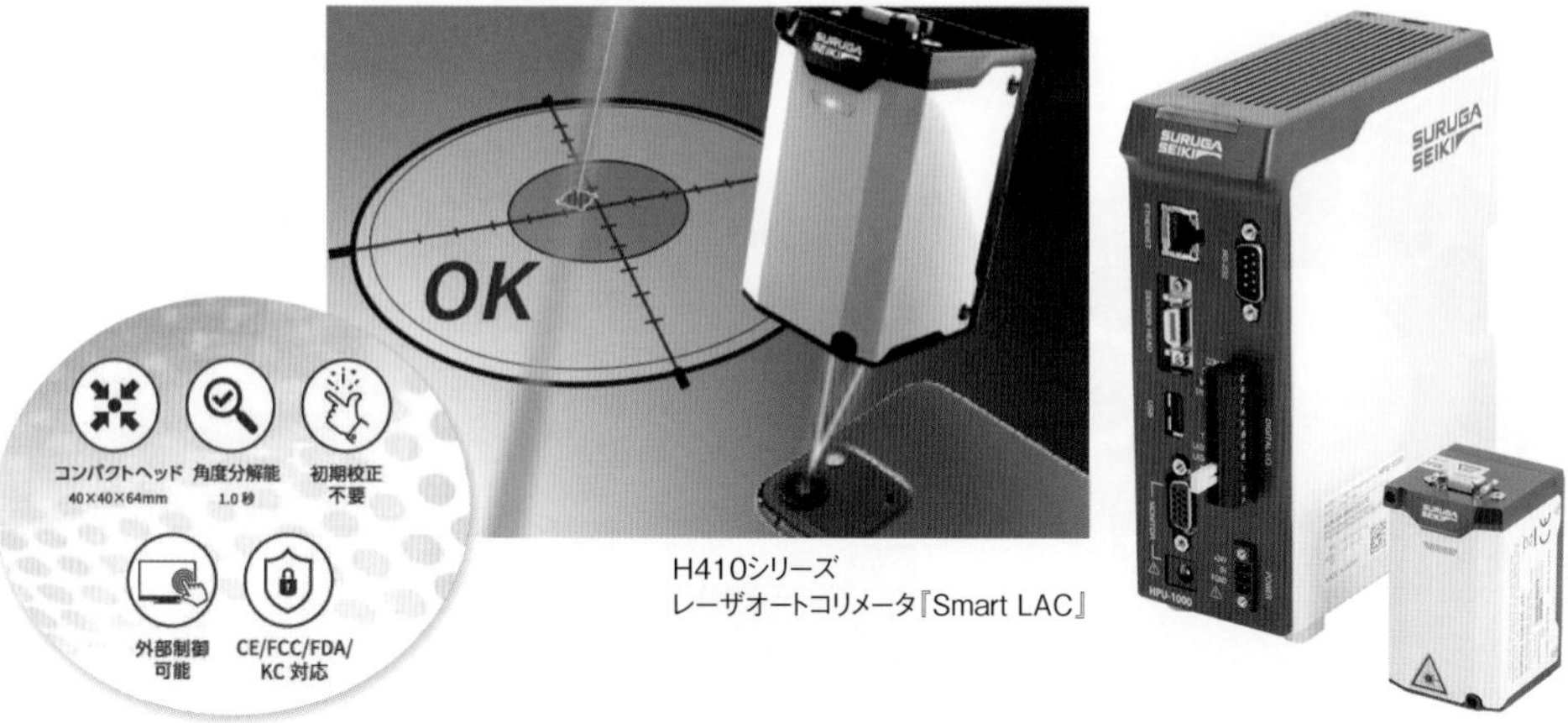

H410シリーズ
レーザオートコリメータ『Smart LAC』

精密な角度測定シーンで威力発揮
非接触高精度測定が可能な角度測定器

電子機器など精密機器の生産工程で微小ワーク（部品）の傾きを非接触、高精度に測定できる角度測定器がある。『駿河精機株式会社』が開発したレーザオートコリメータ『Smart LAC』。測定対象物へレーザビームを照射し、その反射光をイメージセンサ上に集光させることで、測定対象物の角度を算出する。撮像素子の傾きや光学素子の接着傾き、外部レーザの光軸傾きなどの測定、光学部品の角度調整などで活躍。測定時間の短縮が生産性の向上につながる。一般的な角度測定は、変位センサ3台の測定値から角度を計算する方式だが、『Smart LAC』は1台で角度測定ができるのが特長。

1点から最大5点までの光点の角度データや各光点の相対角度データを取得したり、異なる2面の平行度を確認したりすることも可能だ。手のひらサイズの省スペースで、レーザの色も赤、緑、青、赤外の4種ある。

（ライター／斎藤紘）

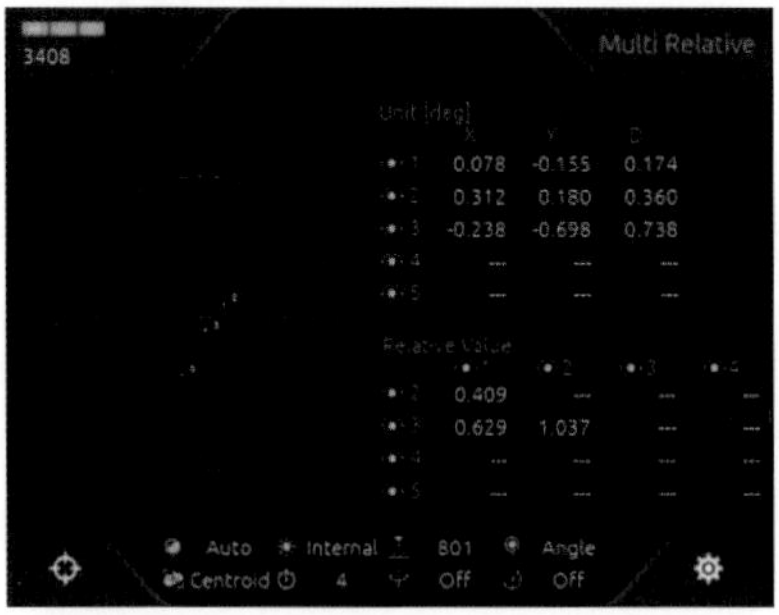

「測定画面」

駿河精機 株式会社

駿河精機 株式会社
するがせいき
0120-789-446
info@suruga-g.co.jp
静岡県静岡市清水区七ツ新屋505
https://marketing.surugaseiki.com/

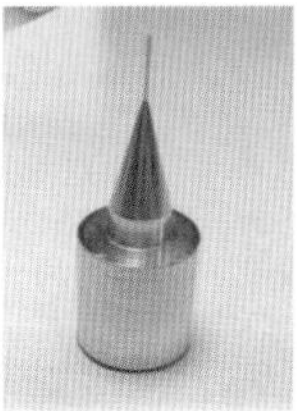

産業支える高精度の切削加工技術 難削材や高硬度材加工で示す実力

『高洋電機株式会社』は、１９５１年の創業から高精度の切削加工技術を積み重ね、自動車や半導体、医療機器、情報機器、建築機器などのメーカーを下支えしてきた典型的なモノづくり企業だ。中でもタングステンやモリブデン、タンタル、プラチナ、純銀、石英ガラス、水晶などの難削材や高硬度材を数値制御ＮＣ旋盤を使ってマイクロメートル単位で極薄、極小、多孔、細穴などを切削加工する技術の高さは一頭地を抜く。同社は、部品加工から組立、検査、出荷まで一貫生産体制で発注元の要望に応えてきたが、自動車や半導体製品の高度化精密化に対応するため主軸移動型ＣＮＣ自動旋盤やＣＮＣ精密自動旋盤、高精度ＣＮＣ旋盤などを導入。さらに２０２２年７月からは新設した工場に最新の５軸加工機や超音波加工機を導入し、メーカーが新製品や部品を開発する際の試作品を作る試作品加工事業にも乗り出した。

（ライター／斎藤紘）

高精度、微細加工。

高洋電機 株式会社
こうようでんき
0596-58-2121
㊟ 三重県度会郡玉城町中楽639-1
https://koyofirst.jp/

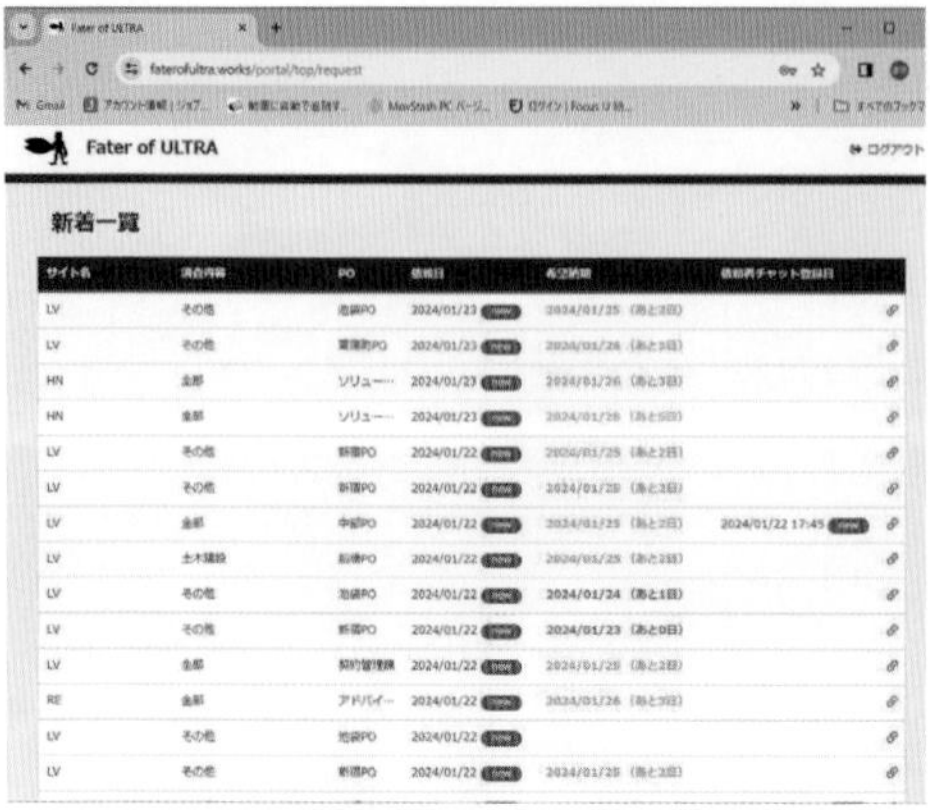

『アールエムトラスト』独自開発の『DDS』。

不動産管理に関わる業務支援で躍進 独自開発の業務DX化で示す先進性

『アールエムトラスト株式会社』は、賃貸物件の契約書などの発送代行や売買仲介での重要事項説明書作成など不動産管理に関わる諸業務を支援するBPO（ビジネス・プロセス・アウトソーシング）事業と独自開発の業務のDX化で躍進している会社だ。

　DX化の象徴が『DDS（データ・デリバリー・システム）』。重要事項説明書の作成にあたっては、管轄エリアの行政機関で用途地域などを確認する必要があるが、同社の全国規模の人的ネットワークで収集した謄本や公図などを案件ごとに一元管理し、不動産会社と共有できるクラウドデータ処理システム。

　他には、スマホで簡単に本人確認が行えるハイブリッド型eKYC『楽早』。「ZEH（ゼロ・エネルギー・ハウス）」竣工後のお客様の負担を軽減するためのサービス、「ZEH」サポートシステムも2023年12月よりスタートした。

（ライター／斎藤紘）

ハイブリッド型eKYC
『楽早』

アールエムトラスト 株式会社
03-6264-8338
住 東京都中央区八丁堀1-10-7 TMG八丁堀ビル6F
https://rmtrust.co.jp/

RMT

『ZEN』

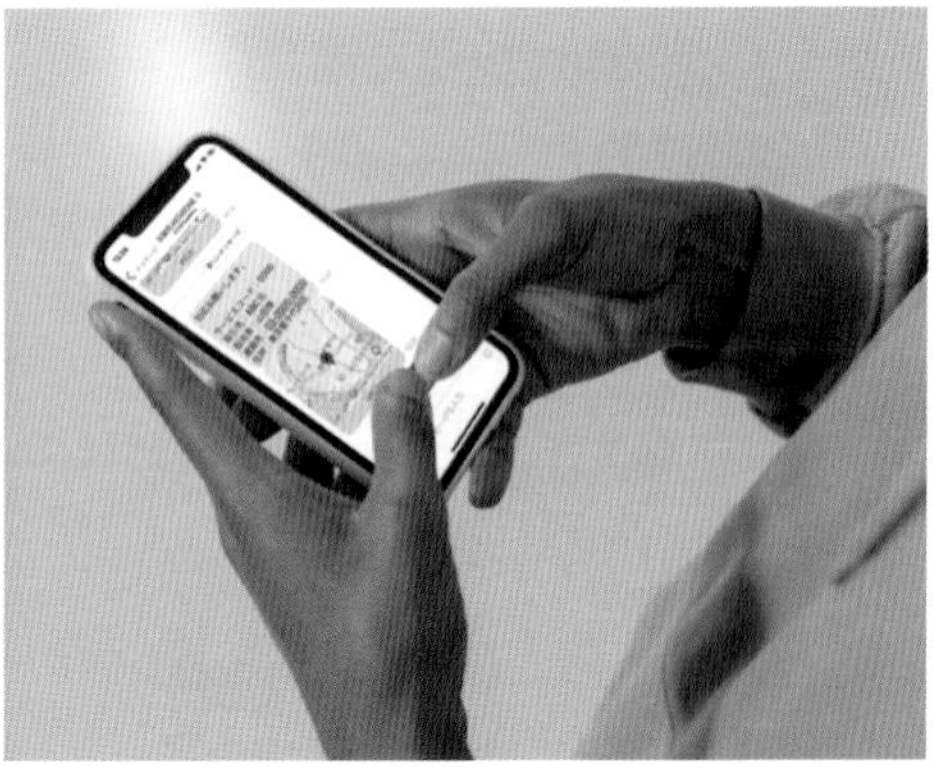

『AEGISAPP MESSENGER+』
Salesforce社のアプリケーションとKDDI Message Castのアプリケーションを連結。

リアルタイムの情報交換で力を発揮
メッセージ送受信のクラウドサービス

顧客や従業員、関連企業担当者とのリアルタイムコミュニケーションの効率を飛躍的に高めるクラウドサービスが登場した。『株式会社イージスワン』が2023年11月にリリースした『AEGISAPP MESSENGER+（イージスアップ メッセンジャープラス）』は、電話番号を宛先にしてメッセージをやり取りするＳＭＳと大手携帯通信会社３社が提供する電話番号だけでやり取りができるメッセージアプリ「プラスメッセージ」でメッセージの送受信を行う開封率の高い通信方法だ。これを利用すれば、美容院やクリニックなどの顧客への予約前日通知、不動産管理や通販業などの修理依頼や返品依頼での写真受取、メーカーやサービス業の新しい商品やサービスの通知、商取引の見積書の受け渡しがスムーズに行えるほか、社内では社員への通達や災害発生時の安否確認、「ＢＣＭ（事業継続マネジメント）」の通信手段に使える。

（ライター／斎藤紘）

メッセージや写真、ファイルは携帯電話番号で顧客データとひもづき保存。

株式会社 イージスワン

03-3261-0861
info@aegisapp.net
㊟ 東京都千代田区麹町4-3-4-3F
https://www.aegisapp.net/products/aegisapp-messenger/

こちらからも
検索できます。

売掛債権を現金化して資金を調達
迅速な対応のファクタリング好評

急に資金が必要になった時の調達方法の一つがファクタリングだ。未回収の売掛債権をファクタリング会社に一定の手数料を払って買い取ってもらい、売掛先からの入金日に一括でファクタリング会社へ送金する仕組みだ。そのファクタリング会社で中小企業や個人事業主などから頼りにされているのが『株式会社オッティ』。365日24時間対応し、最短3時間のスピード審査で最高5千万円まで早ければ翌日に調達が可能なことと業界最低水準の手数料が支持される理由だ。もう一点、ファクタリングは自社とファクタリング会社と売掛先の3社間で行うのが一般的だが、自社と『オッティ』の2社間のファクタリングなので、売掛先に知られて不信感を与える心配なくできるのも同社が選ばれる理由だ。電話かメールで相談すれば、専任のスタッフが売掛金の詳細をヒアリングして対応する。

（ライター／斎藤紘）

株式会社 オッティ

03-3834-2011
㊟ 東京都台東区東上野3-10-5 山口ビル3F
https://otti-factoring.com/

オッティ
におまかせください。

5%からの業界最低水準の手数料とすぐにでもまとまった資金が必要な時に役に立ってくれる。

『「働かないおじさん」を活かす適材適所の法則』
書籍購入特典用LPページデザイン・制作、
オンライン座談会申し込みフォーム制作など。

「フードリボンプロジェクト」の活動に協賛し、デザインの一部を担当。社会貢献にも力を入れている。

SNS訴求用の
画像デザイン制作
(実績多数)

心豊かに、笑顔で〝わくわく〟生きる WEBデザイン&マインドセット講座

「心の豊かさを追求し、〝わちゃぱか〟から笑顔を拡げる」を理念として掲げる『わちゃわちゃぱっかーん合同会社』代表の嶋﨑亜希子さん。これまでのWEBデザイン事業に加え、新たにメンタル事業をスタートする。

「誰にも頼らず一人で頑張る、と自分の心を追い込んでいた」シングルマザーである自身の苦しみを解消するきっかけは、SNSで書道家・武田双雲氏の「感謝」の話に感銘を受けたこと。また、個性のメカニズムがわかる「行動特性学(PI分析)」により生まれ持った価値観や特性の違いを知り人間関係が大きく変わった。

「AIやデジタル社会の今だからこそ、〝心〟に注力する」と統計学やカウンセラー、メンタルトレーナーなど心の資格を取得。WEBデザインと合わせ講座を準備中(2024年開講予定)。

起業時から「お金と心の両方が満たされることが大切」と考え進めてきた「シングルマザーの経済的・精神的自立をサポート」という目標の土台ができた。育成したデザイナーを自社で雇い、個人事業主や中小企業のネットショップ運営を支援していく計画だ。「すべての人が〝わくわく〟生きることが最終目標」と語る

(ライター/斎藤紘)

代表 嶋﨑亜希子さん

LINE
こちらからも
検索できます。

わちゃわちゃぱっかーん 合同会社

070-2392-3319
info@wachapaka.com
㊟ 埼玉県さいたま市南区別所5-15-2
https://wachapaka.com/

わちゃわちゃぱっかーん

華やかな蒔絵

会津塗の伝統を受け継ぎ、高品質な塗装を提供し続ける

日本が世界に誇るうるし塗りの技法と現代塗装の融合

福島県会津地方で400年以上の歴史と伝統を誇る漆器「会津塗」。特にお椀や重箱、菓子鉢など昔から人々の暮らしとともにある漆器として親しまれ、自然なツヤと堅牢さを保持するために植物性油脂を加えたりするほか、会津絵と呼ばれる優美なうるし絵などもその特長の一つ。その技法を受け継ぎ、特殊塗料やスプレーガンといった現代の技術や色彩科学も取り入れ、漆器だけにとどまらない様々な塗装を高品質に提供しているのが『株式会社佐倉製作所』だ。

　大型の木製飾り台からノートパソコンや表彰楯、ゴルフのドライバーヘッドのような複雑な形状のものまで、あらゆるニーズの対応している。特に節句人形の屏風や飾り台は、木取りから塗装、組み立てまでの各工程を、創業60年の技術を受け継ぐプロフェッショナルが手作業で仕上げる逸品と高く評価されている。

（ライター／今井淳二）

メタリック塗装

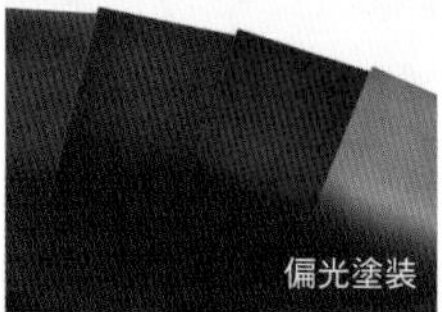
偏光塗装

会津曙塗り

ラップ塗装

株式会社 佐倉製作所
さくらせいさくしょ
048-988-1371
HPのお問い合わせフォームより
埼玉県越谷市東町3-205-1
http://www.ningyonosakura.jp/

箔押し

鮮やかで香り高いバラを アレンジや花束で

山形県は、夏暑く、冬は雪深いなど四季がはっきりしており、昼夜の寒暖差も大きく、豊かな水資源にも恵まれ、質の良い米や果物の数々を特産品として全国へと送り出している。こうした自然条件によるメリットは、生花にもあてはまっている。

鮭川村にある『有限会社安彦園芸』では、たくましくボリュームのある花冠で生花関係者の中でも高い評価を受けているバラを通年生産している。およそ20種類以上のバラは、色・形も様々で、季節やシーンに応じたバラを採花から3日以内に産地直送してくれる。現在「バラのオーナー制度」を新たに設け、出資者を募っている。オーナーになれば定植後のバラの生育状況を鮭川村の季節の風景と一緒に報告してくれたり、年に1回～12回、バラを好みやシチュエーションに合わせてアレンジして届けてくれる。

（ライター／今井淳二）

「想いを伝える」贈り物をぜひ『安彦園芸』で。

『ミニブーケB』
12本 3,000円（税込）

『サムライ08』
15本 4,500円（税込）

有限会社 **安彦園芸**
あびここえんげい
0223-55-2611
info@abikorose.com
住 山形県最上郡鮭川村大字京塚3596-1
https://abikorose.com/

『宮田村』の
ことならこちらから。

住みたい田舎ランキング第一位に輝いた長野県の村

「宝島社」が発行する2024年版「第12回住みたい田舎ベストランキング」で4年連続となる子育て世代部門村の部で1位となった長野県宮田村。子育て支援日本一を掲げた手厚い子育て支援で移住者にも人気の地となっている。晴天率の高い地域で二つのアルプスに抱かれた美しい景観を楽しめる自然豊かな地でありながら、大きな都市部へのアクセスも良く、生活圏半径約2㎞とコンパクト。その中で買い物、医療、学校などが整備され、生活するには非常に快適で便利だ。さらに、移住体験住宅や各種移住支援策を揃え、移住希望者の支援を行い、人気を得ている。また、ふるさと納税にも力を入れており、りんご、山ぶどうワイン、ウイスキー含む豊富な特産品。特に『ウイスキー3本セット』は人気で、常にふるさと納税受付サイトランキング上位。自然の恵みを、ふるさと納税でお楽しみを。

（ライター／播磨杏）

長野県唯一のウイスキー蒸溜所
「マルス信州蒸溜所」
「本坊酒造マルス信州蒸留所」で製造したウイスキー。

『ウイスキー3本セット』

住みたい田舎ランキング1位の
ふるさと納税返礼品

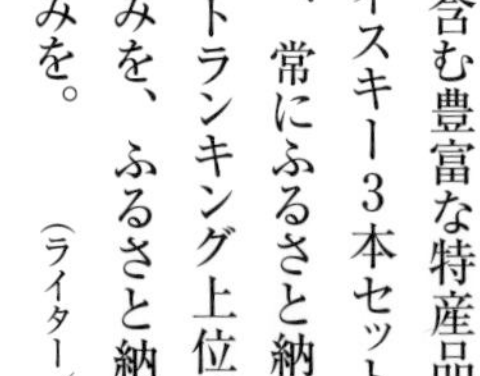

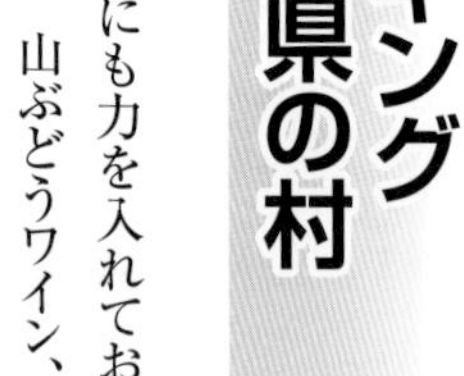

宮田村役場 みらい創造課
みやだむらやくば
0265-85-3181
kikaku@vill.miyada.nagano.jp
㊓ 長野県上伊那郡宮田村98
https://www.vill.miyada.nagano.jp/

簡単に 安全に ネーミングライツ を導入できる

mEI²
新しい“応援”の形
メイメイ

サークルのスポンサーを獲得！

名づけの権利を対価にスポンサー募集。

メイメイで保護猫活動を応援！

保護された猫ちゃんの名前を募集しています。
保護団体と一緒に「里親募集活動」を
命名権を通じて一緒に行っていただけませんか？

ハンドルネーム

キャラクター名

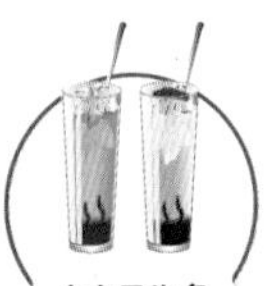

カクテル名

メイメイが仲介するから 安心・安全

登録・出品は 無料

フリマ感覚で手軽に命名権を売買 ネーミングライツは個人へ

スポーツ施設や文化ホールなどでよく見られる公共施設にスポンサーとなる企業の社名やブランド名をネーミングする「命名権の売買」。これまで命名権の売買は大企業の特権だったが、『株式会社めいめい』が導入した個人や小規模団体でもフリマ感覚で手軽に命名権を売買できる『メイメイ』。出品の登録は無料。プラットフォームに命名条件や出品期間、金額などの情報を入力するだけで命名権を売りたい出品者と命名権を買いたい買主をマッチング。命名権の提供によって発生した資金は活動資金になるため、スポンサーとして従来よりも密接な形で応援することができる。

2023年12月1日から31日にかけて、クラウドファンディングが実施され、目標を過達した。この事実は社会的な意義があると認識されたことであり、同社の今後も注目である。

（ライター／彩未）

「CAMPFIRE」のクラウドファンディング達成

命名権を自由に売買できるフリーマーケット！
新しい応援のカタチ『メイメイ』。
https://camp-fire.jp/projects/view/717992

株式会社 めいめい
03-6279-1645
info@mei2ken.com
㊟ 東京都新宿区西新宿7-10-17 新宿ダイカンプラザB館1005
https://mei2ken.com/ @mei2kencom

公式Lineにて「命名権」の可能性について情報発信を行っています。
ぜひ公式Lineに登録して下さい。

Instagram YouTube

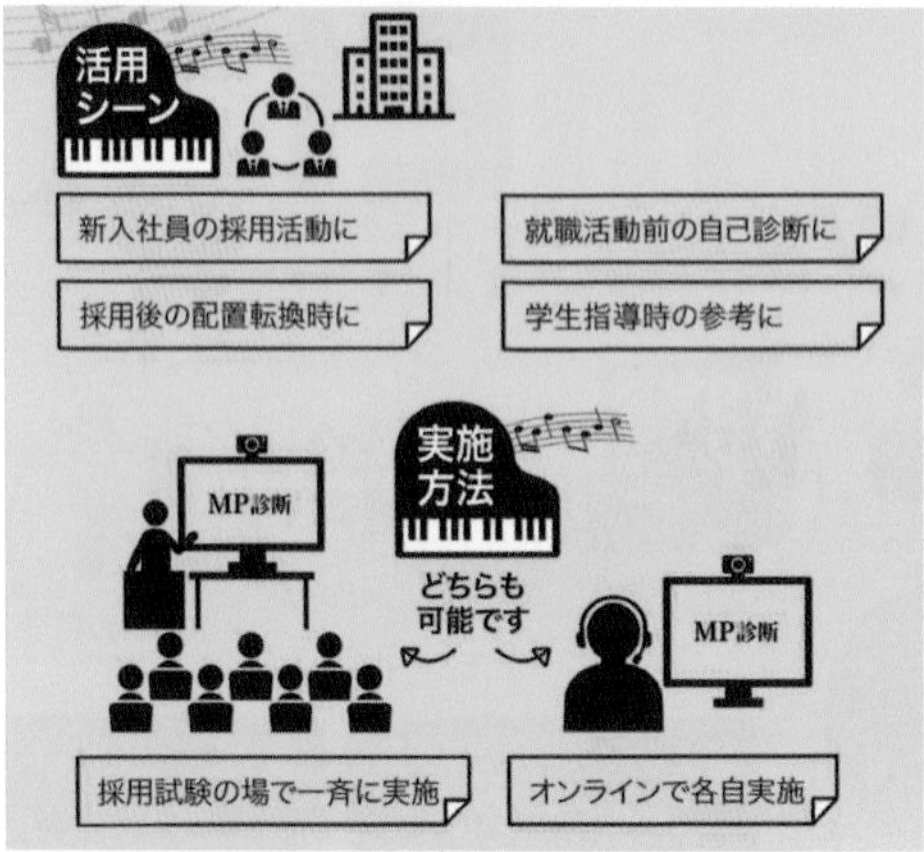

音楽鑑賞で性格診断
本性をあらわにするシステムを構築

『株式会社マルイシ楽器店』の『ミュージック・パーソナリティ診断』は、楽曲を聞いたときの感じ方がその人の考え方や心理状況によって変化することを活かした性格診断を行うことができる。四つの課題曲を聞き、質問に答えることでどのような人物像なのかを分析。分析1では関心の方向(内向型・外向型)、行動の傾向(柔軟型・規範重視型)から普段の行動を分析し、現実認識の傾向(データ優先型・感覚優先型)、意思決定時の傾向(論理優先型・情緒優先型)から課題直面時の行動を分析する事ができる。また、分析2では、分析1での結果を元におすすめの職種や活躍の予想・懸念される点などを知ることができる。企業の採用活動の現場では、傾向と対策を元に本来の性格を隠して優等生を演じる求職者が多く、本当の性格や資質を見抜くのが難しいことが課題だった。事前対策ができないため、本当の性格や資質を把握した上での採用活動や配置転換が可能となる。特許出願中の画期的な新ツールで本当の性格をあらわにする。

（ライター／彩未）

MP診断 Music×Personality診断 (開発者:山脇一宏 先生)

1名につき2,000円+税

【テスト用紙】
A4×4ページ

A文章による質問(36問)、B曲の解釈についての質問(85問)で構成しており、Bで使用する曲はQRコードからオンラインでも聞けるようになっています。回答時間は30分程度です。

〈質問例〉
A自分の意見を聞かれたときに、しっかり頭で考えてから話すより口に出しながら考えていくタイプだ。(はい・いいえ)
B課題曲1について…「優雅な感じ」に対し、「該当しない」~「とてもそう思う」の4択

課題曲提供協力/Mボックス
(無料音楽聞き放題サイト)
htttp://music-box.co.jp

【診断結果I】
個人能力分析
A4×4ページ

回答から被験者の「普段」と「課題直面時」の行動傾向を分析、その結果をもとに総合的な人物評価を行い、適職を2つ紹介しています。

結果の4指標
普段の傾向(2指標)
関心の方向(外向型/内向型)
行動の傾向(柔軟型/規範重視型)
課題直面時の傾向(2指標)
現実認識の傾向
(データ優先型/感覚優先型)
意思決定時の傾向
(論理優先型/情緒優先型)

さらに詳しい診断を希望する場合、1名 2,200円(税込)で適職分析。詳しくは、ホームページや下記までお問い合わせを。

株式会社 マツイシ楽器店
マツイシがっきてん
0569-21-3158
㊟ 愛知県半田市天王町2-27-6
https://matsuishi.co.jp/

こちらからも検索できます。

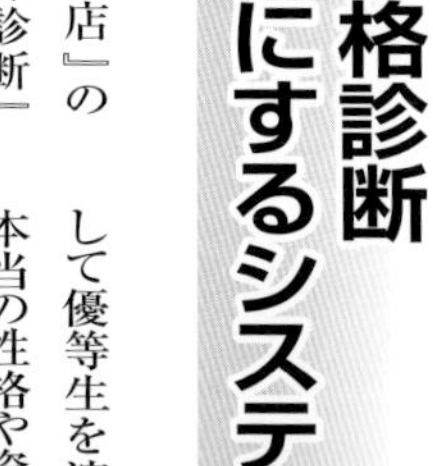

MATSUISHI MUSIC GROUP

やる気を引き出す環境
プロ講師によるハイレベルな授業

長野県内の6校舎すべてに学習塾講師検定に合格した社員が在籍する環境で、高い目標を持つ仲間たちと切磋琢磨しながら学べる『ベルーフアカデミー』。入塾テストで一定基準を満たした生徒だけが在籍し、少人数制のきめ細やかな指導を受けられる。電子黒板を利用した授業も展開しながら、講師の説明や解説を聞くだけでなく演習で理解が定着する時間を確保。高い教科知識と指導力を誇るプロ講師による進学指導と個別フォローで日本の将来を支える人材を育成する。自由に使用できる自習室を完備し、授業後に自習室で理解を深めてから帰宅する生徒も多い。中学受験から大学受験に向けた指導も実施。難問、応用、入試頻出問題を多く扱うハイレベルな授業で難関校合格者を多数輩出している。ハイレベルな目標設定と質の高い指導を通じて、生徒の「本気」に応えてくれる学習塾だ。

（ライター／彩未）

学力の平均的な伸び率（中学受験の例）

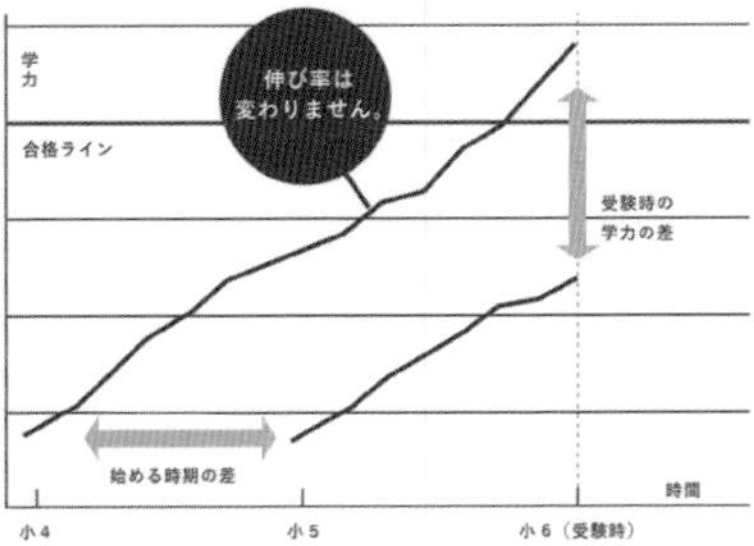

「早期からの学習習慣確立も目標実現には重要です」

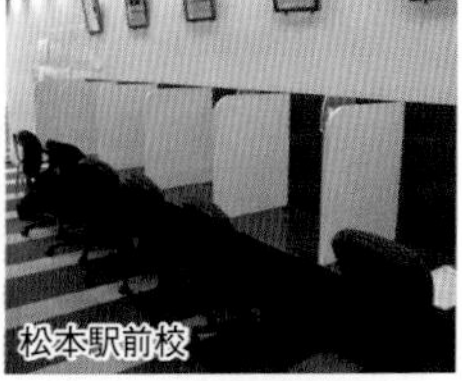

その他、北長野校、篠ノ井駅前校、南松本校、上諏訪駅前校あり。

ベルーフアカデミー　株式会社 アイキューブ

℡ 0120-72-8655
✉ support@beruf-aca.jp
㊟ 長野県茅野市塚原1-3-21
https://beruf-aca.jp/

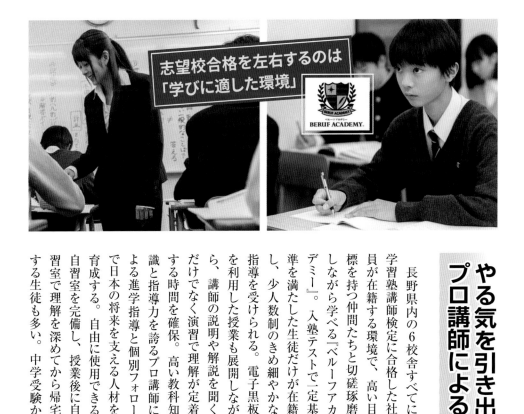

ワンちゃんネコちゃんのための完全予約制のトリミングサロン

『PET HILLS TOKYO』は、愛犬愛猫の「可愛い・丁寧・癒し」を追求し飼主との信頼関係を大切にしている。施術前、シャンプー後、トリミング中に休憩を入れ、飼い主とトリマーとの間で充実したコミュニケーションをとれるようにしている。病気や怪我等の早期発見のため、体全体を細かくチェック。全コース炭酸泉でのシャワー。シャンプー、トリートメントは、すべてインポートのハイブランド。皮膚被毛の状態に合わせて使い分けている。肌に優しく、仕上がり、香りも好評。また、専用のシャワーヘッドは、希釈されたシャンプーとお湯とをきめ細かな泡で出すことにより、被毛についた汚れを優しく、手で擦り洗いするよりも早く洗い流し、シャンプーを嫌がる愛犬愛猫の負担を軽減。敏感肌の子も安心できる最先端設備。SPAのメニューでは獣医大やクリニックなど医療機関が導入しているジャグジーバスもあり、冷え性の改善やリハビリにもおすすめ。常日頃から、愛犬愛猫の癒しを研究し、心地良い安らぎを与えてくれるヒノキに着目。体の大きさに合わせて入浴できるよう浴槽内も独自製造。愛犬愛猫の癒しのため、こだわり抜かれたヒノキ風呂の体験はいかがだろう。

（ライター／今井淳二）

『DOG SHAMPOO』短毛種 1～3kg 7,800円（税込）
長毛種 1～3kg 9,800円（税込）
『DOG TRIMMING』長毛種 1～3kg 14,600円（税込）など

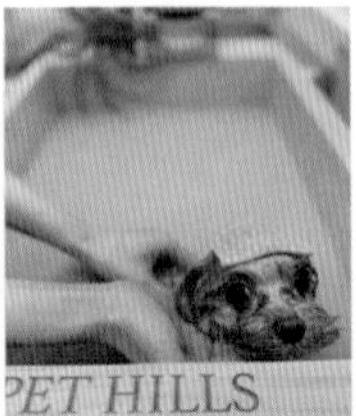

『CAT SHAMPOO』
短毛種 1～3kg
18,800円（税込）
長毛種 1～3kg
22,800円（税込）
『CAT TRIMMING』
長毛種 1～3kg
27,600円（税込）

Pet Hills Tokyo
ペット ヒルズ トウキョウ
03-4361-9832
pethills.jp@gmail.com
㊟ 東京都渋谷区渋谷1-1-11 サン青山1F
https://pethills-tokyo.com/

こちらからも
検索できます。

ペットと暮らして感じる不安や悩みを相談

大切な家族、パートナーとして日々共に暮らしている犬や猫などのペットやコンパニオン・アニマル。彼らの機嫌や気持ち・体調などを分かってあげたいが人間と動物、言葉が通じない以上、意思疎通が難しいのは仕方のない話だ。

ペットの行動や体調についての悩み事や疑問を丁寧に相談・カウンセリング・メンタルケアしてくれるのが『アニマル・ペットロスお悩み相談室 MaoTama』。しつけや理解できない困った行動、さらにはいつかは迎えるであろうお別れ・ペットロスに関することなど、メールやオンラインビデオなどで専門家の知見から相談者に寄り添いアドバイスしてくれる。

現在、カウンセリングに慣れていない方も状況に合わせてコースを選ぶことができるので安心。自分のため、家族のため、愛するペットたちのためにも迷ったら、ぜひ相談してみたい。

（ライター／今井淳二）

アニマル・ペットロスお悩み相談室 MaoTama

マオタマ

090-2744-5748

mao_tama@kcn.jp

https://www.ac-maotama.com/

HPはこちら。

Facebook

「お気軽にお問い合わせ下さい。お待ちしております」

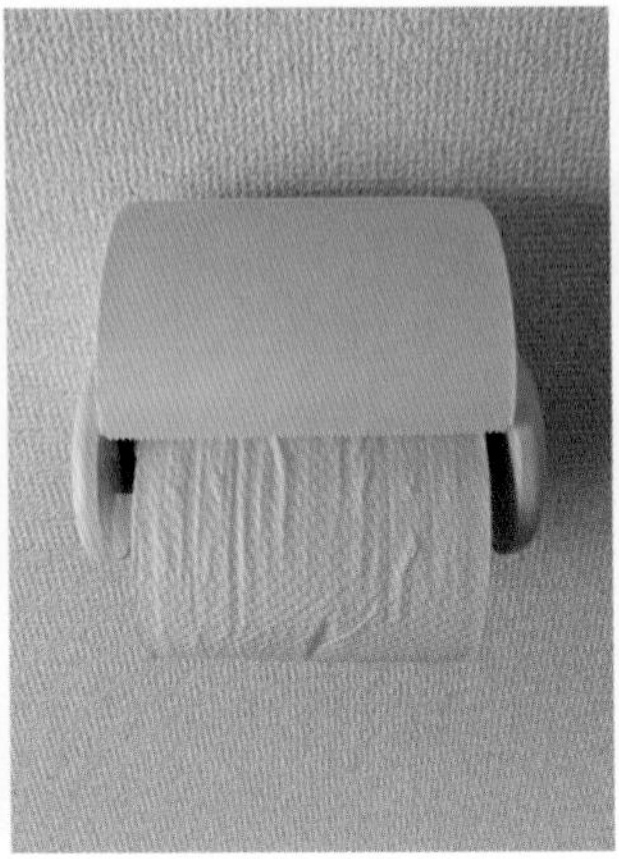

使いすぎ・いたずらを防止 回らないトイレットペーパー

　トイレットペーパーを全部引き出してしまう2歳の子どものイタズラから着想を得た『マルハチ工業株式会社』のペーパー過剰利用防止グッズ『TOMECO（トメコ）』。一定尺給紙された後、それ以上トイレットペーパーが回らないようになり、ロックを解除しないと簡単にはペーパーを引き出せない強力な防止グッズだ。資源が無駄になり、トイレやお部屋が悲惨になってしまう状況を防止。

　これがあれば節約にもなり、ひと安心！「やさしい うれしい ことづくり」がモットーの『マルハチ工業株式会社』は、地球にも人にも優しいことづくりを目指している。

　テレビでも紹介され、お問い合わせが多数あり、今後の製品化が期待される。

「我が家にも欲しい！」という方は、ぜひお問い合せを。

（ライター／河村ももよ）

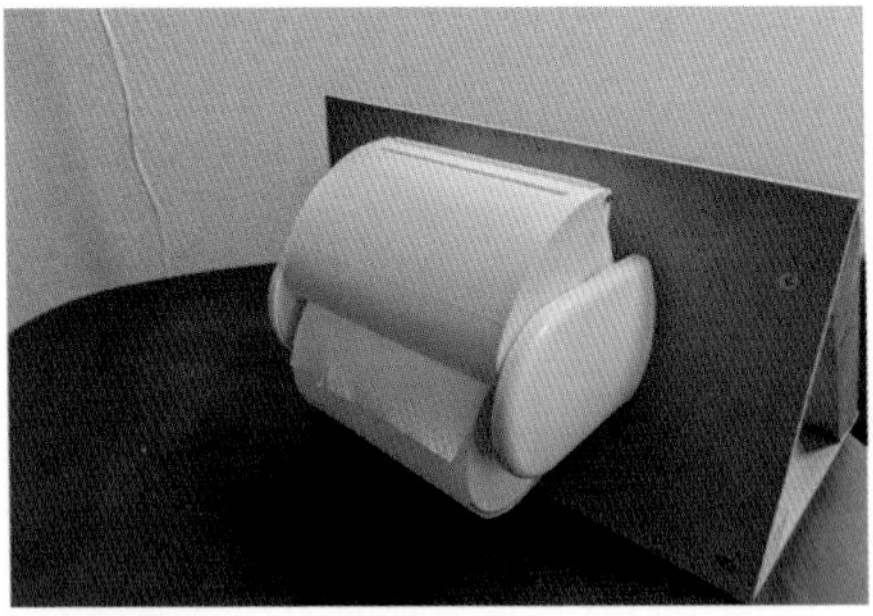

『TOMECO』

マルハチ工業 株式会社
マルハチこうぎょう
☎ 0586-86-2880
✉ r-tanaka@maruhachi-kk.com
㊟ 愛知県一宮市木曽川町里小牧字清水54-1
https://maruhachi-kk.com/

やさしい うれしい ことづくり マルハチ工業株式会社

安心・安全な暮らしを見守る徘徊感知器とGPS

介護保険レンタル対象（認知症老人徘徊感知機器）
『お出かけアラートDX』107,800円（税込）＊要問合せ

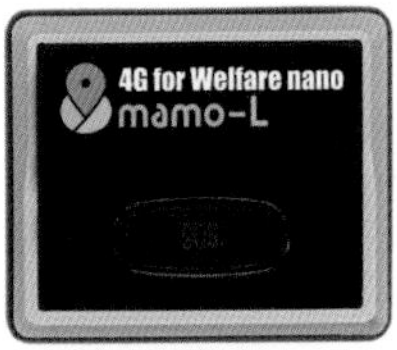

『mamo-L GPS』
「4G for Welfare」
30,800円（税込）
「4G for Welfare nano」
33,000円（税込）

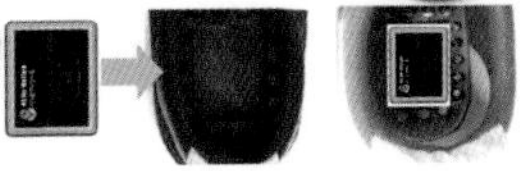

『うららかGPSウォークG-001』
11,880円（税込）

小型で持ち運びしやすく介護や子どもの見守りに最適なのが『株式会社マモエル』の製品だ。自宅からの徘徊初動を感知する介護保険対象の『お出かけアラートDX（mamo-L BLE端末を持ち歩く）』と、徘徊行動を見守る『mamo-L GPS』がある。徘徊初動はブザー音で知らせ、徘徊見守りは複数のスマホなどでモニター可能で、緊急時のお知らせアラームなど各種機能を搭載。また『mamo-L 端末』が収納できるシューズ『うららかGPSウォーク』もラインナップ。

（ライター／今井淳二）

株式会社 **マモエル**

03-6811-0532
contact11@mamo-l.jp
㊟ 東京都千代田区神田小川町3-2-10 三光ビル4F
https://mamo-l.jp/

自分に合わせた世界で一台の自転車

ブランド名『SUNNY』には、いつも晴れた日のように気持ちが高まる自転車を製作したいという思いが込められている。

身体を計測し、その数値から導き出した唯一無二の自転車フレームを製作してくれる『SUNNY自転車工房 友田』。強度があり、環境や身体にも優しいクロモリ鋼のパイプを使用。ロウ付け加工で製作し、細部にまでこだわった美しいクロモリフレーム。お好みでラグの長さやフォークの曲がり具合などの調整も可能。シリアルナンバーやブランドロゴを型どった真ちゅう製のヘッドバッジもオリジナル感があふれる。

（ライター／今井淳二）

SUNNY自転車工房 友田
サニーじてんしゃこうぼう ともた
090-6379-0906
sunny.tomoda.2023@gmail.com
https://sunnytomoda2023.jimdofree.com/

微生物の有効成分配合の
バイオ製剤を利用

多量の油脂、デンプン、タンパク質などを含む有機汚濁排水処理のソリューションとなる技術がある。業務用厨房に義務づけられるグリーストラップ内に設置し、悪臭、腐敗の原因物質を抑制する『トラップボールシステム』と排水を処理する『SB-1EXシステム』。『日本環境科学研究所』の髙谷誠所長が、日米欧で特許を取得した排水処理法をベースに考案した技術で、枯草菌や納豆菌などの微生物由来の消化酵素を含んだバイオ製剤『油脂分解強化バイオSB-1』を利用する。『SB-1』は有機物を分解し、油脂やでんぷん、たんぱく質などの塊を小さくし、やがて水と炭酸ガスにまで分解する。界面活性剤や薬品を用いない安全で環境にも人にもやさしいシステムだ。特殊な装置の導入やコストなどの課題があった活性汚泥法に代わる処理方法として、食品業界や大型調理設備を持つ様々な施設で導入が進む。

自然と共生するための環境づくりを理念に

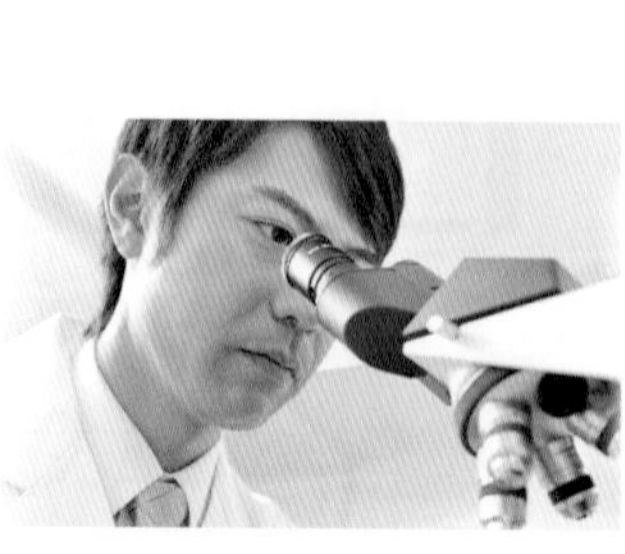

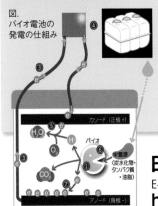

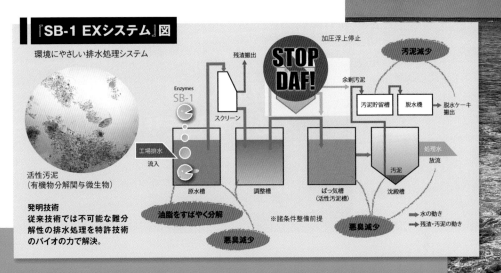

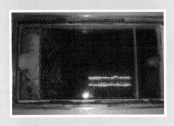

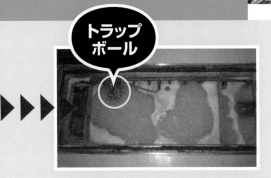

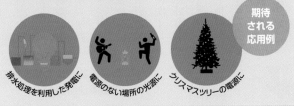

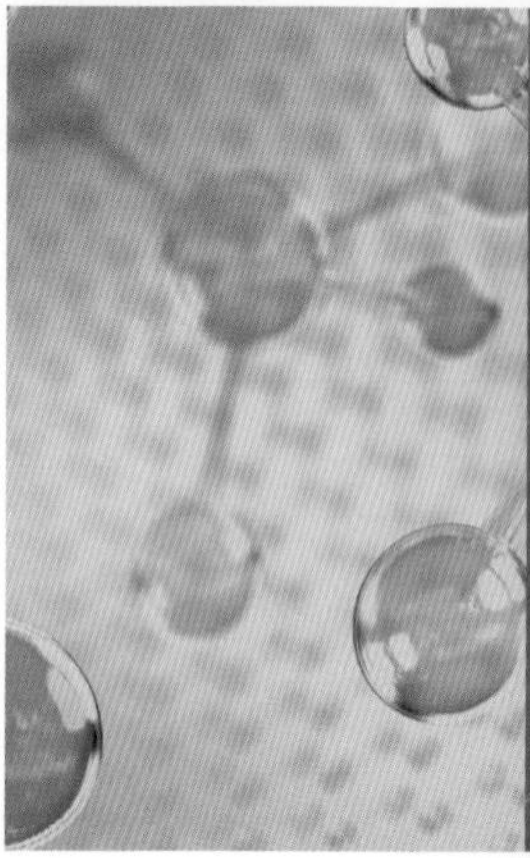

世界の人々の豊かな毎日をサポート

「水素含有抗微生物剤」の特許発明により
未来のあらゆる感染症の課題解決に挑みます

水素の優れた抗菌・抗ウイルス作用の発見 未来のあらゆる衛生分野の課題解決に挑む！

「水素には、人体や動植物に害のある細菌、真菌、ウイルスなどの微生物に対して抗菌、殺菌、除菌作用がある」

『株式会社ナスメディック』代表取締役の那須美行さんが日本、英国、豪州、香港、カナダで特許を取得した『水素含有抗微生物剤』の発明につながった発見だ。「薬剤耐性微生物を発生させることなく、副作用が少なく、他の薬剤と併用しても悪影響の少ない」この抗微生物剤は、感染症対策、動植物の病気予防、野菜や魚介類の鮮度保存、農園芸作物の病害防除や農薬除去、発酵食品や加工食品の腐敗防止、歯周病予防などに利用でき、那須さんは製薬会社やベンチャー企業、大学などを対象に抗微生物剤を実用化するための新たな水素製品を共に創り出すパートナーを募集している。

『水素含有抗微生物剤』の発明に至る研究のきっかけは、臨床検査技師として病院で微生物や寄生虫、ウイルス検査に携わる中で、検体から日々、薬剤耐性菌が検出されるのを目にしたことだ。厚労省からＡＭＲ（薬剤耐性）に関する研究を委託されたＡＲＭ臨床リファレンスセンターによると、薬剤耐性をもつ細菌が世界中で増え、何も対策を講じない場合、２０５０年には世界で１０００万人の死亡が想定されるという。

代表取締役
那須美行さん

未来のあらゆる感染症の課題解決に挑む！

株式会社ナスメディックは
「水素含有抗微生物剤」の特許発明技術を軸に
医療・漁業・畜産・農業・動植物・歯科領域・食品・養鶏等の幅広い分野で、
革新的な製品を開発、提供します。

当社のもつ特許発明技術を活用し、
新しい製品・サービスを創り出すパートナーを募集しております。

「抗生物質のどの系統にも耐性を獲得した多剤耐性菌が増えています。それまでは治せた感染症でも、有効な治療薬が失われ、命を救えないという事態が目前に迫りつつあると感じました」

那須さんは病院を定年退職後、水素製品の製造販売会社で3年間研究に従事、耐性菌を生まない物質について考える中、抗生物質はどれも有機物であることから、無機物の水素に目をつけ、細菌、真菌、ウイルスのグループごとに代表的なものを網羅的に取り上げ、病原菌の培養液に水素組成物を注入し、経過を観察した結果、作用時間に差はあるものの、いずれも抗微生物活性が見られたという。この発見を機に研究を深め、『水素含有抗微生物剤』を発明、2017年に特許を取得した。

特許公報を見れば、那須さんが様々な角度から検討し、発明に至ったことがわかる。

「病原性微生物に対抗するために、これまでに種々の化合物を有効成分とする抗菌剤や抗ウイルス剤等の抗微生物剤が開発されてきた。従来の抗微生物剤は、細菌や真菌の細胞壁、細胞質、酵素等の特定の構成成分の合成を阻害したり、ウイルスの形成や増殖を阻害したりすることで薬理作用を発揮するものである。したがって、これらの抗微生物剤を用いることによる薬剤耐性微生物の発生が避けられないという問題がある。また、本来は生物の体内に存在しない化合物を投与することによる副作用も懸念されている。さらに、感染症にはしばしば他の病態が併発するが、他の病態の治療剤と従来の抗微生物剤とを併用する場合、それぞれの薬剤の作用が減弱したり、副作用が増強したりするなどの悪影響が生じることもある。したがって、薬剤耐性微生物を発生させることなく、副作用が少なく、他の薬剤と併用しても悪影響の少ない抗微生物剤が求められている」

こう指摘した上で、発明技術はこの課題のソルーションになることを示す。

「水素は、地球上では、酸素、ケイ素に次いで3番目に多く存在する元素であり、生物の体内においても、酸素と結びついた水などの状態で多く存在する。近年、水素には、生体内において、老化や生活習慣病の原因とされる活性酸素種を除去する作用があることが示され、注目を集めている。また、水素の抗酸化機能

発明の名称水素含有抗微生物剤 特許第6164621号 2017.6.30

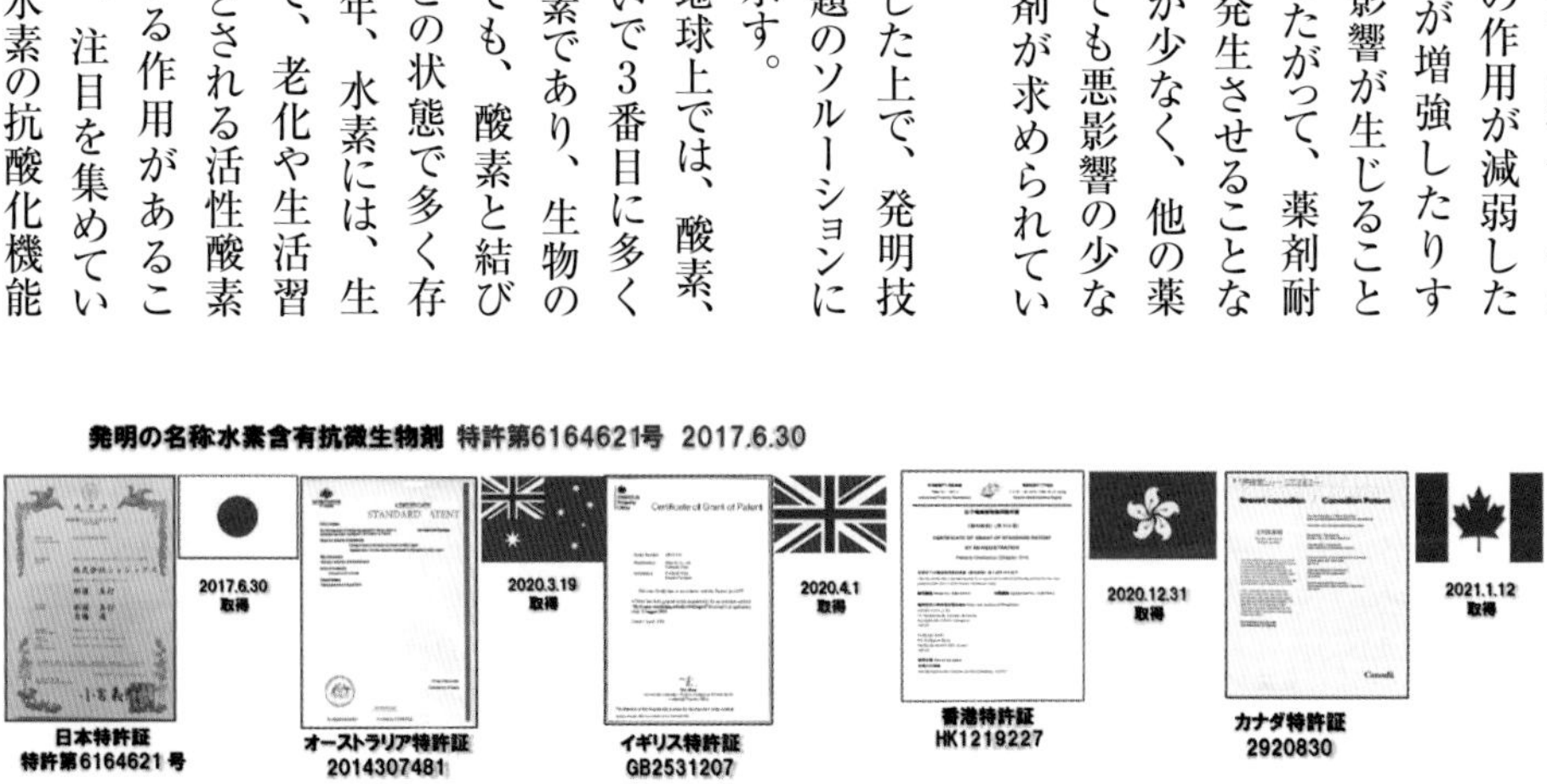

水素含有抗微生物剤・特許の活用分野

アスタミューゼ株式会社　技術活用を支援する企業より

医薬品製剤分野	DDS（Drug Delivery System）薬物送達システムの活用。 皮膚から体内へ薬を吸収する方法、薬を体の中で徐々に放出する 「徐放化、薬を目的の場所にきちんと届けて、 効果を増すターゲティング
動物分野	薬剤耐性（AMR）対策、動物用抗菌剤の販売、抗菌性飼料添加物、 ペットのケガの治療及び病気予防対策。
無機化合物含有医薬分野	「新医薬品」とは、医療用に用いる、新有効成分含有医薬品、 新医療用配合剤、新投与経路医薬品、新効能医薬品、新剤型医薬品、 新用量医薬品など。
食品の保存分野	お酒・味噌・醤油・食用酢等の保存、 弁当・冷凍食品・水産加工品の保存。 （腐敗しないように加工処理と長期保存） レトルト食品は、より長期保存可能。
医薬の治療活性分野	医薬品の治療効果を維持しながら、副作用の軽減効果としての活用。 新しいバイオ医薬品としての活用、 世界初の次世代水素医薬品の創出。
農薬・動植物の保存分野	微生物の短時間不活化に用いるための微生物不活化剤。 各種農園芸作物の灰色かび病やうどんこ病、炭疽病、輪斑病、 青かび病、緑かび病、軟腐病、等植物病防除剤・殺菌剤として活用。

に着目して、補助食品や食品添加物を製造するための水素含有素材の開発も進められている。本発明の目的は、薬剤耐性微生物を発生させることなく、副作用が少なく、他の薬剤と併用しても悪影響の少ない、水素原子、水素同位体、水素分子、水素化金属、水素イオン、水素化物イオンおよび原子状水素からなる群より選択される一以上を含む抗微生物剤を提供することである。本発明の医薬組成物は、発明名称『水素含有抗微生物剤』を医薬組成物（医薬品）として、特定されている。形状は、気体、エアロゾル、液体、固体、半固体、粉末の形状とすることができるが、これらに限定されない。本発明は、水素分子を吸着した珊瑚粉を含む抗微生物剤や水素化物イオンを生成する抗微生物剤、水素化

動画でわかる『水素含有抗微生物剤』活用

養鶏農場における
3大問題点の改善

鳥インフルエンザ
をくい止めるのは
これだ!

乳牛農場における
3大問題点の改善

ペニシリンから
次世代水素医薬品
の創出に向けて

水素の優れた
抗菌・抗ウイルス
作用の発見!

金属が水素化カルシウムを含む抗微生物剤、貝殻、家畜骨、魚骨、石灰化サンゴ、サンゴカルシウム、炭酸カルシウム、シリカ、ゼオライトの還元焼成体を含む抗微生物剤、細菌の感染を防止するための抗微生物剤などを提供する」

『水素含有抗微生物剤』が活躍するシーンは広範囲に及ぶ。

『水素含有抗微生物剤』活用として、「医療分野」では、抗菌作用、抗ウイルス作用を用いた薬剤耐性菌や食中毒などの感染症対策、水素新効能医薬品や未来の医薬品開発など。

「漁業分野」では、鮮度保持や養殖魚の病気予防、養殖魚の抗生物質や水産用ワクチンの代用など。

「畜産分野」では、農薬除去、動物用抗菌剤や、抗菌性飼料添加物の開発、各種害虫駆除及び病気予防、微生物不活化剤の代用、食品業界におけるコロナ対応策など。

「農業分野」では、野菜や果物、稲作の水素肥料、減農薬栽培、農薬除去など。

「動植物分野」では、ペットのケガの治療及び病気予防、リンゴの黒星病など各種農園芸作物の病害防除剤や殺菌剤。

「歯科領域分野」では、歯周病予防やジンジバリス菌に対する抗菌作用。

「食品分野」では、酒や味噌、醤油、焼酎、食用酢などの保存、弁当や冷凍食品、水産加工品などの腐敗防止と長期保存。カット断面の鮮度保持。

「養鶏分野」では、鶏卵のサルモネラ汚染や薬剤耐性菌蔓延の対策、鳥インフルエンザウイルス感染予防などが、那須さんが想定する活用例だ。

『水素含有抗微生物剤』を実用化するための製品開発は、製品の性質によって異なるが、既存の製造の工程に水素を取り入れる工程が1段階増えるだけで、特別な設備機材は必要ないという。

「医学的にも様々な効果が解明されつつある水素には、医療のパラダイムシフトを起こす大きな可能性があると信じています。当社の目標は、『水素含有抗微生物剤』の特許技術を用いて多岐にわたる領域で実用化することです。とりわけ医療分野では、安全で広範なスペクトラムを持つ医薬品を提供する貴重なチャンスであり、パートナーと研究開発に取り組み、医療の未来に貢献したいと思っています」

（ライター／斎藤紘）

株式会社 ナスメディック

0178-43-5335
nasu0116@htv-net.ne.jp
㊟ 青森県八戸市吹上4-9-6
https://nas-medic.com/

ナスメディック
自社紹介

株式会社
ナスメディック

見る者を圧倒するスケールと美しさ
近代数寄屋建築と庭園を配した山荘

公益財団法人 松殿山荘茶道会
0774-31-8043
info@shoudensansou.jp
住 京都府宇治市木幡南山18
http://www.shoudensansou.jp/

古代貴族の別荘跡地に10年超をかけて造営

宇治茶で知られる京都・宇治市に京都通も唸らせる隠れた名所がある。古代貴族の別荘の跡地という風光明媚で広大な敷地に、幾棟もの近代数寄屋建築の傑作と美しい庭園を配した『松殿山荘』。江戸末期に生まれ、弁護士や検事として活躍、茶道山荘流を起こした高谷宗範が、茶道の起源である広間の茶、書院式の茶道を復興させるために私財を投げ打ち、土地を取得して自らの設計で10有余年もの歳月をかけて1930年（昭和5年）に完成させたもので、訪れた人は気宇壮大なスケールと美しさに圧倒される。

4万坪の広大な敷地の高低差を活かして庭園と建物がレイアウトされ、その中央に建つ本館は、庭園に面して大書院や中書院などを並べた大規模建築。その周囲に大小17茶室が配置されている。

敷地内は、宗範の山荘流茶道における基本理念、心は円満に丸く、行いは常に正しく四角くという方円思想に貫かれ、□と○を組み合わせた造形が随所に見られる。書院には書院式の庭園を、小間の席には草庵式の庭造り、それぞれが主景、借景となるように工夫した庭園である。奈良方面、京都市内の山並みが見渡せる。

大書院など5棟からなる本館をはじめ合計12棟が数寄者の思想を具現化した類いまれな建築と評価され、国の重要文化財に指定されている。

近代和風建築の粋を極め、宗範の美意識が隅々まで行き渡った『松殿山荘』の管理運営を行っているのが1928年（昭和3年）に設立された『公益財団法人松殿山荘茶道会』。施設の維持管理のほか、施設公開、特別講座開催、調査研究、茶道体験会開催などの事業を行ってきた。『松殿山荘』は普段は非公開だが、1日100人まで受け入れる春季秋季特別公開や10人以上の申し込みによる随時公開で『松殿山荘』を見学することできる。

中書院

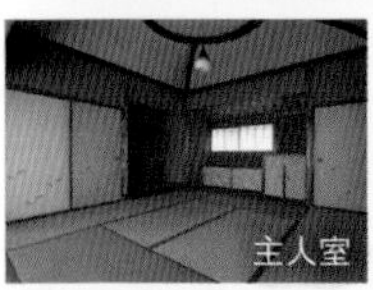
主人室

眺望閣

大書院

大門

「2024年春季特別講演会」　5月4日・5日「特別公開」を開催。
※ホームページで詳細をご確認下さい。

信頼できる
スペシャリスト

**その道に特化した優れた知識や技術をもって、
実績と経験を兼ね備えた、社会に貢献している
頼もしい専門家たち。**

代表取締役
青木晋市 さん

同志社大学法学部卒。三井住友信託銀行に約30年勤務。不動産、企業融資、人事部・不動産企画部等の業務を経験し、最年少で不動産部長に就任。2020年、50歳で独立開業。不動産鑑定士、宅地建物取引士、証券アナリスト。

損をさせない大型不動産の売買仲介実践経験と知見から生み出した独創的スキーム

信託銀行での経験豊富事業を貫く明確な信念

東京、名古屋、大阪、福岡にあるオフィスビルや一棟マンション、商業施設、物流施設など3億円以上の大型不動産物件の売買仲介で成約をスピーディに実現する実力に熱視線が注がれる経営者がいる。『株式会社日本不動産パートナーズ』代表取締役の青木晋市さん。約30年間務めた三井住友信託銀行の不動産部門などで培ったノウハウと実務経験に加え、不動産鑑定士や証券アナリスト、宅地建物取引士の資格が裏付ける専門知識、米国の世界トップクラスの総合不動産会社「ジョーンズラングラサール」のシニアアドバイザーとして持つ高角度の視野が迅速に高く売りたい売主の期待に応えてきた実績に表出する。

「素人が損をする不動産業界の構図を変える」「絶対に売主に損をさせない」。青木さんが事業で貫く信念だ。

「不動産業界に不透明な要素があるのは事実で、安く買い叩かれてしまう売主様も中にはいらっしゃいます。私は、そういう不動産取引で損をしてしまう方々を助けたい、そのような業界の仕組みを抜本的に改革したい、という思いから独立を決意したのです」

株式会社 **日本不動産パートナーズ**
にほんふどうさんパートナーズ

052-856-5593
㊟ 愛知県名古屋市中村区名駅3-28-12
大名古屋ビルヂング11F
https://www.nfp.jp/

こちらからも
検索できます。

事業用・投資用不動産の売買・有効活用のことなら
株式会社
日本不動産パートナーズ

事業用不動産を有効活用するなら、一番良い条件を知りたいですよね。けれど仲介業者は、よく知っている特定の取引先を紹介するのが一般的です。同社の強みは、幅広いテナント先とのつながりを活かしていくつもの選択肢をご提示できること。ご納得いただける契約相手を必ず見つけます。

不動産の仲介業者が「手数料が高い」「活動内容が不透明」「時間がかかる」とお悩みの皆様、同社は事業用不動産について数多い案件を成約しています。売主様の手数料は最大ゼロ。高額の手数料への心配は要りません。

本社

独立起業したのは2020年1月、50歳のとき。事業展開に自信を持った基盤になったのがそれまでの歩みだ。大学卒業後、1991年に住友信託銀行（現三井住友信託銀行）入社し、本店不動産営業部分譲業務・仲介業務や本店営業第3部融資業務、従業員組合専従後は不動産投資顧問部に携わり、1200億円の不動産ファンドを立上げた後、人事部、不動産企画部次長、大阪本店営業第一部次長を経て最年少で名古屋不動産営業部長に就任とキャリアを積み重ねてきた。

「銀行の中でも不動産仲介ができるのは信託銀行だけで、取り扱いメニューもメガバンクより多いのです。その点では非常に多くの学びを得ることができました。そして、名古屋時代に不動産部長を務めたことがきっかけで、不動産仲介での独立に焦点を絞り、50歳で当社を設立しました」

さらにこの間、不動産評価のスペシャリストである不動産鑑定士や不動産取引の専門知識を持つ宅地建物取引士の国家資格、企業、産業、経済状況を調査分析し、投資の対象として価値があるかを判断する日本証券アナリスト協会認定の証券アナリストなどの資格を取得。国税局路線価評価委員や不動産証券化協会の委員などの役

日本の不動産所有者の方に、寄り添いたい

不動産は初心者・素人の方が損をします。
これを抜本的に改革したい。という想いから
会社を立ち上げました。
『日本不動産パートナーズ』は
貴方の味方です。

職も歴任し、事業推進の強力なバックボーンになった。

　同社が主に扱うのは、一般住宅以外の3億円以上の大型不動産や都心の不動産で、中でも数十億から数百億円規模の不動産を得意とし、その売主と買主をつなぐのが仕事だ。事業スキームも独自性が際立つ。

「当社の強みは、投資家などの買主様との豊富なネットワークを構築していることです。我々がストックしている東京、名古屋、大阪、福岡にある3億円以上の不動産をピックアップし、仲介業者を介さずに買主様に随時メールで直接情報を提供しますので、スピーディな対応が可能であり、秘密が漏れる心配もありません。また、不動産所有者である売主様の手数料無料も実現し、高額の手数料への心配は要りません。当社のこうした売買仲介のスキームで、手数料が高い、活動内容が不透明、時間がかかるといった不動産仲介業者に対する不信や悩みが払拭され、安心して取り引きすることができるのです」

『株式会社日本不動産パートナーズ』

関連会社『株式会社真成エステート』

青木さんは、事業用不動産のコンサルティングも手がけ、上場企業の店舗統廃合のサポートでその実効性を示した。

「当社から大手不動産会社に売却などの依頼を行っていましたが、結局のところ案件全てで当社のお客様が最高価格を提示し、当社で買主様の仲介を行うことになり、当該上場会社様には大変ご満足いただいています。その意味では大手不動産会社に仲介を依頼する意味はなく、複数窓口に依頼するより、当社に依頼するほうが売主様にとって効率的かつ最適ということになります」

もう一つ、強みを発揮するのが事業用不動産の有効活用の支援だ。

「事業用不動産を有効活用する場合、一番良い条件を知りたいと考えますが、一般的な仲介業者に依頼すると、よく知っている特定の取引先を紹介しますが、その特定の取引先が賃料などについて最高の条件を提示してくれるとは限りません。その点、当社は幅広いテナント先とのつながりを生かして、いくつもの選択肢をご提示でき、ご納得いただける契約相手を必ず見つけることができます」

青木さんが構築した事業スキームに基づく仲介業務に対する高い評価はクライアントの実際の声から浮かび上がる。

大手ハウスメーカー（売買代金5億以上の売主）

「銀行系・財閥系の大手不動産仲介会社など10数社に売却を依頼しましたが、『日本不動産パートナーズ』が買主を一番早く連れて来てくれました。満額回答の良い買主様でしたので、売却を決めました。同社は、スピード、買主の好みの選別、その後の折衝術、事務力等、申し分ありません。大手不動産会社はスピード感がなく、会社の看板に胡坐をかいているのではないかと思いました」

IT企業（売買代金15億以上の買主）

「段違いのスピード、実現力があると思います。大手不動産会社に購入申込書を提出して、1ヵ月間音沙汰無しでしたが、貴社に同物件について、同条件で購入申込書を提出したところ、翌日には売主を連れて来て、話が纏まりまし、段違いのスピードと実現力があると思います」

東京オフィス

大阪オフィス

福岡オフィス

個人70代女性（1物件単体で5千万以上、2物件合わせて売買代金2億以上の売主）

「2物件の同時売却で活動した『日本不動産パートナーズ』の発想力に脱帽します。母が住んでいた住宅の売却依頼をお願いしましたが、粘り強く対応頂き、最終的には前の大通りの土地と同時売却を行い、大手不動産会社にマンション用地として購入して貰いました。価格的には、大手不動産会社に査定された価格よりも120%高い金額で売却頂きました。大手不動産会社は、私の所有地単体で動いていたため、買主を1社も見つけられませんでした」

企業（売買代金10億以上の売主）

「会社の方針で保有不動産を急遽売却することになり、直接探索した買主候補に売却の話を持ちかけておりました。そんな時『日本不動産パートナーズ』に相談したところ、直接複数の買主候補に検討依頼を行い、購入価格を競わせた結果、最終的に2倍近くの価格を出していただける買主様を見つけてきていただきました。さらに、約半月というスケジュールが非常にタイトな状況で契約・決済を取り纏めてくださり、無事に売却をすることができました」

大手メーカー系不動産会社取締役
（売買代金5億以上の買主）

「今回不動産取引をするのは初めてでしたが、とても良い案件を買わせて頂きました。大手不動産会社は色々な方がいますが、社長自ら営業するのであれば、これほど頼りになる人はいないと思います」

企業オーナー（売買代金100億超のビル所有者）

「売却を依頼して、最終的に売却依頼を取り下げましたが、いやな顔一つせずに『貴方様の思った方向に行って、良かったですね』と心の底から言っていたのが印象的でした。売却を検討するなら、先ずはこの会社に相談するのが良いと思います。購入検討者の価格を見てから、売却を取り下げても、全く問題ないと思います」

青木さんは、2023年9月には大阪の不動産会社『株式会社真成エステート』をM&Aで買収してグループ会社とし、全国展開の不動産フランチャイズチェーン『ハウスドゥ』に加盟、大阪市都島区中野町に地域密着型の『ハウスドゥ都島中野町店』を開設し、主に3億円未満の中古マンションやアパート、戸建て住宅の賃貸、売買仲介事業にも乗り出し、業容のウイングを広げた。

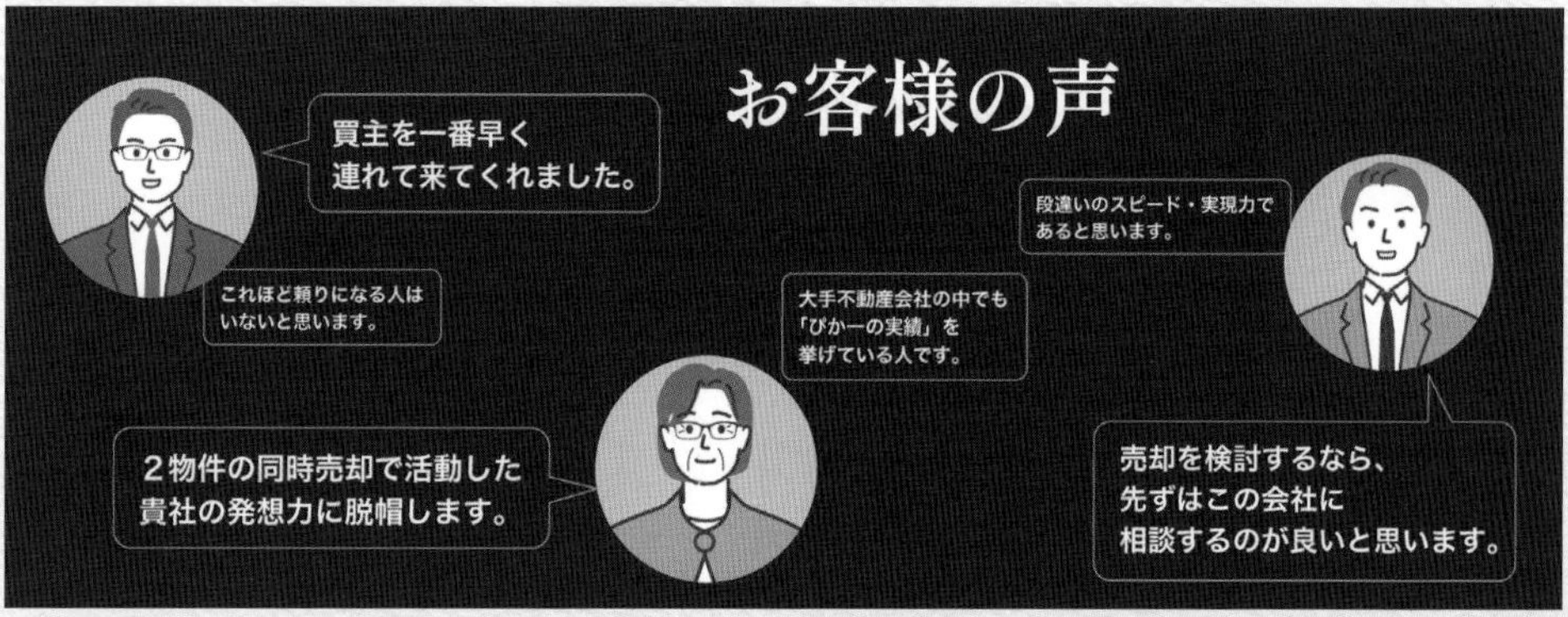
お客様の声
買主を一番早く連れて来てくれました。
これほど頼りになる人はいないと思います。
大手不動産会社の中でも「ぴか一の実績」を挙げている人です。
段違いのスピード・実現力であると思います。
2物件の同時売却で活動した貴社の発想力に脱帽します。
売却を検討するなら、先ずはこの会社に相談するのが良いと思います。

さらに青木さんは、クラウドコンピューティング・サービス提供企業である米国Salesforce（セールスフォース）社の日本法人と提携し、顧客や物件情報の管理システムのほか、ある売り物件が出た際に一番良い条件提示をする買主候補を探索するシステムの構築に着手した。

青木さんは「ジョーンズラングラサール」のシニアアドバイザーを務めているが、その意義について語る言葉から今後の展開も見えてくる。

「同社は、不動産に関わるすべてのサービスを提供する事業をグローバルに展開する会社。シニアアドバイザーとしてその仕事に携わることで、世界的に見た日本の不動産の状況を客観的に見ることができて勉強になりますし、外資系の買主様との直接ルートも多く持つことができています。中国の投資家の方もどんどん増えていますので、今後はそちらとのつながりも強めていこうかと考えています。日本の不動産は世界の投資家にとって魅力がありますので、売主様が海外の買主様を視野に入れることができるよう幅広い情報を提供していきたいと思っています」

（ライター／斎藤紘）

CRMを通して世界の中の
日本の価値向上と
笑顔広がる世界の実現

業務プロセスの自動化や
情報の一元化・管理をお求めの方

CRMの機能の相談や
より良い使い方をお求めの方

導入コンサルや分析、
使い方の講義などをお求めの方

代表取締役
松原晋啓 さん

大学中退後、システム会社のSE、アクセンチュアなどでのSE・コンサルタント、米国のソフトウエア会社でのエバンジェリスト、マイクロソフトでのソリューションスペシャリストなどを経て、2020年『アーカス・ジャパン株式会社』設立。

おもてなしの精神をAIでシステム化 次世代EMサイトプラットフォーム開発

待ちのＥＭの課題克服 ＣＲＭの進化形を実現

「ＡＩ（人工知能）のアルゴリズムを用いて顧客一人ひとりの感情を見える化してプロファイリングし、精度の高い One to One マーケティングを実現する」

ビジネスシーンを大きく変えたデジタル技術の象徴、ＥＭ（e-merchant 電子商取引）をＡＩで飛躍的に進化させたと評されるのが、顧客関係管理（Customer Relationship Management CRM）研究の世界的第一人者、『アーカス・ジャパン株式会社』代表取締役の松原晋啓さんが開発した次世代ＥＭサイトプラットフォーム『Arcury』だ。顧客が来るのを待つ従来のＥＭとは異なり、自ら売りに行く行商人のように顧客の細かなニーズを的確に汲み取り、商品やサービスの販売に確実につなげることができるように構築した世界初のシステム。その評価は、日本マーケティングリサーチ機構が２０２３年に無作為に選出したインターネットユーザーを対象に行った調査で、Google検索で多い「ＣＲＭソリューション ＩＴシステム企業」９社の中で「先端のＣＲＭソリューションが期待できるＩＴシステム企業」「サポート体制が最も期待できるＣＲＭ」「円滑なシステム運用が最も期

アーカス・ジャパン 株式会社

06-6195-7501
info@arcuss-japan.com
㊟ 大阪府大阪市淀川区西中島5-9-6 新大阪サンアールビル本館3F
https://www.arcuss-japan.com/

こちらからも
検索できます。

ARCUSS JAPAN

日米のIT技術者数

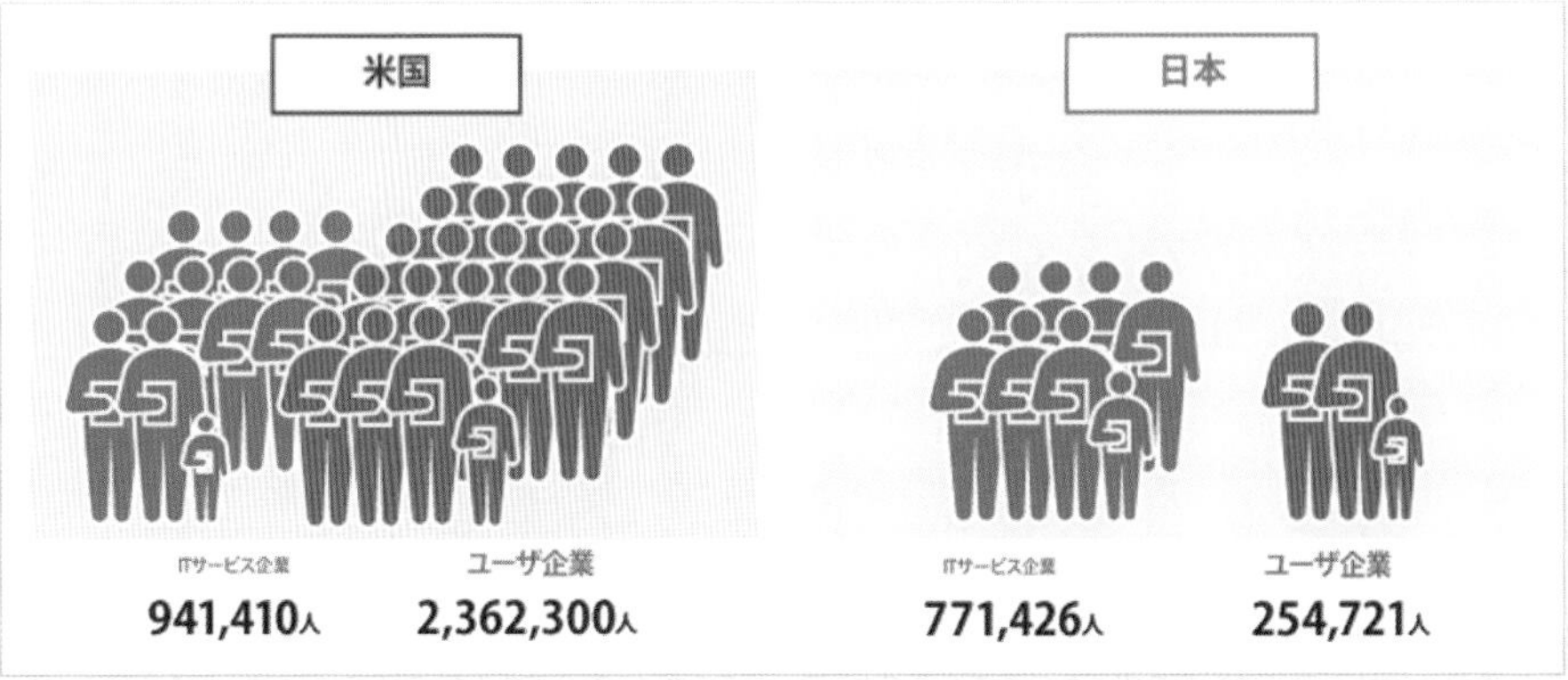

日米のIT技術者の分布状況

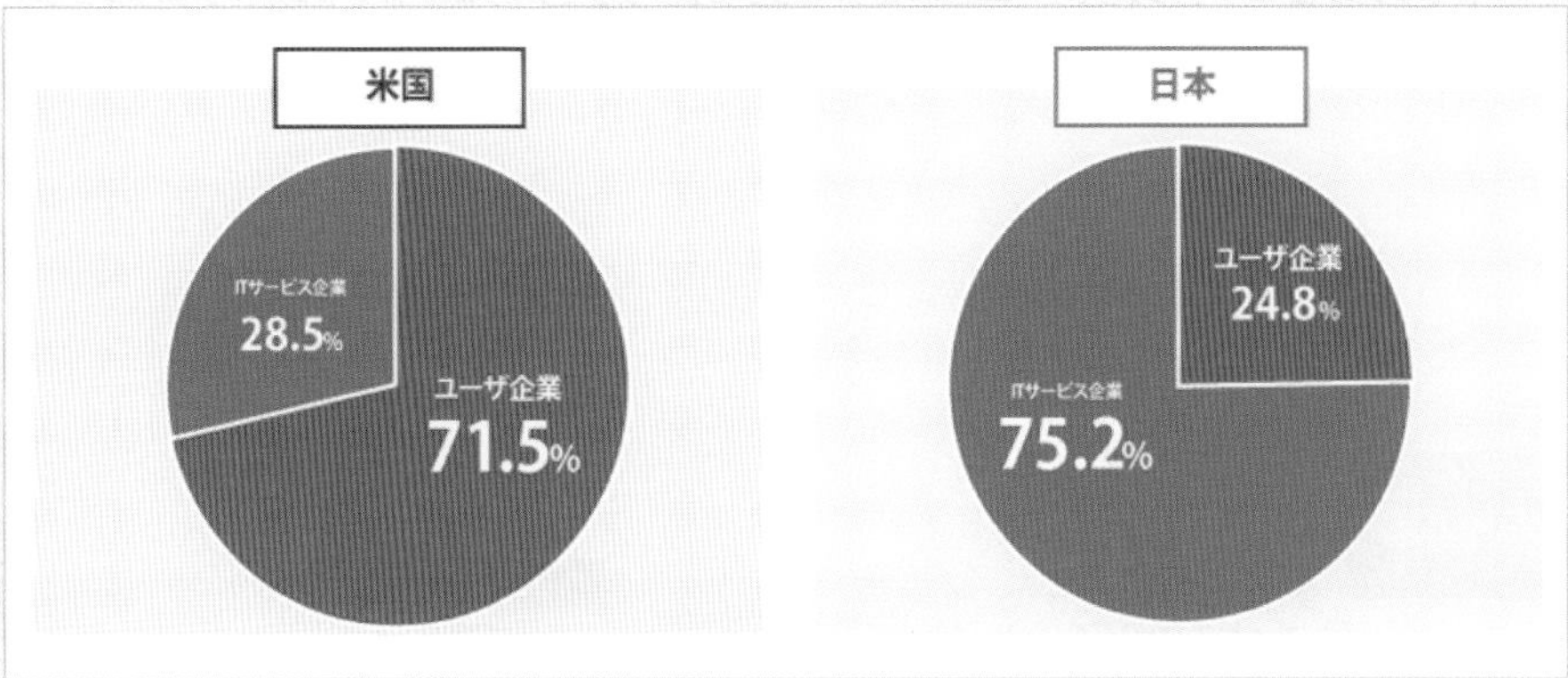

参考:2015年度ものづくり白書

待できるCRM」の3部門で第1位に輝いたことでもわかる。

『Arcury』は、松原さんがグローバル企業で培った技術力と高度の専門知識の結晶ともいうべきシステムだ。国内のシステム会社でシステムエンジニアを経験後に渡米、アクセンチュア・テクノロジー・ソリューションズ（現アクセンチュア）の創設メンバーとして入社、プロジェクトリーダーなどを務め、退職後、米インフラジスティックスの日本法人インフラジスティックス・ジャパンを経て日本マイクロソフトに転職し、Dynamics CRMチームの立上げメンバーとしてプラットフォーム型CRMを提唱して数々のソリューションを生み出し、新たな市場を開拓したことでマイクロソフトワールドワイドの最優秀者に授与されるCircle of Excellenceを受賞。その後、グロースハッカーとしてIT企業のCRM事業立上げなどを支援、2020年7月に『アーカス・ジャパン』を設立し、CRMの進化を牽引してきた。

その実力は世界最大の米経済紙ウォールストリートジャーナル」から2023年5月、IT界の次世代リーダーを意味する「Next Era Leaders for IT」に選出されたことでも裏付けられる。

CRMは、企業全体で顧客を深く理解し、顧客満足度を高めることで収益性を向上させていく経営戦略。1990年代後半、IBMに次ぐITサービス企業、アンダーセン・コンサルティングによって概念が確立された。

「CRMは、社内に散らばった顧客に関する情報を一元管理し、取り出したい情報がすぐに見ることができ、さらにその情報を元に誰に何を売ればいいのかを企業全体で認知するために、顧客との関係性、コミュニケーションを管理し、自社と顧客との関係を一元的に把握できるITシステムのことです。具体的には、顧客の連絡先や購入履歴の確認、メールやソーシャルメディアを通じたやりとり、業務管理、商談状況のチェックなどを一つの業務アプリケーションの中で行い、顧客一人ひとりを深く理解します。顧客が求めるものを提供する、日本人の得意とするおもてなしの精神をシステム化したものといえばイメージしやすいかもしれません」

このCRMを進化させたのが『Arcury』だ。開発した動機は従来のECが抱える課題を克服することだ。

EMOROCO

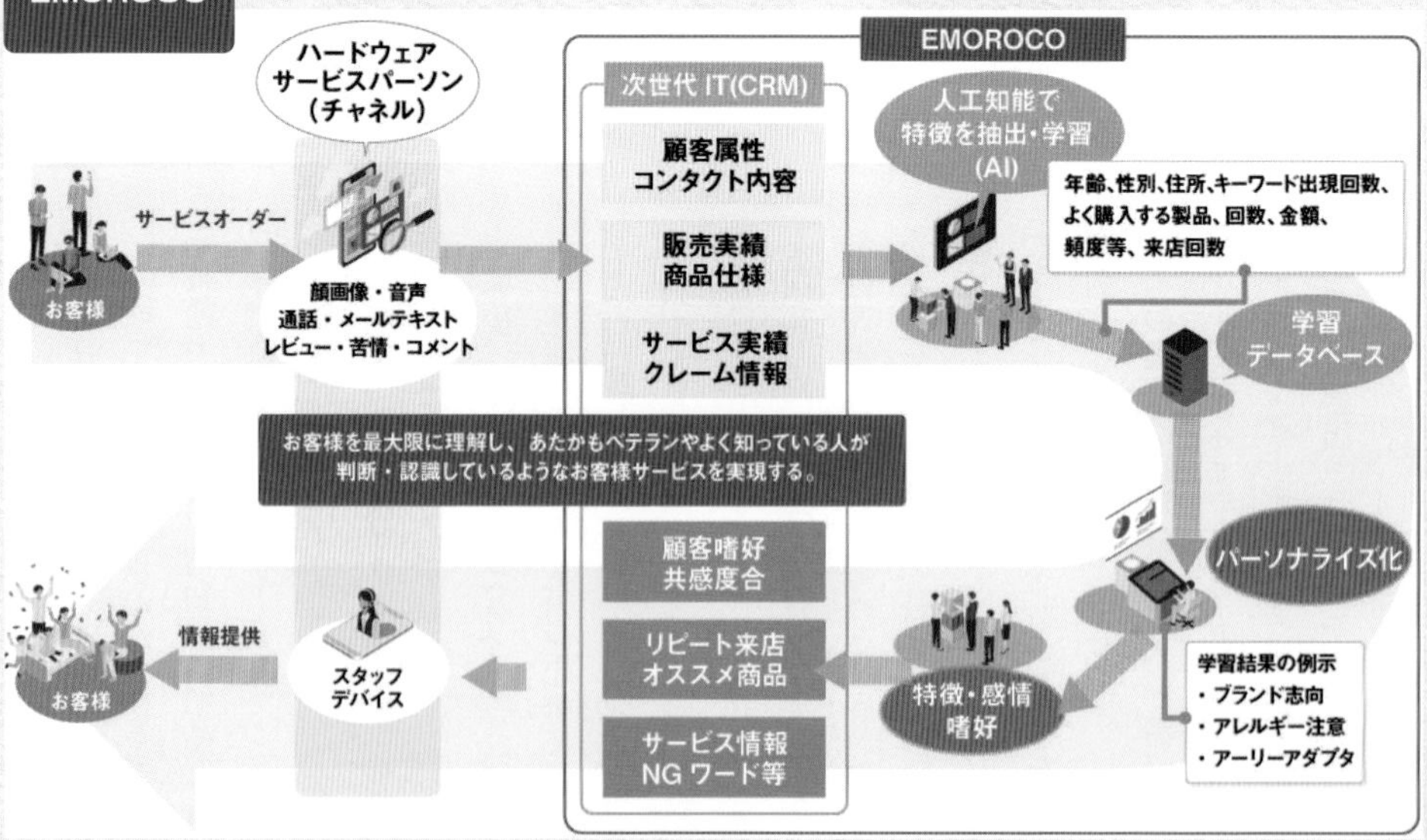

EMOROCOは、EMOtional Analysis (感情分析)、RObot (ロボット)、COgnitive (人工知能) の各機能を搭載したCRMソリューション。従来のOne to Oneを謳うCRMに比して新世代 (CRM3.0) のCRMコンセプト「パーソナライズドCRM」に基づいて開発されているため、顧客の感情を"見える化"することで、より精度の高い顧客サービスの提供が可能。

「消費者はECサイトを訪問して商品を選択し、購入するという流れが一般的ですが、従来のECサイトは、顧客の潜在欲求を読み解き、顧客一人ひとりにアプローチし、商品の購入を促すようにはできていないのです。そのため、ECサイトを開設しても訪問してもらえなければ購入してもらう機会は得られませんし、顧客からもニーズに合う商品があるのかを分かってもらうことができません。こうした課題を解決するために開発したのが『Arcury』です」

『Arcury』のキーテクノロジーが『EMOROCO』。EMOtional Analysis（感情分析）、RObot（ロボット）、COgnitive（人工知能）の各機能を搭載したCRMソリューションで、サービスに特化した疑似汎用型AIを搭載した世界初のCRMだ。

「『EMOROCO』は、新世代CRMのコンセプトであるパーソナライズドCRMに基づいて開発しました。数値として把握できる定量データと顧客情報に当たる定性データをAIが分析し、顧客の性格や感情を含む深い情報を導き出し、顧客の感情を見える化することで、より精度の高い顧客サービスの提供が可能になるCRMソリューションです。企業に蓄積されたあらゆるデータや膨大な市場データをAIが学習、分析し、その結果

をCRMに活かすことでより精度の高い分析が可能になります。一般的なCRMで顧客をグルーピングする場合はマーケターの手が加わりますので長い時間と複雑なグルーピングを行う必要がありますが、『EMOROCO』はAIが導き出したグループに対して多段階分析をかけて顧客の特徴を自動計算します。常に最新データを学習しているので市場とのミスマッチが起こりにくく、導入企業は最適な施策を打つことができるのです」

この『EMOROCO』を組み込んで2022年1月にリリースしたのが、『e-Merchant 電子行商人』と呼ばれる『Arcury』だ。

「顧客サービスに特化した人工知能サービスと学習データベースを持ち、CRMの顧客情報から人工知能のアルゴリズムを用い、顧客の性格や感情を含む深い情報を導き出し、パーソナライゼーション、個客化を行い、CRMの原則である1顧客1IDで効果的なOne to Oneマーケティングを実現します。また、『Arcury』はプラットフォーム機能を有しているため、既存のECサイトをe-merchantサイトへアップグレードすることが可能であり、また高いカスタマイズ性を有する『EMOROCO』をベースとしているため、業種、業態に合わせて容易にカスタマイズすることできるのも特

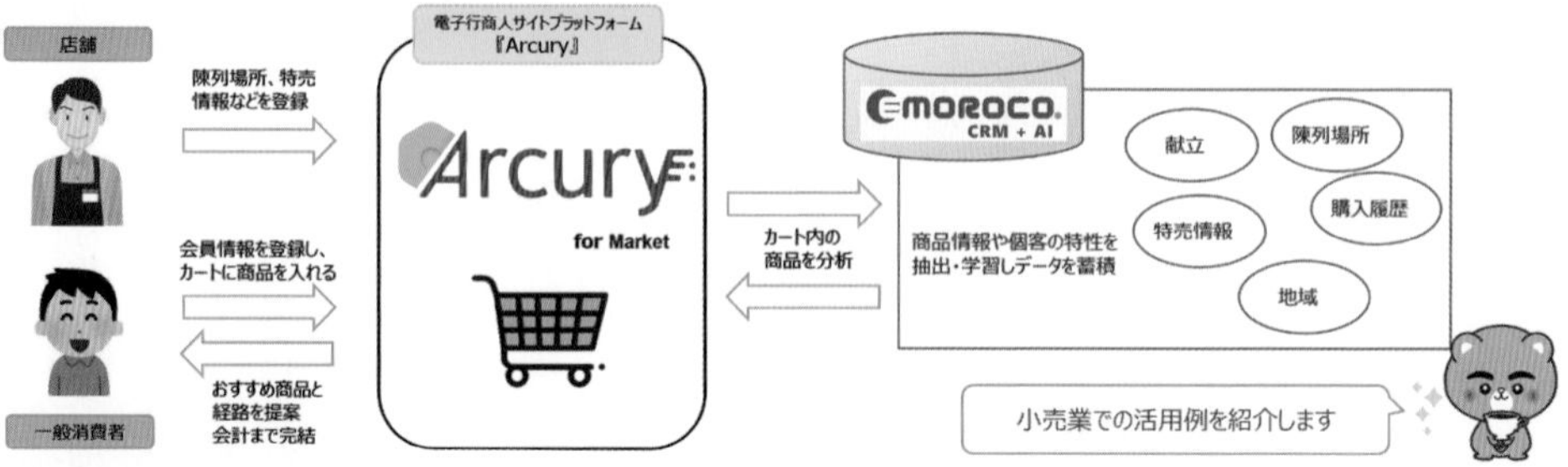

Arcury for Live Commerce

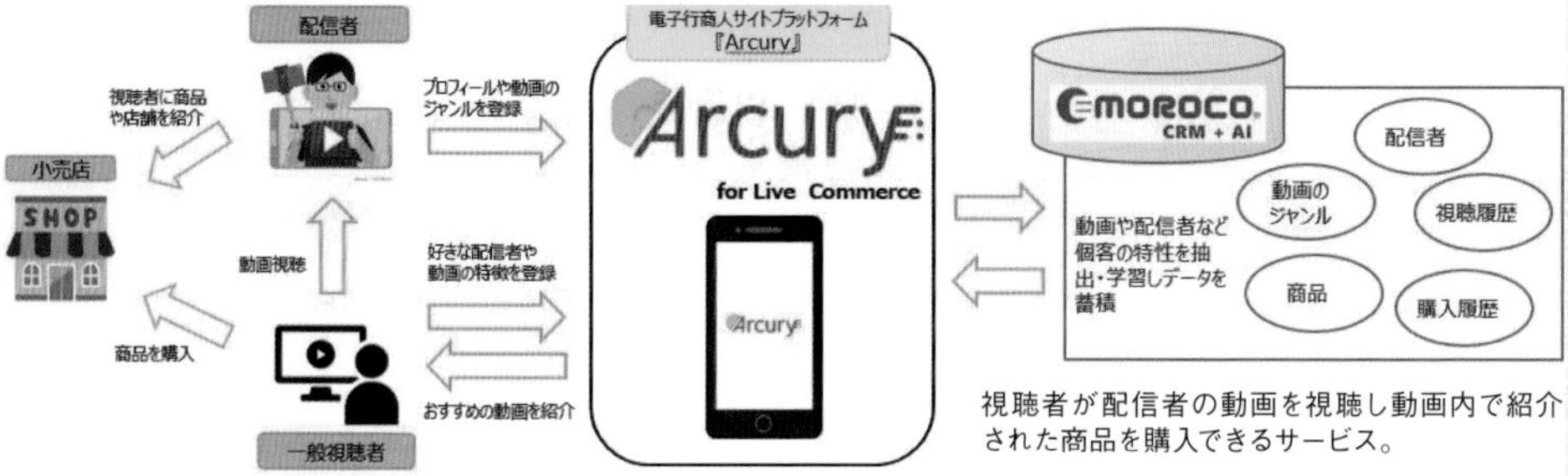

視聴者が配信者の動画を視聴し動画内で紹介された商品を購入できるサービス。

Arcury for Location

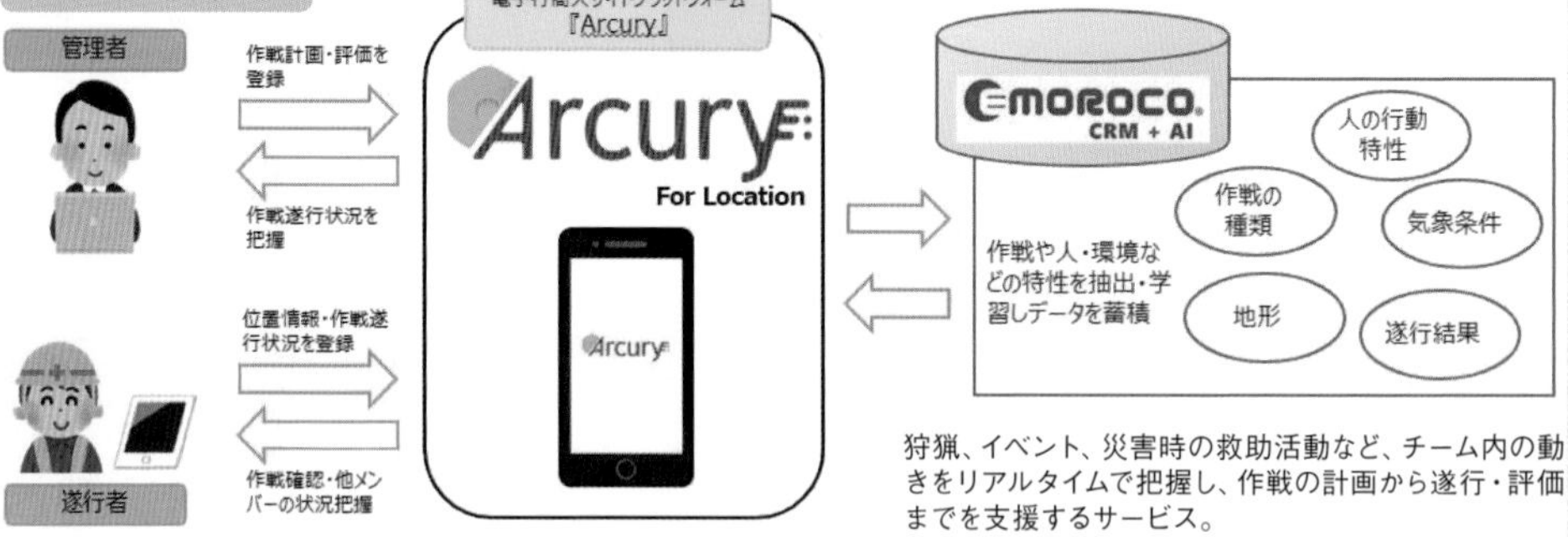

狩猟、イベント、災害時の救助活動など、チーム内の動きをリアルタイムで把握し、作戦の計画から遂行・評価までを支援するサービス。

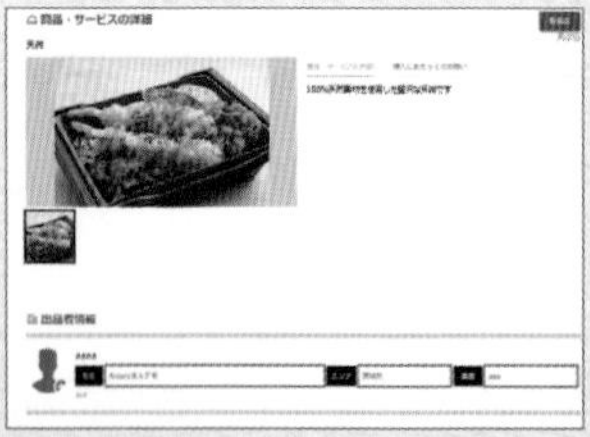

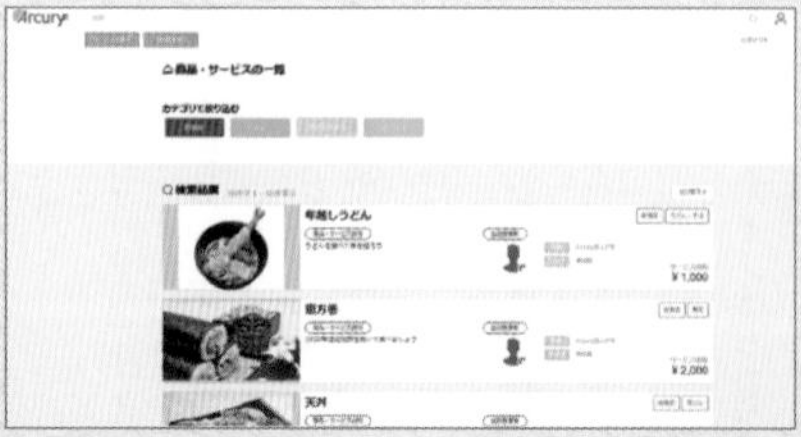

長で、学校や病院、政治などどんな業界にも導入できます。その他にも日本が抱える地方経済の活性化という課題にも大きく貢献できると思っています」

松原さんは、『Arcury』をベースにした新たなITサービスも開始した。その一つ、『Arcury for Live Commerce』は、動画を利用しながら単なる商品の説明に止まっている通販サイトとは異なり、『Arcury』と動画配信を用いて、視聴者が配信者の動画を視聴し、動画内で紹介された商品を購入できるサービスだ。視聴者の閲覧履歴や購入履歴から『EMOROCO』が視聴者の好みを学習し、ニーズに沿った内容の動画を提案することで、リアルな顧客体験をECで実現することができる。一般視聴者が1視聴当たりの視聴料金と任意での投げ銭を動画配信者に支払い、動画配信者側は各地域の名物や商品を紹介することで、各小売店の販売を促進するといったビジネスモデルの構築も可能になるという。

もう一つのサービスが『Arcury for Location』。『Arcury』と位置情報を用いて、狩猟やイベント、災害時の救助活動などチーム内の動きをリアルタイムで把握し、作戦の計画から遂行、評価までを支援するサービスだ。端末登録機能、作

戦一覧機能、作戦登録機能、作戦計画機能、作戦遂行機能、作戦評価機能などを備え、AIが作戦分析、作戦遂行後の評価結果から類似パターンを学習し、効率よく作戦遂行が行える計画を提案する。タブレットやスマートフォンで簡単に利用できるのが特長だ。

松原さんは、自社でシステムを開発するだけでなく、他社が開発したシステムも的確に評価し、有用と判断したのの導入も進めている。その典型例が2023年4月に同社が大阪市でオープンした健康家庭料理&雑煮BAR「膳」への生成AI接客ツール「Alive」の試験導入だ。主にクラウドサービスのシステムインテグレーション活動を行う「K合同会社」(本社東京)が開発したもので、高品質の音声を生成できるニューラル音声技術や100以上の言語と方言に対応する高精度翻訳技術を搭載し、世界中の様々な客とスムーズにコミュニケーションをとることができる。Webページに訪問中の客とリアルタイムで直接チャットができるリアルタイムチャット機能、MeetやZoom、Teamsなどを利用するオンライン商談機能、スタッフが不在のときに担当者のスマホからその場で返答することができるLINE連携機能なども搭載している。

(ライター/斎藤紘)

会長
菱沼博之 さん

祖父や父親が経営者で早くから独立心を抱く。自衛隊を除隊した21歳の時から父親の仕事を手伝いながら建設業のノウハウを磨き、24歳で独立。『ライフ建設』、『ライフ興産』、『ライフ開発』、『ニシオカリース』で構成する『ライフグループ』会長。

「一般社団法人やさしいあかりでつなぐ地方創生ネットワーク」に加盟。

建設残土の不適切処分問題で警鐘鳴らす 採石場跡地の活用を提案し署名活動開始

闇で捨てる実態が不明 跡地の地盤安定化効果

「気候変動を食い止める脱炭素化など地球規模の問題も大事だが、もっと身近な所で起きている環境破壊にも目を向けるべきだ」

傘下に4事業会社を擁し、栃木県真岡市を拠点に建設事業など20を超える事業を展開する『ライフグループ』の菱沼博之会長が警鐘を鳴らしているのが、国土開発で出る建設残土の行き場がなく、山林原野に不適切に捨てられている問題だ。建設残土の盛り土が崩落し、死者・行方不明者27人を出した2021年7月の静岡県熱海市の土石流災害を機に「処分の仕方」の規制は強化されたが、肝心の「処分場の確保」について行政が機能していないために闇で捨てざるを得ない状態が常態化していると指摘、新たな処分場を生み出す独自のアイデアの実現に向けて行動を開始した。

「建設残土は、建設現場で発生する土のことで、正式には建設発生土といい、都市開発用の貴重な建設資材として埋立てや土地造成、盛土などに利用されますが、利用されないものは処分しなければなりません。建設発生土の発生量のデータで最も新しいのが国土交通省の2018年度建

株式会社 **ライフ建設**
ライフけんせつ

0285-81-7916
lifeconstruction@themis.ocn.ne.jp
㊟ 栃木県真岡市西田井1129-2
http://life-group-global.com/

土木・建築工事

建設残工処分場

有限会社ライフ興産　(住) 栃木県芳賀郡益子町大字益子3312-1

重機・車両リース

株式会社ニシオカリース　(住) 栃木県真岡市西田井字東原1144-8

解体工事

株式会社ライフ開発　(住) 栃木県真岡市西田井東原11-1

設副産物実態調査の結果です。建設発生土の発生量は約2・9億㎥で、現場内で利用された1・6億㎥を除く1・3億㎥の44％が発生土受入地へ搬出されているとありますが、その実態は明らかではありません。ここに問題があり、夜陰に乗じて山林原野に捨てる実態が隠れているのです」

こう指摘した上で菱沼会長は、実際に建設残土をダンプトラックで運搬する業者の間で語られる様々な情報から恐るべき実態が浮かび上がるという。

「東京で発生し、捨て場のない建設残土はダンプ屋といわれる業者から次のダンプ屋へと引き継がれ、千葉や埼玉などにあるストックヤードという建設残土集積場に集められ、本来そこから処分場にいくべき残土が、ヤード屋と呼ばれる業者の取り仕切で、別のダンプ屋によって茨城や栃木、福島などに運ばれ、違法投棄されるのです。このプロセスは闇の中で、どこにどのくらいの建設残土を捨てたかは分からないのです。自然環境の破壊だけでなく、崩落や有害物質の漏出のリスクが生まれるのです。しかも、不適切な処分が見つかって責任を負わされるのは末端のダンプ屋という不合理も起きているのです」

建設残土がどこにどれだけ捨てられたか不明というのは、ある国会議員が2020年に国土交通省に宛てた質問主意書をめぐるやり取りでも裏付けられる。

質問「建設発生土に係る不適正処理の状況や建設発生土の受け皿となる建設発生土処分場の状況を把握するとともに、悪質な業者や事案について関係省庁及び自治体間で情報共有を行うことができなければ、不適正処理に対して対応することはできない。そこで、過去3年間程度の都道府県ごとの建設発生土受入地の施設数、残存容量、残余年数及び建設発生土の不適正処理に関連し、砂防法などにより警察に検挙された悪質業者の件数を政府として把握する必要があると考えるが、把握状況を明らかにされたい」

回答「お尋ねの建設発生土受入地の施設数、残存容量、残余年数については、網羅的に調査していないため、また、お尋ねの悪質業者の件数についても、統計をとっていないため、お答えすることは困難である。把握する考えがあるのかとのお尋ねについては、これらを把握することは考えていない」

質問「不要とされた建設発生土については廃棄物処理法上の廃棄物とみなし、同法による処理を行うべきという考え方もあるが、政府の見解を示されたい」

回答「建設発生土は、廃棄物の処理及び清掃に関する法律に規定する廃棄物には当たらず、同法による規制の対象とはならないと考えている」

これが建設残土についての国の基本的なスタンスだが、熱海市の土石流災害を受けて、国は宅地、森林、農地などの土地の用途を問わず、危険な宅地造成、盛土、土石の堆積を全国一律の基準で包括的に規制する改正宅地造成等規制法、いわゆる盛土規制法を2022年5月に制定した。

菱沼会長は、遅きにしたとはいえ一歩前進と評価する一方、盛土規制法は処分場での処分の仕方に関するもので、処分場の絶対数が不足している以上、建設残土の不適切投棄問題の解決にはならないと強調する。その上で、一つの解決策として建設資材を採取する採石場の跡地を処分場として利用することを提案、ダンプトラック運送業者約2千人を対象にこの提案を行政に認めるよう求める署名活動を開始した。
「採石場は山や平地に存在し、岩石や砂岩などの土木建築用の資材を採取する場所で全国各地に多く存在します。採取し終わった跡地を建設残土の処分場として有効活用できるようにしてもらいたいというのが提案です。当社は採石場を利用できるよう行政に許可申請を行っていますが、現行の採石法を理由に実現していません。採石場の活用は、建設残土の適正処分の受け入れ容量を増やし、不適正処分を減らすだけではありません。採石跡地は、土砂や岩石が露出し、裸地状態となっているため、降雨、積雪、凍上融解、風あるいは地震などによって土壌浸食、崩壊、落石、飛砂などが発生しやすく、土砂災害に結びつく危険性がありますし、特にトンネル状の採石場の跡地は、風化が進み、直上の土地が落盤により陥没する事故が多発し、問題視されています。そこに建設残土を入れて固めれば、地盤が安定し、処分場確保と事故災害防止の一石二鳥の効果が生まれると考えています」

菱沼会長と国子夫人、そして伏見宮殿下（右）。

『ライフグループ』で菱沼会長は、「建設残土処理事業」を主力事業の一つに掲げ、栃木県の土砂などの埋立て等による土壌の汚染及び災害の発生の防止に関する条例で特定事業として許可を得て、建設工事間で流用が困難な建設残土をグループが所有する6ヵ所の処理場で受け入れもので、安全管理対策として15tブルドーザーで残土を押し転圧して固め、崩落防止に万全を期している。さらに、栃木県内で処理場開設のための用地を30ヵ所確保し、受け入れ体制をさらに拡大する計画だ。建設残土の捨て場がなく、着工することができずに困っている建設業者を救うだけでなく、自治体の要請を受けて公共工事の建設残土も受け入れ、インフラの構築を下支えしている。

こうした事業展開の中で、建設残土の処分には多くの課題があることを肌で感じてきたことが、警鐘と提案に表出したものだ。

（ライター／斎藤紘）

ゼロから
1を生み出す仕事

代表取締役
島田大輔 さん

高校卒業後、同級生の父親が経営する基礎工事会社に入社。仕事を続けているうちにやり甲斐も感じるようになる。15年間、経験を積んだ後、2018年、34歳で独立、基礎工事や外構工事などを手がける『島大工業株式会社』設立。

周到精緻な基礎工事に光る職人の技
能登半島地震被災地の復興にも尽力

20年超の経験生かす
15の工務店から受注

「地盤と建物をつなぎ、災害に強く、未来に残る建物の土台をつくる重要な仕事」

富山市の『島大工業株式会社』代表取締役の島田大輔さんは、主力事業の基礎工事に誇りと使命感を持って取り組んできた職人経営者だ。18歳のときに基礎工事会社で働き始めてから20年超の経験に裏打ちされた確かな仕事ぶりが評価され、現在、発注元の富山県内の工務店やハウスメーカーは15社にのぼる。2023年には基礎工事で使う鉄筋の加工販売会社を買い取り、自社で加工するだけでなく、同業他社にも供給するなど業容を拡大した。能登半島地震で多くの住宅が倒壊した北陸地方の住宅再建、復興にも社を挙げて取り組む決意だ。

島田さんが工務店などから信頼されるのは、基礎工事の全ての工程を決して手を抜かず、周到な手順と精緻な作業で完遂する姿勢だ。

「基礎工事の基礎とは、建物の重さだけではなく、風や地震の揺れなど、外からの力をバランスよく地面に伝える役割がある建物の土台のことです。基礎がしっかりしていないと、災害などですぐに崩れて大きな事故につながってしまいます。

島大工業 株式会社
しまだいこうぎょう

076-467-3044
info@shimadai8299.com
住 富山県富山市松野83
https://www.shimadai8299.com/

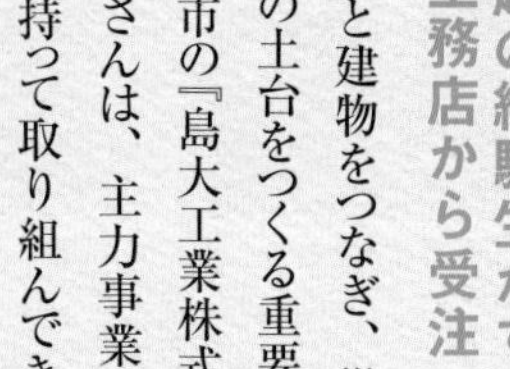

数十年経っても安定して建物を支えられるような土台をつくる、それが当社の仕事です」

基礎工事の工程は、建物の正確な位置を出す丁張りから掘削、砂利引き、防湿シート敷設、コンクリート流し込み、基礎天端均し、鉄筋組み、基礎外周の型枠組み、床の生コン打設、内部の型枠組み、アンカーボルト設置、生コン打設、養生、型枠外し、仕上げなど多岐にわたる。

「工事は、設計図通りに忠実に行わなければなりせん。作業は、まず建設範囲を分かりやすくするために基礎の外周に縄やロープを使用して印をつけることから始まります。次が掘削工事。地盤を掘り起こす作業で、重機を使用して基礎の底面の高さまで土を掘りだします。そこに石を全体に敷き詰め、転圧する機械で地面を固め、建物の沈下を防ぎます。次に防水シートで湿度の上昇を防ぎ、捨てコンクリートを流します。捨てコンクリートは、基礎の位置を正確に墨出しすることと、型枠を固定することを目的に施されるコンクリートのことで、重要な役割を持っています。次のステップが配筋。基礎の寿命や強度に影響を与える非常に重要な工程なので、丁寧に鉄筋を組んでいきます。その後、木製や鉄製の型枠を使用した型枠組立てを行いますが、コンクリートが漏れないよう慎重に行わなければなりません。次がコンクリート打設。型枠にそってコンクリートを流しますが、固まるまで一定の日数を置いておく必要があります。最後は型枠を外し、不備がないかを確認して工事は終了します。これが大まかな流れですが、作業中、構築したものが水平垂直になっているかを計測器で確認しながら進めます」

このプロセスの中で、島田さんが最も気を遣うのが鉄筋を組む配筋だ。

「配筋は、押しつぶそうとする力に対しては強いものの引っ張る力や曲げる力に対しては弱いコンクリートの弱点を補うために、引っ張りに対して強い鉄筋を組み合わせて強度を確保するのが目的です。コンクリートを打設する前には、図面に記載されている仕様と実際に施工された工事が一致しているかどうかをチェックします。鉄筋の本数、配置、鉄筋のかぶり厚さ、鉄筋の波打ち、鉄筋定着の長さ、鉄筋の太さ、固定状況、アンカーボルトの位置などを子細に確認します」

島田さんは、ここで使う鉄筋を従来は鉄筋加工販売会社から仕入れていたが、作業効率を上げるためにこの会社を買い取り、商社から仕入れた鉄筋を自社で加工している。

当社で働く3つのメリット

風通しがよく
楽しく仕事できる環境

手厚い待遇で
安定した生活基盤が確保できる

基礎工事で
社会に貢献できる

基礎工事にはいくつか工法があるが、島田さんが最も得意としているのは、建物の主要な部分にコンクリートを流し込む「布基礎（ぬのきそ）」という。

「布基礎は、古くから採用されている工法で、建物の壁面に沿って連続して設けられた帯状の基礎のことをいいます。使用するコンクリートや鉄筋の数が少ないのが特徴。また、地面に隠れている根入れとよばれる基礎の深さが、住宅の底面全体に鉄筋コンクリートを流し込むベタ基礎に比べると深いので、強度も高いのです。現場に合わせて最適な工法で工事を行っています」

島田さんは、戸建て住宅を中心に店舗や木造アパートなどを対象にした基礎工事のほかに、森林や農地を宅地にするための宅地造成工事や住宅の周りを整備する外構工事も行う。場合によっては、宅地用に造成した土地で基礎工事を行い、住宅が建った後、駐車場や塀を造る外構工事も行うこともあり、こうした対応能力の幅広さも工務店などから支持される理由だ。

「基礎工事は、コンクリートを打設したらやり直しができないので、自分が全力を尽くして良い仕事を収められたと思っていても大事なのは客観的に見た時にどうかです。私が目指すのは、誰が見ても良い仕上がりだといってもらえる仕事、同業者が見ても大工さんが見ても素人の方が見ても良い仕事だと評価していただける仕事を追求することを決して辞めず、妥協なき仕事を続けていきたいと思っています」

島田さんは、高校卒業、同級生の父親が経営する基礎工事会社に入社、以後、基礎工事一筋に歩んできた。34歳のとき独立、個人事業を経て２０１９年に『島大工業株式会社』を設立した。当初のスタッフは４人だったが、現在は日本人６人、中国とインドネシアからの外国人実習生６人と12人まで増えた。４班編成で工務店など15社の工事依頼に応え、複数の現場を同時進行で動かしているほか、同業者からの鉄筋加工も請け負う。

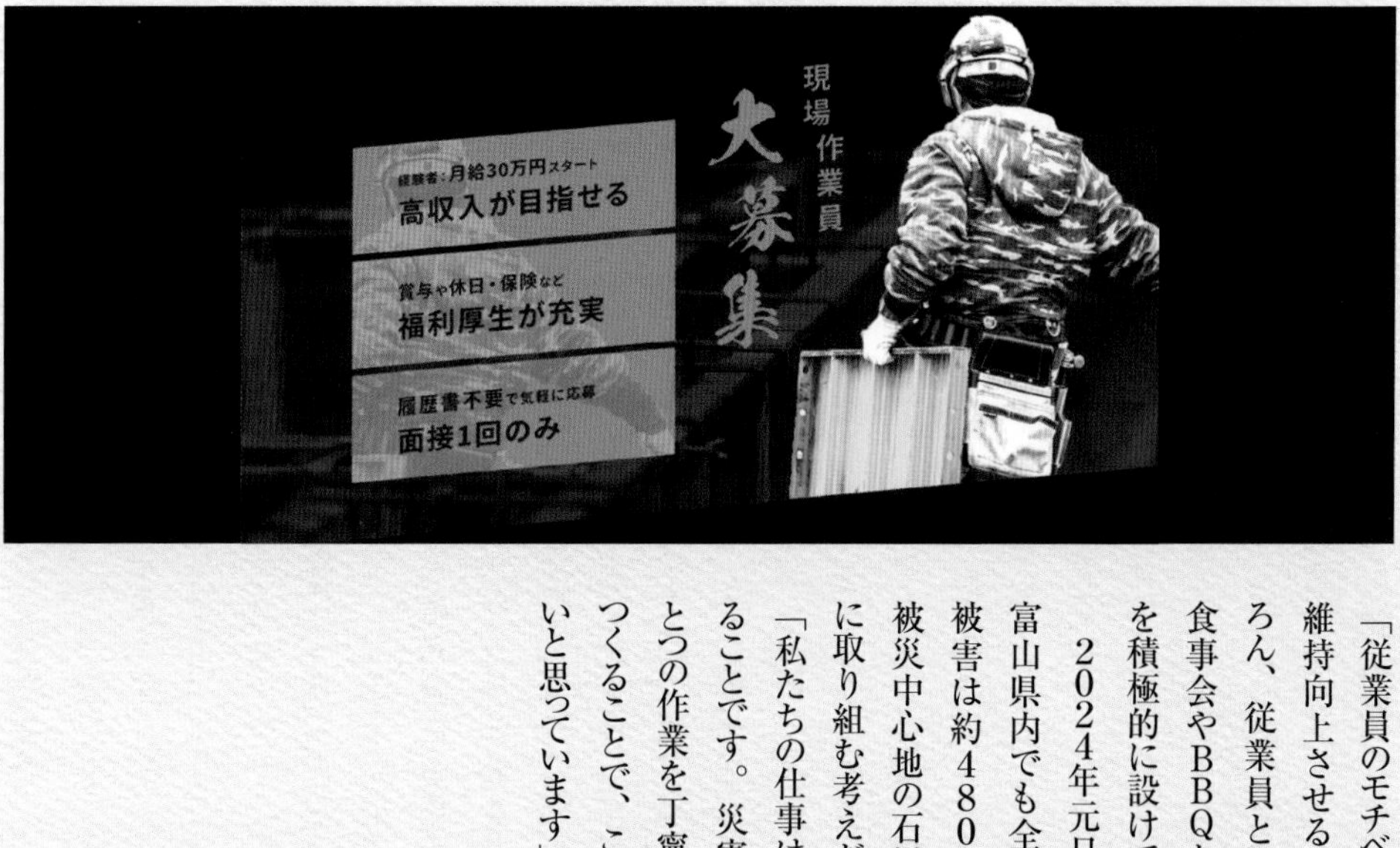

「従業員のモチベーションや仕事のパフォーマンスを維持向上させるために、充実した福利厚生はむろん、従業員とのコミュニケーションも大事にし、食事会やＢＢＱなどの社内コミュニケーションの場を積極的に設けています」

２０２４年元日に発生した能登半島地震では、富山県内でも全壊、半壊、一部破損合わせ家屋被害は約４８００棟にのぼったが、島田さんは、被災中心地の石川県も含め、県域を越えて復興に取り組む考えだ。

「私たちの仕事は、未来に残る建物の基礎をつくることです。災害で崩れてしまわないよう、一つひとつの作業を丁寧に行います。災害に強い建物をつくることで、これからも社会に貢献していきたいと思っています」

（ライター／斎藤紘）

TSUNA HOLDINGS

Chuo Construction
中央建設

未来をつなぐ
リレーワーク

株式会社
櫻木管工

株式会社
エネフ

YAMADAI
DENKI

代表取締役CEO
渡部功治 さん

2005年『中央建設株式会社』へ入社。2008年に代表取締役に就任。2010年に東京進出を決め、2011年に東京支店を開設。官公庁中心の受注活動から民間建築を中心とした受注活動にシフトし事業を拡大させる。2018年には本社を東京へ移し2019年に東北支店を開設。2021年8月には『綱ホールディングス株式会社』を設立し、代表取締役CEOに就任。

時代を先取りする経営手腕で成長を牽引
技術の継承体制と女性が輝く機会を創出

テーマは人、そして全ては未来へ
人が集まる企業の躍進

愛媛県今治市の小規模土木会社の将来を担って建設業の激戦地東京に進出、オリンピック関連施設の完成度の高い施工技術で脚光を浴びた『中央建設株式会社』を母体に4社で構成するホールディングカンパニーを設立してグループ事業を展開する『綱ホールディングス株式会社』の代表取締役グループCEO渡部功治さんは、明確な経営理念と時代を先取りする進取の精神を持つ経営者だ。技術の継承、事業の承継を経て世代交代へと繋ぐ「未来をつなぐリレーワーク」、建設業界で女性が活躍する「建設ヴィーナス」の創設はその象徴であり、渡部さんの「仕事は自ら断るな、難しい仕事はなおさら断るな」というポリシーのもと、大胆な発想と創意工夫で何事も前向きに取り組む姿勢をモットーとし、かつ「説明できないこと(根拠のないこと)はしてはならない」という固い信念をもって日々の事業活動に邁進している。『綱ホールディングスグループ』では、具体的に三つの使命を掲げる。

一つは「優れた建築物を未来へ遺す」こと。総合建設業と専門工事業がグループ化することで今まで見えなかった間接経費を透明化。余分なコストカットを実現し、適正な価格で品質に優れた建築

綱ホールディングスグループ
つなホールディングスグループ

㊟ 東京都港区芝2-1-30 菱化ビル2F
https://tsuna953-hd.co.jp/
(グループ総合受付)
株式会社 エネフ　中央建設 株式会社
株式会社 櫻木管工　株式会社 山大電気

こちらからも
検索できます。

未来をつなぐ
リレーワーク
TSUNA HOLDINGS

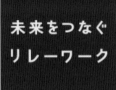

物を顧客に提供する。二つ目が「大切な資産を未来へ繋ぐ土地活用」。ゼネコン機能とデベロッパー機能を併せ持つグループならではのプランを提案し、土地の特性、環境、用途を考慮して顧客の資産価値を最大限に引き出す。そして三つめが「未来を見据えた７０歳定年制」の採用。長年の経験や熟練したスキルを持つ人材を積極的に受け入れ、年齢による給与カットのない７０歳定年制を取り入れた長く安心して働ける環境の提供と同時に、経済成長の一翼を担う存在であり続けることだ。特にこの７０歳定年制は、渡部さんが１０年以上前からいちはやく提唱しており、２０１９年には日本経済新聞の取材も受けた。

「中央建設のキャッチフレーズ『テーマは人そしてすべては未来へ』が示すとおり、我々建設業はとにかく人が宝、人材の確保が最重要課題です。社員に寄り添った働き易い環境をつくり、人が集まる会社にすること、そこに経営の答えがあると考えています。そしてその『人』が仕事を進めるうえで大切にしているキーワードが『未来へつなぐリレーワーク』です。社内だけでなく、お客様をはじめとするすべてのステークホルダーの皆様に対しても同様に、相手のことを尊重し思いやりを持って良好な相互関係を構築し、正確かつスムーズにバトン

女性が輝く 建設ヴィーナス

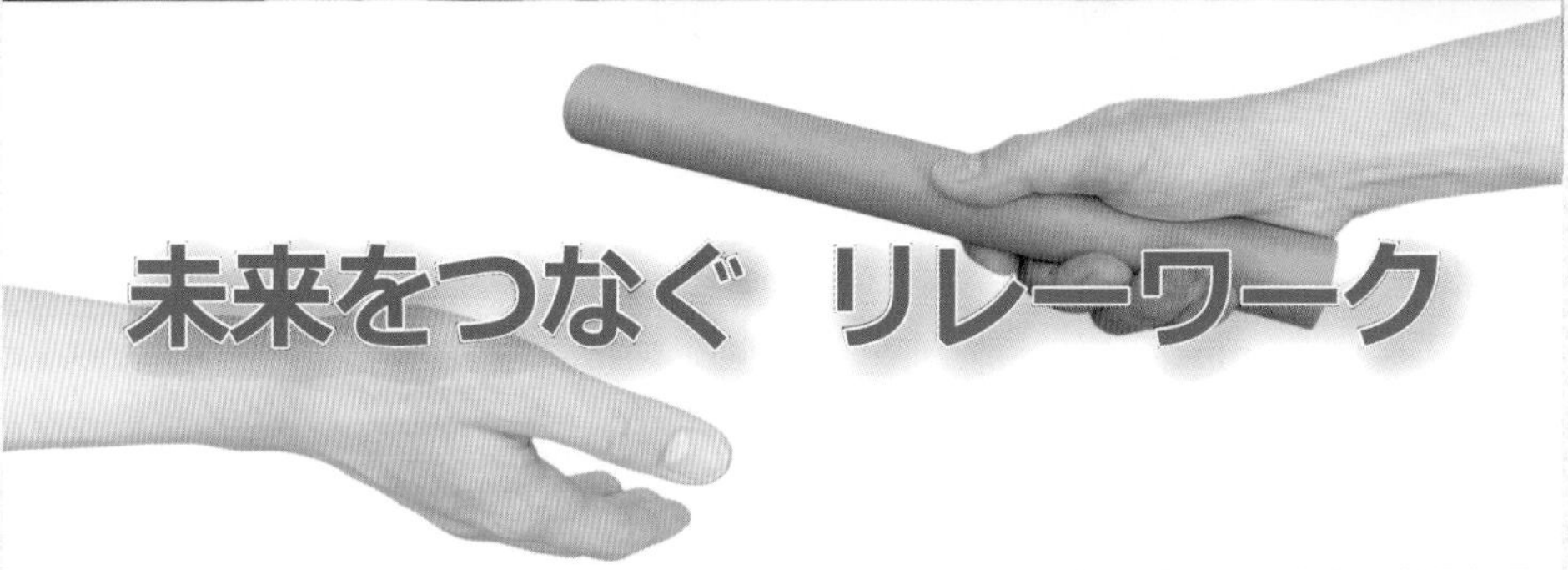

未来をつなぐ リレーワーク

を繋いでいく、グループ企業がこれまで築き上げた実績と培ったノウハウをもとに、給排水衛生・空調設備工事や電気設備工事など、専門工種も網羅した総合建設業としての成長、発展を目指し、さらには建設という枠にとらわれず、不動産開発事業を含めた社会の未来に貢献するために新たなフィールドを開拓し続けていきます。そして社会のため、未来の子供たちへとバトンをつないでいきたいと考えています」

今年はいわゆる2024年問題が発動する年だが、10年以上も前からこういう時代が来ることを予見し、5年前には「働き方改革実行委員会」を社内に設置して職場改革を推進、昨年末には建設業界ではまだまだ珍しいシフトフレックス制も積極的に導入するなど、常に時代の先駆者として1人1人のライフスタイルに合わせた働き方を目指している。一方、「建設ヴィーナス」は、同社の管理本部に在籍する女性スタッフの別称で、その主な役割は、現場パトロールを実施して女性ならではの視点で現場をチェックし、男性スタッフの労働環境や体調管理も含めて全般的なフォローをすることだ。たとえば工程の遅れや見逃し、成果物の見映え（出来栄え）、現場の清掃・整理整頓の状況など、男性スタッフでは気付きにくい事案を第三者目線でチェックしたり、繁雑な書類作成をサポートすることで現場スタッフの作業を軽減させるなど、前述の2024年問題への対応も踏まえた重要な仕事だ。また、定例会に出席してお客様と現場スタッフとのコミュニケーションにも参加し、正確な情報共有の一端を担う。このように、多様な価値観によって異なる視点、経験やアイデアを絡めることで現場管理が一方向に傾倒することを防ぎ、俯瞰的なバランスをとることが狙いだ。

「私たちが現場に行ったときには、自分がこの建物を買うエンドユーザーになったつもりで仕上がりなど、入念にチェックをしています。また、私たちが現場に入ることによって、雰囲気が明るく柔らかい感じになり、現場スタッフのモチベーションアップにもつながれば、私たちもやりがいを感じます」

もちろんこれは女性のキャリア支援にもなり、建設業界で女性が輝ける職場環境整備のモデルケースにも発展する可能性を秘めている。渡部さんは2010年、地方での事業継続に危機感を抱いて単身上京し、スーパーゼネコンを訪ね歩いて顔と名前を憶えてもらう努力を重ね、15坪の事務所に社員3人という規模の東京支店を開設。2016年には、オリンピック関連の世界初の施設「新豊洲 Brillia ランニングスタジアム」を元請けで施工(日建連主催の第59回BCS賞を受賞)した実力が注目され、それを境に業績も飛躍的に伸び、2017年には158坪の近代的なオフィスに移転、東京本社に組織替えし、経営規模を拡大、2021年に持株会社『綱ホールディングス株式会社』を設立しホールディングス化を実現した。

飛躍の契機となった
「新豊洲 Brillia ランニングスタジアム」

2017年に「日建」主催のBCS賞を受賞。

グループを構成するのは、総合建設業の『中央建設株式会社』、給排水衛生空調換気設備、防災設備の企画設計、施工を行う『株式会社櫻木管工』、電気設備工事や空調設備工事、換気扇工事などを行う『株式会社山大電気』のほか、不動産開発事業の『株式会社エネフ』を傘下に従える。

「現在の日本は、高度経済成長時代から50年以上が経ち、当時の新築ラッシュの建物は老朽化が進み、特に首都圏を中心に建替えやリニューアルを含めた都市の再開発計画が進んでいる。『綱ホールディングスグループ』は、この新しい時代の流れを的確に捉え、社員全員がエネルギッシュで前向きに、より豊かで元気な社会の実現に寄与する会社であり続けたいと望んでいます」強い信念で人一倍の努力を重ね、卓越した経営手腕と独創的な経営感覚で斬新な経営体制を構築しながら着実にステップアップしてきた渡部さんの時代を切り開くチャレンジは、これからも続く。

(ライター/斎藤紘)

代表取締役社長
木村裕一 さん

京都市立伏見工業高等学校を卒業し、陸上自衛隊に入隊。習志野駐屯地第1空挺団落下傘整備中隊などに所属し、東日本大震災災害派遣、レンジャー訓練などを経験。中途退職し、2021年『株式会社MILITARY WORKS』設立。

新たな人生を切り開く退職自衛官を支援 軽貨物配送業や焼き肉店で活躍の場を提供

セカンドキャリア支援 農業機会の提供も構想

社名からイメージされる軍事的な仕事とはまったく異なる、退職自衛官のセカンドキャリア支援という民間では異例の事業で注目を集めるのが2021年創業の『株式会社 MILITARY WORKS』代表取締役社長の木村裕一さんだ。自身も元自衛官で、退職自衛官の受け皿として軽貨物配送業や焼肉店を開業したほか、セカンドキャリアについての悩みのコンサルティングやマネーセミナーをオンラインで実施、一目瞭然のビジネスモデルで自らセカンドキャリアを築いた気鋭の経営者だ。

2023年3月31日現在の自衛官は陸海空合わせて定員247154人に対し現員は227843人。防衛省によると、定年退職者や任期修了の自衛隊新卒者合わせて毎年約8千8百人が退職する。それに中途退職者を加えると1万人を超える自衛官が新たな道に進む。

株式会社 **MILITARY WORKS**
ミリタリー ワークス

03-6685-0365
kimura@militaryworks.jp
㊟ 東京都中央区銀座1-22-11 銀座大竹ビジデンス2F
https://www.militaryworks.jp/

LINE

YouTube

活動は様々なメディアで取り上げられ、その様子はYouTubeで見ることができる。

自衛官の退職は大きく分けて、自己都合と任期満了の2パターン。自己都合による退職は将や将補といった高い階級の60歳、それ以下の階級の56歳以下の定年を待たずに退職するケース。「上下関係が厳しい」「訓練・トレーニングが辛い」「プライベートの時間が少ない」「生活規律が厳しい」「理想のキャリアを実現できない」「時間外労働が多い」「職業病のリスクが高い」などが主な理由といわれる。任期満了による退職は基本約4年間勤務する任期制自衛官が任期満了で退職するケースだ。

木村さんは第1空挺団などで約20年間勤め、中途退職、自己都合の退職のケースだが、その理由が起業の動機にもなっている。

「正直仕事の楽しさを見い出せずにいました。ただ結婚して子どもも二人授かり、家族のためにお金が必要だという思いから、辞めるという選択肢は無くなっていましたが、40歳を超えた頃、私が新人だった時の周りの先輩達が定年を迎え、皆さん警備員などの仕事しかない現状を目の当たりにし、規律と責任感と使命感を兼ね備えた自衛官が選択肢の少ない中からしか仕事が選べない現状をなんとかしないといけないという想いから退職を決意し、起業しました」

こうして始めた退職自衛官のセカンドキャリア支援だが、広範な職種や職域にわたる職務遂行と教育訓練によって培われた能力や体力、運転免許などを持つ自衛官特有の資質を新たな人生に生かしてほしいという思いが根底にある。ただし、支援するうえで木村さんが重視するのが本人のやる気だ。

「新たな人生を自分で調べ、自分で選び、自分の意志で行動する人が支援する条件です。退職しても自衛隊がなんとか転職先を探してくれるだろうという受け身の人は、自衛隊援護協会に行けばいいのです」

自衛隊援護協会とは、主要の基地・駐屯地内にある自衛隊のハローワークともいえる組織で、無料職業紹介を実施している一般財団法人。

木村さんはまた、セカンドキャリアについてのコンサルティングでもまず、競争の中で自立しなければならない資本主義社会の厳しさを指摘し、「倒産もなく、給料もしっかりもらえる自衛隊を辞めない方がいい」と助言する。それでもなお退職の考えに変わりがない自衛官の資質を見極め、自社事業で採用するか、他の職場を紹介する。他社を紹介する場合は自社事業で半年から1年、肩慣らししてもらってから次のステップに導く。

総合格闘家 te-a 選手

「和牛焼肉 浅草時流」

木村さんがセカンドキャリアのコンサルティングで転職を支援した退職自衛官は50人を超える。転職先の希望職種で多いのはＩＴ関係企業だという。木村さんの紹介で3人の退職自衛官を雇い入れたＩＴ企業経営者がYou Tubeで木村さんのインタビューに答え、雇用した理由を説明している。

「当社はエンジニアを育てている会社ですが、自衛官はどんな職種にも合い、頑張って壁を乗り越えていくイメージがあります。勉強が必要になるときが必ずありますが、それを乗り越えていく力があると思っています。当社にはエンジニアを育成するノウハウがありますので、退職を考えるなら、若いうちにチャレンジしてほしいと思っています」

退職自衛官の受け皿として始めた主軸事業の軽貨物配送業は、「１００％元自衛官、１００％電気自動車の新しい運送業のカタチ」がキャッチフレーズ。20台の軽貨物車を利用し、大手運送会社の下請けで通販商品などを宅配する。退職自衛官には最初は個人事業主になってもらい、業務委託という形でスタートし、将来的には社員登用の可能性もあるという。軽貨物車の半数はＥＶ車で、自衛官時代、大規模自然災害の救援活動に従事した経験から、ガソリンスタンドより給電設備の復旧が早いとの認識による。

自衛隊勤務で同じことを繰り返す中で転職を考え、『MILITARY WORKS』に入社した39歳の元自衛官は同じくYou Tubeで木村さんのインタビューに答え、セカンドキャリアを選択した理由を説明している。

「自衛官は55歳で定年になりますが、自衛隊しか経験ない状態で社会に出るのはこわいと感じ、39歳ならまだできるだろうと思ったのです。人生は一回きり。自衛隊で人生を終えるのではなく、新たにチャレンジしたいなという気持ちがありました」

焼肉店は2023年4月に東京・浅草でオープンした「和牛焼肉 浅草時流」。上質な松阪牛を提供し、店長、副店長とも元自衛官だ。

マネーセミナーは月一回のペースで、現役のメガバンクや大手証券会社の社員を講師にオンラインで開催、生活に必要な資金、家計費、年金、投資などの資産運用など退職自衛官が社会で生きていく上で必要なお金に関する基本知識を教える。

パラトライアスロン 安藤匠海 選手

木村さんは今後、退職自衛官が家族と暮らす身近な地域で仕事に就けるよう、軽貨物配送業の拠点を全国に広げていく構想を描く。もう一つ、今進めているのが、休職など自衛官の再起の機会として農業の機会を提供する試み。自衛隊や千葉県の農家の協力を得て、自衛官に農地で働く機会を提供し、農業効果を確認したうえで、行く行くは後継者に悩む農家と退職自衛官のマッチング事業に発展させていくことも視野に入れる。

こうした事業活動とは別に、世界での活躍を目指す元自衛官の総合格闘家te-a（ティーエ）選手や同郷のパラトライアスロン選手で千葉稲毛インター所属し、「2028ロサンゼルスパラリンピック」出場を目指す安藤匠海選手とスポンサー契約を結んで支援している。

（ライター／斎藤紘）

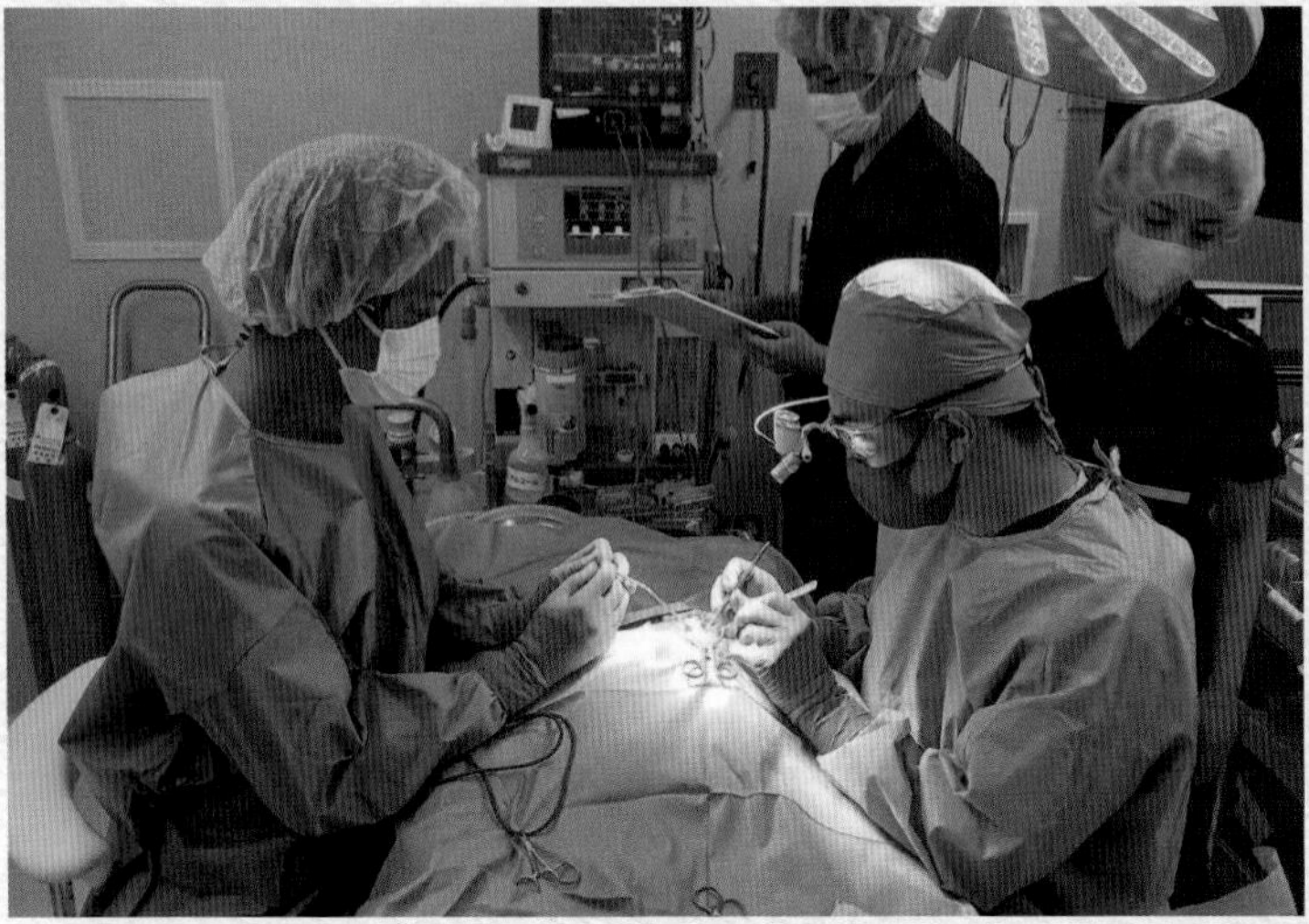

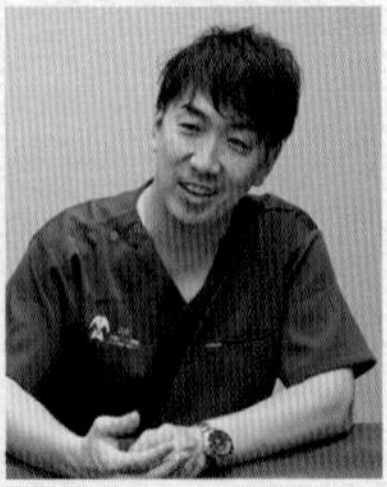

院長
末松正弘 さん

日本獣医生命科学大学を卒業。山形県の動物病院に勤務し、現在は『AMC末松どうぶつ病院』院長。2018年から鹿児島大学共同獣医学部外科学分野で気管虚脱に関する研究のため大学院に在籍。日本国内で講演や出張手術を多く行っている。

気管虚脱の手術で世界トップクラス 動物の呼吸器・循環器疾患に対応

動物の苦しいをなくす 術後の生活も考えた治療

西日本で唯一、呼吸器・循環器センターとして動物診療に取り組む大分県の『AMC末松どうぶつ病院 呼吸器・循環器センター』。院長の末松正弘さんは、通常の一次診療の傍ら、呼吸器疾患の治療に重点的に取り組み、様々な疾患の外科手術や術式の研究開発を行う呼吸器外科分野のエキスパートだ。動物呼吸器外科の分野で国内最高の技術力を誇り、気管虚脱や短頭種気道症候群や喉頭麻痺などの呼吸器疾患に関する外科手術、カテーテルを用いたインターベンション治療や難治性の咳に関する診断や治療などを得意としている。気管虚脱の手術では世界トップクラスの治療成績報告しており、2019年にはアジアで初めてアメリカの学術誌「VeterinarySurgery」に気管虚脱手術や治療成績に関する論文が掲載された。その他、学会活動や講演活動など情報発信にも力を入れる。また、京都府の「京都動物医療センター」や東京都の「TRVA動物医療センター」に呼吸器科の立ち上げも行った。月曜から土曜は『AMC末松どうぶつ病院呼吸器・循環器センター』で通常の診療や手術を行っているが、土日は全国を飛び回って依頼を受けて様々な呼吸

AMC末松どうぶつ病院呼吸器・循環器センター
エーエムシーすえまつどうぶつびょういんこきゅうき・じゅんかんきセンター

✆ 0973-23-8090
㊟ 大分県日田市中城町3-52
https://suematsuvet.com/

こちらからも
検索できます。

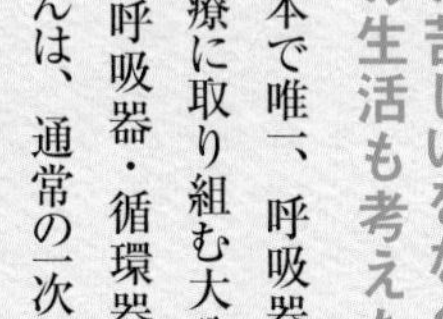

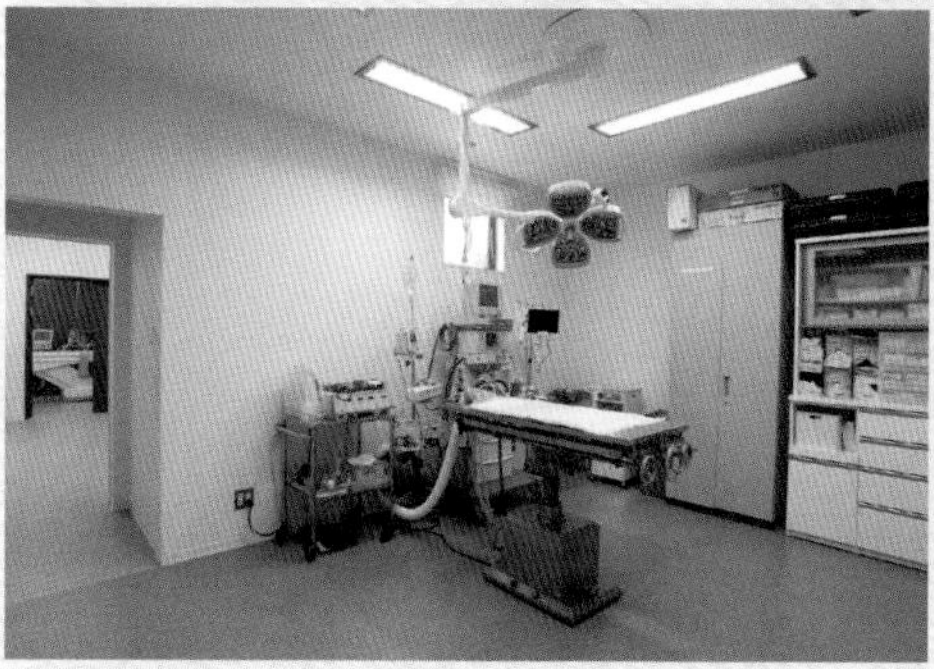

「第2手術室」

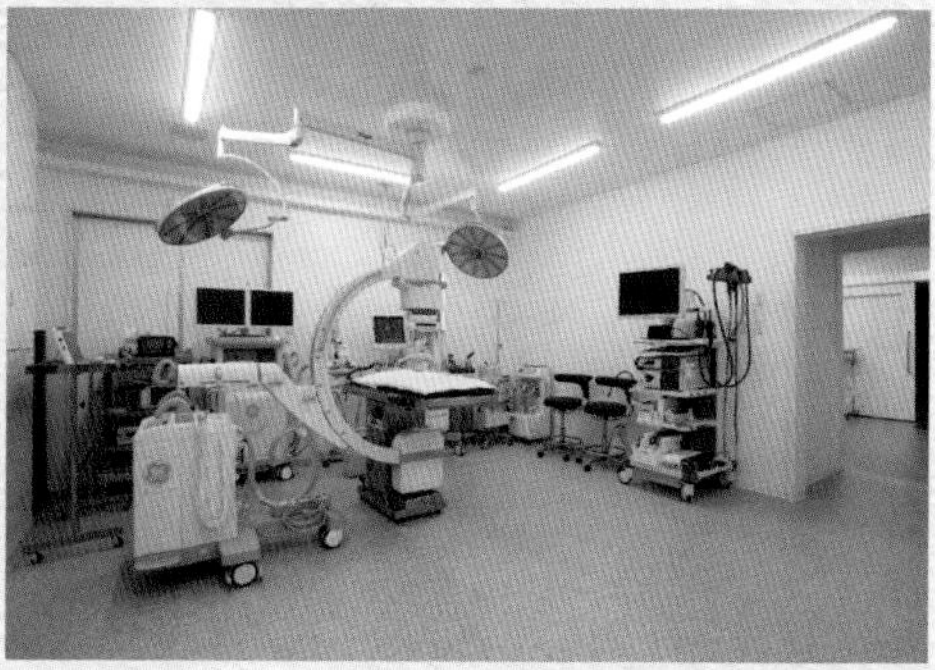

「第1手術室」

器疾患の相談や外科手術にも積極的に取り組んでいる。

呼吸器疾患の中で手術が必要になるケースは、「気管虚脱」「喉頭麻痺」「短頭種気道症候群」が多い。「気管虚脱」は、気管虚脱首や胸の中の気管が潰れることでヒーヒーという高調性呼吸音やガーガーというガチョウの鳴き声のような呼吸音、呼吸困難などを引き起こす疾患だ。海外の報告でも治療成績が悪く、術後喉頭麻痺や再虚脱などの合併症の発現や気管の組織の壊死などの問題を抱えていた。気管の周囲に器具を設置し、気管を外側から引き上げることで内腔を拡げる気管外プロテーゼを自作し、血管と血管の間に気管外プロテーゼを設置する手術を行うことで、気管に分節する血管をほぼすべて温存。出血や神経の障害を抑えることが可能となり、成功率も格段に向上した。

また、全身状態が悪く長時間の麻酔が難しい場合や気管内腫瘍や気管損傷などの外科治療が困難場合には、ステント治療も行っている。「喉頭麻痺」は、空気と声を管理する喉頭が機能低下や筋肉神経系の障害で機能不全に陥る疾患で、呼吸不全につながり最悪の場合は死に至ることもある。従来は、喉から気管に直接穴を開ける処

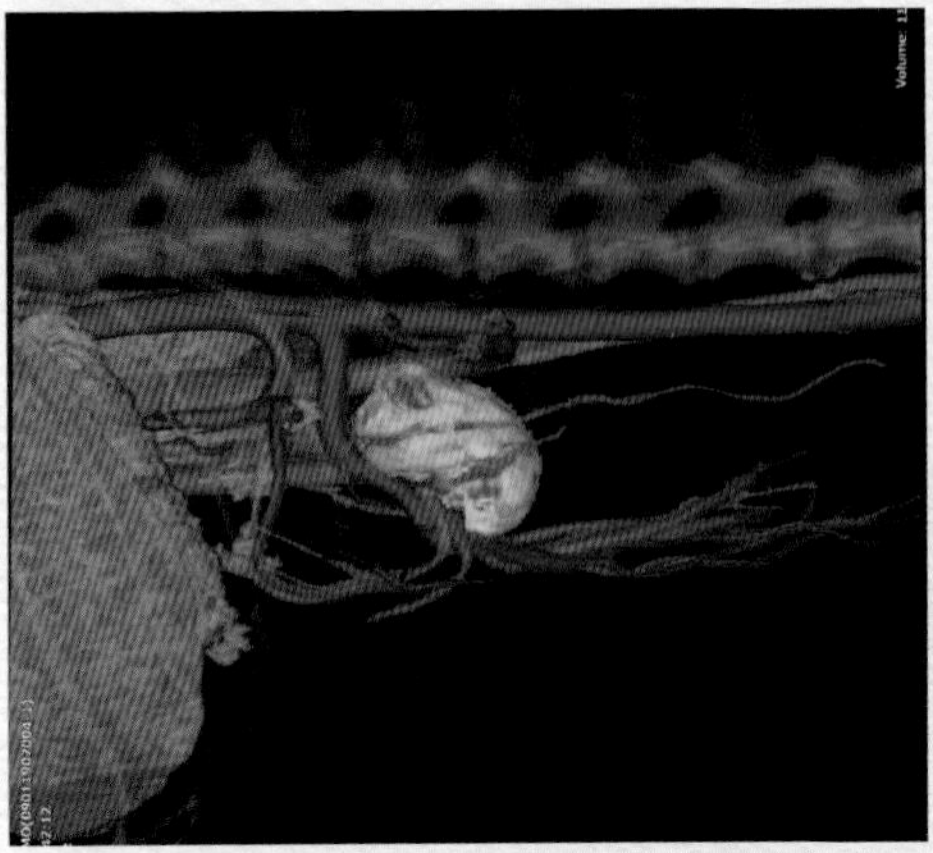

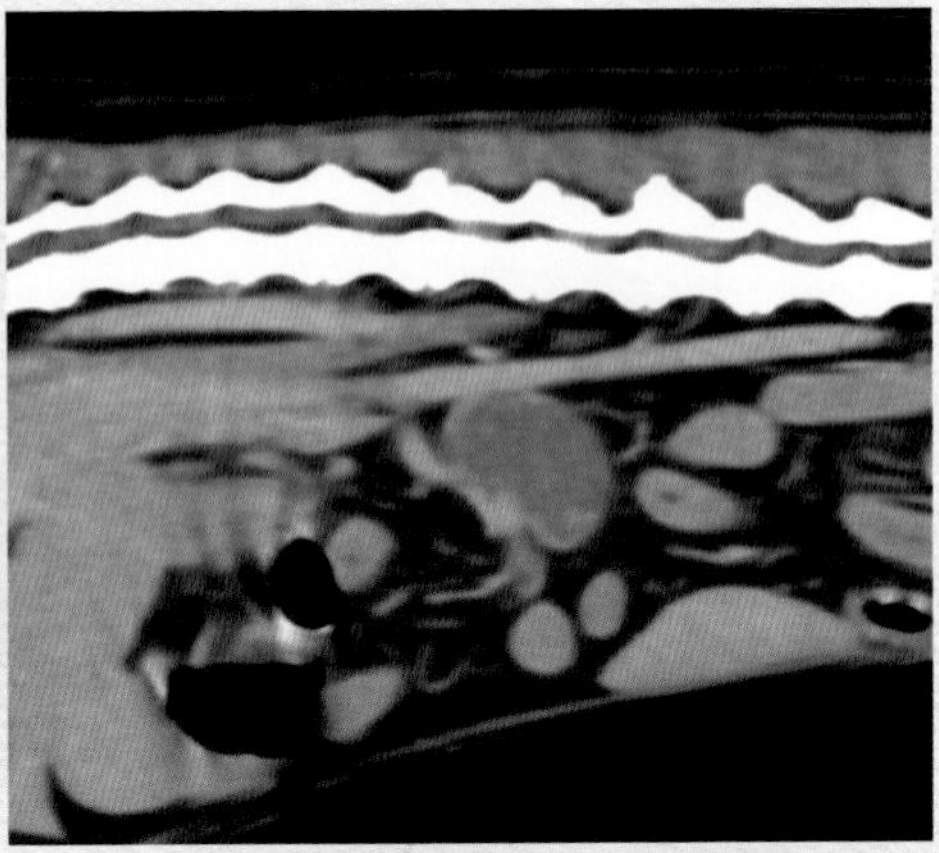

腸管膜リンパ節への転移所見 3DCT画像。

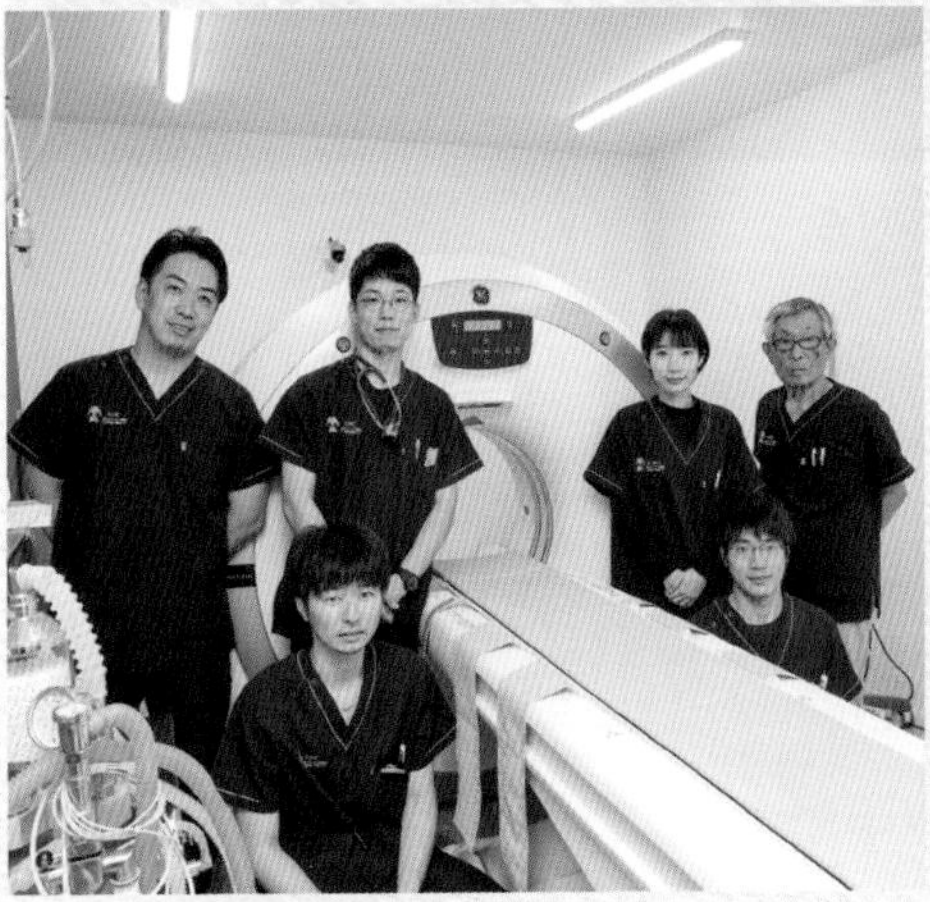

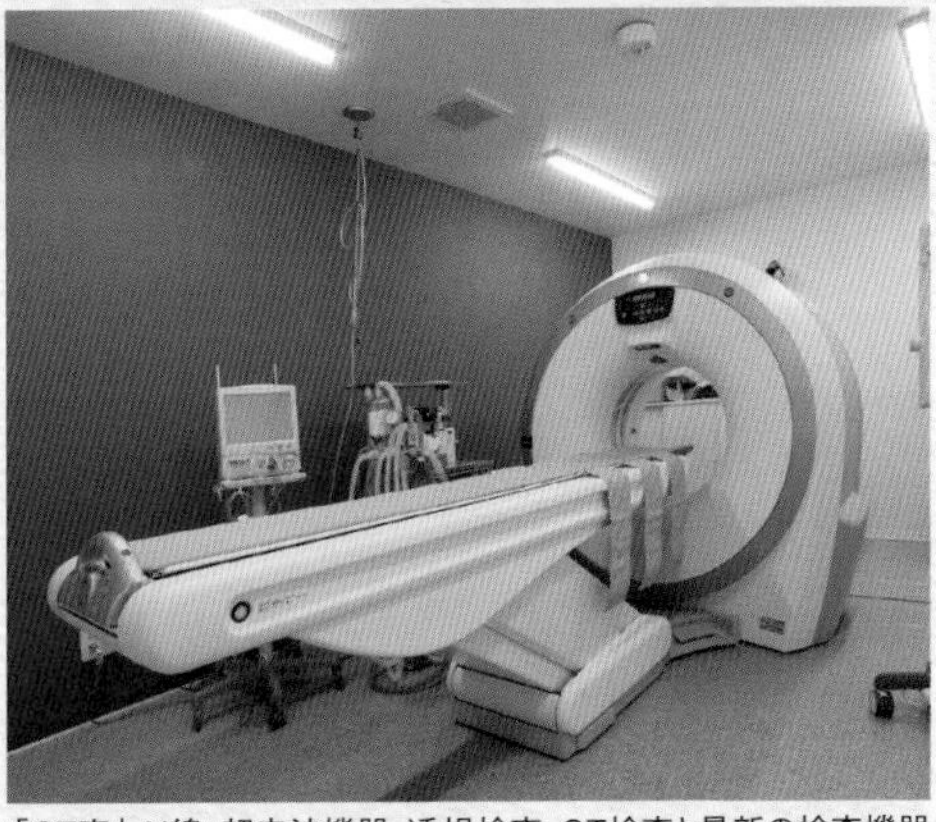

「CT室」X線、超音波機器、透視検査、CT検査と最新の検査機器が揃っている。

置が一般的だったが、この方法ではシャンプーが困難になったり、毎日吸入器を使う必要があるなど術後の管理が大変という課題があった。そこで、首の横側から喉頭にアプローチして処置を行う方法を採用した。傷も小さくシャンプーも食事も普通にできるため、術後もほぼ以前と変わらない生活を送ることができるという。

「短頭種気道症候群」は、頭部の構造上の問題から上部気道閉塞を引き起こし、いびきのような呼吸音や呼吸困難を引き起こす疾患。複数の病態が複雑に絡み合っていることが多いため、必要に応じていくつかの術式を組み合わせて手術を行う。

呼吸器疾患の手術で重要なのは、できるだけ組織を傷つけず傷を最小限に抑えること、時間を最小限に抑えることだ。同じ病気でも年齢や身体の大きさ、症状の進行度合いなどにより患部の状態はそれぞれ異なる。その違いを見極めてベストなやり方を選ぶためには、豊富な選択肢と高い技術力、柔軟な対応力が必要だ。現在は、獣医師6名を含む計14名のスタッフで診療に対応している。

全国各地から訪れた重い呼吸器疾患を患う患者さんの治療を行う一方で、内科診療や外科診療、ワクチンなどの予防といった地域のホームドクターとしての役割も担う。院内には最新の設備が整っており、麻酔処置が3ヵ所同時に進行できるのも特長だ。超音波機器、内視鏡設備、透視設備、CT設備などの機器がすべて揃っており、難易度の高い手術や緊急手術にも対応できる。

呼吸器疾患は、明らかに辛そうにするペットの様子を見て「治らないのかも」と思い込んでしまう方も多い。しかし、手術で原因を取り除くと命の危機に瀕していたペットが元気に姿を見せてくれるようになる。ただ命が助かれば良いという考えではなく、術後の生活も考えた上でできる限り生活の質を維持できるような治療を心がけている。ペットの「苦しい」気持ちと家族の不安な想いにしっかりと寄り添い、元の生活に戻れるよう治療に取り組んでいる。

（ライター／彩未）

代表
吉川美かえ さん

睡眠プロデューサー。睡眠セラピストとしての認定を受け、アロマセラピーや瞑想シータを含むホリスティックなアプローチを活用、心身の健康を向上させる活動に注力。睡眠の重要性を広める講演やワークショップを行い、知識を普及している。

睡眠の質を上げる部屋と心 新感覚のアプローチに注目

知るほどに沼る 良い睡眠の効能とメリット

ここ数年、注目されている睡眠の質。良い睡眠は私たちの健康や幸福に直結し、日常生活におけるパフォーマンスやエネルギーにも影響を与える。

神奈川県横浜市にある睡眠質改善の専門店『ヒーリングスタジオ 心s·in』は、心身の調和と健康を大切にし、豊かな人生の実現に導くヒーリングサロン。代表で睡眠プロデューサーの吉川美かえさんは、寝室診断士と二級建築士の資格を有し、睡眠の質を向上させる寝室づくりを研究。自律神経の癒し、アロマセラピーに出会って同店をオープンさせた。吉川さんが行うのは、睡眠の質を劇的に向上させる可能性を秘めている「寝室診断」と睡眠室改善へ導く「アロマトリートメント」、「ドライヘッドスパ」、「瞑想シータ」。

「睡眠診断」では陰陽五行論を元に、寝室のエネルギーフローに影響を与える寝室の配置、カラースキーム、照明、家具の配置、さらには寝具や装飾に至るまで、すべての要素を診断。そこから「寝室リノベーション」として、一人ひとりの五行(木、火、土、金、水)に合った寝室環境を創り出していく。素人が本当に快適な寝室環境を整えるこ

ヒーリングスタジオ 心sin
ヒーリングスタジオ シン

045-442-6794
info@mindtherapysalon-sin.com
㊟ 神奈川県横浜市旭区万騎が原75-13
http://www.mindtherapysalon-sin.com/

Studio Sin
La Vie en rose

LINE

こちらからも
検索できます。

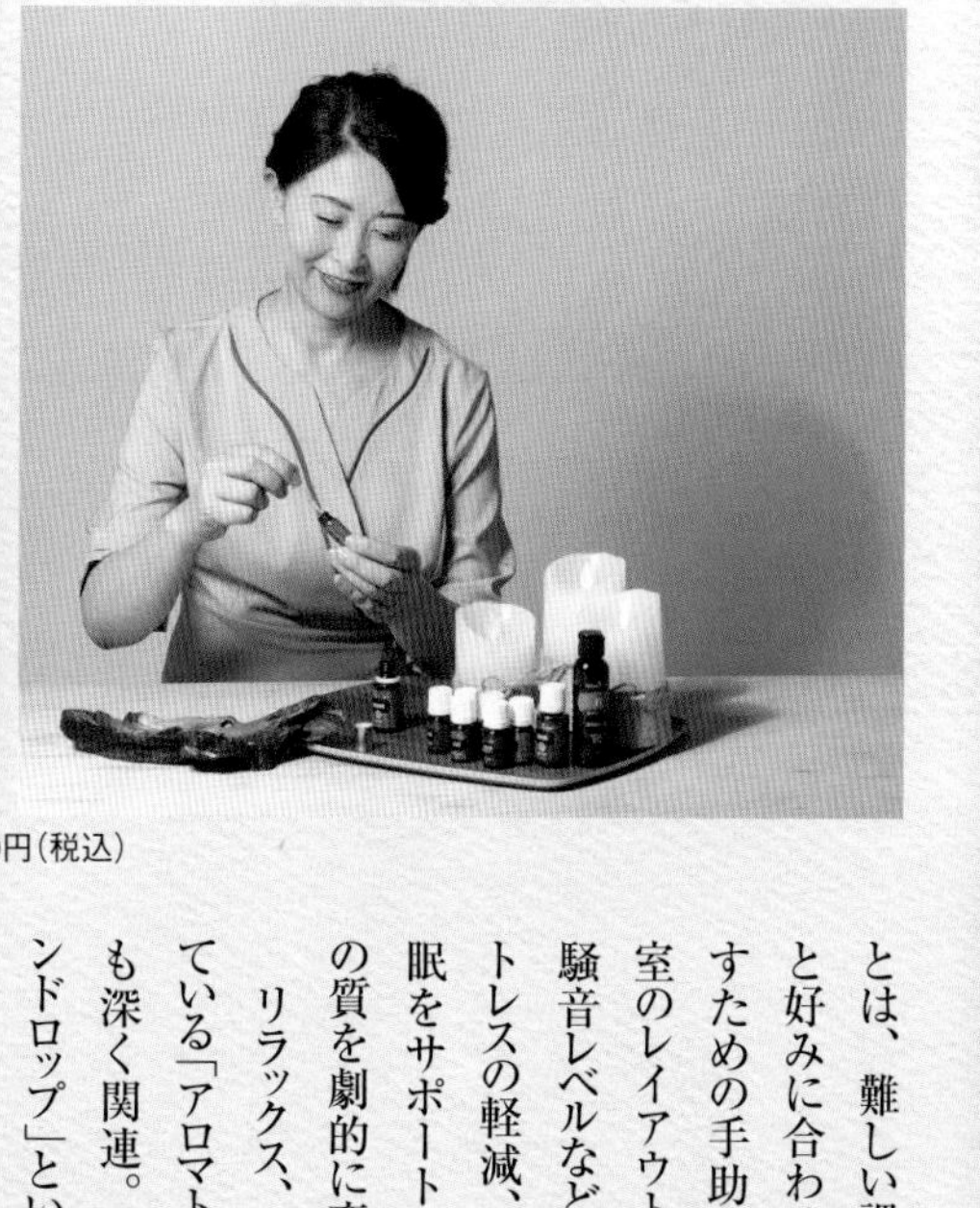

『自律神経メソッド×オーガニックアロマレインドロップ』90分 27,500円(税込)

とは、難しい課題だが、プロ目線で個別のニーズと好みに合わせた、理想的な睡眠環境を作り出すための手助けをしてくれる。具体的には、寝室のレイアウト、照明、色彩、寝具と枕、温度、騒音レベルなど。バランスの取れた寝室環境は、ストレスの軽減、リラクゼーションの促進、夜間の安眠をサポートし、充実した生活の糧となる睡眠の質を劇的に変化させてくれる。

　リラックス、癒しに効果的な手段として知られている「アロマトリートメント」は、睡眠質の改善にも深く関連。吉川さんが採用しているのが「レインドロップ」という技法だ。最高品質のエッセンシャルオイルを現役のまま足と背中に雨粒のように落として行う背術だ。オイルと香りの力で人間のスイッチを起動させる神経にアプローチし、心身のエネルギーを整えていくのが特徴。背骨の中枢に蓄積したネガティブな概念を解放し、呼吸やストエス状態の筋肉が緩和していくことで自律神経が整い、睡眠室改善に繋がるという。

　頭皮の健康と心地よい睡眠は密接な関係があるため、「ドライヘッドスパ」も睡眠質の向上に深く関連。頭皮のマッサージとアロマオイルの効果によるストレス軽減、筋肉の緊張緩和、頭部の血行促進、リラックス、全身の調和などにより、安眠

与那国島の化石サンゴ

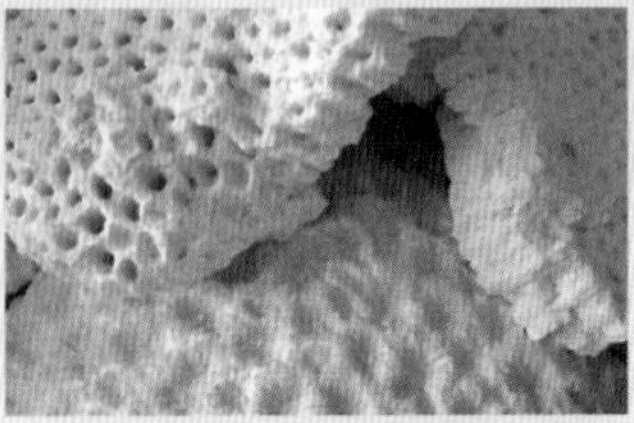
化石
サンゴ
原石

顕微鏡

深い呼吸が
もたらすもの

一日の摂取する重量比
空気
８０%
その他５%
食べ物８%
すっきりとした朝の目覚め
で一日がはじまる！
呼吸が深くなると睡眠
の質ＵＰ！
マイナスイオン・遠赤外線・
調湿・抗菌・脱臭効果の多機
能で肺を洗う理想の寝室空間

快適性能

マイナス
イオン
効果

消臭効果

高い
安全性

超・調湿
効果

を促進し、深い眠りへと導く。

「瞑想シータ」は、心と体のリラックスを促進し、深い内面の平穏をもたらすマッサージメソッド。緩やかな力加減とリズムで筋肉マッサージを行いながら、脳を「シータ波状態」に作り上げていく。脳波の特定の周波数での活動を促進し、科学的な研究によってその効果が証明されている革命的な方法だ。リラックスやストレス軽減だけではなく、睡眠中の脳波パターンが改善され、レム睡眠とノンレム睡眠のバランスが整う。これにより、より質の高い睡眠が実現し、目覚めたときのリフレッシュ感が向上するという。

吉川さんが睡眠質の世界に出会ったのは、シングルマザーで建築の仕事をしていた時。内面から美しさがあふれる元気な70代の女性と出会い、その秘訣を聞くと「よく寝てよく食べること」だといわれたという。当時2～3時間しか寝ていなかった吉川さんは、健康にもダイエットにも美肌にも睡眠が関わっていることを知る。すべて「寝る」ことがあっての体づくりなのだと気づいたことがターニングポイントとなった。

当時の本職である建築も、自然素材を使用しようと思い独立したのもそのころ。マイナスイオンと遠赤外線が出る塗り壁、化石サンゴに出会っ

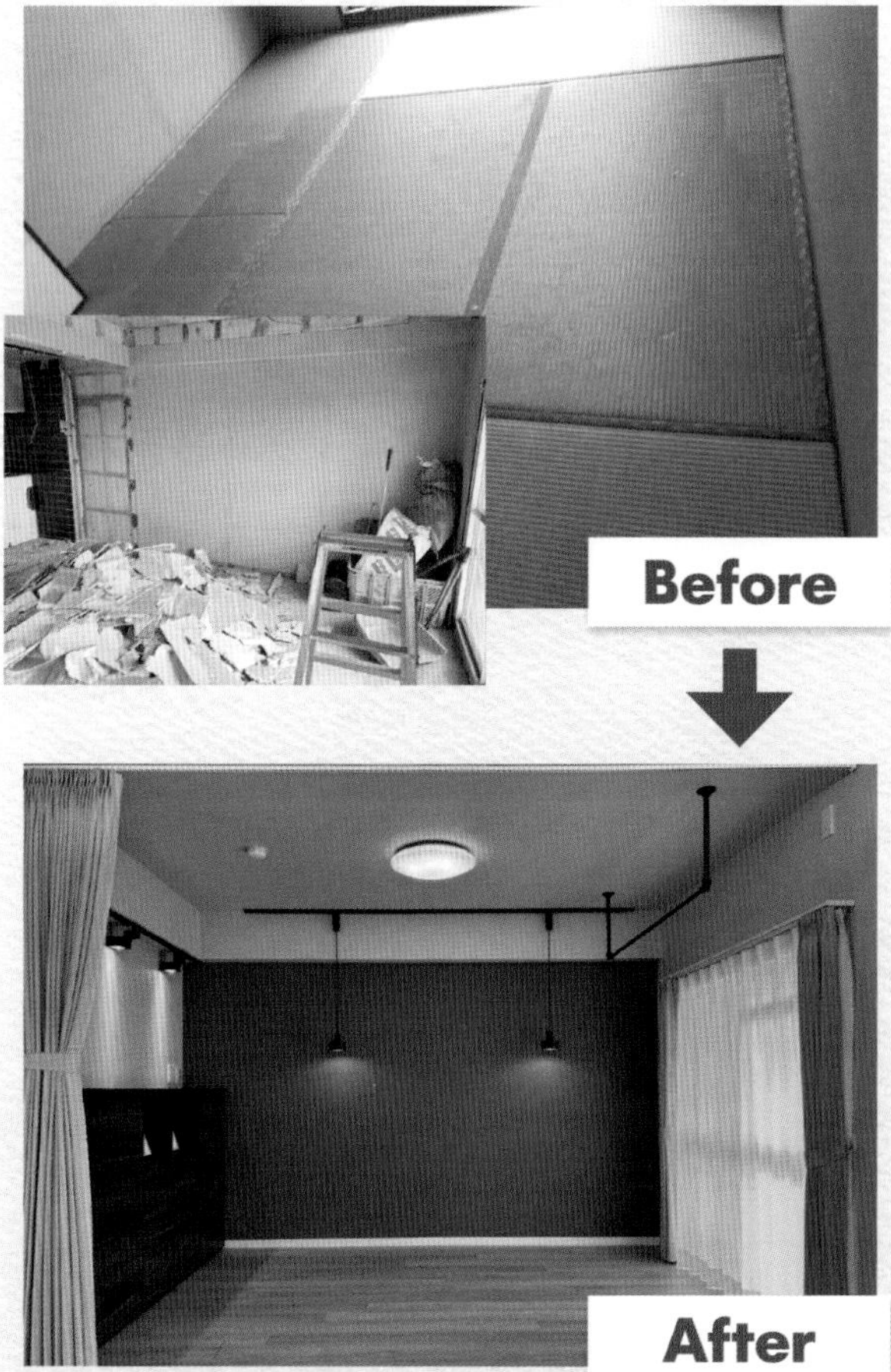

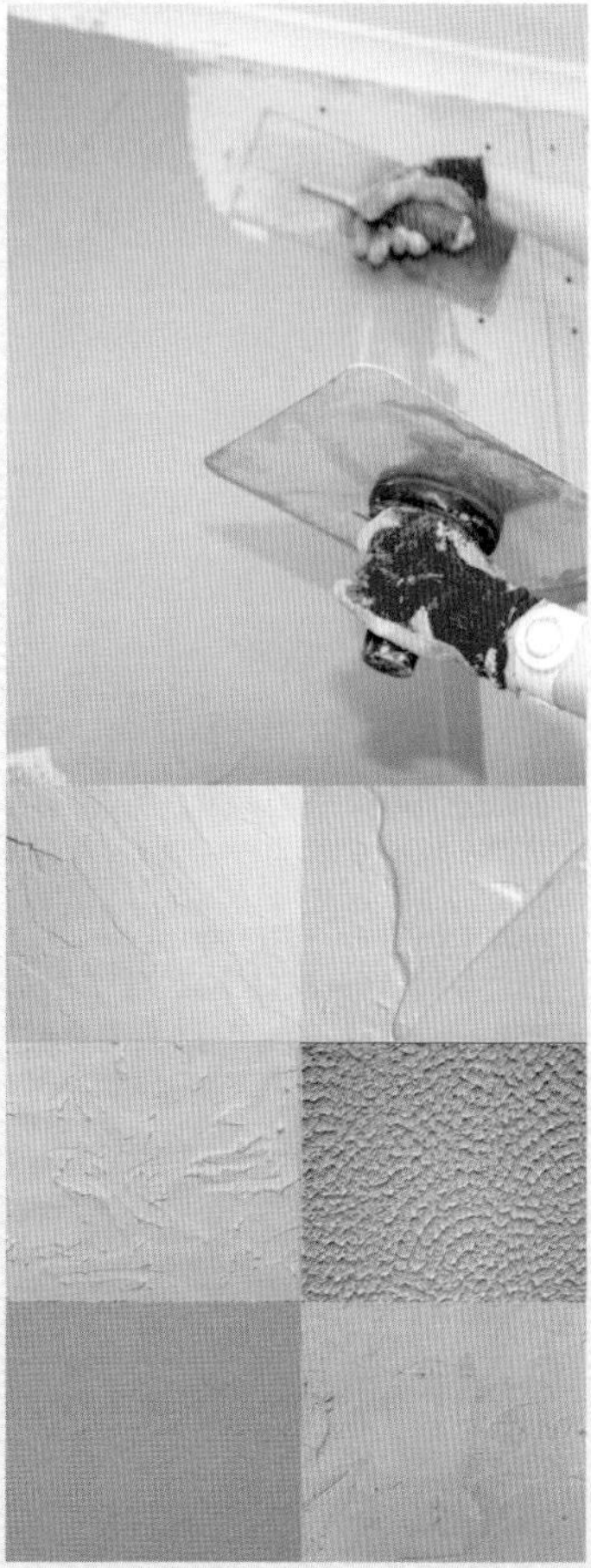

た。空気が綺麗になることで呼吸が深くなり、呼吸が深くなると睡眠が深く質も高くなる。人生の3分の1を占める寝てる間にこれを利用することで睡眠の質があがるのではないかと考えたという。このような経緯で建築士と睡眠セラピストの二足の草鞋『ヒーリングスタジオ 心sin』がオープンした。

今、吉川さんが力を入れているのが、食育ならぬ「睡眠育」。現代の大人は、仕事などで忙しく、十分な睡眠時間を確保するのは難しい、という場合が多い。世界の中でも日本は常に睡眠時間短いワースト3に入っているという。子どもに向けて睡眠の効果、良さを伝えて睡眠文化をよくすれば、将来こんなにあくせく働くてもいい幸せな日本になるのではないかという思いで紙芝居などのボランティアを行っている。また、企業向けにも「睡眠質向上について」の研修を始動。

「自身が睡眠の質によって人生が変わったから、多くの人にそれを伝え幸せになってもらいたい」

そんな想いで進み続ける吉川さんの活動に目が離せない。

（ライター／播磨杏）

「ALOオンラインショップ」https://alo2022.official.ec/

代表
丸本恵子 さん

京都府出身。『株式会社ホリスティック美容食育アカデミー』代表。食の知識、知恵、科学的な学びを通じて美容の本質を知ることを活動理念に、食育アドバイザー育成にも取り組む。

健康に過ごすために知るべき水の効能 日本人の不健康を解決する水との付き合い方

どんな人の腸も整える乳酸菌チュアブル

『ホリスティック美容食育®アカデミー』の創始者であり、健康関連会社のオーナーも務める代表の丸本恵子さんは、長年にわたり美容と健康、幸福を叶えるための美容教育やファスティング研究の実践や指導を行っている。そのなかで良質なお水を飲むことと心身の関係性に気づき、水と正しく付き合うための情報発信も行っている。

「株式会社ALO」の『Ondine Aquas』は、水道水にいれるだけで美容と健康に効果の高い水素とケイ素が溶け出したプレミアムウォーターを作り出せるセラミックだ。活性酸素の中でも非常に高い酸化力を持つヒドロキシラジカルは、電子が足りないためとても不安定な物質で、体内で発生すると細胞を酸化させ、癌や生活習慣病、老化などの原因となる。水素は分子の中で一番小さく、水にも油にも馴染みやすい。脳の血液脳関門も通過するため、身体の隅々にまで行き渡ることができる。体内でヒドロキシラジカルと水素が結合すると水へと変化し、有害なヒドロキシラジカルを安全に体外へ排出することが可能だ。また、ケイ素は脳下垂体の主要成分であり、人体の生命活動を支える重要なミネラルの一つ。免疫力アッ

株式会社 **ホリスティック美容食育アカデミー**
ホリスティックびようしょくいくアカデミー

✉ info@zerodanziki.com
https://zero-danziki.com/

こちらからも
検索できます。

〈ブログ〉https://ameblo.jp/hbsa/
『プロになるための費用』130,000円（税込）
オンライン動画配信。
補習講座やイベントでサロンを使用している。
上級コース申込者楽しい特別なイベントに参加できる。「どうしたら受けられるか？ いくらで受けられるか？」いつからでも誰でもどこにいても受講可能。

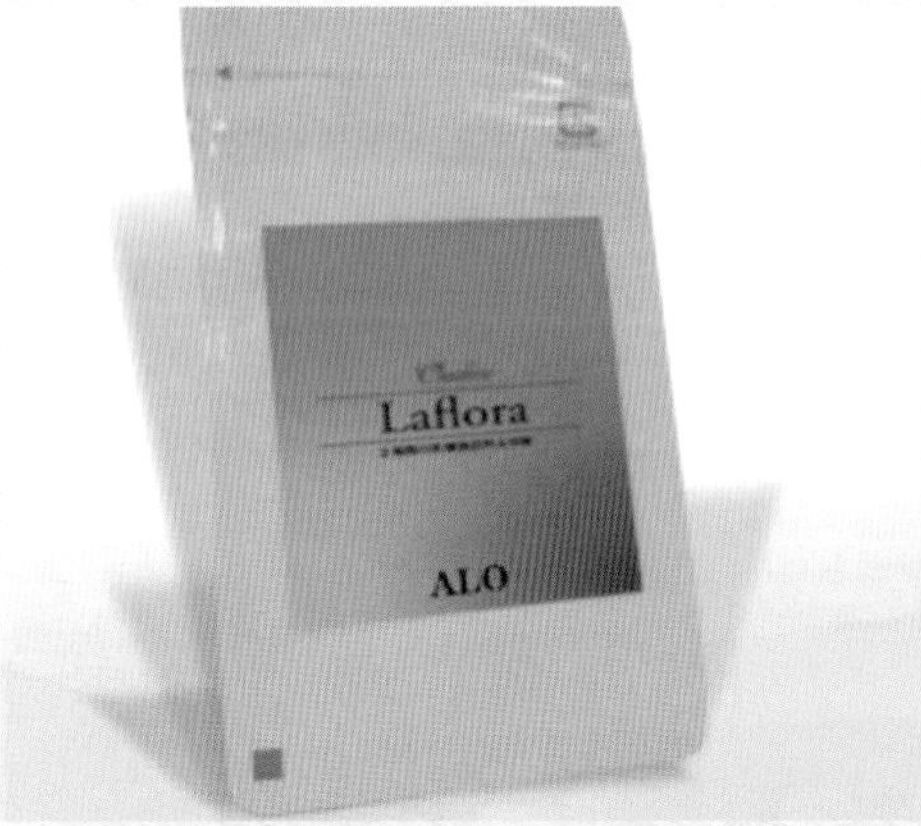

『Ondine Laflora』16,200円（税込）　会員価格 8,330円（税込）

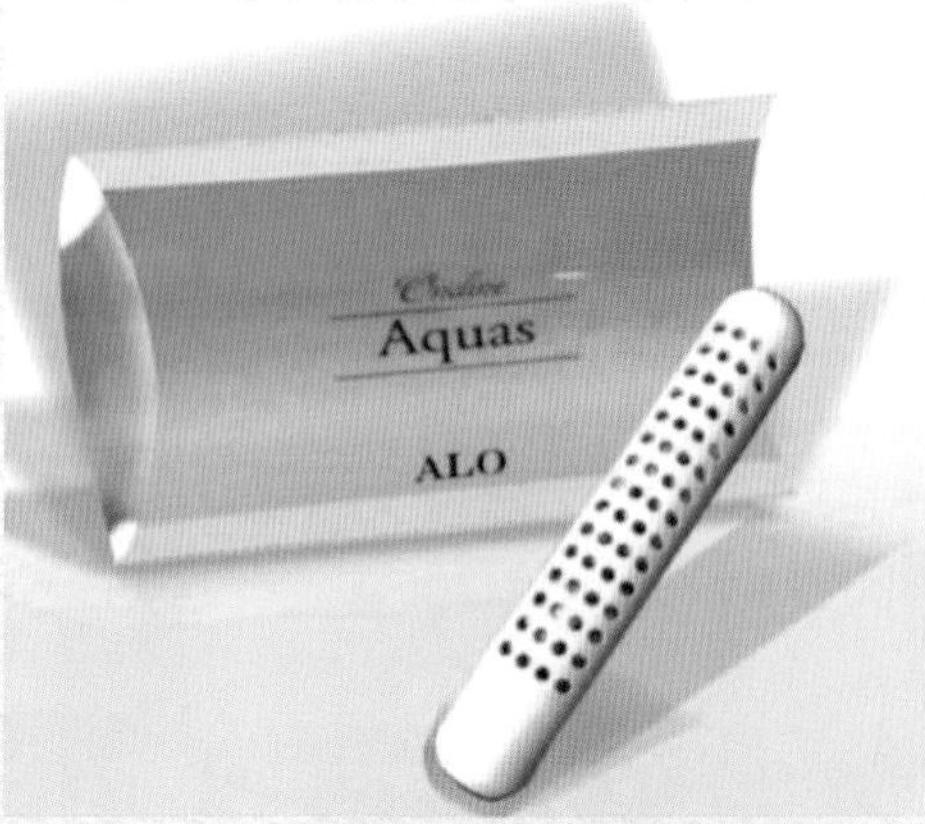

『Ondine Aquas』15,400円（税込）　会員価格 8,250円（税込）

『基本プログラム+プロフェッショナルプログラムセット』
120,000円（税込）

新発売

著書「水のチカラ」
コスモ21刊　1,540円（税込）

プやアンチエイジング、デトックス、骨粗鬆症の予防、腸内環境の改善などの効果がみられる。体内で生成できないため毎日欠かさずに摂取したいミネラルだ。水道水の入ったボトルにセラミックを入れるだけで、残留塩素を除去するとともに水素とケイ素が溶け出したプレミアムウォーターを1時間に1ℓ生成する。飲用水としてだけでなく、お風呂にもオススメ。生きるために欠かせない水を見直すだけで美しいだけでなく、病気にも負けない健康的な身体づくりができる。『Ondine Laflora』は、フェカリスFK-23、フェカリスLFK、ラクトバチルスHJ1の三つの乳酸菌と核酸を含んだ乳酸菌チュアブルだ。腸は生命活動の原点といわれるほど重要な器官だが、現代人はストレスや生活習慣の乱れなどで腸内環境が乱れがち。人の腸に住み着く腸内細菌は1000種ほどあるが、どの菌を保有しているかは人それぞれ。生きた乳酸菌を摂取しても胃酸でほぼ全滅してしまい腸を通過してしまうため、確実に腸に届き腸内細菌の餌になることができる死菌体での摂取がオススメだ。3種の乳酸菌は死菌体で配合されており、効率よく善玉菌を増やして腸内環境を整え、食物の消化や吸収を助ける、不要な糖やタンパク質、脂、有害物質などの排泄を促す、

『株式会社ホリスティック美容食育®アカデミー』の『ホリスティック美容食育®』は商標登録。
『ホリスティック美容食育®アカデミー』は、全国15000社企業の登録の福利厚生倶楽部の認定校に指定。

アカデミー資格の特徴

オンラインだから! いつでもスタート可能! 主婦の方も無理なく学べる!

- 陰陽五行で相談者の一生の運気のバイオリズムをカウンセリングできる
- 相談者の生まれもった使命と武器を伝えられる
- 食育講師としてセミナーができるようになる
- 分子整合栄養学が学べる
- 雑穀について学べる
- 美しくなるためのノウハウを学べる
- グレードアップできる美容系の資格
- 生年月日で陰陽五行で身体のエネルギーを具体的に数値化することができるのでカウンセリングしやすい
- 一生使えるビジネススキルを安価で学べる動画なので何度も見ることができる
- ゼロ断食®も学べるのでファスティングのアドバイス指導をできる
- 80歳になっても在宅で働ける

血管をきれいにする、免疫力アップ、ビタミンやホルモン、各種酵素の生成を促すなどがある。

ＦＫ-23は免疫賦活作用、抗腫瘍作用、抗がん剤副作用軽減、C型肝炎改善作用、感染症抑制作用の効果がわかっており、五つの特許を取得済み。LFKは、血圧効果作用や抗アレルギー作用、赤ら顔やニキビ改善、色素沈着抑制作用、II型肺胞上皮活性作用などの効果がある。HJ1は、マクロファージや樹状細胞などの餌となり、約5分の1の量で抗がん剤治療薬の70%以上の免疫活性を得られる。腸内環境をしっかりと整え、内側から美しく健康的な身体を目指すことができる。

『株式会社ホリスティック美容食育®アカデミー』では、引き算の健康法と足し算の栄養学を学ぶことができる。引き算の健康法とは、1回24時間の「ゆるゆる断食」をベースとするもの。食事を一切断つのではなく、人体に重要なミネラルなどを補給しながら、健康的に断食を行う。断食中は、セロトニンやアディポネクチン、レプチンなどが分泌され、通常よりも楽に断食ができる。細胞内の良質なタンパク質を自食するオートファジーを促進し、脳や心、身体に良い効果を得ることができるのでオススメだ。足し算の栄養学では、

栄養学の基礎知識や雑穀や発酵食、薬膳などの健康知識、五臓六腑を活性化させる蔵活食、陰陽五行食など幅広い知識を学ぶことがで、一人ひとりにあった養生食や生き方を学ぶことができると好評だ。カリキュラム修了後には、『ホリスティック美容食育®アドバイザー』の資格を取得し、アドバイザーとして活躍することもできる。また、法人の要望に合わせた健康経営に関する研修やセミナーなども積極的に行っており、企業の成功や発展などにも貢献している。

（ライター／彩未）

2023年5月より「東京サロン」「大阪サロン」をオープン。
＜東京サロン＞
(住)東京都品川区上大崎ブリリアンタワー
＜大阪サロン＞
(住)大阪府大阪市北区大深町グランフロント大阪オーナーズタワー
＜横浜元町サロン＞
(住) 神奈川県横浜市中区山下町グローリオタワー

理事長 兼 園長
山本良一 さん

関西学院大社会学部社会福祉・社会学コース卒。大阪市中央児童相談所で児童福祉司として活躍。1976年、「社会福祉法人弘法会」理事長、「大東わかば保育園」園長。大東市児童福祉審議会委員、花園大学非常勤講師などを歴任。

人間関係を大切に積極的保育を実践
保育士が意欲的に働ける環境を整備

保育を巡る課題を指摘
子ども第一の保育理論

働く保護者を支える保育園は、医療や福祉事業と同じエッセンシャルワークだが、その仕事を一線で担う保育士が毎年約3万人離職し、保育士不足が常態化し、2022年10月時点の保育士の有効求人倍率は2・49倍と全職種平均の1・35倍を大きく上回っている。こうした状況の中、工夫と努力でこの課題を克服してきた典型例が、1976年に大阪・大東市に『大東わかば保育園』を開園し、独自の「積極的保育」理論で半世紀にわたって運営してきた園長山本良一さんの取り組みだ。

厚生労働省のデータによると、2020年の保育士登録者数は約166万5千人で、女性が約158万3千人と95%を占める。このうち実際に保育に従事している人は40%以下だ。就業希望者が増えない理由で多いのは「責任が重い」「事故への不安がある」「仕事量が多い」「労働時間が長い」「給料が安い」「就業時間が希望と合わない」など、退職した理由ではこれらに「職場の人間関係」が加わる。政府はこの状況を改善すべく、「新子育て安心プラン」で処遇改善などによる就業継続や離職者の再就職の支援などに取り組んでいる

社会福祉法人 弘法会 認定こども園 **大東わかば保育園**
だいとうわかばほいくえん

072-878-4121
㊟ 大阪府大東市北条1-21-36
http://www.eonet.ne.jp/~wakaba-hoikuen/

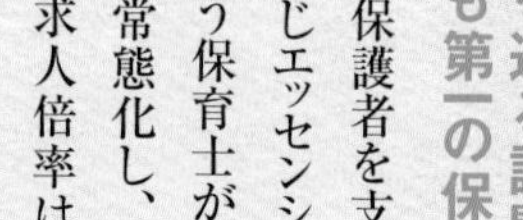

のが現状だ。

山本さんは、退職した保育士が理由に挙げる「仕事量が多い」について、著書「保育に、哲学を」などで現場の実情を紹介している。

「保育園といえば、待機児童など水面上の問題に社会の関心が向きがちですが、見えない水面下でも保育の第一線で働く園長や保育士たちは様々な問題に直面しており、それが保育の質に影響しかねない状況にあります。その問題の一つが、増える事務量です。保育園では、法律や制度、保育指針が変わるごとに、多くの説明会や研修会が行われます。また、市の担当課を経ずに厚生労働省、内閣府、府の子育て支援課、法人指導課、全国経営者協議会などからの文書、研修会や溝習会の案内などが送られてきます。その上、第三者評価や苦情解決制度などで第三者委員の選定、設置などのかたちを実際につくらなければならないとなると、それに多くの時間と大きなエネルギーをかけなければなりません。保育団体や大学などの研究機関をはじめ、実にさまざまなところからアンケート調査が送られてきます。このアンケート調査に対する回答だけでも、年間で集計すると相当の事務量になります。保育指針の改訂の度に様々な文書が現場におろ

され、それらの文書を読むだけでも多くのエネルギーを使わねばならないのです。それによって何が起こるかといえば、実際の保育の時間、つまり子どもと触れ合う時間が足りなくなるということです」

山本さんは、こうした様々な問題の中では「園長が強いこころを持って、保育士などのスタッフと力を合わせ、保護者や地域の住民の理解とバックアップを得ながら、目の前の保育に全力で取り組むことが何よりも大切」といい、実践してきた「積極的保育」を「現実的な諸問題にとらわれずに、子どもの力を信じて伸ばしていくことを第一に考え、安心、信頼、感動を重視して保育に取り組むこと」と定義する。

この中で、保育士不足の背景にある様々な問題の解決策となるとみられるのが園での人間関係を重視する姿勢だ。山本さんの著書からその思いが伝わる。

「子どもたちが毎日生活する場である園において、もっとも深く関わる職員の人間関係がよいものでなければならないということです。子どもたちのそばにいる職員間の人間関係が悪くては、子どもは安心できません。たしかに限られた場所で毎日生活していると、いろいろな行き違いや誤

わかば式 合同あそび

運動能力　考える力　想像力
協調性　発言する楽しさ　思いやる心

●毎年テーマを決め、ストーリーを考えて全園児が遊びます。

各クラスの役割決定

どんなお話にするか、5才児中心に決定

クラスで子どもたちの成長を考えながらくり返し遊び、発展させていきます。全体でも合同あそびが行われます。

園庭での合同あそび
ストーリーをまとめ動きなども確認していきます。

うんどうかい!!

合同あそび
★1部　★2部で見ていただきます

解がおこります。とくに一つのクラスを複数の先生が担任しているところでは、考えの違いや受けとめ方の違い、食事のときの食器の配り方やふきんの置き場所にしてもそれぞれのやり方があって、感情の行き違いの要因になることがあります。職員の人間関係については、打ち合わせや話し合いが日常的に行われるとともに、園の基本的な姿勢が、いつも子どもの幸せや成長のために努力するものであること。また、専門職としての知識や技能が評価されるとともに、さらに向上しようという刺激や雰囲気があること。そして、ある段階までは責任をとらねばならないが、最後の責任は主任や園長にとってもらえることがはっきりしていること。これらが専門家としての自覚とゆとりを持たせることになって、人間関係をよくしていくように思います。もちろん、お菓子を食べながら雑談したり、食事をしながら話し合う機会を持ったり、1泊旅行などによって互いをよく知るとともに、リラクゼーションすることも必要です」

生活発表会

おもちつき

作品展

『大東わかば保育園』でかつて働いた保育士の感想から、山本さんがこの考えを実践してきたことがわかる。

「子どものたち一人一人をしっかりと見つめ、受け止めて一人の人間としての成長と発達が実現するよう、そしてのびのびと楽しく過ごせる保育をしようという園の保育理念に共鳴できました。先生たちと毎日の保育のことや行事のあり方や持ち方についてたくさんのことを話し合いました。このようにしたい、このように変えたいと多くのことを園長先生にぶつけました。園長先生はそれらの多くを深い人間性と信念で柔軟に受け入れてくださったのです。園長先生は子どもたちやお母さんのことを常にしっかりと見つめながらも、私たちが保育しやすいようにと配慮し、環境を整えてくださいました。行き過ぎたり、まずいことに対しても適切な助言をしてくださいました」（24年在籍した主任保育士）

「わかばの保育理念が大好きでした。毎日欠かさず、朝早くから子どもたちや職員と挨拶を交わしてくださったり、うさぎの飼育、園庭の整備など私たちが保育のみに集中できて、働きやすいようにしてくださったりという園長先生のご配慮があったからに他なりません そんな職場で15年という長い年月を関わらせていただけたことを誇りに思っています」（15年在籍した保育士）

最新刊
「保育に、哲学を!
一人ひとりの子どもを深く見つめる、
真の保育とは?」幻冬舎刊

絶賛発売中!!

これまでに数々の本を出版。

現在、園児数109人の『大東わかば保育園』では、勤務時間が平日8時45分～17時、土曜日8時45分～14時、休日は日曜祝日と月2回土曜日、健康保険、厚生年金、雇用保険、労災保険、退職金共済に加入、自宅以外は家賃補助という条件の下で、女性31人、男性2人の計33人の保育士などの職員が働いている。平均勤続年数は11年だ。

（ライター／斎藤紘）

代表取締役
宍戸信照 さん

神奈川県出身。『有限会社信和土建』を創建した父親の「仕事は見て覚えろ。ワザは盗むもの」という教えを胸に経験を積み、27歳のとき事業を継承。仲間の職人たちと協力し合い施工。基礎工事の配筋マイスター、転圧マイスター。

妥協を許さない完璧な施工にこだわる匠
建物を支える耐圧盤にかける情熱

達成感が職人に与えられる一番の報酬

細部にまでこだわった性格で妥協のない施工に定評のある『有限会社信和土建』。実力と信頼を兼ね備え、依頼が絶えない建設会社だ。神奈川県相模原で長年にわたり住宅の基礎工事をメインとしたコンクリート工事全般を手がけている。今回は、代表取締役の宍戸信照さんに建物の重さを支える床、『耐圧盤』の施工についてかける思いを伺った。

上に重量物が乗ることを想定していない床に対して、建物の重さを支える役割のある床が『耐圧盤』。ミキサーから流し込むところまではどの現場でも同じだが、そこからが職人の腕の見せどころ。コンクリートは気温や湿度によって乾く速さや度合いが違ってくるので、細かく調整しないとひび割れなどの原因になってしまう。

「弊社では、日本工業規格（JIS工場）のコンクリートにこだわっていますが、それでも出荷する工場と現場では日々気温も湿度も違うので、職人の経験値と技術による絶妙な調整が必要です。そして一度コンクリートを打ったらそれっきりという現場もありますが、弊社ではそんな仕事はしません。コテで鳴らす作業を4回程度やります。ならす前にコンクリートが乾いてしまうときれいに仕上がら

有限会社 **信和土建**《しんわどけん》

☎ 042-763-4443
㊟ 神奈川県相模原市中央区田名7165-13

2020年、工務店グランプリ『匠』受賞。

「良い仕事をした達成感が『信和土建』より職人に与える本当の報酬と考えています」と宍戸さん率いるメンバーの目は熱く輝いている。

ないので、まさにコンクリートの乾く速さとの戦いです」

ただでさえ腰を曲げての重労働であるというのに、夏の暑さや冬の寒さの中、コンクリートが乾く速さと競争しながらならす作業を4回ほど（冬場はそれ以上）という職人の情熱。疲労はもちろん、熱中症との戦いでもある厳しい作業も断固として徹底するのが宍戸さんのこだわりだ。職人の徹底した作業によって丹念に仕上げた基礎は、型枠を外すと土間と立ち上がりが定規を当てても間違いがないくらい90度になっているという。

「建物自体の重さに加えて、地震や台風など突発的にものすごく大きな力が加わることもある。そうした外圧を基礎が支えきれなければ、建物は容易に倒壊してしまいます。安心して暮らしていただきたいので、すべての工程を的確にこなしていかなければならないのです。基礎は、上に建物ができあがれば見えなくなってしまいますが、その前の段階でよい仕事をすれば必ず見かけにも反映されます」

きつい思いをしてでもよい仕事をしたという達成感は、お金には代えられないもの。そうした達成感を味わうことで一つ現場をこなす度に職人としての経験値が上がり、自信に繋がるという。

（ライター／播磨杏）

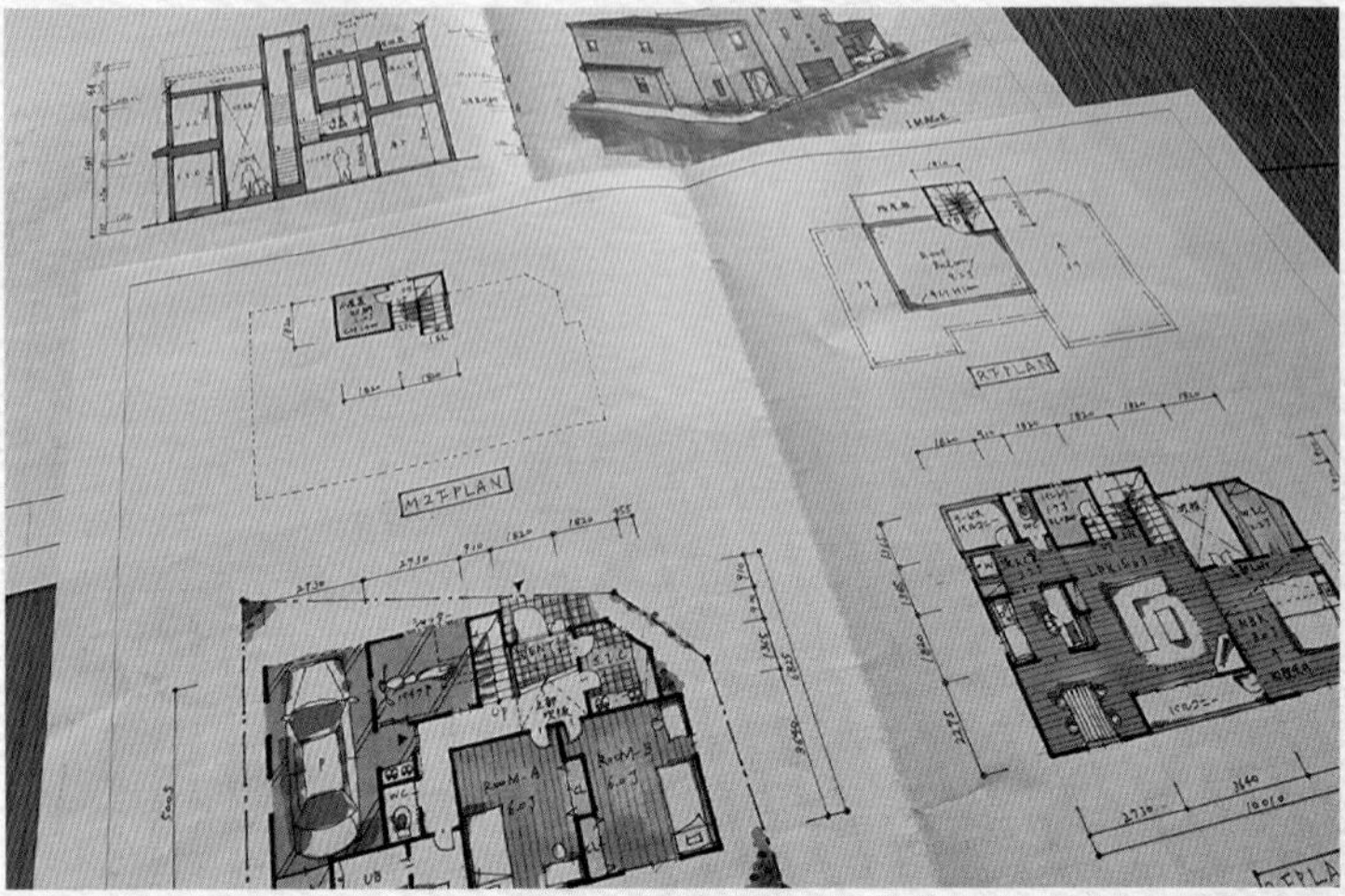

イメージを膨らませるため、手描き図面を活用することもあるという。

代表
牧野芳子 さん

建築好きが高じて秘書業務から設計業に転身。五感の心地よさや生活のしやすさなどお客様の要望をできるだけ取り入れながら、心地よい理想の空間を提供。空間づくりを通してお客様と良い「和」を築けるように尽力。

「自分の」「うちの家族の」心地よさを追求
本当のオンリーワン住宅を叶える

寄り添い型スタイルで『箱庭アートセラピー』を盛り込む家づくり

「リビングの一角に落ちる陽だまり。何となく落ち着く暖かな空間。広くはないものの、その狭さが絶妙にしっくりくる自分だけの書斎」

心地いい空間は、実は自分でも気づかずに心の奥で望んでいる空間であるという。そんな心の奥に潜んでいる「心地よい理想空間」を、楽しみながら見つけていける家づくりができたら最高じゃないだろうか。

女性の代表牧野芳子さんが営む『アトリエM株式会社設計事務所』は、この春から実際にそんな家づくりが叶うサービスを展開する。ありそうでなかった、業界初となるサービスの始動となる。

まず特筆すべきは、先出の「自分の」「自分の家族だけの」理想空間を叶える家づくり。心に潜んでいる自分でも気づかない思いを、まるでカフェに来たような感覚で楽しみながら行える業界初の『箱庭アートセラピー』で引き出すという。今やオリンピック選手もメンタル管理に欠かせないとされるこのセラピーは、国省庁からも信頼が厚い組織の専門家の元で行う本格アートセラピーであるため、安心して楽しむことができる人気のセラピーだ。楽しみながら行う中で、さらに間取

アトリエM 株式会社
アトリエエム

info@atoriem-estate.com
㊟ 神奈川県横浜市金沢区釜利谷南1-3
https://www.atoriem-estate.com

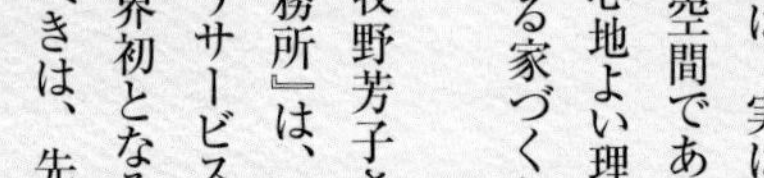

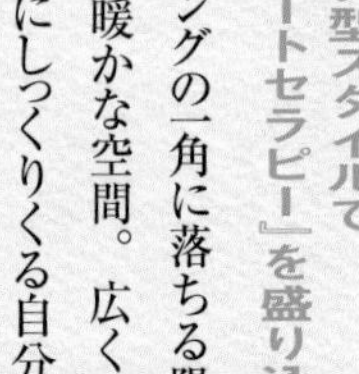

『アトリエM』
ブログキャラクター

本掲載のサービス詳細は、2024年春（4月頃）にホームページ上にて掲載予定。詳細を先に聞きたい場合は、現ホームページのお問い合わせフォームからお気軽に相談を。

り計画に重要なヒントが出てくるというのだから、『アトリエM』だけの特別メニューとして、自然に位置づいた形だ。
（※苦手な方、ご希望されない方には実施しません）

さらなる特長は価格面。設計事務所に依頼して一緒にマイホームを作ることに夢を馳せる一方、やはり金額面でも敷居が高いのではと足踏みをする人がまだまだ多い昨今、『アトリエM』ではそんなクライアントの想いに寄り添うべく、これまでの経験を生かして手が届きやすく、且つ安心の定額プランを考案。秘密は、必要な作業に絞って見合った対価設定にする、ごく当たり前のことだという。詳細は、２０２４年春にホームページ上で掲載するが、ディスカウント（安売り）ではないが故に質が下がらず、非常に評判が良いそうだ。意外にも世間ではこういった内容・価格帯のサービスがあまり見受けられない中、施主からの要望が変わらず多いため、この度正式にリーズナブルな定額プランを新設するに至った。より個々に併せて選べるように、３プラン程が用意される。他にも、寄り添い型の接客には定評がある。

牧野さんが最後まで変わらずに担当するという点も一つ、他社と一線を画す大事なポイントとなるであろう。

（ライター／彩未）

代表取締役
牛田寛千(かんじ)さん

不動産企画コンサルタントとして、コンセプト型賃貸物件『エスプレッソ』でファンとなった入居者の集客から賃貸事業の企画提案、施工まで行う。不動産企画コンサルタント、宅地建物取引士。

感性をくすぐるブルックリンカフェスタイル「『ESPERESSO®』に出会えてよかった!」

魅力が満載の空間演出 隠れ家サロン用に最適

「ブルックリンカフェスタイルのスタイリッシュなデザインが素敵」「カッコいい暮らしがしたい」

営業用サロンとしても、ビジネス用のスモールオフィスとしても人気を集めているのが『株式会社ESPRESSO』代表取締役で不動産企画コンサルタントの牛田寛千さんが企画設計した賃貸アパート『ESPRESSO®』。土地活用、空室対策、安定収益というアパート経営の三大要件を満たし、入居者のみならず、不動産オーナーや投資家にも笑顔をもたらすデザイナーズアパートメントだ。『ESPRESSO®』の部屋には、22・90㎡のワンルームと9・72㎡のロフトから成る1階タイプと30・64㎡の1LDKと13・18㎡のロフトから成る2階タイプがある。それらで構成される『ESPRESSO®』全体の魅力は、直に見れば一目瞭然だ。

玄関を開けるとデザインカウンターキッチンが目に映り、いきなりここはカフェなのかと思わせるほど。部屋の天井の高さは3・6mあり、圧倒的な空間を味わうことができる。天井のお洒落なシーリングファンとカッコいいスケルトン階段が空間をお洒落に演出する。階段を上がればロフトのベッドルームがあり、ロフトならではの1・4mの天井の

株式会社 ESPRESSO
エスプレッソ

0120-358-505
lan@lan-c.jp
㊟ 愛知県清須市新清洲1-4-6 セゾン新清洲101
http://espresso-apartment.com/
@espresso.fanclub

ESPRESSO ルームツアー

ESPRESSOはニュースだ!

ESPRESSO 賃貸経営セミナー

ブランディングされた サロン型賃貸の ESPRESSO

こんな素敵なお部屋で夢のサロンができるなんて！
雰囲気がいい「隠れ家サロン」、なんてったって、
お客さんに「素敵なサロンね!」っていわれて嬉しい！

高さで、まるで包み込まれるような感じが隠れ家を思わせる。外部のファサードもブラック、ブラウン、ウッド調の色彩のコンビネーションとデザインサッシ、真ん中の引き締め役のブラックの幕板に『ESPRESSO®』の看板文字がスタイリッシュなデザインを印象付ける。外構のランドスケープも緑の人工芝と南国を思わせるココヤシの植栽、夜の顔を演出する照明がエキゾニックな異空間を感じさせる。こんな感じの雰囲気が好きな人は、住んでみたくなる衝動に駆られるはずだ。

牛田さんは、『ESPRESSO®』を利用して店舗環境を整備し、給料などを支給するトライアルサロンから始め、そのまま経営を継続できるサロン開業支援事業も開始した。ネイル、アイラッシュ、フェイシャル、脱毛、フェムテックなどサロンを目指す女性には願ってもない、素敵なお部屋での「隠れ家サロン」の開業のチャンスだ。

現在、『ESPRESSO®』があるのは愛知県と東京だけだが、牛田さんは、感性を刺激する魅力から空き室が生じない高利回りの賃貸アパートとして、工務店フランチャイズに建築を働きかけ、全国展開していくことも視野に入れる。

（ライター／斎藤紘）

代表取締役
鈴木達也 さん

大学卒業後、山形電気保安管理株式会社に入社し電気主任技術者として働く。急逝した父親から「株式会社スズデン」を継承、電気工事事業と太陽光発電事業を事業分割、電気工事事業を譲渡し、2022年『スズデンホールディング株式会社』設立。

持続可能な太陽光発電の事業体制追求
地域との関係を重視し新法に則り経営

FIT終了後の事業展望
地球温暖化防止に貢献

傘下に11のグループ会社を擁し、東北、北海道の4道県で大規模太陽光発電所の運営事業を展開する『スズデンホールディング株式会社』代表取締役の鈴木達也さんは、社会が求めるニーズや新たな潮流を見定める鋭敏な経営感覚を持つ若き経営者だ。

将来にわたる持続可能な経営体制の追求は、再生可能エネルギーで発電した電気を電力会社が一定期間、一定価格で買い取ることを国が約束する再生可能エネルギー固定価格買取制度（FIT）が終了する2032年以降の事業展開にも及ぶ。同社は、山形県に11ヵ所、宮城県に2ヵ所、福島県に16ヵ所、北海道1ヵ所の計30ヵ所に最小で出力49・5キロワット、最大で出力27000キロワットの太陽光発電所を展開。現在稼働中の太陽光発電所が生み出す23989キロワットの電力を東北電力に売電している。

鈴木さんが事業展望で重視するのが地主や地域住民との関係だ。

「一般的に、発電所運営はその土地の地主と20年間の契約を結び、契約期間終了後は一年ほどかけて設備を撤去しますが、21年目以降も長くその土地で発電を続けるためには、地主さんたちと良好な関

スズデンホールディング 株式会社

✆ 0238-49-9750
✉ suzuden-hd@coral.plala.or.jp
㊟ 山形県南陽市長岡480-3
https://suzuden-hd.co.jp/

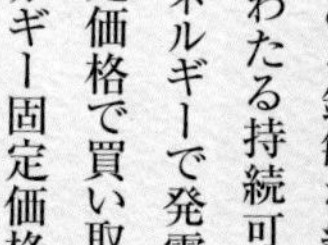

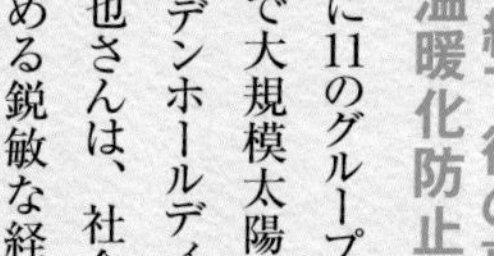

スズデンホールディング株式会社

自然のチカラを、
次世代の架け橋に。

太陽光エネルギーを活用した、豊かな地域・まちづくり

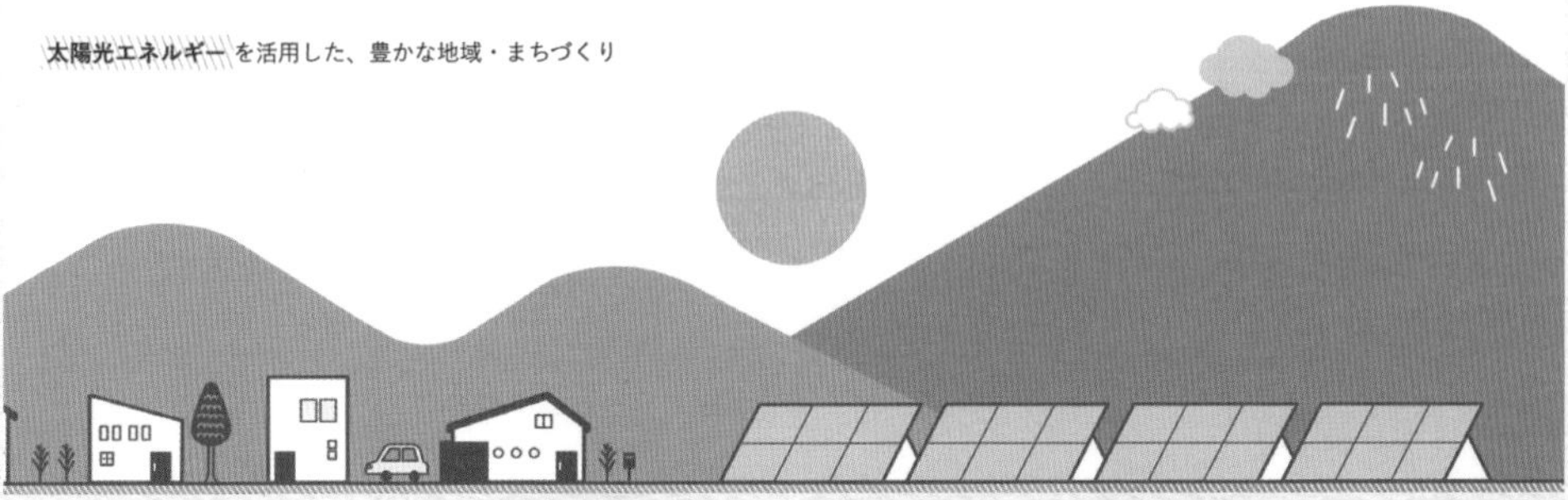

係を作ることが大切です。土地あっての発電所ですから。地域の組合に顔を出したり、祭事の時に援助金を出したりして、地主さんだけでなく、住民や自治体とも円滑なコミュニケーションを図っています」

ＦＩＴ制度終了後の事業展開で鈴木さんが期待を寄せるのが、ＦＩＴ制度の抜本的見直しや再生可能エネルギー政策を再構築することを目的に２０２４年４月１日からスタートする「再生可能エネルギー電気の利用の促進に関する特別措置法、いわゆる再エネ特措法だ。

「新法では、これまでのＦＩＴ制度に加えて、新たに収入が市場価格に連動し、一定の補助額を交付するＦＩＰ制度や、これまで地域の送配電事業者が負担していた再生可能エネルギーの導入拡大に必要な地域間連系線などの系統増強の費用の一部を賦課金方式によって全国で支える制度が創設されました。現行のＦＩＴ終了後は収益が確実に減るので、太陽光発電パネルの更新や増設のルールが見直されることによって、多くの事業所にとってプラスになると思います」

鈴木さんが太陽光発電所運営事業の持続性追求で目指すのは、早期のカーボンニュートラルの達成による地球温暖化防止への貢献だ。（ライター／斎藤紘）

ものづくりの
未来をつくっています
クロダ精機株

代表取締役社長
佐々木俊一 さん

大学卒業後、横浜で10年働き、父親が急病で倒れたために帰郷。2003年、29歳の時父親が社長を務めていた1969年創業の『クロダ精機株式会社』に入社。父の死後は現場でモノづくりを学ぶ。製造部部長を経て2018年代表取締役社長に就任。

技術の進化と並走する部品試作で実績 社員の意欲高め取引先新規開拓に挑戦

認知度高める広報開始 郷土の発展に情熱傾注

高度の精密加工技術で世にない部品を生み出し、モノづくりの根幹を支える部品試作のスペシャリストとして、自動車や精密機器などの先端メーカーから信頼を集めているのが、1969年創業の『クロダ精機株式会社』代表取締役社長の佐々木俊一さんだ。「得た利益は賞与で社員に正当に還元する」という創業時からの方針で社員のモチベーションを維持しながら、EV自動車へのシフトが加速し、「SDGs」への世界的な取り組みの中で環境に配慮した商品の開発も進む時代の部品試作ニーズに応えていく決意だ。

「部品試作の仕事は、説明書のないプラモデルを作るようなものです。完成図に向けて工程を自ら考え、材料や機械、技術を駆使しながら組み立てていく。世の中にないものを生み出す仕事ですから、モノづくりが好きな方にとっては、最良のステージといえるでしょう。完成した際には、プラモデルができあがった時のようなワクワク感と喜びも感じられます」

技術の進化で部品試作のニーズが高まっていく中で、完成車メーカーなどに部品を供給する一次下請けのティアワンメーカーとの取引が多い同社の役割は大きくなっていくが、佐々木さんは半導体産業の一大集積地となった九州などにも足を運び、新たな取引

クロダ精機 株式会社
クロダせいき

0265-35-1101
info@kurodaseiki.co.jp
㊟ 長野県下伊那郡豊丘村神稲9268-1
https://kurodaseiki.co.jp/

こちらからも
検索できます。

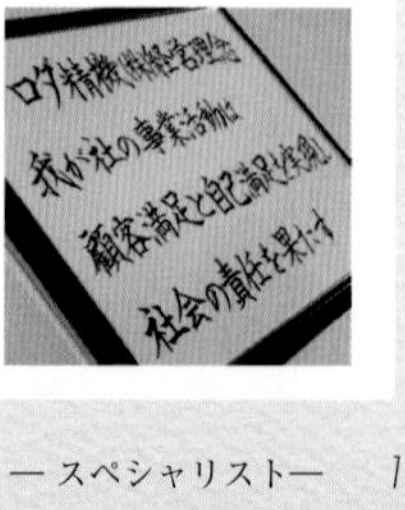
我が社の事業活動に
社会の責任を果たす

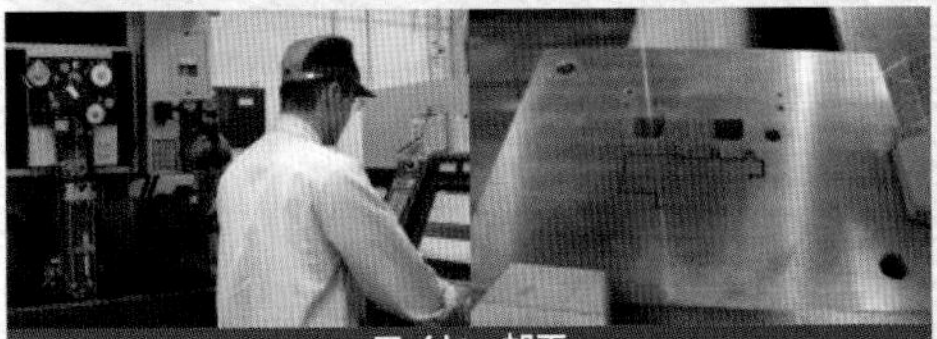

ワイヤー加工

レーザー加工

マシニング加工

プレス加工

曲げ加工

細穴放電
加工

先の開拓にも力を入れていく考えだ。

業務を支える社員を大事にするのも佐々木さんの経営方針だ。

「当社では20代、30代が中心となって活躍しています。これから結婚し、家庭を築く20代、30代の若い社員が安心して未来のライフデザインを描けるよう、コロナ禍で苦しい間も昇給を続けてきました。これからも一人ひとりが会社の一員という意識を持ち、モチベーションを持って働ける環境を整えていきたいと考えています」

佐々木さんは、社内の取り組みとして新たに「広報」活動も開始した。「製造業にもこんな面白い会社があるんだと周囲に知られることは、社員の誇りにつながり、未来を支える人材の確保にも結びつく」との考えに基づく取り組みだ。

佐々木さんはまた、郷土の発展に人一倍の情熱を注ぐ。

「リニア中央新幹線開通を控え、当社のある飯田下伊那地域には近い将来、革命が起こります。来たるべき時代に向けて地域全体に力をつけ、『住みたくなるまち』の一翼を担えるよう、当社も進化していきます。モノづくりの好きな方のUターン、Iターンも大歓迎。未来へ羽ばたくみなさんの挑戦を応援します」

（ライター／斎藤紘）

代表取締役
八家(はちや)大作 さん

大阪で港湾関係の仕事に従事し、港湾会社時代に取得した資格を生かして産業廃棄物処理業の個人事業で独立、事業を拡大しながら売り上げを伸ばし、2020年3月『株式会社BIRD』を設立、代表取締役に就任。他に事業会社2社を経営。

感謝と真面目

産業廃棄物の収集運搬に光る使命感
何事にも真摯に取り組む真面目が信念

産業活動を支える事業 安全第一の作業を徹底

事業活動によって発生する産業廃棄物の収集運搬に使命感を持って取り組んでいるのが広島市の『株式会社ＢＩＲＤ』代表取締役の八家大作さんだ。15人のスタッフを牽引し、トレーラーや大型ダンプトレーラー、2トントラックなど7台の運搬用車両をフル稼働させて産業の発展を下支えする業務で貫くのは、信念の「何事にも真摯に取り組み、何事からも逃げない」という真面目さだ。

「工場や建設現場などから出る産業廃棄物は、適切に扱わなければ大きな事故を招いたり、人体に影響を与えたりする可能性があります。産業廃棄物の処分方法は種類ごとに異なり、収集運搬や処理の扱いは非常に難しいものです。産業廃棄物を収集し、中間処理施設や最終処理施設に運ぶ仕事は非常に重要な役割があると思っています」

同社が収集運搬する廃棄物は、廃棄物の保管、運搬、処分などのルールを定めた廃棄物処理法に定められたもので、石炭がらや燃えがら、廃油、金属くずなどの産業廃棄物と、廃油やｐＨ2・0以下の廃酸、腐食性を有するｐＨ12・5以上の廃アルカリ、医療機関などから出る感染性廃棄物など爆発性や毒性、感染性その他の人の健康又は生

株式会社 BIRD
バード

✆ 082-426-5810
✉ hrsm@bird810.com
㊟ 広島県東広島市高屋町杵原1071-3
https://bird810.com/

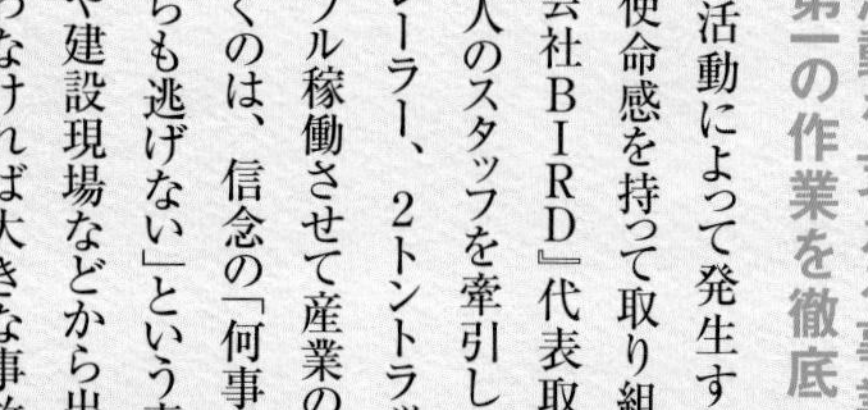

「プロフィア スライドデッキ」

「プロフィア ダンプトレーラー」

「プロフィア フルトレーラー」

「ふそう ダンプトレーラー」

「UDトラック セミトレーラー」

「プロフィア デラピーセミトレーラー」

活環境に係る被害を生ずるおそれがある性状を有する特別管理産業廃棄物。

「これらの廃棄物を収集、運搬するに当たっては、産業廃棄物についての詳しい情報を記載し、業者間での処理の流れを確認、正しく処理されたことを証明するために産業廃棄物に付属するマニフェストに則って行わなければなりません。スタッフは、このルールに忠実に安全第一に作業に取り組んでいます」

同社は、産業廃棄物の収集運搬のほか、鉄スクラップや非鉄金属スクラップの売買、古物売買並びにその受託販売、不動産の売買・賃貸借、分譲、管理などの業務も事業に掲げる。

八家さんは、広島から大阪に単身で出て先輩の家に住まわしてもらいながら、船の中で重労働するような港湾関係の仕事から始め、港湾会社の社員として働いていたときに玉掛けやクレーン、無線、産業廃棄物処理関係などの資格を取得。産廃業界で活躍している先輩の応援を得て、社長が用意してくれたトラック1台で産業廃棄物処理業を始め、その後、事業の拠点を広島に移した。

「生活や仕事の中で支援してくれる人たちがいなければ今の自分はなかった。本当に感謝しています」と過去の歩みを振り返る。

（ライター／斎藤紘）

代表取締役
宇佐美彰規 さん

人材サービス業界で活躍後、経験を活かして2015年『ジョブズコンストラクション』設立、代表取締役に就任。有料職業紹介事業許可、労働者派遣事業許可、特定募集情報等提供事業許可を得て人材供給、就業支援事業展開。

「大阪支社」 06-7526-3100 (住) 大阪府大阪市北区梅田3-4-5 毎日新聞ビル6F

質を重視した求職求人のマッチング
建設・医療・介護・保育に特化し支援

専門のスタッフが在籍
四つの求人サイト運営

「徹底的に求職者の未来に寄り添うオーダーメイド型のサービスを提供する」

このコンセプトの下、東京、大阪、名古屋、福岡、仙台を拠点に、建設、医療、介護、保育に特化した人材供給、就業支援事業で業績を右肩上がりで伸ばしているのが『株式会社ジョブズコンストラクション』だ。人材サービス業界で活躍後、同社を立ち上げた代表取締役の宇佐美彰規さんが重視するのは量より質。求めるスキルと活かしたいスキルを綿密なコンサルティングでマッチングさせる事業スキームが求人事業所と求職者双方から支持され、業績を支える。東京商工リサーチの２０２３年１～７月期のリポートによると、深刻な人手不足を背景に人材市場は活況をみる半面、取引先が限られ、しかも自社の人材不足で脱落する職業紹介業者や人材派遣業者が増加している状況の中で、同社が業績を伸ばしているのには理由がある。

「当社には、人材紹介の専門知識を持ったコンサルタントが多く在籍し、建設会社や医療機関、保育園などの責任者などとの情報交換を通して得た各業界の情報を活かして、求職者が希望する条

株式会社 **ジョブズコンストラクション**

東京支社 03-6635-2001
info@jobs-c.com
(住) 東京都中央区日本橋2-3-4 日本橋プラザビル11F
https://www.jobs-c.com/

こちらからも
検索できます。

ジョブズコンストラクション
JOBS
CONSTRUCTION

「東京本社」

MEDICAL JOBS メディカルジョブズ / Kids JOBS キッズ・ジョブズ / 施工管理人材バンク / 施工管理ワークス

「メディカルジョブズ」https://medical-jobs.co.jp/　「キッズジョブズ」https://www.kids-jobs.com/
「施工管理ワークス」https://www.sk-works.jp/　「施工管理人材バンク」https://sk-bank.jp/

件に合った最適な就業場所をご提案できるのが最大の強みです。加えて、人材派遣先を人材不足が深刻で有効求人倍率が高い業種に特化したことで、当社のサービスをご利用頂いている事業所が多く、求職者の選択肢が広いことも強みです」

同社の人材サービスがユニークなのはWEBサイトの運営だ。土木施工管理や建築施工管理など専門性の高い業務の求人求職をサポートする「施工管理人材バンク」、建設業未経験者からベテランまで求職を支援する地域密着型の「施工管理ワークス」、看護師や保健師、助産師、介護職などの就業を支援する「メディカルジョブズ」、保育士の転職を支援する「キッズジョブズ」の四つのサイトを通して求職、求人をマッチングさせる方法だ。それぞれの分野の専門コンサルタントがコンサルティングで求職者のスキルのほか、想定している未来についてヒアリングし、最適の就業先を提案するだけでなく、面接対策、履歴書の書き方、給与交渉までカバーし、就業先が見つかるまで手厚くサポートする。こうした濃密なサービスが評価され、サイトを利用した求人求職は増える一方だ。2015年に同社を設立した宇佐美さんは、好調な業績を背景に株式上場も視野に入れながら前進していく決意だ。

（ライター／斎藤紘）

代表取締役
押田和浩 さん

NTT-ME東北で3年間、CTCテクノロジーで3年間、ネットワークエンジニアとして活躍した後、父親が経営する『株式会社オーシーエム』に入社、システムエンジニアとして12年間の経験を積み、経営を受け継いで代表取締役に就任。

ITエンジニアを惹きつけた労働環境 中途採用募集に10ヵ月で400人応募

ユニークな休暇制度や年収アップ実現が理由

IT需要の急激な拡大を背景にIT人材不足が深刻化し、その獲得競争が激化する中、2023年4月から12月まで求人サイトに掲載した中途採用情報を見て応募したITエンジニアが400人を超えたIT企業がある。『株式会社オーシーエム』。「人こそが企業のすべてである」を経営理念に掲げた代表取締役の押田和浩さんが「完璧な人生より面白い人生を送ろう」と構築した他に類を見ない労働条件・勤務体系が入社意欲を刺激した結果だ。この中から採用された人を含め、創業時わずか4人だったスタッフが2024年1月現在、約70人規模まで膨らんだ。

同社の主力事業は、単独またはパートナーのIT企業約500社と協力し合いながらシステム開発をサポートするSES(システムエンジニアリングサービス)。金融系EUC(エンドユーザーコンピューティング)開発保守、エネルギー系システム開発支援、社内情報システム支援、製造業装置アプリケーション開発などを手がけてきた。

押田さんは、ITエンジニアとしてNTT-ME東北や伊藤忠グループのCTCテクノロジーで活躍する中で独自のビジネス感覚が育まれたといい、「ラ

株式会社 **オーシーエム**

本社 ✆ 048-816-9235
✉ info@ocm-net.co.jp
㊟ 埼玉県さいたま市浦和区高砂1-2-1 エイペックスタワー浦和2001
https://ocm-net.co.jp/

東京オフィス
㊟ 東京都港区
新橋5-13-13
川勝ビル3F

イバルとなる中小IT企業は数万社あり、いかに差別化を図り、インパクトのある労働体系を築かくか」を考えて形にしたのが労働条件・勤務体系だ。

ITエンジニアの8割はリモートワークだが、ユニークなのは休暇制度。ついつい飲み過ぎちゃいます半休、疲れちゃいました休暇、長生きしよう休暇のほか、まだ有給が付かない新入社員に1日付与する頑張りましたよ休暇、清潔感を保つために自由に利用できるビューティー休暇、出産立会いなどができる家族大事です休暇、クリスマスに一人で趣味を楽しむクリぼっち休暇などの特別休暇もある。営業スタッフが派遣先と交渉し、休暇確保をフォローアップする徹底ぶり。給与は年俸制で前職での給与額を保証するので年収はアップする。さらに書籍購入や資格取得の支援など働きたくなる制度ばかりだ。

「当社は、研修体制も充実していますので、採用に当たっては技術以上に社風に合うかを重視します。今後も社員を増やし、増えた営業収益で社員への還元率をさらに高めていくと同時に、未経験者や微経験者がSESに必要な技術を習得できるよう社内で企業向けアプリやHPを作成する体制も整えていきたいと思っています」

（ライター／斎藤紘）

代表取締役
藤間美樹 さん
神戸大学卒。複数の大手製薬会社で人事などを担当、3回の米国駐在を含め人事のグローバル化を推進。大手グローバル企業や建設会社で執行役員人事本部長などを歴任し、2023年に独立起業。認定プロフェッショナルエグゼクティブコーチ。

経営戦略を実行する組織を築く戦略的人事
本気のグローバルマネジメント経験を生かす

成長低迷の原因を指摘
究極の目標は日本復活

昭和の「ジャパン・アズ・ナンバーワン」から転落し、失われた30年を引きずり、成長が低迷する日本。「急速な時代の変化に対応できる組織開発、人財育成ができていないことが原因の一つ」と指摘し、国際競争力を育む戦略的人事コンサルタントとして注目度を高めているのが、2023年4月に創業した『株式会社ＨＲ＆Ｂ』代表取締役の藤間美樹さんだ。日本と異なる米国流の厳しい人事マネジメントを目の当たりにした経験と認定プロフェッショナルエグゼクティブコーチの資格に裏付けられた知見を生かし、経営者の戦略アドバイザーとして人事戦略や組織戦略、経営戦略の策定、人財開発、組織開発を支援する。グローバル企業の日本子会社で人事総務部長をしていた時に記憶に残るのが米国人社長の言葉という。

「経営者としての能力が非常に高い社長で、社員への対応は厳しく、多くの人がついていけない状況でした。ある日、私が人事部門のグローバル会議のため米国本社に出張する際、『俺のマネジメントチームであることを忘れるな』と言ったのです。その時私は多少憤慨しましたが、グローバルな会議で果たすべき役割を分かっていなかった私の危うい未熟

株式会社 HR&B
エッチアールアンドビー
06-6133-5430
HPのお問い合わせフォームより
㊟ 大阪府大阪市北区梅田2-2-2 ヒルトンプラザウエスト19F
https://hrandb.com/

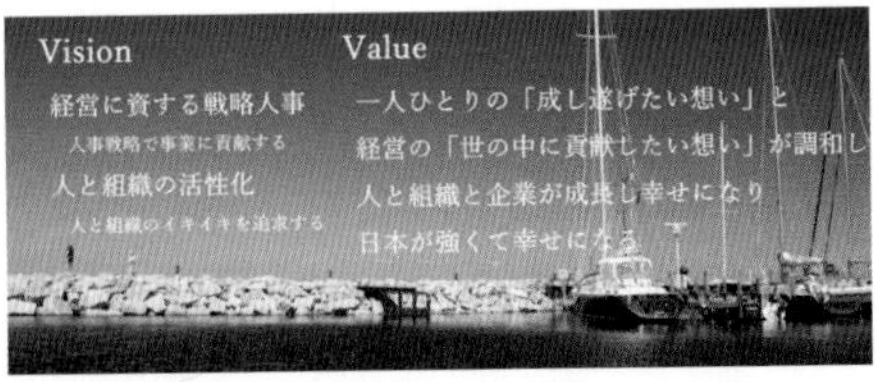

経営戦略と人財戦略の連動
戦略的人事とは
戦略を実行できる組織をつくること
あの山に
登る！
登る人を
育てる！

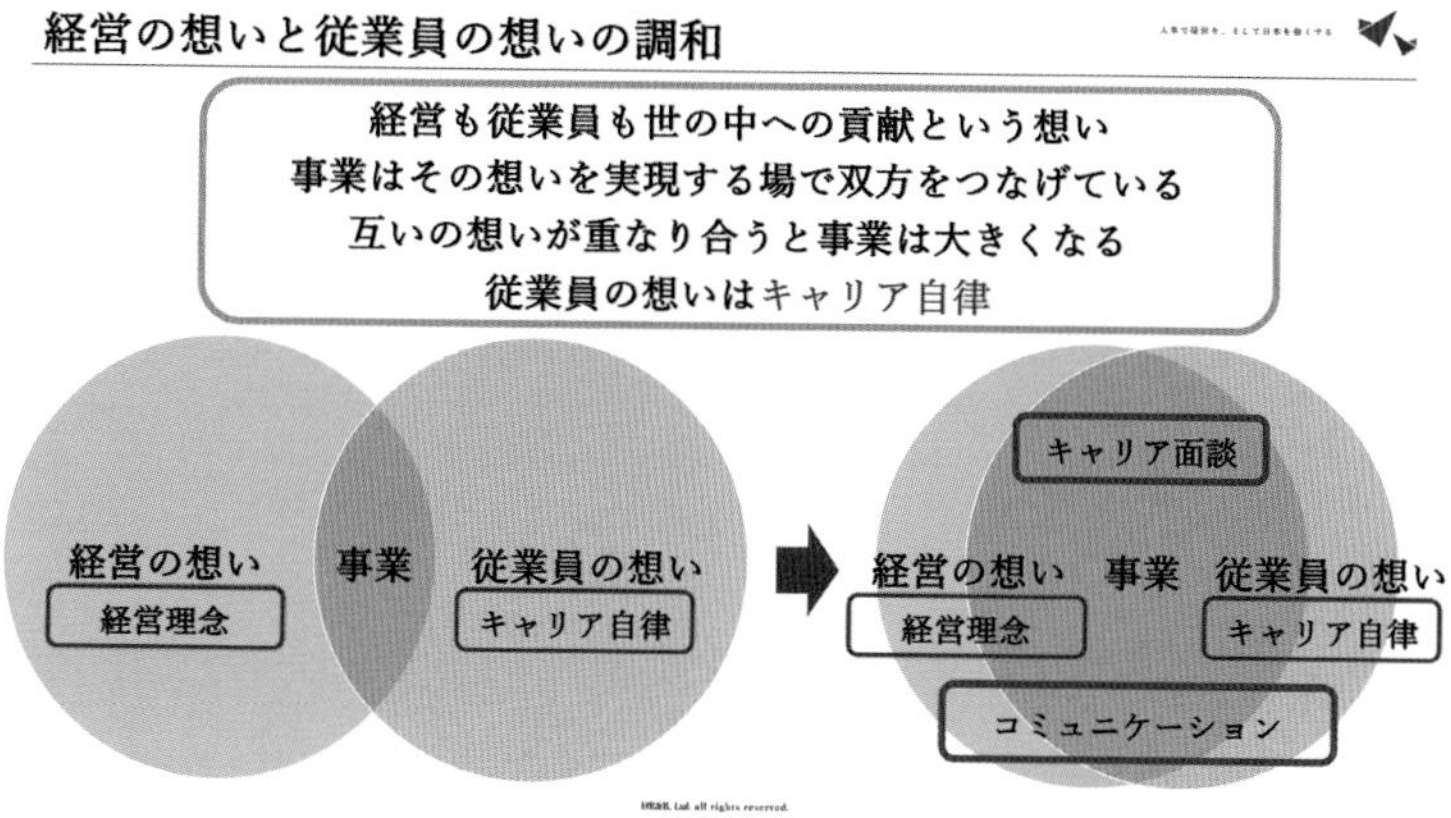
経営の想いと従業員の想いの調和
経営も従業員も世の中への貢献という想い
事業はその想いを実現する場で双方をつなげている
互いの想いが重なり合うと事業は大きくなる
従業員の想いはキャリア自律
経営の想い
経営理念
事業
従業員の想い
キャリア自律
キャリア面談
経営の想い
経営理念
事業
従業員の想い
キャリア自律
コミュニケーション

さを見透かして、ビシッと釘を刺した言葉だったのです。こうした素晴らしいグローバルリーダーたちと共に世界の舞台でチャレンジし続けてきたおかげで、真のグローバルリーダーのあるべき姿と、マネジメント慣行がよく理解できるようになりました」

藤間さんは、コーチングの神様と言われる米国のマーシャル・ゴールドスミス博士の「グローバル企業のCEOが必要とするエグゼクティブコーチ研修」も受講して修了証も授与されている。

「講義の大半は、彼がエグゼクティブコーチとしてどのようにグローバル企業のCEOと対話してきたのか、その興味深いエピソードで、コーチングの神様の世界観と一流グローバル企業のCEOの世界観が生み出す良質な化学反応ともいうべきものでした」

藤間さんは、スタートアップから中小企業、大企業まで業種を問わず支援するが、究極の目標は大きい。

「海外から学ぶべきものは学び、新しいことに挑戦して環境変化に対応した変革を推進することは、まさに人事の責任。これは個々の企業で推進するというよりは、日本全体で日本の人事部として、皆で力を合わせて日本を復活させたいと思います」

（ライター／斎藤紘）

相続の一連の手続きをワンストップで対応。女性の細やかな視点で丁寧なサポート。

代表
大倉佳子 さん

東京国税局採用。都内税務署及び国税庁に30年余り勤務。2017年『大倉佳子税理士事務所』開業（関東信越税理士会所沢支部所属）。2018年、中小企業等軽々強化法に基づく経営革新等支援機関に認定。

相続不動産の登記義務化で的確助言
未登記の問題点を指摘し対応を支援

司法書士と緊密に連携
職権で必要書類も収集

不動産登記法の改正で、相続した不動産の登記（名義変更）が２０２４年４月から義務化される。その意義と登記しない場合の問題点などをわかりやすく説明し、速やかな登記を促しているのが、国税庁出身で相続税の申告を中心に「相続のワンストップサービス」を業務に掲げる『大倉佳子税理士事務所』所長の大倉佳子さんだ。相続登記の専門家である司法書士や土地評価に精通した国税ＯＢなどと連携して対応するが、相続人がやろうとすれば大変な手間がかかる戸籍謄本など登記に必要な書類の収集も自ら職権で収集して支援する。

「相続登記の義務化で、相続によって不動産を取得した相続人は、その所有権の取得を知った日から3年以内に相続登記の申請をしなければならなくなりました。そのため、遺産分割が成立して不動産を取得した相続人は、遺産分割が成立した日から3年以内に相続登記をしなければなりません。4月1日より以前に相続が開始している場合も、3年の猶予期間がありますが、義務化の対象となります。いずれのケースでも、相続人が極めて多数にのぼり、戸籍謄本などの資料収集や他の相続人の把握に多くの時間を要するケースなど正

大倉佳子税理士事務所
おおくらよしこぜいりしじむしょ

04-2924-0790
garnet-bear8@jcom.zaq.ne.jp
住 埼玉県所沢市上新井5-33-15
http://okura-tax.jp/
https://taxoo-jimusyo.com/

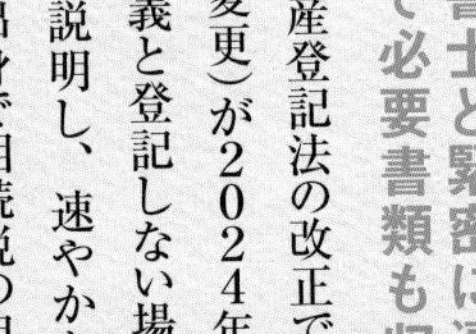

「確定申告は、税制を一番身近に感じ、毎日身の引き締まる期間」と大倉さんは語る。

『クマさんの女心と仕事心―W・HEART』（文芸社）
定価 1,100円+税

当な理由なく義務に違反した場合は10万円以下の過料の適用対象となります」

相続登記の義務化をこう説明したうえで大倉さんは、登記しない場合の問題点を指摘する。

「相続登記の義務化は、相続後も所有権移転が未登記の空き家や空き地が増え、都市開発の妨げになるなど経済損失を招いていることが背景にはありますが、名義変更しないと相続人にも不利益が生じます。ペナルティ以上に問題なのは、第三者に権利を主張できないため、不動産の活用や売却できない、不動産を担保として融資を受けられない、空き家が特定空き家に指定されると最大6倍の固定資産税を支払わなければならないといった問題のほか、二次相続で相続人の数が膨れ上がり、子どもや孫の代に活用しようとしても必要な書類の収集が困難になるなど未来にも影響を及ぼしてしまうおそれがあるのです」

大倉さんは、税務署へ提出する必要のある遺産分割協議書の作成、戸籍謄本や除籍謄本、書類の収集などを支援するが、収集した戸籍謄本など必要な書類を法務局に提出すれば、無料で入手できる認定相続情報一覧図を利用して円滑に相続登記が進むよう動いている。

（ライター／斎藤紘）

所長
薬袋(みない)正司 さん

東京CPA会計学院を卒業後、伊勢丹で経理業務全般を経験。税理士資格を取得後、外資系税理士事務所を経て、税理士法人タクトコンサルティングに入社。10年間勤めた後、2007年、『薬袋税理士事務所』開設。宅地建物取引主任者の資格も持つ。

コンシェルジュのように相続問題を支援 相続の手引きともいえるHPの解説好評

人生在りきの相続対策 不動産評価で節税実現

「相続」という言葉を聞いて、皆さんは何を思い浮かべるだろうか。難解な言葉、不馴れな手続きしかもそれを、大切な方を失った悲しみの中、期限付きでこなさなくてはならない、となればハードルはかなり高くなる。そんな時に寄り添ってくれるのが『薬袋税理士事務所』だ。所長の薬袋正司税理士はいう。「ホテルのコンシェルジュのような存在でありたい」と。

では、薬袋税理士が考える相続のコンシェルジュとは、どのようなものだろうか。それは、依頼人一人ひとりの状況を理解し、その心情に寄り添い、最適解を導き出すという依頼人ファーストの姿勢に尽きる。そしてこれは、『薬袋税理士事務所』の所員全員に浸透している。

薬袋税理士は、税理士資格の他、宅地建物取引士、保険外務員、証券外務員などの資格もあわせ持つ。また、生命保険、損害保険、証券会社、ハウスメーカーなど、複数の会社と提携契約をしている。「相続財産を売却して相続税を捻出したい」「将来的な相続を見据えて家やアパートを建てたいが所有者や生前贈与等税金を鑑みて検討したい」「遺産分割の代わりに生命保険で渡し

薬袋税理士事務所
みないぜいりしじむしょ

03-6228-6400
info@tax-bpc.com
㊟ 東京都中央区京橋3-9-7-3F
http://www.tax-bpc.com/

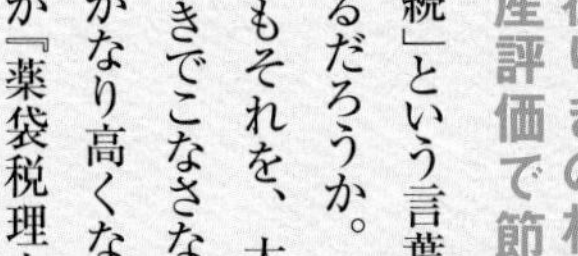

たい」など税金問題を解決しながら相談できる。お客様の補助業務として、「税額を鑑みた遺産分割」「遺産分割の際の未成年者の特別代理人選任」「遺留分減殺請求」「調停などのお手伝い」と経験も豊富。多方面から臨場感のあるアドバイスがお客様から好評。

年間50件超の相続案件を円満解決に導いてきた経験と実績が心強い限りである。

「相続」という人生のターニングポイントを滞りなく乗り切り、「相続にかかわるすべての人がハッピーになるお手伝いをする」ことをモットーに、『薬袋税理士事務所』は、日々、依頼人と向き合っている。最初のご相談は、無料。所員が快く対応してくれる。

詳しくはホームページを参照。「相続」にいろいろな切り口からアプローチした解説、難解な言葉の説明など分かりやすく、一読の価値ありだ。

相続税基礎控除の減額で課税対象が大幅に広がった。相続税確定申告もかつてのように一部の層に限った話ではない。終活の一環として相続について学び準備することは意義のあることである。

（ライター／斎藤紘）

代表
川村貴浩 さん

名古屋商科大学商学部卒。大手企業で2年間経理を担当後、会計事務所に12年間勤務。2016年に税理士登録し、2018年に独立。税だけでなく様々な悩みを打ち明けられるパートナーとして経営者から信頼を得る。

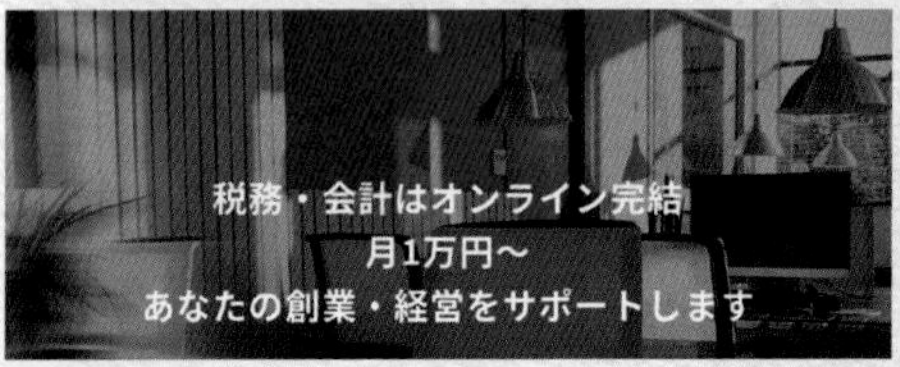

難しいお金の話しもわかりやすく説明。

創業して間もない経営者へ手厚い支援 税や会計以外の悩みにもまるごと対応

高品質なサービスを 法人・個人事業主を支援

毎月の記帳や計算書の作成、決算書の作成、法人税や所得税、消費税などの申請など手間がかかる会計・税理業務をサポートしながら、融資や登記、社会保険、許可申請や法律相談などの相談にも幅広く対応する『川村貴浩税理士事務所』。代表の川村貴浩さんは、事業計画や資金調達、税金関係などで悩んでしまうことの多い経営者に対して税務や会計に関する幅広いサポートを提供している。普段からの顧問契約は、もちろん、記帳代行、確定申告、税務調査の立ち合い、贈与税、相続税の相談や対応、簿記や財務諸表の読み方、事業計画や資金繰り計画の相談、各種届出書の作成・提出、設立申請書のチェックなど経営者のお悩みを解決するためのアドバイスを行う。

特に創業したばかりの経営者は資金繰りに苦労しているケースが多く、金銭的に余裕が無い方も多いため、創業3年以内の法人・個人事業主には、創業支援特別料金を設定、収入が少なくても無理なくサービスをうけられるよう年商によって変わる料金体系を設けている。

川村貴浩税理士事務所
かわむらたかひろぜいりしじむしょ

052-325-3805
kawamura@kawamura-tax.nagoya
㊟ 愛知県名古屋市西区南川町23
https://kawamura-tax.nagoya/
https://kawamura-zeirishi.nagoya/

こちらからも検索できます。

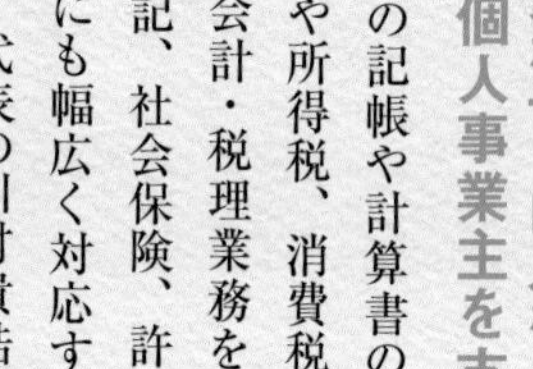

川村貴浩税理士事務所の7つの特徴
1 法人・個人の 節税提案
2 経営者個人の 資産形成提案
BANK
3 決算書 税務申告書 の作成
4 税務署等への 申告・申請の代行
5 税務調査 対応
6 新設法人、小規模の会社 も大歓迎
7 特急決算 にも対応
他の税理士事務所とは異なる経営システムを構築した結果、
圧倒的な低価格で質の高いサービス
を提供しております。

「特に創業して間もない法人・個人事業主に手厚い支援を提供したいと考えています。また、税務や会計の話だけでなく、お客様との会話の時間を大切にしており、時には雑談中心の面談になることもあります。一見無駄に見える時間ですが、何気ない会話から相手の悩みを引き出して問題解決への糸口を見つけたり、新たな仕事のアイディアが生まれることもあります」

孤独になりがちな経営者の話を丁寧に聞くことで、経営者のストレス発散したり、精神の安定にも繋がる。どんなことでも気軽に話してもらえる雰囲気を作り、悩みにアドバイスしたり、信頼のおける弁護士や司法書士、社会保険労務士、行政書士などへの紹介を通して、悩みが解決に向かうようにお手伝いする。愛知県の経営者を中心にサポートしているが、オンライン相談も可能。全国各地から依頼が舞い込んでいる。

豊かな専門知識、親身に寄り添う姿勢と広い士業ネットワークを活かし、経営者のどのようなお悩みにもワンストップで対応。不安を取り除き、成功に近づくことができるよう全力でサポートする。

（ライター／彩未）

代表
伊藤昭弘 さん

38年勤めていた札幌市職員を退職して独立。日本行政書士会連合会所属。申請取次行政書士。社会補償制度に詳しくない方のお力になれればという想いから、「特定非営利活 動法人みのりて」の理事長も務める。

知人宅に来たような感じで、不安なく相談を。

技能者と現場をつなぐ 建設キャリアアップシステムをサポート

手続きをスムーズに 外国人労働者の希望に寄り添う

「街の身近な法律家」として、相続、契約書類などの暮らしの相談や許認可申請、法人関連手続き、外国人雇用などのビジネスの相談や官公署に提出する書類の作成、代行依頼などに幅広く対応する『行政書士伊藤昭弘事務所』。代表の伊藤昭弘さんは、建設業に携わる技能者が技能や資格、就業履歴、社会保険の加入状況などを登録できる『建設キャリアアップシステム(CCUS)』のサポートに力を入れている。

「建設技能者は、異なる事業者の現場で働いているため、適切な能力評価やスキルアップ向上による処遇改善が難しいという問題があります。技能者一人ひとりの経験や技能を業界統一のシステム上に蓄積することによって、建設業の現場を担う技能者の能力や経験に応じた処遇改善を目指し、技能の研鑽につなげることができます」

同事務所は、中小企業から大手ゼネコン、現場に携わる設備業者など事業者としての登録はもちろん、技能者登録の実績も豊富。人材の情報と現場のニーズをつなぎ、技能者が最適な環境にマッチングされ、事業者は適切な業務の担い手を確保することができるようサポートしている。

行政書士 **伊藤昭弘事務所**
いとうあきひろじむしょ

011-886-9500
akihiro.ito@mac.com
㊟ 北海道札幌市清田区平岡8条3-8-7
https://akihiro-ito-gyosei.jp/

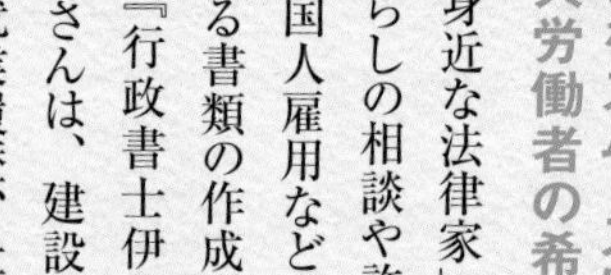

困ったときはいつでも
お気軽にご相談ください
遺産・相続から日本国籍取得、会社設立やNPO法人の設立まで
行政手続き、法人関連手続きは「行政書士 伊藤昭弘事務所」へ

「在留カード」の資格変更や期間の更新、紛失・破損・交換希望などによって再交付申請の手続きを行う場合は、原則として本人が出頭する必要があるが、一定の条件を満たすと申請取次行政書士による代行が認められており、安心して在留資格の手続きを行えるように対応する。「日本で仕事や勉学に励みたい」「家族と一緒にいたい」「永住権がほしい」など、外国人の希望や想いに寄り添う。

また、相続が発生した際に親族間で揉めてるなど、法的紛争段階にある事案や税務・登記申請業務に関するものを除いた権利義務に関する書類の作成を中心にサポートを行っている。遺産分割協議書作成や相続関係説明図作成などの前提となる相続人調査や相続財産調査などの調査も含め、広範囲の支援を受けられる。

伊藤さんは、札幌市職員時代の豊富な経験と専門知識を活かし、一人で行うには煩雑な手続きを専門的な知識と経験を備えたプロに任せることで、より的確でスムーズな申請を可能にしている。暮らしの相談からビジネスの相談まで、手続きに困った時に相談できる頼れる存在だ。

（ライター／彩未）

「家族信託専門士・身元保証相談しとしてお困りごとを承ります」

代表
中嶋士朗 さん
大阪市立大学商学部卒。キヤノンマーケティングを退職後、大阪市立の中学校社会科教諭として30年間務める。2016年退職後、行政書士資格を取得。2017年、行政書士登録。2018年『行政書士つかもと駅前相談室』開業。

最善の生前対策を提案し親身に支援
家族信託や銀行解約手続きで示す実力

30年の教師経験活用
終活全般を支援

大阪市淀川区のJR塚本駅至近の『行政書士つかもと駅前相談室』代表の中嶋士朗さんは、約30年の教師経験を活かした高いヒアリング力で相談者が抱える問題を的確に把握し、最適解を見出してきた行政書士だ。取り扱う案件の中でとりわけ実力が際立つのが相続の生前対策となる家族信託の支援。一般社団法人家族信託普及協会認定の家族信託専門士の資格に裏付けられた知見を動員する。

「家族信託とは、財産の多い少ないに関わらず、財産を所有する人が元気なうちに信頼できる家族などに、その管理や処分を託すという財産管理方法の一つで、最近認知されつつある比較的新しい制度です。成年後見人制度より財産管理の幅が広がり、契約内容によっては自由な財産管理が可能になります。認知症などで判断能力が低下すると、不動産などの資産売却や改築などが不可能になってしまう可能性があります。ご家族であってもそうなってしまうとどうすることもできなくなってしまうので、そうなる前に家族信託を考えることをお勧めします」

行政書士 **つかもと駅前相談室**
つかもとえきまえそうだんしつ

✆ 06-6836-9446
✉ nakajima@sodansitsu.jp
㊟ 大阪府大阪市西淀川区柏里2-7-27 ビクトワール塚本601
https://sodansitu.net/

行政書士
つかもと駅前相談室
Tsukamoto Station Counselling Room

※家族信託ってなに？
※終活について相談にのってほしい！
※離婚について相談してみたい！
※相続の手続き（銀行の解約など）
※遺言書を書きたい！
※身元保証の相談にのってほしい！
※空き家問題について
※その他お困りごと全般

■元気な今だからこそ準備できること

- ☑ 財産の所有者が認知症になるのが心配
- ☑ 銀行に定期預金をしている
- ☑ マイホームなどの不動産を所有している
- ☑ 昔からの保険をそのままにしている
- ☑ 将来、施設に入る予定がある
- ☑ 自宅を売却して老後の資金にしたい
- ☑ 遺言書を残しておきたい
- ☑ 介護にはいくら必要か知らない
- ☑ 軽度認知症害(MCI)を聞いたことがない

家族信託を勧める上で大切なことは、メリットだけでなく、デメリットもしっかりと伝えること。そして信託契約を結ぶことで完了ではなく、そこからスタートだということを伝えることだという。

もう一つ、中嶋さんの実力がわかるのが故人の銀行などの解約手続き。

「亡くなられた方が遺言書などを遺されていない場合、解約手続きはかなり困難なことが多いのです。当相談室では、故人の生まれてから亡くなるまでの戸籍をすべて取得し、相続関係を調べ、相続人すべての意見が一致したうえで作成する遺産分割協議書と法定相続情報をもとに解約手続きに入ります。もし遺言書や家族信託契約があれば、全然後の手続きが違ってきます。生前に行っておくべき対策として遺言書や家族信託契約を遺しておくことは、後々のことを考えると非常に大切なことなのです」

中嶋さんは、遺言書作成や尊厳死宣言書作成などの生前対策業務を手がけ、家族信託や遺言書についてセミナーや勉強会も開催している。このほか離婚協議書作成、身元保証に関することや死後事務委任契約についても真摯に対応している。

（ライター／斎藤紘）

所長・弁理士
藤田考晴 さん

東京工業大学工学部卒。同大学大学院理工学研究科修了。株式会社デンソーの基礎研究所で研究に従事後、大手特許事務所に入所。1998年、弁理士資格取得。約8年の実務経験を経て、2003年『オリーブ国際特許事務所』設立。

イノベーショを促す新優遇税制を解説 知的財産活用で生み出した利益に適用

国際競争力強化の施策 諸外国が制度導入先行

特許に関連した新たな税制が２０２５年４月から始まる。令和６年度税制改正大綱に盛り込まれた「イノベーションボックス税制」。その目的や意義について『オリーブ国際特許事務所』代表の藤田考晴さんに伺った。

―イノベーションボックス税制とはどんな制度ですか。

「イノベーションボックス税制は、12月22日に閣議決定された来年度の税制改正にて創設された新たな制度です。この目的は、イノベーションの国際競争が進む中で、海外と比べて遜色ない税制面の環境整備を図ることで研究開発拠点としての立地競争力を向上すること、知的財産の創出において国内における民間の無形資産投資を後押しすることなどです。研究開発投資（インプット）に着目した「研究開発税制」とは異なる場面を想定しており、研究開発の成果として生まれた所得（アウトプット）に着目したものがイノベーションボックス税制です。例えば、特許権のライセンスや譲渡で得た所得に対して所得税が優遇されます」

オリーブ国際特許事務所
オリーブこくさいとっきょじむしょ

☎ 045-640-3253
✉ olive@olive-pat.com
㊟ 神奈川県横浜市西区みなとみらい2-2-1 横浜ランドマークタワー37F
http://www.olive-pat.com/

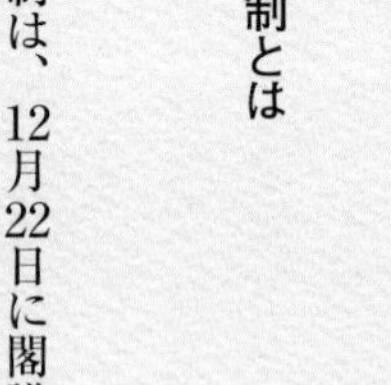

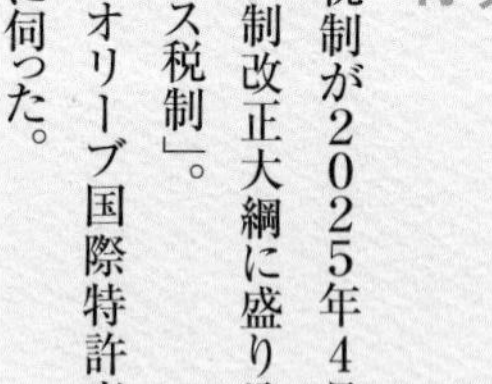

― 導入にはどのような背景があるのですか。

「日本では企業が研究開発にかけた費用の一部を法人税額から控除する研究開発税制がありますが、実際に成果に結びつくとは限らないといった課題がありました。もう一つは、イノベーションボックス税制を導入した国がフランスなどの欧州諸国を中心に中国や韓国、インド、シンガポールなどアジアの国にも広がり、企業が日本にイノベーション拠点を置いて中長期的に成長させていくインセンティブが働きにくいという事情もありました」

― 外国の優遇税制はどのようなものですか。

「例えば、英国では法人税率が25%であるのに対して、知財関連収入に対しては10%の税率で済みます。つまり、特許で保護された製品の売り上げについて、25%の法人税が課されていたものが10%で良いということになります。製造業の売上高経常利益率が4～5%と言われていることを考慮すると、この優遇税制はかなりのインパクトです」

― 新税制の内容はどのようなものですか。

「所管する経産省の資料によりますと、対象となる知的財産の範囲は特許権、著作権で保護されたソフトウェアなどで、対象となる所得はライセンス所得や譲渡所得、知財を組み込んだ製品の売却などとなっていて、30%の所得控除が認められます。政府与党の資料によりますと、適用期間は2025年4月1日から2032年3月31日までです」

― 新税制に向けて事業所にアドバイスはありますか。

「イノベーションボックス税制には、研究開発の成功率が向上するという効果があるといわれています。また、知的財産を所有する企業は、知的財産を所有しない企業に対して平均して8・5%利益が高いという報告もあります。したがって、パテントボックス税制を視野に入れ、今からでも遅くはないので知的財産による自社製品の保護について検討すべきです。ソフトウェア会社の方もソフトウェアの著作権登録についても検討すべきでしょう」

（ライター／斎藤紘）

2019年大阪で行われたG20でシンポジウムのパネラーを務める。

2015年国連総会付随会議に招待された。

代表
山口克也 さん

東京大学法学部卒。米国ルイジアナ州立大学大学院修了。経営学修士。住友化学工業などを経て、吹田市議会議員を2期務める。東北大学大学院環境科学研究科博士課程中退。1998年、『山口総合政策研究所』設立。日本国際連合協会関西本部理事。

地球温暖化の被害

珊瑚の白化が進んでいる。

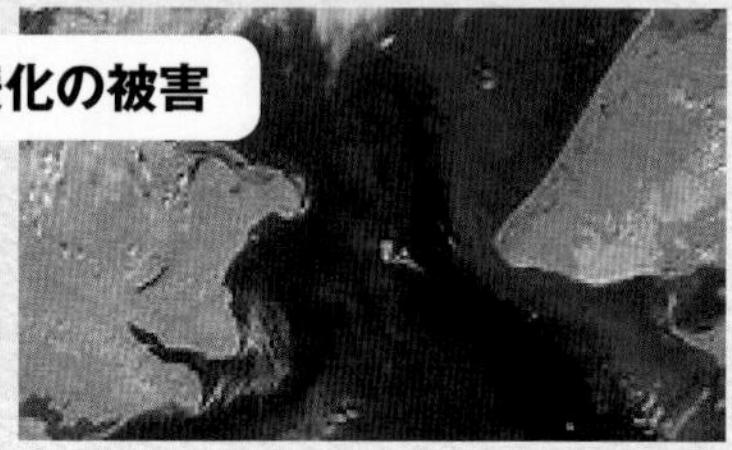

ベーリング海峡から北極海に温かい海水が流れ込む。

持続可能な世の中にする方策を提言
高齢者負担や地球温暖化に独自の視点

シルバーマネーを発行
ベーリング海峡にダム

日本、世界、地球が抱える課題に目を向け、持続可能な世の中にする方策を独自の視点で研究、その成果を提言という形で示し、行政や政党に導入を促してきたのが『山口総合政策研究所』所長の山口克也さんだ。東大や米国の大学で学び、大手化学メーカーで勤務するなかで蓄積された知見を生かしたもので、とりわけ日本経済の縮小と高齢者負担の増加、地球温暖化対策の2つのテーマに関する提言は精緻な理論と独創的なアイデアから形成されたものだ。

日本経済の縮小と高齢者負担の増加のソリューションとして示したのが「60歳以上の高齢者が居住し、シルバーマネーが流通する自主独立のコミュニティー」だ。

「日本経済の縮小は、個人の可処分所得の減少による消費後退が根本原因です。特に高齢者の社会保障費負担の増加です。高齢者医療、福祉をできるだけ経済的負担なく行うための方策が、比較的元気な高齢者による高齢者の介護を行うことを可能にする自主独立のコミュニティーの創設です。政府が強制通用力をもった第二日本国通貨シルバーマネーを発行し、それで年金を受け取るオプションを

山口総合政策研究所
やまぐちそうごうせいさくけんきゅうしょ

06-6330-6721
katsuya1201@u01.gate01.com
㊟ 大阪府吹田市豊津町25-12
http://yamaguchikatsuya.net/

こちらからも
検索できます。

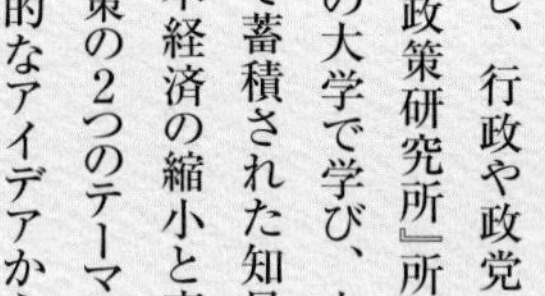

著書「地球温暖化と闘う愛
—太陽の塔と世界を救う人々」(2005年)

著書「第2通貨『シルバーマネー』が
日本の危機を救う
少子高齢化、社会保障問題の
処方箋がここにある!」
現代書林刊

「地球温暖化 北極危機、
そして神々の気配～」
待ったなしの緊急事態に
どう立ち向かうか?～
現代書林刊

「自然エネルギー100%の時代へ
パリ協定と世界みどり公社
—協力し合う人類の誕生—」

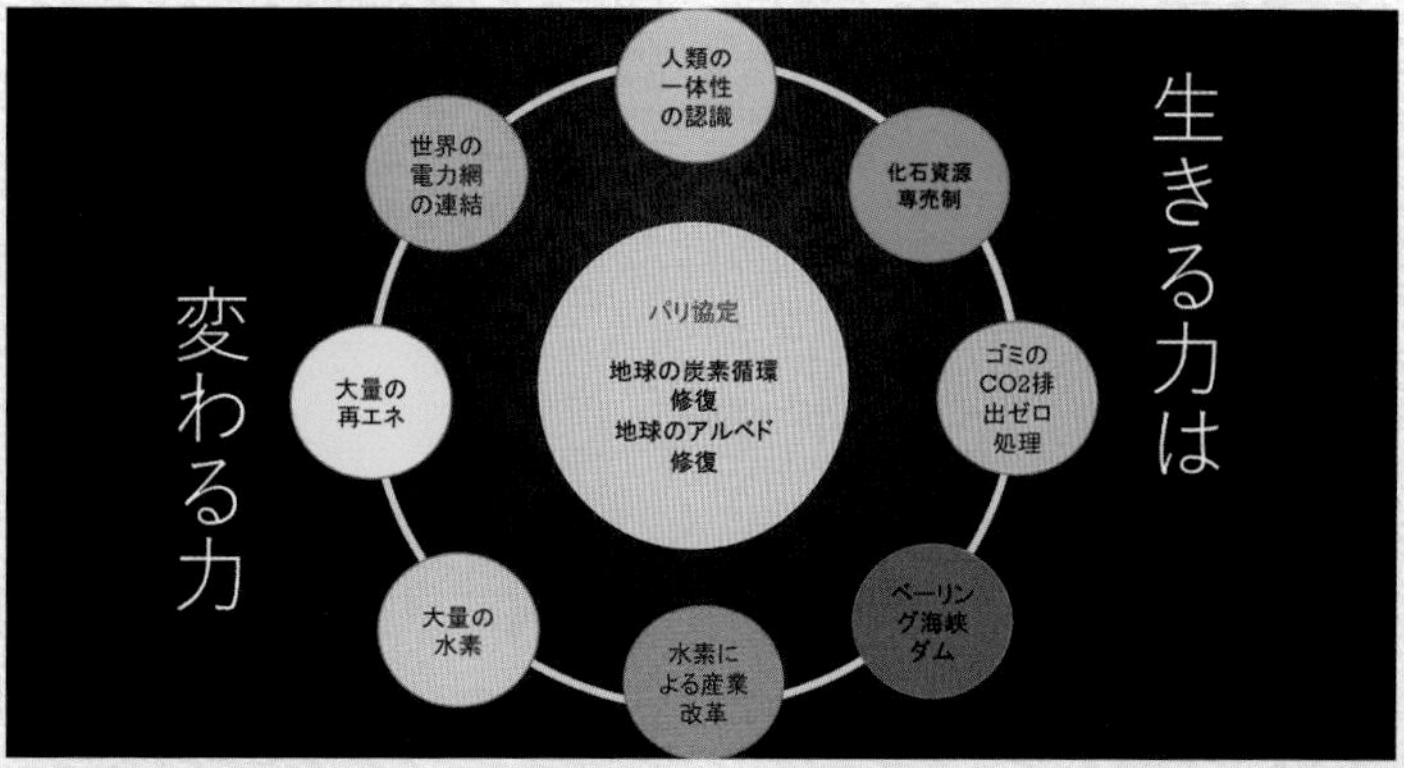

選択した高齢者に、その通貨が使用できるシルバーマネー地域に移動して暮らしてもらい、高齢者の住んでいた都会の空き家となった住宅は若年世代に提供するのです。人口減少の歯止めにもなります」

　地球温暖化対策に関する提言はダイナミックだ。

「北極圏の氷雪の面積が、CO^2の濃度を除き、地球の平均気温を決定する最も重要なファクターであり、ベーリング海峡から北極海に流れ込む夏季の高温の太平洋水が北極海の海氷面積に大きく寄与していることも分かりました。ベーリング海峡に開閉式のダムをつくり、この太平洋水を止めて北極海氷を回復することを真剣に検討すべきだと思います。もう一つは『世界みどり公社』構想です。世界の化石資源を買い集め、適切なカーボン価格を上乗せして化石資源を販売する組織です。専売利益で各国の産業・エネルギー転換に対する補助を行い、温暖化による被害を受ける国々に対する補助を行い、現在の所有者に対する支払いを行うのです」

　山口さんは、地球温暖化対策については、世界各地で再エネ発電所の送電網の連結を促進することや炭素固定装置の開発などゼロカーボン社会を可能にするための諸システムの構築の必要性も指摘する。

（ライター／斎藤紘）

「企業セミナー」

代表
庄野晴美 さん

鬱病と診断された過去や親の介護経験などから得た知識、心理学を学んで得た知識を活かし、「楽に生きられること」をもっと多くの方に伝えたい、などの想いからカウンセラーとコーチングの資格を取得し、会社を設立。

喫茶店感覚で立ち寄るサロン 企業向けコンサルも高評価

アンガーマネジメントに注目 人材育成とコーチングも人気

海外では、出勤前や仕事帰りに立ち寄る場所であるカウンセリングサロン。日本でも「喫茶店に行くような感じで訪れて欲しい」という思いで設立されたサロンが、兵庫県伊丹市の『COCOHARELISS』だ。「ただただ聞いて欲しい」という思いだけで、気軽に訪れられる雰囲気で出迎えてもらえる。悩み内容は、夫婦関係、恋愛、人間関係、子育て、姑関係、仕事関係と様々。どんな小さなお悩みや人に言いづらいようなことも代表の庄野晴美さんのがしっかり耳を傾けて共に解決への道を探してくれる。

庄野さんが近年注目しているは、「アンガーマネジメント」。怒りの感情と上手に付き合うための心理教育・心理トレーニングだ。怒らないことを目指すのではなく、怒る必要のあることは上手に怒れ、怒る必要のないことは怒らなくて済むようになることを目標とする。講座では、怒ることに対しての正しい認識、人への伝え方や叱り方、心のコントロール法などを学ぶ。「叱り方がわからない」「叱るとパワハラだと思われる」などの誤解から「叱れない人」が増えているという。子育て中の保護者やこれからママ・パパになる方に特にオスス

株式会社 COCOHARELISS
ココハレリス

090-8797-5580
cocohareliss5580@gmail.com
㊟ 兵庫県伊丹市緑が丘1-324
https://cocohareliss.com/

こちらからも
検索できます。

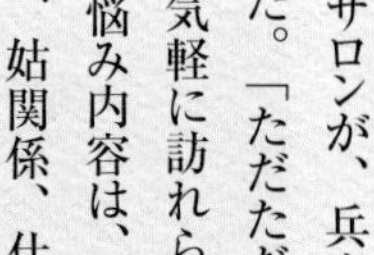

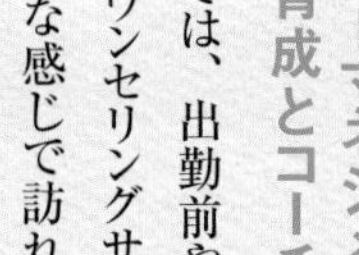

『カウンセリング』60分 5,500円（税込）
『コーチング』60分 8,800円（税込）
学生割引あり。小中学生は無料。

「自己肯定感ノート」

メ。また、正しい知識を身に付けることで、お互いに尊重しあえる関係をつくり、業務性の向上や組織づくりに役立つという点で、企業からも好評だ。

さらに、目標達成のためのイメージが描けない新入社員や後輩への接し方に戸惑う社員が増えているという中、企業向けのコンサル・セミナーの依頼が増加中。庄野さんの豊富な知識と経験を活かし、クライアント自らが主体性をもって行動していくように導く。

2023年度は、『企業まるごとコーチングプラン』を作成。人材育成にも、先ほどの『アンガーマネジネント』を取り入れている。『アンガーマネジメント入門講座』『アンガーマネジメント叱り方講座』『アンガーマネジメントパワーハラスメント防止講座』を組み込み、各企業に合わせたプログラムを作成し、成果をあげている。

カウンセリング、コーチング、アンガーマネジメント、人材育成、自己肯定感セミナーなど、様々なフィールドで高い評価を受け、設立からわずか4年で様々な媒体からインタビューが殺到し、知名度が上がり続けている。カウンセリング・コーチングはZoomでも可能。

（ライター／播磨杏）

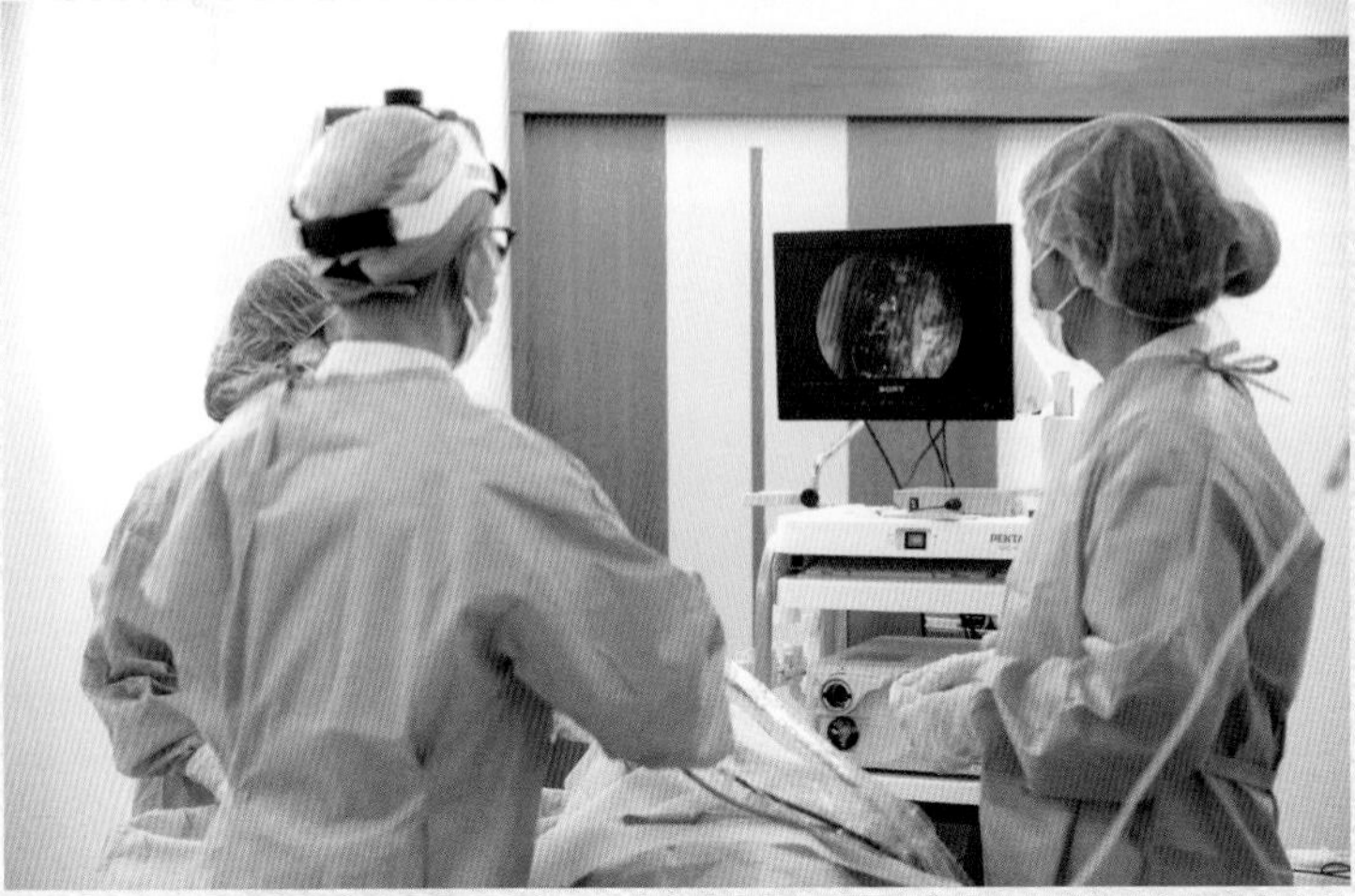

慢性化した副鼻腔炎に対する低侵襲の日帰り手術で声価を高める。

院長
石戸谷淳一 さん

徳島大学医学部卒。国立国際医療センター研修医。医学博士（東京大学医学部）。米国の国立衛生研究所（NIH）にResearch Fellowとして留学。国立国際医療センター・耳鼻咽喉科医長、横浜市立大学附属市民総合医療センター耳鼻咽喉科教授。

好酸球性副鼻腔炎の日帰り手術で実績
週4例の手術施行に絶えぬ予約

難治性の好酸球性副鼻腔炎
局所麻酔の内視鏡手術

鼻汁、鼻詰まりや顔面痛などが起きてQOLを著しく低下させる慢性副鼻腔炎。蓄膿症といわれる従来からあるタイプのほかに、最近では難治性の好酸球性副鼻腔炎が増えているという。指定難病に指定されたこの好酸球性副鼻腔炎のエクスパートが、『石戸谷耳鼻咽喉科』院長の石戸谷淳一さんだ。

生体防御で重要な働きをする白血球の好中球に関する研究で医学博士の学位を東大で取得し、米国留学の後に大学病院の耳鼻咽喉科教授まで務め、好酸球性副鼻腔炎に関する論文を数多く執筆している日本耳鼻咽喉科学会専門医。その専門的知識と高度な医療技術を求めて来院する人が絶えず、受診予約はすぐにいっぱいになり、年間百数十例の鼻・副鼻腔手術を日帰り手術で行っている。

「鼻腔の周囲にある副鼻腔の粘膜に炎症が生じる副鼻腔炎には、風邪などに引き続いて発症する細菌性の急性副鼻腔炎と鼻症状が12週間以上継続する慢性副鼻腔炎があります。さらに慢性副鼻腔炎は、大きく二つの種類に分けられます。一つは、蓄膿症とも呼ばれる従来型。もう一つが好酸球性副鼻腔炎です。嗅覚障害や鼻閉が強く鼻茸が多発するのが特長で、喘息を合併することが多く、

石戸谷耳鼻咽喉科
いしとやじびいんこうか

03-5315-3341
㊟ 東京都世田谷区南烏山6-4-29
南烏山アスピレイーションビル
https://www.ishitoya.jp/

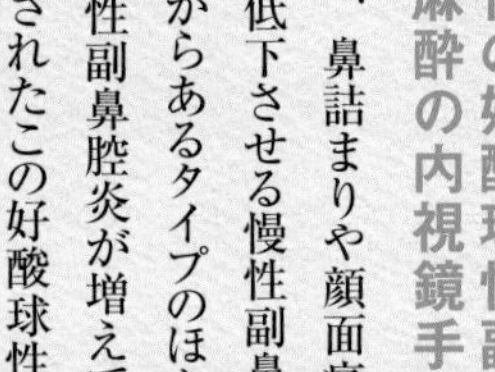

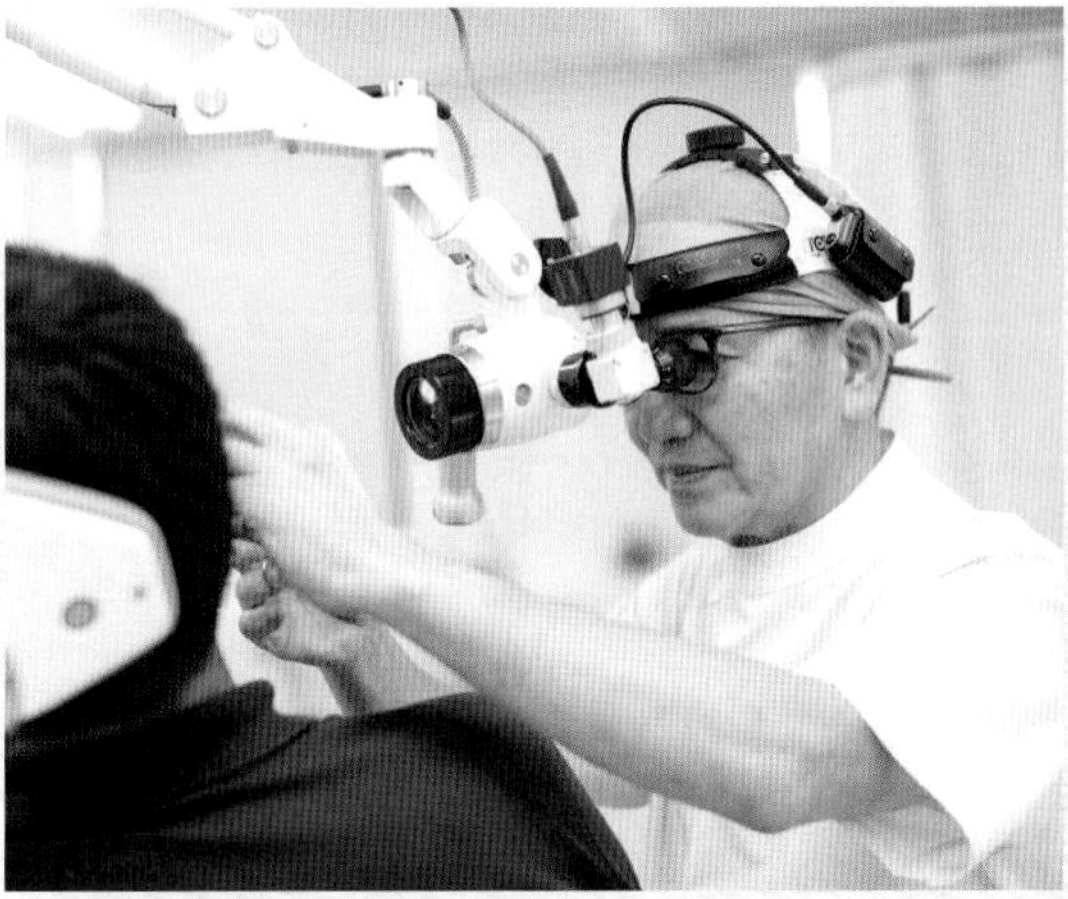

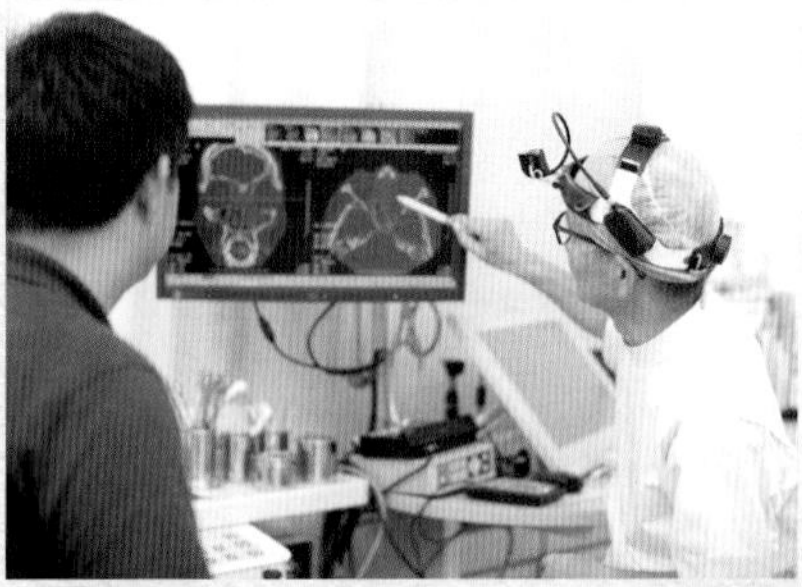

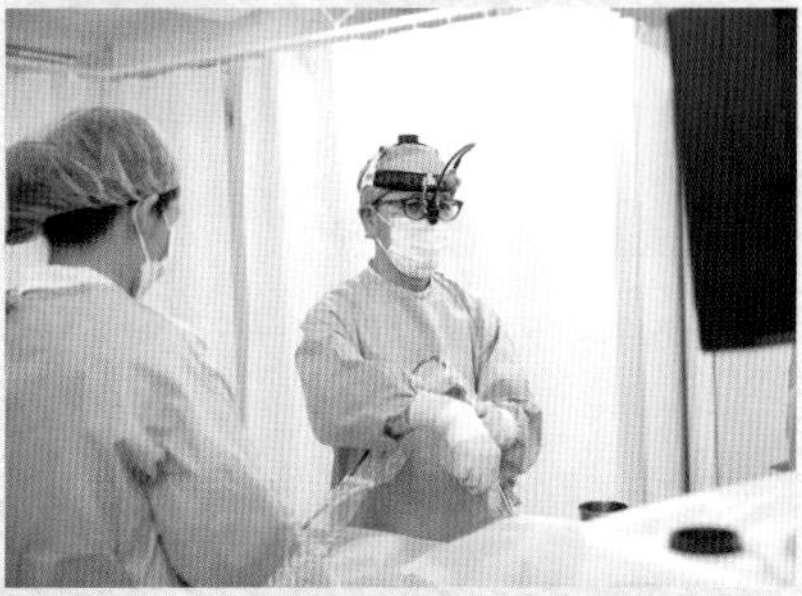

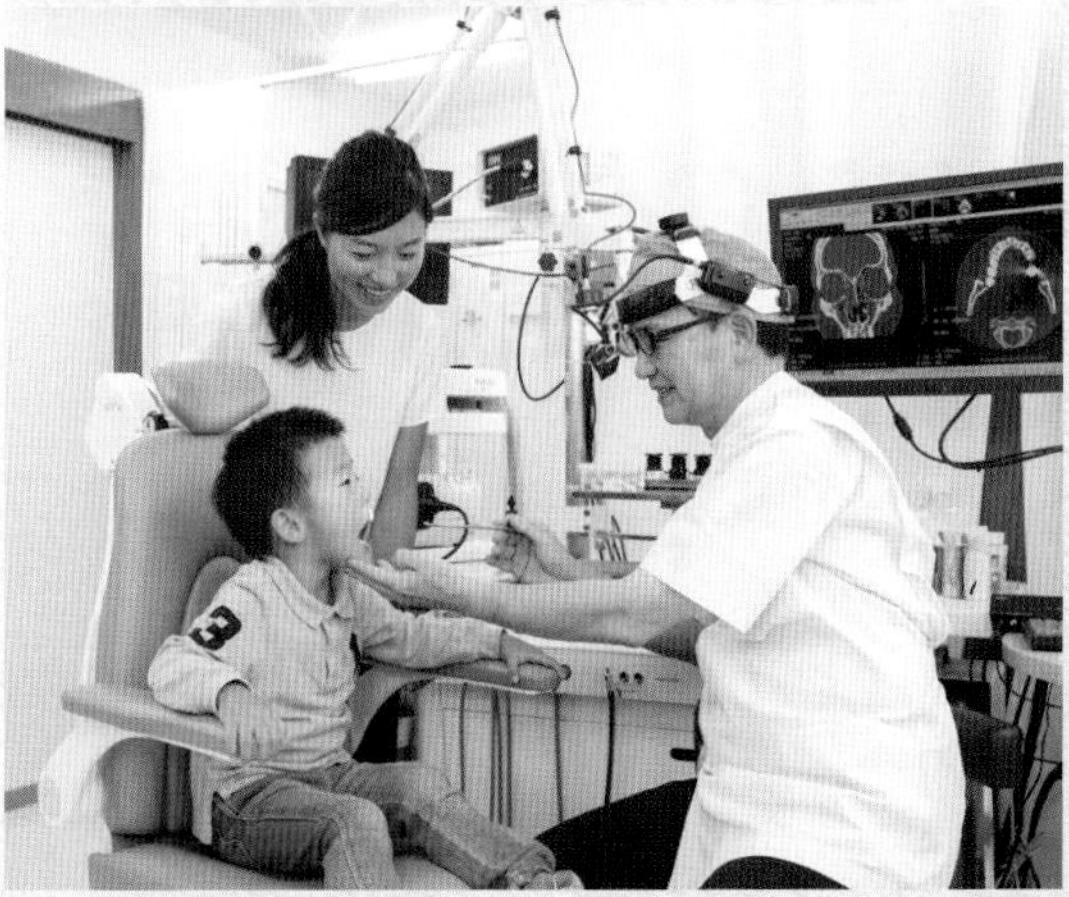

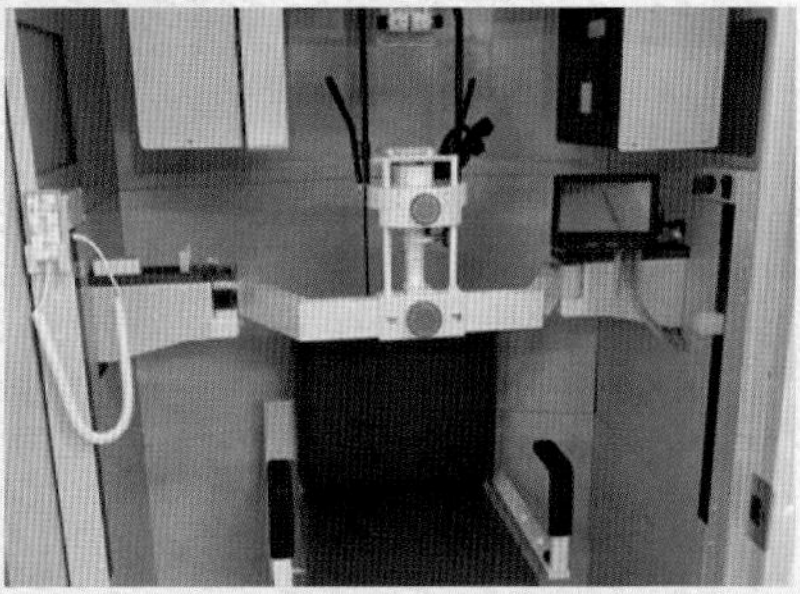

薬物療法では改善することが難しい難治性の慢性副鼻腔炎です」

治療方法の第一の選択肢は手術治療という。

「好酸球性副鼻腔炎は従来型の慢性副鼻腔炎とは異なり、経口薬のマイクロライド療法の効果が期待できません。副腎皮質ホルモンのステロイド薬は有効ですが、副作用の問題があり長期間の服用はできないので手術治療が第一選択となります。当院では、初診時に内視鏡検査やCT検査を行って慢性副鼻腔炎のタイプを診断し、個々の患者さんの副鼻腔炎にあった治療を選択しております。薬での治療が不十分な場合には、局所麻酔による日帰り手術で内視鏡下鼻副鼻腔手術を行います。また、鼻閉に対しては鼻中隔弯曲矯正術を同時に行う事が有効で、同時に行う下鼻甲介手術はアレルギー性鼻炎の症状を軽減します。好酸球性副鼻腔炎は、再発率が高いので術後の治療が重要であり、難治性の場合には最新の生物学的製剤の治療が有効です」

術前から術後まで石戸谷さん自身が責任をもって対応し、術後の苦痛の原因となる鼻内挿入ガーゼの早期抜去など、術後の辛さの期間を短くするなどの配慮も声価を高めている理由だ。

（ライター／斎藤紘）

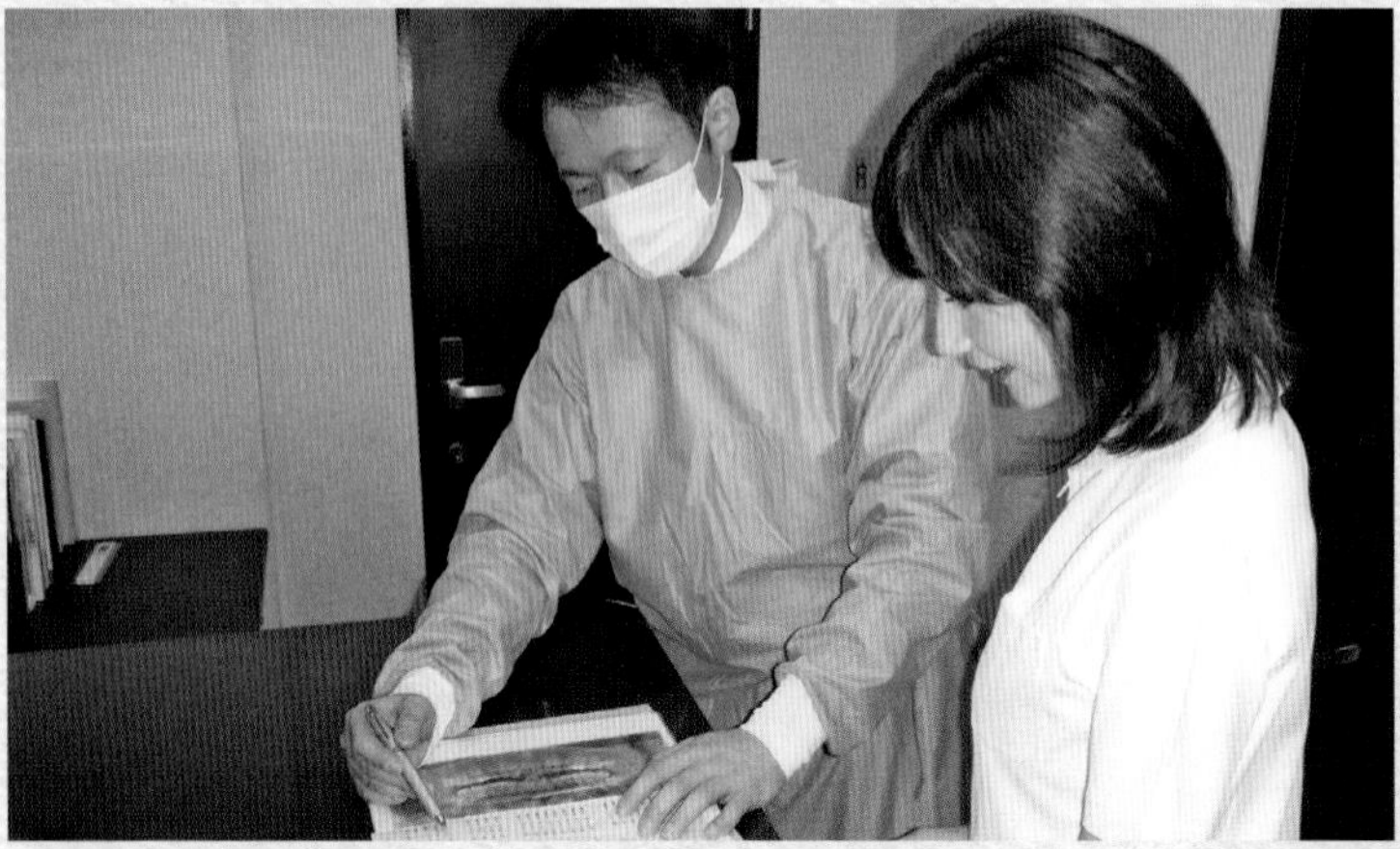

<インプラント治療前日の事前シミュレーション>
精度の高いインプラント治療は、患者さん一人ひとりの状況に応じて行う入念なシミュレーションによって達成される。

院長
中田圭祐 先生
東京大学医学部口腔外科学教室、東京大学医学部分院歯科口腔外科、東京大学医学部顎口腔外科・歯科矯正歯科などで再生医療や審美的歯科矯正法を研究、研鑽。2008年開業。米国歯科インプラント学会専門医、指導医。

美しい審美矯正治療からインプラントまで 歯科治療に東大で培った再生医療を応用

一日3名完全予約制 美しく噛める幸せのために

今、医療業界において最も熱い視線の中にいるのが、『東京審美会306歯科インプラント・歯科矯正クリニック』の中田圭祐先生だ。他院の追従を許さない高度な治療の中で、患者さんへの寄り添うやさしさ、親身になって患者さん一人ひとりを大切にする姿勢は、東京大学医学部時代から変わらない。深遠な医学知識と豊富な経験と、最近では、スポーツ歯学の観点からサッカー日本代表のサポートも行っているという。

「当院で作成したプロ用のアライナーを使用している選手がどのような活躍をしてくれるか？毎試合が楽しみです！」と目を輝かせる。

今回は、他院とは明らかに異なる『東京審美会』のクリニックの理念、そのコンセプトに迫ってみた。

中田圭祐院長が率いる『東京審美会』は、明るい楽しい雰囲気の漂う、他院とは一味も二味も異なるクリニックだ。

その医院のコンセプトは、明白。アットホームな心地よさという表現がピッタリである。患者さんの悩み・ご要望に応じて、高度な治療法を設定し治療にあたる。最新の医学知識や高度な医療技術を惜しみなく投入しプロフェッショナルとして患

東京審美会306歯科インプラント・歯科矯正クリニック
とうきょうしんびかいさんまるろくしかインプラント・しかきょうせいクリニック

03-3611-5588
tokyo306premium@yahoo.co.jp
㊟ 東京都墨田区立花5-2-4 キャッスルマンション亀戸立花1F
http://www.tokyo306.com/

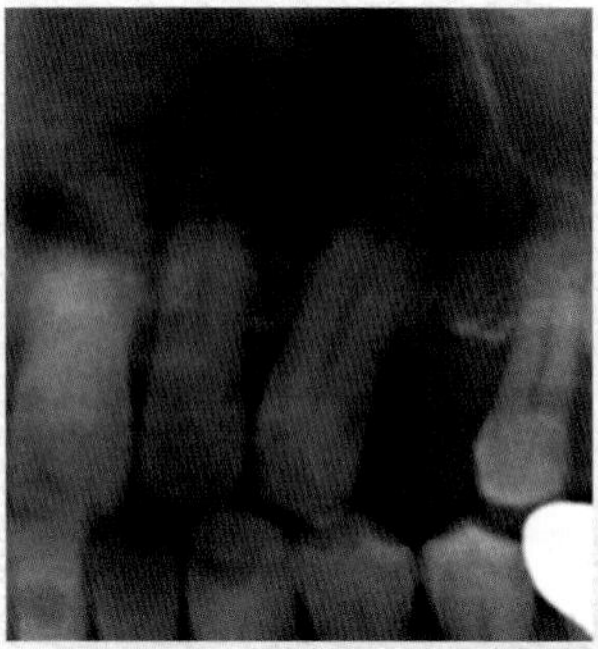

このままでは、インプラントはまっすぐ入れられません。

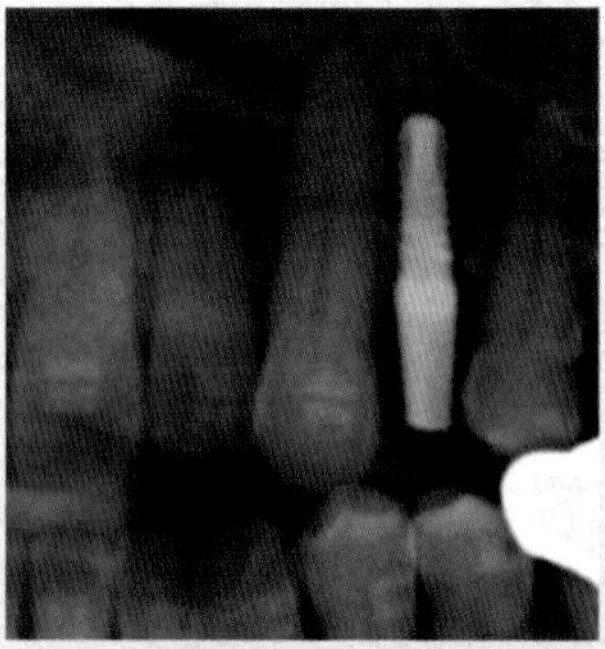

このような場合でも『東京審美会』なら、インプラントはまっすぐに入れられます。

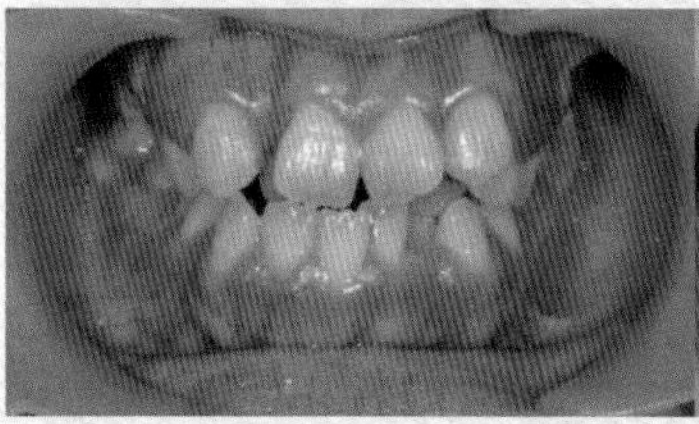

治療前
上顎前歯と下顎前歯が先端でぶつかっています。歯は、ちょっと窮屈そうです…。

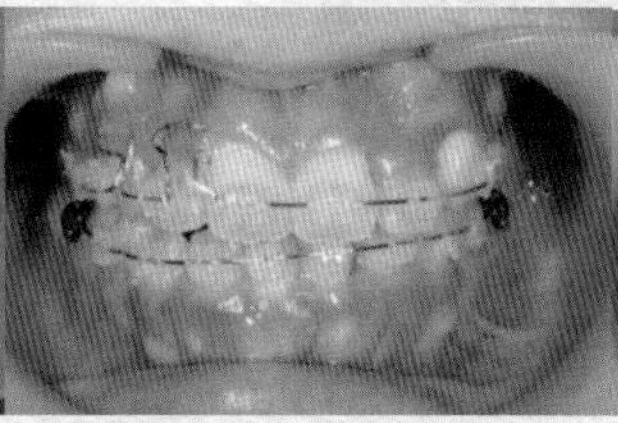

治療中
歯ならびを拡げて、きれいなアーチ状に並べます。

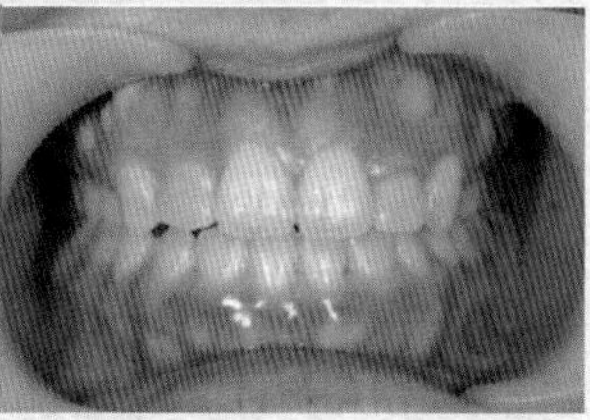

治療後
美しい噛み合わせとなりました。

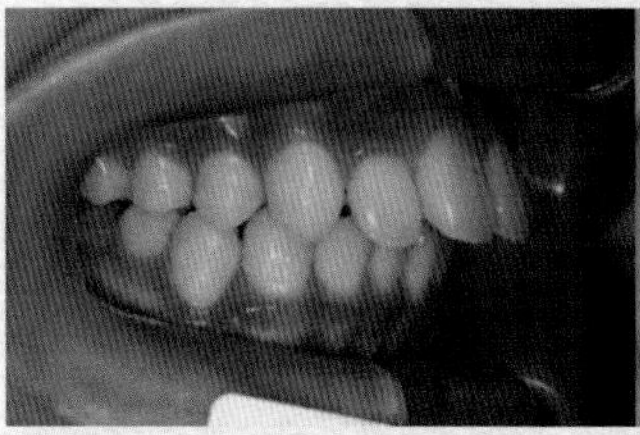

治療前
スポーツ選手。歯が出ていて、口元も出っ張っていました。

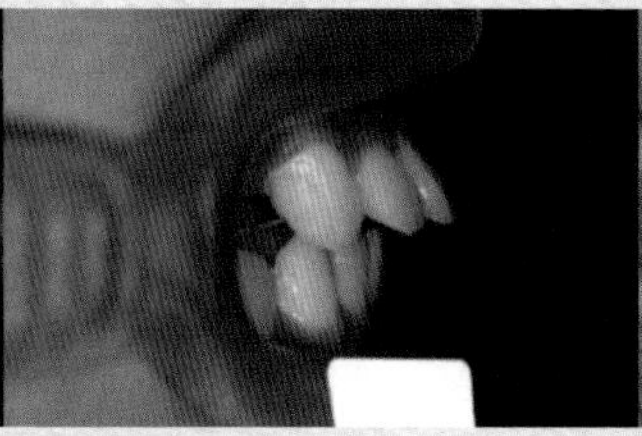

治療中
前歯を後ろに移動し、前突感を解消します。

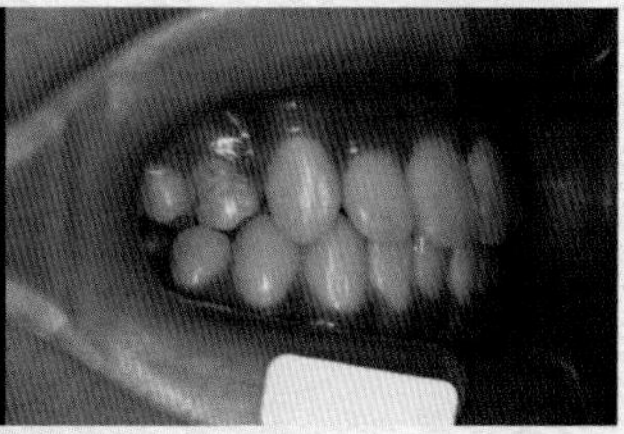

治療後
全体的にすっきりとした噛み合わせになりました。

者さんには、納得できるまで丁寧に説明してくれる。患者さんからは、「『東京審美会』に相談してよかった！」「『東京審美会』があってよかった！」という声をいただいているというが、まさに、そう感じるだろう。

　そもそも『東京審美会』と他院との大きな違いは何であろうか。それは、患者さん一人ひとりに寄り添っているという一言に尽きるのではないだろうか。「こんなことも相談できるの？」と細かなご要望に応じてくれるだけでなく、患者さんによっては、高度なプライバシーのために貸切にすることもできる。

　また診療室には、付き添いの方のためのシートも用意されている。これなら不安を抱えながらも治療にきていただいた小さなお子さんに付き添いのお母さんお父さんも一緒に診療室に入っていただき、治療することができる。お子さんにとっては、両親のそばで治療できるという安心感で満ち、両親にとってもどのような治療がなされているのかを見守ることができるので安心だろう。

「そんな居心地のよい、夢のようなクリニックがあるなんて！」

　まさに、本物のプライベートクリニックである。

（ライター／斎藤紘）

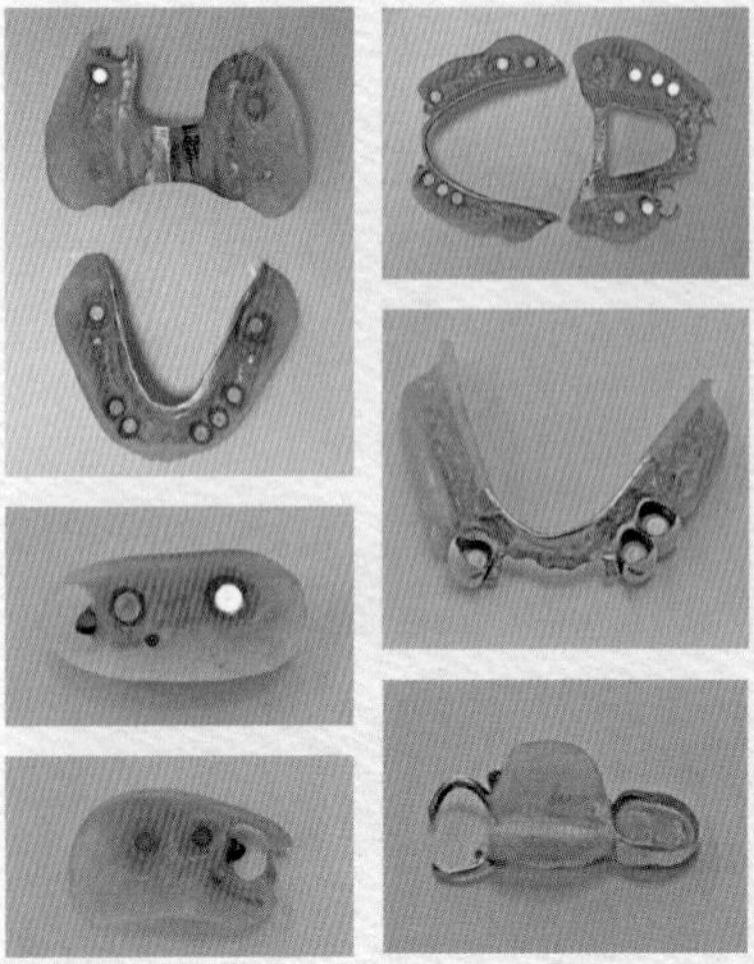

『磁性アタッチメント義歯』

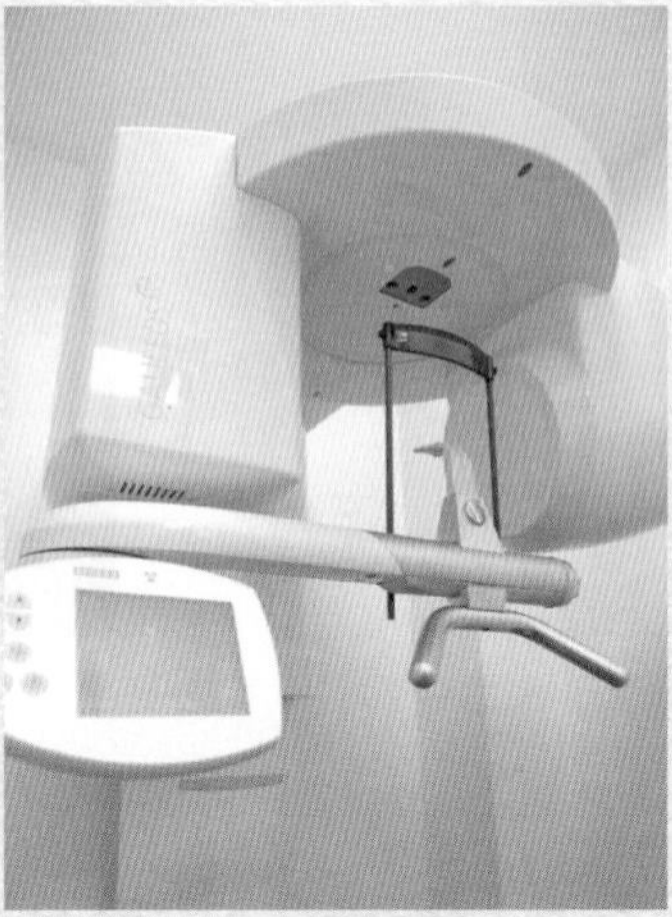

世界最小被曝レベルの歯科用CT
ドイツ製「ガリレオス」

院長
稲垣輝行 さん
愛知学院大学歯学部卒。1992年『稲垣歯科』開院。磁性アタッチメント義歯の開発研究に国の認可前より携わり、治療実績は1000症例超。2015年、博士（歯学）の学位取得。日本磁気歯科学会所属。

噛む力を与え認知症の防止に効果
磁性アタッチメント義歯の普及促進

装着や取り外しが簡単
健康寿命の延伸に期待

「超高齢社会であるわが国では，今後更なる増加が見込まれる要介護高齢者の義歯管理を考慮すると、安定した維持力、容易な装着と撤去という点で高い有用性がある」

『稲垣歯科』の院長稲垣輝行さんは、日本歯科医学会がこう評価した磁性アタッチメント義歯の研究開発段階から携わった歯学博士だ。有用性は認知症予防にも及ぶと指摘し、これまでに１０００症例超の治療実績を持つが、さらなる普及に一段と力を入れる。磁性アタッチメント義歯は、経済産業省が「ＱＯＬの向上に貢献する技術」と推奨しているもので、残っている歯根に磁性金属を埋め込み、入れ歯の裏側に小さいネオジウム磁石を埋め込んで固定させる方法。稲垣さんは、磁性アタッチメント研究の第一人者で日本磁気歯科学会理事長も務めた母校愛知学院大学歯学部の田中貴信教授の下で研究、歯学博士の学位は磁性アタッチメント義歯の形状の違いによって口腔内の組織にどのような力学的な影響を与えるか解析した研究で取得した。

「磁性アタッチメント義歯で使う磁石１個の大きさは米粒ほどですが、最大１０００ｇのものを吊

医療法人 恒輝会 **稲垣歯科**
いながきしか

0568-78-2525
inagaki@komaki-dent.jp
㊟ 愛知県小牧市高根2-324
http://www.inagaki-dent.com/

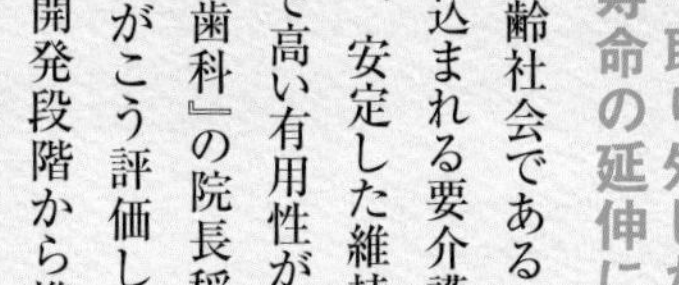

CTインプラントセンター併設

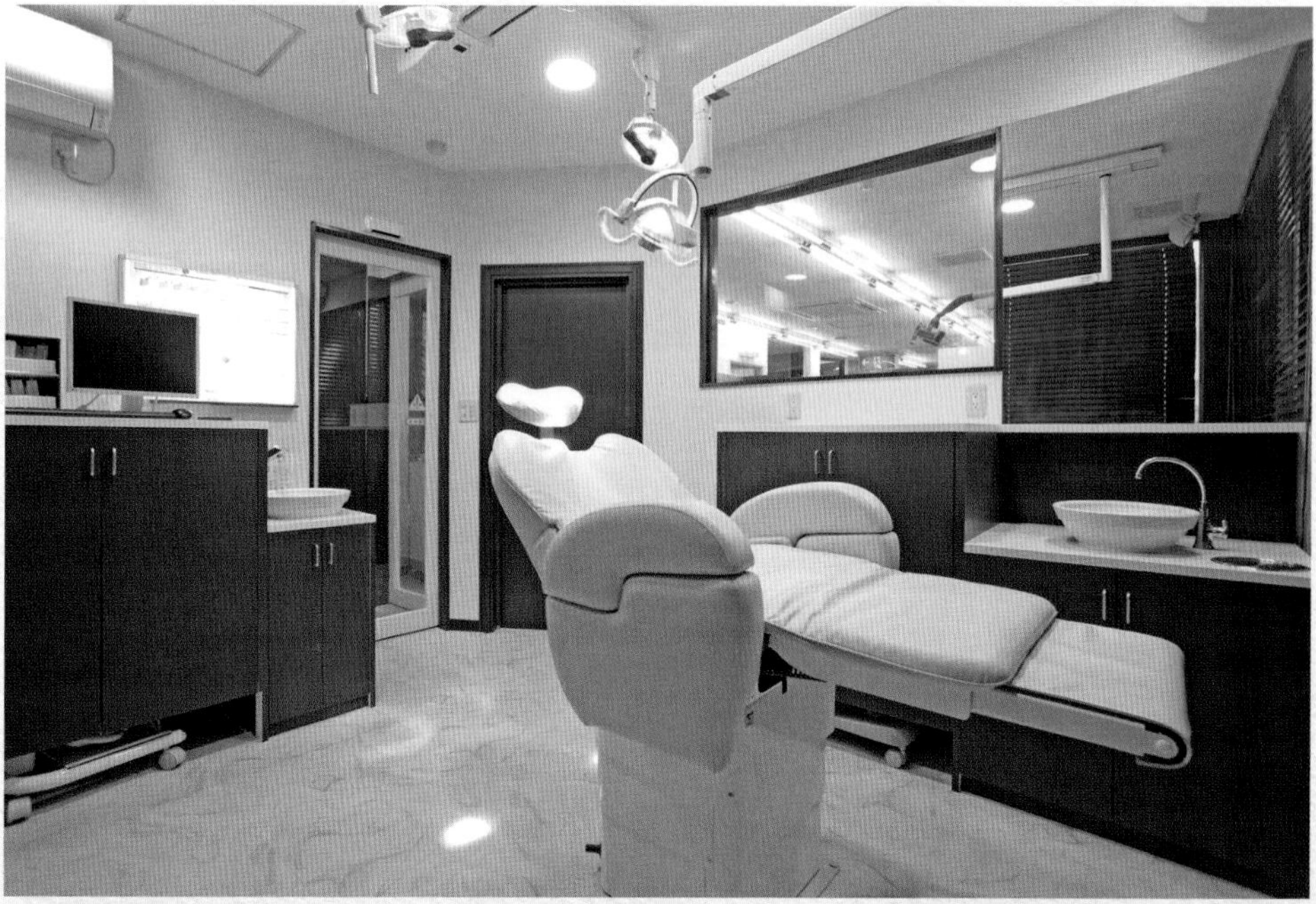

り上げることができ、ピッタリと固定されるのでよく噛めるようになります。グラついてあきらめていた歯も抜かずに歯の根っこを利用できるうえに、シンプルな構造なので、装着、取り外しが簡単でお手入れも楽にできます。従来の入れ歯のようなバネが必要ないので、バネがかかる歯に負担がかかって傷んだりすることもなく、見た目もスッキリします」

稲垣さんは、咬合力強化の効果も指摘する。

「歯の下には歯根膜という器官があり、物を噛むと歯は歯根膜に沈み込み、歯根膜の下にある血管が圧縮されて血液が脳に送り込まれます。磁性アタッチメント義歯は噛む力が歯根に伝わりやすいので、このメカニズムが強く働き、脳が活性化し、認知症防止にも役立つのです。また、硬いものも噛みやすい設計で、基本的に食べるものは選びませんので、自分の歯で噛んでいる感覚を得ることができ、食生活が大きく変化して、健康寿命の延伸も期待できます」

同医院では、磁性アタッチメント義歯をその仕組みを理解している歯科技工士に依頼しているので、仕上がりにもこだわって提供することができるという。

（ライター／斎藤紘）

一隅を照らす
一人一人の笑顔が
まわりを笑顔にする
「一人ひとりの笑顔は、まわりも笑顔にさせる」
「治療を通して日常を笑顔で過ごしてほしい」
そんな思いで日頃の診療にあたっている。

院長
岡田恭典 さん

富山大学卒。形成外科出身の高い技術力と定期的な韓国研修での自己研鑽による高い技術力が好評。現在は四つの部門を中心とする健康総合クリニックで一人ひとりの不安とニーズに寄り添い、その人の笑顔を目指す。

健康なくして笑顔は生まれない
4部門の総合医療を提供

過去から未来まで 人生に寄り添った医療

『ビアジェネラルクリニック』の理念は「一隅を照らす」。はじめはわずかでも少しずつ波及していくことで全体が輝きだすという意味を持つ言葉だ。また、「ビア」にはスペイン語で「道」という意味があり、「一人ひとりの人生という〝道〟に関わり、笑顔にすることによって、社会全体を笑顔にできるクリニックでありたい」という願いが込められている。

『ビアジェネラルクリニック』では、現在四つの部門に分けて一人ひとりと総合的に向き合う。「美容」では、悩みや要望を丁寧にカウンセリングを行い、その人にあった施術を提案。施術の仕組みやリスクを丁寧に説明した上で、納得した上で施術の同意を貰うため、施術を行わないという選択をする方も少なくないという。勢いで施術をして後悔しないよう、その日施術はできるだけ避けている。本人の好みの形になるように微調整を行いながら施術を行える高い技術力と丁寧なカウンセリングにより、理想の姿になれると高い満足度・リピート率を誇る。

「訪問診療」では、メディカルスタッフだけでなく他業種や地域の方ともしっかりと連携して適切な

ビアジェネラルクリニック

✆ 070-470-46553
㊟ 埼玉県川越市富士見町26-38
キュービックテラスA
https://via-generalclinic.net/

VIA GENERAL CLINIC

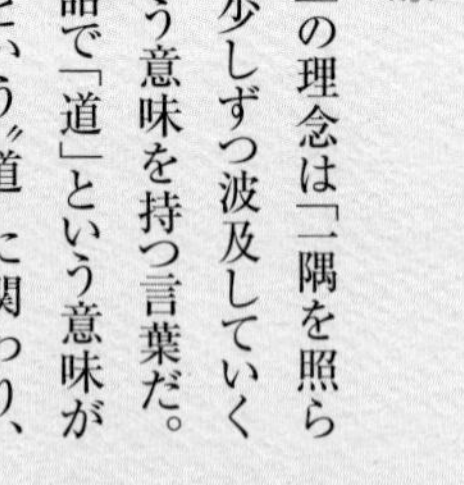

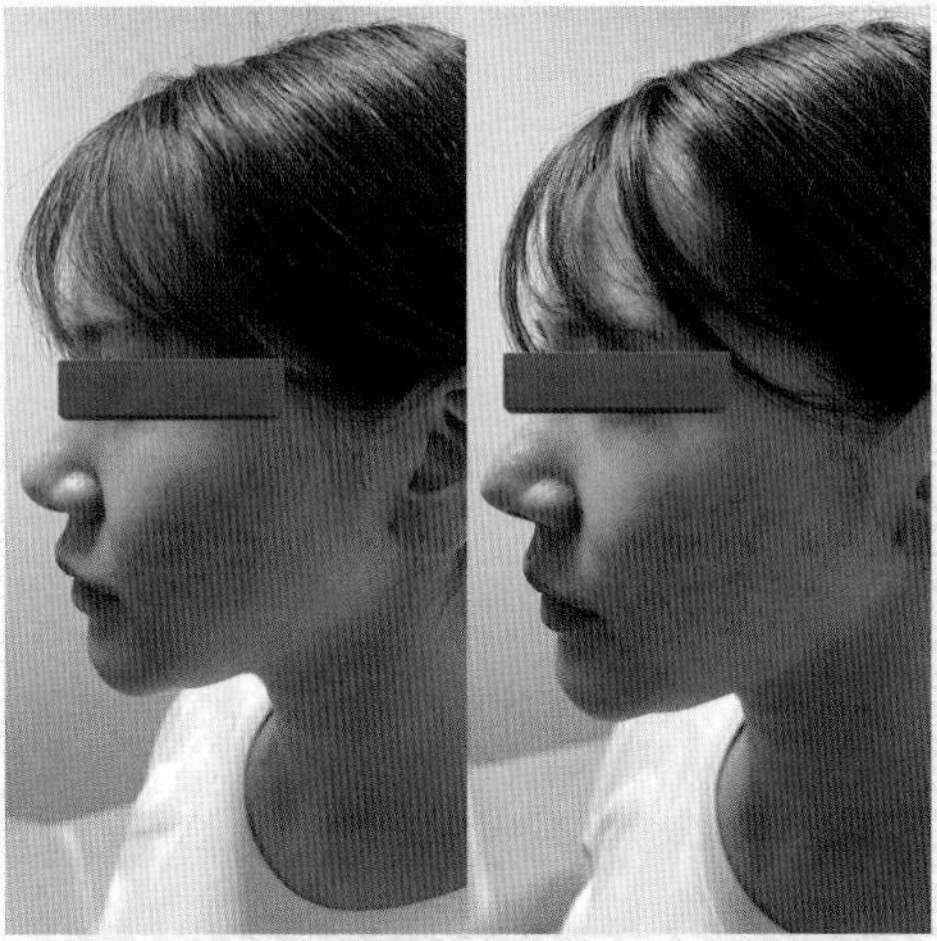

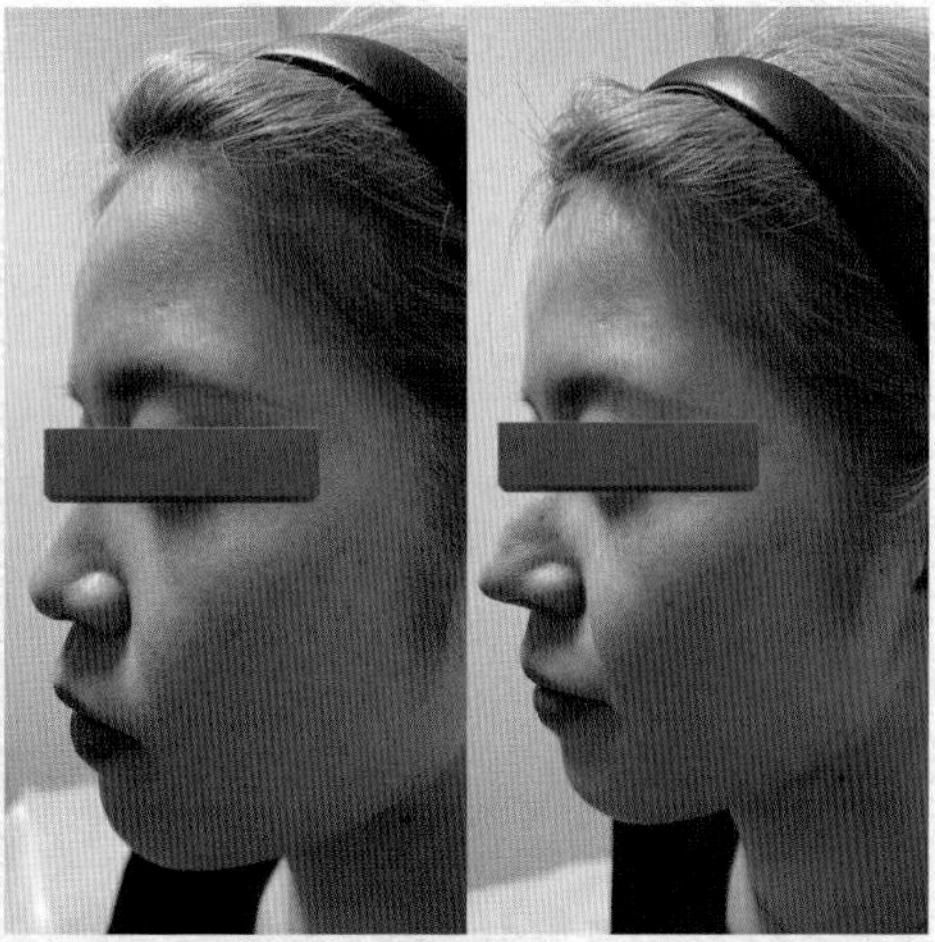

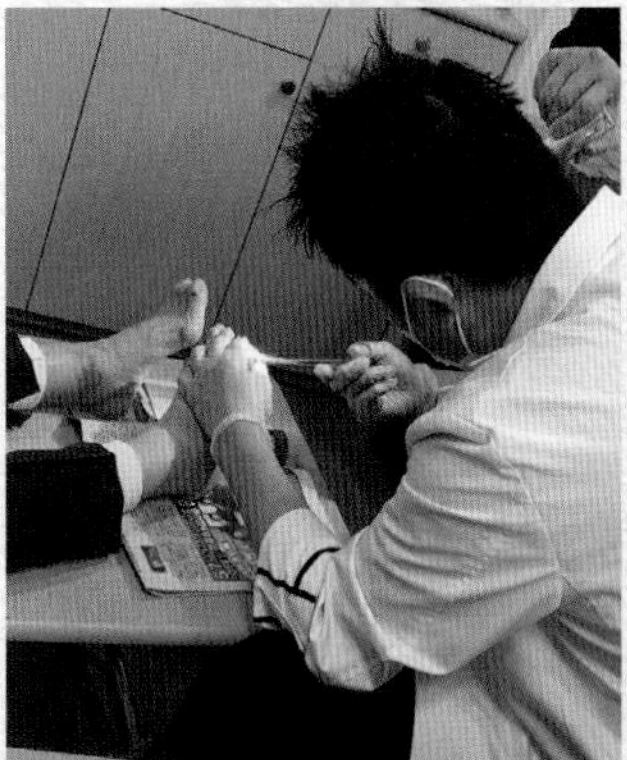

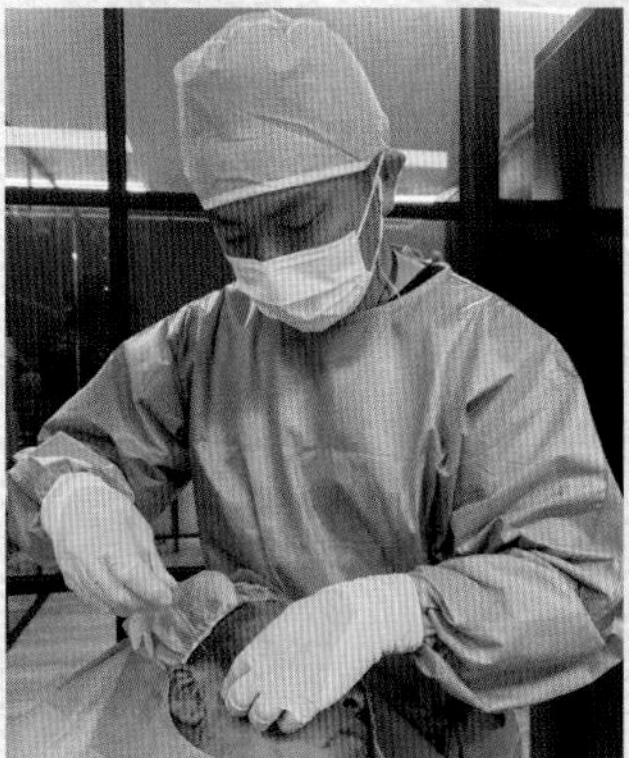

形成外科出身だけでなく、自己研鑽も欠かさない。新しい技術を得るため韓国研修も行っている。

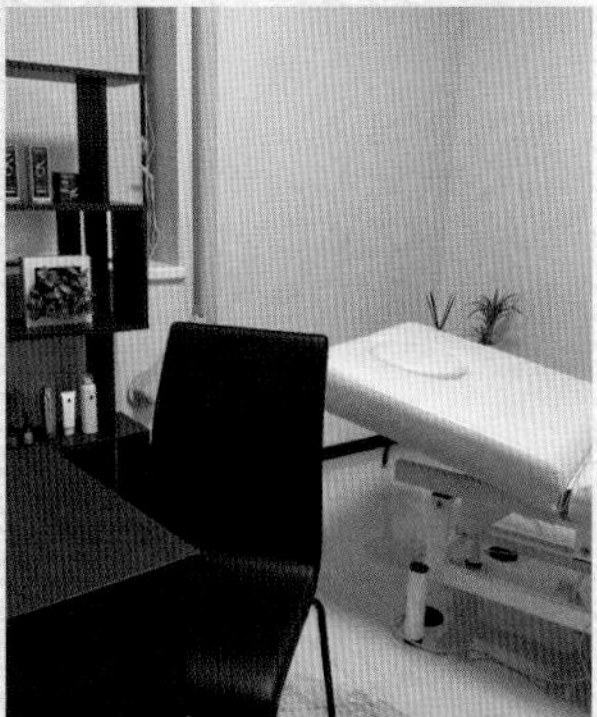

マンションの一角で、プライバシー的に通いやすいとの声も多い。

医療を提供する。また、終わりが見えない介護や看護でご家族も必死になっているので、家族へのサポートを欠かさずに行っている。在宅医療を希望される患者さんは、人生の最後に安穏を求めている。在宅医療を通して心地よさと安らぎを感じて貰えるよう努めている。

「発症リスク検査」では、認知症や心筋梗塞、脳卒中、ガンなどの将来発症する可能性のある病気を予測し、将来について考えたり見通しを立てるきっかけになればと考えている。発症を遅らせるように生活習慣の見直しもできるため、自分自身の負担を軽減するだけでなく、家族やパートナーへの負担軽減にもつながる。

「オンライン診療」では、オンラインによる診療や医療相談などを行う。エステサロンや鍼灸院とも医療連携しており、医学知識のアップデートなどに取り組めるようにセミナーなどを開催。また、事故予防への取り組みはもちろん、万が一施術による事故が発生したときの迅速な初期対応の相談や医療介入なども行う。

健康なくして笑顔は生まれない。四つの部門から一人ひとりが笑顔で居られるよう、過去・現在・未来にしっかりと寄り添う健康総合クリニックだ。

（ライター／彩未）

『KOMBUCHA』100ml 300円（税込）　200ml 500円（税込）
1L 2,300円〜2,500円（税込）　テイクアウト 200ml 600円（税込）

代表
小見川ルリ子 さん

発酵食品ソムリエ。コンブチャに惚れ込み、伝えたいという強い想いで、2022年7月にオープン。コンブチャの他にもハマドレやハマのピクルスなど人気商品を手掛ける。右が姉の腸活アドバイザー®大河原結子さん。

発酵と腸活姉妹が織りなす次世代の健康管理

発酵食品と腸活でいつまでも若々しく元気に!!

中国発祥とされる腸活にもオススメのコンブチャを横浜中華街から発信する『コンブチャ専門店FloraCrown』は、発酵歴23年で発酵食品ソムリエの資格を持つ妹小見川ルリ子さんと発酵食品の留め具『フローラクラウン』を発明した腸活アドバイザー®の姉の大河原結子さんが姉妹で経営するお店。砂糖入りのお茶に株となる菌を入れて発酵させたコンブチャ。酢酸菌、酵母菌、酵素などが生きたまま腸に届くので、腸内環境を整えて便通改善や肌荒れ改善などの効果が期待できる。また、腸活することで、アレルギー抑制や睡眠障害解消、抗うつ、イライラ抑制や認知症予防にまで及ぶ様々な健康維持にも期待できると海外のセレブやヘルスコンシャスな人々を中心に多くの方に愛されている。

発酵食品ソムリエとして美味しくて楽しい発酵食品を作り続ける小見川さんが店内で仕込む『生 KOMBUCHA（コンブチャ）』の種類は、常に10種類以上。紅茶やローズヒップ、カモミール、ジャスミンなど様々なフレーバーを楽しむことができる。

「菌を扱う発酵食品をお客様に安心して飲んで

コンブチャ専門店 **Flora Crown**
フローラ クラウン

080-6969-2609
flora.crown2022@gmail.com
㊟ 神奈川県横浜市中区山下町246-6
https://flora-crown2022.com/
@flora_crown2022

Instagram

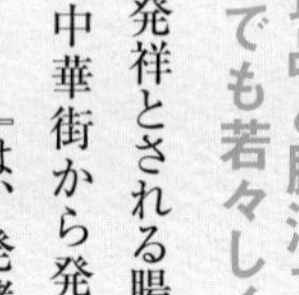

『フローラクラウン』

もらいたい」という想いから、姉妹が直接お客様の目を見て説明できる対面販売にこだわる。どれも飲みやすいコンブチャばかりだが試飲などもできるので、初めてコンブチャを飲む方でも安心だ。

腸活アドバイザー®の姉の大河原さんは、店頭で簡易的に「美腸・汚腸」診断を行い、今お客様に何が必要かのアドバイスを行ってくれる。また、大河原さんが発明したオーガニックコットンを使用した発酵食品の留め具『フローラクラウン』は、特許庁・意匠登録を取得済。発酵食品を作る際、瓶の蓋を輪ゴムや麻紐、蜜蝋ラップなどで留めることが多いが、気分があがらないと不満を感じている女性は多い。様々なカラーがある『フローラクラウン』は、自分好みにカスタマイズオーダーもでき、カラフルで可愛らしいと好評だ。しなやかで弾力性があるため蓋の部分にしっかり密着、発酵食品をお世話するときには、簡単に取り外しができる。コンブチャなどの発酵食品や酵素シロップを作る女性の発酵食品ライフを楽しく彩ってくれるアイテムだ。

発酵や腸活、健康管理にも悩みを抱える人は多いだろう。そんな時は、自身の経験から得た知識を惜しまず伝授してくれる姉妹の元に足を運んでみてはいかが。

（ライター／彩未）

更年期障害・尿漏れ 生理不順…etc

女性特有のお悩みを持つ、静岡県東部の女性に支持されるフェムケアサロンです

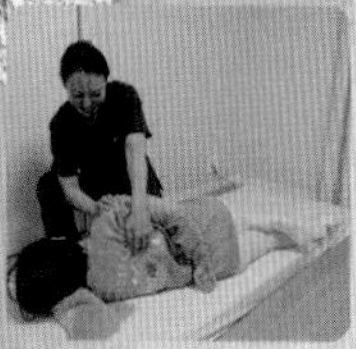

代表
佐野祐子 さん

JCA日本カイロプラクティック連合会、AACP米国カイロプラクティック医師学会カイロプラクター。日本エステティック協会認定エステティシャン。カイロとエステを融合した施術や骨盤底筋トレーニングが人気。

美容カイロとフェムケアで骨盤を整えて心も身体も美しく

骨盤底筋トレーニング 女性特有の悩みを解消

生活習慣により歪んでしまった骨や筋肉をカイロプラクティックの技術で整え、エステの技術で皮膚の表面から血液やリンパの流れを整えて心も身体も美しくいられるようにサポートする『Body Making8』では、女性特有の悩みを解消するフェムケアに力を入れている。『フェムケア特化した骨盤底筋専用のトレーニングレッスン』は、週に1回マンツーマンのレッスンで骨盤底筋トレーニングをマスターし、鍛えるのが難しい骨盤底筋群を自分のペースで鍛えられるようになると好評だ。骨盤底筋は、骨盤の底にあるハンモックのような薄い筋肉だが、排泄、排尿、分娩などの生理機能をコントロールし、子宮、大腸、小腸などの位置を安定させるなど大切な役割を果たしている。骨盤の歪みは、尿もれや排泄、生理不順、PMS、子宮脱、更年期障がいなどの女性特有のトラブルの原因になるが、骨盤底筋群を鍛えることで症状を改善へ導くことが可能だ。また、カイロプラクティックの技術で骨盤の歪みを整え、エステティックの技術で血流やリンパを整えることで、姿勢美・素肌美・健康美をつくることができる『美容カイロプラクティック』は、生活習慣で歪んだ姿勢を

美容カイロエステサロン **Body Making 8**
ボディ メイキング エイト

✆ 090-3480-3678
✉ BodyMaking8@gmail.com
㊟ 静岡県富士宮市（詳細は予約時）
http://bodymaking8.com/

こちらからも
検索できます。

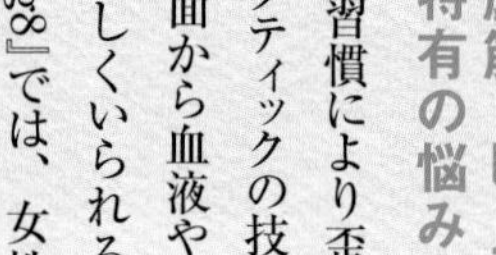

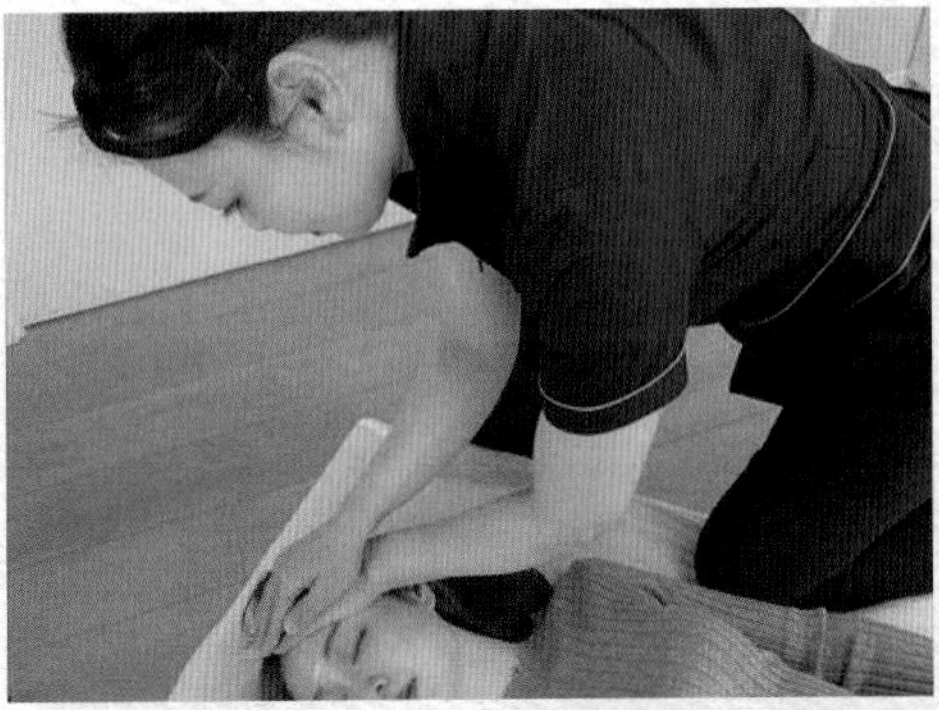

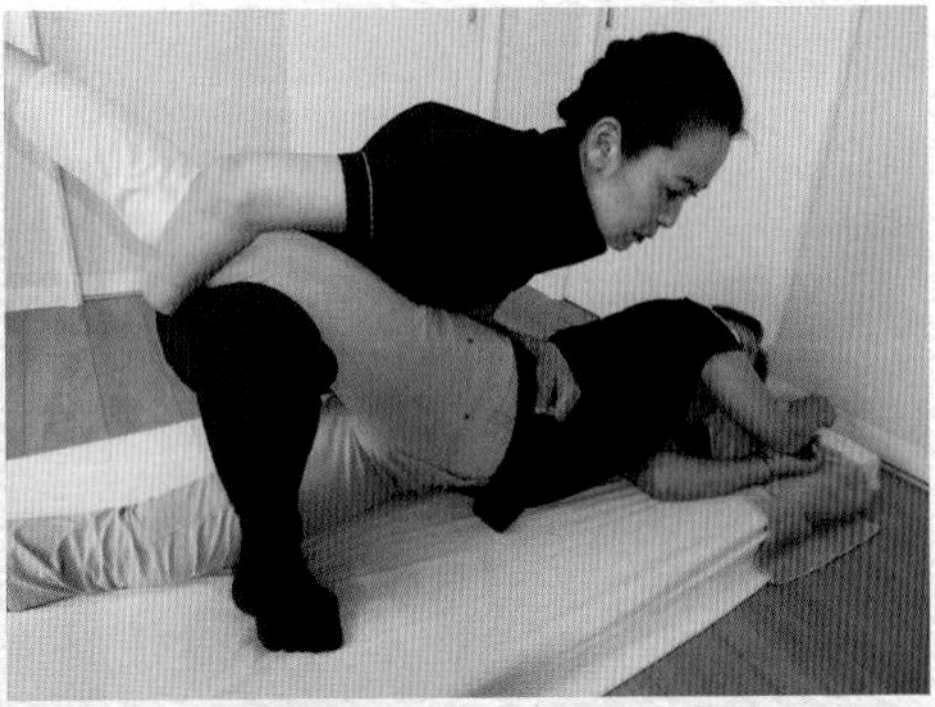

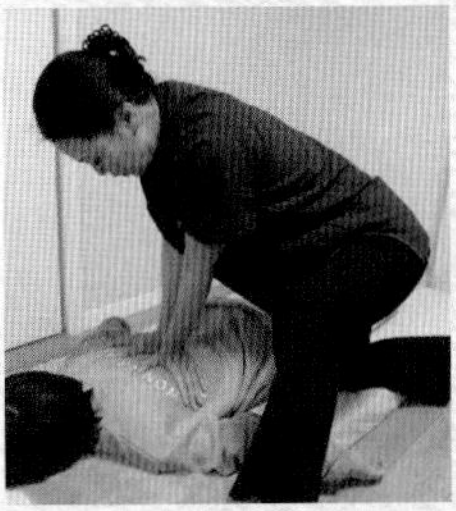

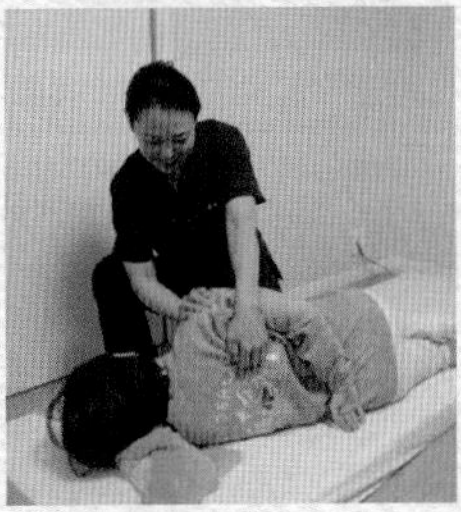

『カイロプラクティック』
6,600円（税込）

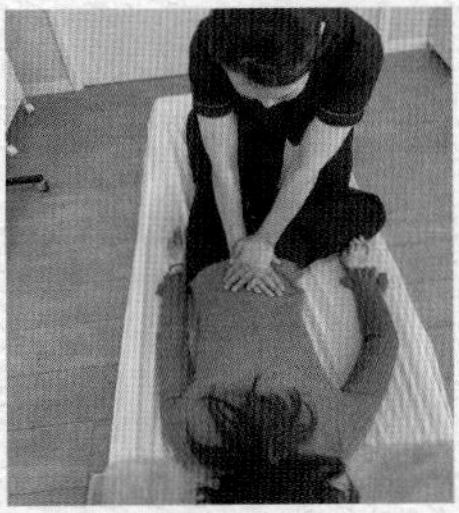

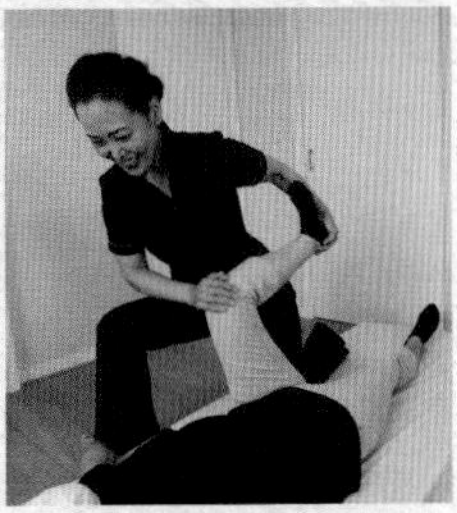

『美容カイロ』
初回 90分 16,500円（税込）　2回目以降 33,000円（税込）

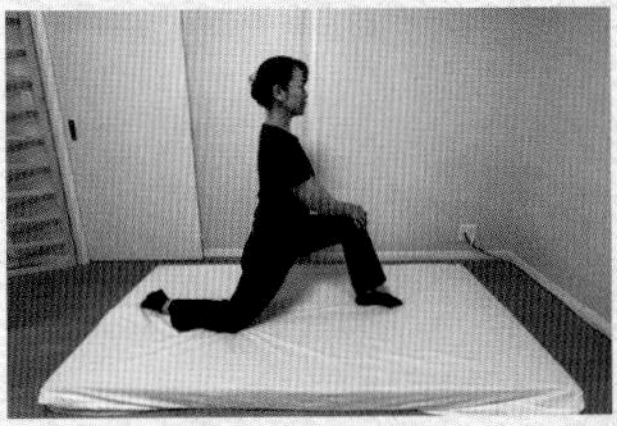

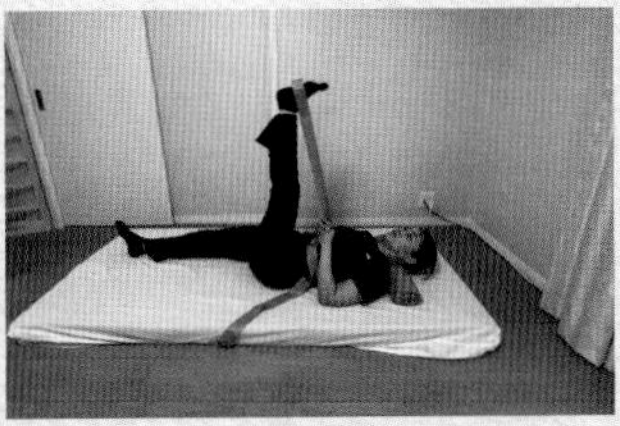

『フェムケア専用コース』（カイロプラクティック&骨盤低筋トレーニング） 全8回 110,000円（税込）

ゴムバンドを使った運動指導。

正しい姿勢に戻すことでキレイな骨格の上に筋肉をつけ、頭痛やめまい、肩こり、腰痛、神経痛、肌荒れなど身体の不調を改善する。ぽっこりお腹や背中の肉が気になる方や姿勢の悪さ、腰痛や肩こりなどにお悩みの方にオススメだ。また、栄養バランスや運動習慣、睡眠環境を見直すことで老化を遅らせることもできる。美容カイロプラクティックと骨盤底筋フェムケアトレーニングにより、骨盤からしっかりと整え、心と身体がいつまでも健康で美しくいられるためのトータルケアを提供する。代表の佐野祐子さんは、25歳の時に交通事故でひどいムチウチになり、長年頭痛や胃痛、めまい、腰痛、坐骨神経痛などの症状に悩まされていたが、骨の歪みを整えるカイロプラクティックの施術を受けて体調が改善。「身体は一つ」であると改めて感じたことをきっかけに、日本で唯一エステティックの選択コースに美容カイロを導入している「ホリスティックビューティインターアカデミー」で『美容カイロ』を学び、「日本エステティック協会」で認定資格を取得した。2022年には、エステの本場フランスでリンパドレナージュを習得、2023年にはカイロプラクティック発祥の地アメリカに短期留学するなど日々研鑽を重ねている。

（ライター／彩未）

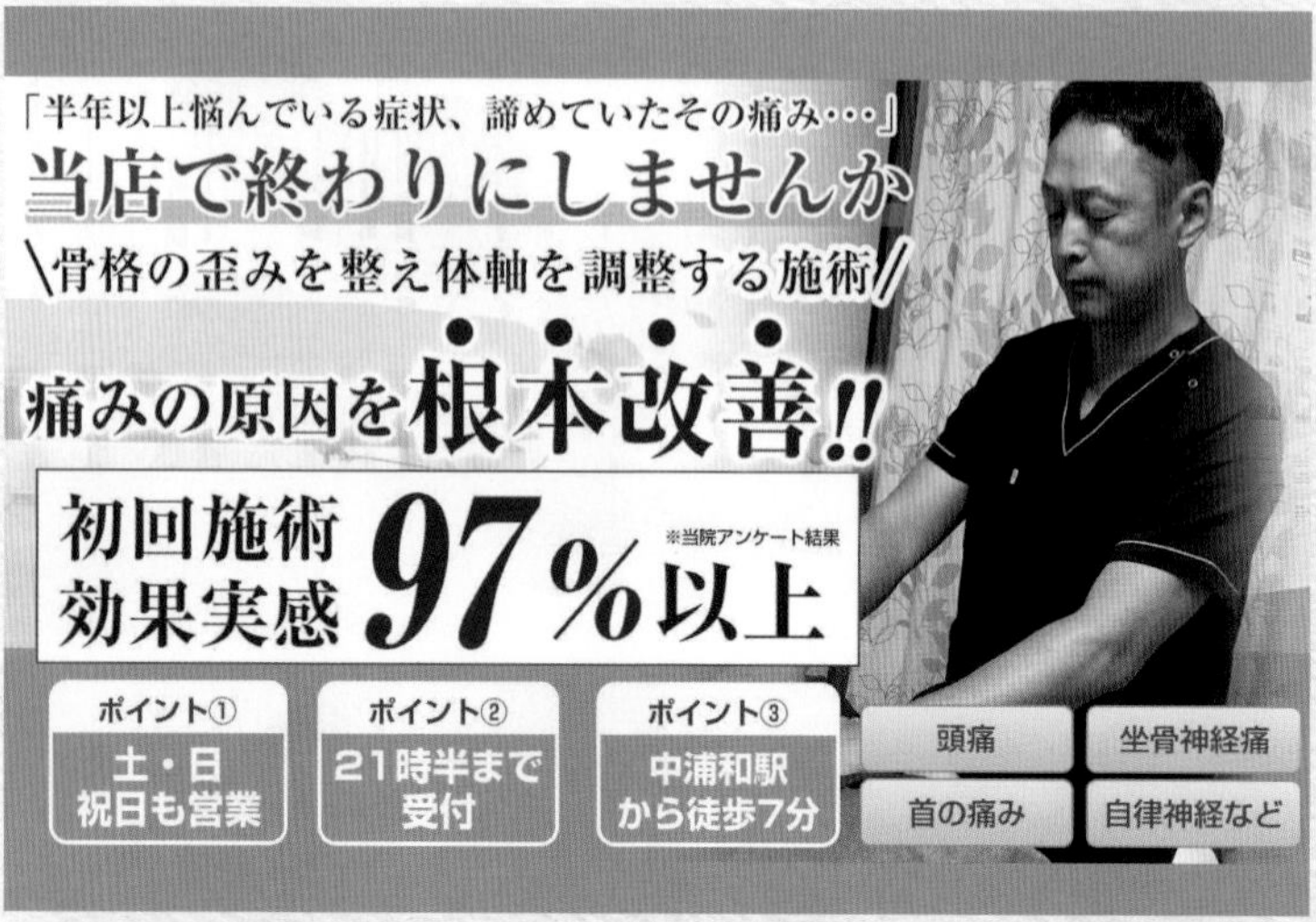
「半年以上悩んでいる症状、諦めていたその痛み…」
当店で終わりにしませんか
＼骨格の歪みを整え体軸を調整する施術／
痛みの原因を根本改善!!
初回施術 効果実感 97％以上
※当院アンケート結果
ポイント① 土・日 祝日も営業
ポイント② 21時半まで 受付
ポイント③ 中浦和駅 から徒歩7分
頭痛
坐骨神経痛
首の痛み
自律神経など

院長
大山悦司 さん

健康関連機器販売などを経て『大山整体院』開院。関東、甲信、東海を中心に遠くは北海道や大分、沖縄からも来院。厚生労働大臣認可団体の全国整体療法協同組合認定整体師。DRTスーパーレイティブインストラクター。

背骨を優しく揺らす施術で痛みを改善 三段階のプロセスで自然治癒力活性化

5万例超える施術実績 セルフケアなども指導

腰痛や座骨神経痛など日常生活に支障を来たす痛みを「DRT（ダブルハンドリコイルテクニック）」という背骨調整法を使って改善に導く施術法で声価を高めているのが『大山整体院』院長の大山悦司さんだ。日本DRT協会認定のDRTスーパーレイティブインストラクターの資格を持ち、人体の構造に対する施術効果の明確な理論に裏打ちされた周到な施術手順が支持される理由だ。

「脳からの神経伝達が正常に伝わらないと、筋肉が固くなり、体に様々な不調が起こります。この脳の神経伝達を妨害しているのが後頭骨と上部頸椎1番2番のズレです。頭蓋骨を支える後頭骨とそれにつながる頸椎にズレが生じると、脳からの神経伝達が阻害されて、全身の機能が正常に働かなくなってしまいます。この上部頸椎のズレを治すのがDRTで、身体全体の機能が正常に戻って、様々な主訴が消えるだけでなく身体が本来持つ自然治癒力を取り戻すことができます」

施術は、上部頸椎、僧帽筋、下腿三頭筋それらの圧痛の程度、左右差を確認し、目に見えない僅かなズレ、全身の歪みを見つけるDRTの三大指標検査から始まり、独特のテクニックで不調を

大山整体院
おおやませいたいいん

048-838-3880
ooyama-seitaiin@gmail.com
㊟ 埼玉県さいたま市桜区西堀6-1-14 ブランドール壱番館207
https://www.ooyama-seitaiin.jp/

LINE

ooyama seitaiin 大山整体院

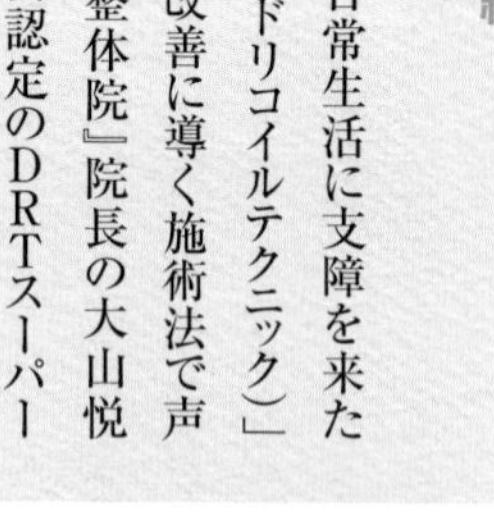

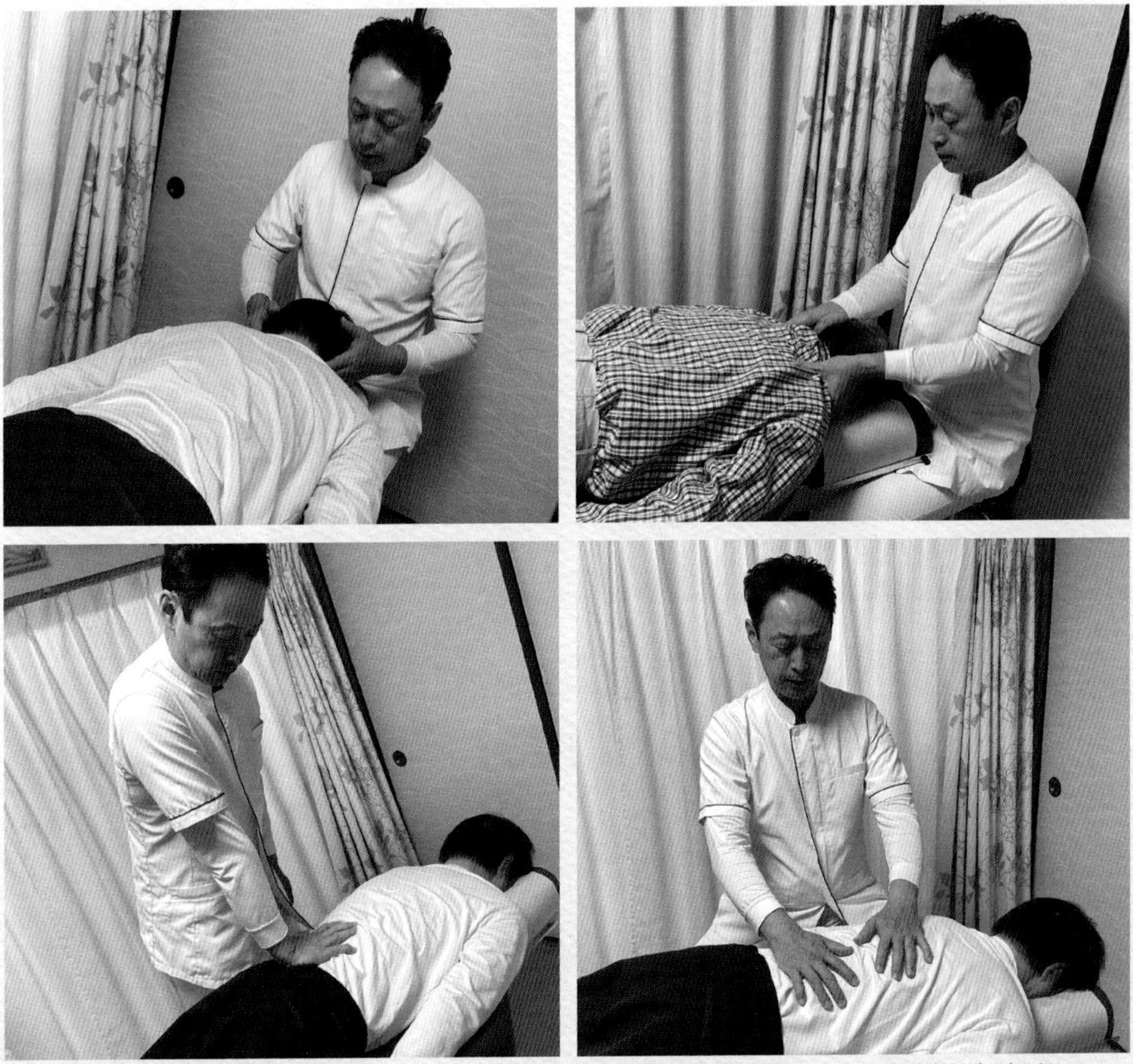

厚生労働大臣認可（医政第742号）認定取得／DRTスーパーレイティブインストラクター認定取得。すべての施術（整体）を自ら行う。

改善していく。

「DRTは、やさしく背骨を揺らすだけで背骨全体のゆがみを解消する施術法です。第一施術は、DRTで背骨を優しく一定のリズムで揺らし、神経伝達が全身に行き渡るように背骨の歪みを整え、筋肉の強張りを緩めます。第二施術で、神経伝達が正常に働くよう後頭部と上部頚椎部の強張りを緩めます。後頭部と首の付け根部に優しく手を当てて施術します。第三施術は、体軸バランスが正常化するよう歪みの癖が強い背中の強張りを緩めます。背中に優しく手を当てて施術します。骨格のズレや歪みを調整し、神経伝達を正常にして本来持っている自然治癒力が正しく働くようにします」

大山さんは、施術に当たって、問診、カウンセリングで身体の状態や不安な事、心配な点などを詳しく聞き、施術後も施術前の状態との違いを一緒に確認する。来院者の希望に沿って、症状の具合に合わせて、できるだけ痛みを感じない様に背骨や、時には内臓も調整。さらに、症状の再発防止のための過ごし方などセルフケアのアドバイスと生活指導も行う。こうした丁寧なプロセスで実施した施術は、5万例を超えるという。

（ライター／斎藤紘）

代表取締役社長
奥平穣治 さん

神戸大学法学部卒。国家公務員上級職試験に合格し、防衛庁（当時）に入庁、行政官として内部部局などで勤務した後、防衛大学校の修士課程で学び、防衛研究所で研究官として勤務。2022年定年退職。同年8月起業。

学問と実務の融合をコンセプトに 専門家の知識活かす仲介事業を展開

官僚時代の人脈を活用 セミナー開催から発進

東京・恵比寿の『バーチュー・クリエイティング株式会社』は、「学問と実務の融合」をコンセプトに、政治、経済、軍事、社会、文化、教育、経営などの知識やノウハウを知りたい企業や政党、個人などと各分野の専門家を結びつける様々な場をプロデュースすることを主な事業に掲げて2022年8月に設立された会社だ。プロデュースするのは、代表取締役社長の奥平穣治さん。上級職行政官や防衛研究所主任研究官などとして38年間勤めた防衛省を定年退職した元キャリア官僚だが、「各分野には優れた専門家がいる」と人脈を生かしてコーディネーター役に徹し、新たなビジネスや政策の創出をサポートしていく考えだ。仲介分野は、調査研究・分析の受託、書籍出版や講演会などの情報発信の企画支援、専門レベル別の教育の実施や教育カリキュラムの作成、講座の展開、政党の政策立案や官公庁からの業務委託、企業経営などに関するコンサルティングなど幅広い。

「防衛省では、国家運営に係る様々な情報に接し、一定の知識はありますが、それぞれの分野は奥深く、各分野に精通した専門家に委ねた方がクライアント様の実務には役に立つと考えました。アカデミズムの分野に籠もることなく、一方、それでいて学問的な根拠に裏付け

バーチュー・クリエイティング 株式会社

03-5708-5985
jupiter1015@ab.auone-net.jp
㊟ 東京都渋谷区恵比寿1-19-19 恵比寿ビジネスタワー10F
https://vir-cre.com/

セミナー参加の
申し込みは
こちらから。

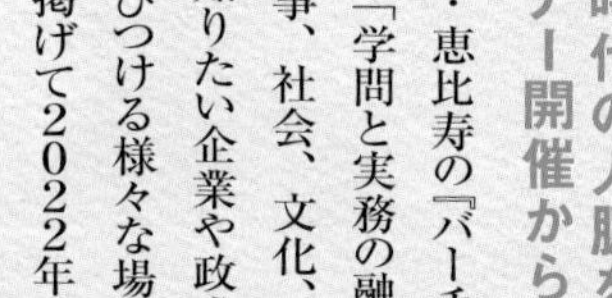

2024年 スペシャル経営セミナー

2024年激動ビジネス 国際情勢に潜む チャンスと経済リスク

2月21日(水) 14:00〜16:00
ビジネスリーダーが 知っておきたい国際政治学 安全保障をみる視点
獨協大学教授　岡垣知子さん

3月12日(火) 10:00〜12:00
国際安全保障の真実: ビジネスの未来と 日本の役割
東京国際大学教授　武田康裕さん

3月12日(火) 13:00〜15:00
日米同盟の裏側: ビジネスリーダー必見の 利益と課題
東京国際大学教授　武田康裕さん

3月21日(木) 14:00〜16:00
日本の防衛体制とビジネス: 未来を読むための鍵
防衛医学振興会理事長
増田義一さん

4月3日(水) 14:00〜16:00
安保政策の最前線: 日本の安保政策の 現状と課題
京都大学教授　中西寛さん

4月9日(火) 13:00〜14:30
ビジネス最前線: 宇宙時代の日本戦略
元防衛省防衛研究所
政策研究部長　橋本靖明さん

4月9日(火) 15:00〜17:00
サイバー空間のリアル: デジタルビジネスの安全策
元防衛省防衛研究所
政策研究部長　橋本靖明さん

4月16日(火) 14:00〜16:00
防衛産業のビジネス化 日本の新たな成長戦略
拓殖大学教授・海外事情研究所
所長　佐藤丙午さん

5月14日(火) 13:00〜15:00
紛争時におけるビジネスの継続: 朝鮮半島・台湾海峡危機への対応
政策研究大学院大学
教授・副学長　道下徳成さん

5月21日(火) 14:00〜16:00
テロリズムとビジネス: 日本が直面する リアルな課題
防衛大学校教授　宮坂直史さん

5月28日(火) 15:00〜17:00
ビジネスリーダーが 知っておきたい 安全保障の憲法問題
防衛大学校教授　山中倫太郎さん

全11回　各回8,000円(税込)　会場／丸の内二重橋ビル内(東京商工会議所 Hall&ConferenceRoom)

■お問い合わせ・申し込みは、セミナー運営事務局(受付／平日11:00〜17:00)
ウィズプロジェクト株式会社内 運営サポート窓口
06-6441-6123

られた実務が展開できる環境を提供したかったのです」

奥平さんは、この事業を効率的に推進するためにマーケティング会社などの協力を得て準備を進め、第一弾として企画したのが2024年2月から5月まで11回開催という日程でスタートした「2024年激動のビジネス 国際情勢に潜むチャンスと経済リスク」と題した経営セミナーだ。グローバル経済動向、戦争や国力のパワーバランス、外的環境で変わる国内市場、経営診断の重要性と対策方法などをテーマに、それぞれの専門家9人を講師に招き、11の講義を展開し、奥平さんがナビゲーターを務める。会場は東京商工会議所の会議室、各回の受講者は対面、オンライン各50人の計100人を想定。セミナー開催は、同会議所の会員企業にチラシを配ったり、新聞広告を出したりして周知を図ったという。

奥平さんは、このセミナーを跳躍台に同社の認知度を高め、新たな企画を順次打ち出しながら、成長軌道に乗せていく考えだ。

「私の思想の基盤にあるのは、東洋思想。座右の銘は『知行合一、事上磨錬』。生き方の基本は、『一灯照隅、万灯照辺』、自分のできること、やるべきことを、自分の人生の範囲内でやっていくことです」

この考えの下、自身の第二の人生をプロデュースしていく。

(ライター／斎藤紘)

代表
榎波明範 さん
1993年より大手学習塾の講師を務め、1999年より福井市内で『秀明学院 花堂教室』を独立開校。2004年に『花月教室 清水GH分室』、2007年に『清水教室（在田町）』も開校した。

小学生 週一回コース
授業料 6,600円
教材代 3,300円など。
中学生 週一回コース
授業料 8,800円
教材代 6,600円など。

学習塾での子どもの学習努力を見える化 保護者がアクセスできるWEBサイト構築

独自学習システム活用 PCで学習し教室で解説

独自に開発したクラウド型学習システムを使い、塾生は家庭のパソコンで宿題の問題を解き、講師が教室で間違った解答の原因を解説するという類例のないオンラインレッスンで学習効果を高めている『家庭学習支援センター秀明学院』塾長の榎波明範さんが、塾生の学習の進捗状況を保護者がパソコンやスマホで見ることができるように学習システムのWEBサイトを進化させた。塾生や保護者が講師に質問したりできるチャットページも備え、言わば授業参観をオンラインで実現したともいえる画期的な試みだ。

同学習塾は、小学5年生から高校生までを対象に英語、算数、数学、国語、理科、社会を教える。オンラインレッスンは、マイクロソフト社のアプリケーションソフトOfficeを搭載したwindowsパソコンを使い、小学5～6年生から中学までを対象に英語、算数、数学、国語を教えるが、中学生のコースは自宅でのPC学習と教室での授業を受けるハイブリッド学習だ。このハイブリッド学習で利用するのは、学習システム『j-works ジェイワークス）』のクラウド版。『j-works』は、PCを利用する学習管理システムLearning Managem

家庭学習支援センター **秀明学院**
しゅうめいがくいん
090-2098-3052
enami@syumei.jp
㊟ 福井県福井市在田町13-1
https://syumei-gakuin.com/

秀明学院
SYUMEI GAKUIN

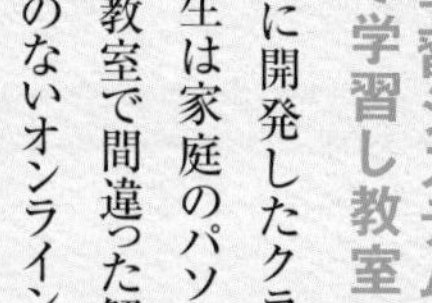

特別演習（春・夏・冬季）

現在『J-works』での学習成績は、その生徒の保護者が、スマホから見ることができるようにしている。2024年春から、保護者が成績を見ながら講師とチャットでやり取りできるようになる予定。

現在『J-works』での学習成績は、その生徒の保護者が、スマホから見ることができるようにしている。2024年春から、保護者が成績を見ながら講師とチャットでやり取りできるようになる予定。

ent Systemを実施するために開発したもので、クラウド版『j-works』は、家庭での学習の進捗状況をインターネットを通じて把握することができるようにしたものだ。中学数学の場合、各学年6単元から成り、1単元は基礎、応用各4項目計8項目で構成。1項目ごとに解説と各項目4問～7問の演習問題が用意されている。塾生が『j-works』を使って勉強すると、終了時に日付、学習項目、点数などの数値がWEBサイトにアップされ、榎波さんは、これを基に教室では弱点を克服するための解説をする仕組みだ。

榎波さんはこのWEBサイトに工夫を加え、学習項目、点数などの数値などを見やすい表にしてPDFファイルに変換してサイト上に保存し、保護者には、保存場所のURLを知らせ、PCやスマホでそこにアクセスすれば見ることができるようにした。

表は、1～3年の学年ごとに表示される。例えば数学なら方程式や連立方程式、一次関数、因数分解といった項目の基礎、応用の、英語なら英文法の学習回数、得点などが一目でわかる上、過去一週間の学習状況をまとめた表もあり、保護者は子どもの努力を目の当たりにすることができる。

（ライター／斎藤紘）

理事長
鈴木あかね さん

幼児から高校生までを対象に英語を教える鹿鳴館アカデミー英語塾の主任講師。2023年6月「一般社団法人橋花会」を設立し、理事長に就任、『複合型児童館FLOWER CHILDREN』を運営。心理カウンセラー、行動心理士。

子育て世代のwill-beingを考えた みんなが輝く複合型児童館運営

子育て中の苦労を考え 思いをそのまま具体化

「実家に預けるような温かさと安心感のある保育、教育の場を提供する」

千葉県匝瑳市で、2023年6月から小規模保育園、病児・病後児保育、放課後学童教室から成る『複合型児童館 FLOWER CHILDREN』を運営する「一般社団法人橋花会」理事長の鈴木あかねさんが大事にしているスタンスだ。0歳児から小学生までを預かり、働く保護者を支え、成長した子どもたちの第二の家となれるような環境の構築も目指す。鈴木さんは、もともとは幼児から高校生までを対象に英語を教える英語塾の主任講師で、心理カウンセラーと行動心理士の資格も持つ。子育て中に子どもに熱が出ても預けられず苦労するなどの経験から「こういうところがあったらいいな」と思ったそのままの姿で始めたのが『FLOWER CHILDREN』という。看護師や教員免許保持者、児童心理カウンセラー、こども発達障がい支援アドバイザー、放課後児童支援員、調理師などの資格保有者や事務員が世話役だ。「小規模保育園」は0歳児〜2歳児が対象で、定員は0歳児2人、1歳児〜2歳児4人、一時利用5人。きめ細やかな保育、目の行き

一般社団法人 橋花会 複合型児童館 **FLOWER CHILDREN**
フラワー チルドレン

✆ 0479-75-4401
✉ flower.children.heart@gmaill.com
㊟ 千葉県匝瑳市今泉485
https://www.flower-children.com/

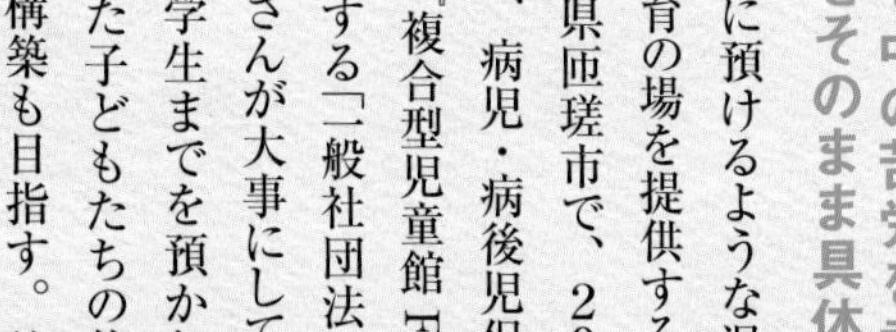

FLOWER CHILDREN

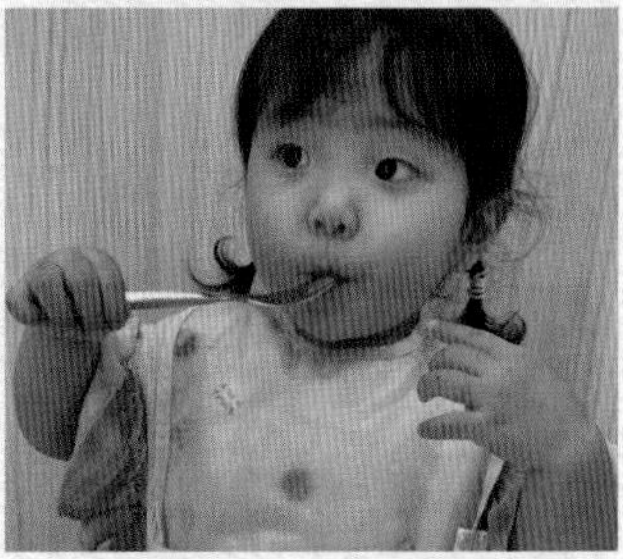

届く保育が特長。「病児・病後児保育」は、子どもが病気にかかった場合に、家庭での保育が困難な保護者の方に代わって保育士や看護師が保育室と隔離室で一人ひとりの病状に合わせた保育、看護を行う。「放課後児童教室」は、保護者が労働などで昼間家庭にいない小学生に対し、適切な遊びと生活の場を与え、健全な育成を図るための教室で、定員20人。アート、音楽、英語、クラフトなどが体験でき、長期休暇も利用でき、工作や書初めなどの宿題の手伝いもする。

「この複合型児童館は地域を問わない広域型で、一時預かりは理由も聞きません。お母さんにも息抜きが必要で、お母さんを助けるのが使命。お子さんの発達で不安なことや生活面、健康面、学習面などの心配事に寄り添い、カウンセリングを含めた育児相談を気軽にできる環境づくりを行っています。また、子育て中の有資格者が助け合って働く仕組みも作りました。畑も借りて、子どもたちと無農薬の野菜を作り、それを給食にするなど良いサイクルを作っています」

鈴木さんは、子どもたちの卒業時は卒業アルバムを作る計画で、「社会につまづいたときに1回戻っておいでといえるような施設にしたい」という。

（ライター／斎藤紘）

代表
川上武則 さん

成人してから社会人バスケットボールチームに参加、ブレイクダンスをきっかけに米国留学も果たす。学習塾にも業容を広げていた母親のスクールに加わる形で家業に入り経営を担う。そろばん教室のオンライン化を一気に推進。

丁寧な指導法で生徒が世界に広がる オンラインそろばん教室のパイオニア

分からないを無くす徹底指導 あんざん指導の成果も顕著に

電卓アプリで簡単に計算できる時代にあってもなお、子どもの習い事として根強い人気がある「そろばん」だが、教室に通わず自宅から学べる「オンラインそろばん教室」のパイオニア的存在といわれるのが青森県十和田市の『川上スクールジャパン』だ。母親が45年前に開設したそろばん教室の経営を引き継いだ代表の川上武則さんは、コロナ禍を契機に青森・東京・神奈川の対面教室を閉鎖して完全オンライン方式に切り替えることを決断。3年半の間で構築した丁寧な指導スキームが功を奏し、在籍生徒は海外23ヵ国１８０人を含む約６００名にのぼる業界最大級の規模だ。オンラインレッスンは、Zoomアプリを使用して行う。

「オンラインレッスンは、映像を見て学ぶだけの一方向だけではありません。教室で学習しているようなおけいこができるので、意欲的に取り組むことができます。対面教室では、教室の端にいて手元や顔の表情まで見られなかった生徒たちも、オンライン指導では間近で見られるようになり、さらに細かく指導できるようになりました。どうしても分からない時は個別の動画を送り、何度も繰り返し確認して覚えてもらいます。オンラインレッスンで

川上スクール ジャパン
かわかみスクール ジャパン

0176-23-0727
kawakamischool88@gmail.com
㊟ 青森県十和田市西四番町14-43
https://kawakami-school.com/

も数ヵ月で一気に上手になる生徒さんたちをたくさん見ていると、教室でやるのと大差ないと感じています。」

『川上スクールジャパン』の特長は、あんざん指導に力を入れていることだ。

「頭の中にそろばんを浮かべるためには、しっかりとそろばんの指使いを覚える必要があります。そのために、当スクールでは基本にじっくり時間をかけて指導します。フラッシュ暗算(画面に数字が表示される計算)では、年中・年長・小1年の生徒が日本一になっており、その成果が目に見えて出てきました。オンライン指導の唯一のデメリットは、直接生徒・保護者様と会えないことなので、その部分は毎日のLINEで対応しています」

そろばんの悩みだけでなく、学校・他の習い事・保護者のちょっとした悩みなど、そのやり取りは毎日数百件にのぼるという。その他にも全国各地で練習会を開催し、生徒たちと直接触れ合う機会を多く設けており、2023年5月には、アメリカシアトルで現地の生徒50名を集めて練習会を開催。現在は、子どもたちだけでなく高齢者向けの脳トレ教材を作成している。川上さんは、おじいさん・おばあさんと孫がそろばんで繋がれる日々を楽しみにしているという。

(ライター/斎藤紘)

100人以上の規模の講演会多数。

代表
藤麻美子 さん

新潟大学教育学部卒。辛い症状を改善し人生をより良く生きるために30年近く研究を重ね『丹田呼吸法』に独自の『丹田フラダンス®』を取り入れた、最速で脳心体を変えるメソッドが好評。

心身と脳を整える『丹田呼吸法セラピー』生き生きと自分らしく輝いて生きる

独自メソッドを開発 症状を改善し治癒力アップ

深い腹式呼吸を繰り返す丹田呼吸法に独自の要素を足した『藤麻美子式丹田呼吸法』で心身を整えて自身の治癒力を高め、パフォーマンスをあげる独自のメソッドが話題の『日本丹田呼吸法セラピー協会®』。代表の藤麻美子さんは、高校教師を務めていた30代後半に交通事故に遭い、主治医に「これ以上は良くならない」といわれるほどの酷いむち打ち症を経験。辛い肩こりや腰痛などを改善するために肩こり体操やヨガ、瞑想、統合医療などを模索するなかで丹田呼吸法に出会った。実践を重ねるうちに腰痛や肩こり、頭痛などの症状がなくなるだけでなく、幼い頃から悩まされていた虚弱体質が改善。人間関係も調和し、何事にも明るく前向きに取り組めるようになったという。『丹田呼吸法』とは、おへそから握りこぶし一つ分下がったところにある丹田に空気を溜めるイメージで膨らませ、口からゆっくりと息を吐き出す腹式呼吸のこと。「毎朝3分、深い呼吸を10回」という簡単な動作を継続することが基本で手軽に実践できる健康法だ。15秒『丹田呼吸法』を10回行っただけで誰でも脳波がリラックスのα波に2割~3割移行し、脳の興奮を抑え、免疫力を上げて幸せ気分になるセロトニンが分泌されやすくなる。自律神経が整いやすくなるほか、感情コントロールが無理なくでき、自分らしく生き生きと生きられるようになる。『丹田呼吸法セラピー』中は、世界トップレベルの究

日本丹田呼吸法セラピー協会®
にほんたんでんこきゅうほうセラピーきょうかい

080-6005-7829
office@miraclerainbow.jp
㊟ 山形県東村山郡中山町達磨寺154-5
https://www.miraclerainbow.jp/

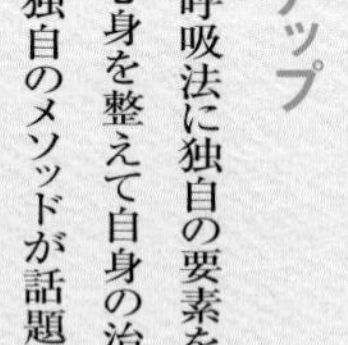

毎月ワイキキの夕陽で呼吸法:オンラインサロン開催。

『丹田呼吸法セラピー』
公式新宿スクール（毎週金曜日）、4年ぶりに再開。

著書
「毎朝10回の深い呼吸で体が変わる」文響社版（川嶋朗医博監修）
（Amazon部門1位3刷、台湾で中国語版で重版）
「毎朝3分の丹田呼吸で体も心も元気になる」
あさ出版（川嶋朗医博監修）（台湾で中国語版で出版）
「全てをリセットする最高の呼吸」自由国民社

宮古島にて認定マスター講座『丹田フラダンス®』とバイオリン。

生き生きと自分らしく輝く認定講師。

極のアロマで自律神経系のバランスを整え、呼吸に意識を向けながらハワイアンミュージックに乗って、独自で考案した体をゆるめながら体幹を鍛える『丹田フラダンス®』を行う。さらに、呼吸法ストレッチ、簡単ヨガ、リラクゼーションなどを行い、心身や脳をリラックスさせる。ほとんどの動作を目を閉じて行うので自分の意識を内側に向けて静かに自分を見つめることができ、マインドフルネスや感情のセルフコントロールなどを身につけることができる。体の緊張がほぐれ、内臓脂肪を燃焼させ代謝がよくなることで肩こりや腰痛、美肌効果、ダイエット効果の他、視力アップや免疫力アップ、がんなど難病の寛解、ライフワークバランスや感情の安定、学習成績の向上。ビジネスの発展など様々な嬉しい効果が期待できる。『日本丹田呼吸法セラピー協会®』では、丹田呼吸法による健康法の普及・啓発や社会貢献、独立を支援するためのセラピスト認定講座を運営している。協会公認のインストラクターの育成にも力を注いでおり、生き生きと自分らしく輝く認定インストラクターが全国で活躍中だ。医療関係者と提携しながら教えているのも特長。4年ぶりに再会した新宿公式スクールも気軽に参加できオススメ。

「『丹田』を世界に向けて発信している日本人は、まだいないようです。今後は、世界に向けて『丹田』を発信し、世界中の人が、場所をとらず、お金もかけずに誰でもが手軽にセルフケアできる『丹田呼吸法』で健康で最高に幸せになれればと願っています」

（ライター／彩未）

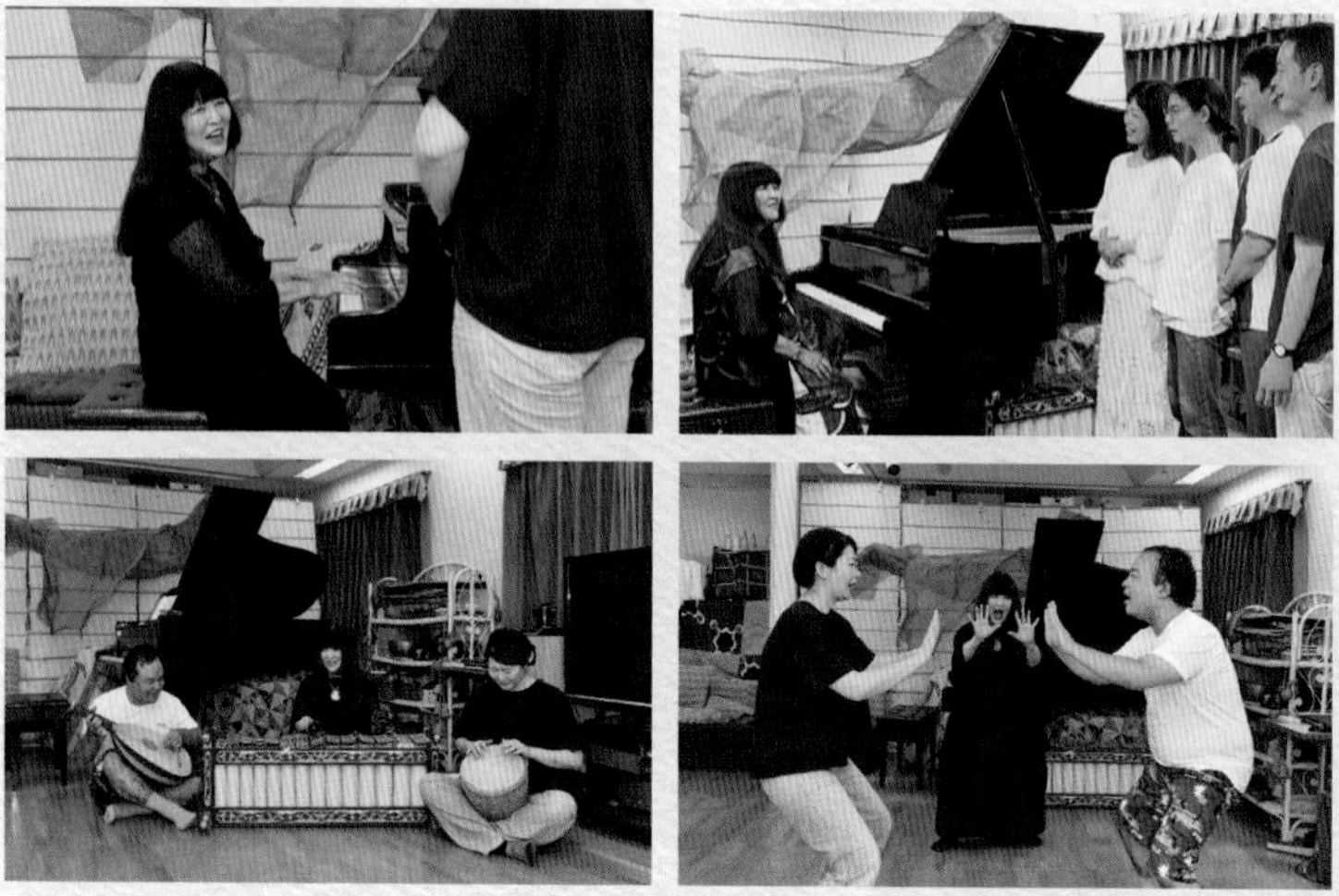

表情豊かな声、自分らしく生きる力をサポート。

代表
佐藤慶子 さん

多くのジャンルでボイスアーティストを行う一方、オリジナルメソッド『声ぢから』を確立。一人ひとりに寄り添った丁寧なレッスンに定評がある。俳優養成所やカルチャーセンターなど様々なシーンで講座を開催。新書「声ぢから」（論創社）が2024年3月発売予定。

大きな声で堂々と
唯一無二のあなたを輝かせるボイトレ

独自の呼吸&発声
心と身体を元気に

声の波動の力でメンタルや呼吸、身体を整え、自分らしくポジティブに生きられるようになるための五感を使ったボイストレーニングを行う『声ぢから道場』。代表の佐藤慶子さんは、クラシック声楽や民謡、インド音楽などの音声の研鑽を積み、ヴォイスアーティストや弾語り演奏、作曲家、ピアニストなど幅広く活躍する音楽家。メンタルを重視したボイストレーニングで、どんなシーンでも自信を持って自分らしく大きな声で話せることができるようにサポートしている。

心身を整えるための瞑想法や床に寝そべって脱力した状態で大きな声を出す練習など、独自のレッスンを取り入れているのが特長。人前で声が震える、大きな声が出せない、歌がうまく歌えない、自分に自信がないなどそれぞれの悩みに寄り添った丁寧なレッスンを行っている。

呼吸は生命活動に不可欠であり、血中に酸素を巡らせて生命を維持しており、その根幹である呼吸法を整えることで、身体を活性化して自己治癒力がアップ。さらに、大きな声でしっかりと声を発したり、歌うことで心も身体も活性化して生きるエネルギーを高める働きがある。

声ぢから道場

こえぢからどうじょう

☎ 03-3446-2618
✉ e-mucul@e-mucul.com
㊟ 東京都渋谷区恵比寿2-21-3
https://koedikara.jp/

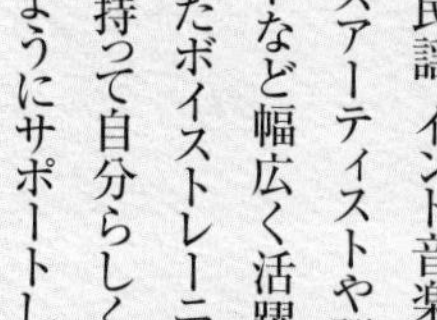

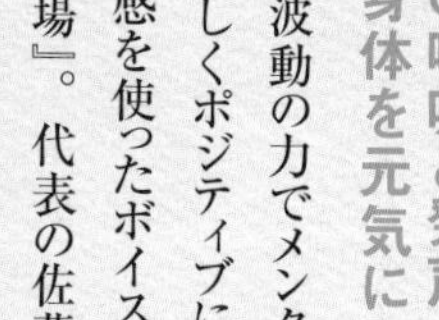

『声ぢから―呼吸と声の
エクササイズ46』
論創社刊 1,980円（税込）

２０２４年3月に刊行される著書『声ぢから―呼吸と声のエクササイズ46』では、40年にわたり音楽家としての活動で確立した独自の呼吸法と発声法の両方を活かしたエクササイズを紹介。基本の呼吸法や声を作るからだづくりや声のパフォーマンス力の向上などを学ぶことができる。

考案したエクササイズは、日常生活の中で習慣的に取り組めるような簡単で楽しいもので、若者はもちろん、身体に不安を抱える人でも無理なく取り組むことができ、心と身体を総合的に元気にして前向きな気持ちにしてくれる。年齢関係なくトレーニングができるので、シニアの健康づくりの一環としても人気を得ており、自信を持って発声できるようになり、表情が豊かになり毎日を楽しく過ごせるようになる方が続出しているという。

佐藤さんは、生きづらさを感じながら生活しているすべての人が本当の自分の声を知り、無理なく前向きな気持ちで幸せに生きていけるように願っているという。初めての方、は1回１０００円の体験レッスンで、実際のレッスンが体験できるのも嬉しいサービスだ。

（ライター／彩未）

新たな可能性への一歩

原因の分析と未来への展望

鍼灸師
谷垣光研 さん

山口県で占灸師として東洋医学に精通し、観相学や算命学、姓名判断や占星学などの占術と合わせ運命や個性をを読み解き、悩みの寄り添い対策方法を提案している。

東洋医学と占術を組み合わせた占い 悩みを深く探求し最良の選択肢提示

行動指針の鑑定書作成 結婚に関する著書刊行

鍼灸師の国家資格に裏付けられた東洋医学の知見と、五行占い、数秘術、観相学、四柱推命、占星学、手相、姓名判断、タロット占いなどの占術に精通した占い師としての鑑定力で、運命や個性を独自の視点で読み解き、理想の状態に近づくためのアドバイスで存在感を高めているのが『ゆめローグ』占灸師の谷垣光研さんだ。面談やオンラインで約2万人の鑑定を実施、2021年には、結婚について「自己分析や相手の事を知る努力が必要」と説くAmazon Kindle版の著書「結婚運を上げたければ自分磨きをするな‼ 占い×恋愛」を刊行し、評判になった。

「占いは、仕事、恋愛・人生を好転させる神秘的な力を持っています。理想と現実のギャップを客観的にとらえ、目標に到達するための具体的な行動指針をお伝えしています。普段の生活の中で抱える心の不透明感や疑問、不安など、対話を大切にしながらカウンセリングを進めます。ご相談内容に合わせた占術を組み合わせ、理想と現実のギャップを埋める具体的なアプローチをお伝えします。単なる未来予測だけでなく、心の奥に秘めた悩みや願望を深く探求し、それに

ゆめローグ

080-2102-9675
tanigakikoken@gmail.com
㊟ 山口県山口市小郡令和1-1-1 KDDI維新ホール産業交流スペースMegriba内
https://yumelogue.com/

ゆめローグ

新たな可能性への一歩

原因の分析と未来への展望

『対面・オンライン鑑定』鑑定書あり 60分 10,000円（税込）　鑑定書なし 45分 8,000円（税込）　『メール鑑定』6,000円（税込）

合わせた具体的なソリューション、ご相談者様が理想とする自分になるための一歩を踏み出すための、より良い選択をサポートします」

　谷垣さんの占いで、相談者に好評なのが行動指針がわかる個別の鑑定書の作成だ。

「対面セッションの前にアンケートにお答えいただき、鍼灸師としての知識と東洋医学と占術を組み合わせた独自の手法で、ご相談者様だけの取扱説明書となる鑑定書を作成します。鑑定書は、お客様の強みや可能性、未来への展望を織り交ぜて作成します。具体的な行動や考え方の指針だけでなく、金運、健康運、恋愛運など人生に役立つ情報も記載しており、理想の人生を歩むための羅針盤としてご利用いただけます」

　谷垣さんは、サラリーマン時代、謎の体調不良に見舞われ、仕事も婚約者も同時に失うどん底を経験、藁にもする想いで占いを受け、周りにばかり目を向けていたことに気がつき、自分の内側に目を向けるきっかけになったことから、経験を生かして多くの方を救いたいとの想いを抱くようになり、占術を勉強し、占いの世界に入ったという。180日以内に状況を好転することができなかった場合の占い代金全額返金保証から自信が伝わる。

（ライター／斎藤紘）

シンガポールでの「スピリチュアル・イベント」にゲスト出演時。

EXPONENTS COMMITTEE

This is to confirm that

Ms Hitomi Sano

Has been upgraded to

SNU ACCREDITED HEALING MEDIUM STATUS

Having satisfied the Exponents Committee by completing

A) SNU Educational Course on Spiritualist Healing

B) Practical Training

C) District Council Upgrading Assessment

Chairperson Minister Judith Seaman

Dated 12th July 2019 Registration No 2004863

Valid only whilst currently registered with the Spiritualists' National Union

認定「ヒーリング・ミディアム」証書。

主宰
佐野仁美 さん

日系、米英系大手金融機関に25年勤務後、独立。母方から霊媒体質を受け継ぎ、霊感、霊視、霊聴、霊臭を駆使したセッションを行う。レイキ・ヒーリングや数秘術、タロットカードなども学んできた。「英国SNU」認定スピリチュアルヒーラー。

スピリチュアリズム講師養成講座開始
悩める人たちの魂癒すヒーリング実施

著書で示した専門知識
様々な講座で手法伝授

世界随一のスピリチュアリズムの学びの園、英国の「アーサー・フィンドレイ・カレッジ（ＡＦＣ）」で学んだ知識をベースに、目に見えず、雲を掴むようなスピリチュアリズムの全体像を解説した著書「スピリチュアリズム『セブン・プリンシプルズ』」で注目を集めた『La Vita Counselling & Spiritual Care』代表の佐野仁美さんが２０２４年４月から「スピリチュアリズム講師養成講座」を始める。スピリチュアリズムのフィロソフィーを根付かせたいとの思いが伝わる取り組みだ。

「フィロソフィーをもち、霊界を正しく学ぼうとし、そして霊界のために働き、その愛を伝えてくれるミディアム（霊媒）やスピリチュアル・ヒーラーが増えて欲しいと思っています。そのためには、ミディアムやスピリチュアル・ヒーラー、そしてフィロソフィーを教えられる講師が必要です。全力で受講者の方々を応援させていただきます。共に霊界とワークする講師が増えることを心から願っています」

佐野さんはこれまで、人間を魂の存在として捉え、相談者が抱える困難を乗り切るための認知行動療法などのカウンセリング手法を伝授する

La Vita Counselling & Spiritual Care
ラ ヴィータ カウンセリング アンド スピリチュアル ケア

✆ ＋65-8113-5731（シンガポール）
✉ lavitasingapore@gmail.com
http://lavitasingapore.com/
YouTube https://www.youtube.com/c/MediumChannel
@lavitaspiritualist

YouTubeにて様々なテーマで対談。

３人のミディアム 検索

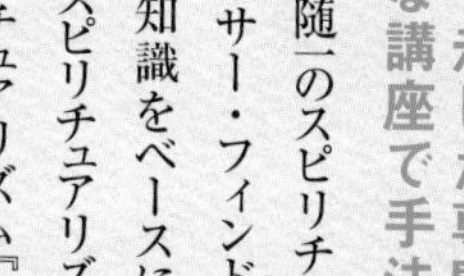

佐藤 仁美さん　テリー 高橋さん　安斎 妃美香さん

2019年冬の「AFC」のコースで先生と集合写真。

まるでホグワーツのような「英国 The Arthur Findlay College」

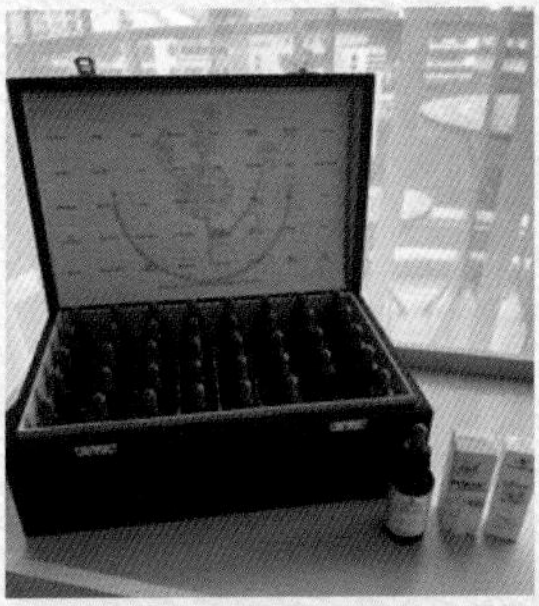

バッチ・フラワーレメディのセット。38種類のフラワーレメディで約3億通りの感情を癒す。

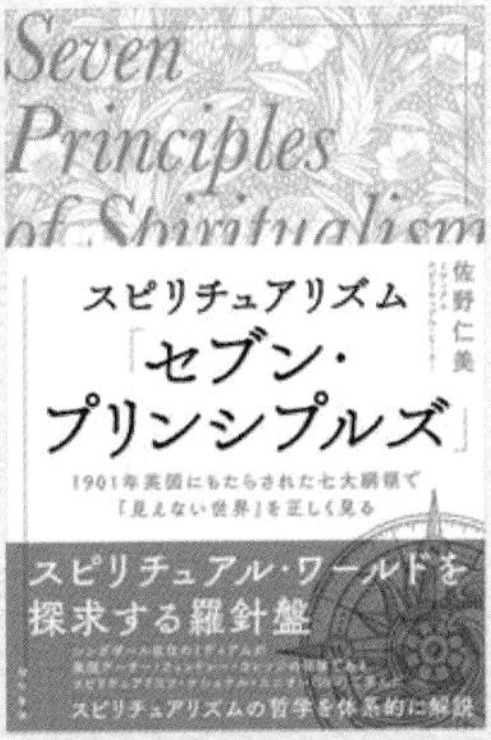

初の著書
2023年5月発売
『スピリチュアリズム「セブン・プリンシプルズ」』は、スピリチュアリズムの概説書。

「AFC」の
シンボルツリー

「スピリチュアリズム・ベースド・カウンセリング講座」や人生に疑問を持ったり、将来に不安を感じていたりする人の人生の過ごし方のヒントになるオンライン講座「スピリチュアリズム入門〜魂のフィロソフィー」などを開催してきたが、そこで学んだ知識を講師養成講座で生かしてほしいという。

佐野さんは、豪モナシュ大学院カウンセラー学科でも学び、ミディアムやスピリチュアル・ヒーラーのほか心理カウンセラーの資格をもち、様々な手法で悩める人たちの魂を癒してきた。その手法は、認知行動療法や解決志向短期療法、トランスパーソナル心理学的アプローチ、マインドフルネス的アプローチ、さらには38種類の花や木のエネルギーを転写したレメディと呼ばれる薬を使って感情や精神のバランスを取り戻す自然療法のバッチフラワー・コンサルティングなど多岐にわたる。

著書「スピリチュアリズム『セブン・プリンシプルズ』」は、1901年に英国で設立された世界最大のスピリチュアリストの団体「スピリチュアリスリト・ナショナルユニオン(SNU)」が掲げたスピリチュアル・ワールドの世界基準である七大綱領を通して「見えない世界を正しく見る」ことができるように構成されている。

(ライター／斎藤紘)

代表
宮本高行 さん

1980年旧建設省入省。主に治水やダム事業など河川畑を歩む。1994年信州・伊那谷にダム事務所長として赴任。翌1995年分杭峠で『ゼロ磁場』を発見。2014年に退官後も地域との絆を尊重しつつ、民間人として活動。

パワースポット分杭峠から福を拡げる ゼロ磁場を発見し虹のカーテンを撮影

良好な氣が発生する場 神秘写真のグッズ企画

南アルプスの西側を走る伊那山脈の峠の一つ、長野県伊那市の標高1424mの地点にある分杭峠（ぶんぐいとうげ）は、世界有数のパワースポットとして多くの観光客が多く訪れる名所だ。日本の最大かつ最古の大断層、中央構造線の真上にある。旧建設省の官僚で、『合同会社ゼロ磁場まひとつ屋』代表を務める宮本高行さんがこの峠で、世界有数の良質な「氣」が発生する「氣場」の発見をプロデュースした。その後、このパワースポットは、二つの磁場の方向が向き合ってエネルギーが見かけ上ゼロになっている『ゼロ磁場』として注目されるようになり、現在は、分杭峠のエネルギーを広く世に発信して「福」を拡げる「拡福」活動に取り組んでいる。

「約30年前、ダム事業を取り仕切るため信州伊那谷を訪れた際、天からの啓示ともいうべきものを受け、『ゼロ磁場』を発見したのです。中国で最も著名な氣の泰斗である張志祥先生をお招きして調査してもらったところ、中国で奇跡を起こす場所として有名な湖北省の蓮花山に勝るとも劣らない良好な氣が出ている場所だとお墨付きを頂きました」

また、宮本さんはある時、分杭峠の中の今では「本命氣場」として聖地と呼ばれるようになったスポット

合同会社 **ゼロ磁場まひとつ屋**
ゼロじばまひとつや

✆ 090-7976-7322
✉ irinomia@docomo.ne.jp
㊟ 東京都板橋区
https://tsuku2.jp/bunguitouge

こちらからも
検索できます。

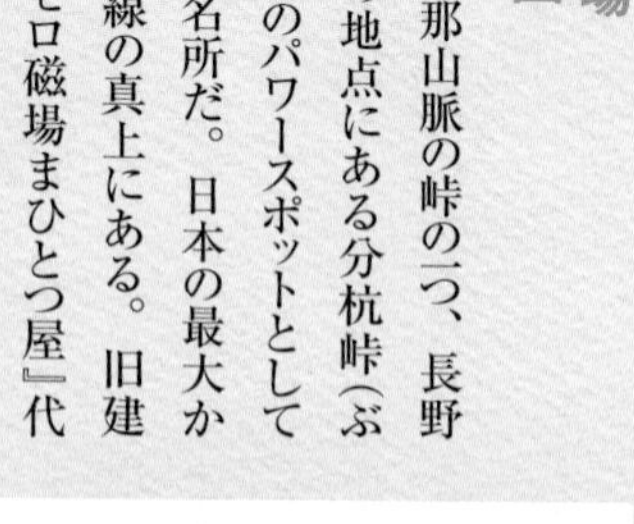

「虹のカーテン」をプリントしたグッズ

『ゼロ磁場ミクロ・Tシャツ』
13,200円（税込）

『ゼロ磁場ミクロ・スマホケース』
（M・L）各9,900円（税込）

『ゼロ磁場ミクロ・スカーフ』
6,600円（税込）

『ゼロ磁場ミクロ・ハンカチ』
5,500円（税込）

を訪れた時、逆光の日差しが七色に輝く放射状の光となって降り注ぐ光景を写真に収め、「虹のカーテン」と名付けた。この写真を能力者に鑑定してもらったところ、「見る人の願いを叶える力がある」と判定され、「虹のカーテン」はパワースポットしての分杭峠を象徴する写真になった。この写真のエネルギーを転写した波動水の身体への影響（宮本さんが被験者）をメタトロン（ロシア人科学者によって開発された量子波動測定器）で計測したところ、良好な数値が確認された。これを機に取り組み始めたのが「拡福」活動だ。神秘の写真「虹のカーテン」をプリントしたグッズを企画。Tシャツ、スカーフ、ハンカチ、スマホケース、マウスパッドなどを制作し、オンラインショップ「ゼロ磁場まひとつ屋」を開設して販売している。

「分杭峠は、世界有数のエネルギーがあるだけでなく、寺社など何の宗教にもよらない珍しい場所、世界に広かれたニュートラルな聖地です。人種宗教を問わず、様々な人に来ていただき、魂を磨いていただきたいと思っています。不思議な写真をアレンジしたグッズ類もインターネットで買えますので、一度覗いて見て下さい」

宮本さんは、分杭峠をテーマにしたセミナーや現地ツアーなども開催している。

（ライター／斎藤紘）

輝く未来サポーター
えり さん

福島県郡山市を中心にスピリチュアルカウンセラー、フラーレン作家、アクセスバーズ施術者、骨盤ヨガインストラクターとして活躍中。一人ひとりに合わせた占術で、相談者が最も幸せになれる方法を導き出す、温かな鑑定が評判。

靈感・靈視を中心に占術を駆使 あなたにあった鑑定で導く

悩みを解放して魂を癒す 明るい未来へサポート

福島県郡山市を中心に活動する『Healing mana ひかり』代表のえりさんは、靈感・靈視を中心に、ペンデュラム・開運言靈・カードリーディング・西洋占星術・数靈術など様々な占術を操る未来サポーター。相談者一人ひとりの悩みや状況に合わせた占術を組み合わせ、明るい未来へのサポートを行っている。

「あなたの御靈からのお告げをお伝え致します。魂を解放し癒し、天愛のお導きをし 輝く未来をお手伝いさせて頂きます」

えりさんの鑑定は具体的で分かりやすく、優しくて温かみがあり、話しているだけで前向きになれると評判。どの占いを受けたらいいのか迷ってしまう初心者の方でも、安心して相談できるところも魅力だ。

体験者からは、「鑑定後、アドバイスに沿って動くと本当に人生がうまく回り出した」「妊活で苦しんでいたが、お告げ通りの時期に子どもができた」など、驚気と喜びの声が多数挙がっている。

また、えりさんは鑑定師とだけではなく、滞ったエネルギーを解放し、過去のトラウマやカルマを解消するアクセスバーズやレイキなどを取り入れ、チャ

Healing manaひかり

ヒーリング マナひかり

住 福島県郡山市
@eri.hikari33
@356rnjpg

LINE

Google

〜魂を解放し癒し、
天愛のお導きを致します〜

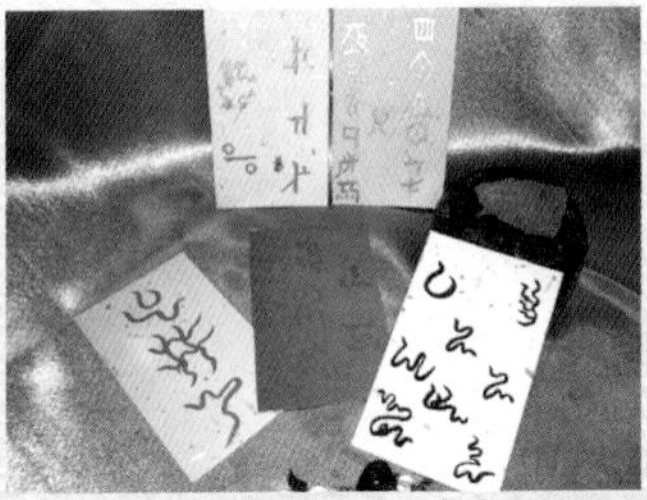

「聖麻龍神注連縄」

『靈感・靈視を中心に鑑定』
（対面、オンライン、電話、メール）30分 5,000縁（税込）～
『遠隔ヒーリング』60分 8,000縁（税込）～
『アクセスバーズ（脳の断捨離）』60分 10,000縁（税込）など。

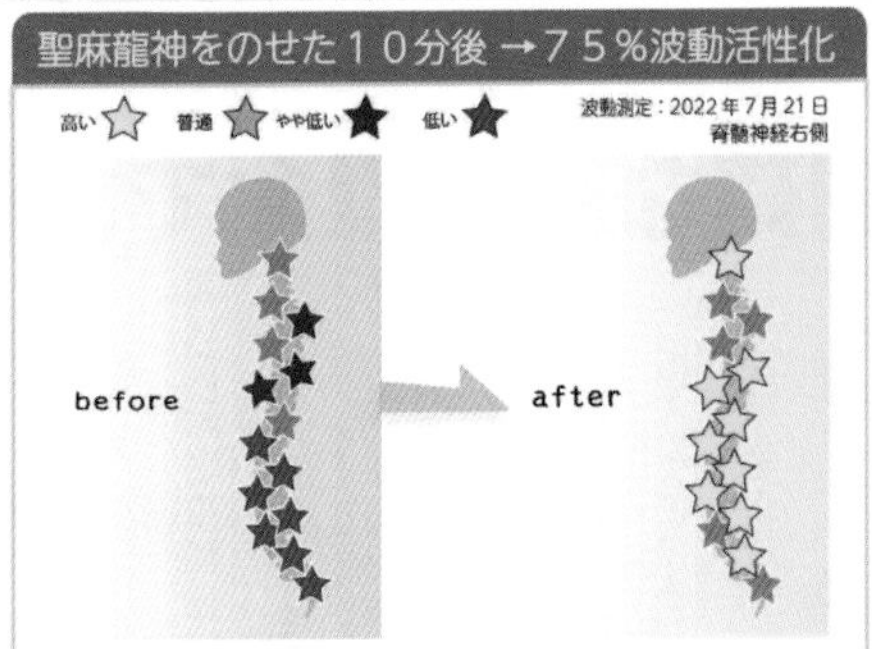

毎日10分程度、聖麻龍神注連縄を【 後頭部～首背中～仙骨 】に置くことで
脳細胞、松果体、視床下部、脊柱～血液など全身の細胞が活性化され波動が高まっていき、
様々なブロックが解除され高次元との繋がりを深めます。（３０名以上の波動測定結果より・個人差あり）

クラを癒し整え、活力を導く遠隔ヒーリングなども行う。さらに骨盤ヨガのインストラクターとしても活動しているのがすごいところ。深い呼吸で体をゆっくり伸ばし、固くなった骨盤周りをほぐし整えリラックスすることで、内臓機能回復、リフトアップ、神経痛、肩こり、腰痛の軽減が期待できる。鑑定やヒーリングにヨガを組み合わせれば、身も心を軽くなり、効果倍増だ。また、宇宙愛のエネルギーが流れる「循環装置」である『フラーレン』作家としても活躍。宇宙からやって来る神聖な光エネルギーを吸収し、内部の空間で人間が取り入れやすい形に変換し、放出するとされている『フラーレン』は、そばにいる人間のエネルギーの流れを良くして、体の痛みを軽減し、幸運を引き寄せやすくしていくという。福島県中心のイベントやクラフト展などで出品し、常に注目を浴びている。神代から伝わり、神様とつながっている光の文字のエネルギーを取り入れるオリジナルのお守りも人気だ。依頼者の祈念に応じた文字数と種類で作成してくれる。

基本的な鑑定は、対面鑑定を始め、オンライン・電話・メールでも可能。「御指南札」は郵送対応も行っている。気になった方は気軽にLINEでお問い合わせを。様々なイベントなどにも参加しているのでSNSも要チェック。

（ライター／播磨杏）

代表取締役
今村亘志 さん

高校卒業後、約3年間、大阪の劇団に所属し、厳しい稽古を重ねて舞台役者を経験。その後、介護業界に進み、介護事業所で5年働き、サービス付き高齢者向け住宅の管理者として働いた後、2023年10月、訪問介護事業を開始。

介護職の社会的価値の向上を目指す 明確な経営理念で訪問介護事業開始

介護事業の経験生かす 労働条件の充実化図る

「地域問題、社会問題へ本気で取り組むことで介護職の社会的価値の向上を目指す」

２０２３年10月に『訪問介護つなぐ』の業務を開始した『株式会社つなぐて』代表取締役で介護福祉士の国家資格を持つ今村亘志さんが掲げた経営理念だ。演劇の世界から介護業界に転じ、５年間、介護事業で高齢者の世話をした後、５年間、サービス付き高齢者向け住宅で管理者として働いた経験を生かした事業で、「介護を変えたい」というベンチャー魂が伝わる理念だ。訪問介護は、自分や家族だけで日常生活を営むことが難しくなった要介護1以上の認定を受けている高齢者や障がい者に対して、介護福祉士やホームヘルパーが自宅や老人ホームなどに赴き、入浴、排泄、食事などの介護、掃除、洗濯、調理などの援助、通院時の外出移動サポートなどの日常生活上の世話を行うサービス。訪問介護『つなぐ』は、今村さんと、居宅介護計画書の作成などを担うケアマネジャー2人、管理者3人のベテランを含むスタッフ8人で構成、約30人の高齢者の世話をしている。介護職員の人手不足が深刻化する中、今村さんは前職の介護事業などで培った人

株式会社 **つなぐて**

090-3724-6388
imamura@ktsunagute.jp
㊟ 兵庫県西宮市屋敷町15-17

LOVE&HOMECARE
訪問介護
つなぐ

脈を生かしてスタッフを確保したという。この業務の中で生かされるのが今村さんの介護現場での実務経験と介護福祉士の資格に裏付けられた専門知識。介護福祉士には、介護の基本のほか人間の尊厳と自立、人間関係とコミュニケーション、発達と老化の理解、認知症の理解などの知識が求められ、今村さんは介護事業で3年の実務経験を積んで受験資格を得て取得した。スタッフのタスク管理、訪問先での身体介護や生活援助に加え　利用者の家族からの介護についての相談に応じ、指導や助言なども行う。訪問介護事業を順調にスタートさせた今村さんは、高齢化が加速する状況に対応するため、訪問介護事業所を3年以内に5カ所に拡大する目標を立て、給与や各種手当の充実、労災保険や健康保険、厚生年金などへの加入、柔軟な勤務時間や休日の設定などスタッフが働きやすい労働環境を整え、介護福祉士や介護職員実務者研修修了者（旧ヘルパー一級）、介護職員初任者研修修了者（旧ヘルパー2級）以上の資格を持つ人材確保を進めている。

「介護は、超高齢時代に重要性を増す仕事。介護職員が仕事に誇りを持って取り組めるよう職場環境を整え、介護ニーズにしっかり対応していきたと思っています」

（ライター／斎藤紘）

「犬を通じて、たくさんの人の笑顔が見たくて」

代表
吉田久美子 さん

以前、飼っていた犬が少し問題児で、警察犬訓練所にお世話になったことをきっかけに犬の訓練士を目指すことを決意。JKC公認訓練士を取得し、様々な事業を通して犬と飼い主が幸せな生活が送れるように支援する。

他人に迷惑をかけない 人と犬が幸せに暮らすためのしつけ

会員制での幅広いサービス 一頭一頭時間をかけて管理

人と犬がよりよい共存と穏やかで幸せな生活ができるよう、犬の訓練やブリーディング、子犬販売、ペットホテル経営、ドッグラン運営、トリミング、譲渡犬の紹介など犬に関する様々なサービスを会員制で提供する『株式会社イリオ』。ＪＫＣ公認訓練士の資格を持つ代表の吉田久美子さんは、言葉を発することができない犬だからこそ犬を教育するのは飼い主の責務であり、「飼い犬が他人に迷惑をかけることがあってはいけない」「犬も人も幸せになるためにはしつけが必要」という強い想いをもって、日々の訓練に力を入れる。

犬のしつけや訓練は、お出かけを楽しく安全にできるようにすることや無駄吠えや噛み癖、他の犬に対する威嚇、落ち着きがないなどの問題行動の改善を行う。基本訓練や野外訓練のほか、ドッグカフェでのマナー訓練など充実した内容が揃っている。「無駄吠えがなくなり、吠えても注意すれば鳴き止むようになった」「他の犬に対して吠えたり、威嚇することがなくなった」「犬が、教えたことを忠実にやってくれることに感動」など感謝の声が多数届いている。

株式会社 **イリオ**

0274-64-8025
ilio1.9393@gmail.com
㊟ 群馬県富岡市田篠120-4
https://ilio1.com/

ドックスクエア・イリオ
DOG SQUARE "iLio"

犬は、環境の変化で普段できていることができなくなったり、成長と共に問題行動が出ることもあるため、継続して訓練を行うことが大切だという。預かり訓練としつけ方教室の両方を行っており、犬の性格や年齢、成長段階や問題行動などを見て、犬のしつけ方を飼い主が学ぶこともできる。

また、ペットホテルでは全室冷房管理の清潔な犬舎で犬が快適に過ごせるように配慮。宿泊中は、広々としたドッグランを貸し切りにして一頭ずつ自由に運動させており、ストレスを感じずに過ごせるのが特長だ。犬の安全を第一に考え、一頭一頭時間をかけて丁寧に管理しており、安心して預けることができる。

子犬の販売においては、犬は家族であり大切な子どもたちと同じ存在だからこそ、「責任をもって育ててほしい」と飼い主に伝えている。犬も人も幸せに暮らすためには、ただ可愛がるだけでなくしつけや訓練は必要不可欠。販売して終わりではなく、犬の訓練やしつけ教室、ドッグランやペットホテルなど様々な事業を通して、飼い主が家族のように愛情を注いで犬と接することができるように細やかな支援を行っている。

（ライター／彩未）

代表
山口明美 さん

家庭犬のように愛情を注いだブリーディングを行う。犬を家族として迎えてくれる方に譲渡 しており、犬と飼い主が幸せになれるようアフターフォローも大切にする。ドッグショーで数多くの入賞。小動物飼養販売管理士。

愛情を込めて繁殖・育成
飼い主と犬が幸せに暮らすために

積極的にドッグショーに参加
数々の賞を受賞

家庭犬のように愛情と情熱をもったブリーディングを行い、家族のように暖かく迎えてくれる飼い主と犬が幸せに暮らせるようなサービスを提供する『BULLD』。代表の山口明美さんは、小学校3年生のときに愛犬が亡くなった悲しみから1週間学校へ行けなくなったことがあったという。ブリーダーの元に訪れた際、「そんなに犬が好きならやってみないか」と勧められたことをきっかけにブリーダーとしての活動をはじめた。フレンチブルドックやパグ、ブルドッグ、ゴールデンレトリバーを中心に、家庭犬と同じように一頭一頭大切に育てることにこだわったブリーディングを行っている。

清潔な犬舎で育て、滋養を促す鹿肉のオリジナルフードを与えたり、ドッグランでの遊びや散歩の時間を大切にするなど家庭犬以上の愛情を注ぎながら、一頭一頭と大切に向き合う。妊娠した場合は獣医とも連携し、母犬に無理をさせないように徹底した配慮を行う。また、目が届くリビングで注意深く体調の変化を見守り、産前産後も手厚いケアを心がける。

ブリーダーサイト **BULLD**
ブルド

✆ 080-3286-9196
✉ akemiyamaguchi0510@gmail.com
㊟ 岐阜県安八郡安八町西結631-1
https://bulld.jp/

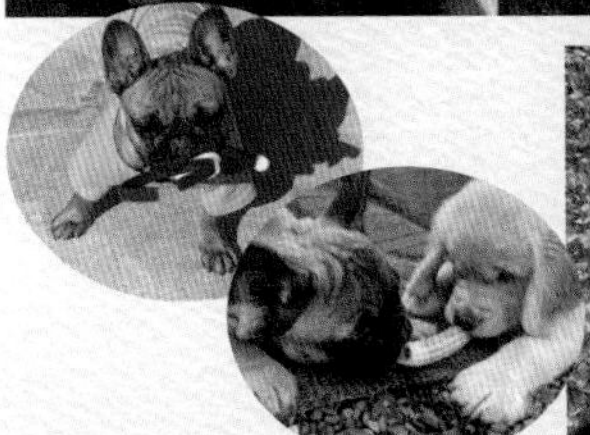

山口さんが愛情をかけて大切に育てた犬たちは、心身ともに健康で人懐っこく、個性豊かでかわいい子ばかり。大切に育てた犬たちだからこそ、譲渡したあとも新しい飼い主の元で幸せになってもらいたいと飼い主と直接対面しての譲渡にこだわっている。犬種それぞれの特長や育て方などの説明や餌やりや排泄の処理、病気になることや旅行に行きにくくなることなども細かく説明。子犬の引き渡し後のアフターサポートも充実しており、健康状態や成長などに不安や疑問を感じたときは相談に応じて貰えるので、犬を飼うのが初めての方でも安心だ。

また、犬種の姿形が理想像（スタンダード）にどれほど近づけているかを審査する品評会やドッグショーにも力をいれる。ドッグショーで入賞するような純血統の犬を育成するためには、良い犬と交配することが必要。他のブリーダーさんとの信頼関係をしっかりと構築することで、よりよい繁殖・育成に繋げており、年に数十回ほどドッグショーに出場し、様々な賞を受賞している。

健康管理と品質はもちろん、犬を取り巻く環境やニーズについても考えながら、愛情豊かに育てた犬と飼い主がいつまでも幸せに暮らせるようにサポートする。

（ライター／彩未）

熱い志で挑戦し続けます
セルフメイドだからこその高品質な施工を

代表取締役
赤松秀一 さん

長年、建築業界一筋で経験を重ねた後、2011年に創業、2016年に『株式会社Self made』を設立、代表取締役に就任。足場工事、鉄骨工事、イベント会場設営を事業の三本柱にご業績を牽引。

足場工事・鉄骨工事・イベント設営・撤去、機械設置など。

確かな足場工事に光る誇りと使命感
鉄骨工事やイベント会場設営でも実績

ゼネコンの依頼が多数
大規模建築現場も担当

「現場は鳶職にはじまり、鳶職に終わる」『株式会社 Self made』代表取締役の赤松秀一さんは、建築工事に欠かせない作業環境を設営する足場工事に誇りと使命感を持って取り組んできた職人魂の塊のような経営者だ。その実力は鉄骨工事やイベント会場の設営でも示される。

「新築、改修を問わず、建築工事は鳶職人が現場に入らない限り施工がスタートすることも終わることもありません。なぜなら、現場では基本的に高所での作業が中心になり、そのための環境づくりを鳶職人が担っているためです。2011年に創業した当社は、足場工事で豊富な経験があり、大手ゼネコンからの依頼でホテルや物流倉庫などの大きな建築現場も手がけ、まずは現場に入って仮囲いを行い、その何もない空間に完成形をイメージしながら一から足場を組み上げ、作業員が安心して建築に打ち込むことができる作業環境を造っています」

イベント会場の設営では、アーティストのライブイベントの会場設営まで手がけ、観客が安心して楽しめるよう迅速確実に作業する。

（ライター／斎藤紘）

株式会社 **Self made**
セルフ メイド

06-6655-0894
selfmade.inc.2011@td6.so-net.ne.jp
㊟ 大阪府大阪市西成区梅南2-1-25-704 グランドメゾンテル
https://team-self-made.com/

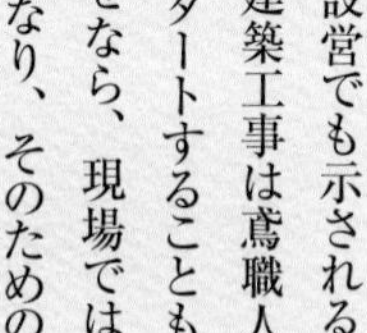
株式会社
Self made

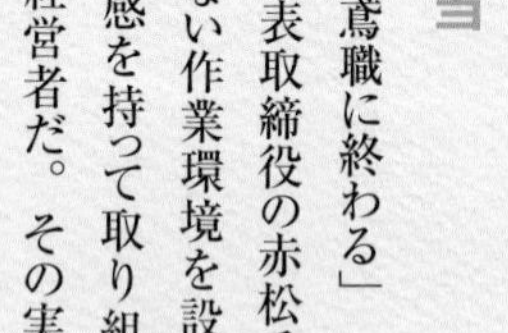

太陽光発電設置工事を通じて、持続可能なエネルギー社会に貢献。

代表取締役
山崎大介 さん

鉄筋工事会社経営の友人の紹介で建設業界に入り、親方まで上り詰めた後、数年は個人で仕事を続ける中で太陽光発電の話が持ち込まれたのを機に、2021年太陽光発電設備設置事業に特化した「株式会社大翔建設」を設立。

太陽光発電設備の設置工事で躍進
産業用住宅用の最適プランを提案

短納期適正価格が強み
保守で安定稼働に寄与

「太陽光発電システムを通じた、環境に優しく快適なライフスタイルの創造」

『株式会社大翔建設』代表取締役の山崎大介さんが掲げた経営理念だ。東北から近畿までを対応エリアに産業用太陽光発電、住宅用太陽光発電の設備工事と保守・点検で着実に業績を伸ばしてきた。

「産業用は、工場の屋根や施設内の空き地などに設置する太陽光発電設備の建築予定地への設計段階からのご相談、設計、施工を短納期、適正価格で行います。長期的な安定運用のためのメンテナンスにも柔軟に対応いたします。住宅の屋根に設置する住宅用太陽光発電システムについては、環境に優しく、節電や売電ができ、災害時にも電気が使える最適なプランを提案します。また、オール電化と太陽光発電システムを組み合わせることで、電気代の高い昼間の電気を太陽光発電で賄い、電気代の安い深夜に通常の電気を使うことも可能になります」

保守・点検は、2017年度から実質義務化となった太陽光発電所のメンテナンスに対応し、安定稼働と事業収益の改善に寄与するものだ。

（ライター／斎藤紘）

株式会社 **大翔建設《ひろとけんせつ》**

048-764-8969
d-yamazaki@hiroto-kensetsu.com
㊟ 埼玉県さいたま市南区根岸1-6-12 3.SEPIA-1A
https://hiroto-kensetsu.co.jp/

株式会社
大翔建設

代表
寺内泰佑 さん
住宅塗装の仕事を15年以上行った後、「地域に密着する会社を創りたい」と2018年に『ペイントワークス』を設立、埼玉県越谷市を中心に外壁・屋根塗装、防水工事、雨漏り工事などの事業展開。

劣化具合に合わせて豊富な知識と経験で外壁、屋根、付帯部を完璧に塗装

劣化状況を子細に診断 施工料金も割安に設定

埼玉県越谷市を中心に外壁・屋根塗装、防水工事、雨漏り工事などを手がける『ペイントワークス』代表の寺内泰佑さんは、一級塗装技能士の国家資格を持ち、住宅塗装で15年以上経験を重ねた後、「お客様一人ひとりに向き合う施工がしたい」と独立起業した塗装のスペシャリスト。外装劣化診断士、雨漏り診断士、カラーコーディネーターなどの資格保有者を牽引し、高品質な施工で施主から高い評価を得てきた。

「当社の強みは、外壁や屋根の塗装だけでなく、軒天や破風、雨樋、水切りなどの付帯部の塗装の劣化状況を子細に診断し、適切に塗替えできることです。定期的な塗装工事は、雨漏りやカビの発生を抑制し、住宅自体の劣化を防止して資産価値の維持向上につながります。原液に近い高品質な塗料を使用し、密着性が高いことがメリットです」

塗装工程の最初から最後まで同社がワンストップで対応。施工内容は施主の予算に合わせて提案するが、施工料金はハウスメーカーよりも3割ほどリーズナブルで、充実したアフターサービスも特長だ。

（ライター／斎藤紘）

ペイントワークス

048-973-7196
chuke0833@yahoo.co.jp
㊟ 埼玉県越谷市花田4-10-13
https://worf-pro.jp/

PAINT WORKS

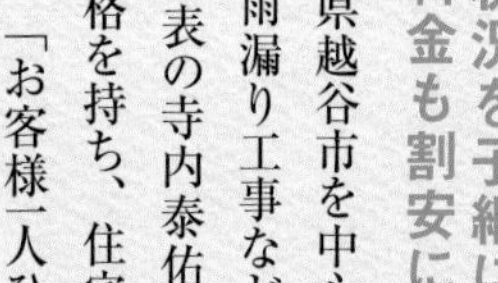

コンクリート → プライマー → ポリウレア

代表
池田利昭 さん

設備会社で電気工事および管工事の施工管理技士として従事した後、建築士のビジネスパートナーとともに2000年に飲食店の設計・施工事業の『有限会社スタンス』設立。2007年に防水・防食事業部を設立。2013年太陽光発電設備部設立。

金属折板屋根 → 地下スレート → 金属折板屋根 → プライマー → ポリウレア → トップコート

ポリウレアによる防水・防食工事好評
強靱な物性を持つ次世代ライニング材

工場の屋根を長寿命化
硬化が早く工期も短縮

1980年代初期に米化学会社の化学者が開発し、強靱な物性を持つ樹脂化合ポリウレアを使った防水・防食工事で業績を伸ばしているのが『有限会社スタンス』代表の池田利昭さんだ。工場のスレート屋根や排水処理地下ピットなどを中心に施工範囲は広がる一方だ。

「ポリウレアは、イソシアネートとポリアミンの化学変化によって形成された次世代のライニング材。防水性、耐熱、耐薬品、耐摩耗に優れ、様々な変状要因から基材を保護します。また、速乾性にも優れ、硬化時間が数秒から十数秒と極めて早く、工期短縮も期待できます。さらに、下地のひび割れの発生や挙動に対して高い追随性を発揮します。経年劣化する工場や倉庫のスレート屋根や金属屋根もポリウレアで補強します。全面的に屋根を貼り替えると、工期やコストがかかりますが、ポリウレアなら短い工期で屋根の長寿命化を実現します」

鉄工所では、ストレート屋根の雨漏りで困っていたが、ポリウレアと発泡ウレタンによるハイブリッド工法で雨漏りも収まり、夏場の冷房の効きが良くなったと喜ばれた。

（ライター／斎藤紘）

有限会社 **スタンス**

0586-89-6411
stansimu@stans.co.jp
㊟ 岐阜県各務原市川島小網町2146-37
https://polyurea.stans.co.jp/

有限会社スタンス

「人と人との、出会い、繋がり、時間を大切に」物件売却のお悩み、不動産コンサルティングもお気軽にご相談を。

代表取締役
森本孝之 さん

2022年10月『マルサンクロノス株式会社』設立、代表取締役に就任。千葉県、東京都23区内の不動産売買仲介、不動産投資物件紹介、不動産コンサルティングを実施。

不動産投資向けの非公開物件を紹介
相続対策や土地活用の相談にも対応

不動産の売買仲介実施
コンサルで最善策提案

公益社団法人東京都宅地建物取引業協会に所属する『マルサンクロノス株式会社』代表取締役の森本孝之さんは、宅地や建物を購入して運用、管理し、家賃収入や売却益を得る不動産投資に精通し、投資の対象として有望な物件の紹介で投資家などから信頼を集めてきた経営者だ。

「千葉県と東京都23区内を中心として、戸建て、1棟マンション、区分マンションなど様々なタイプの投資用物件をご紹介します。不動産サイトなどで一般公開されていない非公開物件や市場に出回っていない物件も多数取り扱っていますので、資産運用や老後資金対策として不動産投資をお考えの方からご相談があれば、的確に対応します」

森本さんは、土地や戸建住宅、マンションなどの買い取りや売却の支援でも、「住宅ローンが残っている」「古くて売れるか不安」といった困りごとを解決する。不動産コンサルティングも実施、不動産に関する不安や悩みだけでなく、収益不動産の売買、相続対策、土地活用、賃貸事業など専門性の高い問題でも最善策を見出して提案する。

（ライター／斎藤紘）

マルサンクロノス 株式会社

☎ 03-5830-3283
✉ marusan@marusan0123.com
㊟ 東京都台東区元浅草1-3-2 松岡ビル4F
https://marusan-estate.com/

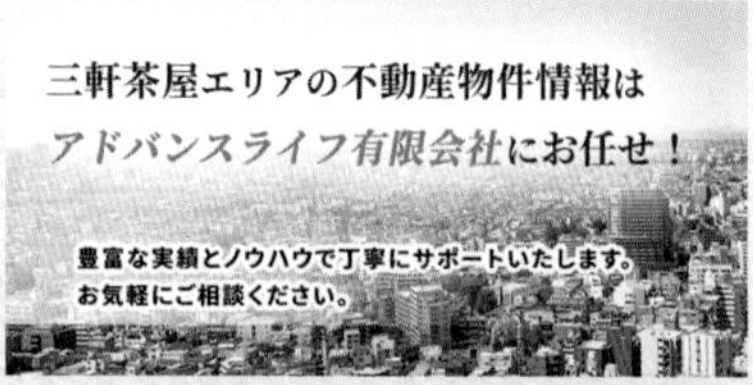

三軒茶屋エリアの不動産物件情報は
アドバンスライフ有限会社にお任せ！
豊富な実績とノウハウで丁寧にサポートいたします。
お気軽にご相談ください。

代表
平出裕太 さん
日本大学法学部卒。大手不動産会社を経て、1990年不動産会社『アドバンスライフ株式会社』設立。一般社団法人相続事業承継コンサルティング協会会員。相続資産・事業承継ナビゲーター、相続対策コンサルタント。

相続不動産の課題に的確アドバイス 被相続人も家族も満足する最適解追求

信頼支える知見と経験 相続対策セミナー開催

次世代への継承を考える不動産オーナーや不動産の相続人が抱える数々の課題を解決してきた『アドバンスライフ有限会社』代表の平出裕太さん。相続資産・事業承継ナビゲーターなどの資格を持ち、相続に関する多くの知見と大手不動産会社での実務経験に裏付けされたアドバイスの信頼性に定評がある。

「これまで多くの不動産案件に携わる中で、相続税のために土地を手放したり、遺産分割で揉めたりといった事例を目の当たりにしてきました。この経験から、被相続人ご本人にも遺されたご家族にも満足いただける対策を考える相続不動産コンサルティングです。資産を守る対策は当然ですが、さらに一歩進んだ相続対策を提案します。例えば遺言の内容を変えるだけで相続税が半額になったケースもありますし、相続に有利な財産に組み替えることで一千万円以上の節税になったケースもありました」

平出さんは、『新時代の相続セミナー』や『相続無料相談会』も開催している。

（ライター／斎藤紘）

アドバンスライフ 有限会社

03-6411-3618
staff@advancelife.tokyo
㊟ 東京都世田谷区三軒茶屋1-39-7 ショッピングプラザベルアージュ102
https://advancelife.tokyo/

インターネットの情報はこちらから。

AdvanceLife

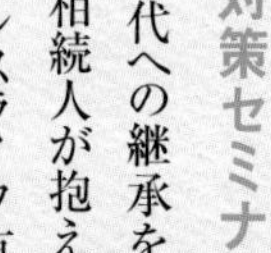

くぼ地
がけ地
困った不動産・終着駅
崖地・窪地・山林・原野・別荘地
農地(一定の要件あり)・リゾートマンション・遠方の実家
全国どちらでもご相談をお受けします。
原野商法で買ってしまった別荘地
市街化調整区域内敷地
農地
山林

代表理事
岡田光雄 さん

建材・ハウスメーカーなどを経て大手ハウスメーカーで住宅営業、不動産仲介、分譲開発、企画部門に従事。不動産再生会社に移り、地主家主などの相談を受ける。2016年『一般社団法人全国資産終活支援センター』設立。

困った不動産を引き取り有効活用
願ってもない資産終活支援サービス

崖地や原野などが対象
処分費のみ所有者負担

「困った不動産・終着駅®」というユニークな名の資産終活支援サービスで、多くの不動産オーナーの悩みを解消してきたのが、『一般社団法人全国資産終活支援センター』代表理事の岡田光雄さんだ。崖地や窪地、山林、原野、農地、調整区域内地、別荘地、リゾートマンションなど処分に困り、次世代に引き継ぎしたくない不動産をオーナーには処分費を負担していただくことで引き取ってもらえるサービスだ。

「相続で分割しにくく、子どもに負担がかかるので何とかしたいという困った不動産を抱えて悩んでいる方は少なくありません。そうした不動産を専門に扱う会社は少なく、当社でお手伝いしたいという思いから始めたサービスです。引き受けた不動産は、ネットワークを活用して、周辺を詳細に調査し有効利用できる道を探ります。当社から不動産を取得して事業用地に利用されている企業があります」

相続で不動産を引き継いだ子世代のほか、「元気なうちに整理しておきたい」という高齢の所有者からの引き取り依頼が少なくないという。

（ライター／斎藤紘）

一般社団法人 **全国資産終活支援センター**
ぜんこくしさんしゅうかつしえんセンター

03-6300-9102 FAX 03-6300-9202
info@yorozusoudan.or.jp
住 東京都新宿区西新宿4-32-6 パークグレース新宿606
https://yorozusoudan.or.jp/

解決家族 よかったね
資産の終活！
これだけはなんとしても自分の代で解決したい®

住まいの問題、困っていること、ご相談を。

代表取締役
豊島潔 さん

日本工業大学大学院修了。大学院時代から仕事を手伝っていた設計事務所に就職、住宅建築、歴史的建造物の復旧、現場監理などの経験を積んだ後、父親が創業した『株式会社豊島工務店』に入り、経営を承継。一級建築士、木造住宅耐震診断士。

介護保険で住宅をバリアフリー化 役所に行う申請手続きもサポート

手すり取付や段差解消 リフォームの経験活用

加速する高齢化に伴って必要性が高まる住宅のバリアフリー化で頼りにされているのが『豊島工務店』代表取締役で一級建築士の豊島潔さんだ。介護保険制度で要介護又は要支援の認定を受けた65歳以上の第1号被保険者の負担が費用の1割で済む住宅改修を施工するだけでなく、役所に住宅改修費支給を求める申請手続きもサポートする。

「介護保険の対象となる改修は、居室や廊下、トイレ、浴室、玄関、通路などへの手すりの取り付けや段差の解消、滑りの防止などのための床材などの変更、開き戸から引き戸やアコーディオンカーテンなどへの取り替え、和式便器から洋式便器への取り替え、これらに伴う壁の下地補強や柱の改修工事、給排水設備工事、路盤整備などです。支給限度は20万円までですが、要介護状態区分が3段階上昇した時などは再度20万円まで支給されます。まず介護支援専門員に相談し、住宅改修の必要な個所について話し合うことから進めていきます」

豊島さんは、木を重用する住宅リフォームで実績を重ねてきた。

（ライター／斎藤紘）

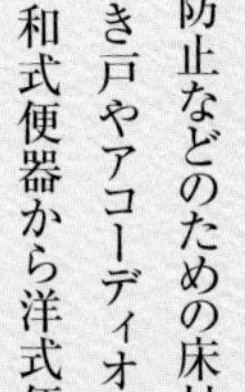
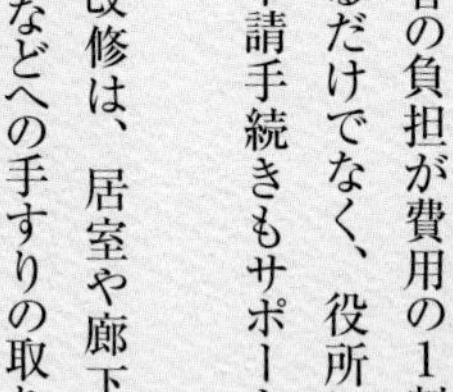
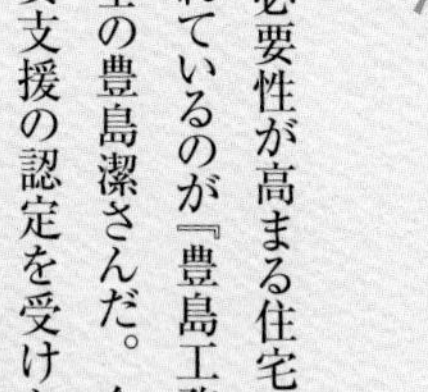

代表
山下健太 さん

元インターネット販売員。顧客からオファーを受ける働き方がしたいと人工芝を敷くフランチャイズに加盟。人工芝や雑草の処理だけでなく庭づくりにチャレンジしたいと剪定や伐採の勉強を重ね、『はなまる造園』を設立。

文句なしの完成度
庭のことならまるごとお任せ

円滑なチームワークで素早く施工

見るものに癒しを運ぶ植栽は、木の特性に合わせたケアが肝心。手入れを疎かにすると落ち葉や果実が飛散したり、害虫の繁殖や木の病気など様々なトラブルを引き起こしてしまう。季節や木の種類によって剪定に適している時期と適さない時期があり、時期によって木が弱ってしまうこともあるので正しい知識が必要だ。

代表の山下健太さんを中心に、若さを活かした機動力と円滑なチームワークで、スピーディーかつ丁寧に住宅や店舗、公共施設などの庭の管理やメンテナンスを行う『はなまる造園』では、剪定や植栽のほか、シンボルツリーの樹形を整えたり、敷地内の草刈りや除草など庭の美観を保つための様々なメニューが用意されている。年間3500件の作業実績で培った豊富な知識と経験活かし、より効率よく作業を進めることで、依頼が集中する繁忙期でも着工から完工までのリードタイムをできる限り短くすることが可能にする。

「入念なヒアリングで仕上がりのイメージを共有してから丁寧に施工することで、お客様に〝はなまる〟がいただける完成度を目指しています」

（ライター／彩未）

はなまる造園 株式会社 ジェネシス
はなまるぞうえん

📞 06-6725-7333
✉ info@hanamaru-osaka.jp
㊟ 大阪府東大阪市太平寺2-8-12
https://hanamaru-osaka.jp/

『ベビーベビー®』

取締役常務
澁谷耕平 さん

1926年（昭和元年）創業の『有限会社渋谷種苗店』の営業部長を経て取締役常務に就任。「笑顔が溢れる農業」「生産現場を第一に」を合言葉に経営を牽引。シードアドバイザーの資格を保有。

美味しい青森産トマトの魅力を発信 生産現場を第一に生産者と情報交換

地域農業活性化に注力 特長の異なる3種推奨

青森産トマトの魅力を全国に発信し、販売促進大使ともいえるほど熱心に活動しているのが、地域農業の活性化に力を注ぐ『有限会社渋谷種苗店』取締役常務の澁谷耕平さんだ。「生産現場を第一に」をモットーに、トマト生産者の声を直に聞き、情報交換し、生産管理にも協力する。

澁谷さんがオススメのトマトは、それぞれに特長のある3種。

「『ベビーベビー®』は果皮が薄く、とろけるような食感が特長で、農家と産学官が協力して作り上げた品種です。研究会の会員のみが栽培を許され、徹底した栽培管理と厳格な選果に合格した果実のみが出荷されます。『メジャーノ・トマト』は、皮が硬くキリっとした濃厚な食味の高糖度トマトで、新しい栽培方法で生産されたものです。『あかねプレミアム』は平均糖度12%前後で、インパクトのある酸味と後から感じる甘味がクセになるフルーツ系ミニトマトです。後味はスッキリ、いくらでも食べたくなる様なフレッシュな味わいを楽しめます」

澁谷さんは「ＡＯＭＯＲＩベビーベビー研究会」の事務局も担当している。

（ライター／斎藤紘）

有限会社 **渋谷種苗店**《しぶたにしゅびょうてん》

017-729-4545
s-seed@hyper.ocn.ne.jp
㊟ 青森県青森市大野字玉島30-8
https://www.shibu-tane.com/

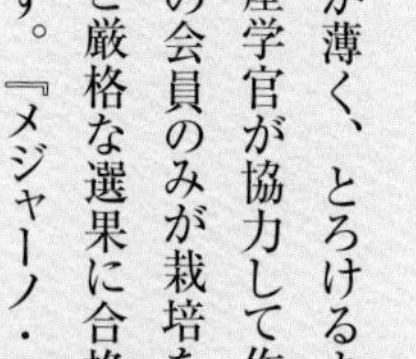

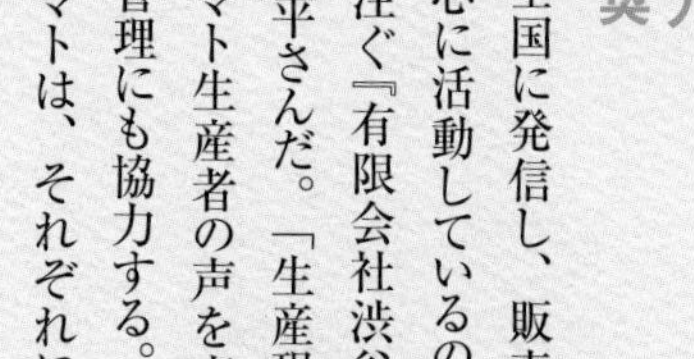

100㎜～600㎜の大型機械部品や樹脂なども加工可能なNC旋盤。

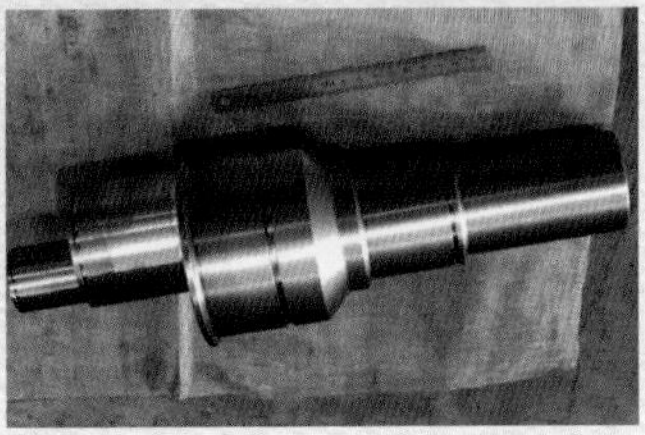

旋盤・各種金属加工可能。

代表
須崎健太 さん

1970年創業の『須崎製作所』二代目代表。大型機械部品加工、異形物加工、金属・非鉄・樹脂部品加工、製缶物加工、精密加工などの旋盤加工、焼き入れ後仕上げや精密仕上げなど金属加工全般に対応可能な生産体制を維持。

旋盤加工の精度高めたNC旋盤導入
大型機械部品から異形物まで製作

積極的に設備投資推進 多様な加工依頼に対応

半世紀にわたってモノづくりの原点ともいえる大型機械部品、異形物、金属や非鉄、樹脂部品などの旋盤加工を手がけてきた『須崎製作所』代表の須崎健太さんは、時代の加工ニーズに応えるための設備投資を進め、中でも受注増に寄与しているのが加工精度を大幅に高めるコンピュータ数値制御装置を組み込んだNC旋盤の導入だ。

「工作機械は絶対位置精度が重要で、数値制御はそれを実現するために考案されたメカニズムです。NC旋盤のNCはその数値制御を意味するNumerical Control の略です。NC旋盤で金属素材の外径加工、内径加工、端面加工、ネジ加工、溝加工、穴加工、円錐形状のような角度をつけたテーパー加工などを高精度で行うことができるのです」

須崎さんは、顧客企業から作りたい部品の形状やサイズを聞いたうえで、NC旋盤を中心に手動で動かす汎用旋盤も使いながら、直径100㎜～600㎜の大型部品なども製作し、焼き入れ後仕上げや精密仕上げなども行い、小ロット、多品種など多様な加工ニーズに応えている。

(ライター／斎藤紘)

須崎製作所
すざきせいさくしょ

06-6757-6158
suzaki.ss@outlook.com
㊟ 大阪府大阪市生野区巽西2-10-6
https://suzaki-ss.jp/

代表
池田徳治 さん

父親が創業した骨董、古物商時代から約百年続く『池田哲男商店』の三代目代表。非鉄金属を扱っていた二代目代表の長兄の他界後、経営を担い、業容を各種金属スクラップの直接買取に転じ、得意先を開拓し、業績を伸ばす。

問題続きの大阪・関西万博の撤退提言
子どもが夢を持てるテーマで再挑戦

物価高での開催に苦言
アニメの積極活用促す

「庶民が物価高に苦しんでいるときに、何千億円もかけてやる必要があるのか」。大阪を元気にする独自の『大阪アニメランド王国』構想の活用を訴えてきた『池田哲男商店』代表の池田徳治さんは、問題が続出する2025年大阪・関西万博の状況を「大阪人として恥ずかしい」と嘆き、ここはいったん白紙に戻し、世情が落ち着くまで間を開けて再挑戦するのが賢明な策と政官財の責任者に決断を促している。

「大阪・関西万博は、他の関西府県をないがしろにして、大阪だけが暴走している万博になっており、建設費の膨張、会場設営の遅れ、参加予定国の撤退など問題が相次ぎ、しかも国際紛争などで環境も悪化している中、水戸黄門のように一喝する権力者もいない。このような状況ではいったん撤退し、全体計画をみんなで見直した方がいいと思います」

池田さんはこう指摘した上で、間を置いて再挑戦する時は、『大阪アニメランド王国』構想のようにアニメを活用して、子どもがもっと夢が持てるような分かり易いテーマを設定すべきことも提言する。

(ライター/斎藤紘)

池田哲男商店
いけだてつおしょうてん

✆ 06-6681-3311
〒 大阪府大阪市住之江区御崎7-8-26
http://ikedatetsuo.jp/

夢の 池田哲男商店 presents
大阪アニメランド王国
構想

- スナックランド
- ペットランド
- 海遊ランド
- アジアランド
- フラワーランド
- グルメランド
- 職業体験ランド
- 家電ランド
- 医療施設
- カジノランド
- スポーツランド

初めてのお客様の故障やトラブルも真摯に対応し、不安解消へ。

代表取締役
入部彰 さん

社名の『CREVE』は、フランス語で「創造する、crêer（クレエ）」と、「夢、rêve（レーヴ）」を組み合わせた造語。「想い描いたものを形にしたい」という意味を込め、車の修理、整備、車検、カスタムなどお客様の夢を実現するお手伝いをしている。

福岡県古賀市の車のトータルサポートショップ

お客様の状況に合わせた最適な施工を提案

福岡県古賀市で車検・整備・修理・中古車販売・カスタムなどを手掛けている『株式会社 CREVE』は、お客様に対する実直な対応と状況に合わせたベストな提案に定評のあるトータルサポートショップだ。

車の修理でどうしても気になるのが修理費用。特にパーツの交換が必要な時にはどうしても修理費用が高くなってしまう。同社ではそんな時でもできるだけ修理費用を抑えるため、純正品と同等の品質を持つ社外品のパーツの使用を推奨するなど修理費用をできるだけリーズナブルにする修理内容を提案してくれる。さらに、修理後の車に今後も長く乗るつもりなのか、近々買い替えを検討しているかなど丁寧なヒアリングで状況に合わせて最適な提案をしてくれるのも同社の大きな特長だ。外車を得意としており、外車に関する様々な対応が可能。購入を悩んでいるという方は、ぜひ一度相談してみてはどうだろうか。

お客様が本当に乗りたい車、本当に欲しい車に乗れる、夢を実現できるカーショップだ。

（ライター／長谷川望）

株式会社 **CREVE**
クレーヴ

092-410-0701
info@reve-op.co.jp
㊟ 福岡県古賀市青柳1326-5
https://www.creve-0701.com/

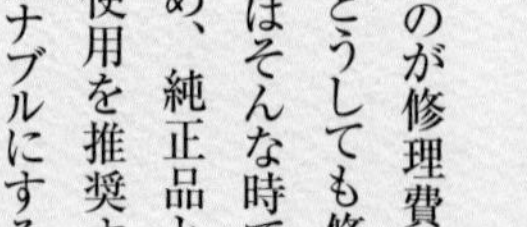

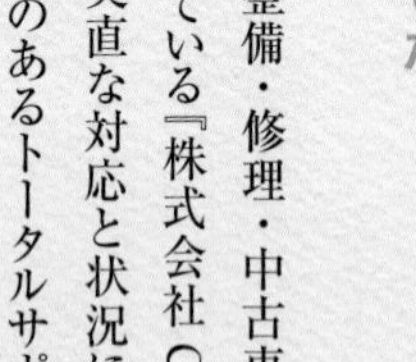

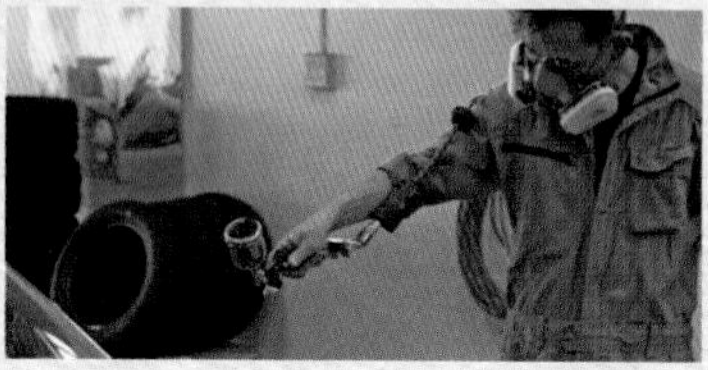

『セラミックコーティング』
SSサイズ（ミラ、ワゴンR、ムーヴなど）100,100円（税込）Sサイズ（アクア、フィット、ノートなど）105,000円（税込）
Mサイズ（プリウス、インサイト、キューブなど）112,000円（税込）
Lサイズ（クラウン、アコード、レガシィなど）120,000円（税込）
LLサイズ（アルファード、ステップワゴン、セレアなど）130,000円（税込）
XLサイズ（レクサスLX、ランドクルーザー、レンジローバー、ベンツGLクラスなど）168,000円（税込）

代表
石川一孝 さん

サービスステーションで20年以上経験した後、独立、カーコーティングの手洗い洗車に特化した『K-style』設立。ダイヤモンドキーパーの施工技術を認定する「keePer」技研社の検定試験に合格してコーティング技術1級の資格取得。

異次元の防汚性・撥水性能を発揮
最先端『セラミックコーティング』推奨

ナノ粒子の被膜を形成 洗車傷の付着をも軽減

カーコーティングのスペシャリスト『K-style』代表の石川一孝さんが自動車愛好家に強く推奨しているのが『セラミックコーティング』だ。主成分は、二酸化ケイ素（SiO_2）。分子レベルで塗装と硬化結合することで、主に撥水性のコーティング被膜を形成するのが特長で、あらゆる自然環境から愛車の塗装を保護することができるのがその理由だ。

「平滑に見える車の塗装表面は、実際は多孔質。セラミックコーティングを施工すればナノ粒子のセラミック被膜が形成され、微細な洗車傷の付着を軽減できます。酸性とアルカリ性のクリーナーに対して耐性があり、コーティング被膜を極力痛めることなく汚れを落とすことができます。また、鮮やかな発色と美しい艶で存在感を放ちます。防汚性に優れ、泥汚れや鳥の糞や虫の死骸などの有機質汚れの固着を防ぎます。優れた撥水性能で洗車の水の拭き取りも楽になります」

成分や料金などが異なる「LMグラフェンプロ」「LMスリック」「LMセラミック」の3タイプがあり、好みに応じて選択できるのも特長だ。

（ライター／斎藤紘）

カーコーティングと洗車の専門店 **K-Style**
ケースタイル

0563-65-8403
info@k-style-coating.com
㊟ 愛知県西尾市上町中道42-1
https://k-style-coating.jp/

コーティングの一例　『ピュアキーパー』Sサイズ 6,410円（税込）/Mサイズ 7,040円（税込）
『クリスタルキーパー』Sサイズ 19,500円（税込）/Mサイズ 21,800円（税込）
『ダイヤモンドキーパー』Sサイズ 55,100円（税込）/Mサイズ 60,400円（税込）など。

代表
田代正記 さん

SSでの経験などを生かして約7年前にカーコーティングを主力業務とする『Coating Shop ProPer』を設立。車のサイズや車種を問わず対応。「keePer」技研社認定の『EXキーパー』一級、『キーパーコーティング』一級資格保有。

新車を超える美しさと撥水力を生む高品質のボディガラスコーティング

厚さ2μの被膜を形成
車関係の仕事で20年

マイカーを綺麗に保ちたいドライバーの間で高い評価を得ているのが『Coating Shop ProPer』代表の田代正記さんだ。洗車用ケミカルメーカー「keePer」技研社認定の『EXキーパー』一級と『キーパーコーティング』一級の資格が裏付ける技術と専門知識が顧客満足度を最大化する。

『EXキーパー』とは、最高レベルのボディガラスコーティングだ。

「『EXキーパー』は、高密度のガラスコーティングの上に、圧倒的な厚みを持つコーティング被膜を施工することで、従来の倍の厚さである2ミクロンのコーティング被膜で新車を超える美しさを生み出します。撥水力があり、水シミや水アカを防ぐ構造になっています」

洗車は純水を使い、透明な仕上がりが特長の手洗い洗車。車内の清掃や除菌、傷んだボディを新車のように輝かせる研磨も行う。

田代さんは、サービスステーションで勤務した後、7年ほど前に独立起業、車関係の仕事はトータルで約20年になる。大切な愛車をカーコーティングでお守りして、カーライフを充実させる」がモットーだ。

（ライター／斎藤紘）

Coating Shop **ProPer**
プロパー

0993-83-1191
㊟ 鹿児島県南九州市知覧町西元5481
https://coating-proper.com/

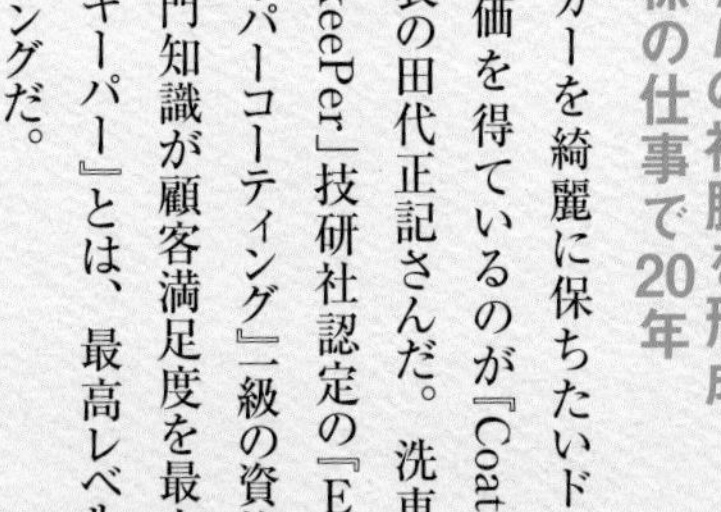

SDGs12（持続可能な無消費と生産）
SDGs13（気候変動）　SDGs15（陸上資源）
CO、HC、NOxとPM2.5の大幅な削減により、Euro6をクリア!
SDGs13
長期にわたる良好なエンジンコンディションの維持!
SDGs12
20万kmごとに一度のメンテナンスで継続使用可能
SDGs12
オイル寿命が延命!
SDGs12
ユーザーメリット大! 環境負荷の大きな軽減!
SDGs12
ろ紙不使用
SDGs15

『PECS MARK-IV』
下記写真はSPIN ONタイプのカット写真、その他種類は、濾紙だけを交換するインナータイプ（カートリッジタイプ）、センターボルト方式など各種あります。ガソリン・軽油・プロパン他燃料の種類は問いません。
※用途：自動車・産業車両・発電機その他。
『PECS MARK-IV DIESEL』
適合機種：各種ディーゼル車、船舶、産業車両、産業機械などその他。
『PECS 3P-N for BIKE』　適合機種：各種バイク、マリンスポーツエンジンなど（カートリッジ式タイプに装着可能）。
オイルフィルターと互換性があるうえ、一部の車両を除き、走行距離20万kmごとのメンテナンスで継続使用が可能。

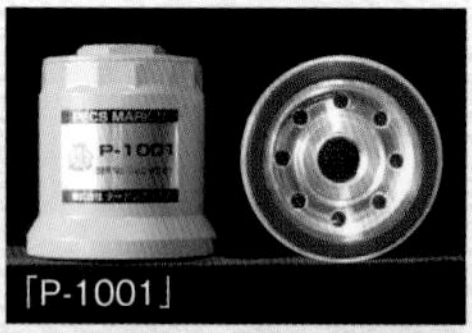
PECS MARK-IV
P-1001
「P-1001」

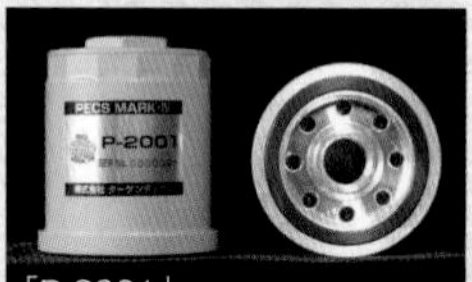
PECS MARK-IV
P-2001
「P-2001」

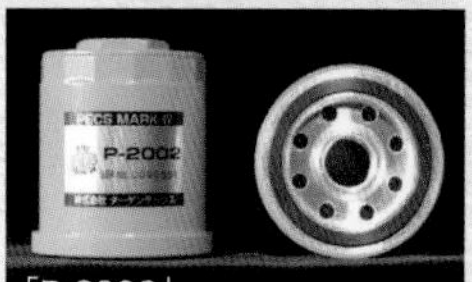
PECS MARK-IV
P-2002
「P-2002」

代表取締役
中村幸司 さん

日本大学工学部機械工学科卒。大手自動車関連会社で技術課にて知識を習得。独立して、1991年『株式会社ターゲンテックス』設立。磁性粉体の除去法を発明し、西独などで特許取得。ブラジル地球サミット国際環境機器展に招待参加。2005年度には日本大学大学院工学研究科非常勤講師。

国際貢献が期待される日本発の技術 途上国の大気汚染対策のソリューション

次世代フィルター技術 タイでの普及事業始動

濾紙式オイルフィルターに替わり、オイルの寿命を倍増させ、公害排出ガスを低減させ、エンジンの寿命をも延ばす次世代フィルターが国際的に注目されている。『株式会社ターゲンテックス』の社長中村幸司さんが発明した無交換式オイル劣化予防装置『PECS MARK-IV（ペックスマークIV）』。タイ王国で中古ディーゼル車に実装して行われたテストで良好な結果が出たことが評価され、国連の気候技術センター・ネットワークに開発途上国の大気汚染対策に寄与すると助成事業として認定された技術だ。

『PECS MARK-IV』は、オイル中の微細鉄粉類を特異な配列と構造の永久磁石で除去する装置で、微小粒子状物質PM2・5の原因になるカーボンの析出を抑制し、温室効果ガスを大幅に削減する。タイでのテストでは、排ガス低減に加え、燃費改善の効果も確認された。これを受け、タイでは『PECS MARK-IV』を普及させるためにコア技術の部品輸出と同国での組み立てなど事業スキームがほぼ出できあがり、中古の公共バスやトラック向けに販売するプロジェクトが2024年に動き出す。

（ライター／斎藤紘）

株式会社 **ターゲンテックス**

✆ 03-3326-7081
✉ ttpecs@tagen-tecs.co.jp
㊟ 東京都世田谷区南烏山5-1-13
http://www.tagen-tecs.co.jp/

PECS MARK-IV 種類　（乗用車）

型式	ネジ径	ガスケット径
P-1001	UNF3/4-16	71×61
P-2001	UNF3/4-16	62×52
P-2002	M20P1.5	62×52

IT Solution Partner
技と心で社会へ貢献するITソリューション・パートナー

事業内容

情報処理システム　基幹業務・WebAP開発

・社会保険システムの開発、保守

情報処理システム　基盤設計、構築保守

・労災関連システム基盤の保守運用
・官業事務共通システムの保守運用

プロジェクトマネジメント支援

・損害保険システムPMO

システム運用設計、保守

・ポイント管理システムの設計、保守
・クラウド関連サポートセンタの運用

代表取締役
向中野雅経 さん

フリーのエンジニアとして活躍後、2009年『株式会社エモーショナル』の代表取締役に就任。情報処理システムの基盤設計、構築、運用、保守、プロジェクトマネジメント支援、クラウドサポートセンター運用などを実施。

多様な業務のIT化を技術力で実現
一騎当千のITエンジニアの力結集

選択肢から最適解選択
個人指名の業務依頼も

東京・三田の『株式会社エモーショナル』は、代表取締役の向中野雅経さんが少数精鋭のITエンジニアの技術力を結集して企業の様々な業務のIT化を支援するITサービスの総合商社だ。情報処理システムの基盤設計、構築、Webの仕組みを使ったアプリWebAPの開発、クラウドサポートセンターの運用、商品購入時のポイント管理システムの設計、公共競技システムの開発、官業事務共通システムの保守運用、損害保険システム開発など、これまで手がけた業務実績から技術力の高さが鮮明に伝わる。

「当社は、集団の中に埋もれることがない、能力のある一騎当千の個人の集まりです。受注した業務については、私から指示は出さず、問いかけから始め、それに対して考えうる選択肢を各自が出して、それを一緒に判断していくというスタンスで進めています。この業務推進体制が高度の技術開発を求める企業様の要請に的確に応えることができる経営基盤になっていると思っています」

特定のタスクにスタッフを指名しての依頼が多いのも同社の特長だ。

（ライター／斎藤紘）

株式会社 **エモーショナル**

03-6436-5863
otoiawase@emo-r.co.jp
㊟ 東京都港区三田3-4-18 二葉ビル401
https://emo-r.co.jp/

IT SOLUTION PARTNER EMOTIONAL

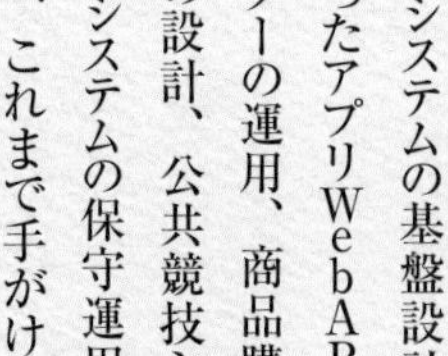

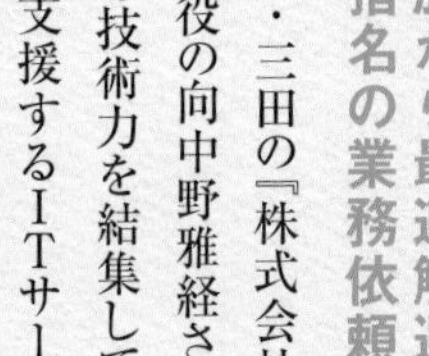

代表
伊東稔人 さん

愛媛大学卒業後に大学院を修了し、税理士資格を取得。愛媛の税理士事務所で100社以上の顧問を担当し、独立。開業一年で100社以上のサポートをし、現在も新規顧客が増え続けている。2023年6月に法人化。

30～40代の女性経営者が相談しやすい「経営のコンシェルジュ」に!

安心して経営に集中できるように日本一相談しやすい税理士を目指す

お金の悩みから感情面のケアまでサポート

「日本一相談のしやすい税理士法人」をモットーに、会計や税務のサポート業務や経営者が悩みを相談しやすい環境の提供で安心して経営に集中できるようにサポートする『税理士法人ＩＳＪ』。代表の伊東稔人さんは、気さくで何でも話しやすい人柄で税の悩みだけでなく経営者の些細な不安や感情面の悩みにも真摯に対応してくれると好評の税理士だ。融資のサポートや創業支援、法人化支援にも積極的で、経営者の良きパートナーとして情報を密に共有しながら経営発展をサポート。難しいお金の話をいかにわかりやすく伝えるかにこだわり、一人ひとりの想いに丁寧に寄り添う。

経営者に気兼ねなく相談してもらえる環境を作るため、人との関わりが大好きでコミュニケーション能力が高い人材の採用を心がけており、社内の雰囲気はいつも明るく和やか。

また、クラウド会計の導入にも力を入れ、県内外問わず対応可能。会計や税務のサポート業務を通して、お客様と唯一無二の特別な関係を築き、女房役となるよう経営をサポートしていく。

（ライター／彩未）

税理士法人 **ISJ**
アイエスジェー

089-910-6028
info@isj-tax.jp
㊟ 愛媛県松山市紅葉町7-9
https://isj-tax.jp/

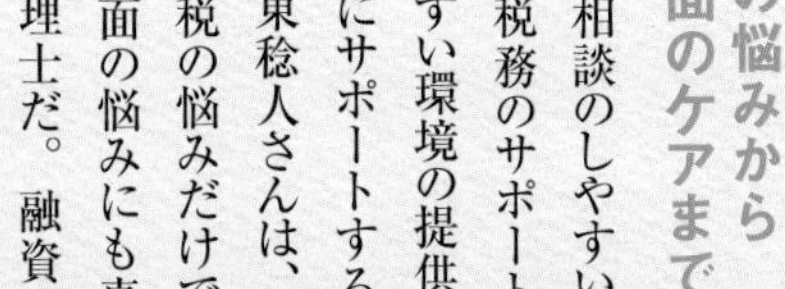

土・日曜日や夜間も予約制で相談を受け付けている。

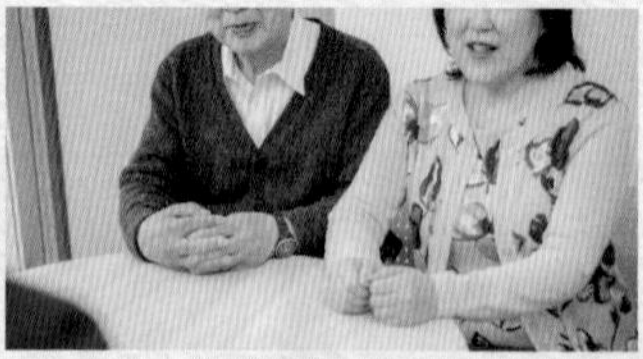

代表
河崎陽平 さん

青山学院大学中退。2010年出版社勤務時代に行政書士試験に合格。その後様々な司法書士事務所で経験を積みながら、2018年司法書士試験に合格、2021年開業。簡裁訴訟代理等関係業務認定会員、日本財産管理協会会員。

相続登記義務化に早期の対応促す 登記の専門家として包括的に支援

様々な問題の発生指摘 必要な書類を収集作成

『河崎リーガル司法書士事務所』代表の河崎陽平さんは、「相続争いをする家族をゼロにする」ことをミッションとして掲げ、円満円滑な相続ができるように支援してきた司法書士だ。弁護士と並んで唯一、相続登記の代理ができる専門家として、早めの相談を促しているのが、2024年4月1日から義務化される相続登記だ。

「相続登記とは、亡くなられた方が土地、建物を所有していた場合に、登記を相続人の名義にする手続きです。これまでは登記しなくても罰則がなく、空き家の原因となるなど深刻な問題となっています。これを受け、不動産登記法の改正で相続登記が義務化され、登記を一定期間怠ると罰則が科されるようになります。相続登記を放置していると罰則以外にも様々な問題が発生しますので、早めの対応が求められます」

不動産を相続した、昔不動産を相続したが名義変更をしていないといった人の相談に乗り、登記に必要な戸籍の取得や相続関係説明図の作成、遺産分割協議書の作成、不動産登記申請書の作成などを行う。

（ライター／斎藤紘）

河﨑リーガル司法書士事務所

かわさきリーガルしほうしょしじむしょ

✆ 03-5838-6922
✉ kawasaki@kawasaki-legal.jp
㊟ 東京都台東区雷門1-15-12 雷門永谷マンション212
https://kawasaki-legal.jp/

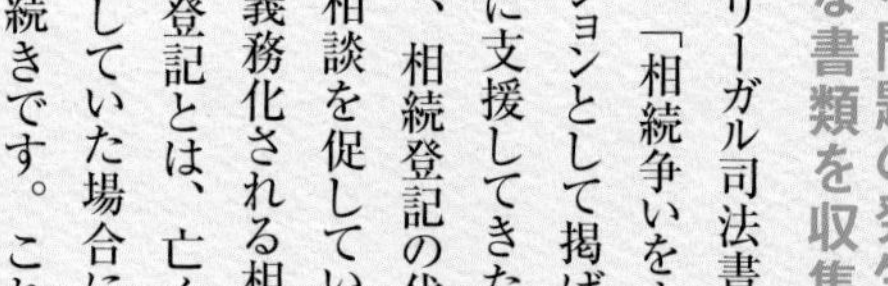

40年以上のキャリアで、気持ちに寄り添った「何でも話せる法律事務所」として活動。

弁護士
牧野茂 さん

慶應大学法学部卒。第二東京弁護士会所属。第二東京弁護士会裁判員センター、日弁連刑事弁護センター幹事。共著書「裁判員裁判のいま」(成文堂)「裁判員制度の10年」(日本評論社)」など。

相続問題を解決に導く周到な戦略
裁判員裁判制度の推進改善に尽力

弁護士キャリア40年
裁判員の経験者と交流

『フェアネス法律事務所』弁護士の牧野茂さんは、40年超のキャリアの中で企業法務や不動産トラブル、離婚問題、民事契約、フランチャイズ紛争、犯罪被害、損害賠償請求など事の大小を問わず多様な案件を解決に導いてきた弁護士。中でも実績が際立つのが相続問題の処理だ。

「相続問題では、ご家族の背景事情や重要な財産である不動産への思いなどが解決のネックになりがちです。ご依頼いただいた際には冷静に相続人それぞれの思いを聞き取り、遺産の範囲や遺言書の有無などの事実関係を正確に調査し、依頼者様の権利を実現するための準備と戦略を周到に整え、できる限り話し合いで円満な解決を目指します。話し合いが決裂した場合でも調停、審判の手続きまで支援します」

牧野さんはこうした弁護士活動とは別に、有志で裁判員経験者との交流団体である裁判員経験者ネットワークを設立し、共同代表世話人として、裁判員制度の推進と改善を目指す活動に積極的に取り組んでいるほか、裁判員裁判制度に関する共著書を複数刊行している。

（ライター／斎藤紘）

フェアネス法律事務所
フェアネスほうりつじむしょ

03-3500-5330
makino@fair-law.jp
㊟ 東京都千代田区霞が関1-4-1 日土地ビル10F
https://shigeru-makino-law.com/
https://fair-law.jp/

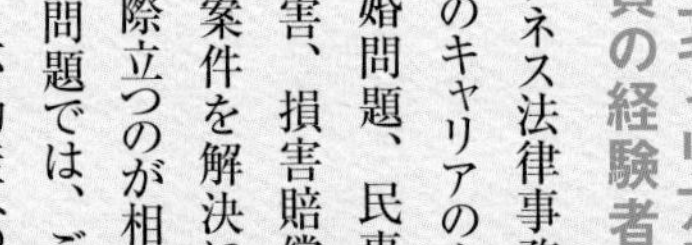

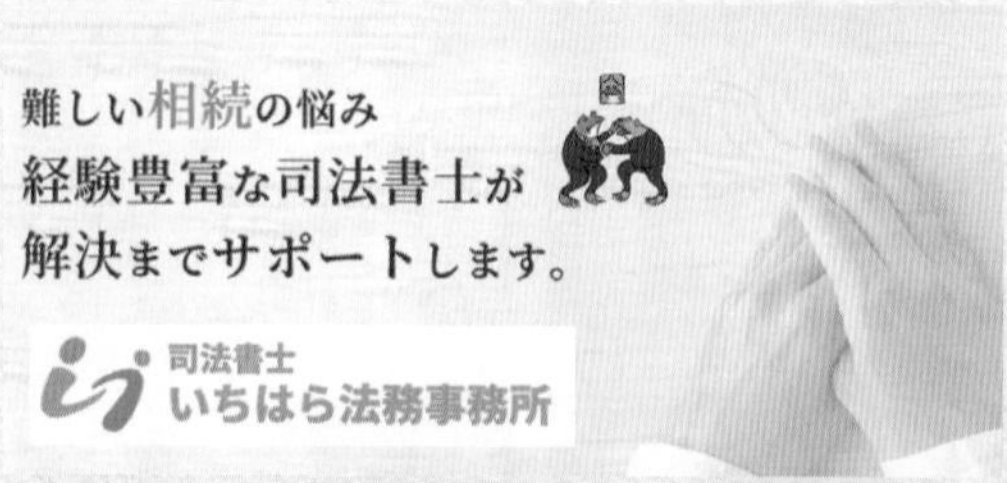
難しい相続の悩み
経験豊富な司法書士が
解決までサポートします。
司法書士
いちはら法務事務所

司法書士
佐久間義明 さん

早稲田大学法学部卒。司法書士。簡裁代理認定。

司法書士
亀井慶仁 さん

北海道大学法学部卒。司法書士・行政書士。簡易裁判所で代理人になれる簡裁代理認定。

面談は一組ずつプライバシーに配慮して行われる。

相続の複雑な手続きをサポート 一つひとつの事案に親身に対応

前事務所での経験活用 煩瑣な書類取集も支援

司法書士二人がタッグを組んで相続問題に取り組んでいるのが千葉県市原市にある『司法書士いちはら法務事務所』だ。亀井慶仁さんは、前事務所で相続に関する業務全般に専門的に取り組んだ経験を持つ。佐久間義明さんは、２０１６年の開業以来多くの相続人の方の苦労や負担に寄り添い、地域の悩みに応えてきた。

二人は、「相続に関する手続きは書類の収集や作成が多い上に法律の専門的知識も必要となり、大変な労力を伴います。当事務所ではその負担を少しでも軽減できればと思っています。具体的には、遺言書作成、成年後見の申立、不動産・預貯金・証券等財産の名義書換、相続放棄申述など相続が発生する前の生前対策からご協力可能です。また、紛争化している場合には弁護士、税金への対応が必要な場合には税理士といったように関連士業と強く連携しています。一つの窓口で幅広い事案に対応ができるので、気になったり不安になったりしたことは遠慮なく聞かせて 欲しいです」と語った。

（ライター／斎藤紘）

司法書士 **いちはら法務事務所**
いちはらほうむじむしょ

0436-63-6211
info@ichihara-souzoku.com
㊟ 千葉県市原市八幡2382-61
https://ichihara-souzoku.com/

こちらからも
検索できます。

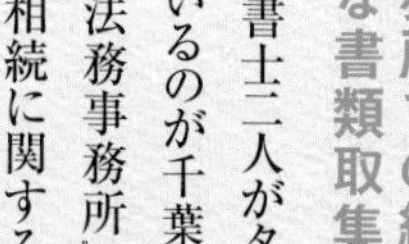
司法書士
いちはら法務事務所

ロータリークラブの会長として国際貢献のために尽くす。

外国人雇用者と企業を結ぶ。

入国後の子どもたちの勉強も支援。

所長
髙橋伸朗 さん

大阪水都ロータリークラブ元会長、現幹事。パスト会長会会長、元財団委員長、兵庫県行政書士会元理事（総務部長）、伊丹商工会議所議員、伊丹防犯協会賛助会員。国立大学法人大阪大学元教員、神戸学院大学元非常勤講師、大阪府池田市元危機管理担当監、法務省法務総合研究所民事高等科研修修了、衛生工学衛生管理者。Disaster Manager Advanced。

外国人雇用の申請手続きを代行で支援 相続、許認可などに係る様々な書類作成

申請取次の資格を活用 専権業務で包括的支援

少子高齢化による労働力不足を外国人労働者で補う必要性が高まる中、外国人雇用に必要な申請手続きの支援で頼りにされているのが『あいおい行政書士法務事務所』所長の髙橋伸朗さんだ。雇用主・外国人に代わって申請書の提出ができる申請取次行政書士の資格を活かした業務を行う。

「当事務所は、登録支援機関として、特定技能の在留資格で就労する外国人を雇用する企業などが行う各種の申請手続きや特定技能者に関しての管理を安心して任せることのできる事務所です。また、就労ビザを取得するために在留資格認定証明書交付申請をする時、在留資格を変更する時、在留期間を更新する時、家族を日本に呼び寄せる時、定住者や永住者の在留資格を取得する時にも絶大な信頼のおける事務所です」

髙橋さんは、高齢化社会で重要さを増す相続に関しての手続きについて経験豊富であり、遺言書作成、遺産分割協議書作成などについて親身になって相談を受け、依頼者の満足度はとても高い。また、各種の許認可申請に関しても真摯に対応し、依頼者の満足度はとても高い。

（ライター／斎藤紘）

あいおい行政書士法務事務所

あいおいぎょうせいしょしほうむじむしょ

℡ 072-744-1001　FAX 072-744-1002
✉ gyousei1001@yahoo.co.jp
㊟ 兵庫県伊丹市荒牧7-9-30

愛犬
六花（ロッカ）ちゃん

㊢ 9:00〜17:00 ㊡ 土・日曜日・祝日

山田千布さん

宮崎さんと、山田さんの姉妹の連携で、迅速、丁寧に対応。

代表
宮崎由子 さん

AFP・FP二級保有資格者。看護師として勤務経験後、大手保険会社を経て、『Life Planning フレア』設立。女性だからこその細かなケアや、親身で誠実なサポートに定評。仕事・結婚・家庭など、それぞれのライフステージに合わせた最適なプランを提案している。

女性スタッフが寄り添う 親身な保険プランニング

小さな悩みも丁寧に対応 初心者も安心

愛媛県松山市の『Life Planning フレア』では、FP二級保有資格者であり、看護師の勤務経験もある宮崎由子さんと山田千布さんの二人の女性ファイナンシャルプランナーが、資産活用や保険の見直しなど一人ひとりのライフステージや予算に合った最適な保険・サポートを行っている。「保険ってよくわからない」「自分に合った保障は何なのか」「資産形成って何から始めるの?」などどんな小さなお悩みも丁寧に対応。女性ならではの細かな気配りと、柔らかで親しみやすい雰囲気で、優しく解説してもらえる。

保険の相談に関しては不安を抱く方も多いが、『フレア』では、無理に勧めることなどはなく親身な対応で、知識がなくても気軽に相談できる。また、契約後も給付金請求手続きなど、アフターフォローもしっかりサポートしてくれるので安心だ。遠方の場合は、オンラインや出張面談も可能。都合に合わせて、カフェや自宅など臨機応変に対応してくれるので、忙しい方も相談しやすい。「一人ひとりに寄り添う」ことをモットーとする『フレア』に力を借りてみればどうだろう。

(ライター/播磨杏)

Life Planning **フレア**

✆ 089-954-4401
㊟ 愛媛県松山市萱町2-5-5 ホワイトハイツ507
https://lp-flair.com/
※ホームページ内メールにて相談・予約可能

こちらからも
検索できます。

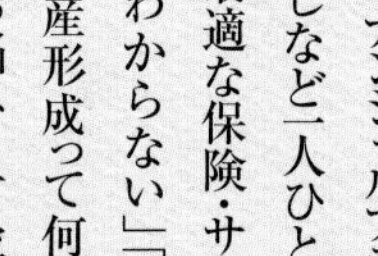

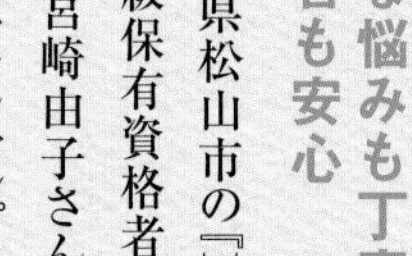

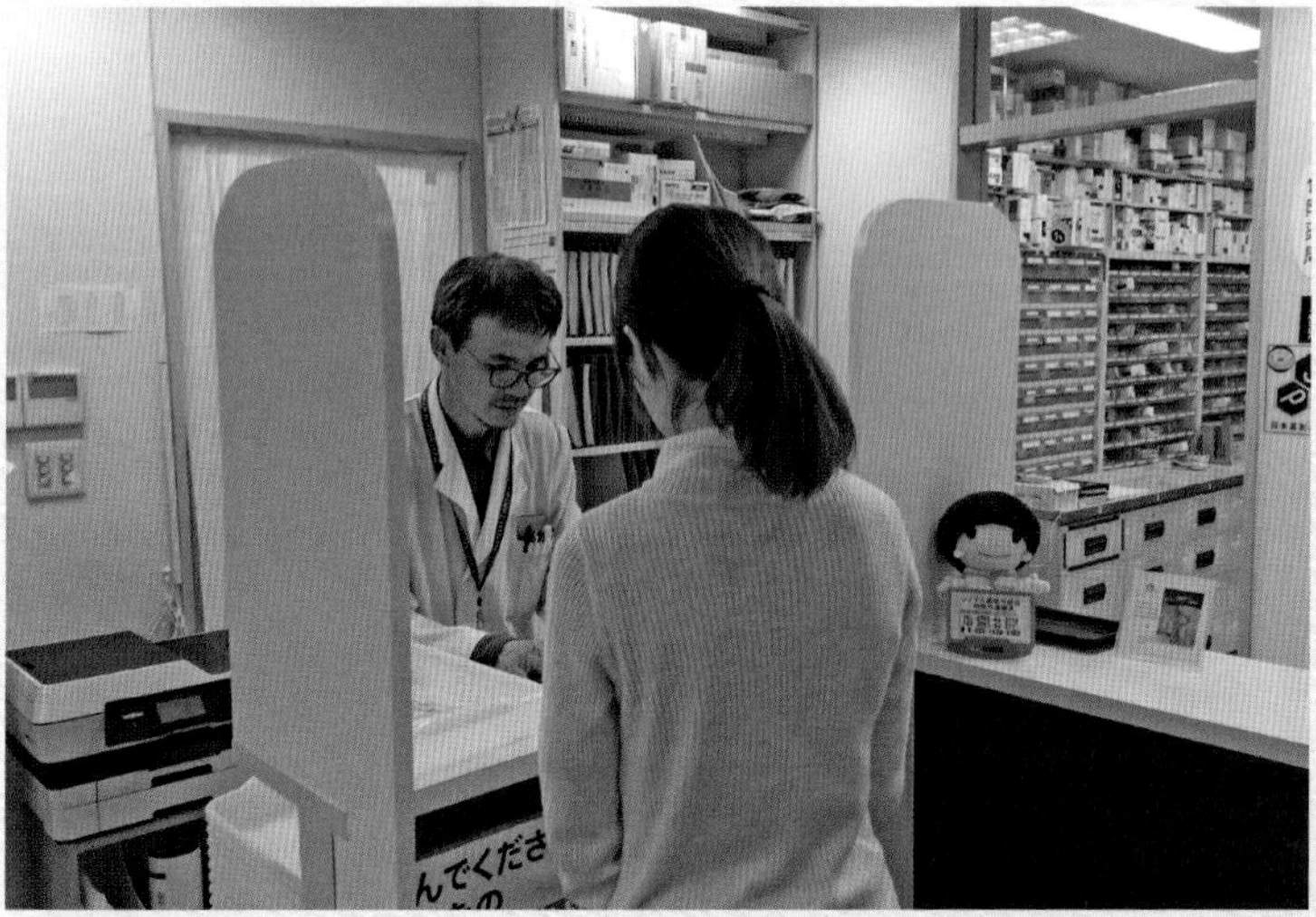

代表取締役
永田哲彦 さん

九州の大学の薬学部で学び、薬剤師資格を取得。福岡や大阪の薬局勤務を経て、ドラッグストアに転職後、『有限会社スリースターズ』入社。経営権を得て2007年、「メイプルファーマシー」FCとして『メイプル薬局平群店』継承。

地域包括ケアの活動で地域に貢献
薬剤師の役割大事に服用理由説明

地域の医療機関と連携
高齢者の居宅に薬宅配

薬局内で医師の処方箋に従って薬を取りそろえるだけでなく、地域貢献に使命感を持って取り組んでいるのが調剤薬局『メイプル薬局平群（へぐり）店』を営む『有限会社スリースターズ』代表の永田哲彦さんだ。コロナ禍後も感染症対策としてかかりつけ医で感染症の診断を受けた方に対しても引き続き駐車場で対応しており、また在宅で療養する高齢者を地域の医療関係機関が協力して支える地域包括ケアの活動にも力を注ぎ続ける。具体的には、地域の整形外科、耳鼻咽喉科、消化器内科、歯科の医院と連携して高齢者を見守る体制を取り、昼休みに車で高齢者の居宅を回って薬を届けたりするほか、2週間に一度は介護施設に出向いて高齢者に服薬指導、定休日にも休日応急診療所で調剤に当たっている。

もう一つ、永田さんが大事にしているのが薬剤師としての役割だ。

「インターネットで調べれば、薬の情報はたやすく手に入る時代ですが、『なぜ、この薬を飲むのか』『どのように効くのか』ということまでは分かりません。それを分かりやすく伝えることができるのは薬剤師だけです。その役割をしっかり果たしていきたいと思っています」

（ライター／斎藤紘）

メイプル薬局 平群店　有限会社 スリースターズ
メイプルやっきょく

☎ 0745-46-2170
㊟ 奈良県生駒郡平群町大字三里384-1
http://maple-pharmacy.com/store/heguri/

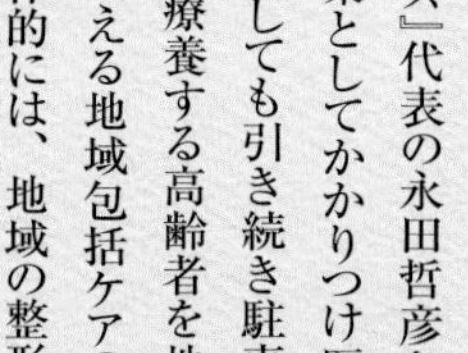

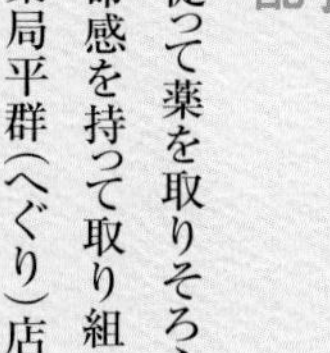

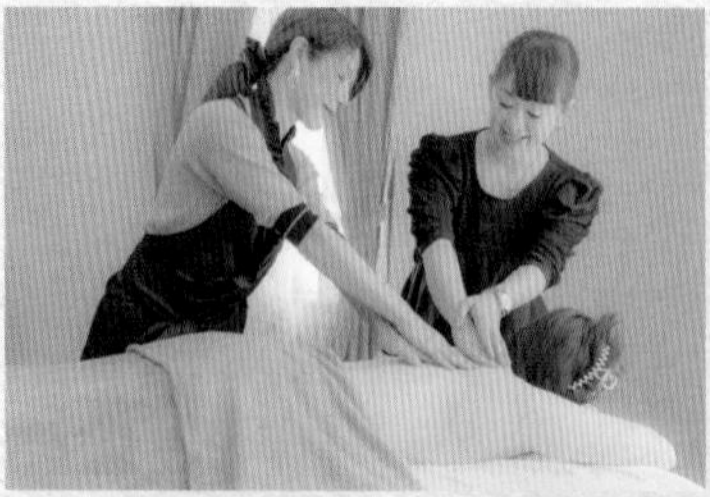

代表
福本弓子 さん

セラピスト歴20年以上。TRANQUILO式薬膳エステ®考案、開発、講師。HCV認定ハーブセラピスト。セラピストのための専門家としてお客様に求められる本物のセラピストを育成。

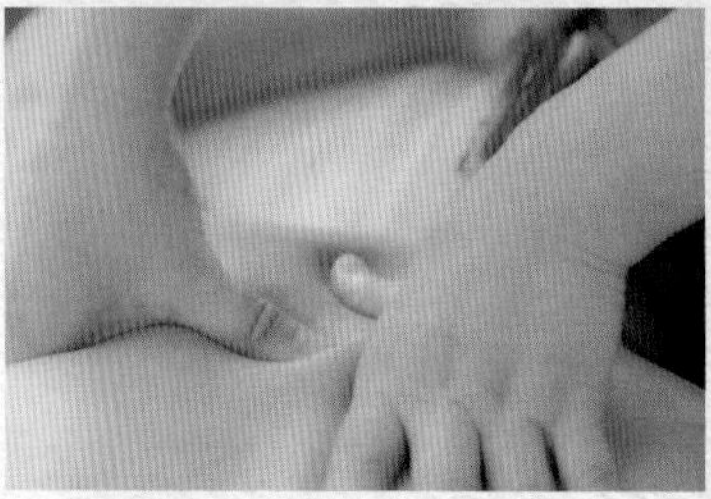

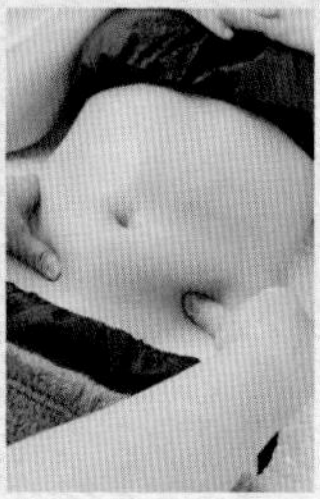

『TRANQUILO式
薬膳エステ®
セラピスト養成講座』
132,000円（税込）

本物のセラピストを目指す方へ 薬膳エステで圧倒的な差をつける

薬膳エステで リピート率向上

韓国の薬膳料理「韓方」と体質改善に欠かせない「よもぎ蒸し」、日本人特有の凝りをセラピストの手技でほぐす「ディープリンパドレナージュ」により、本当の健康美を目指すオリジナルメソッドを学ぶ『holistic beauty therapist college Unange』の『TRANQUILO式薬膳エステ®セラピスト養成講座』。代表の福本弓子さんは、独学で子宮ヨガや妊活、更年期などの子宮美人学をマスターし、腸活&子宮体質改善サロン『Unange』を経営しながら、スクールでセラピストの育成にも携わる凄腕セラピストだ。

解剖学で人体構造と機能を学ぶことに力を入れており、お客様の声と身体の状態から解決策を見出せる本物のセラピストの育成を目指す。また、ワンツーマンによるハンドテクニックのレッスンで、技術面で圧倒的な差がつくと評判。「もっと美しくなりたい」「疲れがとれない」「ストレスを感じている」などの悩みに自律神経ケアと腸活ケアでアプローチする薬膳エステやリピート率が向上するカウンセリング方法などを学び、予約がとれない人気サロンへと導く。

（ライター／彩未）

holistic beauty therapisto college **Unange**
アノージュ

090-3070-0367
tranquilo.0423@gmail.com
㊟ 東京都中央区銀座7-15
https://tranquilounange.com/
@unange__school

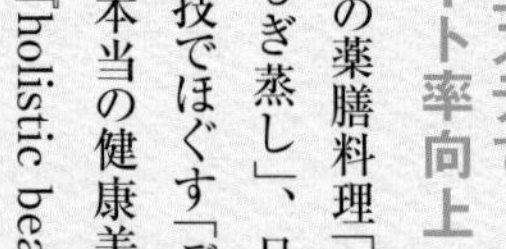

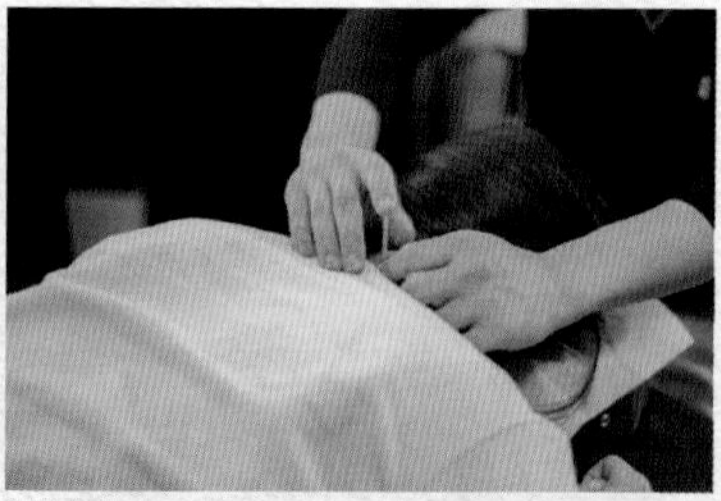

院長
山本達也 さん

大学で食品流通技術や食品管理を研究、卒業後は商社に就職し、全国を飛び回る。家庭の事情で3年後に退社。専門学校で学び、鍼灸師の国家資格を取得。大阪や広島の鍼灸院で修業し、29歳で『くじら鍼灸院』を開業。

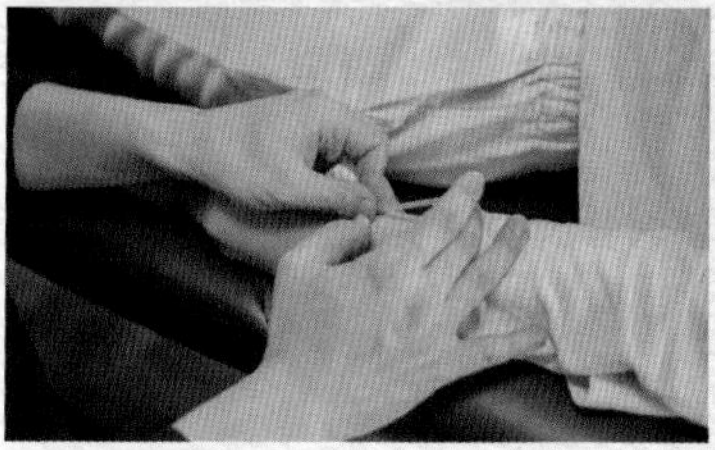
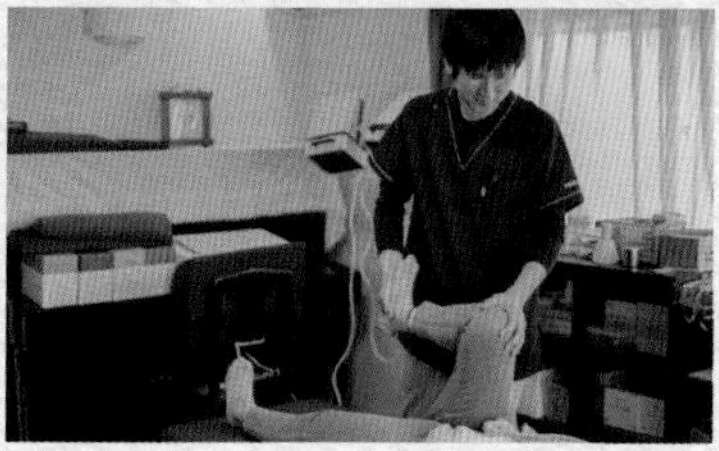

丁寧な説明とヒアリングで、身体の不調の原因を考える。

鍼灸で身体の奥にある症状を改善 根本的な原因を探るヒアリング重視

美容鍼灸や整体も実施 栄養や運動なども指導

『くじら鍼灸院』院長の山本達也さんは、東洋医学にもとづいて体のツボ（経穴）を刺激し、人間本来の自然治癒力を高めることで病気の治療や予防につとめる、はり師、きゅう師の国家資格を併せ持つ鍼灸師。体の状態や症状を見極めるヒアリングを重視するのが特長だ。

「鍼灸は、症状のある患部や根本の原因になっている個所にアプローチし、手技では届かない身体の奥にある症状を改善する施術ですが、体の痛みは患者様ご自身がこれが原因だと感じているのとはまったく別のことが引き金になっているケースが多く、ヒアリングの際には時間をしっかりと取って、趣味、仕事、姿勢、食事などの部分からも問題点を特定し、病状の根本的な原因を探ることを大切にしています」

山本さんはこのほか、身体全体の健康を考慮しながら、外見的な美しさも追求する美容鍼灸や身体のバランスを整えて慢性的な痛みなど改善する整体、日々の負担から骨格が傾いてしまった骨盤を正しい位置に導く骨盤矯正、栄養や運動などのセルフケアの指導なども行う。

（ライター／斎藤紘）

くじら鍼灸院
くじらしんきゅういん

070-3779-9795
kujirashinkyuuinn@gmail.com
㊟ 広島県福山市新市町戸手154-2
https://kujira-shinkyuuin.com/

くじら鍼灸院

英国ダイアナ妃愛用のブルーサファイアと同じ色目の石を使ったシンプルなデザインのピアス。

19世紀ローマ時代のアンティークのブローチを高須加さんなりにアレンジした逸品。

非情に珍しい女性の顔が2つ彫刻されたカメオの絵柄とマッチした葉っぱのデザイン。

代表
高須加洋一 さん

約20年間ジュエリー会社でキャリアを積み、直接オファーが入るようになり1998年に独立。宝石や金など貴金属の特長を理解し、一番美しく見えるよう試行錯誤しながら創作していく。最近はジュエリーのリフォームにも力を入れる。

神戸のジュエリーデザイナー
オーダーメイドの逸品

あなたを輝かせる
世界に一つのジュエリー

兵庫県神戸市で、指輪やブローチ、ペンダントなどのオリジナルジュエリーを制作している『ジュエリー コーヨー』代表の高須加洋一さんは、手持ちのアイテムを現代風にアレンジするリフォームやサイズ直し、金具の交換といった修理も手掛けている。

「出来上がった品を見たお客様からイメージ通りでうれしいといっていただくことが、やりがいや達成感につながっています。1点1点、丹精を込めてお作りしています」

1998年の独立以来、豊かな感性と発想力を生かしたジュエリーは、メーカーからも、個人からも評価が高く依頼が絶えない。「お花をモチーフに」「リボンのような可愛い雰囲気」など希望を伝えるとデザイン案を何点か用意してもらえるので、そこから選んで打ち合わせ。どんな色味で、どこを強調するかなど細かく相談に乗って理想に合わせてくれる。

そこから高須加さんが行うのが素材の宝石探し。「期待にかなう石を求めて海外に行くこともある」というほどのこだわりようだ。工程は一からすべて緻密に自らの手で行い、集中して約1週間で完成させる。

（ライター／播磨杏）

ジュエリー **コーヨー**

090-8375-7989
&FAX 078-621-1266
jewelry.koyo@gmail.com
住 兵庫県神戸市長田区堀切町15-1

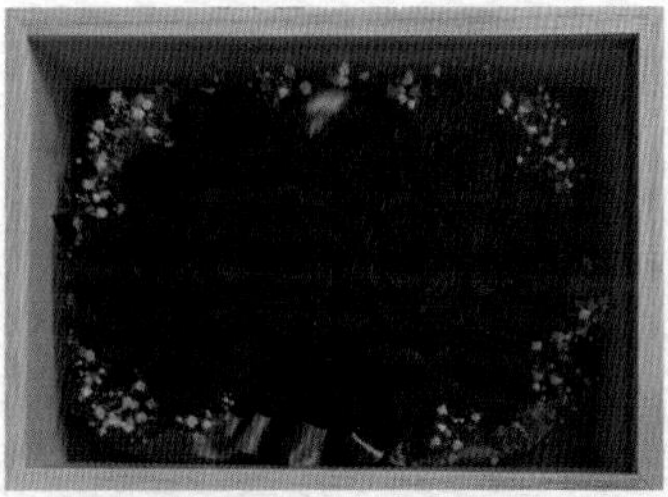

『花言葉に合わせた12本のバラの額』
サイズ24×27×7㎝ 44,000円（税込）〜

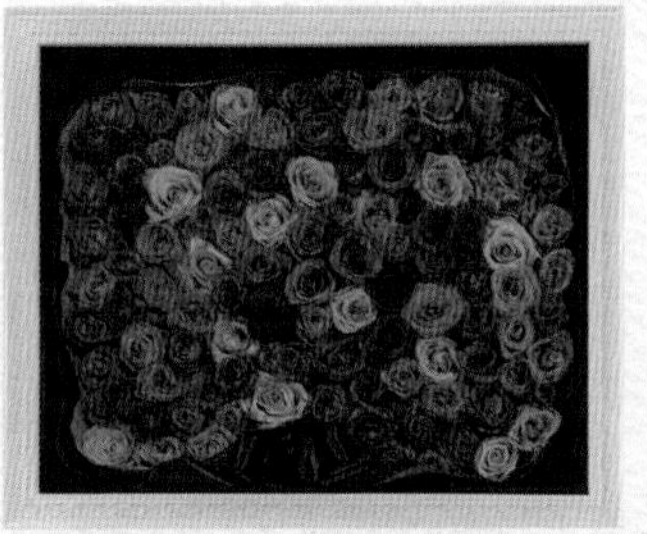

『職人が手作りした花のサイズに合わせた特注額』
（直径約6㎝のバラ） サイズ 45×50㎝ 参考例
176,000円（税込）〜

代表
山田京子 さん

資格取得コースの講師としての経験や県美術館や博物館で教室に通う生徒たちと展示会を開くなど意欲的に活躍。孫が4歳になったのを機にビジネスへと切り替えた。生花を加工することで幸せの形を残すお手伝いをする。

『押し花額
結婚式の花束』
サイズ30×38㎝
44,000円（税込）〜

『カレンフラワー額
卒業式にもらった
記念の花束』
サイズ27×30×7㎝
77,000円（税込）〜

大切な花束を「幸せの形」に 新鮮な生花を美しく加工

どんな種類の花もOK 思い出を美しいまま保存

プロポーズの言葉に添えて贈る花束やブライダルブーケ、結婚式の両親へ贈呈する花束、誕生日や結婚記念日、歓送迎、母の日の贈り物などの「想い出の花束」。岐阜県にある『ショップ&サロン 花＊花』では、枯れてしまう生花をプリザーブドフラワーやレカン、押し花などに保存加工するサービスを行っている。プリザーブドフラワーは、作成液をつけて脱水して染色し直したもので生花とは違った色に染めることもできる。レカンフラワーは、シリカゲルに花を埋めてドライフラワーに加工する。押し花は、水分の吸収率が高いクッション紙に生花を数日間挟んで仕上げている。プリザーブド加工、レカン加工、押し花加工の3種の方法で、ほぼすべての生花の加工保存が可能。アレンジして額や花器で飾るので永く楽しむことができる。どの方法も日光と湿気に気をつければ、美しいまま長期保存が可能だ。作業はすべて一人で行い、最後まで責任を持って慎重に加工している。想い出の花束をきれいなまま残しておきたいと全国から問い合わせが寄せられている。大切な方から頂いた花束を「想い出のかたち」として保存してみてはいかがだろうか。

（ライター／彩未）

ショップ&サロン **花＊花**
はな＊はな

080-3659-1854
HPのお問い合わせフォームより
㊟ 岐阜県岐阜市太郎丸新屋敷29-1
http://www.salon-hanahana.com/

代表
杉浦智子 さん

「生きることにこだわり、どんな命も美しく生きるため」を核に、バレエを天職にしたい方への支援が好評。バレエフィットネスアドバイザー、乳がんヨガ指導者、美姿勢インストラクター、漢方経路リンパアロマセラピスト。

『ケアバレエヨガ
インストラクター
養成講座
〜プロ養成5ヵ月
オンラインコース』
詳しくは、ホームページまたはお問い合わせを。

バレエとヨガで健康的で美しい身体に 夢を叶えるプロ育成講座

バレエを天職に 人生のセカンドステージを応援

大人女子にオススメの習いごととして注目のバレエヨガを学べると人気の『アロームリリーケアバレエヨガ®協会』の公式認定講座。クラシックバレエとヨガをベースにした『ケアバレエヨガ』は、心身が美しく健康であるために整体や東洋医学、リンパストレッチ、精油、マインドフルネス瞑想法などを織り交ぜたオリジナルメソッドだ。２日間の短期集中で講師を目指す『イスケアバレエヨガ インストラクターオンライン養成講座』や80時間超の充実のカリキュラムでプロのインストラクターを養成する『ケアバレエヨガインストラクターオンライン養成5ヵ月講座』などコースも充実。受講後のサポートも手厚く、毎期定員が満員になるほどの人気だ。

バレエは非常に厳しい世界。自分のレベルでは指導もできないと挫折してしまう人も多い。しかし、きちんとケアバレエヨガの知識を身につければ、講師としてバレエに関わることが可能だ。大好きなバレエを天職にしたい方にオススメ。バレエ人生のセカンドステージを応援してくれる。

（ライター／彩未）

JACB・アロームリリーケアバレエヨガ®協会
ジェイエーシービー・アロームリリーケアバレエヨガきょうかい

090-8075-0260
arumlily.t@gmail.com
㊟ 愛知県北名古屋
https://arumlily-balletyoga.com/
@arumlily.t_official

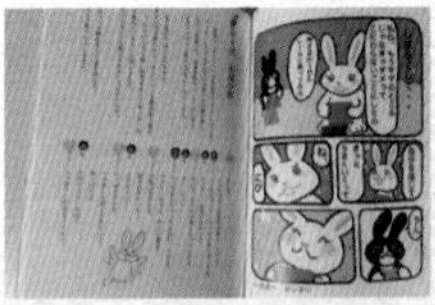

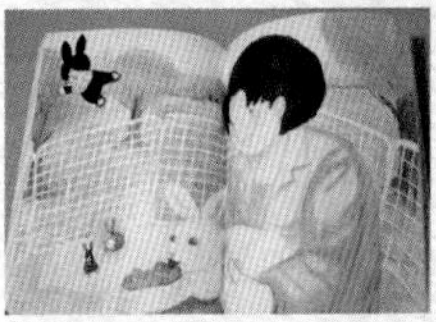

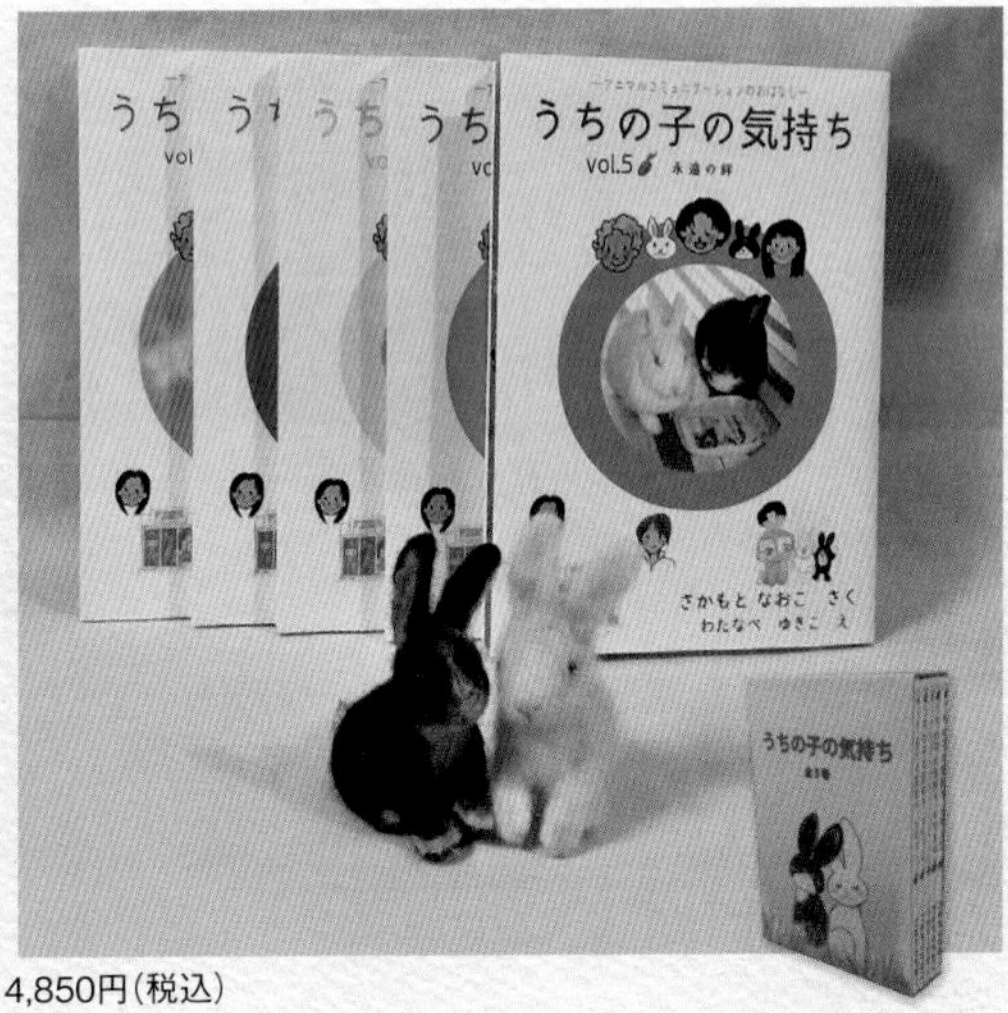

『うちの子の気持ち』全巻セット 4,850円（税込）

代表
坂本直子 さん

ペットシッターや作家として活動。アニマルコミュニケーションを受けることで、自身が飼っていた2匹のうさぎと様々な出来事や想いを共有していた。そのかけがえのない日々を収録した『うちの子の気持ち』が好評。

すべて実話
アニマルコミュニケーションで想いを共有

2匹の愛兎との日々が心を癒すきっかけに

　本を書いて誰かに読んで貰いたいという子どもの頃からの夢。その背中を押してくれたのは愛兎のチェリーだった。『cherinibiya』主宰の坂本直子さんが、一緒に暮らしていた個性豊かで面白い2匹のうさぎ「チェリー」と「にび」との暮らしやアニマルコミュニケーションの内容を書いた『うちの子の気持ち（全5巻）』。絆を深めていく日常や代替医療の経験、やがて訪れる死などを描いた実話を収録している。

　アニマルコミュニケーションとは、言葉が話せない動物たちの意思を受け取ったり、こちらの意思を伝えるスキルで、坂本さんのうさぎが通っていた動物病院で行われていたセッションを受けることで楽しい経験や想いを共有していた。

　10年前に天国へ旅立ってからも定期的にアニマルコミュニケーションで心を通わせているという坂本さん。著書は、アニマルコミュニケーションの入門編としてはもちろん、大切なペットとの限られた時間を楽しみたい方やペットロスの方にもオススメだ。絵本に込められたかけがえのない日々が、心を癒すきっかけになればと願っている。

（ライター／彩未）

cherinibiya
チェリニビヤ

090-3907-8890
mi-rai@icom.zaq.ne.jp
㊟ 東京都武蔵野市西久保2-15-30-102
https://cherinibiya.thebase.in/
natsunatsu686

こちらからも
検索できます。

漢字にふりがながついた『うちの子の気持ち（ふりがな付き）』も発売。
全巻セット
5,350円（税込）

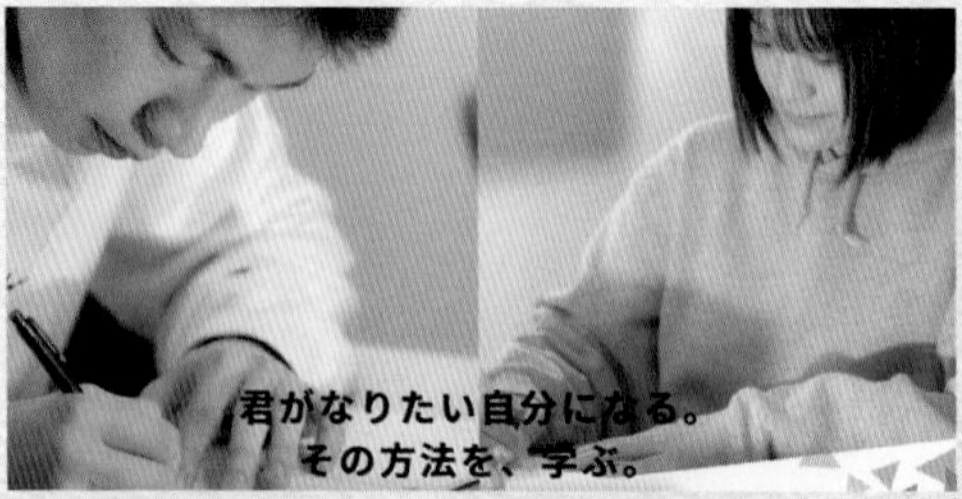

合格からその先までサポートしてくれる学習塾。
『現代文読解』中学生 1週1回 1コマ60分～ 月謝 12,000円（税込）
高校生 1週1回 1コマ80分～ 月謝 14,000円（税込）

代表
橋本長武 さん

東京大卒。大学院時代にフィンランドへ研究目的での留学を経験。評論や小説の内容から時事問題や歴史にも触れることができる独自の現代文授業が好評。多彩な経験と知識で正面から生徒と向き合い、やる気を引き出す。

問題の本質を突く授業
面白い学びで勉強を好きになる

勉強そのものを好きになる
難関校合格者を毎年輩出

「勉強は苦痛でやりたくない」という多くの学生が抱いている価値観を根底から変え、勉強の面白さを学べると話題の『福長塾』。2020年の開校から難関大合格者を毎年輩出している。「勉強の本質は新しいことを知ること。面白い学びでなければ定着はしない」という信念のもと、ただ問題の解説をするのではなく問題の本質を突く授業を行うのが特長だ。

学生一人ひとりの成績を元に長所と弱点を細かく分析して苦手を潰し、長所はしっかり伸ばすことで確実に成果がでるよう塾長自らアドバイス。特別授業では、日常的な疑問や学校の宿題から自分にあった勉強方法を知ることもできる。自分にピッタリの勉強方法で学ぶことで、理解力や吸収力を高め、確実に成果アップに繋げる。

『福長塾』では、勉強そのものが好きになる指導でやる気を出し、志望校合格を目指すだけでなく、その後のビジョンを見据えてサポート。生涯にわたり必要となる勉強を好きになり、知識を得て自分の力にできるように徹底して指導する。授業はオンライン配信で、全国どこからでも授業に参加が可能だ。

（ライター／彩未）

福長塾《ふくながじゅく》　株式会社 Hello Worlds

080-5901-8161
info@fukunaga-juku.com
㊟ 福島県福島市大町1-13
https://fukunaga-juku.com/

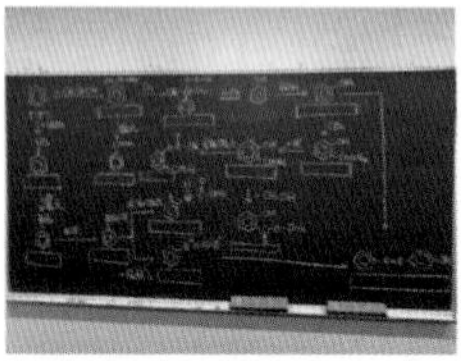

「食」サポート

「一人暮らし」サポート

代表
高橋陽子 さん
『株式会社眞陽舎』代表取締役。1957年12月生まれ。シングルマザーで3人の子供と暮らす。毎日新聞の埼玉版に連載、NHKに出演、有名大学の教授たちの前で『8050問題』について講演。

「訪問」サポート

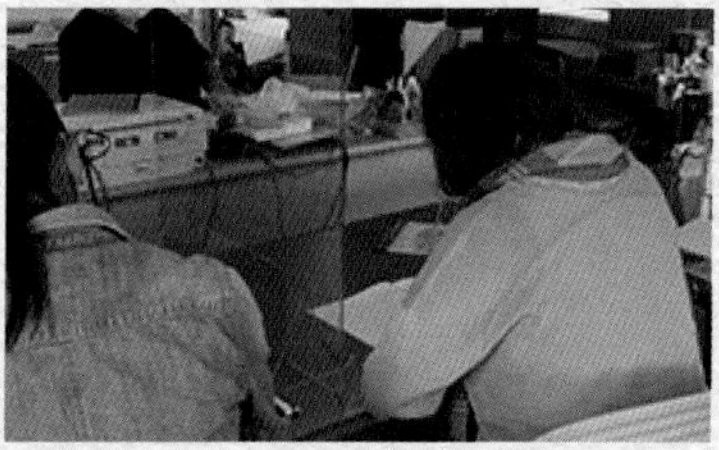

高齢化する引きこもり問題など講演を行っている。

引きこもりや不登校に悩む方へ 社会復帰を目指すために

きめ細かな自立&就労サポート 家族への支援も

近年、収入のない50代の子どもの生活を80代の親の年金で支える「8050問題」が注目を集めている。親の年金で子どもが生活するケースでは、経済的観点から生活に問題がないと判断されがちで、行政の支援対象になりにくい。だが、高齢の親が先に亡くなった後に遺された子どもが誰にも助けを求めることができず亡くなるケースが多発しており、遺された子どもがどのように生きていくかが課題となっている。埼玉県川口市を中心に活動する『avancer』代表の高橋陽子さんは、引きこもり状態の方が自立した生活を送るために必要不可欠な衣食住の管理や就労支援、居場所づくり、家族支援などを行っている。職業能力の開発や雇用機会の充実を図るなど無理なく社会復帰ができるように援助するとともに、自立・就労に必要なトレーニングを通して居場所づくりを行う。一人ひとりの課題をメインとした相談支援で、一人で悩まなくていいように親身に相談に乗る。相談者の不安な想いに親身に寄り添い、障害があっても前に歩いていけるように、自分の足で自分の人生を歩いていけるようになることを目標に支援活動を続けている。

（ライター／彩未）

avancer
アヴァンセ

080-9873-9038
avancer.zenshin@gmail.com
㊟ 埼玉県川口市南鳩ヶ谷2-18-16

埼玉県川口市南鳩ヶ谷2-18-16

「居場所」

「環境」をつくり、

「中高年の引きこもり」

「自立」をサポート。

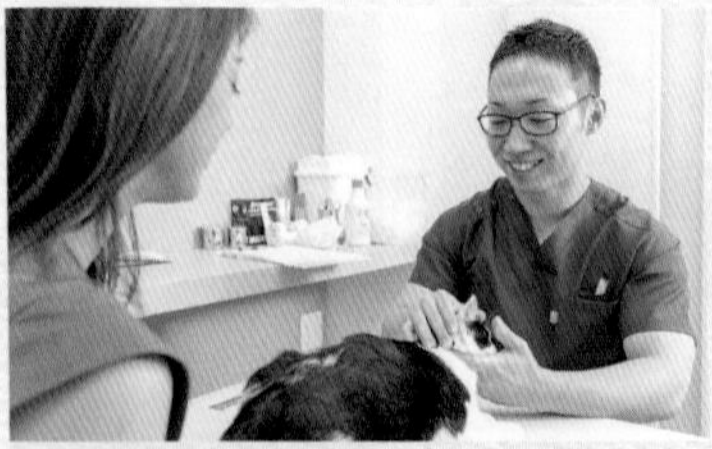

ペットの状態をわかりやすく説明してくれる。

代表
岡部僚 さん

日本大学生物資源科学部獣医学科卒。獣医師。東京農工大学動物医療センターや夜間救急病院などの勤務を経て、2021年『わかみや動物医療センター』開業。幅広い獣医療に対応する地域のかかりつけ医を目指す。

トリミングルームも併設。

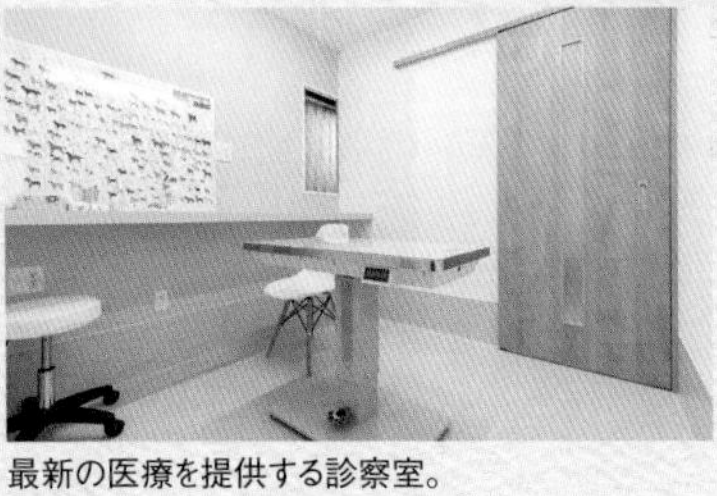

最新の医療を提供する診察室。

質の高い医療でペットの健康を支える地域密着型動物病院

幅広い獣医療を提供
夜間の急な体調不良も安心

犬や猫、うさぎ、フェレットを中心にペットや飼い主に寄り添った質の高い獣医療を提供する『わかみや動物医療センター』。院長の岡部僚さんは、大学病院や夜間救急外来での多種多様な医療経験により、ペットの病気や体調不良の原因などを素早く診断し、的確に治療を行うことができる。

院内には動物用モニターや麻酔機、内視鏡、免疫反応測定装置、全自動血球計算器、血液ガス分析装置などの最新設備が整っており、幅広い獣医療の提供でペットの病気を治療する。現状や治療・検査内容、メリットやデメリットなどを難しい専門用語を使わずわかりやすく説明することを心がけており、飼い主とペットの不安な心に丁寧に寄り添ってくれる。また、ご飯の食べさせ方や薬の飲ませ方、予防接種、ノミ・ダニの予防、去勢・避妊の相談など大切なペットと暮らしていく上での些細な疑問などにも丁寧に答える。

夜間の急な体調不良にも対応しているため、万が一の際にも安心して相談できる。地域密着型動物病院としてペットの健康を支えてくれる頼れるペットドクターだ。

（ライター／彩未）

わかみや動物医療センター

わかみやどうぶついりょうセンター

☎ 092-672-7575
✉ wakamiyavet@gmail.com
㊟ 福岡県福岡市東区若宮4-2-39
https://wakamiya-amc.com/

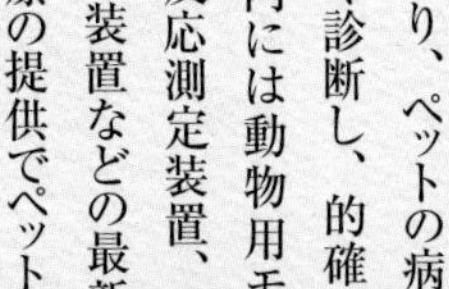

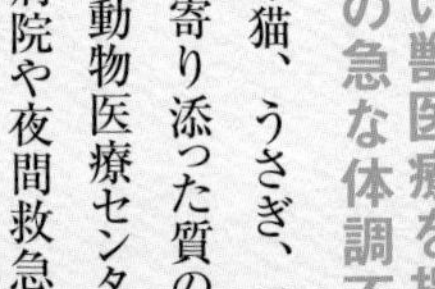

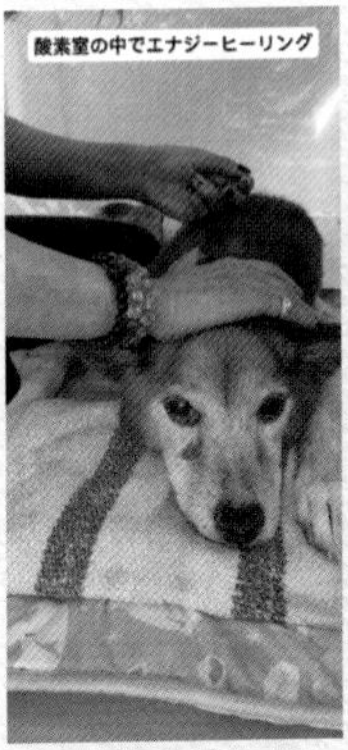

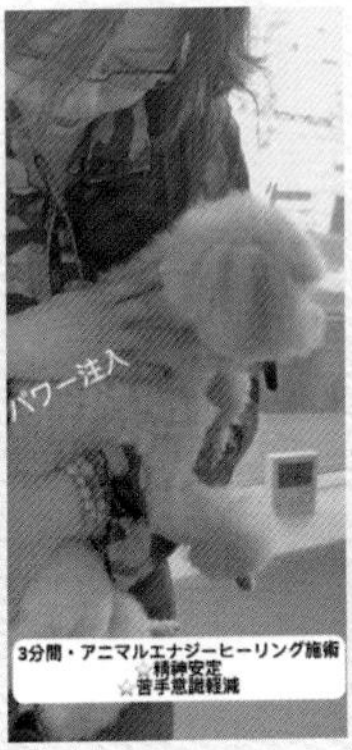

代表
YURIKA さん

犬の訓練士でもあり、鑑定士でもあるエナジーヒーラー。霊感・霊視・カウンセリングに加え、動物限定の『アニマルエナジーヒーリング』を行っている。『遠隔ヒーリング』も可能。

『初回対面・遠隔ヒーリング』
13,000円（税込）
『2回目以降対面・遠隔ケアヒーリング』
30分 5,000円（税込）
60分 10,000円（税込）など。
（※キャンペーン価格）

電話鑑定
『お試しコース』20分 5,000円（税込）
『通常コース』30分 7,500円（税込）
『じっくりコース』60分 15,000円（税込）
『色々じっくりコース』90分 22,000円（税込）

人もペットも癒しの力で元気に 不安や悩みを持つモノを救う

鑑定歴10年以上 エネルギーを整え運気を掴む

人間を対象とした『霊感・霊視・透視鑑定』や『カウンセリング』、動物を対象とした『アニマルエナジーヒーリング』で、少しでも悩みや苦しみが解消するようにサポートする『Briller』。代表のYURIKAさんは、10年以上の鑑定歴をもつスピリチュアル鑑定師として活躍する一方で、犬の訓練士やトリミングスタジオなどの経営にも携わる。『霊感・霊視・透視鑑定』では、電話の声のエネルギーから物質や時間の制限のない世界にアクセスし、相談者の現状・過去・未来の姿、悩みの根本的原因などを把握。悩みの本質や運気の流れ、エネルギーが低下している原因を知り、乱れているエネルギーを整えて運気を掴めるようにアドバイスする。『アニマルエナジーヒーリング』では、病気や怪我で悩んでいる動物たちの気持ちを霊視し、悩みの原因となっている部分に必要なパワーを注入することで歩行困難や関節の動きの改善、食欲増進や便秘改善などを行う。動物の辛い気持ちやストレスなどが軽減して表情が明るくなったと好評。動物の気持ちにそっと寄り添い、病気や寿命による辛い症状と上手に付き合っていけるようにサポートする。

（ライター／彩未）

Briller
ブリエ

住 静岡県浜松市（詳細は予約時に）
https://briller-s.com/
@briller.yurika
Instagramには、施術中の様子などと共に様々な事例を紹介。
愛犬・愛猫の不調にお悩みの方は、まずチェックしてみて。

『Zoomコーチング体験セッション』90分 6,000円（税込）

主宰
KEIKO さん

「いつも笑顔で迎えてくれて、ホッと安心できる」「しっかり寄り添ってくれ、ダメだと思っていた自分でも褒めてくれるので、気がつくと心が元気になっている」など、リピーターから支持されている。

本当の引き寄せを伝授してくれるメンタルコーチ

感情をコントロール 心の在り方で運気好転

KEIKOさんがメンタルコーチを始めたのは、「自分と同じような経験で苦しんでいる人の悩みに寄り添い、サポートをしたい」という想いから。幼少期のイジメ、カフェ経営におけるスタッフたちの離職、夫主体の夫婦生活といった人間関係に悩んできたが、心理学と脳科学を実践したことで、自分らしい人生へ好転。そんな自身の経験を踏まえ、「分かりやすく丁寧に」を心がけ、セッションをしてくれる。クライアント様から最も多い相談は、イライラや落ち込みといった気持ちのコントロールと人間関係について。「悩みの根源は、自己肯定感の低さによることが多い」と話す。心理学を取り入れたコーチングを通し、クライアント様の口癖や心の癖を紐解いた上で、「思考と感情のコントロール法」や「愛されコミュニケーション術」などを伝授。メンタルを強化させながら幸運体質へと導いている。

「本当の引き寄せとは、感情・気持ちを整えることです。そのためには、まずご自身の思考と感情の癖を知ること。癖が分かれば、人や出来事に振り回されない自分の軸をしっかり作ることができます。他人軸の人生を卒業し、自分らしく輝く人生にしませんか」

（ライター／山根由佳）

メンタルコーチ **KEIKO**
ケイコ

✉ keiko.works24@gmail.com
@keiko_works24
@685kkgcc
◆公式LINE登録で「お友達限定無料プレゼント」あり！
◆さらに「本誌を見た」で体験セッション45分を無料プレゼント！

Instagram　LINE

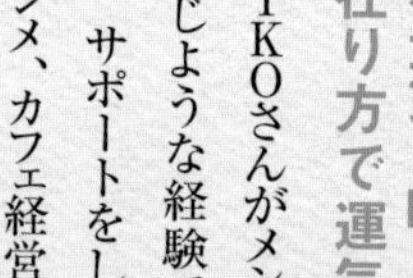

個人レッスン
<初級コース>
<中級コース>
各1回2時間
全15回
1回につき
35,000円（税込）

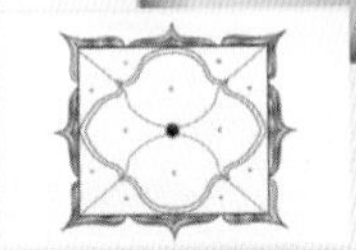

代表
ラージ・ナレーシュ・クマール さん

日本在住歴27年。『古代インド占星術』の秘密を解き明かすために独自の視点から研究を重ね、常に新たな占星術の秘密を解き明かす。日本に誇れる占星術師として活動。独自の鑑定方法で多くの悩める日本人を導いている。

個人レッスン <本格コース>

「世界初！
古代インド式手相講座」

「お金の運が分かる講座」

「有名人のホロスコープを学ぶ講座」など

『対面／電話／
オンライン鑑定』
おためし 10分
3,000円（税込）
20分 6,000円（税込）
40分 10,000円（税込）
60分 14,000円（税込）

これまでに8400名以上を鑑定
『古代インド占星術』で幸せな人生へ導く

インドの叡智を学ぶ
日本で唯一のスクール

日本ではあまり知られていないインドの山奥に存在する古代インド占星術。日本で唯一『Panchang式古代インド占星術』の鑑定とスクールを運営する『Happy Jyotish』。「Panchang（パンチャーング）」と呼ばれる占星術の蓄積データを用いて、インド時間に基づいた生年月日と生まれた時間、出生国からホロスコープを作成。ホロスコープからその人の本質や性格、人生の流れやターニングポイントなどを読み取り、幸せな人生の道しるべに。対面鑑定はもちろん、電話やオンラインでも可能だ。すでに８４００名以上の実績があり、全国から続々と鑑定依頼が舞い込む。

また、『古代インド占星術スクール』は、日本語堪能な講師からマンツーマンで古代占星術の叡智を学べると好評だ。絵や写真などの参考資料を見ながら基礎を学ぶ「初級コース」、チャートを自分で作成する方法を学ぶ「中級コース」、専門的に学びたい方向けの「本格派コース」を用意。すでに３２１名以上の弟子を輩出しており、全国各地でプロとして活躍している。ピンポイントで当たる『インド占星術』を高いレベルで学びたい方にオススメのスクールだ。

（ライター／彩未）

古代インド占星術師 **Happy Jyotish**
ハッピー ジョーティシュ

090-6600-6246
happyjyotish@hotmail.com
㊟ 大阪府吹田市豊津町15-17 ライオンズマンション第6江坂502
https://happyjyotish.com/

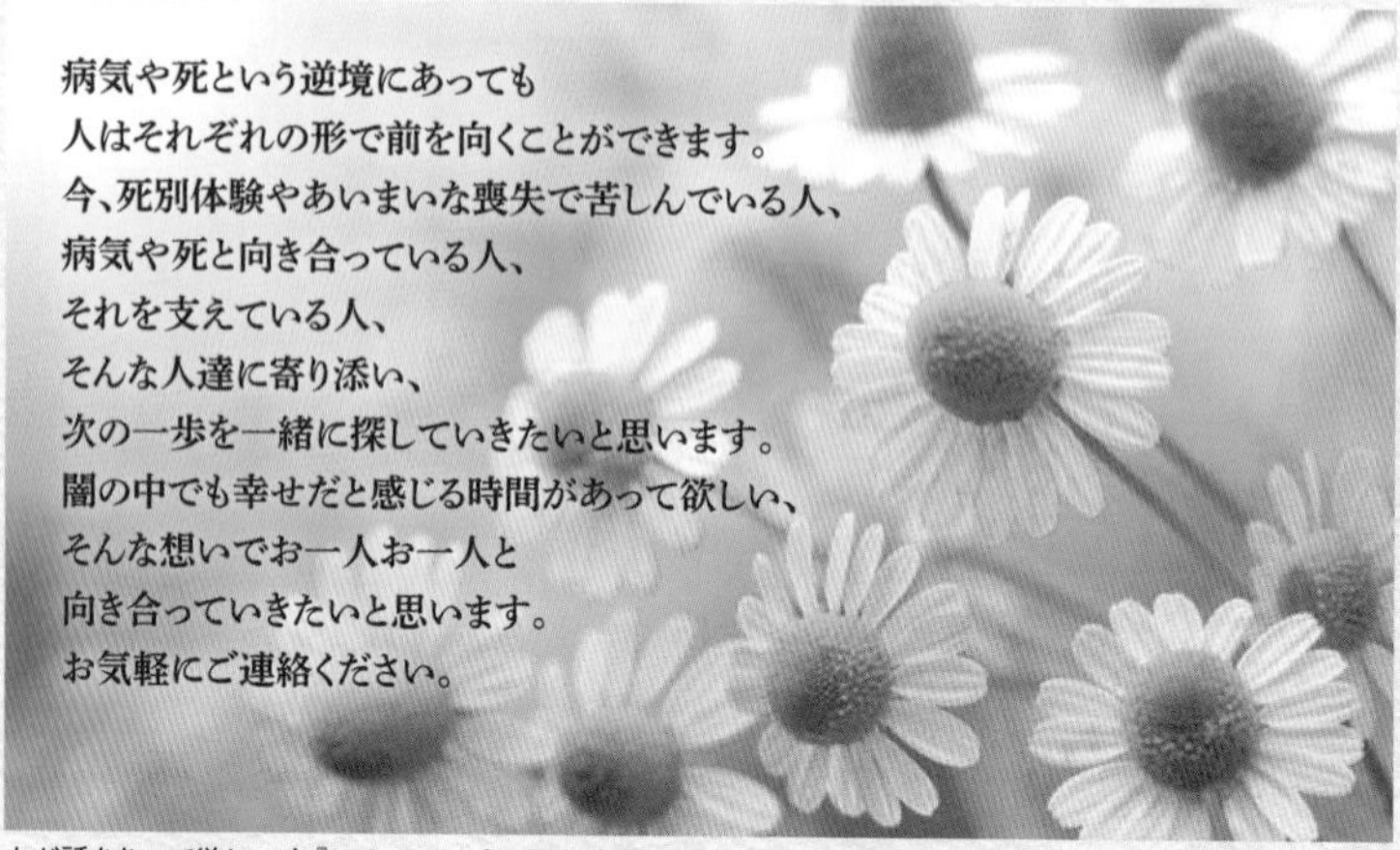
病気や死という逆境にあっても
人はそれぞれの形で前を向くことができます。
今、死別体験やあいまいな喪失で苦しんでいる人、
病気や死と向き合っている人、
それを支えている人、
そんな人達に寄り添い、
次の一歩を一緒に探していきたいと思います。
闇の中でも幸せだと感じる時間があって欲しい、
そんな想いでお一人お一人と
向き合っていきたいと思います。
お気軽にご連絡ください。

ただ話をきいて欲しい人『フリートーク』1回1時間 5,500円
次の一歩を踏み出したい人『カウンセリングコース』（5〜6回セット）1回1時間 6,600円
（対面・電話・オンライン相談も可）

カウンセラー
東知子 さん

看護師。心理カウンセラー。グリーフケアカウンセラー。ケアマネージャー。死別体験や認知症やがん闘病中、介護など辛い境遇に苦しむ方のカウンセリングを中心に苦難の中でも前を向けるように心のケアを行う。

死別・がん・認知症・介護専門カウンセリング・相談室
～ 苦難の中で生きる人達の痛みとともに ～

誰にでも訪れる苦難
それを抱えながら人生を幸せに生きるために

死別・がん・認知症・介護などの深い苦しみを抱える人にそっと　寄り添い心のケアを行う東知子さんは、看護師時代に辛い想いをしながら死に向かう患者さんを前に無力さを感じていたという。お子さんを亡くされたお母さんとの出会いやご主人の難病をきっかけに「苦難の中でも幸せを感じながら生きてほしい」と2023年にカウンセリング室『花もみーる』を立ち上げた。

「同じ死別でも置かれている環境や状況はそれぞれ違う。前に進むまでの時間や方法も方向も人それぞれ。その人のスピードや歩む方法、進む方向に合わせたカウンセリングを心がけています」

深く重い内容だけに「逃げない覚悟」を持って向き合っているという。

苦難は誰にも例外なく訪れる。その時にその苦難とともにどう生きるか、苦しみの中にどう幸せを見出すか、が重要だ。簡単な事ではないがそれを一緒に見つけていきたいと話す。

「今後は、執筆活動を通して多くの人に活動を知ってもらう機会を作りたいと考えています。多くの人の心の涙を感じていけたらと思います」

（ライター／彩未）

花もみーる
かもみ〜る

☎ 080-6094-2876
✉ yuuki15011501@au.com
㊟ 福井県吉田郡永平寺町松岡御公領904
https://shibetsu-gan-ninchisyou-kaigo-counseling.com/

こちらからも
検索できます。

多様な専門資格を生かし、企業個人が直面する難問に向き合い、

不安が払拭される最適解を追求

社会保険労務士部門

会社と働く人にとって、より良い環境のご提案を一緒に考えます。
また、個人の方の年金などに関するご相談に応じます。

行政書士部門

暮らしとビジネスに役立つ相談でみなさんを支えます。

「あなたの街のライフコンシェルジュ」として、ビジネスと暮らしの様々なシチュエーションで直面する難問を解決に導いてきたのが、『社会保険労務士アステリア経営労務事務所・行政書士アステリア綜合法務事務所』代表の星川優さんだ。社会保険労務士、行政書士、二級ファイナンシャルプランニング技能士、第一種高等学校教員免許などの国家資格やメンタルヘルスマネジメントに関する公的資格をはじめ、多くの専門資格を持ち、「目に見えないものを大切に」をモットーに、多様な資格に裏付けられた幅広い知見を駆使して最適解を追求する。

　星川さんは、「社会保険労務士部門」「行政書士部門」「セミナー部門」「スキルアップ部門」の4部門を一人でこなし、資格予備校で社会保険労務士講座の講師も務める。その経験を実務面で最大限に活かして、様々な難問を明快な語り口と相談者にわかりやすく馴染みやすい言葉で説明し、相談者に親身に寄り添う姿勢で声価を高めてきた。

　扱う案件は、「社会保険労務士部門」では、個人の老齢や障害、遺族など各種年金相談や裁定請求、同一労働同一賃金などの労務相談、各種助成金申請、人事制度構築、就業規則の作成、ハラスメント防止に関する助言、外国人雇用、「行政書士部門」では、個人の遺言、相続、遺産整理、成年後見などの終活対策支援、農地転用、空き家問題、企業の許認可申

経営理念
-Philosophy-

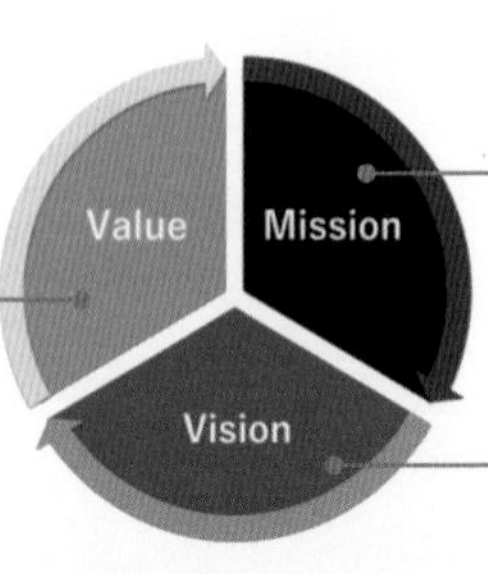

ミッション
輝きあふれる
人生づくりのために。

バリュー
お客様の立場に立ち、
「今」の課題にあった
サービスを
提供いたします。

ビジョン
企業の生産性・
定着性の向上の
ご提案をいたします。

教養向上と社会で
役立つスキル取得の
お手伝いをいたします。

保有資格

◎特定社会保険労務士
◎特定行政書士
◎出入国在留管理局
　申請取次行政書士
◎二級ファイナンシャル
　プランニング技能士
◎医療労務コンサルタント
◎二級年金アドバイザー
◎雇用環境整備士
◎著作権相談員
◎メンタルヘルスマネジメントⅡ種
◎ビジネス法務エキスパート
◎働き方改革コンサルタント
◎第一種高等学校教員免許
　（地理歴史、公民）
◎空き家問題相談員
◎第一種衛生管理者

スキルアップ部門

みなさんの教養の向上と社会で役に立つスキルの習得を支援します。

セミナー部門

企業様向けに各種セミナーを開催し、就業環境の整備や業務効率を上げるお手伝いをいたします。

請、各種補助金申請、自動車名義変更など多岐にわたる。「セミナー部門」ではライフプランやマネー、常識、エチケット・マナー、ジェンダー、安眠などをテーマにしたセミナーを開催、「スキルアップ 部門」ではファイナンシャルプランニング技能士や簿記二級、三級、衛生管理者、危険物取扱者乙4などの資格取得を支援する。

　星川さんの業務は、これらにとどまらない。労働人口の減少に伴い、外国人労働者の受け入れ枠が拡大していく時代の流れも注視し、外国人本人に代わって出入国在留管理局に申請書などの提出を行うことが認められる申請取次行政書士の資格を生かした支援にも力を入れる。さらに、行政不服申し立ての手続きの代理業務を行える特定行政書士、労働者と事業主の間で労働関係紛争が起きたときに代理人として裁判によらない円満解決のために業務を担う特定社会保険労務士、支援対象者が治療と仕事を両立できるよう支援する両立支援コーディネーターなどの資格を生かした業務も行う。

　こうした広範囲に及ぶ業務は、開業した動機の実践といえるものだ。

「社会に貢献できることは何か。私は物事を深く追求する性格もあり、様々な資格を取得してきました。隣接法律専門職として、今まで培ってきた専門的知識を活かし、悩みを抱えている方が少しでも安心できるようにしたい想いで開業しました。周囲にわかりやすく教えることが私の強みなので、今後も人に寄り添い、社会のお役に立てるよう尽力致します」

　開業に当たって掲げた経営理念は、「お客様の立場に立ち、『今』の課題にあったサービスの提供」だ。

代表 星川優さん
青山学院大学経済学部卒。各行政機関、社会保険労務士事務所での勤務を経て個人事務所を開業。資格予備校の社会保険労務士講座の講師を兼ねる。

社会保険労務士アステリア経営労務事務所・行政書士アステリア総合法務事務所

東京都杉並区井草5-14-16-102
西武新宿線井荻駅または上井草駅より徒歩約8分

TEL.03-4500-8524　https://asteria-sr.sakura.ne.jp/wp/

続・千田の歴史散歩道
京の花街を訪ねて

祇園甲部歌舞練場
現在、改装工事中ですが、毎年4月1日から4月30日【都をどり】が開催されています。ギオンコーナーでは茶道・華道・雅楽・狂言・京舞・文楽・能等日本伝統芸能も楽しむことができます。

祇園花見小路通から
東西の脇小路
祇園花見小路通から東大路通、四条通に囲まれた一帯は町屋風のお茶屋さんが広がり、京都らしい風景が広がり心から京都に来たと感じられます。

祇園一力亭
四条通花見小路通の角、「一力」忠臣蔵の大石義雄が通ったとされるが、その折は墨染の撞木町遊郭笹屋や島原に通っていたと思われますが、仮名手本忠臣蔵が歌舞伎で流行ったので後世作られた。また万亭があって一と力に分けて一力亭になった余談もあります。

建仁寺門前
臨済宗建仁寺はの本山、天台宗の高僧であった栄西は改めて中国の南宋に赴き臨済宗を極めこの地に一山を開基しました。国宝、俵屋宗達の風神雷神図は有名です。また八坂の塔のある法観寺は末寺でもあります。

祇園花見小路通
お茶屋さんが建仁寺門前まで広がる（通りに入ると撮影禁止なので四条通より撮影）祇園は八坂神社に参詣された帰りにお茶を提供したお茶屋から発展し、花街として発展しましたが、島原花街の支配下にありましたが江戸末期頃から衰退し、祇園の方が地の利もあり、発展しました。

祇園甲部歌舞練場（右手）、建仁寺門前より祇園花見小路通を見る。

今回は編集者の要望もあり、京都の五大花街を訪ねることとしました。島原花街は、江戸末期から明治時代急速に廃れ、地の利がある鴨川の両岸、祇園四条付近の祇園甲部・宮川町・先斗町・祇園東と北野天満宮付近の上七軒家に株を奪われしまい現在に至っています。花街には、必ず歌舞練場がありますが、島原のみ跡地がデーサービスになっております。

それでは、祇園甲部から訪ねることとします。京阪電車祇園四条駅を下車し、四条通りに沿って八坂神社に向かって進むと花見小路通の角地に一力亭（仮名手本忠臣蔵で大石義雄が通ったとされる）があり、右折すると花見小路を中心に正面の建仁寺手前の祇園歌舞練場（都をどりで有名）付近から東大路手前のお茶屋街のことです。そもそも祇園は、八坂神社の参拝客にお茶でもてなした処から出発したと思われますが、時間帯が良ければ舞妓さんや芸妓さんに出会えます。建物は、改装されていると思いますが京都らしい建物群は電柱も地下化され、江戸時代に入ったように感じられます。

次に祇園（祇園東）です。祇園甲部の北、四条通から新橋通り付近のことですが、一部旧家やお茶屋・料理屋が残り、祇園歌舞練場（祇園会館・祇園をどりで有名）もよしもと祇園花月として近代的な施設として八坂さんの西楼門向かいの東大路通にあります。付近はスナック街のようになり、大阪の南・北新地と変わらなくなり、京都の風情がなくなり残念に思いますが、これも生き残りをかけた京都人の古きを残し、新しきを求める気風が伺えます。ただ、辰巳大明神のある新橋付近は、巽橋や白川の清流が旅情

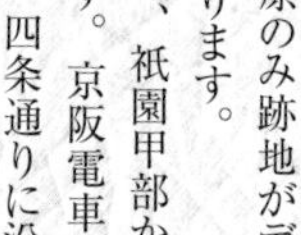
巽橋付近
正面は辰巳大明神と白川と新橋・火除け地蔵白川はここで清流が方向を変え巽橋が架かる。

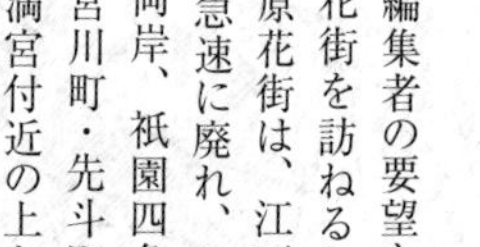
巽橋
少し町屋の風景が残っているかな。

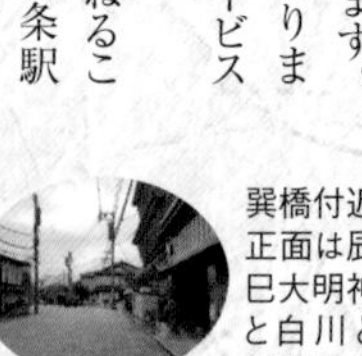
株式会社 GNR
相談役 千田明 さん
2011年5月に電気工事業、電気通信工事業を業務とする『株式会社GNR』を設立。現在は退任し、相談役として在席。

八坂神社　「祇園さん」・「八坂さん」とも呼ばれ毎年7月1日から31日まで開催される祇園祭の神社です。主祭神は素戔嗚尊ですが、本来は牛頭天王が主神であったと思われます。牛頭天王はお釈迦さんの祇園精舎の守護神とされますが、旅をして一夜の宿を金持ちの巨端将来（兄）に求めたが泊めずに悪口を言われたが、貧しい蘇民将来（弟）は饗応した。牛頭天王は兄には疫病をもたらそう弟の子孫には「蘇民将来の子孫」と護符に飾っておけば悪神は入れないと誓ったので現在も粽の護符に書かれ玄関に貼る風習があります。

祇園歌舞練場
現在はよしもと祇園花月が経営されているようで、場所がなかなか判らないところ親切な舞妓さんに案内していただきました。四条通の北側一体ですが大阪の新地見たいになっています。毎年11月頃【祇園をどり】を開催しています。

祇園の路地
路地に入ればまだまだ昔の面影が残っていますが、祇園東はスナック飲食店に変化し、大阪の北・南の新地と変わらず変われば変わるものだとつくづく思いました。

白川の清流を巽橋より見る。白川は水量が少ないので動物園付近で琵琶湖疏水と合流し清流を湛える。

宮川町歌舞練場
2023年11月現在（左）宮川町歌舞練場と（右）新道小学校跡地にホテルをNTT都市開発が建設途上です。【京をどり】が毎年4月上旬開かれていましたが、再建中のため、現在は左京区北白川瓜生山町の京都芸術大学内京都芸術劇場春秋座で開催しています。因みに2024年は4月6日から21日に開催されます。

宮川町通　豊臣秀吉が方広寺を建設したおり、大和大路（方広寺前の道）が賑わい元々、祇園社の神輿洗いが鴨川で行われていたので宮川と命名された鴨川の河原にできた町で1666年頃宮川通りができ、お茶屋が発展しました。

先斗町
南北の先斗町通と木屋町通とが東西の四条通りの先で交差しているので舟の先端のようになっているのでポルトガル語のPONTより名がついたとも、また鴨川と高瀬川に挟まれた太鼓のような地域であるので太鼓をたたくとポンと音がするから名が付いたともいわれます。

宮川町
宮川4丁目から5丁目、西御門町に28件程のお茶屋があります。（どちらかと言うと遊郭から発展したようです）

先斗町　約500Mの程の地域で約1.2M位の路地の両側に店が続きます。夏は鴨川沿いに納涼床を設けるお茶屋・料亭・レストランがあります。京都は税金の関係で間口を狭く奥行を長くした町屋が続きます。1712年頃からあり、昔の面影を変えながら現在にあった佇まいをがあり無電柱化されているため、情緒を携えています。

先斗町歌舞練場を出て高瀬川に向かうと材木橋。さらに四条に向かうと土佐藩邸跡、日本映画発祥の地、八之入舟・九之入舟址の碑が続き京都らしい高瀬川の清流にほっと一息できます。

先斗町歌舞練場。昭和2年竣工らしいので古きの中に新しきを見ることができます。毎年、【鴨川をどり】が明治5年より5月1日から24日まで開催されて京都の風物詩として親しまれています。先斗町のはずれで突き当りは豊臣政権を滅亡に導いた豊臣秀吉が秀次の一族を三条河原で処刑し、埋めていたのを高瀬川を築いた角倉了以が整備し供養した瑞泉寺となっています。

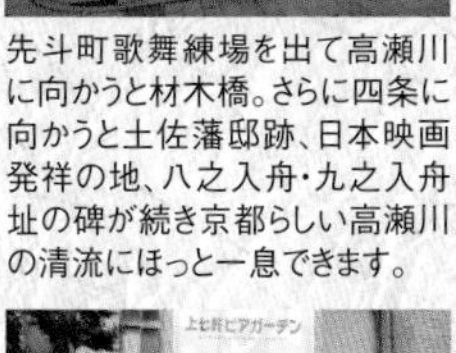

上七軒家歌舞練場
毎年3月25日から4月7日開催される【北野をどり】が有名です。夏場の7月1日から9月5日まで池庭のある赤い絨毯の敷かれた会場にビアガーデンが開催され一見さんも参加できるようで私たちも気軽に行けそうです。

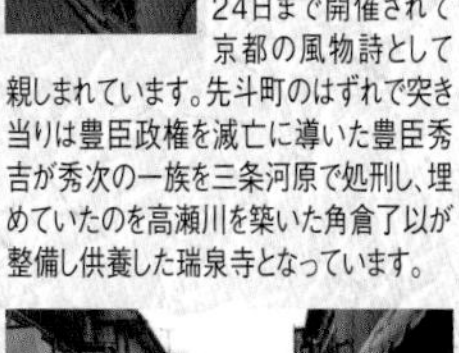

上七軒家
当初は室町時代に北野天満宮再建の際に残った資材で七軒の茶店を建てたのが始まりとされ、豊臣秀吉が北野で茶会を催したころより栄え、北野天満宮・愛宕さん参詣の帰りに立ち寄ったとされる歴史風景を携えています。

を誘います。

次に先斗町ですが四条大橋を渡るとすぐ右手にあります。鴨川と高瀬川に囲まれる、舟の先端のような地形であったのでポルトガル語ＰＯＮＴからついたともいわれています。幅１・２m位の小路の両側にお茶屋や料理屋が並んでいます。鴨川沿いの店では、夏には川床を設置し料理を楽しませてくれます。いずれも京都は税金の関係で間口が狭く奥行が長い町屋が多く、先斗町も典型的なものです。５００m先の三条付近には、先斗町歌舞練場（鴨川をどりで有名）があり、突当りは瑞泉寺となっております。こちらも無電柱化され、京都の風情を感じさせられます。

宮川町は、清水五条から祇園四条にかけて鴨川の東に開けた花街で、宮川町歌舞練場（京をどりで有名）は京都市の整備工事中です。上七軒家は、室町時代北野天満宮再建の際余った材木から建設されたといわれる天満宮参詣時のお茶屋から発展しました。

紙面が不足するため、後は写真説明に譲り筆を閉じます。

column

現代の価値観から考えていく最適なパートナーシップ

本当に結婚が必要か相談者の気持ちを紐解く

結婚・離婚経験も活かし、結婚などパートナーシップにまつわるご相談も受けております。中でも、「長く交際しているのに相手が結婚に踏み切ってくれない」という女性と、「長年の恋人から破局か結婚の二択を迫られているが、今まで通りの状態を維持したい」という男性が多いです。

NGH（米国催眠士協会）認定ヒプノティスト の資格証。

NORIKO ISHIBASHI
いしばしのりこ
TEL/080-4096-5858　E-mail/n.ishibashi58@gmail.com
東京都渋谷区神宮前2 INSIDE
https://www.noriko-counseling.com/

Youtube　INSIDE ヒプノシス 音声ファイル　検索

こちらからも検索できます。

今や結婚というシステムに心やお金をすべて依存させるような時代ではありませんし、互いにとってのベストな距離感というのは、年齢によって異なると思います。ただ、子どもが欲しいと考えている場合には、のんびりしていられないですよね。時代は関係なく、女性の身体にはリミットがありますので、いざ「欲しい」と思っても、時間やお金がかかってしまったり、授かったとしてもリスクが高くなったりします。それによって二人の関係性がこじれてしまうケースも多く見てきました。なので、子どもが欲しい方には、後回しすることをやめるよう助言しています。

逆に子作りをする気持ちがない方でしたら、意見の相違を乗り越えてまで籍を入れる必要性はあるのかどうか、お話を聞かせていただきます。そもそもパートナーシップとは、“進めるもの”ではないと思いますし、必ずしも周りに承認してもらうこととは限りません。自身の経験や現代の価値観もお伝えしつつ、「相手と考え方が違ったとしてもどういう形のパートナーシップを望んでいるのか」ご相談者の本心を紐解いていきます。

主宰
石橋典子さん

学習院大学法学部政治学科卒。実業家の祖父からビジネスについてレクチャーを受け、大学卒業後は民間気象事業会社、クリエイティブ事業会社にてセールス・マーケティング・ブランディング業務に携わる。現在はカウンセラーとして、様々な業界のクライアントにメンタルヘルスの大切さを伝えている。

注目の食と
癒しのスポット

**美味しいものを求めて、
全国の美味しいものを紹介&
日々の疲れた心と体を癒してくれる
オススメのスポット。**

岡崎竹千代ポーク
美味しさは人と人とを繋ぎます。
私たちは安心・安全・おいしさを提供し、皆さまに笑顔をお届けします。
美味しさの《ひみつ1》
愛知県が開発した優秀な親豚から産まれた、岡崎産まれ岡崎育ちの三元豚です。
美味しさの《ひみつ2》
オレイン酸数値が高く、まろやかで味のある豚肉に仕上げるために小麦を主体としたえさを与えています。
美味しさの《ひみつ3》
熟練の経験をもつ食肉市場職員が、一頭ずつ肉質・脂質を確認し、選抜した豚のみが認定豚となります。
美味しさの《ひみつ4》
加工品全て、着色料・防腐剤・保存料等は一切使用せず、安心・安全をご提供します。

岡崎竹千代ポーク

放置竹林の竹を活用 地域を代表する極上の銘柄豚

愛知県岡崎市では、2022年6月より市内中山間地域において、長い間手入れされず、荒れるにまかせた放置竹林問題を解消する「オクオカ竹プロジェクト」を進めている。その活動の一つとして、伐採した竹を竹炭や竹チップとして加工。活用できる業者へ販売したり、土壌改良材として使用するなど、荒廃した竹林を資源として循環させる「SDGs」を見据えた取組みとして注目されている。

そんな中、プロジェクトの一環として2023年に誕生したのが岡崎生まれのブランド豚「岡崎竹千代ポーク」だ。優秀な親豚から生まれた岡崎生まれ岡崎育ちの三元豚に、プロジェクトで伐採された竹から作った竹炭パウダーを混ぜた小麦主体のエサを与え育てているのだ。竹炭には吸着効果があり、腸にたまった老廃物を吸収して体外へ排出したり、活性酸素を減らすなどデトックス効果があるといわれており、きめ細やかで洗練されたまろやかな味のある豚肉に仕上がっている。

ECショップ限定『冷凍カニクリームグラタン』

㊫ 11:00～14:00
（LO13:30）
17:00～21:00
（LO20:00）
㊡ 月･火曜日

『もりいの冷凍ハンバーグ』（白味噌ドレッシング 220×2本付）
4個セット 3,500円（税込） 6個セット 4,500円（税込）

洋食 もりい

✆ 0564-79-3887
㊟ 愛知県岡崎市柱3-6-17
https://youshokumorii.com/

その肉質の良さが評判を呼び、現在市内の精肉店やレストランでは、ご当地ポークとして続々とその取り扱いを増やしており、同市のふるさと納税の返礼品としても精肉や加工品が採用され、すっかり岡崎を代表する味となっている。

岡崎市内でハンバーグが人気の洋食店として評判の『洋食もりい』も、そんな「岡崎竹千代ポーク」に魅了されたお店の一つ。創業以来、本当に美味しいハンバーグを追求してきた同店のハンバーグは、豚肉7対牛肉3という黄金比率の合い挽きミンチを使用。使う豚肉は、もちろん「岡崎竹千代ポーク」。バラ肉やロース肉など、それぞれの部位の良さが生きるようにオリジナルの配合比率で、使用する分だけを毎日店内でミンチしている。ハンバーグや付け合せを引き立てるソースやドレッシングも地産地消にこだわり、できるだけ地元の食材や調味料を使ったお店の自家製オリジナルというこだわりだ。

そんな『洋食もりい』のハンバーグは、お店でいただけるほか、この美味しさを全国の方々にお届けしたいとの思いから、『岡崎竹千代ポークの冷凍ハンバーグ』としてECショップやふるさと納税返礼品としてもお取り寄せもできるように。また、大量の渡り蟹で出汁を取ったECショップ限定『冷凍カニクリームグラタン』も大好評だ。

（ライター／今井淳二）

アローカナクロスの卵『翡翠鶏』

贅沢なエサと平飼いの採卵鶏が生む極上卵

日本の採卵鶏の9割以上を占めるケージ飼育とは異次元の、平飼い、放し飼いというストレスフリーの環境で飼われた採卵鶏が生む極上の卵がある。信州聖高原南麓の自然豊かな長野県麻績村（おみむら）で農業を営む『アリとキリギリス農園』の5種類の卵だ。親鶏に与える飼料に対する代表の久保田政宏さんのこだわりは半端ではない。HPでその内容を見た者は等しく「これなら美味しい卵が産まれるはずだ」と納得する。ユーモア感覚溢れるネーミングも人気の秘密だ。

同農園が販売する5種の卵は、南米チリ原産の鶏で現地で「幸せを呼ぶ鶏」とも言われるアローカナクロスの翡翠のように輝く薄い緑色の卵で栄養価が高い『翡翠鶏（ひすとりぃ）』、チリ原産のアローカナと白色レグホーンを掛け合わせた岡崎アローカナの卵で、幸運を招く青い卵と言われる珍しい『神鶏（カントリー）』、日本三大地鶏の一つ、名古屋コーチンの卵でやや小ぶりだが卵黄の色は濃く、味は濃厚でこくのある美味しさが特長の『鶏夢（どりぃむ）』、家畜改良センター岡崎牧場で開発された日

自然の恵みの水を利用した井戸水を一昼夜置き、朝には薪を焚き煮沸して、鶏に給水している。BBQハウスには、羽釜を使った五右衛門風呂あり。

代表 久保田政宏さん

岡崎アローカナの卵『神鶏』

名古屋コーチンの卵『桜鶏』

岡崎おうはんの卵『鶏夢』

アリとキリギリス農園

アリとキリギリスのうえん

0263-87-3316　agri@cia-japan.jp
㊟ 長野県東筑摩郡麻績村麻7017
http://cia-japan.jp/

「食べチョク」で直接注文はこちら。

本でも数少ない純国産鶏岡崎おうはんの卵で一般の卵用鶏と比べると5％ほど黄身が大きく、濃厚な甘みとコクが感じられる『王鶏（おうどりぃ）』。これらの親鶏はいずれも、消毒など衛生管理が行き届いた約70㎡の養鶏場で平飼い、放し飼いされているが、際立つのは飼料の中身だ。

「購入飼料は使わず、鶏糞を主とした肥料を用いた循環型農業で自家栽培した米、白菜、レタス、キャベツ、野沢菜、大根、人参、トウモロコシ、唐辛子、トマト、ワサビなど野菜、豆などを発酵飼料として与えています。また、農園の周囲の山で摘んだフキ、タラの芽、わらび、ぜんまい、コシアブラ、竹の子、松茸などのキノコ類も与えています。さらに、信州産の蕎麦の花の蜜や牡蠣殻、シャインマスカット、桃、りんごも配合します」

保健所と密に連絡を取り、安全には万全を期しているという。農園には、五右衛門風呂やバーベキュースペースがあるほか、採卵体験もでき、極上卵で作った卵プリンや茹で卵が食べられる。高原の清々しい空気の中で家族連れで楽しめるレジャースポットでもある。また、「食べチョクアワード」2023年の部門別で9100軒以上の生産者の中から選出され、売上も好調だ。

（ライター／斎藤紘）

つまんない毎日にハナビラタケ。

β(1-3)グルカン・ビタミンDが豊富な近年話題のスーパーフード「『ハナビラタケ』」。

「サラダドレッシング&はなびら茸サラダ」
ドレッシングは、中華の鉄人、五十嵐美幸シェフが考案!

“つまらない”快調な毎日へ

幻のスーパーきのこ
快調な毎日に『ハナビラタケ』

天然物は「幻のキノコ」と呼ばれるほど希少な『ハナビラタケ』。夏から秋にかけて、標高1000m以上の高山地帯に生息するカラマツなどの根本に葉牡丹状に発生する見つけるのが難しいきのこだ。30年ほど前に人工栽培に成功してからも一部の百貨店やスーパーでしか販売されていないが、実は今身体の不調に悩む方や美容や健康に敏感な女性から注目を集めているスーパーフードだ。『ハナビラタケ』には、食物繊維の一種であるβ-グルカンが豊富に含まれており、免疫力向上や抗がん作用、コレステロール値抑制、腸内環境を整えるなど様々な身体に嬉しい効果があるといわれている。また『ハナビラタケ』は干すことでビタミンDの含有量がぐっとアップする点も魅力的。ビタミンDは免疫機能向上やアレルギー改善、カルシウムの吸収促進などの効果が期待できる。『乾燥ハナビラタケ』をたった3g程度摂取するだけで、1日に必要なビタミンDの目安量とされる8・5μgを補うことができる。ちなみに、乾燥ハナビラタケのビタミンD含有量は、乾燥まいたけの19倍以上。美容と健康維持にも大いに役立って

Webでは、薬膳料理家である谷口ももよさんの「24節気と薬膳かんたん美人レシピ」を展開中!

「24節気と薬膳美人レシピ」はこちらから。

天然のハナビラタケは、希少なことから「幻のキノコ」と呼ばれている。

一年を通じて安定供給できる体制を確立した安心・安全なハウス栽培。

ハナビラタケについてはこちら。

「花びら茸のおみそ汁」

「花びら茸の和風スープ」

株式会社 森の環

もりのわ

0766-36-1810　info@morinowa.co.jp
住 富山県高岡市葦附1239-55
https://morinowa.co.jp/

くれること間違いなしだ。

2018年10月より「森に始まり、森に学び、森に還る」を掲げて再スタートした『株式会社森の環』。自然の恵みと人をつなぎ、環境問題への取り組みや心豊かな食生活に貢献できる企業を目指している。しいたけやキクラゲなどの菌床きのこ菌床販売から製造まで一貫して手掛けている一方で、2020年に『ハナビラタケ』の量産化にも取り組み、現在は日本一の生産量を誇っている。『ハナビラタケ』は、白い花のような美しさとほのかな松の香りが特長。オンラインストアでは、『生ハナビラタケ』や『乾燥ハナビラタケ』を販売しており、コリコリとした食感と旨味で和洋中どんな料理にもピッタリ。味にクセがないので、きのこが苦手なお子様でも食べられる。また、規格外商品を使用した加工品の開発にも積極的に取り組んでおり、『ハナビラタケ』の出汁と「信州味噌®」が引き立て合い、旨味がほっとする美味しさの『味噌汁』、香川県小豆島のメーカーと共に『ハナビラタケ』を佃煮にして生姜を入れた『花びら茸の佃煮生姜入り』なども好評。『ハナビラタケ』の食べ方がわからないという方でも気軽に食べられる。腸内環境をしっかりと整え、心身ともに快調な「つまんない毎日」を過ごしたい方にオススメだ。

（ライター／彩未）

わさびピスタチオ

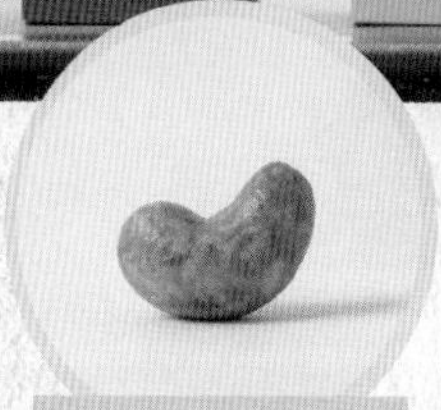
カシュー醤油

グリーンピスタチオ

カシューナゲット

梅ピーナッツ

お豆サイズの舞妓さんがかわいい豆菓子

お豆サイズの小さな舞妓のキャラクター「こまめはん」が描かれたカラフルなパッケージが可愛らしい『こまめはん』は、明治41年創業、京の小町五色豆で有名な京都の老舗「株式会社豆富本舗」から新しく生まれたお土産ブランド。お豆サイズの舞妓『こまめはん』が京都の旅の思い出を可愛らしく彩ってくれると話題になっている。

ころころとした小粒サイズの豆菓子を小ぶりな紙製のスタンドパックの中に詰め込んだ『こまめはん小箱』は、ぴりりとわさびの辛味が効いた「わさびピスタチオ」、熟成した醤油のマイルドなコクが美味しい「カシュー醤油」、あっさりとした塩味が食べやすい「グリーンピスタチオ」、ほんのりと優しい塩味でシンプルな美味しさの「カシューナゲット」、爽やかな梅の酸味がたまらない「梅ピーナッツ」の全5種。ひと粒ひと粒素材の味が引き立つよう丁寧に作られており、上品な味わいとさくさくとした軽い食感で手が止まらない美味しさと好評。若い世代でも軽いスナック感覚で気軽に豆菓子を楽しむことができる。

『スティックキャンディ』

『おちょぼ飴』

新京極店もしくは京都経済センターSUINA室町（大垣書店内）からお求め可能。

『こまめはん 小箱』

『こまめはん 椿』

KYOTO KOMAMEHAN

キョウト コマメハン

075-222-2255　komamehankyoto@gmail.com
㊟ 京都府京都市中京区新京極通り四条上る中之町550
https://komamehan.jp/　@kyoto_komamehan

また、「切り抜いて遊べるオリジナルこまめはんカード」が入っており、カードを並べて楽しんだり、映えるからと一緒に写真を撮ったり、インテリアとしてお部屋に飾ったりと様々な楽しみ方ができると人気だ。

見た目にもお洒落で可愛らしい『こまめはん小箱』は、京都お土産の新定番として外国人観光客をはじめ、舞妓などの日本文化や和菓子に興味のある人たちを中心に注目を集めている。

一回で食べきるのにちょうどいいサイズで、時間が経っても美味しく食べられることもあり、贈り物として最適と選ばれることが多いという。自宅用のおつまみとしてはもちろん、仕事でお世話になっている方、友人、知人、家族や親しい仲間への旅の手土産としてもオススメ。喜ばれること間違いなしだろう。

『こまめはん小箱』は、新京極店もしくは京都経済センターSUINA室町（大垣書店内）にて購入できる。パッケージに描かれた『こまめはん』の愛らしさに、心がほっこりし、思わずパケ買いしてしまう人も続出。素敵な京土産をお探しの方は、ぜひ立ち寄ってみてはいかがだろうか。

（ライター／彩未）

『ポーム・ダムール
スケルトン（紅茶）』
150g
1,512円（税込）

『ポーム・ダムール
スケルトン（プレーン）』
150g 1,458円（税込）

『ポーム・ダムール
紅茶味』160g
810円（税込）

『ポーム・ダムール』
260g 1,620円（税込）
440g 2,862円（税込）
630g ギフト箱
3,942円（税込）

どこか懐かしい上品なチョコレート菓子

１９７１年に創業した神戸市元町にあるチョコレートの老舗『神戸・元町一番舘』。新鮮なりんごをじっくりと蜜でボイルし、ビターチョコレートでやさしくコーティングした『ポーム・ダムール』は、甘酸っぱくてジューシーなりんごとほろ苦いチョコレートが口の中で絶妙なハーモニーを奏でる上品な味わいのチョコレート菓子だ。チョコレートは、溶けたり乾燥しないよう、ゴールドの上品な包み紙に一つひとつ手作業で丁寧にラッピング。１９７３年に誕生した当時のレシピを受け継ぎ続けており、子どもの頃に食べた想い出の味として老若男女問わず昔から愛され続けている人気商品。コーヒーや紅茶のお供やお酒のおつまみにも最適。チョコレートが好きな方はもちろん、甘い物が苦手な方やドライフルーツが好きな方でもついつい手が伸びてしまう。

定番商品の「プレーン味」の他にも、インド産ダージリンの高級茶葉パウダーを使用した「紅茶味」や蜜で炊いたりんごをヨーグルトチョコで包んだ「ヨーグルト味」、腸内環境を優しく整えてくれる乳酸菌をプラスした「乳酸菌味」、蜜で炊いたりんごを

港神戸の手作りクッキー。（レモン、コーヒーなどあり）

『神戸夢風船物語』
14本入 1,620円（税込） 28本入 3,132円（税込）

『ポーム・ダムールとクッキー詰合せ「AS」』
3,456円（税込）

『ポーム・ダムールとチョコレート&クッキー詰合せ「CS」』
3,996円（税込）

神戸・元町一番館

こうべもとまち・いちばんかん

078-391-3138 chocolate@ichibankan.co.jp
住 神戸市中央区元町通1-8-5 元町時計店ビル3F
https://www.ichibankan.co.jp/

神戸・元町 チョコレート の一番館
ICHIBAN KAN 一番館

こちらからも検索できます。

ブランデーに漬けこんだ「ブランデー味」などフレーバーも豊富に取り扱っている。パッケージも様々で、ブラウンを基調としたシックで上品なデザインが特長のボックスタイプやキュートなりんご型の容器に詰め込んだスケルトンタイプなどから目的に合わせて選ぶことができる。個包装で手を汚さず、手軽に食べることができるので、自宅用やビジネスの手土産、大切な方への贈り物にもオススメ。バレンタインデーやホワイトデーなどイベント、誕生日プレゼントにもピッタリだ。

『ポーム・ダムール』は、三越や高島屋、京王、阪神など各地の百貨店やオンラインショップからも購入が可能。お菓子づくりの基本を守り、厳選した素材と素材を最大限に活かす職人たちのプロの技で、誕生して以来ずっと変わらないりんごの心地よい歯ごたえとチョコレートの芳醇な香りが上品な『ポーム・ダムール』をお客様に届け続けている。

また、さらなる美味しさを追求した商品開発にも積極的に取り組む『神戸・元町一番館』から今後も目が離せない。

（ライター／彩未）

つくば市が誇る青い果実 ブルーベリーを味わう

ブルーベリー日本三大産地の一つであり、市内には60以上のブルーベリー農家さんが点在する茨城県つくば市。

『クイーンズブルーベリーガーデン』の毒島豊紀さんは、ブルーベリーが肥料を効率よく摂取できるよう、毎日欠かさず草取りを行う。次から次へと生えてくる雑草を一つひとつ手で抜いているため、畑はいつもきれいに保たれ、ブルーベリーの木は元気いっぱい。毒島さんの愛情と、つくば市の気候の中で育った実は大粒で甘い。

そんな地元産ブルーベリーをピューレ状にして、ラングドシャ生地に練り込んだのが「つくば藍果ブルーベリーラングドシャ」。サクッとした軽い食感のラングドシャ生地でホワイトチュコレートをサンド。ブルーベリーの爽やかな甘酸っぱさと、ホワイトチョコの優しい甘さが合わさった、繊細で上品なお菓子だ。パッケージも高級感が漂い、オンラインショップなどでは売り切れ状態が続いている人気商品。

「ブルーベリーアイス」は地元農家の「つくば産ブルーベリー」と放牧酪農で作られた県産の牛乳を組

代表 毒島豊紀さん

「Farm Table つくば」
つくばブルーベリー協議会
http://298blueberry.com/

クイーンズブルーベリーガーデン

☎ 04-7127-0244 ✉ toyoki3313@yahoo.co.jp
㊟ 茨城県つくば市鬼ケ窪若宮1337-1

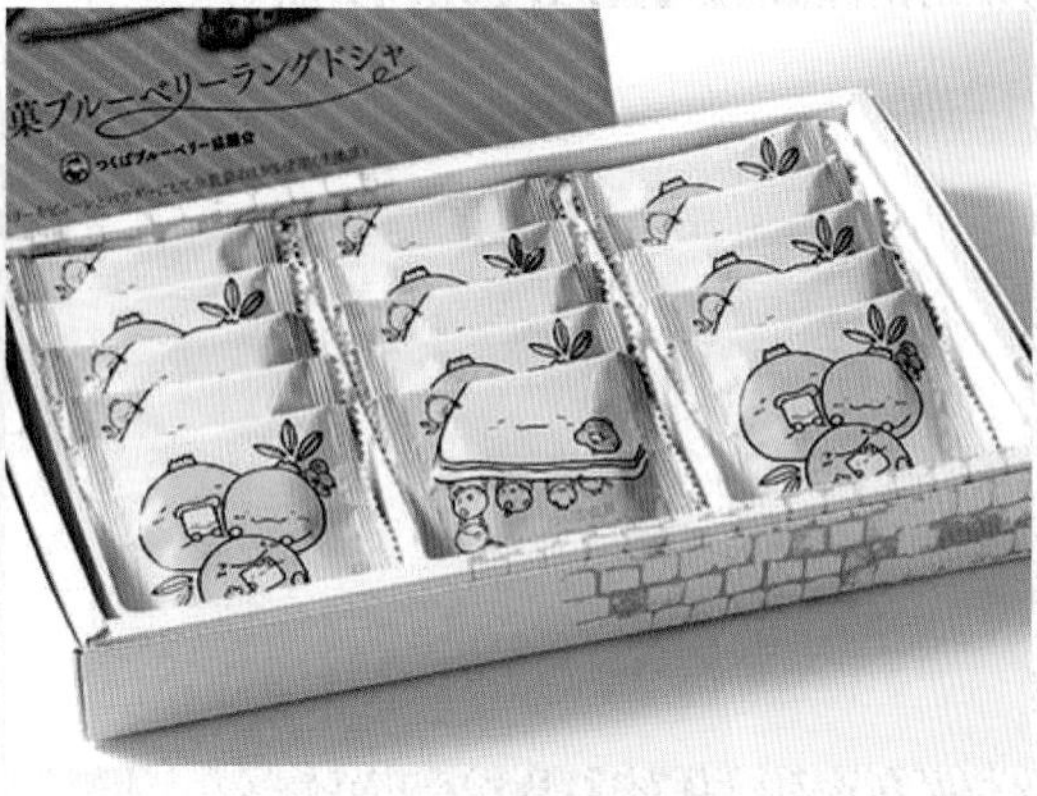

『つくば藍菓ブルーベリーラングドシャs』15個入 1,188円（税込）

み合わせたこだわりの逸品。新鮮なブルーベリーの美味しさがギュッと詰まっている。

13アールの面積に２５８本のブルーベリーを植え、現在では厳選した約30種類、１１０本のブルーベリーを育てている毒島さん。東京で建築業会の仕事をしていたが、60歳の時に定年を迎えると同時に、つくば市でブルーベリー生産をスタートさせたという。

つくば市には２００２年に発足した「ブルーベリー協議会」があるが、毒島さんはこの組合の会長も務め、生産者と市や企業との間の橋渡し役も行っている。

多くの生産者が収穫しきれずに廃棄している実を、加工品として活用していこうと考え、生まれたのが「つくばの青い果実のラングドシャ」や「ブルーベリーアイス」なのだ。いずれも「TXつくば駅プルシェ」、「TXつくば駅つくばの良い品」、つくば「陣屋」などで購入可能。「つくばコレクション」にも認定されている人気定番品なので、つくば市に訪れたら、お土産としてだけではなく、「いばらき県産品お取り寄せサイト」で自宅用にもゲットしてみて。

（ライター／播磨杏）

スイーツ感覚で飲む『あま酒(ドリンク)』(各種) 500円(税込)〜

ノンシュガー&オーガニック あま酒&スイーツ

「キッカケはひとつぶの甘酒から」

愛知県岡崎市の『Nyanの甘酒』は、「甘酒をキッカケに皆様に健康と幸福が広がりますように」という想いを込めて作るこだわりの甘酒とスイーツを販売するお米のスイーツ専門店。老若男女、誰もが美味しく安心して飲める昔ながらの甘酒をはじめ、日常にもっと甘酒を取り入れてほしいという想いで、甘酒の甘みを生かした多種多様なドリンクやスイーツを揃えている。

メインとなる甘酒の原料は、無農薬のお米（熊本県産）と生の米麹（石川県産）。ケミカル・グルテン・ギルトフリーの無添加で、砂糖も不使用。手間暇惜しまず、まごころ込めて手作りする甘酒は、昔懐かしくもありながら新鮮な味わい。

独自の製法で仕上げた甘酒の素味『くり〜む甘酒』は、その名の通りクリーミーで濃厚な味わい。天然水やお好みのドリンクで割ってドリンク風に、そのままヨーグルトのように食べたり、半解凍でシャーベットやアイスクリームのようにいただくこともできる。抹茶やココアなどのフレーバーやフルーツなどの

『あまざcake』(各種) 500円(税込)

『くり～む甘酒』(各種) 500円(税込)

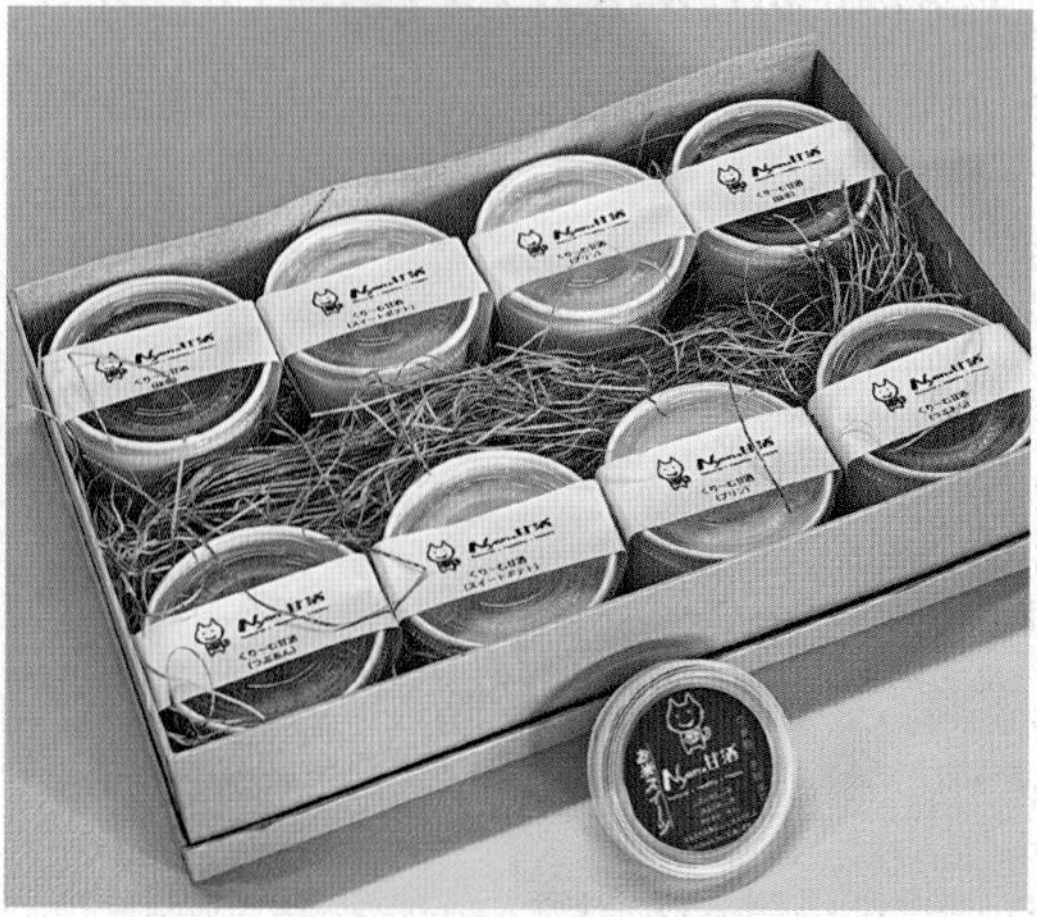

『くり～む甘酒』は、ギフトにも最適。

営 11:00～19:00
(不定期営業)
休 火曜日
※来店の際は
お問い合わせを。

お米スイーツ専門店 Nyanの甘酒

ニャンのあまざけ

090-3856-5765　info@nyan-amazake.com
住 愛知県岡崎市庄司田2-1-1
https://nyan-amazake.com/　@nyamazake315

トッピングメニューを多数取り揃えており、毎日飽きずに味わえる。

　また、甘酒に米粉をブレンドして焼き上げたヘルシーな甘酒スイーツ『あまざcake』は、甘酒をケーキ風に味わえる甘酒の新しいカタチ。半解凍でアイスケーキ風にしても美味しい。ダイエット中は罪悪感のあるケーキも美味しく楽しめる。ピスタチオ、ラムレーズン、かぼちゃ、アールグレイ、むらさき芋、カシスなどフレーバーは20種類以上。すべての味を試してみたくなるラインナップだ。ダイエット中の置き換え、仕事やスポーツ時のエネルギー補給、3時のおやつや夜食、食後のデザートなど様々なシーンで気軽に取り入れられる。

　ご注文はウェブサイトの「contact」または、電話で。予約・注文が入ってから手作りするので、全国どこにいても出来立てが届く。冷凍状態で届くので、好きなときにいつでも手軽に甘酒を楽しむことができる。

　自身の美容健康のためはもちろん、家族やお世話になっている方、お友だちへの贈り物にも最適だ。

(ライター／今井淳二)

お米のソムリエが選んだ
日本一美味しいお米

美味し〜い！

金崎さんファミリーと仲間による安心栽培。

代表 金崎隆さん

涌き水で育った
金崎さんちのお米
信州飯山でおらたち家族が作った自慢のお米です。
5kg
自家精米
金崎さんちのお米

5kg（特別栽培米コシヒカリ） 4,413円（税・送料込）
10kg（特別栽培米コシヒカリ） 8,599円（税・送料込）
発送当日に精米、全国発送。

金崎さんちのお米

かなざきさんちのおこめ

info@kanazaki-okome.com
㊟ 長野県飯山市大字豊田803
https://www.kanazaki-okome.com/

皇室献上米としても評価された極上のお米

美味しいお米ができるのには清らかで質の良い水、そして季節・朝晩の寒暖差のある気候が重要だといわれる。米どころとしても全国的に名高い新潟県・魚沼地方などはそういった条件に合致している地域の一つで、ここで作られるお米の多くは魚沼産というブランド米として高い評価を受けている。

そんな魚沼地方と気候など自然条件がほぼ一緒にも関わらず、米どころとしてはあまり知られていないのが一つ隣の地域、長野県飯山市一帯だ。魚沼と同レベルの素晴らしいお米ができることからこの地を「隠れ魚沼」と呼ぶ人もいる。

この飯山市内で恵まれた自然条件の中、さらに手間暇と愛情をかけた米づくりを行っている一人が金崎隆さん。甲殻類の殻や貝殻などを配合したオリジナルの有機肥料を、それも極力使用量を抑えてお米が持つ本来の旨味・甘味をさらに引き出した『金崎さんちのお米』は、数々の食味コンクールにも入賞し、お米ソムリエたちからも高い評価を得ている特別栽培米の逸品だ。

（ライター／今井淳二）

キッチンカー『komeshoufarm』

『肉巻きおにぎり』

米勝ふぁ〜む

こめしょうふぁ〜む

059-389-6090 komeshoufarm@gmail.com
㊟ 三重県鈴鹿市石薬師町3153-1
https://komeshou-farm.com/

令和5年度三重県産
『キヌヒカリ』
5kg2,650円（税込）

令和5年度三重県産
『コシヒカリ』
5kg2,900円（税込）

令和5年度三重県産
『あきた こまち』
5kg2,900円（税込）

自家製のコシヒカリ
キッチンカーで肉巻きで販売

三重県・鈴鹿山脈の綺麗な水と澄んだ空気に恵まれた環境の中で、減農薬にこだわった米作りに取り組む『米勝ふぁ〜む』代表の田中勝也さん。水田では、「コシヒカリ」「あきたこまち」「ミルキークイーン」「キヌヒカリ」を栽培、農舎や地元の百貨店で販売しているほか、自慢のお米をたくさんの人に知っていただけたら」と通販サイト「米勝ふぁーむベースショップ」で全国向けに販売している。また、2023年11月からキッチンカー『komeshoufarm』の営業を開始した。近隣地域のイベントや催し物会場に出店、手塩をかけて育てたコシヒカリを使用した『肉巻きおにぎり』などを販売している。現在の営業範囲は三重県鈴鹿市が中心だが、今後は県外にも進出し、おにぎりのほか、お米を使った創作メニュー、自家製野菜や地域の採れたて野菜を使ったサイドメニューなども販売していく計画だ。地域との関わりを大切にし、地元の田畑の請負耕作にも進んで取り組んでおり、同農園のお米を全国に知っていただきたいという想いから、今後お米などを販売する店舗出店も行う。

（ライター／斎藤紘）

『美濃ハツシモ』5kg 3,240円（税込）
厳格な栽培基準をクリアした岐阜を代表する「幻の米」。

代表取締役 森淳一さん

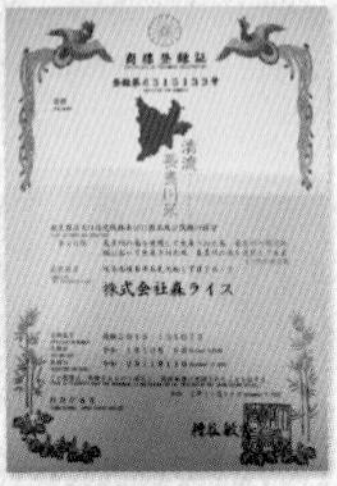

『美濃ハツシモ』のほかにも発売中。
『にこまる』
（もっちりした少々粘りけのある大粒のお米）
『てんこもり』
（しっかりした歯ごたえのあるお米）
『コシヒカリ』
（一般的になじみのあるお米）
すべて 5kg 2,430円（税込）

農業生産法人 株式会社 森ライス

もりライス

058-243-5377 gifunokome@moririce.co.jp
住 岐阜県岐阜市芥見大船1-26-2
https://moririce.co.jp/

食卓に、お弁当にもぴったり 食べごたえのある良米

日本で唯一全国で栽培されている農作物であるお米。猛暑や台風などにも強いお米、食味の良いお米が国の農業試験場や各都道府県によって開発、その地に根付いたご当地米という言葉も誕生した。その銘柄、産地の違いをお米の個性とし、いただくお米の取捨選択もできるようになった。

例えば、栽培は主に岐阜県内で県外ではほとんど作られておらず、幻の米とも呼ばれている岐阜のご当地米に『ハツシモ』がある。その特長は、大粒でツヤ・食味が良く、ねばりが少ないので冷めても美味しく、プロの料理人からも高い評価を受けている。

岐阜市の農業生産法人『森ライス』は、この『ハツシモ』を中心に『にこまる』『コシヒカリ』といった銘柄米を、安心安全・消費者のための考える農業をモットーに、厳格な取り扱いに遵守して生産。収穫した米の乾燥・籾摺り・精米まで一貫して行い、自社通販やふるさと納税などで全国へ直接届けている。

（ライター／今井淳二）

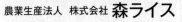

『ササシグレ』『コシヒカリ』の白米、玄米などあり。

まるいち

まるいち
maruichi

☎ 0796-23-4084 ✉ maruichifarm0831@gmail.com
㊟ 兵庫県豊岡市加陽972
https://www.maruichi-market.com/ Instagram @maruichifarm0831

自然の恵みが詰まった無農薬のお米と野菜

兵庫県豊岡市の『まるいち』は、コウノトリも住める豊かな文化・地域・環境づくりを目指している農家。農薬も化学肥料も一切使用しない有機栽培に取り組み、太陽、雨、風、土など大自然の恵みと愛情ですくすくと育ったお米や野菜を生産・販売している。野菜は、注文が入ってから収穫、お米も注文後に精米するので、鮮度抜群の状態で届く。お米や野菜を育てるための土作りに最もこだわっており、作物の旨味を最大限に引き出している。また、土作りは病気や害虫に負けない健康な野菜や米を育てることにつながるため、化学物質を使わず、自然との調和を保ちながら農業に取り組むことができる。

人にも環境にも優しいお米と野菜は、旨味が凝縮されて深い味わいで、一度食べたら忘れられない味となっている。丁寧に栽培された自然の恵み、本来の野菜やお米の味をぜひお試しあれ。

（ライター／河村ももよ）

阿蘇の大地に感謝し、「本当にいい作物を全国の人に送り届ける」という信念のもと、こだわり続けている。

代表取締役 竹岡徹さん

一品一品時間をかけ厳選した商品だけを販売。

『令和5年産 特別栽培米ひのひかり』ご贈答用2kg 1,100円（税込）
『令和5年産 特別栽培米こしひかり』ご贈答用2kg 1,200円（税込）
『令和5年産 特別栽培米ひとめぼれ』ご贈答用2kg 1,100円（税込）
『令和5年産 特別栽培米みるきーくぃーん』ご贈答用2kg 1,300円（税込）

農業生産法人 株式会社 ASO AGROSSTYLE

アソ アグロスタイル

0967-32-1187 ✉ aso@aso-agrosstyle.com
㊟ 熊本県阿蘇市三久保216-33
http://aso-agrosstyle.com/

清らかな阿蘇の名水と健康な土育った特別なお米

日中の寒暖差が激しく、名水にも恵まれ米づくりに適している条件が揃いながらも、酸性で養分が乏しい火山性の土壌と、厳しい夏の暑さからあまり稲作が盛んでなかった九州・阿蘇のカルデラ地域。しかしながら、地道な品種改良と土作りにより、今では良質な銘柄米を九州のみならず全国へと送り出せるようになった。

その先鋒たる生産者の一つが『農業生産法人ASO AGROSSTYLE』だ。農薬や化学肥料の使用を基準の半分以下に抑えた特別栽培米に、農薬や薬剤を使わず人の手で除草、肥料も堆肥や米ぬか・緑肥を使用した無農薬栽培米を「premium rice」シリーズとして生産。

日本を代表する良米「コシヒカリ」にさっぱりとして食味が特長の「ひとめぼれ」、九州で人気の「ひのひかり」など好みの銘柄を選べる。オススメはやわらかさとモチモチ感、冷めても美味しいと人気上昇中、コシヒカリの改良種「ミルキークイーン」。毎日いただける美味しいお米は贈り物にもぴったり。

（ライター／今井淳二）

全室個室。

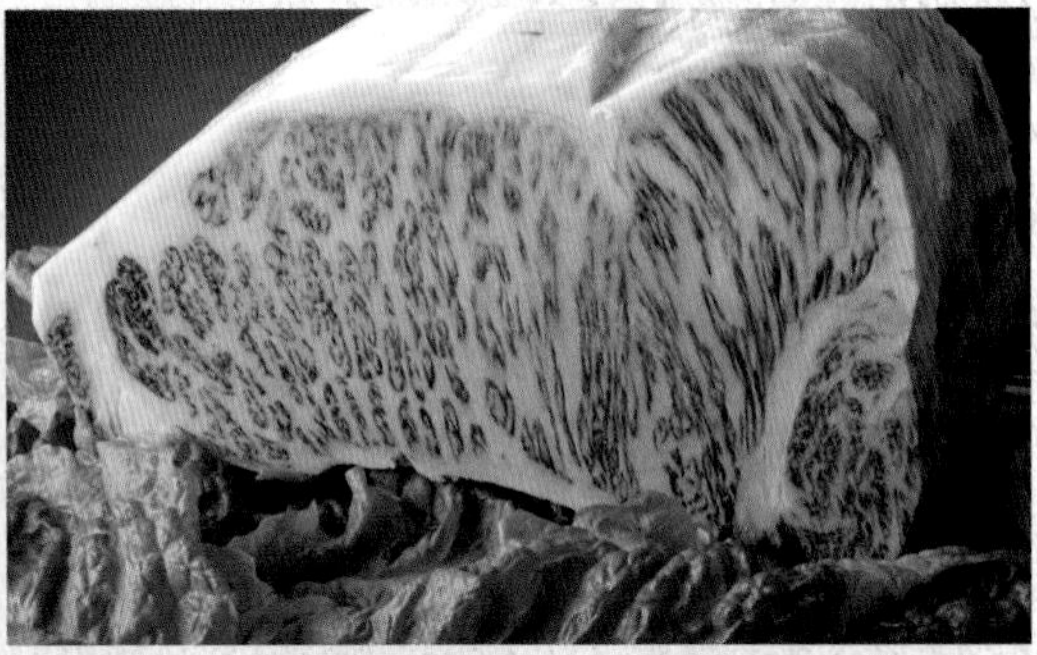

㊔ ランチ11:00～15:00（LO14:30）
ディナー17:00～22:30（LO22:00）
㊡ 木曜日

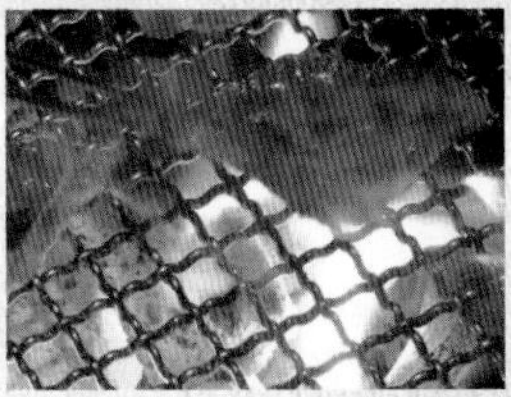

『霜降りセット』（特選カルビ、特選ロースなど5～6人前）10,800円（税込）

『カルビラーメン』950円（税込）

『ファミリーセット』（上カルビ、ロース、タンなど5～6人前）5,480円（税込）
『ヘルシーセット』（ホルモン、レバー、ミノ、ハツ）1,920円（税込）など

焼肉 おおつか 鹿沼店

0289-60-7530
㊟ 栃木県鹿沼市西茂呂3-52-13
https://www.yakiniku-ootuka.com/

肉の品質は折り紙付き 和牛の専門家が営む焼肉店

美しくきめ細やかなサシに柔らかい肉質、とろけるような旨味と甘味で全国規模の品評会でも最高位を獲得し、今や日本を代表する銘柄牛である「とちぎ和牛」をはじめとする有名銘柄牛が、リーズナブルにいただけると人気のお店が栃木県内に3店舗を展開する『焼肉おおつか』だ。

品質の高いお肉を安く提供できるその秘密は、都内で牛肉卸売業を営む「丸金おおつか」が直営しているから。確かな目利きで選びぬかれたお肉を炭火による遠赤外線でふっくらジューシーに焼き上げていただける落ち着いた雰囲気の店内。家族連れや友人同士、大切な方の特別なおもてなしにと連日にぎわっている。

中でも2021年10月にリニューアルオープンされた鹿沼店は、地元の伝統工芸鹿沼組子の木工製品を店内随所にあしらった雰囲気あるお店。ランチでは、オリジナルの『カルビラーメン』や和牛の切り落とし部位を使った『ハンバーグ』も好評。

（ライター／今井淳二）

『神戸ビーフ®食べ比べセット』（ロース・赤身など）

㊔ 11:30〜20:00
㊡ 月･火曜日（祝日の場合、翌日）

レストラン営業時間
ランチ 11:30〜15:00（LO14:00）
ディナー 17:00〜20:00（LO19:00）

神戸ビーフ館

こうべビーフかん

☎ 078-241-7790
㊟ 兵庫県神戸市中央区北野町1 コトノハコ神戸3F
https://kobebeef.gallery/

「知る」「見る」「食べる」体験ができる。

神戸ビーフ館

『神戸ビーフ®』の指定登録店はブロンズ像を掲示。

令和5年7月5日
「人と牛が共生する美方地域の伝統的但馬牛飼育システム」が世界農業遺産に認定されました。畜産部門では国内初めての認定です。

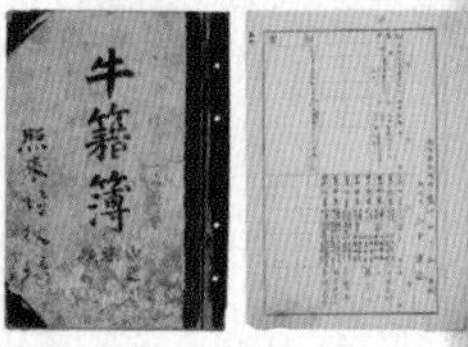

全国に先駆けて整備された「牛籍簿」。

「但馬牛」放牧の様子。

『神戸ビーフ®』への知識欲と食欲を満たせる注目スポット

豊潤な味わいと柔らかさで世界的にも認められている日本の黒毛和牛。中でも三大和牛の一つ『神戸ビーフ®』の知名度はことのほか高く、来日した多くのVIPを魅了していることでも知られている。

ところで、生きた『神戸ビーフ®』は、存在しないということはご存知だろうか。実は但馬牛の肉の中でも一定の基準を満たした優れた肉を『神戸ビーフ®』と呼称するのだという。そんな『神戸ビーフ®』のことを正しく知り、味わって欲しいとの想いから設立されたのが、展示エリアにレストランも擁する『神戸ビーフ館』だ。

多言語に対応した展示ブースでは、様々な展示物で日本の黒毛和牛のルーツや『神戸ビーフ®』の定義や歴史など、エピソードも加えてわかりやすく伝えてくれる。またレストランでは、本格的な鉄板の上で調理された極上の『神戸ビーフ®』ステーキなどが味わえる。ロース・赤身、またその食べ比べなどを用意。新幹線新神戸駅から徒歩約2分とアクセスも抜群。

（ライター／今井淳二）

『ベーコン』
250g
1,620円（税込）

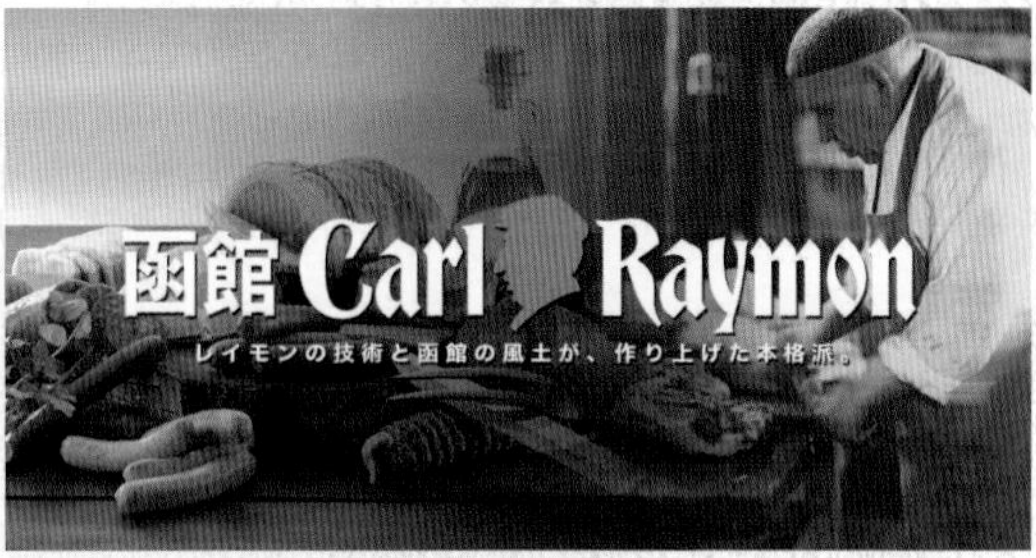

「レイモンハウス元町店」
函館のふもとで異国情緒に溢れた佇まいも人気。

贈り物として喜ばれているギフトセットも充実。

函館カール・レイモン

はこだてカール・レイモン

☎0120-39-4186　✉ info@raymon.co.jp
㊟ 北海道函館市鈴蘭丘町3-92
https://www.raymon.co.jp/

肉の美味さがダイレクトに伝わるハム・ソーセージ

およそ100年前、ドイツ人カール・ワイデル・レイモン氏より伝わった本場の製法を頑なに守り、厳選された豚肉を使った手間と時間を惜しまないハム・ソーセージが人気なのが『函館カールレイモン』。

数々の逸品が揃う中でも特に人気が高いのが特製の『ベーコン』。新鮮な豚バラ肉を塩漬けしたのち、熟練の職人の手により丁寧に燻煙を繰り返して作り上げる。豊潤なスモークの香りをまとった良質な豚肉本来の旨味が味わえる。ベーコンエッグやサラダ、チャーハン、野菜炒めなどのお料理でも格段に美味しくなる。そのままいただくも良し、お酒のおつまみにも良し、お料理に使えば他の食材の味わいも引き立ててくれる。一番のオススメは、厚めにスライスして軽く炙っていただく。ほのかに甘い脂身の美味さが堪能できる。

他にもハムやソーセージ、ギフトセットも人気。地元だけではなく、お取り寄せやお土産、大切な方への贈り物として全国的にも評判だ。

（ライター／今井淳二）

MEIHO 明宝ハム

『パセリソーセージ』1本 300g 605円（税込）

『スモークドハム』1本 280g 1,415円（税込）

明宝ハム

めいほうハム

明宝特産物加工 株式会社

☎ 0120-44-8601 ✉ webinfo@meihoham.co.jp
㊟ 岐阜県郡上市明宝気良33-2
https://www.meihoham.co.jp/

山紫水明の地で育まれた素朴な味わいのハム・ソーセージ

どこか懐かしさを感じさせるオレンジ色のパッケージで約半世紀、地元岐阜県から徐々に全国にその美味しさが伝わり愛され続けている逸品が『明宝ハム』だ。

現在主流のロースハム、ボンレスハムとは違い、細かくカットした肉をぎゅっと寄せ集めて固めた昔ながらの素朴な味わいのプレスハム。山村の畜産振興を狙いとして作りはじめた当時からの「手作り・100％豚肉」を頑なに守り、使用するのは冷凍していない良質な国産豚のもも肉のみ。手間を惜しまず人の手で丁寧に肉の解体から加工まで行っている。切ってそのままはもちろん、様々な料理にアレンジして大人から子どもまで年齢を問わず喜ばれている。

他にも『明宝ハム』を桜の木で丹念にスモークし、オードブルやサラダにぴったりの『スモークドハム』や、一口でやみつきに、さわやかなパセリの香りが広がる新感覚のソーセージ『パセリソーセージ』なども評判だ。ぜひお試しあれ。

（ライター／今井淳二）

亭主 高徳健治さん

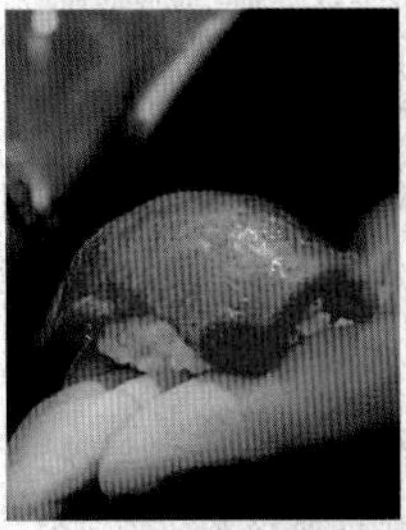

営 18:00〜23:00(最終入店20:30)
※ネット予約は当日19:00まで　休 火・水曜日
お問い合わせは公式LINEまたはInstagramのDMから。

金沢鮨 **鼓舞**《こぶ》

✆ 03-6414-1833
住 東京都世田谷区豪徳寺1-50-12
https://kanazawasushi-kobu.com/

各種コースあり。
『能登の舞』(おつまみ、一品料理3品、お椀、握り8貫) 16,500円(税込)
『能登の極み』(おつまみ、一品料理5品、お椀、握り10貫)
19,800円(税込)など。

人々を良くなる食を追求する『金沢鮨鼓舞』

東京・豪徳寺に誇る『金沢鮨鼓舞』は、北陸地方から直送される極上の魚介類を使用し、伝統的な江戸前寿司を提供している。店のモットーは、「人々を良くなる食」。食を通じてお客様の心と体が豊かになることを願い思いを込めている。職人の手で一貫一貫丁寧に調理される寿司は、素材の味わいが最大限に引き出され、最高の食体験を届ける。

同店では、北陸地方の地酒や全国各地の名だたる銘柄の日本酒、そして厳選されたワインを取り揃え、充実したラインナップでも喜ばれている。これらの美酒と寿司との相性は抜群で、新たな味わいを発見することができる。

一皿一皿に心を込め、お客様に感動と満足を提供しており、心温まるおもてなしと共に、お客様が特別なひとときを過ごせるような心配りを大事にしている。ぜひ、『金沢鮨鼓舞』で贅沢な寿司体験を通して、心温まるひとときを楽しんではいかがだろう。

(ライター/河村ももよ)

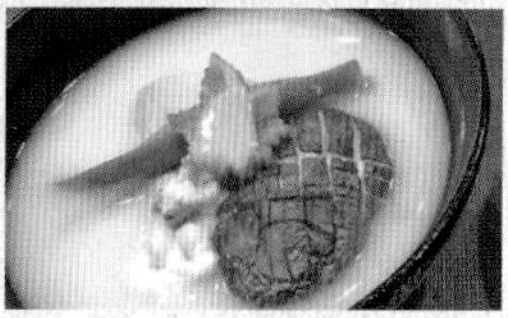

㊢ 17:00〜22:00
土日祝
12:00〜15:00
18:00〜22:30
㊡ 不定休

『薬石庵 司紀』
ホームページは
こちら。

薬石庵 司紀

やくせきあん しき

045-595-9975
㊟ 神奈川県横浜市西区浅間町2-98-13
https://yakusekian-shiki.com/ shiki_yakusekian

ホッとくつろげる隠れ家で店主の渾身の本格和食

大切なおもてなしや特別な日の食事は、日頃はなかなかいただけない極上のお料理を、静かで隠れ家的なお店でゆっくりといただきたいもの。そんな時にぴったりなのが、各種商業施設が立ち並ぶ交通の要所、横浜駅周辺の喧騒から離れた閑静な住宅街の中、こだわりの食材を使用した本格的な懐石料理が味わえると評判のお店『薬石庵司紀』だ。

お店で腕を振るうのは、関西のミシュラン二つ星店や都内人気店で修行した店主。日本料理の命である出汁は特に昆布にこだわり、料理によって種類や出汁の取り方も変えているという。魚介や野菜などその時に一番美味しい旬の素材と合わせ、味はもちろん、目にも楽しい逸品に仕上げて提供してくれる。高級感溢れる落ち着いた店内で楽しめる珠玉のお料理に選びぬいた銘酒も味わえる。

「お客様の人生の中での大切な一食。だから最高の料理をお出ししたい」と完全予約制でお客様を迎えている。貸切りにも対応。

（ライター／今井淳二）

シャリもネタも厳選に吟味。

㊟ 11:00～20:45
㊡ 無休
イベントにパーティーに
真心こめて職人の技を
お持ち帰りもできる。

廻るすし道楽 塩沢本店

まわるすしどうらく

✆ 025-782-2668
㊟ 新潟県南魚沼市塩沢町中171-1
http://sushi.takinogawa-group.co.jp/

「塩沢本店」のほか、「六日町店」「浦佐店」「小千谷店」「十日町店」「宮内店」もあり、ドライブの立ち寄りにも。

定番ネタ、季節の味覚など約70種類の寿司、一品料理など豊富。

旬の地魚に厳選マグロ
シャリは絶品魚沼産

新潟県は北側が日本海に面し、沿岸では荒波に揉まれ旨味の豊かな魚介類が豊富に揚がり、内陸には魚沼をはじめとする米どころに恵まれている。そんな地の利を活かし、県内にはリーズナブルに美味しい寿司が味わえるお店も多い。

　厳選したマグロや地魚などのネタを中心に、高級店にもひけを取らないお寿司をリーズナブルな価格で提供してくれるのが、魚沼市を中心に5店舗を展開している『廻るすし道楽』。地元の人たちから愛され続けている同店の秘密は、常時約70種類もの寿司ネタと豊富な一品料理にお酒、逸品デザートや本格的なラーメンも味わえるなど、大人から子どもまで楽しめるメニューの多さ。連日家族連れや仕事仲間、友人同士などで賑わっている。

　シャリは、魚沼産コシヒカリの中でも最高級の塩沢産100%で提供できるのも地元の強み。気軽にいただけるランチから宴会、おもてなしまで様々なニーズに応えられる他、観光で訪れた際にもぜひ。

（ライター／今井淳二）

店内は、木を基調とした居心地のよい空間。

こちらからも
検索できます。

㋼ 11:30～14:30（LO14:00） 17:00～21:30（LO21:00）
㉁ 火曜日

蕎麦と酒 ととの

✆ 048-242-5595
㊟ 埼玉県川口市長蔵1-23-12 T・Fビル1F
https://soba-sake-totono.com/

地産地消を中心に、旬の国産食材にこだわっている。

お酒は、常時30種類以上を取り揃えている。

木と土を基調に店内で味わう蕎麦と酒

埼玉県川口にある『蕎麦と酒ととの』は、旬の美味しい料理と季節の蕎麦を味わいながらお酒を楽しむ古き良き和の文化を現代と調和し、「美味しい＝楽しい」を広く知らせているお店。蕎麦は、国産の実を自家製粉し手打ちしている。極粗、粗、細挽きと三段階に挽いた粉をバランス良くブレンドし、九一で打つというこだわりようだ。また、蕎麦つゆも冷たい蕎麦には甘さ控えめ江戸前のつゆ、温かい蕎麦には関東風・関西風の2種類の出汁をバランス良く合わせており、店主の蕎麦に対する愛情がうかがえる。蕎麦前には、地産地消を中心に、旬の素材を使った店主のオススメ日替りメニューなども楽しめる。人気のだし巻き卵は食べるとジュワッと出汁が滲み出て、思わず顔もほころぶ。丼ものも多数あり、あれもこれも食べたい人には、セットも提供している。お酒は、料理に合わせたお燗むきの日本酒を中心に、常時30種類以上を取り揃えてある。お蕎麦だけではなく、一品料理やお酒も楽しめるので、子どもから大人まで幅広い客層に人気なのは頷ける。

（ライター／今井淳二）

極太麺がたまり醤油ベースの独特なタレとよくからみ、追随を許さぬ深い味わい。今も昔も変わらない、老舗ならではの味を全国に。

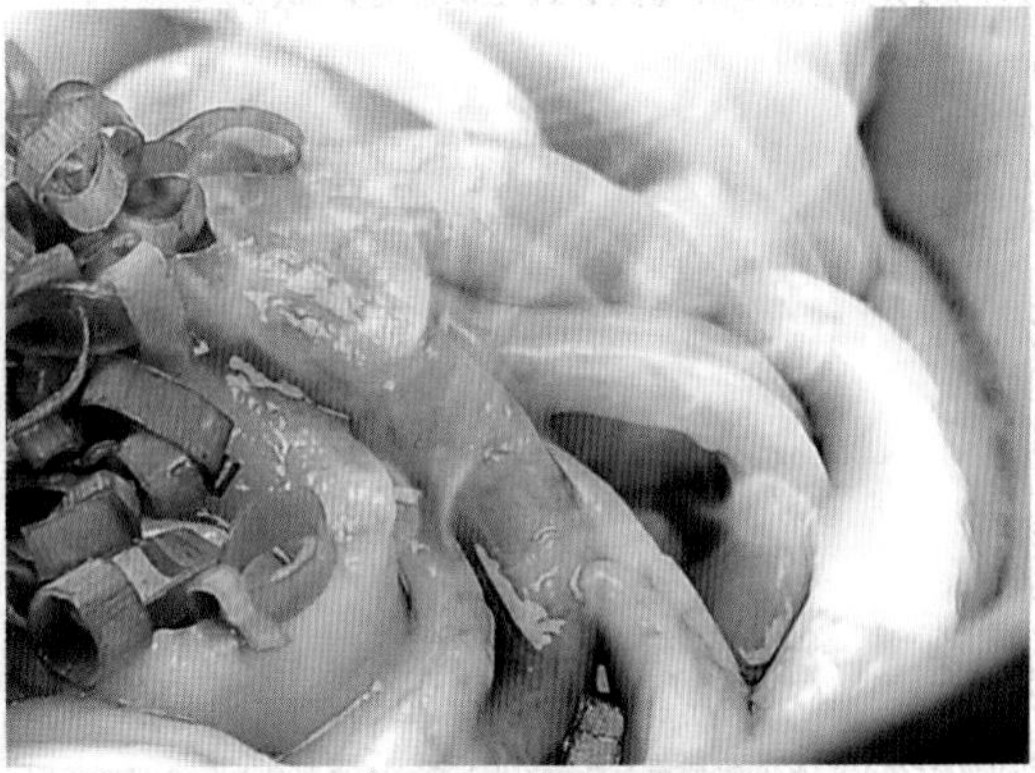

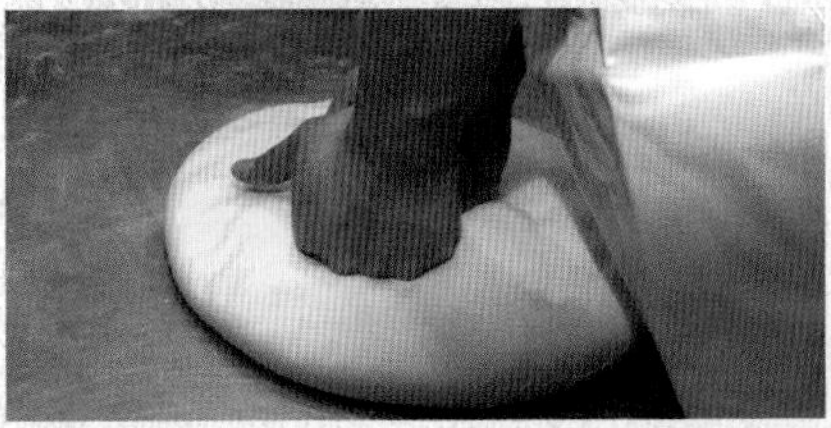

山口製麺

やまぐちせいめん

0596-28-2830
㊟ 三重県伊勢市大世古4-5-21
https://www.ise-udon.net/

『ゆで伊勢うどんお試しセット』
2食入×4セット（8食分）
3,280円（税込・送料無料）

『冷凍伊勢うどんお試しセット』
3食入×4セット（12食分）
3,280円（税込・送料無料）

伝統の味わい『伊勢うどん』老舗の美味しさをお届け

ずんぐりと極太でありながら、柔らかくてふわふわの麺。そこに絡まるのは、たまり醤油ベースの真っ黒な濃厚タレとネギが少々。初めて食べると、他にはないその味わいにびっくりする人も多い『伊勢うどん』。創業75年の老舗『山口製麺有限会社』では、「麺は生きもん。手間暇かけて作らんといかん！」という先代のこだわりを貫き、時間や労力を惜しまず昔ながらの製法で、伝統の味を貫き続けている。仕上げを機械ではなく両手でこねて打ち一晩寝かせる、井戸水を汲み上げ前日に塩分濃度を調節して一晩置いて落ち着かせた練り水を使うなど、随所にこだわって手を加えることで、ふんわりとした中にももっちりとした歯ごたえが出る麺が完成する。タレは、先代が吟味を重ねて生み出した味を地元の醤油メーカーに頼んで再現している伝統の味わいだ。人気は、『冷凍伊勢うどんお試しセット』。外はふんわり中はしっかりコシがある釜揚げの美味しさを楽しめる。『茹で伊勢うどん』は特有のもっちりした食感。ぜひ自宅で伊勢伝統の味わいを楽しんでみて。

（ライター／播磨杏）

サラダや明太子との相性も抜群。

『たこうどん』
200g 600円（税込）

株式会社 海鮮商店

かいせんしょうてん

☎ 01372-7-3254 FAX 01372-7-3254
住 北海道茅部郡鹿部町字宮浜292-3
https://kaisensyouten.com/

ユニークなネーミングと食べやすいカタチの海鮮

北海道鹿部町に水揚げされる様々な魚介類をはじめ、豊富な北の海の幸を豊洲市場をはじめ、北は北海道札幌、南は九州と幅広く送り出している『株式会社海鮮商店』。

採れたてのツブ貝を自社工場で独自の工夫で茹であげ、他にはない柔らかさと評判の「ボイルつぶ」や噴火湾近海産のミズダコを新鮮なうちに加工し、柔らかく、あっさりとして甘みのある「刺身用冷凍活ミズダコ脚」は、町の名産としてふるさと納税返礼品としても選ばれている。そんな『海鮮商店』が新たに発売し、他にはない逸品と話題を呼んでいる『たこうどん』だ。しっとり柔らかく美味しいのに、これまであまり地元以外での消費がなかったミズダコの頭に着目。細長く切り、食感を活かすため生とボイルの中間くらいの絶妙な加減に茹で上げたもの。その姿がまるでうどんのようなことから『たこうどん』と命名したという。お刺し身のようにそのまま醤油やポン酢をつけていただいたりはもちろん、サラダといっしょに食べたり、炒めたりと様々なお料理の具材にも。

（ライター／今井淳二）

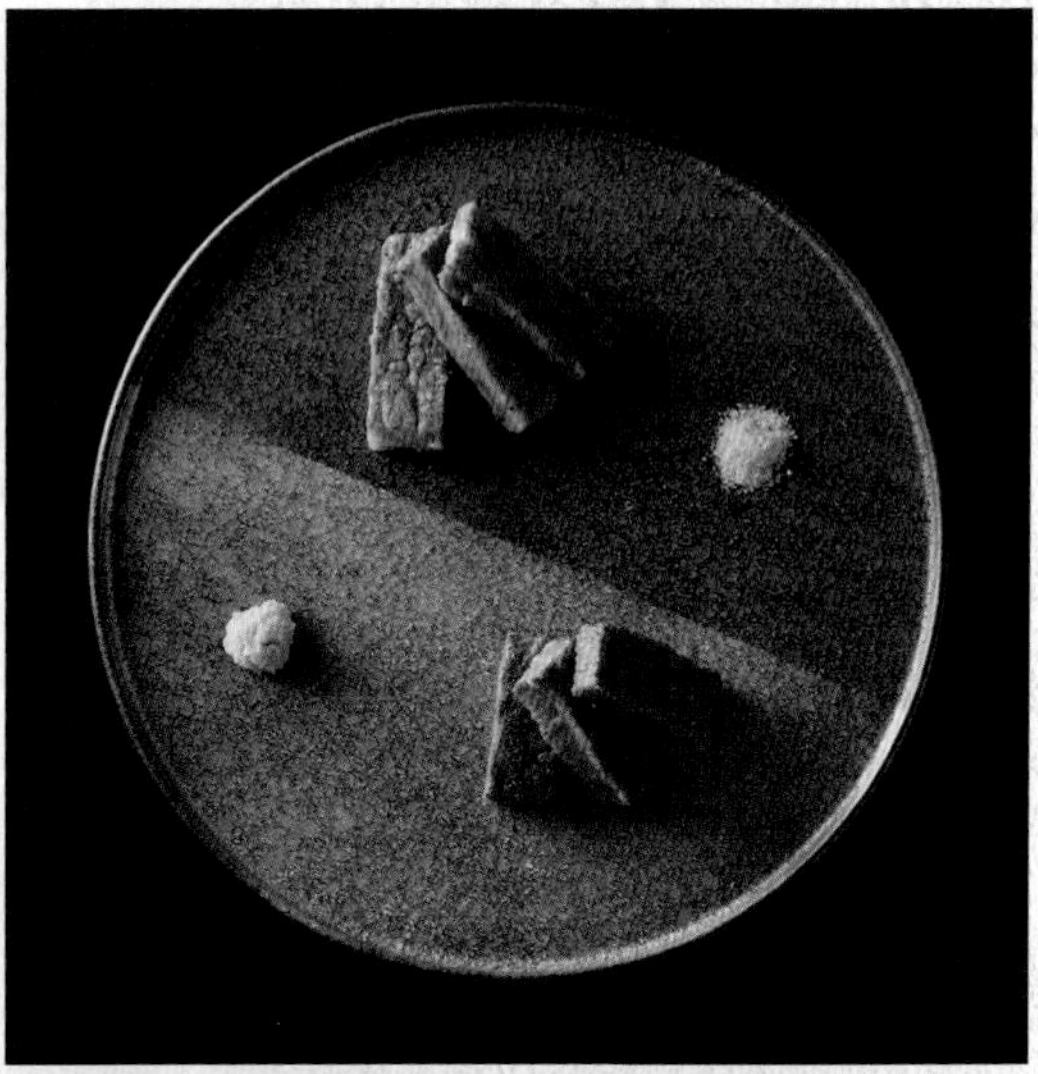

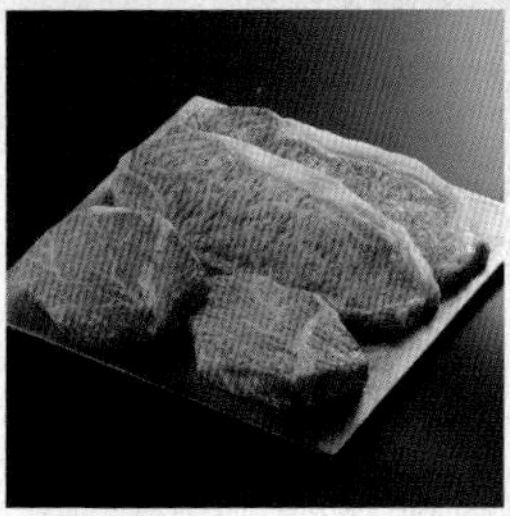

『おおいた和牛シャトーブリアン&サーロイン』
20,000円（税込）

通販サイト　予約サイト
https://www.tablecheck.com/shops/sa-coo/reserve/

㈴ ランチ11:00-14:00
（LO13:30）
ディナー18:00～22:00
（LO21:00）
㈭ 木曜日

てっぱん焼き 作
さく

0977-76-8787　shop@sa-coo.fun
㊟ 大分県別府市野口元町1-3 フジヨシビル2F
https://sacoo.official.ec/

ジューシーな味わいの「おおいた和牛」

大分県が誇る絶品のブランド和牛「おおいた和牛」は、大分県産和牛肉の中でも肉質4等級以上の上位等級で、飼料用米またはビール粕を給与したものであり、美味しさにこだわった独自のブランドだ。

大分県の高級食材を上質な空間で味わえる別府駅近くの『てっぱん焼き 作』。お取り寄せでオススメなのがシェフ厳選のセット『おおいた和牛シャトーブリアン&サーロイン』だ。

幻の部位と呼ばれる希少価値の高い『牛肉シャトーブリアン』は、1頭からごくわずかしか取れない。柔らかさで脂肪分が少ない赤身部分でありながら肉質のきめが細かく、繊細な口当たりとあっさりとしていながらも濃厚で上品な旨みを楽しむことができる。

また、ステーキの王様とも呼ばれる『サーロイン』は、脂身の甘味と赤身の旨味が上品で、ジューシーな味わいが特長の高級部位。

どちらも贈答に喜ばれること違いない。

（ライター／河村ももよ）

<昼の部>もあり。『特選虎河豚ランチ』16,500円（税込）『特選鯛茶漬け』6,380円（税込）など。

『河豚刺し』

㊎ 12:00～13:00 18:00～23:00
㊡ 無休（完全予約制）

<夜の部>
『天然鼈「秋冬」コース』
28,600円（税込）
『天然虎河豚コース』
松 55,000円（税込）
竹 44,000円（税込）
梅 33,000円（税込）

『鼈の丸鍋』

『ひれ酒』

日本橋 ふるとり

✆ 03-3527-3425 ✉ furutori2019@gmail.com
㊟ 東京都中央区東日本橋3-9-16 パレソレイユ東日本橋1F
https://furutori.tokyo/

『天然鰻の鰻重』

『越前蟹』

日本の和食文化が誇る二大極上食材

東京都内には、まだメディアに取り上げられていない極上の食材を提供する大人の隠れ家がある。その中の一つが、東京・日本橋の『ふるとり』。最高品質の虎河豚と鼈を専門的に扱うお店として、独自のスタイルを貫いている。記念日など特別な日のお食事に利用してみたいお店だ。厳選された愛媛県八幡浜産・豊後水道で水揚げされた天然の虎河豚は、特別なルートで24時間以内にお店へ直送され、独創的な『二枚引き』の河豚刺しは、程よい厚さと大きさで旨味をダイレクトに味わうことができる。自家製カボスぽん酢と国産の鮟肝を使ったオリジナルの『肝だれ』に絡めて頂く。他店でもなかなか食べる事のできない至極の逸品だ。熊本や鹿児島で捕れた天然物の鼈は丁寧に下処理され、水と酒、昆布のみで時間をかけてゆっくりと炊き、鼈の持つ本来の旨味を引き出していく。生姜を効かせた滋味溢れる優しいスープは、身も心も癒やしてくれるような味わい。また、春から秋にかけては天然物の鯛などを始め、四季折々のコースも用意され、1年を通して旬のご馳走が頂ける。（ライター／今井淳二）

着物美人と評判の女将、飯島重子さん。

料理例:ふきのとうとバケットに合わせたものが好評に。

国産ウイスキー「イチローズモルト」と店名と同じ名の日本酒「花陽」。

㊋ 12:00～　㊡ 不定休

小料理 花陽

かよう

03-6263-8650　shige.kealoha@gmail.com

㊟ 東京都中央区銀座6-3-6 栄ビル3F

小料理 花陽　検索

心づくしの料理とお酒 大人が癒やされる心地よい空間

夜は美味しいお酒と気の利いた料理をゆっくりと楽しめ、ランチ時には魚料理を中心とした満足感たっぷりのお昼ごはんが食べられる。そんなお店が職場の近くにあったりしたら、思わず通いたくなってしまうはず。

東京のど真ん中、銀座にある『小料理 花陽』は、2024年3月、同ビルの2Fから3Fに移転。席数を拡張し、リニューアルオープン。カウンター3席、奥のブースは10名ほど座れるソファ席。紅色を基調とした、しっとりと色っぽく、鮮やかな内装の小料理屋。小さいながらも凛とした佇まいの中、料亭のように美しく盛られた前菜盛り合わせから、ホッとできる家庭の味まで、割烹着が似合う気配り上手な着物美人の女将である飯島重子さんがその腕を振るってくれる。お酒もお料理に合うよう、選び抜いた銘酒から知る人ぞ知る逸品まで、愛情を込めてセレクト。長く通われている常連だけでなく一見のお客様も多く来店され、毎晩大人のにぎやかさでお酒とお料理、会話を楽しんでいる。

（ライター／今井淳二）

新しい鶏料理が味わえる鶏料理専門店

『地鶏水炊きコース』(8品)
6,050円(税込)

『炭火串焼コース』(8品)
4,950円(税込)

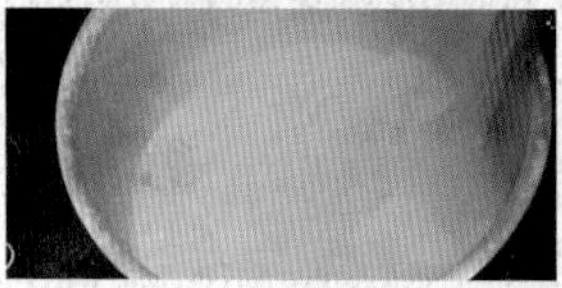

天然素材にこだわって丁寧に仕込まれた白湯スープ。

こちらからも検索できます。

地鶏「阿波尾鶏」を炭火でじっくり焼き上げる。

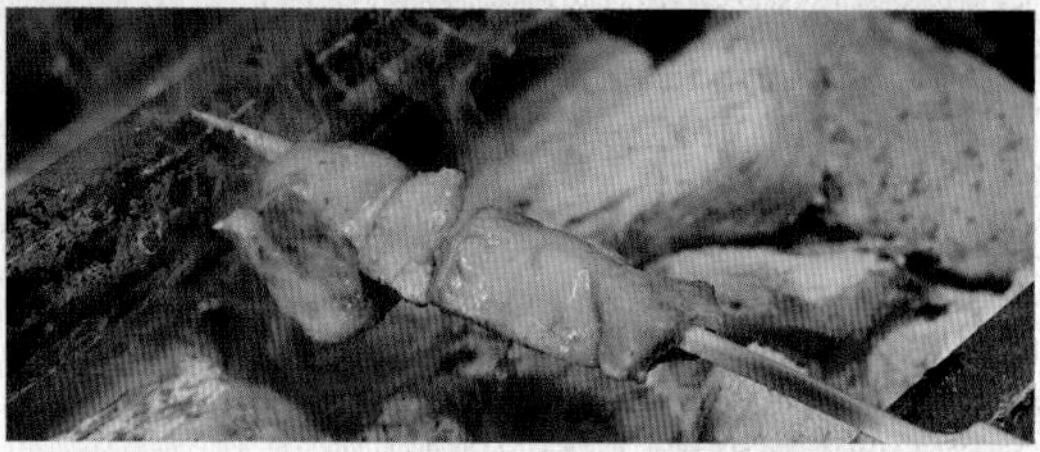

まるでフォアグラとグルメをうならせる一番人気の『白レバー串焼き』。超希少でもあり、現在、予約が必須の絶品メニュー。

鶏料理専門店 **鶏匠** 自由が丘店
とりしょう

03-6459-7494 ✉ info@monte-foods.co.jp
㊟ 東京都世田谷区奥沢5-30-7 クエッセンス自由が丘1F
https://monte-foods.co.jp/

「地鶏をおいしく食べてもらおう」をテーマに、調味料や素材にとことんこだわった鶏料理と料理に合う日本酒が常時15種類以上楽しめる鶏料理専門店『鶏匠』。鶏の様々な部位を使用し独自の解釈による新しい鶏料理を目指しているという。

焼き鳥には甘味、旨味、弾力が絶妙なバランスの地鶏「阿波尾鶏」を使用。炭火で職人が一本一本丁寧に焼き上げた焼き鳥は、まさに絶品。中でもフォアグラのような食感の「白レバー」は、ここでしか味わえない希少な逸品だ。「沖縄海水塩」「ワインが隠し味の自家製焼き鳥ダレ」「カシスを合わせたカシス醤油」「淡路オニオンソース」など味のバリエーションもバラエティに富む。

焼き鳥や串焼以外にも鶏の旨みを閉じ込めた鶏スープや親子丼、トリュフをふんだんに使った土鍋など個性豊かな鶏料理を味わえるのも鶏料理専門店ならでは。人気の地鶏の水炊き鍋が味わえる『地鶏水炊きコース』、地鶏と旬野菜がバランスよく楽しめる『炭火焼コース』などコース料理も受付中。

（ライター／長谷川望）

㊋ ランチ 11:30～14:00
（最終13:00）
ディナー 18:00～23:00
（最終20:00）

『ディナーお任せコース』（季節によって内容がかわります）
27,500円（税込・サービス料別）

casa Seve Marchesi Tokyo

カーサ セベ マルケージ トウキョウ

✆ 03-6712-6660
㊟ 東京都港区南青山6-5-39 TATRAS CONCEPT STORE 青山3F
https://casasevemarchesi.com/

一流シェフによるフレンチのお任せコース

『casa Seve Marchesi Tokyo』は、南青山骨董通りに佇む美食と寛ぎのレストラン。「ジョエル・ロブション」など名店で研鑽を積んだシェフによる自由闊達な料理と美酒がゆったり味わえる。高級感ある店内は、オープンキッチン仕様でライブ感が楽しめ、昼は陽光差し込むフロアで季節の旬食材をふんだんに使ったできたてのパスタランチを、夜はモダンな空間でシェフこだわりのお任せコースを堪能できる。

また、コースには、料理に寄り添ったこだわりの銘酒を用意。ワインはもちろん、お酒を飲まない方でも楽しんでいただけるよう様々なドリンクを用意している。

お任せコースのシェフは、松石匡伯さん。幅広い業態を経験する中で和・洋・中他ジャンルや食材の組み合わせに囚われることなく自身の料理を確立し、ミシュラン二つ星シェフ監修のフレンチにてシェフを務める腕前。特別な日の演出にぜひ。

（ライター／奈良岡志保）

㊥ 19:00〜24:00　㊡ 火・水曜日

地域の社交場として愛される『Bar ジョンブル』。

Bar ジョンブル

☎ 080-4255-0841　✉ xgrg.08@gmail.com
㊟ 石川県羽咋郡宝達志水町北川尻メ2
Bar ジョンブル 石川県 検索　@shinnosuke08

地域に愛され、皆が集う笑顔が絶えない憩いの店

石川県の中部、能登半島の付け根に位置する宝達志水（ほうだつしみず）町は、海岸線を自動車で走れることで有名な「千里浜なぎさドライブウェイ」もある日本海沿いののどかな町。この町で地域の人々に憩いの場として愛され、連日多くの人で賑わっているのがバー『ジョンブル』だ。

種類豊富なお酒が並ぶ店内には、カウンターとテーブル席、カラオケを楽しむステージがあるごく一般的なスナックバー。だがマスターでオーナーでもある寺谷親乃佑（しんのすけ）さんの人懐っこさも相まって、どこかアットホームで懐かしい雰囲気。若い人からお年寄りまで幅広い世代のお客さんが思い思いに楽しんでいるのが印象的だ。

そうした和やかな居心地の良さ、そしてコーヒーや食事だけでも楽しめるようになっているので、小さい子どもを連れた家族連れのお客様も多い。

「地域の人々に支えられ、地域の人に愛されたお陰で今があります」

末永く地域コミュニティを支える一角であってほしい。

（ライター／今井淳二）

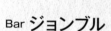

大将のまるちゃんと
女将さんのやよいちゃんです。

お酒が進むお料理と雰囲気
遠く離れた北海道の食材も楽しめる

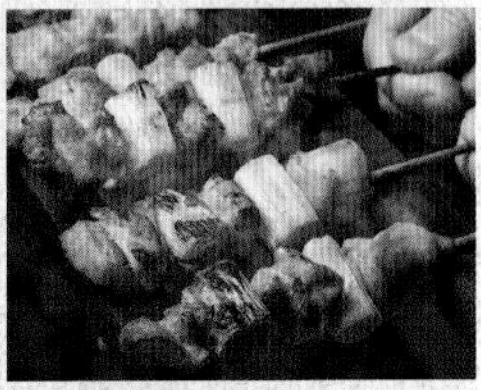

㊟ 15:00〜23:00　㊡ 不定休

串焼き まるちゃん

098-988-3831　✉ marusan1930315@gmail.com
㊟ 沖縄県那覇市松尾2-7-17 UIビル2F
https://maruchan0606.com/

多数の種類から選べる串物 一度行くとお店の虜に

沖縄県那覇市、牧志公設市場近くにある『串焼き まるちゃん』は、地元の人だけでなく観光客からも人気の串焼き店。種類豊富で、選ぶのに迷うほど。入口カウンターにずらりと串物が山積みに並び、その中から自分好みの串を選んで店主に渡して焼いてもらうというスタイルだ。しかも、ひと串がオール200円。それぞれのネタも大きいのに、驚くほど安い。串を選び、焼きあがるまでの時間も楽しめる。熱々をパクッ、そして冷えたビールをぐびぐびっと飲むのがたまらない、まさに至福の時間を味わえる。北海道出身の店主が、地元から新鮮な海産物や珍味なども仕入れており、お口直しに自家製『島野菜のピクルス』や『ゴーヤのピクルス』なども人気。

一度訪れると、すっかりお店のファンになるに違いなし。お一人様も大歓迎。様々な世代のお客様でアットホームな雰囲気と常連さんの活気に溢れたお店だ。選ぶ楽しみと触れ合う楽しみをぜひ。

（ライター／河村ももよ）

全方位スピーカー『Egretta（エグレッタ）』
寄付金額 420,000円～

ポケットコイルマットレス
『夜香プレミアム2』
寄付金額 100,000円～

環境にやさしい座椅子
『カブール』
寄付金額 30,000円

『アンデルセンファーム
ワイン』
寄付金額 10,000円～

『山育ち芸北サーモン』
寄付金額 10,000円～

一般社団法人 北広島町まちづくり会社 **はなえーる**

0826-72-7772　info@hanayell.jp
㊟ 広島県山県郡北広島町有田1234 北広島町まちづくりセンター内
https://hanayell.jp/

楽天
ふるさと納税

※寄付金額は2024年2月時点の金額です。変更になる場合があります。

実直なものづくりのまち『北広島町』のふるさと納税

広島県北西部、中国地方のほぼ中央に位置する『北広島町』。中国山地を水源とする豊富な水に恵まれて、お米や野菜の名産地として農業が盛んな地域だが、最近では山水で育てた「芸北サーモン」も注目を集めている。やがて瀬戸内海にそそぐ太田川の最上流域、淀みのない清流と養殖業者の手間と愛情によって育まれた山育ちのサーモンは、身が締まって脂が少なく、上品な味わいと評判。お刺身からステーキまで調理の幅が広い『サーモンフィレ』、手軽におつまみにもなる『冷燻サーモン』がおススメ。また、中世には砂鉄の産地として製鉄が盛んだったこの地域。ものづくりのDNAか、オリジナリティあふれる工業製品が今も多く生まれている。360度に音が広がる全方位スピーカーや寝心地そのままに圧縮梱包を実現した革新的なマットレス、端材の再利用で実現した高品質低価格の座椅子などそれぞれの開発ストーリーもユニーク。これらの産品に共通するのは、手間暇を惜しまない丁寧なものづくりの心。高い技術力と実直な姿勢が伝わる産品は、ふるさと納税の返礼品にもなっており、見逃せない。

（ライター／今井淳二）

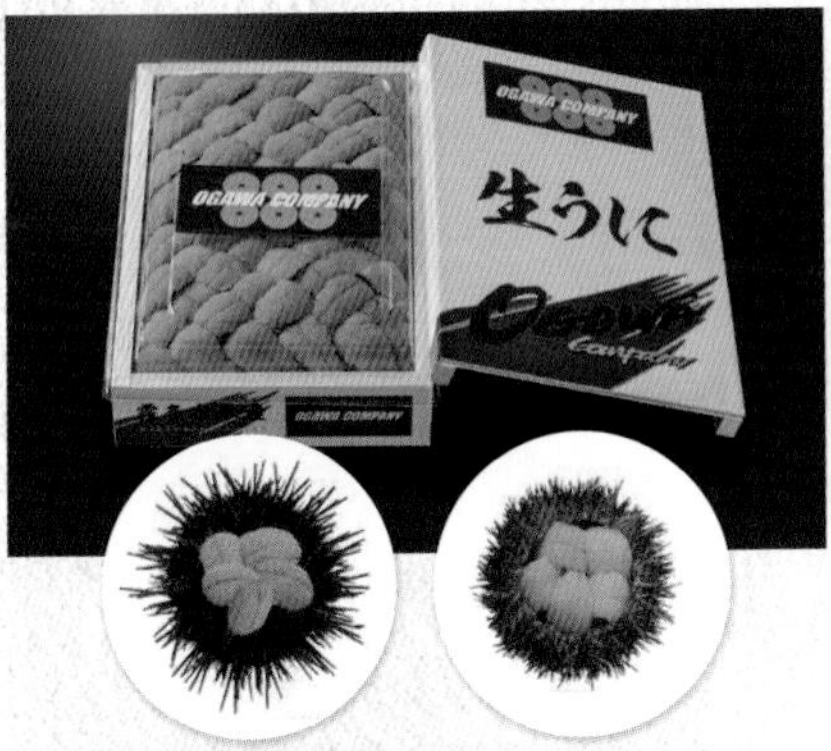

『折りうに』150g　34,000円（税込）
『塩水うに』150g 34,000円（税込）

いくらもあり。『うに×いくらセット』
各150g 58,000円（税込）

ふるさと納税よりお手元にお届け。お問い合わせは、InstagramのDMで。

株式会社 霧多布水産（製造）

きりたっぷすいさん

☎ 0153-62-4188　✉ kiritappu-suisan24@outlook.jp
㊟ 北海道厚岸郡浜中町暮帰別東2-48
http://www.kts-uni.com/　販売：OGAWA COMPANY株式会社

名産地のこだわりを一粒一粒 全国屈指の高級ウニ

北海道周辺の海は多くの魚介に恵まれており、道産品は全国的にも一年を通じて高い評価を受けている。そんな中でも全国屈指といわれているのがウニだ。手つかずの雄大な自然が残る「霧多布湿原」やエトピリカが飛び交う霧の岬「霧多布岬」などがある北海道浜中町沿岸の海は、良質な昆布が多く採れることでも知られており、またその昆布をエサにして育つウニもまた別格。

そんな霧多布産を始め、旬に合わせた厳選産地の「ムラサキウニ」や「バフンウニ」を丁寧に洗浄・選別・折詰し、出荷しているのが『株式会社霧多布水産』。豊洲などの大型市場はもちろん、全国の有名寿司店や高級料亭などからの引き合いも多い。

通常『霧多布水産』では、ウニの小売は行っていないが、釧路の直営飲食店「こだわり酒場」にていただけたり、「ふるさと納税」の返礼品として対応しているので、北海道産本物の極上ウニを機会があればぜひとも狙ってみたい。

（ライター／今井淳二）

『原木しいたけ贅沢だし』
600ml 1,150円（税込）

代表 村松憲治さん

通販サイトはこちら。

『くるみだれ五平餅3本セット』
750円（税込）

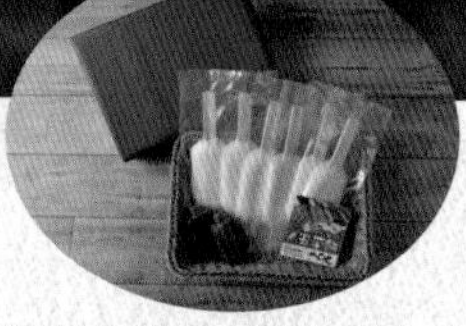

『ギフト くるみだれ五平餅 6本セット』
2,500円（税込）

五平餅の つぐや

0536-83-2915　muramatsu.koki@tsuguya.com
住 愛知県北設楽郡設楽町津具字用留61
https://tsuguya.com/ ）

手作り五平餅から 山の香り深い特製だしまで

愛知県内の道の駅やサービスエリアなどでよく見かける郷土料理『五平餅』。炊き立てのご飯を潰して棒などに練り付け、味噌や醤油ベースのタレを付けて焼いてあり、休憩時に手軽にいただけるため根強い人気があるスナックだ。

この『五平餅』に並々ならぬこだわりをもって店舗や通販で提供しているのが愛知県の『株式会社つぐや』。全国的に希少な幻の米「ミネアサヒ」を自ら栽培から収穫まで行い、さらに厳選したお米のみを材料に使用。丁寧に炊き上げて一本一本手作りし、秘伝の特製くるみダレで香ばしく焼き上げた逸品だ。現在直営店舗「もっくる新城店」や「道の駅したら店」の他、通販サイトでも自宅で焼けるお取り寄せとして販売している。

通販サイトでは、地元産の原木しいたけをたっぷり贅沢に使用した、香り高く味わい深い和風白だし『原木しいたけ贅沢出汁』も好評発売中。リピート続出するほどの美味しさで、うどん出汁や茶碗蒸し、煮物、炊き込みご飯にといろいろ使える。

（ライター／今井淳二）

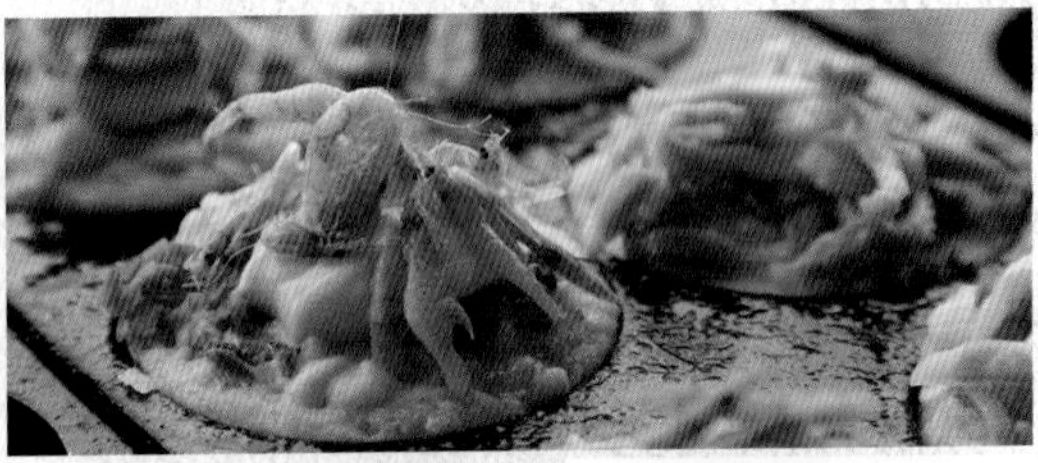

『おこたま6個セット』3,240円（税込）
『おこたまお徳用12個セット』
5,400円（税込）

『おこたま』
各3個セット 1,296円（税込）

『おこたま人気3商品3個パック
（桜えび、ベーコン、じゃがねぎ）』
1,296円（税込）

おこたま本舗

こちらからも
検索できます。

「桜えび」

「ベーコン」

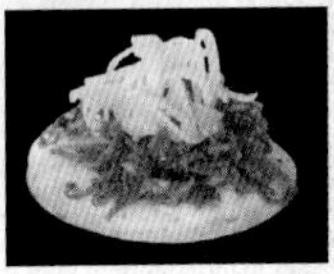

「じゃこねぎ」

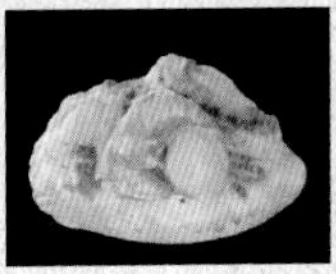

「ベビーホタテ」

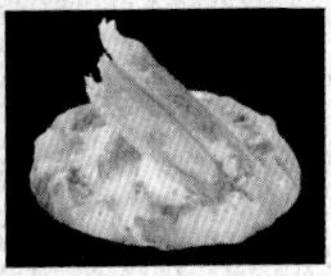

「ずわい蟹」

おこたま本舗

おこたまほんぽ

0545-54-1144　kentoppfujiten@yr.tnc.ne.jp
㊟ 静岡県富士市伝法2734-1
https://okotama.shop-pro.jp/

富士市のソウルフードを自宅にお届け

静岡県富士市発祥のグルメ『おこたま』は、富士市の朝市で生まれたソウルフード。お好み焼きの生地と卵で地元産食材などを挟み、まあるく焼き上げる。お祭りで見かけるようなどこか懐かしい味わいは、地元民はもちろん、訪れた観光客からも人気が高い。

『おこたま本舗』では、そんな『おこたま』を全国どこにいても味わえるよう、オンライン販売を行っている。定番は風味豊かな駿河湾産桜えびを釜揚げにして入れた「駿河湾産桜えび入り」、大きなブロックベーコンを贅沢な厚切りにして入れた「厚切りベーコン」、上質なちりめんを特製たれで佃煮にした「じゃこねぎ」の3種。ゆでズワイガニのみを入れた贅沢風味の「ずわい蟹」や味の濃いアズマニシキ貝を一度ボイルして入れた「ベビーホタテ」、広島の濃厚なカキを焼き上げて入れた季節限定「かき」など様々な種類が揃う。3種類が一つずつ入ったセットもオススメ。片手で気軽に食べられるサイズ感で軽食に、おやつに、夜食に最適。老若男女から愛される富士市のグルメ、試してみては。

（ライター／播磨杏）

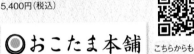

『温泉和出汁』

巡水堂

じゅんすいどう

090-5781-3981　info@jyunsuido.com
㊟ 大分県由布市挾間町時松1115
https://jyunsuido.com/

別府の温泉水と出汁素材で作られた『温泉和出汁』

大分県由布市にある『巡水堂』は、日本人に愛されてきた出汁素材と別府の温泉水を使った『温泉和出汁』を製造している。日本の食文化である奥深い味わいの『鰹と昆布の合わせ出汁』を伝え広め、後世に残していきたいという想いから10年かけて研究・開発し『温泉和出汁』を作り上げた。使用している原料は、別府の温泉水、本みりん、醤油、鰹節、昆布、塩、酢のみ。厳選された原料と和食の技法で作られ、安心・安全。素材本来の純粋な味は、奥深くホッとする味だ。和食だけではなく、幅広い料理の隠し味に使用できる。いつもの料理がひときわ美味しくなり、体も心も元気になれる。たくさんのミネラルを含んだ『温泉和出汁』は、身体にやさしく、スーッと染み渡りなんとも懐かしい気持ちになる。『温泉和出汁』を使った料理でお子様でも「ご馳走様、美味しかった」「何を作ってもあまり食べないけど『温泉和出汁』を入れるとペロッと食べちゃう」などのたくさんの言葉を頂いたという。心が落ち着いたり自然な笑顔がこぼれる『温泉和出汁』をぜひ。

（ライター／河村ももよ）

ドレッシングとしても使える。

「鉄板居酒屋 菜菜」
✆ 092-714-2222
㊟ 福岡県福岡市中央区渡辺通2-3-8 渡辺通カステリア1F
㊖ 17:00〜24:00（LO23:00）　㊡ 不定休

『サムライソウス01 -ゼロワン-』 540ml 1,200円（税込）

『サムライソウス01
-ゼロワン-』
340ml 650円（税込）

『サムライソウス01
-ゼロツー-』
340ml 650円（税込）

『サムライソウス01
-ゼロスリー-』
340ml 650円（税込）

「ビーフペッパーライス」や「目玉焼きハンバーグ」などに。

サムライソウス

✉ samurai.3131@gmail.com
https://samuraisauce.official.ec/

博多で40年以上つづく お店の味を楽しむソース

福岡市の「鉄板居酒屋菜菜」は、こだわりの関西風お好み焼き、旬野菜を使った鉄板料理やお肉料理、海鮮料理など様々なメニューをアットホームな雰囲気で楽しめる庶民派鉄板居酒屋。『サムライソウス』は、博多で生まれ40年近く愛され続けている同店の味を商品化した人気の逸品だ。ベースになる玉ねぎは九州産。他にも素材は100%国産を使用し、すべてお店のキッチンで愛情を込めて手作りしている体にも優しい万能ソースだ。

定番の「01」は、お肉やパスタ、サラダなどにかけるとまるでお店の味に。「02」は、長年博多で愛されたお店の焼き肉たれ。漬け込みに使ったり、隠し味にも活用できる。「03」は、辛口の焼き肉たれで辛党の方にオススメ。お店ではホルモン系に称されている。『サムライソウス01』は、1980年創業時からお店で使われていたという。

気軽にお店の味をおうちで再現できるソースは、家族世帯はもちろん、学生やサラリーマンなど二人暮らしで簡素になりがちな食事にも華を添えてくれる。

（ライター／播磨杏）

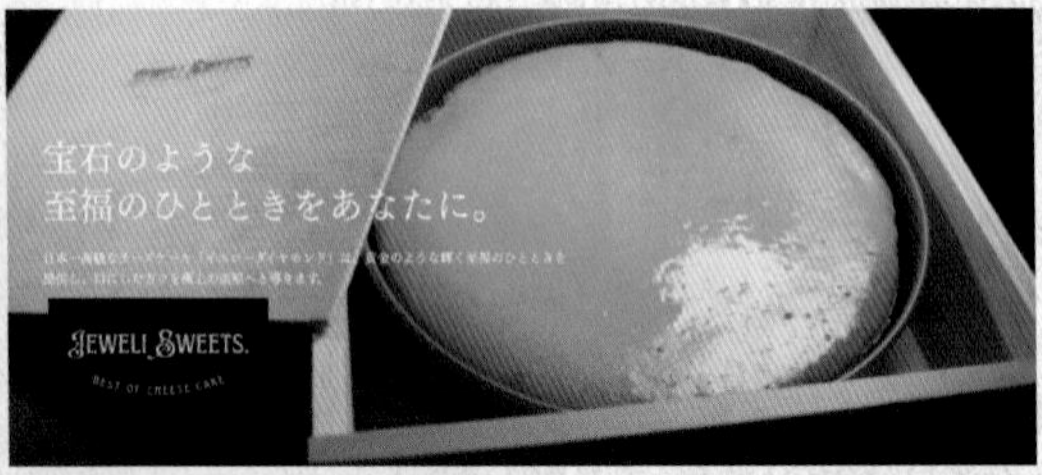

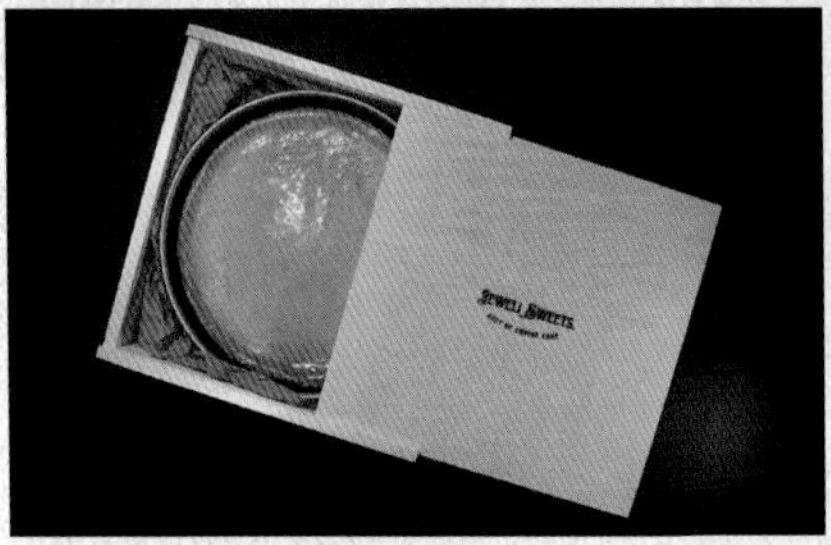

Jeweli Sweets

ジュエリ スイーツ

☎ 06-7777-0577　✉ sweets.jeweli@gmail.com
㊟ 大阪府大阪市住之江区東加賀屋 1-13-13
https://jeweli-sweets.com/cheesecake/

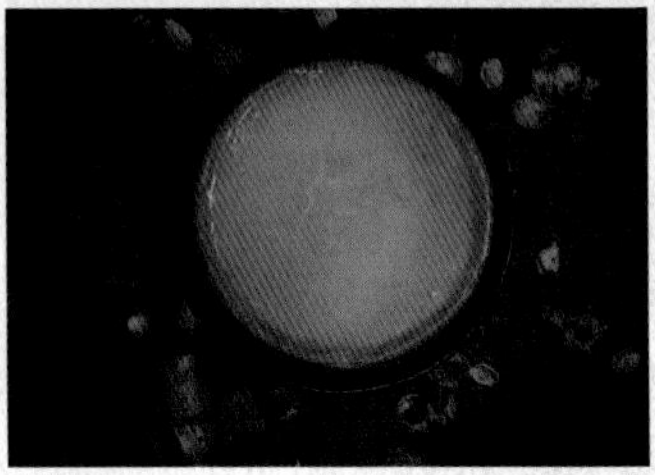

『イエローダイヤモンド』
12〜16人用
(直径約20㎝、高さ約5㎝)
19,440円(税込

宝石のような輝きの美しいチーズケーキ

日本一高級なチーズケーキ店『Jeweli Sweets』の『イエローダイヤモンド』は、熟練パティシエが選び抜いた最高級素材を使い、手間と時間をかけ独自の製法から生み出されている。

宝石のような輝きのチーズケーキは、100%北海道産の生乳を使用し、とろけるような最高品質のクリームチーズを通常の3倍も使用。また、卵にもこだわり、高級卵「頑固(赤玉)」を6個分使用している。「頑固」は、天然の植物性飼料で育てられた若く健康な鶏が産む卵で、濃いオレンジ色で臭みがないという。小麦粉は使用せず、吟味した米粉を。甘みは砂糖ではなく熟成させた甘麹を使い、これまでにない風味と口当たりに仕上げた。ゴールドを思わせるような濃い色味のチーズケーキが桐箱に鎮座しており、見た目もゴージャス。今までに食べたことのない、見目麗しいチーズケーキを特別な日にお取り寄せしてはいかがだろう。

「誕生日、記念日、祝賀、感謝の気持ちに、高級チーズケーキは、その特別な瞬間を美味しさと豪華さで彩ります」

(ライター/河村ももよ)

『歯ブラシ』120円（税込）『歯磨き粉』520円（税込）など。

『プレゼントパック』
ドーナツに歯ブラシ+
小物入れ。
プラス100円（税込）

Instagram

㊟ 14:00～（なくなり次第終了）
㊡ 不定休

『プレーン』150円（税込）　『ごま』180円（税込）
『チョコ』180円（税込）　『昔ながらのドーナッツ』120円（税込）　など。

DH DONUTS

ディーエイチ ドーナツ

✉ dh.dounts@icloud.com
㊟ 大阪府大阪市平野区長吉出戸8-9-6
DH DONUTS 検索　@dh._.donuts

歯のケアも教えてくれる歯科衛生士が営むドーナツ店

大阪市平野区の『DH DONUTS』は、2023年10月にオープンした歯科衛生士が営む今までにないドーナツ屋さん。ドーナツと歯ブラシのロゴがおしゃれな看板が目印だ。店名のDHとは、歯科衛生士のこと。オーナーの多田繭美さんがその経験を活かし、「噛むことは大切」ということを伝えるべく、少し固めのドーナツを販売している。

ドーナツは、全8種類。プレーン、ごま、抹茶、チョコの4定番の味に、季節限定の2種類、昔ながらのドーナツ2種類が楽しめる。ショートニングやラードは使用せず、卵は「G20大阪サミット」の朝食に選ばれた卵を使用し、安心して食べることができるこだわりの逸品だ。また、歯科衛生士の経験を活かし、スイーツを食べても虫歯にならないケアもアドバイスしてくれる。ドーナツをお土産などにする際には、ドーナツの代金にプラスで歯ブラシと歯の形の小物入れがついてくるという。

美味しく食べて、歯の健康にいいなんて嬉しいことづくし。すぐにでも行ってみたいお店だ。インスタで、ぜひご確認を。

（ライター／河村ももよ）

トーキョー
キナコロン

『トーキョーキナコロン』
各種7個入 540円（税込）
キャラメルダマ、チョコダマ、ココアダマ、アンコダマ、ゴマダマの計5種類。ギフトセットもあり。

オンラインショップはこちら。

株式会社 ワタトー

03-3883-3209 ✉ info@watato.net
㊟ 東京都足立区東保木間2-18-9
https://watato.net/

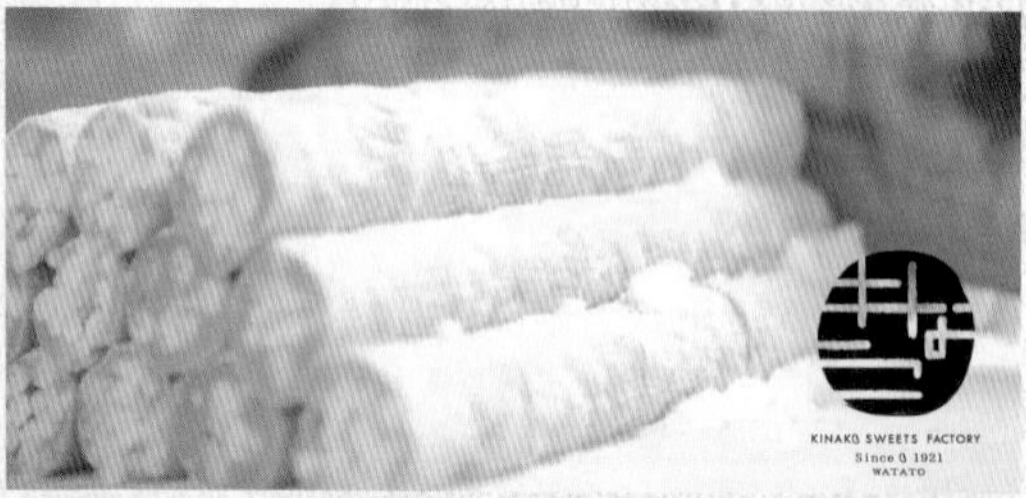

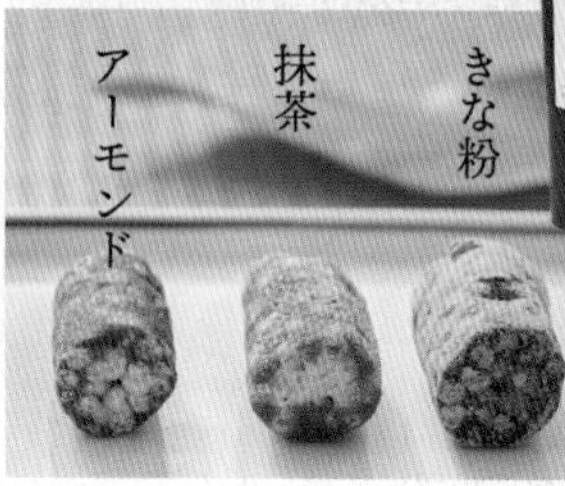

『ゴカボー』
（アーモンド、抹茶、きな粉）
各12個入 760円（税込）

現代風のアレンジも楽しめる老舗のきな粉菓子

お餅と共にいただくことが多いおなじみの食材きな粉。炒った大豆を臼などで挽き粉状にしてあるから、大豆の持つ栄養素が効率よく摂れると、隠れたスーパーフードとして今、日本のみならず海外からも注目されている食材だ。そんなきな粉をふんだんに使った伝統菓子を、東京・日本橋で創業以来100年以上に渡り作り続けているのが『株式会社ワタトー』だ。

きな粉に使用している大豆は、北海道産をはじめ、季節によって厳選。それを昔ながらの直火焙煎により、気温や湿度によって微妙な調整を加えながら、きめ細やかで香り高いきな粉に仕上がるのだ。そんなきな粉と秘伝の糖蜜で作る生地にもち米パフを包んだ看板商品の『五家宝』は、優しく品のある甘さにきな粉の栄養価とヘルシーさも相まって、今、さらに人気が高まっている。

そんな時代の流れも受け、ブランド「KINAKO SWEETS FACTORY」を立ち上げ、現代風にアレンジした『ゴカボー』『トーキョーキナコロン』も絶賛発売中だ。

（ライター／今井淳二）

『Acoffee blend
“ocean”』
1,300円（税込）

『Acoffee blend
“sun”』
1,300円（税込）

『Acoffee blend
“mountain”』
1,300円（税込）

『Acoffee limited blend
“Christmas”』
1,500円（税込）

『Acoffee drip bag
“favorite”』
250円（税込）

『Acoffee everyday life
“individuality”』
1,500円（税込）

Acoffee

エーコーヒー

☎ 090-2258-9601　✉ atsushi.acompany@gmail.com
㊟ 神奈川県横浜市南区中村町2-127-6 リベルテ石川町弐番館505
https://tsuku2.jp/Acoffee_Acompany

自分仕様の味わい オーダーメイドのコーヒー

毎日の食事のお供やオフタイムにいただく飲み物としてポピュラーなコーヒー・紅茶・お茶。中でもコーヒーは個々人の好みや嗜好性が大きく出る飲み物ではないだろうか。市場に出回っている商品の種類も多く、淹れ方や飲み方に強いこだわりを持っている人も多い。

「コーヒーのある生活で人生に彩りを」とコーヒー豆の販売、さらにコーヒーに関するワークショップなどを行っている『Acoffee』では、世界中から厳選した生豆を取り寄せ、季節や味わい、飲み方に合わせて焙煎、ブレンド。全国へ届けてくれる。

中でも今、話題なのが『everyday life “individuality”』。注文時に自分の好みに合わせてコーヒーをカスタマイズすることができる文字通り個性的なコーヒー。「濃さ」「酸味」「アイスorホット」「好みの飲み方」などを選ぶだけで、ピッタリの銘柄やブレンド、焙煎度合いに仕上げてくれる。挽き方もお好み次第。毎日のコーヒータイムを自分のためだけのコーヒーで最高のひと時に。

（ライター／今井淳二）

紅まどんな
極

『プレミアム・紅まどんなジュース』
720ml 10,800円（税込）

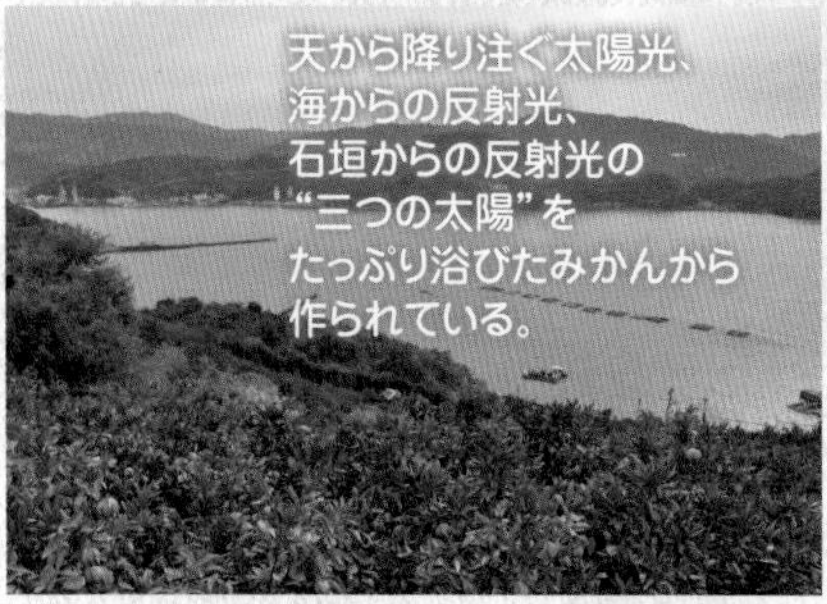
天から降り注ぐ太陽光、
海からの反射光、
石垣からの反射光の
“三つの太陽”を
たっぷり浴びたみかんから
作られている。

せとか
極

『プレミアム・
せとかジュース』
720ml
10,800円（税込）

きわみ

人気の商品
『きわみジュース』
780ml 1,404円（税込）

甘平
極

『プレミアム・
甘平ジュース』
720ml
10,800円（税込）

株式会社 **濵田農園**
はまだのうえん

HAMADA FARM

0894-22-5083　info@kiwami-mikan.net
㊟ 愛媛県八幡浜市向灘1938
http://www.kiwami-mikan.net/　濵田農園　きわみ　検索

みかん本来の甘さと酸味
最高級のみかんジュース

愛媛県・宇和海に面したみかん畑に降り注ぐ太陽光、海面と畑の石垣から反射する反射光。『株式会社濵田農園』ではそんな「三つの太陽」に育まれたみかんを使ったみかんジュース製造している。みかんを丸ごと搾った果汁と果肉だけを搾った果汁をブレンドする「シトラスマスター製法」のみかんジュースが人気だ。

最高級のみかんジュースが『きわみ』は、みかん業界で毎年日本最高級の評価を得る産地である愛媛県八幡浜市のみかん果汁をそのまま使用したストレートジュースで、みかん本来の甘さと酸味のバランス、えぐみの少ないのどごしのまろやかさが特長。「みかんよりもみかんの味がする」と評価も高い。

また、高糖度でジューシーな果肉でゼリーのような独自の食感が感じられる『紅まどんな』やトロリととろける食感と濃厚でジューシーな味わいが特長の『せとか』など様々な高級みかんジュースを展開している。大切な方への贈り物にもぴったり。

（ライター／長谷川望）

新たな町づくりに挑む のどかな東北の町を応援

童謡「とんぼのめがね」が生まれ、比較的温暖な気候から「東北に春を告げる町」としても知られる福島県『広野町』。東日本大震災での甚大な被害からの復興、そして創生へと邁進する同町では、ツヤと香りが自慢の『特別栽培米コシヒカリ』や皮まで食べられる無農薬ハウス栽培バナナ「綺麗」、『プレミアムバナナプリン』など町の特産品を返礼品としてふるさと納税を広く募っている。特に米は、多くのみなさんに食べていただくことで、生産農家の支援、そしてキャッチフレーズの春の訪れの町『広野町』として地域振興を図っている。

（ライター／今井淳二）

『令和5年度産 特別栽培コシヒカリ』
精米10kg 寄付金額 20,000円

広野町 産業振興課

ひろのまち

✆ 0240-27-4163 ✉ sangyou@town.hirono.fukushima.jp
㊟ 福島県双葉郡広野町大字下北迫字苗代替35
https://www.town.hirono.fukushima.jp/

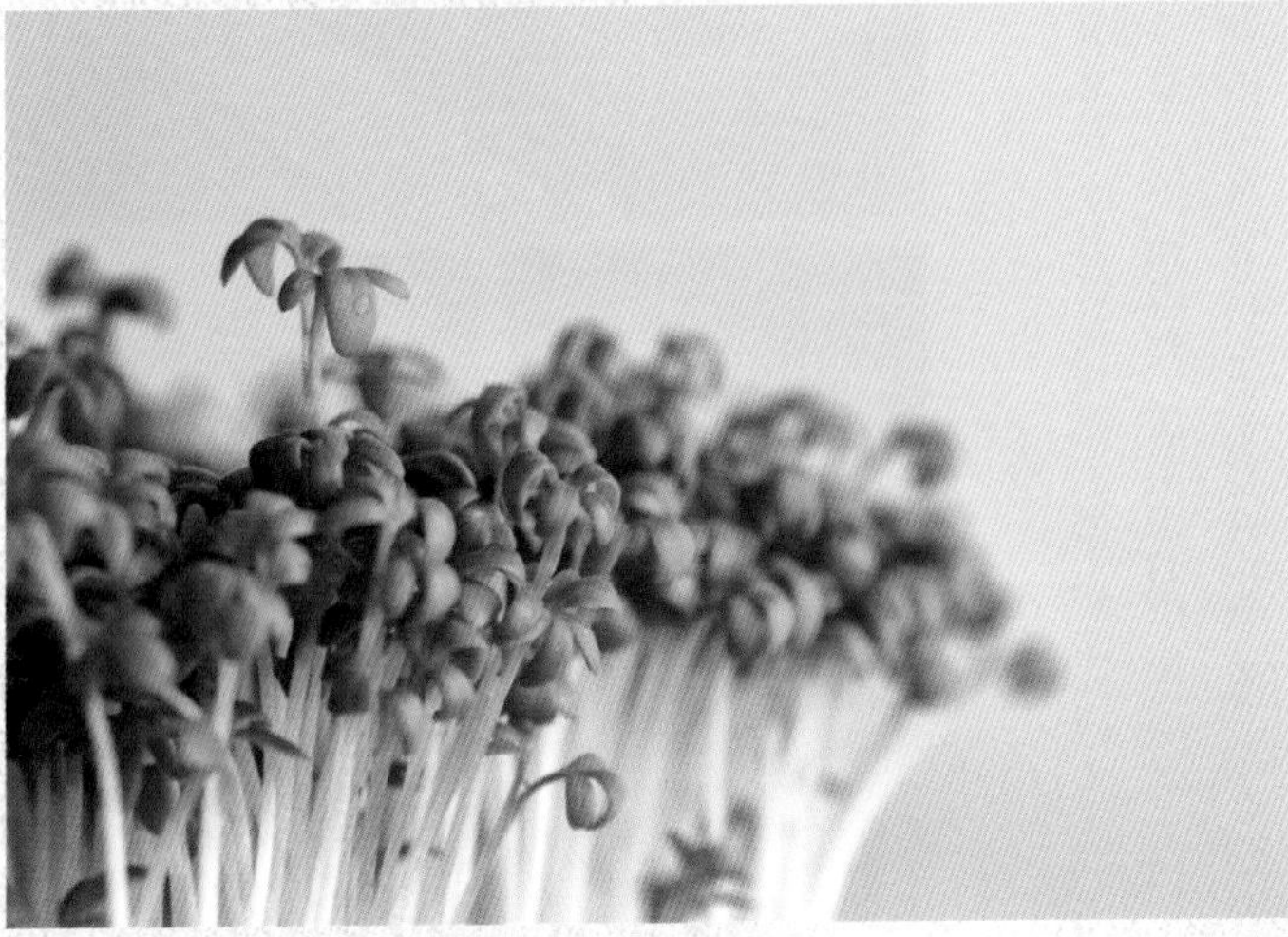

秘伝のタレがしみ込んだ こだわりの美味しい焼豚

『加賀焼豚専門店　焼豚屋本舗』のこだわりの『焼豚２本入り』は、厳選した国産豚の肩ロースを使用。この肩ロースには脂身の多さにより「白」と「赤」に分けられ両方の味が楽しめる。秘伝のタレは、ベースが老舗醤油醸造元の減塩しょうゆを使用、創業以来の継ぎ足しのタレに加えることで豚肉の旨味が凝縮した独自のタレとなる。このタレに１本１本成形した肩ロースを漬け込み、精魂込めて仕上げた手作りの焼豚。ご贈答にも最適で真心のこもったギフトだ。（ライター／河村ももよ）

『焼豚2本入り』(白・赤 各1本入)
4,000円(税込)

加賀焼豚専門店 **焼豚屋本舗**
やきぶたやほんぽ

0761-41-5522　info@yakibutaya.com
㊟ 石川県小松市矢崎町丙5-1
https://yakibutaya.com/

井戸水で活かした こだわりの極上うなぎ

２０２３年７月に茨城県・取手駅西口にオープンしたうなぎ屋『和音』。店主がお店を造るときにこだわったのは、井戸を掘って井戸水を利用し、うなぎを活かし込んでいること。京焼、有田焼、九谷焼などの器で料理を提供し、落ち着いてゆっくり食事ができる雰囲気づくりを心がけているという。ふわふわで脂が乗り、トロッとした大きなうなぎは食べ応えがあると大好評。大切な人との会食やパワーをつけたい時など、『和音』の極上うなぎを食べに行ってみてはいかが。（ライター／河村ももよ）

『国産うな重』
4,950円(税込)

㊖ 11:30～14:00
16:30～20:00
㊡ 木曜日

Instagram

和音
わおん

0297-85-3421
㊟ 茨城県取手市新町2-1-18
取手市　和音　検索

ご当地グルメを支える
こだわりの上質な麺

栃木県宇都宮は、餃子の町として全国的に知られているが、実は太麺に目玉焼き、ハムが特長の「宇都宮やきそば」もご当地グルメとして観光客や地元の人々に愛されている。市内で昭和21年に創業し、中華麺やうどん・そば、パスタなどを製造している『有限会社松崎屋製麺所』では、このやきそば用の蒸し麺も自慢の一品。昔ながらの製法にこだわり、セイロでじっくり丁寧に二度蒸しすることにより独特のもちもち食感が生まれる。

（ライター／今井淳二）

※野菜とお肉セットも受注可能。

『焼きそば せいろ2度蒸し』200g 200円（税込）

有限会社 **松崎屋製麺所**
まつざきやせいめんじょ

028-622-6260
㊟ 栃木県宇都宮市大通り5-3-13
https://matuzakiya-seimenjyo.com/

一皿に詰まった広島の味
手軽に家庭でお好み焼き

広島県府中市独特の名物お好み焼き「備後府中焼き」をはじめ、広島の名物グルメをお取り寄せできる『備後うまいもん』から、広島かき・レモン・藻塩・イカ天など広島の特産品を満載した『かき入りひろしま焼そば』が発売。ゴロゴロ入った県産の広島ブランドかきとコシのある特製太麺に、味わい深い塩ダレが絡み、瀬戸内レモンの爽やかな酸味が効いた逸品。電子レンジで手軽にいただける。「ひろしまのおいしさ満載」の逸品をぜひこの機会に。

（ライター／今井淳二）

『かき入り
ひろしま焼そば』
約380g
1,500円（税込）

備後うまいもん 有限会社 デイズ
びんごうまいもん

0847-45-1126 e-shop@days-work.jp
㊟ 広島県府中市高木町318-1
https://bingo-umai.raku-uru.jp/

誰でも食べやすく栄養価に優れたピーマン

ピーマン生産量日本一の茨城県神栖市の『原秀吉農園』では、土や肥料にこだわり、徹底した温度管理のもと、特別栽培で安心・安全なピーマンを育てている。ふっくら肉厚で苦味が少なく、甘味さえ感じるので、ピーマンが嫌いな子どもでも食べやすいと好評。生はもちろん、湯通しでも、焼いても揚げても美味しくいただける。ピーマンの素晴らしさを伝える活動も行っており、ピーマンのことなら何でもお問い合わせを。また、乾燥粉末を練り込んだ飴『ピーキャン』も登場。

（ライター／今井淳二）

「ピーマンの丸焼き」

「ピーマンの肉詰め」

原秀吉農園

はらひでよしのうえん

0479-46-1057　h-hara.28@crux.ocn.ne.jp
㊟ 茨城県神栖市矢田部12783-4
http://harahideyoshinouen.com/

心地よい潮風を存分に浴びた甘いレタス

熊本県天草の『森田農園』では、日照量豊富で温暖なこの地の気候を活かし、シャキシャキと爽やかな食感で甘味も強いレタスを作っている。『潮風レタス』は、環境への配慮と土壌づくりにこだわった減農薬栽培。ミネラルとカルシウムを配合した肥料を使用し、出荷時には栽培履歴もしている安心・安全な美味しいレタス。収穫後即座に冷蔵、冷凍状態にて発送することで新鮮な状態を維持。他のレタスより日持ちすると好評だ。

（ライター／今井淳二）

新鮮でシャキシャキな『潮風レタス』。

代表 森田俊幸さん

森田農園

もりたのうえん

070-2374-2682　dh000703575@gmail.com
㊟ 熊本県天草郡苓北町富岡3332-1
https://moritanouen.net/

お洒落な無添加素材のサラダをテイクアウト

兵庫県・阪神甲子園駅から徒歩約5分の『GH SALAD』は、無添加素材にこだわった栄養たっぷりのサラダボウルやスムージー、プロテインスムージーが楽しめるお店だ。店名のGHは、G（ガッツリ）満たされる食事とH（ヘルシー）健康な食事を合わせたもので食志向の自由に寄り添うお店を目指している。脂質や炭水化物にもこだわり、ダイエットや筋トレをしている人にもピッタリ。ボリューミーで美味しく、美しくなれるようなサラダをぜひお試しあれ。

（ライター／河村ももよ）

『シュリングボウル』1,180円（税込）

『スムージー』

営 11:00〜20:00　休 月曜日

GH SALAD
ジーエイチ サラダ

090-1200-6118　nishinoimiya@gh-salad.com
住 兵庫県西宮市甲子園七番町20-15
GH SALAD 検索　@ghsalad_nishinomiya

自然からのプレゼント腸活や美肌に

『りせらや養蜂園株式会社』の『はちみつナッツ』は、100%純国産蜂蜜「万花蜜」と甘く香ばしいナッツの美味しいハーモニーが味わえる。ほのかに香る花の風味が特長の「万花蜜」に合うナッツを厳選し、素焼きして漬け込んでいる。はちみつは、天然の栄養成分の宝庫といわれ、咳・喉の痛み対策や風邪予防、保湿、抗菌・殺菌、腸内環境を整えるなど体に嬉しい効果が期待できる。毎日の美容と健康にぜひ取り入れてみては。

（ライター／河村ももよ）

『はちみつナッツ』
125g 1,512円（税込）

りせらや養蜂園 株式会社
りせらやようほうえん

0855-57-0015　manka832@yahoo.co.jp
住 島根県江津市波積町北904-2
https://www.recella-farm.com/

熟練の漁師の目利きで厳選された幻のもずく

沖縄いぜな島で育った『ちゅらゆ〜な株式会社』の『早摘み生もずく』は、広大に広がるもずく畑で太陽の光を存分に浴びて成長した新芽のもずく。完熟する一歩手前で熟練の漁師の目利きにより選別、収穫されるプレミアムなものだ。早摘み生もずくは収穫量が少なく、長期保存用の塩漬け加工には不向きのため、「幻のもずく」とも呼ばれる。塩抜き不要ですぐ食べられ、シャキシャキとした歯ごたえ、ツルッとした食感が堪らない。ぜひ、お試しして欲しい。

（ライター／河村ももよ）

麺のように麺つゆで、ざるもずくもオススメ。洗わずそのまま食べられる。

500g　250g

『早摘み生もずく』
価格はお問い合わせ下さい。

ちゅらゆーな
オンラインSHOP
チュラフルマーケット

こちらからも
検索できます。

ちゅらゆ〜な 株式会社

098-917-5980　shop@churayuna.com
㊟ 沖縄県那覇市おもろまち1-4-6-1F
https://churayuna.com/

これだけで食がすすむご飯泥棒な味噌

江戸時代元禄初年創業、東京・深川の老舗『ちくま味噌』では、厳選した材料をじっくり熟成させる味噌づくりが、今も変わらず多くの人に愛されている。その味噌をベースにしたスタミナ満点の調味みそが『力士みそ』。もともと相撲部屋にて、激しい稽古の後でもご飯がたくさん食べられるよう各部屋ごとに工夫された「なめみそ」がその由来。そのままご飯のお供としてはもちろん、酒の肴や生野菜、料理の隠し味にも最適。

（ライター／今井淳二）

『力士みそ』
4本入 2,505円（税込）
12本入 7,257円（税込）

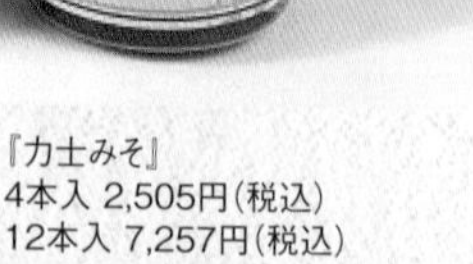

吟選極味 力士みそ

ちくま味噌
ちくまみそ

03-3641-3310
㊟ 東京都江東区佐賀1-1-15
https://chikuma-tokyo.co.jp/

冷凍とは思えない!
サクッ、もちっのピザ

テレビ番組でも紹介され大反響の『冷凍食品専門店Reco』の石窯ピザ『SPECIAL GRADE PIZZA』は、北海道産の小麦と米粉を使用し、イタリアンレストランのオーナーシェフと冷凍食品専門店が共同で開発したこだわりのピザ。生地は、「え?! ほんとに冷凍?!」と驚きの声が続々と届いている。小麦と米粉の配合を1g単位で調整して作り上げた珠玉の製法だ。一枚一枚シェフの手作りでサクッとした食感の後に、もちもち感がたまらない。味はマルゲリータ・エビジェノバ・ボローニャの3種類。（ライター／河村ももよ）

『SPECIAL GRADE PIZZA』
各1枚 1,950円（税込）

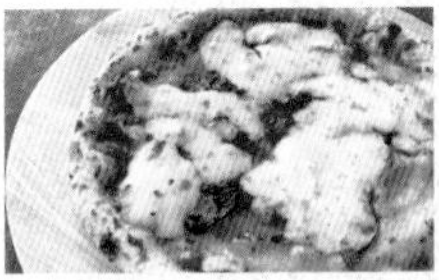
マルゲリータ

エビジェノバ

ボローニャ

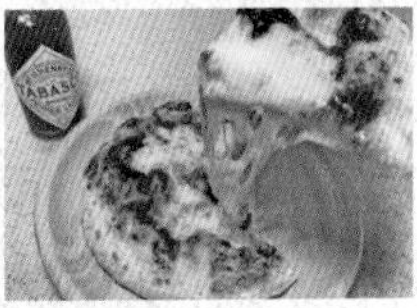

こちらからも
検索できます。

Instagram

冷凍食品専門店 Reco ~こだわり小麦とこだわりコメ粉のお店~
れいとうしょくひんせんもんてん レコ

☎&FAX 072-697-8713 ✉ reco@takeoplan.co.jp
住 大阪府茨木市真砂1-8-6
https://reco-japan.com/

季節の味わいがぎっしり
絶品フルーツサンド

東京・新井薬師前駅南口より徒歩約3分、フルーツサンドのテイクアウトの店『Fruit Harbor』。一つ食べるともう一つ食べたくなる、あっさりとした生クリームとカスタードを使い、旬のフルーツがパンの角までぎっしり。ナガノパープルや紅まどんななど、季節ごとの珍しいメニューも楽しめる。サンドと相性抜群の自家焙煎コーヒーのほか、店主こだわり茶葉の紅茶も味わえる。イートインもあり、普段使いにも◎。ギフトとしてもオススメ。（ライター／奈良岡志保）

『ミックスサンド』702円（税込）

『イチゴサンド』756円（税込）

『完熟パイナップルサンド』648円（税込）

『季節のフルーツサンド6個』3,888円（税込）
『メガミックス2個』1,944円（税込）など。
web予約も可能。

Fruit Harbor
フルーツハーバー

☎ 03-6825-2970 ✉ fruit.harbor.nakano@gmail.com
住 東京都中野区上高田3-40-10 秋山ビル1F
https://fruit-harbor.square.site/ ◎ @fruit_harbor

丁寧に焼きあげたモチモチの米粉クレープ

Instagram

広大なキッズスペース。
利用時間 10:00〜18:00

東京・葛飾区のJR金町駅より徒歩約1分、2023年10月にリニューアルオープンしたパンと米粉クレープのお店『おやこcafe BENE』。米粉100%、きび砂糖を使用した生地でグルテンフリーのもちもち『米粉クレープ』は、体に優しい甘さ。一枚一枚丁寧に焼き上げるこだわりクレープは、甘い系とお惣菜系どちらも絶品。ほかにも人気商品の『塩クロワッサン』など焼きたてパンが揃う。また、キッズスペースを完備しており、目を見張るほど広々。子どもが走り回っても大丈夫な広さだ。おもちゃや絵本も充実。遊んでる間にクレープもできあがる。ぜひ、ホッとしたいときにお立ち寄りを。

（ライター／河村ももよ）

おやこcafe BENE

ベーネ

☎ 03-4362-7794
㊟ 東京都葛飾区東金町1-44-1 金町TVビル1F
おやこ cafe BENE 検索 @oyako_cafe_bene

ふわふわパンケーキと季節のフルーツ

『スタンダードパンケーキ』1,280円（税込）
『お食事パンケーキ』1,580円（税込）
『季節のフルーツパンケーキ』1,780円（税込）

㊠ 10:00〜18:00
㊡ 無休

神奈川県二宮群にある駅チカのカフェ『湘南フルーツクラフト』。お洒落な店内で、口どけまろやかな『パンケーキ』とミルク本来のおいしさが味わえる「ソフトクリーム」が人気だ。『パンケーキ』は、厚みがありながらもふわっと軽い食感。オススメのトッピングは、季節のフルーツをふんだんに使った「果実そのまま」ジャム。その他にも無添加ベーコンステーキや特大ソーセージなどの食事系パンケーキも絶品だ。口溶けまろやかでふわふわを、ぜひ味わってみて。

（ライター／奈良岡志保）

湘南フルーツクラフト

しょうなんフルーツクラフト

☎ 0463-86-3171 ✉ fruits-craft@shounanjams.co.jp
㊟ 神奈川県二宮町二宮798-8
https://shounanjams.com/ @shounan_fruitscraft

厳選された和束のお茶を使用

『和東茶ペットボトル』150円（税込）24本入 3,600円（税込）

土壌や気象に恵まれた和束町は、古くから香り高い高級煎茶を栽培し、毎年和束のお茶が日本有数の高値を付けている。

「和東茶」は、毎年日本有数の高値を付けていることで知られているお茶だ。『和東茶ペットボトル』は、この「和東茶」の春先に摘み取った高級茶葉を１００％使用しており、水にもこだわって北アルプスの黒部の名水を使用、お茶の旨味を引き立たせている。急須で淹れたお茶の香りと旨味を味わえ、まろやかで飲みやすく、後味すっきりでとても人気がある。和東町の「和東茶カフェ」をはじめ、町内の小売店でお買い求めできる。ケース売り（24本入り）や贈答用以外は、『和東町活性化センター』まで。

（ライター／河村ももよ）

一般社団法人 和東町活性化センター

わづかちょうかっせいかセンター

0774-78-3396 wazuka-p@chagenkyo.com
㊓ 京都府相楽郡和東町白栖大狭間35
https://wazukanko.com/

玄関

郭松門

※写真はすべてイメージです

「ヤマハ」が手がける非日常空間
五感で愉しむ「極上の日本」

これまでにない、極上の和リゾートを探している方にご紹介したいのが、静岡・遠州の『葛城北の丸』。日本の歴史と文化が交差する地の奥座敷で、「ヤマハグループ」が展開する「現代の平城」ともいうべき、非日常空間のリゾートだ。

特筆すべきは、歴史ある古民家を移築して誕生した「匠の技」が息づくその贅沢な空間。豪雪地帯で人びとの生活を支えてきた百軒以上の古民家の中から、選び抜かれた7軒の梁や柱を用いて築かれたのが「北の丸」。そこにヤマハが音・音楽で培った「感性」と「文化」を随所に盛り込み、日本の伝統美を現代の感性で進化。建物はやわらかな曲線に支えられ、遠州瓦の甍屋根や花梨の木レンガを敷いた贅沢な回廊、壁面を飾るのは厳選された工芸やアート、デザイン家具など、新旧の和エッセンスが散りばめられ、懐かしくも新しい和の空間が広がっている。

ゆったりとくつろぐ
夢見心地

2名1室1名あたり 1泊2食付
スタンダード 37,950円(税込)～
チェックイン15:00　チェックアウト11:00

匠の技が光る
旬の料理

特にこだわっているのは、ただそこに佇むだけで、ゆったりとした時の流れと、穏やかな空気を漂わせる「木」という建材。客室はもちろん、棟内の階段の手すり、床、天井など、至る所に良質の原木を使用。使い込むほどに味わいと輝きを増す「木の優しさ」が、棟内のどこにいても、心がふっと落ち着く、その感覚を呼び起こすのだ。

旅の一番の楽しみといっても過言ではないのがお食事。『北の丸』が提案するのは、「海の幸、山の幸、時の幸を、同時に味わうおとなの楽しみ」。季節の会席料理と位置付けながら、「和魂洋才」を真髄に、純粋な日本料理だけではなく、仕込みや調味に和食の技を用いた洋のお皿もあれば、その逆もあり。既成概念にとらわれず、今ここでしか食べられない旬の味覚を最高の状態で味わえる「美味馳走」がふるまわれる。

食材は、遠州灘や駿河湾、浜名湖の新鮮な魚介や静岡産のブランド牛、地元農家の野菜や果物など、地産地消に努めた旬の素材。

そして『北の丸』が、「料理を引き立て、その世界をより多層的な表現へと高めてくれるもの」としてとらえるのが、お酒。山田錦100%の大吟醸酒「北の丸」など、料理をより美味しく、繊細に味わえる極上の日本酒を用意。また、世界各国からオーディオ鑑賞ラウンジ棟「梅殿」

＜ご利用対象者＞　『葛城北の丸』ご宿泊のお客様（事前予約制）　10:00〜21:00　※1回の利用時間は2時間程度。

グランドピアノ「YAMAHA C3 Centennial」

YAMAHAオーディオ機材「スピーカーNS-5000」「プリアンプC-5000」「パワーアンプM-5000」など。

取り寄せた豊富な種類のワインをソムリエが料理法や彩り、味付けに合わせて特別なマリアージュを奏でる逸品をセレクトしてくれる。グラスワインも多数用意。

食事と共に、旅の醍醐味として、贅沢な極みを味わえる三つの湯処が設けられている。柔と剛のこちよい調和を味わえる「湯蔵（男性用）」、美しい景観の露天風呂と正統派のくつろぎを満喫できる「湯殿（女性用）」、ミストサウナを備え、白木の木目の美しさが目を引く癒し空間「湯屋（日替わり男女入浴）」で、ゆったりと湯けむりに巻かれて夢心地に。季節や時間によって刻々と表情を変える景観と共に、極上の癒しを味わえる。

その他『北の丸』での楽しみ方はたくさんあるが、特に注目は、離れにある『梅殿』に設けられた宿泊者限定の「オーディオ鑑賞ラウンジ」。「ヤマハ」の最高級オーディオセットやピアノ製造１００周年を記念した限定モデルが設置され、お気に入りの曲を最高の空間で、最高の音で愉しむことができる。天井が高く重厚感のある梁や柱無垢板の床張りなど、格式高い庄屋の古民家をそのまま移築した『梅殿』は、そこにいるだけで高貴な気分になれる異世界。「北の丸」はまさに「五感で感じるリゾート」を味わせてくれる。

山名コース17番ホール

胸弾む伝統の
ゴルフコース

山名コース12番ホール

宇刈コース17番ホール

花の名のスタイルに
合わせた客室

「藤殿」デラックスツイン20室

「葵殿」スタンダードツイン8室ダブル12室

「桜殿」和室4室

「萩殿」和室5室

ヤマハリゾート 葛城北の丸

かつらぎきたのまる

☎ 0120-211-489　FAX 0538-48-6159
㊟ 静岡県袋井市宇刈2505-2
https://www.yamaharesort.co.jp/katsuragi-kitanomaru/

また、併設するゴルフ場「葛城ゴルフ倶楽部」は、チャンピオンコースであり、山名コースと宇刈コースの計36ホールからなる。山名コースは、JLPGAツアー「ヤマハレディースオープン葛城」の舞台となっている。名匠・井上誠一氏の「晩年の傑作」ともいわれるゴルフコースは、初心者から上級者まで幅広いゴルファーを満足させる戦略的なコースだ。『北の丸』宿泊者に限り、「葛城ゴルフ倶楽部」のビジターとしてプレイが可能だ。プロのドラマに思いを馳せて伝統のコースを巡ってみては。

東京から車で約3時間、名古屋は約1時間40分と、アクセスも良好。JR掛川駅南口〜葛城の送迎サービスもあるので、公共交通機関を利用しても訪れられる。静かな時を過ごしながら、四季折々の自然と土地の文化体験を愉しむ「極上のリゾート」。あなたがまだ知らない、誇るべき美しい日本へタイムスリップする旅。訪れてみてはどうだろうか。

（ライター／播磨杏）

田舎のおばあちゃんの家に訪れたかのような古民家

『古民家リラックスホーム』は、２０１８年にオープンした青梅市の閑静なロケーションに佇む素泊まりのゲストハウス。古民家解体の相談を受けたのをきっかけに、歴史ある建物が海外旅行者の受け皿になるのではとの考えからスタートしたのだという。

まるで田舎のおばあちゃんの家に訪れたかのような、障子と襖で仕切られた綺麗な純日本風の古き良き古民家は、美しい日本庭園もあり、都会では味わえないくつろぎの空間を提供している。リーズナブルに滞在でき、ゆったりとした時間と和の雰囲気を満喫できるのが特長。

寝具やアメニティはもちろん、Wi-Fiやバスルーム、洗濯機も完備。体一つで宿泊可能なので長期滞在やワーケーションにもぴったり。キッチンや調理器具、冷蔵庫や炊飯器、ガスコンロなども揃っているので食材を揃えて自炊料理を楽しむこともできる。みんなで集まっての食事にはもちろん、一人での長期滞在時にも便利。

お一人様1泊 3,500円(税込)
1泊貸切(8名様まで) 28,000円(税込)
チェックイン16:00　チェックアウト11:00

決して今の家には見られない長い廊下。

古民家リラックスホーム

こみんかリラックスホーム

0428-84-0102
㊟ 東京都青梅市千ヶ瀬町4-314-1
https://relaxhome.tokyo/

周辺には商業施設があり、スーパー、ドラッグストア、100円ショップ、ラーメン屋やファミリーレストランなど買い出しや外食に事欠かない。駐車場は9台分が使用でき、複数の家族連れでのお泊り会や宿泊を伴う研修などでも活躍してくれること間違いなし。一軒家なので、子ども連れでも音を気にする必要がない。「また来たい!」と思える滞在環境が整っている。

また、リーズナブルに利用してほしいとの思いから宿泊料金もお一人1泊3500円の価格設定。一人旅からご家族での宿泊など様々な用途の方にオススメだ。宿泊者からは、「昔ながらの家を子ども達に見せてあげたかったので良かった」「素泊まりなので自由度か高くて最高」などと好評を博している。都会の喧騒から離れた純古民家で贅沢な時間を過ごしてみてはどうだろうか。

里帰りした時のおじいちゃんとおばあちゃんが「おかえり」といってくれるような雰囲気に安心感が漂う。ぜひ、古き良き古民家を味わってほしい。

(ライター／長谷川望)

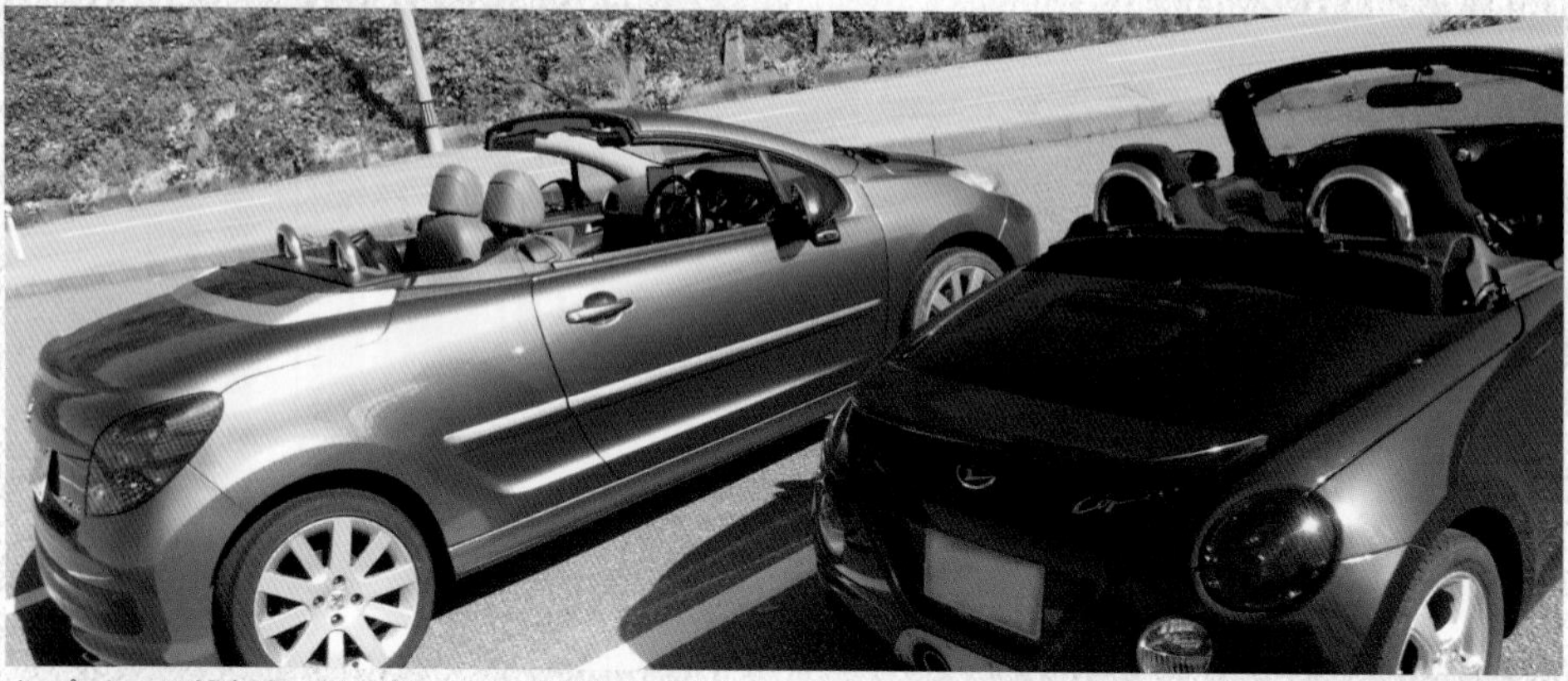

オープンカーでの観光所めぐりは、佐渡の大自然を満喫する絶好のチャンス。

レンタル
オープンカー:4,860円(税込)／
24時間:6,480円(税込)
4WD軽乗用車:2,160円(税込)／
24時間:4,860円(税込)など。

佐渡島のレンタカー店 オープンカーで自然堪能

これからの季節、旅先の候補に新潟県・佐渡島はどうだろうか。東京23区や淡路島の約1・5倍の大きさがあり、四季の変化に富む日本海側最大の島、佐渡島。遠流の島であったことから、様々なドラマの足跡が遺され、文化と史跡の島としても有名だ。そんな歴史溢れる地で、創業昭和28年頃から新・中古車の販売と車検を主に行っているのが『有限会社浩資商会』。島内に5社のみの「トヨタグループ協力店」、さらに「ダイハツモーターチェーン店」であり、その信頼と腕前はお墨付き。優秀販売店として何度も表彰されている。2014年からはレンタカー事業をスタートさせ、評判を集めている自動車整備会社だ。新・中古車の販売では、各メーカーの様々な車種を用意。特に、トヨタ・ダイハツはお得なキャンペーンなども実施している。中古車は雪の少ない地域から厳選して仕入れているので、コンディションの良い車が揃う。大手とは違うアットホームな雰囲気の中、予算や使用用途、車種の希望など経験豊富なスタッフが親身に相談に乗りながら提案してくれる。「ホリデー車検」では、自社で行うので、最短約30

有限会社 浩資商会

ひろししょうかい

☎ 0120-66-2170
㊟ 新潟県佐渡市畑野甲672-1
https://sado-pon.com/spot/ht016/

分の立ち会い車検が可能。仕事の休憩時間、仕事後でもサクッと済ませられる。スピーディーでありつつも、プロの整備士が車の状態をわかりやすく、丁寧に説明してくれるから安心。車検はTポイントが貯まり、使用することも可能だ。レンタカー事業では、オープンカーが人気。数ある佐渡の観光名所で、ダイレクトに大自然を堪能できると評判をよんでいる。オープンカーのレンタルは４８６０円からで、24時間乗っても６４８０円。雪に強い４ＷＤ軽乗用車は２１６０円からで、24時間乗っても４８６０円という破格の安さ。他社に比べて約４分の１ほどの価格帯を実現できるのも、長年の歴史の中で様々な繋がりをもっているから。その他、８人乗りワンボックスなど車種やタイプも豊富に取り揃えている。

佐渡島は、新潟県にある新潟港から船でアクセス。自家用車を持ち込むカーフェリーでは約２時間半かかるが、人専用の高速船ジェットフォイルを使用すると１時間ほど。海にも山にも恵まれ、自然を楽しみながら観光するには絶好の地だ。近すぎず遠すぎず、ちょっと現実から離れて楽しむにはちょうど良い場所。佐渡金銀山を巡ったり、標高１０００ｍ級の山々が続く大佐渡山地で山歩きを楽しんだり、夏はマリンレジャーを満喫したり。ぜひレンタカーを利用して巡ってみては。

（ライター／播磨杏）

<施設利用料金>
○入場料＋乗り放題
一般（小学生～64歳）:1,000円（税込）
シニア（65歳～）:500円（税込）
幼児（4歳～小学生未満）:500円（税込）
○サーキットコース　レンタル:1,200円（税込）
持ち込み1,000円（税込）

群馬サイクルスポーツセンター

「レストラン　チュリニ」

㊮ 10:00～16:00　㊡ 平日及びイベント開催日

変てこ自転車の遊園地　**群馬サイクルスポーツセンター**
ぐんまサイクルスポーツセンター

☎ 0278-64-1811　✉ info@gunsai.jp
㊟ 群馬県利根郡みなかみ町新巻3853
https://www.gunsai.jp/

家族でグループで楽しめる自転車のレジャー施設

群馬県と新潟県の県境に位置し、温泉と山間の豊かな自然に恵まれたみなかみ町。標高880メートルに位置する大峰高原に広大な敷地を占める『群馬サイクルスポーツセンター』は、様々な自転車やアウトドアレジャーを楽しめる複合施設だ。

ユニークな自転車が大集合し、小さな子どもから大人まで楽しめる「サイクルアトラクションエリア」や「サイクル列車」、「のっぽサイクル（展望自転車）」など自転車を漕ぐ楽しさを味わえる。本格的なスポーツサイクルを楽しみたい方には、自然と一体になる「オフロードサイクルコース」や、国際大会基準で整備されて起伏も多く、複雑なカーブも配された全長6キロの林間コース「サーキットコース」も用意。

さらに自動車好きには、ラリーカーの展示やトリックアートもある「群サイミュージアム」やジムカーナ競技会も開かれる「多目的広場」、BBQにキャンプも楽しめる林間キャンプ場「群サイキャンプ」も隣接し、大満足レジャーが過ごせる。

（ライター／今井淳二）

＜ペットホテル＞ 宿泊 3,000円(税別)～
IN 9:00～12:30　OUT 12:00
IN 12:45～16:00　OUT 17:00
一時預かり　9:00～17:00　1時間 300円(税別)～

消臭・殺菌効果の有るチップを敷き詰めたドッグラン。60分 300円。

登録番号／
栃木県動愛セ14保 第010号
動物取扱責任者／徳本美津枝
有効期限／2024年6月2日

ペッテルほ～ぷ

宿泊時には、シャンプーやカット、ヒアルロン酸を用いた足裏マッサージといったグルーミングも大人気。

アンチエイジング酸素カプセルも有り。

ペッテルほ～ぷ　検索

ペッテルほ～ぷ

0288-25-3519
㊟ 栃木県日光市森友410-28
https://www2.hp-ez.com/hp/pettel-hope/

グルーミングから預かりまで 愛犬に合わせた的確なケアを提供

健康面に難があり、服薬や通院していたりする愛犬と共に暮らしていると、旅行に出かけたり、家にお客様を招くのが難しかったりと自分の予定や生活に制約を受けることも多々あるのではないだろうか。

そんな時に頼れるのが栃木県日光市のペットホテル＆グルーミングサービス『ペッテルほ～ぷ』。ちょっとしたお留守番程度の数時間から中・長期に渡る預かりまで、専門知識をもったスタッフがそれぞれの健康状態をしっかり把握してケア。経験豊富な獣医師とも連携し、万全のサポート体制を敷いている。また、老犬ホームも開設しており、高齢のため世話がしにくくなった老犬・老猫の介護・預かりも積極的に行っている。

『ペッテルほ～ぷ』オーナーである徳本美津枝さんは、長年、開業獣医師としての経歴を持ち、ペットの表情、行動から性格分析をするというスペシャリスト。ペット用の酸素カプセルまでも完備ており、ケガや病気の後遺症にも幅広く対応してくれる。

(ライター／今井淳二)

『コーストインシャローム
つるやアネックス』
☎ 029-262-5111
㊟ 茨城県ひたちなか市
平磯町1245

大浴場から壮大な太平洋が望む絶景のロケーション。

チェックイン15:00　チェックアウト10:00

お部屋全室からも太平洋が望める。

わんちゃんも一緒に泊まれる。

お一人様1泊2食付
『旬の海鮮グレードアッププラン』
16,500円（税込）など、その他のプランもあり。お問い合わせを。

つるやホテル

☎ 029-265-8322　✉ info@tsuruyahotel.com
㊟ 茨城県ひたちなか市阿字ヶ浦2229-20
https://www.tsuruyahotel.com/

大浴場がオーシャンビュー最高な時間を過ごせるホテル

茨城県ひたちなか市の『つるやホテル』は、全室オーシャンビューで最高のロケーションが堪能できるホテル。大浴場は、大海原を眺めながらお風呂に入ることができるので全身リラックスできると評判だ。

今人気なのが、お食事がワンランク上の1泊2食付き『旬の海鮮グレードアッププラン』だ。朝の市場の仕入れで食材がきまる板前おまかせ料理は、新鮮な活魚料理を存分に堪能でき、刺身盛りは見た目もゴージャスで、目にも舌にも美味しい。

他にも、茨城県産のブランド牛「常陸牛」と海鮮料理をダブルで楽しめる1泊2食付きプランなどもあり。朝食も海を眺めらがら食べることができ、朝から気分が間違いなく上がりそう。

雄大な太平洋を見渡しながら一日中過ごせるので、心も体も癒される極上時間を過ごしてみては。

また、ワンちゃんも中型犬程度であれば一緒に泊まることも可能。ぜひ、相談してみてほしい。

（ライター／河村ももよ）

『VENISON JERKEY』1袋 1,100円（税込）

プレミアムフロア和洋室（テラス&風呂付）

スタンダードフロア和洋室（ワイドルーム&シャワー付）

お一人様1泊2食付き 20,000円（税込）〜
チェックイン15:00〜19:00　チェックアウト10:00

休暇村リトリート 安曇野ホテル

あづみのホテル

0263-31-0874　yoyaku_azumino@qkamura.or.jp
㊟ 長野県安曇野市穂高有明7682-4
https://www.qkamura.or.jp/azumino/

北アルプスの麓に広がる隠れ家的リゾートホテル

休暇村は、国立・国定公園などの優れた自然環境の中のリゾート。その土地ならではの魅力にふれてもらいたいと、多彩な体験プログラムや地元の食材を活かした料理などお届けしている。

その中でも長野県の『休暇村リトリート安曇野ホテル』は、北アルプスの裾野に広がる安曇野で穂高温泉郷の隠れ家として新しい形でオープン。陽だまりデッキや木漏れ日ラウンジ、露天風呂など大自然をたっぷり体感できる施設が揃う。夕食は、地元の旬の食材を取り入れた食事を堪能。アラカルトや郷土料理の一品としてジビエ料理の鹿肉もラインナップ。

また、館内の「CRAFT&SHOP」では、その信州産の鹿肉「信州ジビエ」のジャーキー『VENISON JERKEY（ヴェニソン・ジャーキー）』が発売され話題に。美味でヘルシーな赤身のお肉を食べやすく、手軽に手に取って頂くために、1年越しで開発したのがこの鹿肉ジャーキー。農林業被害が深刻化している中で「SDGs」の趣旨にものっとった製品だ。

（ライター／河村ももよ）

持ち込み自由の野外BBQエリア。

大人も子どもも楽しめるプライベートサウナ。

二人の場合　平日 8,000円（税込）　土･日･祝 9,000円（税込）
三人の場合　平日 10,500円（税込）　土･日･祝 12,000円（税込）
四人の場合　平日 12,000円（税込）　土･日･祝 14,000円（税込）
など

森林外気浴エリア

露天風呂

室内休憩室

古民家サウナ　さえずり

079-555-6974　saezuri77@gmail.com
住 兵庫県丹波篠山市大谷77
https://newgate.girly.jp/sauna/　@saezuri77

のんびり落ち着ける森林の古民家サウナ

近年、サウナ設置や利用人口が急激に増え、最近ではととのうだけにとどまらない新たな楽しみ方も続々と登場し、サウナ人口の裾野を広げている。

兵庫県丹波篠山市にあるプライベートサウナ施設『古民家サウナ　さえずり』は、豊かな里山の自然を間近に感じられ、アウトドアレジャー感覚で過ごせると人気の施設。

目玉のサウナは、一度に大人四人まで入室できる北欧フィンランド式のバレルサウナ。室温は90℃〜100℃に設定され、アロマ水を入れたセルフロウリュウも楽しめる本格派。地下天然水の水風呂に森林外気浴でととのい完了。隣接の屋根付きウッドデッキでは、食材や飲み物を持込んでの料理やBBQ、館内の囲炉裏では鍋や焼物まで堪能できる。

サウナウェアや水着のレンタルも有り、各種無料アメニティも充実。家族や友人グループで手ぶらで気兼ねなく楽しめる。

（ライター／今井淳二）

奥出雲 秘湯の宿 海潮荘

うしおそう

0854-43-5000　d-usioso@hotaru.yoitoko.jp
住 島根県雲南市大東町中湯石451
http://ushiosou.com/

お一人様1泊2食付
16,000円（税別）〜
チェックイン15:00
チェックアウト10:00

神話の時代から湧き出す名湯と心づくしの料理

島根県にある海潮温泉は「松江の奥座敷」とも呼ばれ、「出雲風土記」にも登場する由緒ある古湯。広く観光化されておらず秘湯の趣が色濃く残り、温泉好きにとっては隠れた名所ともいわれる。

この地に静かに佇む秘湯の宿『海潮荘』は、全16室の山間にある小さな温泉宿。天然石を配した野趣あふれる源泉かけ流しの露天風呂が自慢だ。町の喧騒から離れてゆっくり過ごせるこの宿の自慢は、温泉だけではない。囲炉裏を囲めるお食事処でいただける料理も秀逸。日本海や宍道湖で揚がる山陰ならではの海の幸に、「幻の黒毛和牛」ともいわれ、柔らかく旨味の濃い奥出雲和牛、さらに日本の棚田百選にも選ばれている「山王寺の棚田米」の朝ごはんと、料理目当てのリピーターも多い。

春は斐伊川沿いの桜、秋は一面の紅葉に、冬の雪景色と、四季折々にその彩りを変える自然も必見ポイント。夏には近くの清流赤川に集うホタルの群れが見られるホタル観賞バスも出ている。

（ライター／今井淳二）

『大歩危峡』

『剣山』

『祖谷渓・小便小僧・ひの字渓谷』

『祖谷のかずら橋』通行料/大人 550円（税込）　小人 350円（税込）

三好市観光案内所

みよししかんこうあんないじょ

0883-76-0877　info@miyoshi-tourism.jp
㊟ 徳島県三好市池田町サラダ1810-18
https://miyoshi-tourism.jp/

神秘的な伝説と美しい自然が残る景勝地

四国のほぼ中央、徳島県の『三好市』は、四国で最も広い面積を有する市ながらも市の4分の3以上に丘陵や山地が広がり、豊かな自然景観と固有の歴史文化を持つ風光明媚な土地で、毎年日本のみならず海外からも多くの観光客がやって来る。

『三好市』を訪れたらぜひとも足を運びたいのが、日本三大奇橋にも数えられている『祖谷（いや）のかずら橋』だ。平家の落人伝説が残る秘境・祖谷地域に架かる長さ45mの吊り橋で、山野で採取したシラクチカズラを編み連ねて造られており、かつてはこの地域に足を踏み入れることができる唯一の交通施設だった。急峻な渓谷に架かるその悠然たる姿は、訪れる多くの人を魅了してやまない。夜間のライトアップも見ものだ。

また四国を代表する大河・吉野川の上流域『大歩危（おおぼけ）峡』も見どころ。川の浸食でできた大理石の彫刻に似た奇岩が連なり、夏の新緑、秋の紅葉、冬の雪景色と四季折々移り変わるその景色は、観光遊覧船にてゆっくりと見上げることがオススメ。

（ライター／今井淳二）

営 8:00〜16:00　休 HPカレンダーでご確認を。

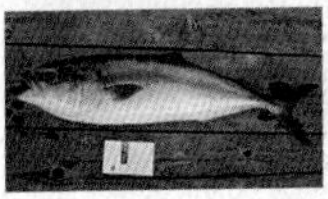

真鯛

ブリ・ハマチ

カンパチ

天草釣堀レジャーランド

あまくさつりぼりレジャーランド

✆ 0964-59-0188　✉ amakusaturibori@crux.ocn.ne.jp
住 熊本県上天草市大矢野町中5697-1
http://turiland.jp/

手ぶらでBBQや海水浴釣り堀を楽しめるスポット

熊本県天草にある『天草釣堀レジャーランド』は、自然豊かな天草の無人島に作られた釣堀。釣りに必要な竿などが完備されており、思い立ったら手ぶらでいつでも気軽に楽しめるレジャースポットだ。季節により、海水浴や潮干狩りも体験できるので、年間通して、また一日中、海洋レジャーが楽しめ、大人気だ。

乗船所から船で約1分のところにある釣り堀は、自然の海の状態に近く、釣りに慣れていない方にはスタッフが丁寧に指導してくれるので、初心者から上級者まで安全に釣りを楽しむことができる。釣堀には、天草で獲れた新鮮な魚がたくさん泳いでおり、釣りの醍醐味を存分に体験できる。マダイ、ブリ、ヒラメなど15種類もの魚を釣ることができ、2時間以上釣れなかった場合には、真鯛をサービスしてくれる。

また、BBQセットのレンタルなどもあり、釣った魚をその場で美味しく食べることもでき、嬉しい限りだ。

（ライター／河村ももよ）

豊かな自然とアートが共存する新たなスポット

『白水郷アートプレイス MinamiASO style』は熊本県南阿蘇の外輪山を眺める静かな森の中にあり、円形の庭園を備えた美術館。南阿蘇に工房やアトリエを持つ地元の作家を中心に紹介するコーナーや大人も子どもも一緒になってアート作品の作り方や絵画の描き方などを学べる塾も開催している。熊本の地産地消ランチやコーヒー、ノンアルコールカクテルが楽しめるカフェも併設。南阿蘇の豊かな自然とアートが共存するスポットで心もお腹も満たしてみては。

（ライター／河村ももよ）

㊋ 10:00〜17:00
㊡ 木・金曜日

白水郷アートプレイス MinamiASO_style

ミナミアソ _ スタイル

☎ 0967-65-8331
㊟ 熊本県阿蘇郡南阿蘇村一関1247
https://www.kumamoto-mtop.com/museum/

『日本一、美しい海、美しい自然お楽しみ下さい』

Hotel
しおんの海
日本一美しい海、さまざまな青が
混ざり重なり合う「宮古ブルー」
一年を通して温暖な気候と
美しい自然が残る宮古島へ

Hotel
しおんの海
※現在、喫煙所は別の場所に移動。

全室Wi-Fi完備。快適な通信環境で観光からビジネスまで幅広く利用できる。

お一人様1泊 5,000円(税込)～
※宿泊料金は、時期や予約数によって変動します。
チェックイン15:00～20:00　チェックアウト10:00

ホテル しおんの海
しおんのうみ

☎ 0980-79-7278　✉ info@shionnoumi.com
㊟ 沖縄県宮古島市平良荷川取尻原269-1
https://shionnoumi.com/

世界に誇る青く澄んだ海と空
南国リゾート宮古島

レジャーを自粛せざるを得なかったコロナ禍も明け、今や国内外問わず観光旅行に出かける人たちも多くなった昨今、沖縄・宮古島でリーズナブルに南国リゾート気分を味わえると注目されているのが、2021年にオープンした『ホテルしおんの海』だ。

広大な敷地を生かした全室1階の平屋づくり。だからキャリーケースで面倒な階段や煩わしいエレベーター待ちがない。レンタカー利用時は、部屋のすぐ前に駐車できる。客室は、すべてトイレ・シャワールーム付きでWi-Fiも完備したツインルームが全50室。

宮古空港より車で約15分、繁華街やビーチは車で約10分、コンビニも徒歩約5分圏内。近隣には、宮古牛や宮古そば、泡盛などが楽しめるレストランや居酒屋などがある。また同ホテルを起点に東洋一ともいわれる与那覇前浜ビーチをはじめとする各有名ビーチや伊良部島や池間島へも足を伸ばしやすい。リーズナブルな価格設定なので、観光やグルメにお金を使いたい方や、ビジネスでの利用者には大変好評だ。

（ライター／今井淳二）

コンシェルジュのいる道の駅

道の駅 富士川

周辺の観光案内、特産物や季節野菜の紹介、お土産物品など幅広い相談に対応してくれるコンシェルジュがいる「道の駅 富士川」。新しいグルメスポットから地元の素材を使った人気のスイーツをご紹介。

ソフトタイプ
『あるらプレーン』
1,500円（税込）

※写真はイメージです

バウムクーヘン専門店『BAUM ARURA』

ハードタイプ
『あるらプレーン』
1,500円（税込）

※写真はイメージです

BAUM ARURA

富士川町にある棚田で育ったコシヒカリの米粉を使用したバウムクーヘン。しっとり・ふんわりに加えて、もっちりした独特の食感を楽しむことができる。ギフト用にソフトタイプとハードタイプのセットやスライド式の箱がかわいいカットバウムの詰め合わせも人気。

独特の食感
米粉バウムクーヘン

ダイヤモンド富士で知られる山梨県富士川町の清流富士川に隣接し、多くの観光客やライダーで賑わう『道の駅富士川』の新たなグルメスポットとして誕生したバウムクーヘン専門店『BAUM ARURA（バウムアルラ）』が人気だ。地元産の素材を使った米粉バウムクーヘンは、口に含めば思わず笑顔になる美味しさ。可愛らしいパッケージデザインも好評。バウムクーヘンの年輪を思わせるようなオブジェライトと木目を基調とした温かみの溢れる店内でイートインを楽しむことも、テイクアウトもできる。

家族で楽しむ
レンタルサイクル

もう一つ、好評なのが『レンタルサイクル』だ。子ども用電動クロスバイクから本格的なロードバイクまでそろい、ダイヤモンド富士が見られるスポットや日本さくら名所100選に選ばれた大法師公園、5つの滝と大小10本の吊り橋がある緑豊かな大柳川渓谷、棚田が楽しめる30分から1時間ほどで一周できるサイクリングコースも用意されている。暖かくなるこれからの季節、春風を浴びながらバイクで走る観光客が増えていく。

自由に富士川町を散策したり、農道や生活道を組み合わせた30分〜1時間ほどのサイクリングコースを走る。町を流れる富士川のせせらぎや甲府盆地の風景を楽しむことができる癒しのアクティビティ。

『レンタルサイクル』
ロードバイク、クロスバイク、二人乗りのタンデム自転車のほか、脚力に自信のない方でも楽しめるように、最新の電動クロスバイクを取り揃え。富士川町の風景を家族・友だちと一緒にいかが。
3時間 500円（タンデム自転車 3時間 1,000円）

道の駅 富士川

TEL.0556-48-8700
山梨県南巨摩郡富士川町青柳町1655-3
㊑ 9:00〜18:00 ㊡ 無休
日曜朝市／5月中旬から12月下旬まで毎週日曜日開催

http://www.michinoeki-fujikawa.jp/

2階には富士川町の風景を楽しめるウッドデッキテラス、六角の塔には展望台「太鼓堂」がある。

美しく
健康になるために

**老若男女問わず、いつまでも美しく、
健康でありたいと願うもの。
そんな願いを叶えてくれそうな
とっておきの情報をここに。**

森林浴を自宅でできると愛用者を魅了
コロナ放電応用のマイナスイオン発生器

大自然のような心地よい空気で健康と暮らしをサポート。

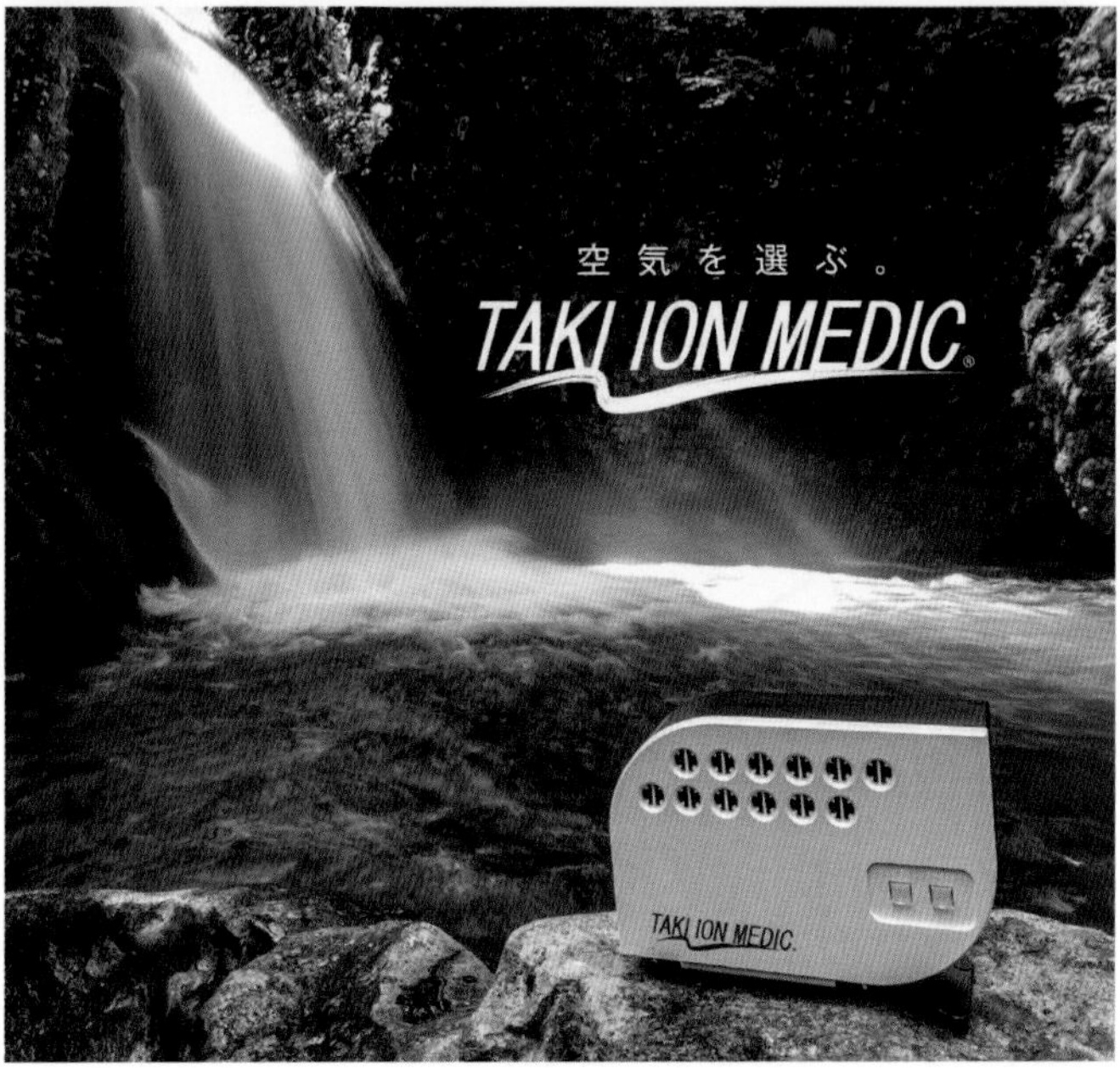

「こんな小さな機械が家の環境を変えるとは信じられませんでしたが、近所の方にもおすすめしております。家に帰るのが楽しみになりました」

　購入した主婦にこんな喜びの感想をもたらした「ちいさな機械」とは、『株式会社アップドラフト』の『たきイオンメディック(TAKI ION MEDIC)』のことだ。「自然の滝つぼを大幅に超えるマイナスイオンを大量発生させ、部屋の中を大自然の新鮮な空気にする」というコンセプトで開発され、医療用物質生成器として2003年に経済産業省に申請済みのマイナスイオン発生器。空気のビタミンといわれるマイナスイオンを大量に発生するだけでなく、優れた滅菌・浄化力、消臭力が評判になり、誕生から21年で11万台も売れたロングセラー製品だ。『たきイオンメディック』のキーテクノロジーは、雷が鳴った後のコロナ放電でマイナスイオンが発生する原理を利用した独自の「イオンターボチャージャー®方式」。放電により空気をイオン化

株式会社 アップドラフト

022-304-1022　info@takiion.co.jp
㊟ 宮城県仙台市太白区富沢南1-22-11-1F
https://up-d.jp/

こちらからも
検索できます。

https://takiion.co.jp/
(TAKI ION MEDIC公式サイト)

たきイオン
メディック

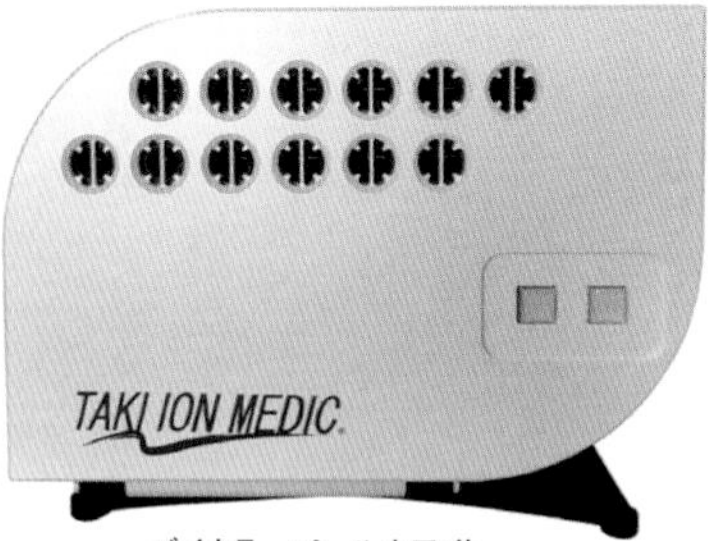

バイカラーパールホワイト

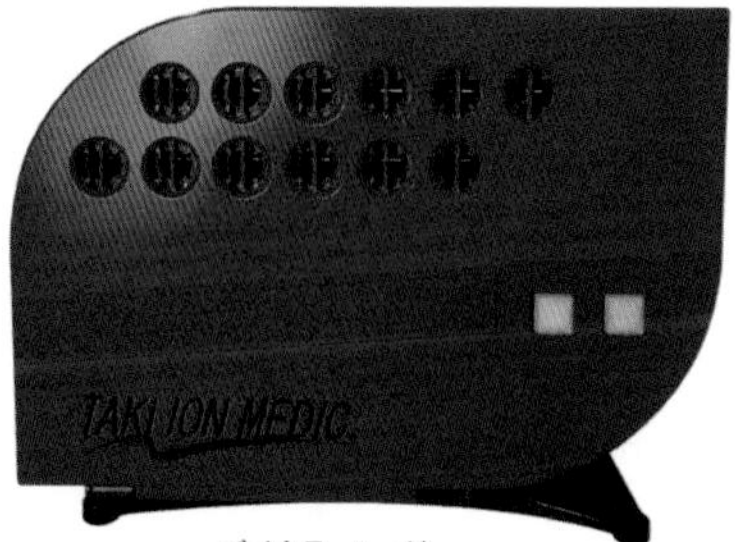

バイカラーレッド

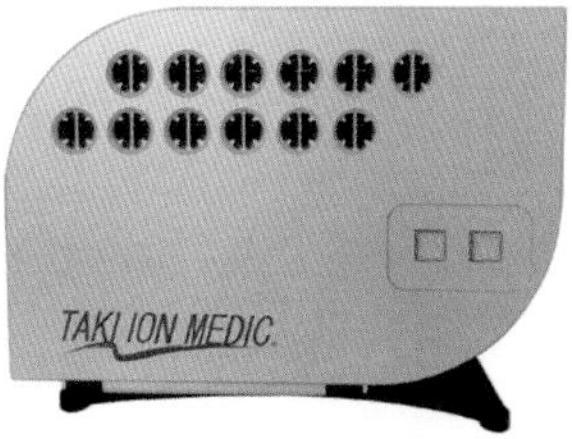

バイカラーシャイニーピンク

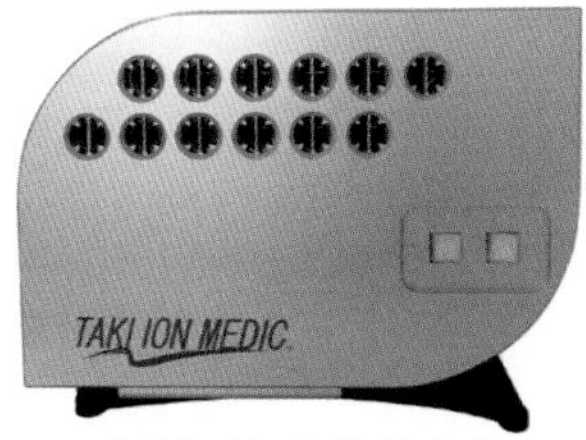

バイカラーピュアメタルシルバー

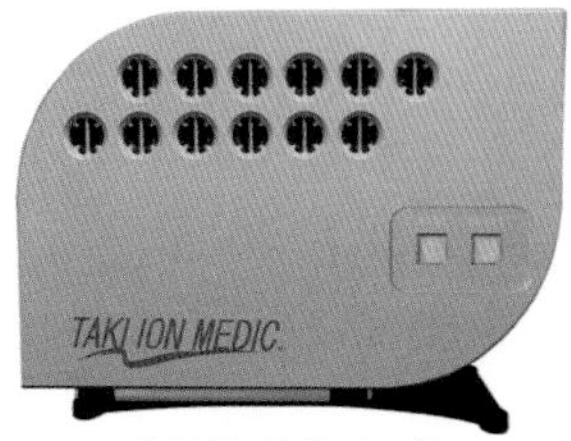

バイカラーライトパープル

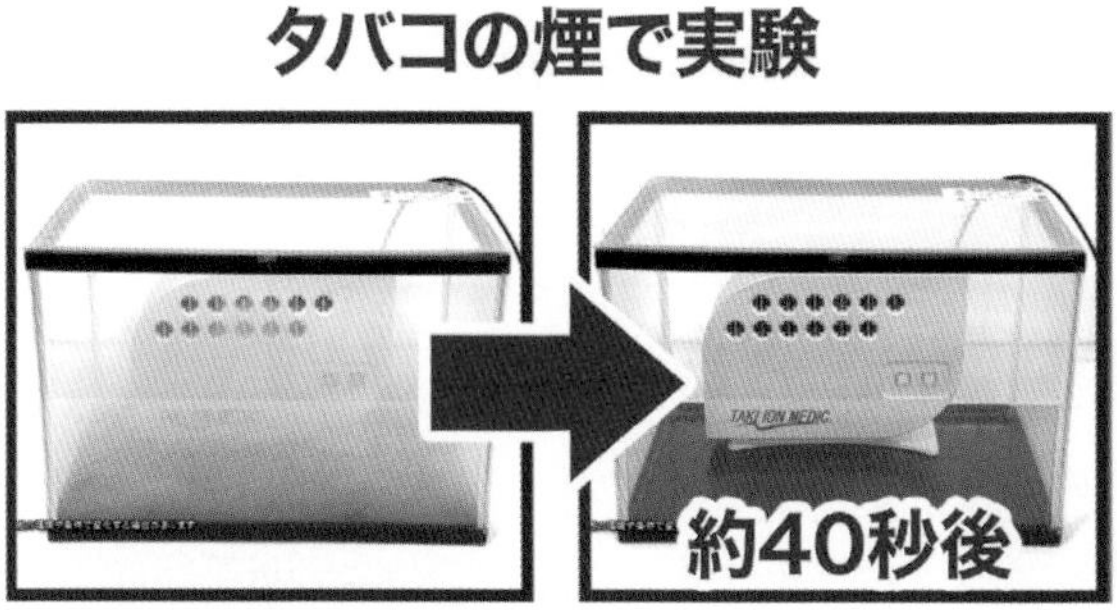

※効果は周囲の環境や条件で変化する場合があります

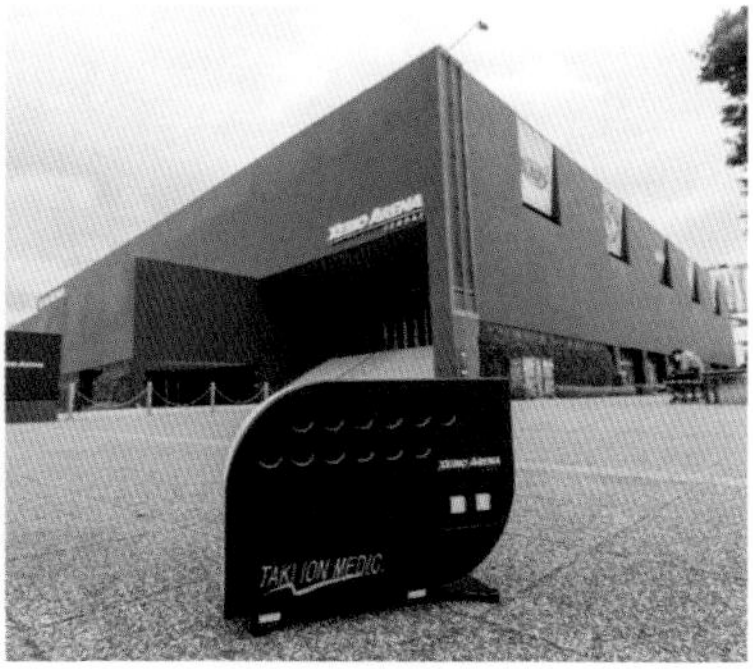

して加速し、推力に変換するイオンエンジンを応用したマイナスイオン吹出し拡散構造方式のことを指し、内部の放電針に高電圧をかけ、超高速で電子を放出するコロナ放電で大量のマイナスイオン生成と低濃度オゾンの調整を実現する。プラスイオンは一切発生させずに、マイナスイオンと低濃度オゾンが瞬時に吹き出し、安定拡散させることを可能にした。流れ出る風は最大毎秒2mで、不快な運動音が聞こえず。木々の間を吹き抜けるそよ風のように優しく室内を巡り、気持ちをなごませる。

　マイナスイオン発生量は、イオン発生器によって生成されるイオン発生量の測定方法についてのJIS規格に基づいて日本機能性イオン協会技術委員会が行った測定で最高クラス6と認められた。また、使われている電源装置も医用規格適合部品IEC60601-1に指定された。この電源装置は新型コロナウィルス感染症に対応する医療現場の医療機器にも使われたものだ。

こうした機能を持つ『たき(滝風)イオンメディック』についての同社の説明は分かりやすい。

「私たちが健康であるためには、空気中のプラスイオンとマイナスイオンが理想的なバランスにあることが重要な要素です。しかし現代社会では、家の中は家電製品から発するプラスイオンで充満しています。そして、その空気は身体にとってよい影響を与えない可能性があるのです。『たきイオンメディック』は、お部屋の電化製品などから発生するプラスイオンを中和し、まるで大自然の中にいるようなやすらぎの空間にしてくれます」

同社は、大手電機メーカーの設計協力を得て完成させ、量産化に成功した『たきイオンメディック』は、難燃ＡＢＳ樹脂製。外形寸法が幅３００㎜奥行79・5㎜高さ２２０㎜、重さは１・７㎏で片手で楽に持ち運びできる。操作もスイッチ一つだけと簡単だ。カラーバージョンは、バイカラーシャイニーピンク、バイカラーピュアメタルシルバー、

心と身体がやすらぐ日々の暮らしに寄り添った空間に。

バイカラーレッド(限定色)、バイカラーパールホワイト、バイカラーライトパープルの5種を揃えた。１台で適用範囲は最大約80畳までマイナスイオンを行き渡らせることができる。設置する際は、マイナスイオンは空気より重いため、床には置かず、最低でも床から50㎝の高さに設置し、推奨する高さは目線の高さ以上だ。マイナスイオンが大量発生するので、窓を開けても使用できる。

電源をＯＮのまま継続することを推奨し、２０１６年12月以降に製造したものは、ＨＩＧＨボタンを解除すると静音ファンが半回転になり運転音が気にならない。手入れはノンフィルターなので交換の必要はなく、フロントパネルを開けて集塵パネルをふき取るだけだ。電気代は１ヵ月連続で使用しても消費電力は10Ｗなので、毎日使用しても１ヵ月約１１０円程度で済む。購入日から１年間の保障がつく。

同社が挙げる導入効果は、多岐にわたる。低濃度オゾンの発生で浮遊ウイルス、細菌の除去効果や付着ウイルス、細菌の不活化、脱臭・消臭効果が期待できる。「一般社団法人北里環境科学センター」で行った「イオンターボチャージャー®方式」のウイルス除去試験では作動後15分間で対数減少値を示したことからウイルス除去効果があると判断された。また、付着ウイルス不活化試験でも作動後3時間で対数減少値を示したことからウイルス不活効果があると判断されたという。

『たきイオンメディック』を診察室や待合室などに置き、講演のときにも持参するという、「胎内記憶」の研究で知られる医学博士の池川明産婦人科院長は、マイナスイオンの発生量が多く、身体に不調を起こす静電気の帯電予防、微小粒子やウイルス、細菌の除菌、消臭などの効果に加え、プラスイオンが優位で人体に不利な状況を作り出している居住環境の改善、ダニの発生予防の効果も期待できること

を導入した理由に挙げる。

1台264000円と、家電としては決して安くはないが、同社は仕様を全く変えていないので、部品交換さえ行えば、15年以上の継続使用も可能となり、性能とランニングコストを考えれば、納得できる価格だ。

また、『アップドラフト』は、地元仙台が拠点のプロ野球チーム「楽天ゴールデンイーグルス」のシルバースポンサーとプロバスケットボールチーム「仙台89ERS」のダイヤモンドスポンサーになっているが、野球場の楽天モバイルパークの監督室やバスケットボールコートのベンチに『たきイオンメディック』が置かれ、選手のコンディション維持のための空気環境の改善や感染対策に使用されている。

愛用者の声からもその効果のほどが伝わる。

WEB制作チームの女性メンバー

「まず、リビングに設置してみました。すぐに空気が透き通っていくのがわかりました。夜は、寝室に設置しました。帰宅した主人が寝室に入ってきて、『空気の清涼感が全然違う』と驚いていました」

プロモーションセクションの女性メンバー

「我が家では小型犬を飼っています。愛犬のケージやトイレをリビングに置いていて、やはりペット臭が気になっていました。『たきイオンメディック』をつけたまま外出してみました。帰宅してドアをあけると、いつもと全然違いました。臭いが気にならないので本当に驚きました」

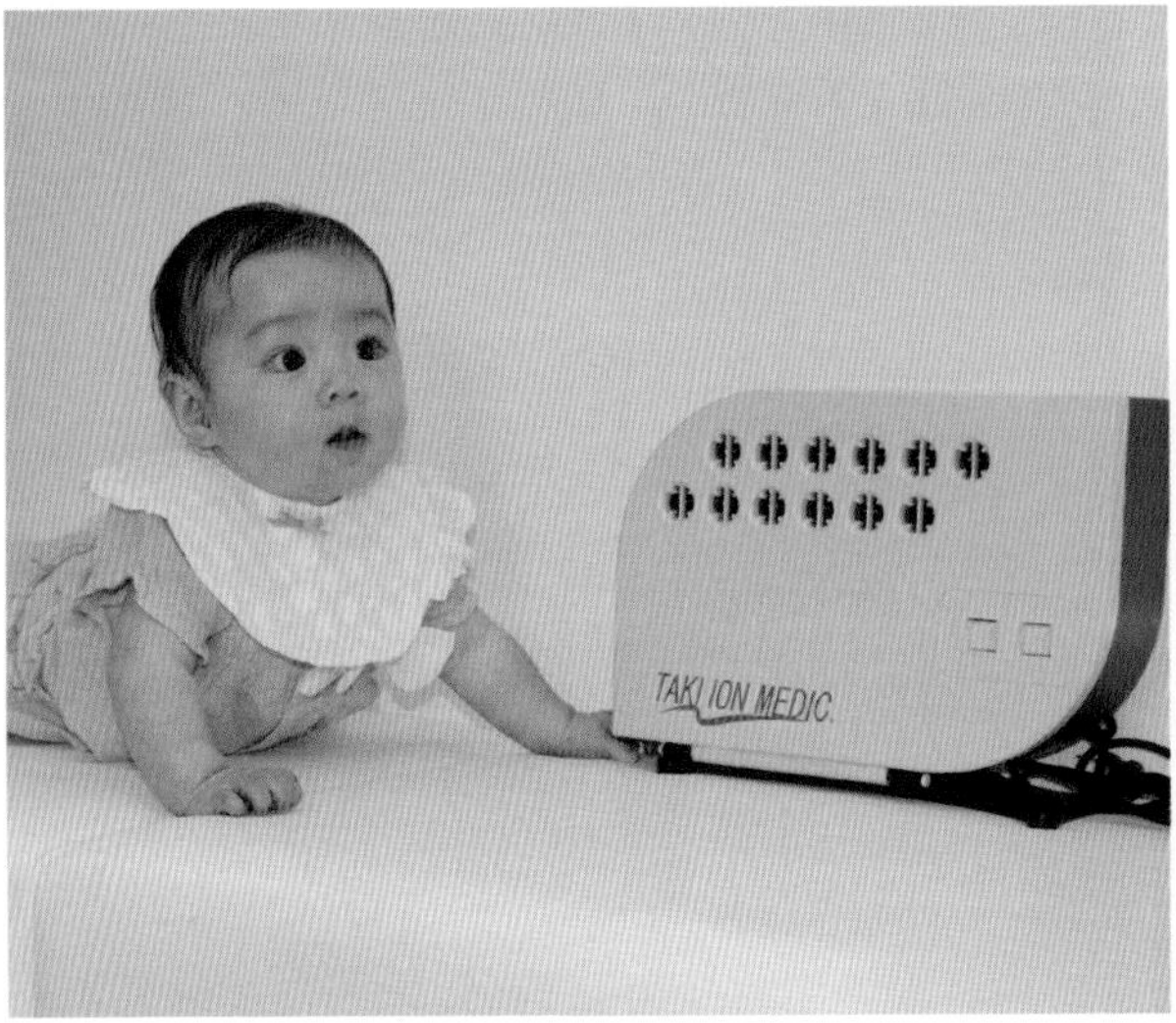

青森県の高校サッカー部

「特に冬場の環境浄化対策用に導入しました。今まで使っていた空気清浄機とは比べ物にならないほどの威力を感じています」

宮城県仙台市のクリニック

「院内の滅菌・消臭のために、待合室と診察室に2台設置させていただいております。待合室での空気の感じ方が、まるで山中にでもいるかのような、さわやかな感じが好評です」

介護付有料老人ホーム

「通所される高齢者の日常生活を送る中で、衛生環境の維持をお守りしています。建物に入ると空気が違うとのお言葉をいただいております。また、厨房にも設置しており、食材を安全に調理できています」

東京都の洋品店

「たくさんのお客様に安心してお買い物をしていただくために設置しました。おかげさまで店内の空気はお客様に大好評です。お店には番犬がおりますが、ペット臭がなくなりお客様もビックリしておられます」

このほか購入の動機は、「リモートワークの場の室内環境の調整に」「ぐっすり眠りたいから」「静電気が気になっているので」「家族の室内での加齢臭対策に」「部屋のたばこの臭い対策のため」「日々の環境から心身のストレスを軽減することができたら」「森林浴を家庭や職場で手軽に楽しみたいから」「心身にストレスのない快適な生活の中で健康的に暮らしたいから」「電気代が安いから」MADE IN JAPANで安心感があるから」「雷の原理を応用したマイナスイオン発生器を体感したかった」など様々だ。

場所を選ばないトラベルサイズ小型イオン発生器『CORORION』

同社は、『たきイオンメディック』を小型化した携帯用『コロリオン(CORORION)』も販売している。重さは、225gで超小型静音送風ファン搭載、イオン発生量は日本機能性イオン協会技術委員会の測定でクラス認定された。寝室やトイレ、車、外出先のホテルなどにも気軽に持ち運びができ、マイナスイオンの心地よさを様々な空間で楽しむことができる。USB電源で作動できる。

『アップドラフト』は1991年の創業以来、『たきイオンメディック』のほか、『遠赤発泡シート たき・シート』などを開発した。1991年に「空気を選ぶ 滝風イオンメディック」を商標登録した。2024年、店舗のある販売店など募集中だ。

（ライター／斎藤紘）

健康食品・化粧品向け次世代機能性素材
微細藻類から抽出した機能性油脂の製品

天然の資源を有効利用し、
自然に返す。
Seaact

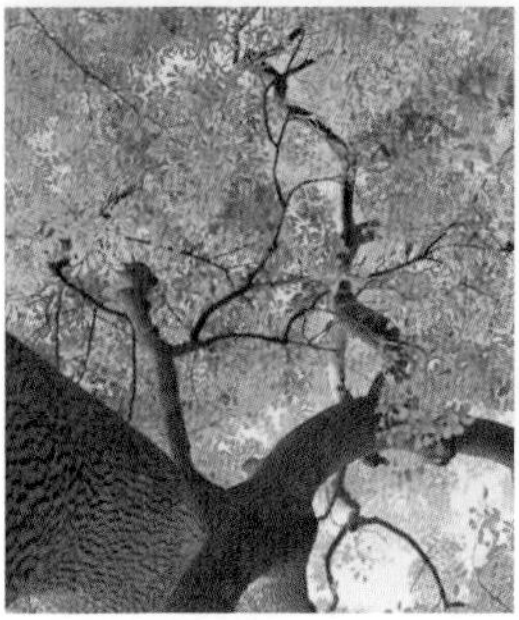

天然由来の健康食品原料や化粧品原料の開発、製造を目指すベンチャー『株式会社シー・アクト』が、微細藻類の一種、オーランチオキトリウムから取り出すことに成功した機能性脂質『ペンタデシル®』。

その『ペンタデシル®』が多岐にわたる効能を持つ健康食品、化粧品向け次世代機能性素材として注目度を高めている。

農学博士で薬剤師士の同社代表の坪井誠さんが同社の研究員と共に長年続けて来た健康に役立つメカニズムの研究の一つの到達点で、『ペンタデシル®』を30％以上含む『ペンタデシル含有オーラン油』も開発、『ペンタデシル®』そのものと共に販売代理店を通じて健康食品や化粧品の原料として供給を開始した。

株式会社 シー・アクト

03-6268-0040　info@seaact.com
㊟ 東京都千代田区丸の内2-2-1 岸本ビル11F
https://www.seaact.com/

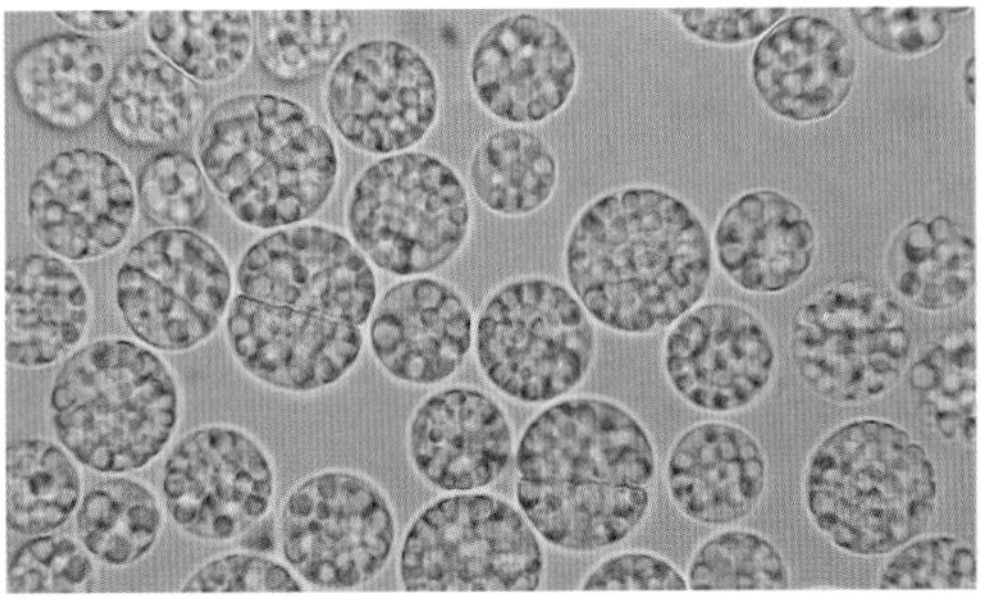

オーランチオキトリウム (*Aurantiochytrium*)

生物群：ストラメノパイル Stramenopiles
綱　：ラビリンチュラ類 Labyrinthulea
目　：ヤブレツボカビ目 Thraustochytriales
科　：ヤブレツボカビ科 Thraustochytriaceae
属　：オーランチオキトリウム属 Aurantiochytrium

『ペンタデシル®』は、炭素数15の奇数飽和脂肪酸のペンタデカン酸を主な構成脂質とする、食品中に含まれるのと同じトリグリセライド脂質の一種で、同社はオーランチオキトリウムから抽出に成功した後に商標登録している。

オーランチオキトリウムは、水中の有機物上に小さな細胞集団を作る微生物。葉緑体を持たず光合成をしない従属栄養生物で、川が海に流れ出る河口部の汽水域やマングローブが生い茂る南の海、日本近海など世界中の海に存在し、水中の栄養分を同化して脂質を生産し、細胞内に蓄積しながら生育する。

同社は、海藻資源から新たな成分発掘と微細藻類による新たな生理活性物質の作製を事業目標の一つに掲げ、オーランチオキトリウムなどの藻類を食べるサバやイワシなどの魚を人々が間接的に摂取することで、オーランチオキトリウム由来の油脂成分を栄養源として利用している点に着目し、生物活性物質研究所でオーランチオキトリウムに含まれる飽和脂肪酸の一種のペンタデカン酸について研究を重ねてきた。

その成果が三つの特許技術に結実する。2018年に特許を取得した「脂肪酸混合物」は、奇数脂肪酸とω-3高度不飽和脂肪酸との組み合わせ添加が藻類及び動物細胞の培養で相乗的な増殖促進効果を有するという驚異的な知見に基づくもので、奇数脂肪酸と高度不飽和脂肪酸との組み合わせを有効成分とする細胞増殖促進剤、当該細胞増殖促進剤を含有する医薬組成物又は美容組成物を提供する技術。

2019年には、「微生物由来の奇数脂肪酸又は、高度不飽和脂肪酸含有するトリグリセリドの製造方法」が特許登録された。この発明は、オーランチオキトリウム属藻類を利用して、奇数脂肪酸を主要成分として含有するトリグリセリド及び高度不飽和脂肪酸を主要成分として含有するトリグリセリドを含有するトリグリセ

ペンタデシル（PENTADECYL）

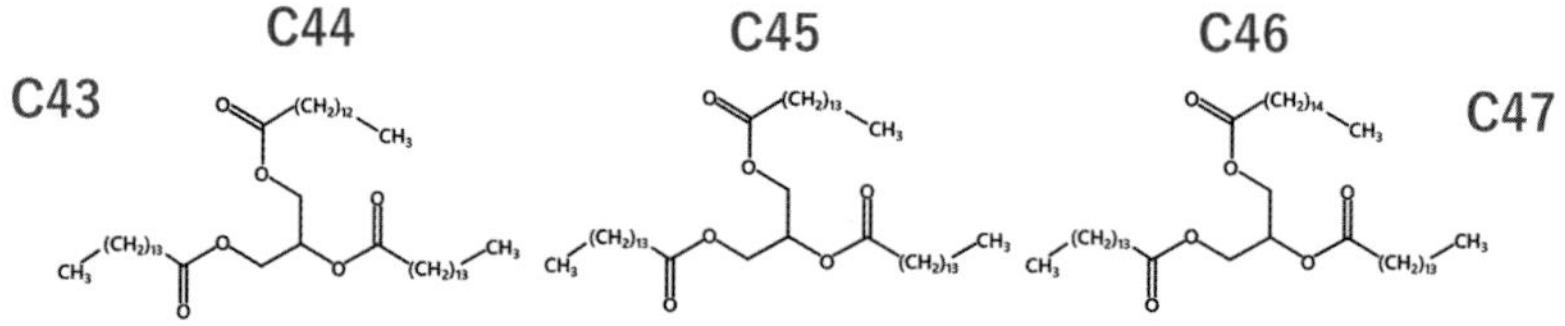

	Content	Fatty acid composition	
C42	2.10 %	C15 **C14** C13	
C43	8.00 %	C15 C15 C13	C15 **C14 C14**
C44	18.80 %	C15 C15 **C14**	
C45	30.60 %	C15 C15 C15	
C46	22.30 %	C15 C15 **C16**	
C47	11.70 %	C15 C15 C17	C15 **C16 C16**
C48	4.50 %	C15 **C16** C17	

C13	Tridecanoic acid
C14	**Tetradecanoic acid**
C15	Pentadecanoic acid
C16	**Hexadecanoic acid**
C17	Heptadecanoic acid

LC/MS/MS analysis

赤字: 奇数脂肪酸

リド混合物を製造する方法と、この方法により製造されたトリグリセリド混合物、当該混合物を成分分離してトリグリセリド画分を取得する方法だ。

そして2020年には、「培養オーランチオキトリウム属藻類の奇数脂肪酸含有量を増大させる培地」の開発で特許を取得した。微生物から様々なバイオ燃料や有用成分を獲得する技術の開発が進められているが、微生物の大量培養を行うには様々な技術上の課題が多くあり、特許技術はこの課題を解決したもので、細胞抽出物を強酸で処理し加熱する工程、抽出物を中和する工程、抽出物を基礎として細胞培養培地を調製する工程から成る。この培地の製造方法を活用することで研究が大きく前進した。

天然の微細藻類の培養では、石垣島沿岸の海水から分離した、自然に生息するオーランチオキトリウムを30万分の1株から入手することができ、『ペンタデシル®』の発見、さらには

『ペンタデシル®』を抽出分離、精製することで、画期的な生理活性物質の開発につながった。

『ペンタデシル®』の主な構成脂質である奇数飽和脂肪酸のペンタデカン酸について、坪井さんは青魚などに含まれる重要な栄養素であるオメガ3脂肪酸のDHA（ドコサヘキサエン酸）やEPA（エイコサペンタエン酸）を引き合いに分かりやすく解説する。

「実は、魚はDHAやEPAを作っていないのです。海に棲む微細藻類オーランチオキトリウム属が作っていて、これらの藻類を食物連鎖により魚などが食べることで、魚にDHAやEPAが含まれ、この魚を人々が食べることで、健康が維持されているのです。ペンタデカン酸脂質も同様で、オーランチオキトリウム属が作った高濃度ペンタデカン酸脂質を魚たちが、おいしく、健康のために食べ、その健康な魚に含まれるペンタデカン酸脂質を食べることが、人々の健康の維持につながっているのです」

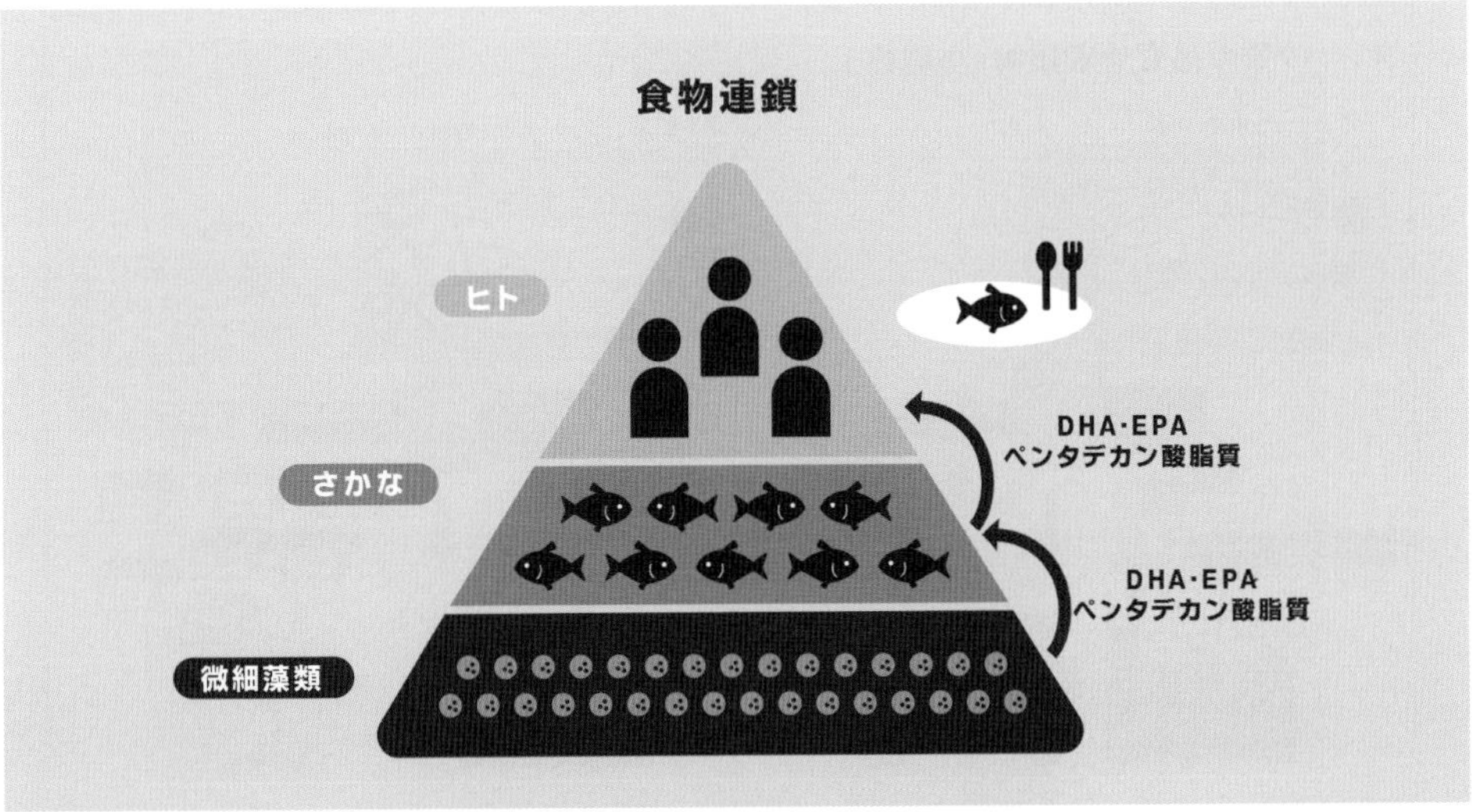

こう指摘した上で坪井さんは同社の研究の最大の成果を、ペンタデカン酸を主な構成脂質とする『ペンタデシル®』が健康維持に役立つメカニズムとして、『ペンタデシル®』に小胞体ストレス軽減機能があることを確認したことだという。小胞体ストレスによる機能低下を生じさせたマウスなど生態系への経口投与試験で確認したものだ。

「小胞体ストレスとは、タンパク質を合成する小胞体と呼ばれる細胞内器官に負荷がかかる状態を指す。小胞体内でタンパク質の合成が正常に行われなくなることで生じるとされ、その状態が続くと細胞の正常な生理機能が妨げられ、その細胞が集まる組織にトラブルが生じると考えられています。様々な病気の原因も、その疾患組織の小胞体ストレスが原因であることがわかってきました。『ペンタデシル®』にこの小胞体ストレスを軽減する機能があることが確認されたのです。熊本大学で行われた研究でも、『ペンタデシル®』には、小胞体ストレスを緩和し、細胞の正常な生理機能を維持する働きを持つ可能性が示唆されています。糖尿病モデルマウスを使った試験の結果、糖尿病状態からの回復が認められたのです。これは、β細胞の小胞体ストレスが改善されて耐糖能が正常化されるなどして、β細胞のインスリン分泌が正常になったことによると考えられています。この耐糖能の改善は、当社の機能性表示食品対応素材化を目的にした前臨床研究でも確認されています。糖尿病を治す医薬品は現在まだ開発されていませんが、『ペンタデシル®』を食成分として摂取することで、未病状態の疾患が治療できれば、病気の悪化を防ぎ、健康寿命を伸ばすことにつながります。様々な食品の添加が期待される新成分です」

タンパク質の品質管理機構「小胞体」

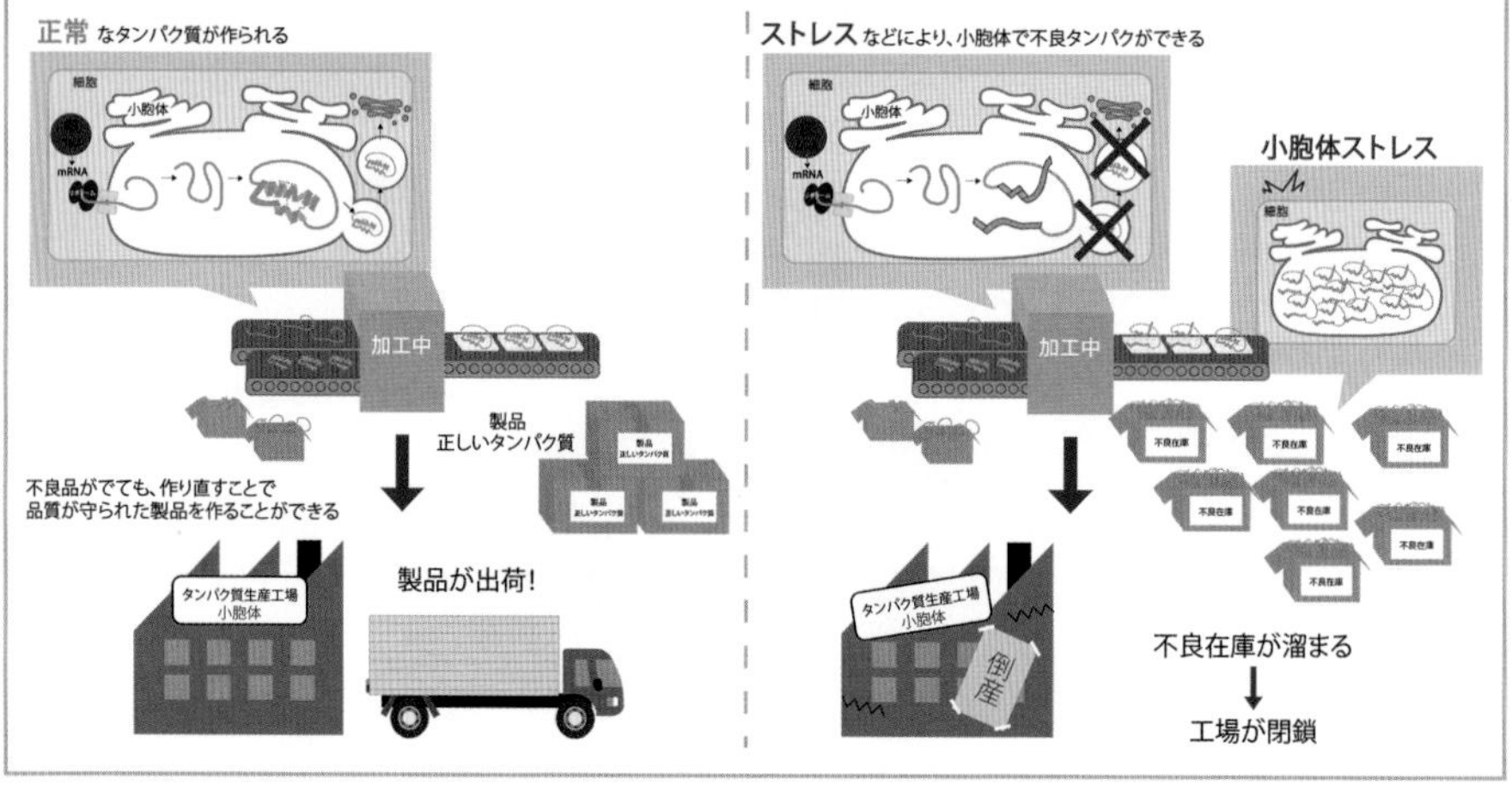

同社は、小胞体ストレス緩和作用や糖尿病の改善のほか、視神経細胞の保護、アルツハイマー病やクロイツフェルト・ヤコブ病、パーキンソン病、筋萎縮性側索硬化症（ALS）、ハンチントン病、ポリグルタミン病、網膜変性疾患、心臓病、肥満、脂肪異常症、慢性炎症、メタボリックシンドローム、非アルコール性脂肪性肝疾患、慢性閉塞性肺疾患、膵臓がんなどフレイル状態の緩和効果も期待できるとしている。

『ペンタデシル®』は、肌にも好影響を与えるという。

「肌を構成する主要なたんぱく質であるコラーゲンの減少や変性に小胞体ストレスが関与しているとする報告があります。小胞体ストレスによって正常ではない不良コラーゲンが線維芽細胞内で産生され、それが細胞外マトリックスに分泌されるなどして肌状態が悪化し、肌のシワやたるみなどが増えていくと考えられています。そこで、小胞体ストレスを与えたヒト線維芽細胞に『ペンタデシル®』を添加する試験を行ったところ、小胞体ストレスによって減少した正常コラーゲンの産生の有意な増加が見られました。サプリメントなどとして摂取した『ペンタデシル®』が真皮のコラーゲンの産生を高めることは、ヘルスクレームの科学的根拠とするヒト対象研究でも確認されています。肌の弾力やバリア機能が高まったほか、シワや毛穴の改善も見られました。小胞体ストレスを軽減してあげることで、肌の健康を総合的に維持できる可能性があります」

『ペンタデシル®』を含有した同社初の製品、『ペンタデシル®含有オーラン油』は、DHAやEPAなどの機能性成分も豊富に含まれ、様々な組織の細胞の働きを低下させている小胞体ストレスを緩和することによる効果で、難病や生活習慣病の原因の改善、フレイル状態の改善などの可能性に加え、肌の弾力や水分蒸散量、肌の保湿の改善、真皮層の肌強度(コラーゲン密度)の増加、シワの改善など美肌効果

コラーゲンは、タンパク質！
ペンタデシルがコラーゲン密度を高める！

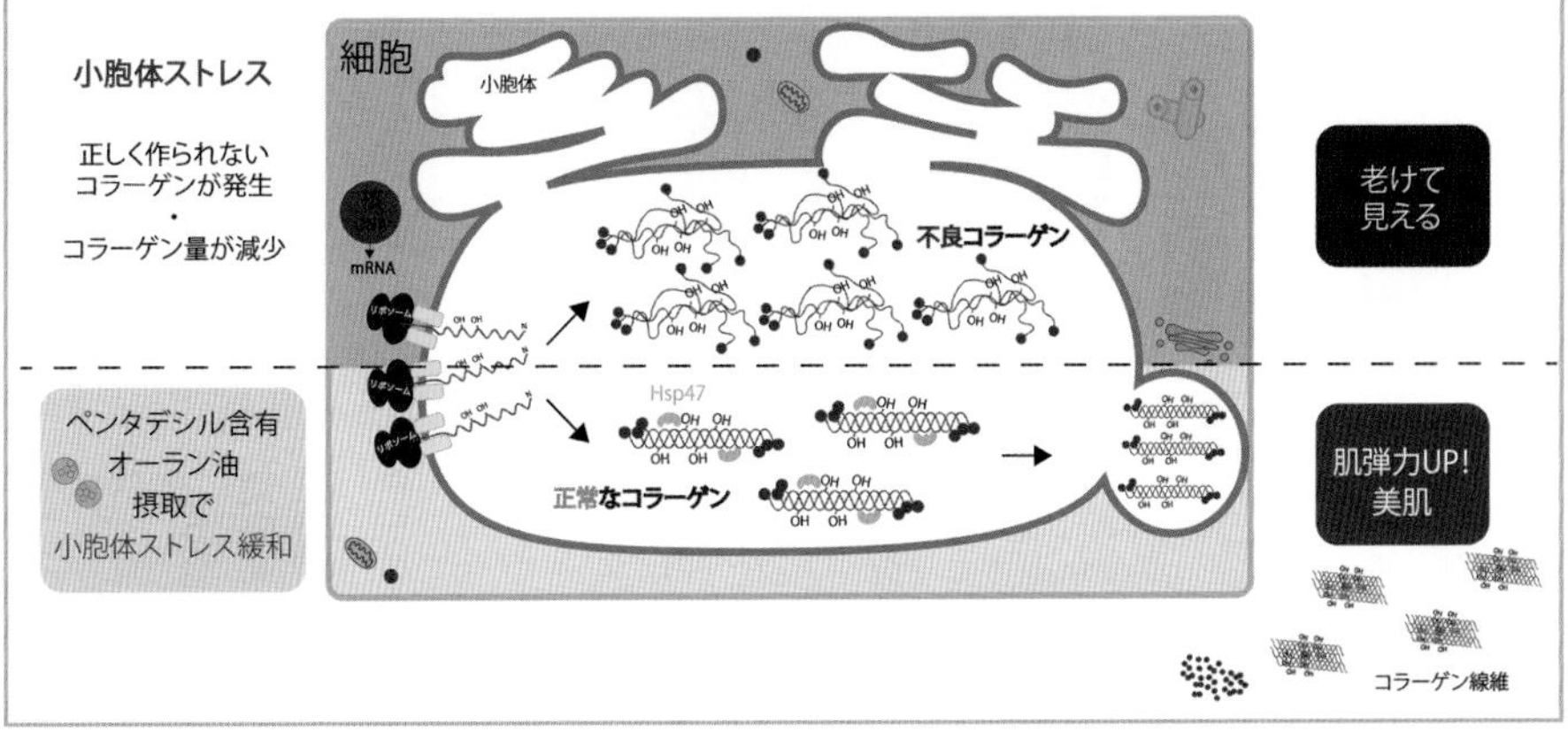

が期待できる食品だ。

『シー・アクト』は、茨城県つくば市に生物活性物質研究所、神奈川県川崎市に川崎研究所を開設、全国各地の大学や研究機関とも連携しながら、オーランチオキトリウムの研究を中心に、医薬や天然資源の有効利用による機能性食品、機能性化粧品用素材の研究開発に取り組んでいる。

(ライター／斎藤紘)

ヨガではらぺこ、夜は福岡グルメ
福岡旅行に組み込むヨガタイム

代表 大神紗弥香さん

『通い放題プラン』月額 23,100円（税込）
『1回チケット』5,500円（税込）　『5回チケット』25,630円（税込）
※別途、入会金、事務手数料、年会費などがかかります。詳しくは、お問い合わせを。

「環境と心身に優しく、大切にする」をコンセプトに、２０２３年に福岡県でオープンしたばかりのヨガスタジオ『Yoga Studio Lu' Lu'』は、定期的な健康サポートをテーマに、心と体どちらにもアプローチするハタヨガレッスンを行う女性専用常温ヨガスタジオだ。レッスンは１クラス最大６名までの少人数で、アットホームな雰囲気。ヨガが初めて、身体が固い、運動が苦手、という方も安心してレッスンを受けられる。代表の大神紗弥香さんが厳選したプロフェッショナルなインストラクターが多数揃い、一人ひとりのレベルに合わせてしっかり丁寧に指導する。正しい呼吸法を行いながらポーズをとり、精神面のバランスを整えるハタヨガは、ほとんどのヨガの基礎になっている最もポピュラーなヨガ。激しい動きではなく、ゆったりと呼吸に意識を向けることに重点をおいているので、初心者でも簡単に挑戦でき、ヨガデビューにぴったりだ。環境と心身に優しい施設デザインにこだわったスタジオの内装は、リラク

Yoga Studio Lu'Lu'
ヨガ スタジオ ルゥルゥ
050-1807-4056　info@yoga-lulu.com
㊟ 福岡県福岡市東区千早5-4-25-1F
https://yoga-lulu.com/

こちらからも
検索できます。

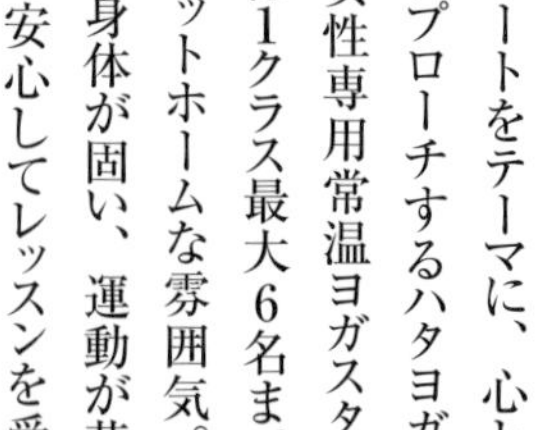

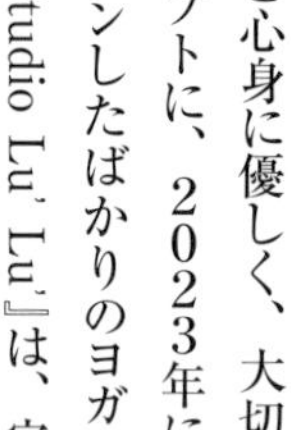

スタジオ備品、マット類が充実。スタジオ内では25℃前後の心地よい環境。気軽に通えるアットホームな空間。

ゼーション効果の高いグリーンを基調とし、明るくて開放的な空間。駅前という立地でありながら、美しい自然の中でヨガをしているような心地よさを感じられる。更衣室、パウダールーム、洗面完備で、ヨガマットなどの備品の貸し出しは無料。常温ヨガなので、レッスン前後の滞在時間は10分もかからず、気軽に受講できるのも魅力。受付はすべてオンラインで、レッスン以外の時間を短縮しているので無駄な時間がない。3～12歳までのキッズヨガクラス（男女受講可）も人気。女性特有のお悩みケアとして、妊娠前、妊娠中、産後も通えるため話題を呼んでいる。子育て中の先輩ママさんとして、ヨガを取り入れたアドバイスも聞くことができる。そして同ヨガスタジオの魅力は、アクセスの良さ。博多駅から電車で約15分、福岡空港から車で約15分という好立地。「ヨガではらぺこになり、夜は福岡グルメを堪能する」という旅行プランの一部としても好評だ。

（ライター／播磨杏）

「ますます元気」で「もっとキレイ」
50代以降の女性のためのヨガスタジオ

Relux☆YOGA 月 moon

㊟ 10:00〜18:00
㊡ 水・土曜日

入会金 5,000円（税込）『グループレッスン』90分 4回 5,000円（税込）
『オンラインレッスン』90分 4回 5,000円（税込）など。

大阪・香里園駅から徒歩約4分にあるヨガサロン『Relux ☆ YOGAMOON』は、オトナ女子の様々なお悩みに寄り添う50代以降の女性のためのエイジングケアヨガスタジオ。「美味しく食べ痩せ」×「ヨガ習慣」であなたの輝く未来をサポートをコンセプトに、代表の福永邦子さんが「5年先、10年先は今より健康、今よりしなやか」を目指すレッスンを提供している。

「運動習慣がないと、50代からは筋力、代謝、骨密度がじわじわと下がってしまいます。ヨガはインナーマッスル・骨盤底筋・体幹をしなやかに強化できる女性にぴったりの運動です。心も整いストレス解消、メリハリボディメイクも叶います」

講師も「50歳を過ぎて更年期太りが止まらず、健康診断の数値が急激に悪化。ストレスMAXで身体も心もぼろぼろ…。そんな頃、ヨガに出会い、身体と心が救われてV字回復！ 更年期太りもすっきり解消。結婚33年目にしてモラ夫と決別してヨガ講師に転身。年

Relux☆YOGAMOON

リラックス☆ヨガムーン

✆ 090-2551-0530　✉ cherryblsms925@gmail.com
㊟ 大阪府枚方市香里園町（詳細は予約時）
https://reluxyoga-moon.com/　✉ @reluxyoga925

LINE　Instagram　TikTok

リアルグループレッスンの様子。

インストラクター 福永邦子さん

齢を重ねるごとに増える「オトナ女性」のお悩みに特化したヨガレッスンを行っています」と自身の経験を語っている。

グループレッスンは、初心者の方も安心して受講できるベーシックなレッスン。呼吸を意識しながらゆったりとした動きを行うことで、全身に酸素とエネルギーが回り、血流・代謝がアップ。インナーマッスル・体幹・骨盤底筋強化にも効果的。現在オンラインレッスンのみ。プライベートレッスンでは、くびれをつくりたい、背中・二の腕痩せを叶えたいなど、あなたのご要望にぴったりなメニューをカスタマイズして指導してもらえる。希望により、健康のための食事アドバイスも。「きちんと食べてするっと美痩せコース」は、「きちんと美味しく食べ痩せ法」×「ヨガ習慣」×「マインドセット」の三本柱でするっとストレスなしに美痩せを目指すコース。人生最後のダイエットを目指すあなたに寄り添い、誠心誠意のサポートで、一生太りにくい体質へと導く。体験レッスンは無料なので、気になる方はぜひ。

（ライター／播磨杏）

予約殺到! 芸能人やモデルも通う実力サロン!!
「脂肪移動」という最新技術でバストの悩みをスピード解決!

育乳マシン『ブレスター』

「育乳マシン」で余分な脂肪をバストに。体を細っそりさせ、マシュマロバストを手に入れることができる。全身の脂肪をバストへらくらく移動。ふんわりバストのメリハリボディが実現。

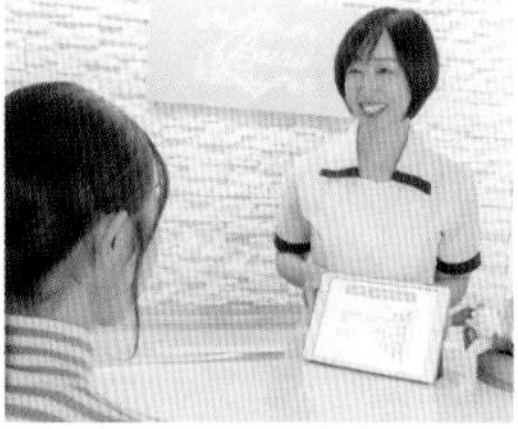

㊣ 11:30〜20:30(最終受付19:30)
㊡ 月曜日

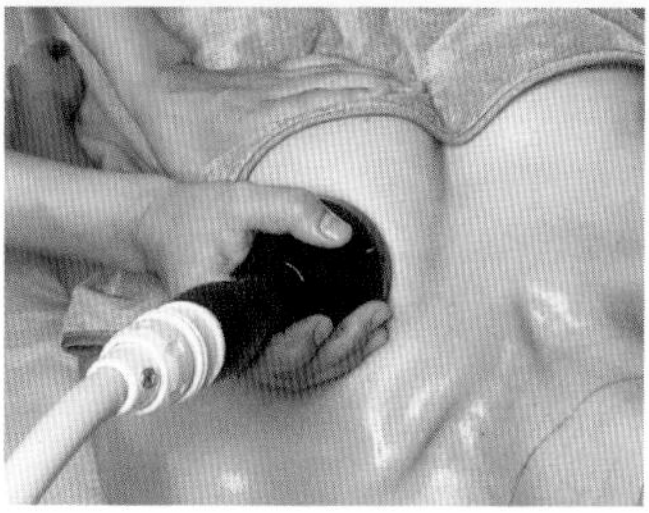

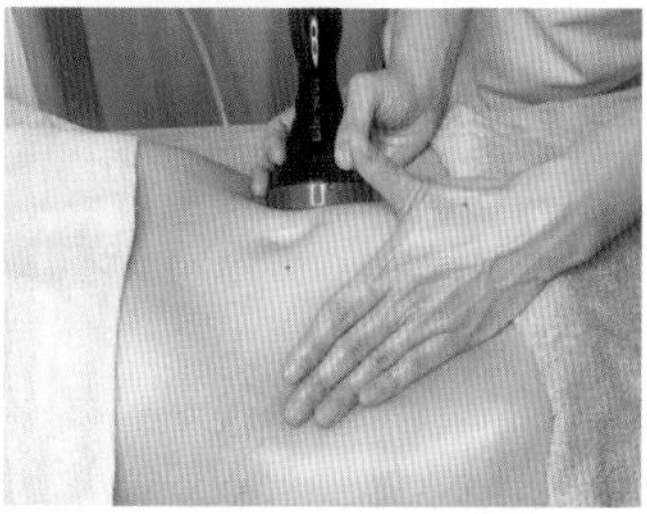

「このお肉がバストに移動できたらいいのになぁと思ったことありませんか」

雑誌にも次々と掲載され、予約殺到中の芸能人やモデルも通う人気実力派サロン『バストアップ専門サロンBreast』。同サロンは、「胸を大きくしたい」「谷間が欲しい」「左右差や離れ・垂れたシルエットを治したい」「サイズダウンして整えたい」など、様々なバストのお悩みを解決してくれる。人気の秘密は、最新技術を駆使した独自開発の育乳マシン『ブレスター』。特殊な育成光線を放ちながら、全身のムダ肉、ハミ肉をぐいぐいとバストに移動させ、念願のふわふわバストと同時に、くびれ、ヒップUP、美脚の効果が期待でき、誰もが羨むメリハリ美ボディーを手に入れることができる。「バストサイズ＝遺伝」と思われがちだが、遺伝の影響はたった約3割。その個人差は、「大胸筋・脂肪量・乳腺の大きさ・クーパー靭帯」の四つにあるという。しかし、バストを大きくするためには、その一部だけにアプローチしても継続ができない。その点『ブレスター』

バストアップ専門サロン Breast 新宿本店
ブレスト
050-3748-8310　solsea.ceo@gmail.com
㊟ 東京都新宿区新宿3-32-2 MOTOビル6F
バストアップ専門サロン Breast　検索

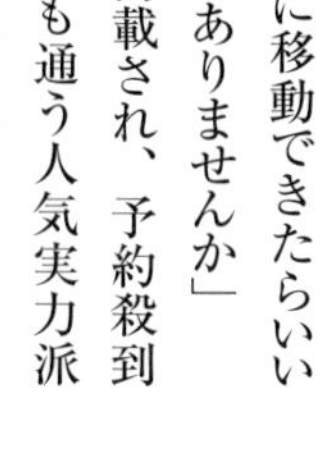

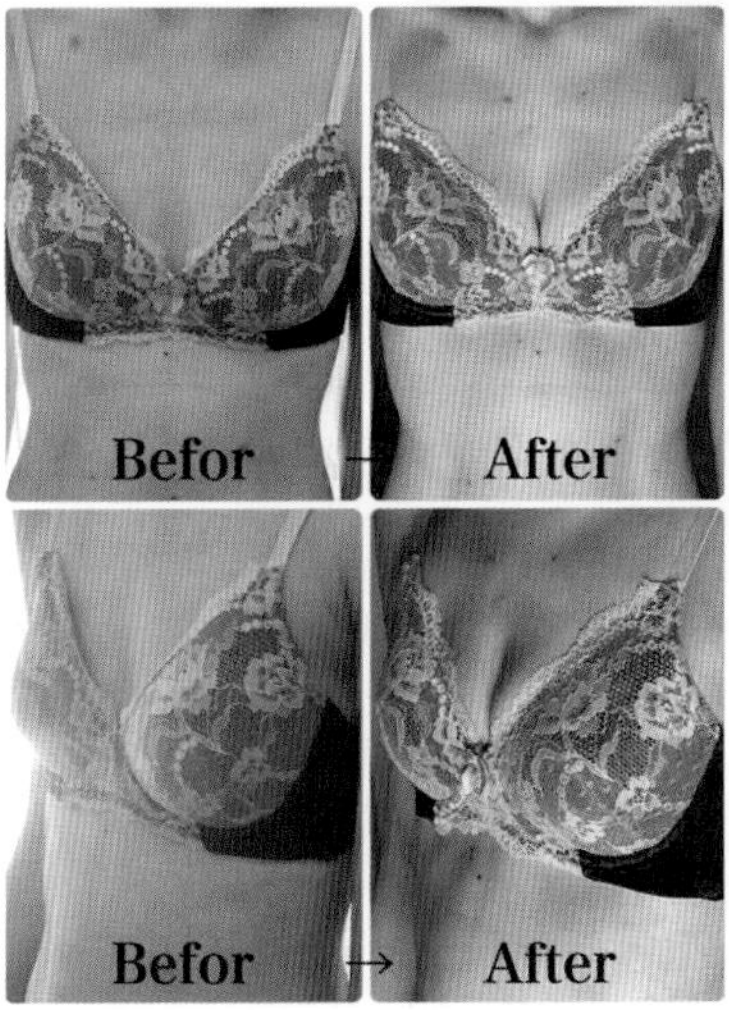

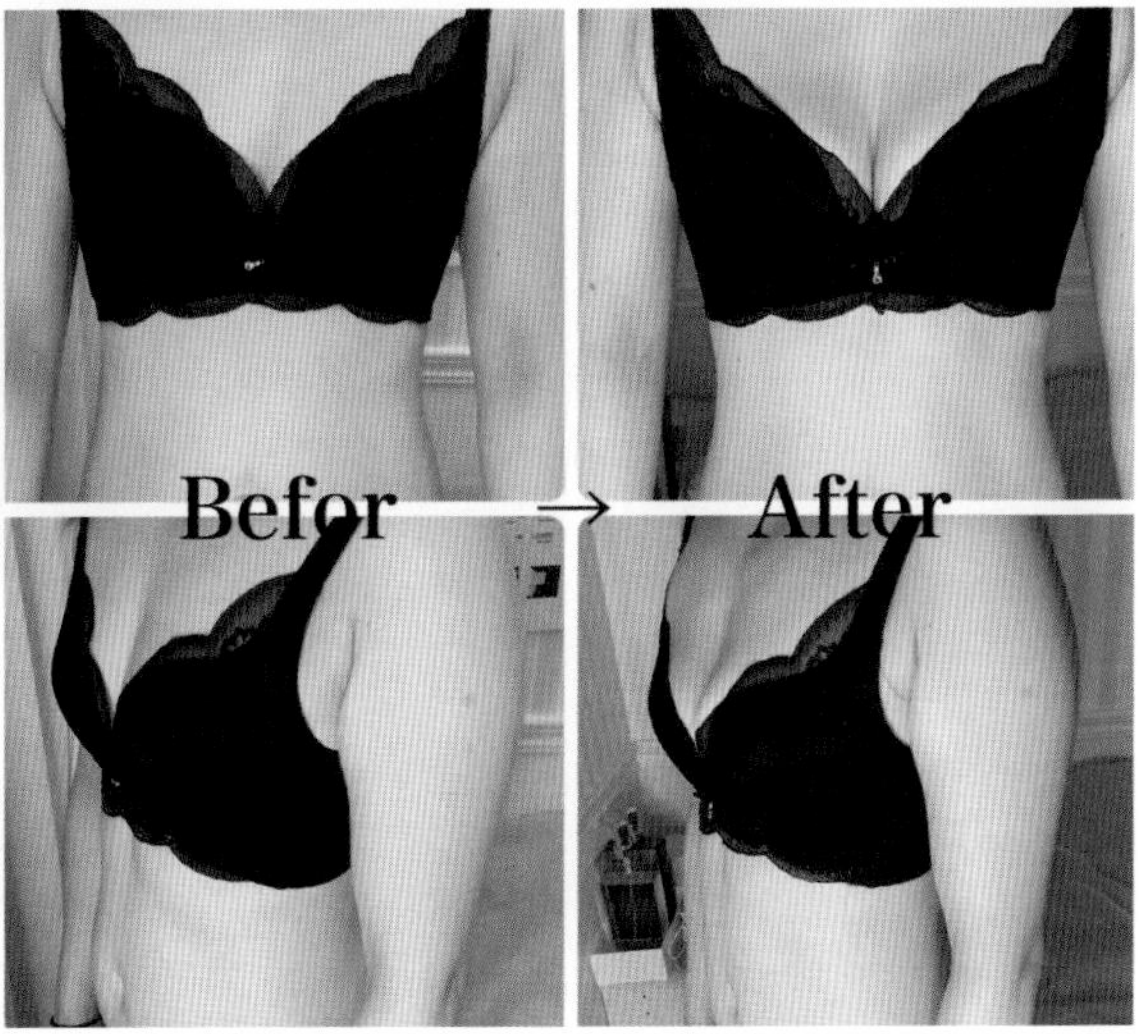

は、まず最初にバストと大胸筋の癒着を丁寧にゆっくりと剥がしていき、乳腺が発達するツボを優しく刺激して乳腺の発達を促す。そこから全身の不要な脂肪を特殊な遠赤外線で柔らかくしながらバストへ移動させ、乳腺と脂肪を定着させていく。そしてコラーゲン育成を同時に促し、クーパー靭帯を強化させることで、「ツン！」と上向きな、理想のバストを作り出す。『バストアップ専用ブレスター』は、バストの大きさや形を形成する重要な四つのポイントに、同時にアプローチできるので、即効性と持続性が高い。痛みがないのも大きなポイント。直近で結婚式や撮影、イベントなどを控えている方などは短期集中コースでよりスピーディにしっかり結果を出すことも可能だという。専門カウンセラーが丁寧にカウンセリングを行い、一人ひとりに合わせたプランを提案してくれるので、知識がなくても安心。新宿駅から徒歩約3分で通いやすさも◎。露出が始まる春に向けて、今、美ボディメイクを始めてみては。

（ライター／播磨杏）

希少なアナツバメの巣の恵みを凝縮
ぷるぷるの肌へ導く基礎化粧品シリーズ

世界三大美女の一人
楊貴妃も愛した
“アナツバメの巣”の
エキス配合

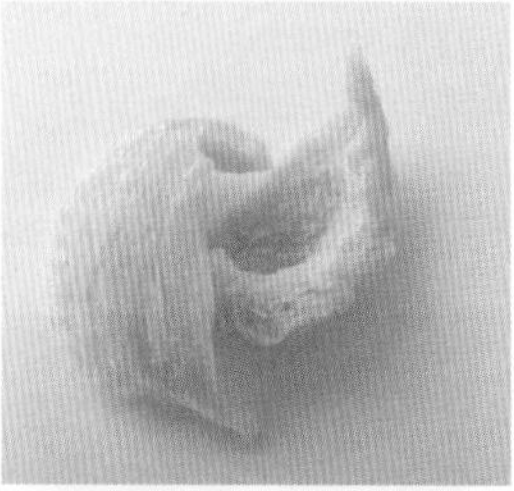

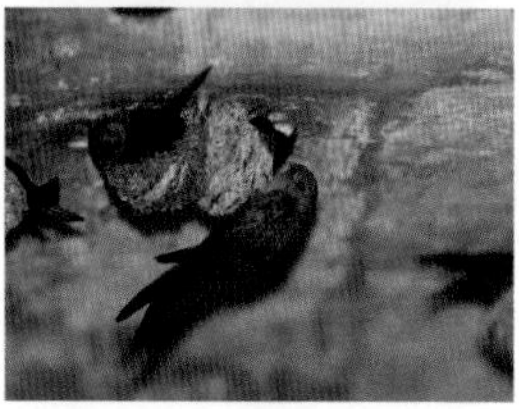

世界三大美女、楊貴妃が好んで食したといわれる貴重なアナツバメの巣は、古来よりその希少性と高い美容効果から珍重されてきた高級食材。糖類や有機酸、遊離アミノ酸などが含まれているが、特にシアル酸の含有量が高いことが知られている。アナツバメの巣から特許技術によってNANA型シアル酸を含むシアロオリゴ糖(SAO)を抽出して贅沢に配合した基礎化粧品シリーズ『MYSAO®シリーズ』が好評だ。シアル酸は美肌に関わる成長ホルモンの一種、IGF-1の産生を誘導する唯一の物質として注目を集めている。成長ホルモン因子を産生させ細胞外基底膜の崩壊を防ぐことで全身の機能維持や改善に関わるが、加齢とともに減少するといわれており、60代のIGF-1は20代の2分の1程度とされる。シアル酸を補うことで免疫力がアップし、加齢が原因となる病気の発症を防ぐ。また、肌細胞に働きかけてコラーゲンの産生を促し、肌の潤い成分の生成を促進。肌の乾燥や

株式会社 **雅嘉貿易**
まさよしぼうえき
03-6905-7808
㊟ 東京都板橋区中板橋11-7
https://www.masayoshi-trading.com/

こちらからも
検索できます。

株式会社雅嘉貿易

MY SAO® シリーズ

『高保湿化粧水』
6,050円（税込）

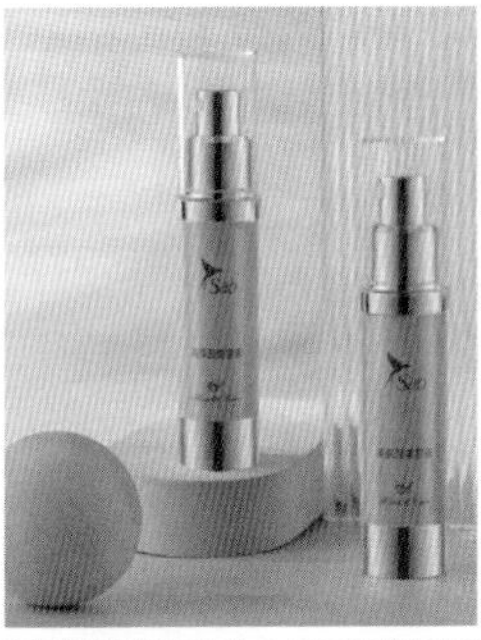

『高保湿美容液』6,600円（税込）

『ボディ
クリーム』
5,500円（税込）

『美容液M』
6,600円（税込）

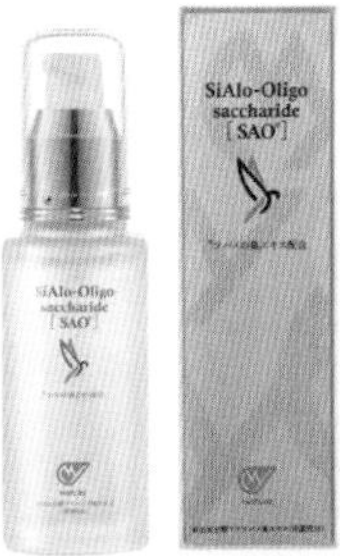

『美容液Y』
6,600円（税込）

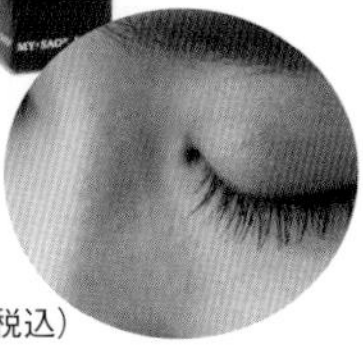

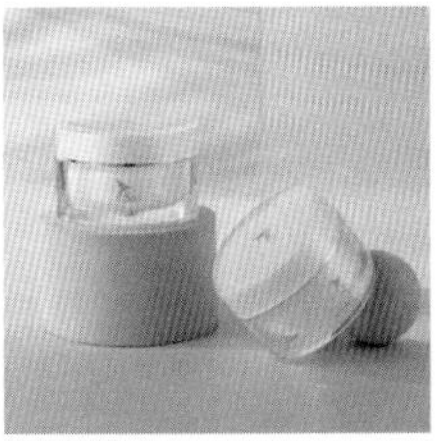

『高保湿クリーム』
8,800円（税込）

『ミスト美容液』
3,850円（税込）

『ソフト洗顔ジェル』
3,300円（税込）

『まつ毛
美容液』
3,080円（税込）

ハリ不足、シミやシワなどの肌トラブルの回復などアンチエイジング効果も期待できる。アナツバメの巣の恵みをたっぷり詰め込んだ『ＭＹＳＡＯシリーズ』は、肌馴染みが良い『高保湿化粧水』や目元や口元の集中ケアにオススメの『高保湿美容液』、男性向けの『美容液Ｙ』、小じわの集中ケアに適した『美容液Ｍ』、高い保湿力でぷるぷるのお肌へ導く『高保湿クリーム』、潤いのあるしっとりした洗い上がりの『ソフト洗顔ジェル』など、豊富なラインナップが魅力。また、２０２４年３月には、美容関連で注目を集めるアナツバメの巣を使ったメニューを提供するカフェがオープンする予定だ。日本ではまだ食材として馴染みが薄いが、中華圏ではフカヒレやアワビと並ぶ三大珍味として名高いアナツバメの巣を使用したメニューを提供する。研究所とカフェをともに１階で、今後も科学的根拠に基づき、美容と健康の鍵を握る高品質な商品を開発予定だ。

（ライター／彩未）

肌が弱い方に使って欲しい
オーガニックの優しいスキンケアコスメ

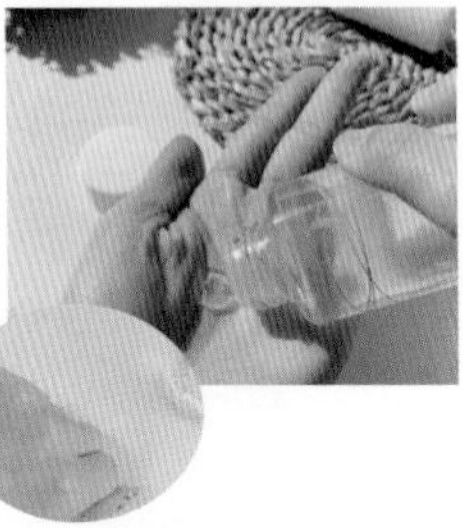

オーガニッククリアローション
100ml 2,440円（税・送料込）

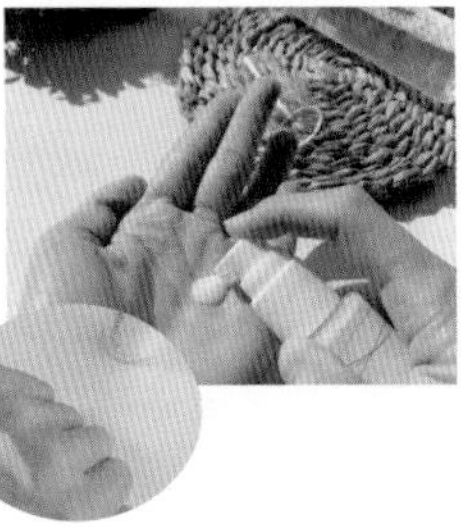

オーガニックモイスチュアミルク
50ml 2,680円（税・送料込）

北海道産サラブレッド由来の高濃度プラセンタに着目し、「肌が弱い人にも安心して使い続けて欲しい」という「ベイビーリーフ株式会社」代表、中嶋太陽さんの思いから生まれたのがオーガニックスキンケアブランド『BE:MAKE』。皮膚科医と10～70代の様々な年齢層50名のモニターの協力のもと、1年以上かけて開発した。北海道の広大な自然の中、北海道科学大学研究チームと共に血統から飼育まで徹底的に管理し、愛情を込めて育てた北海道・日高産サラブレットの胎盤からつくられる「プラセンタH-1」をふんだんに配合。豚・羊・海洋性・植物性プラセンタに比べ、アミノ酸が豊富で、皮膚細胞の再生機能を持つペプチドも多く含んでいる。ペプチドは美肌だけではなく、疲労回復、生活習慣病予防効果もあるとされている。健やかな肌を育むため、多種の菌に抗菌効果を持つ「クオタニウム73」、抗炎症作用を持つ「グリチルリチン酸2K」の他、クマザサ葉や、ヨモギ葉、セイヨウハッカ葉など様々

BE:MAKE ベイビーリーフ 株式会社
ビーメイク
03-6822-3323 info@bm-cosme.jp
㊟ 東京都中央区銀座1-22-11 銀座大竹ビジデンス2F
https://bm-cosme.jp/ https://lp.bm-cosme.jp/

永遠に続く美しさをつくる
BE:MAKE

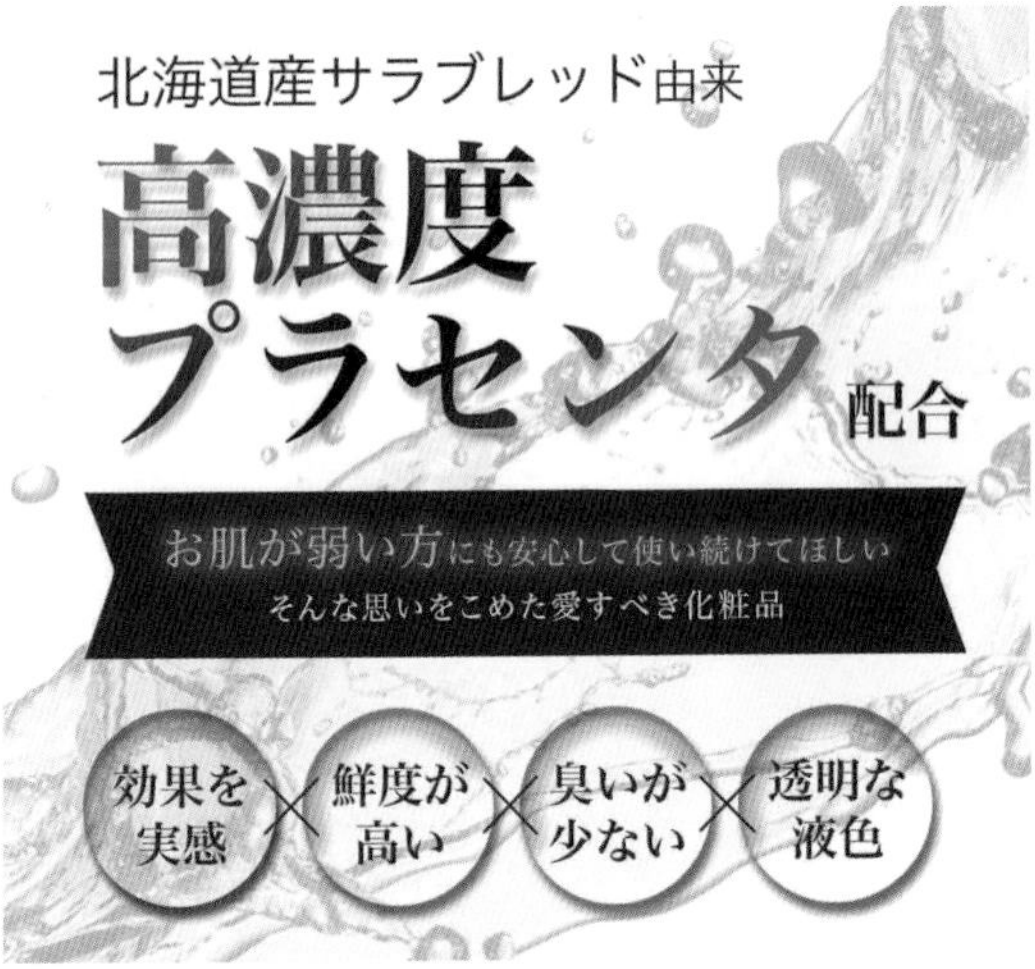

『BE:MAKEスキンケアセット』
初回限定 1,980円（税・送料込）

『BE:MAKE』の 5つの特別処方

肌質を問わず使える無添加処方。

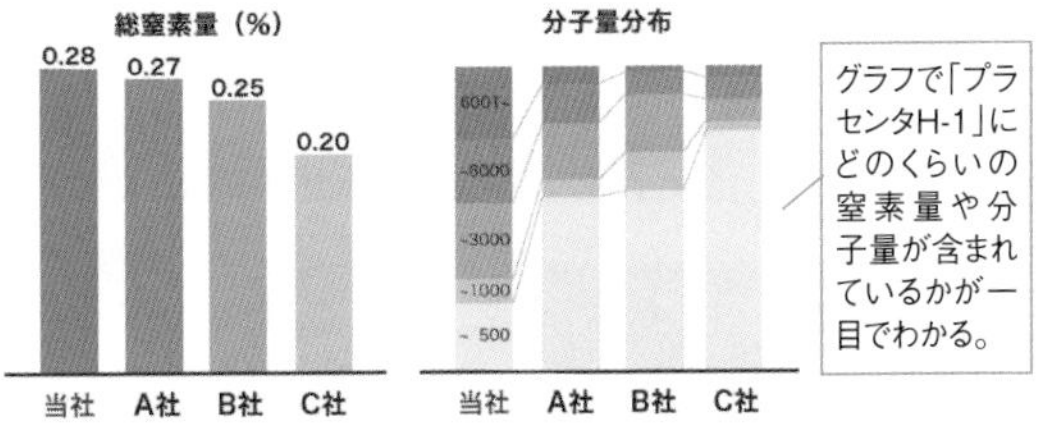

「総窒素量」と「分子量分布」の効果

北海道産サラブレット由来「プラセンタエキス H-1」配合

健やかな肌を育むための成分を配合

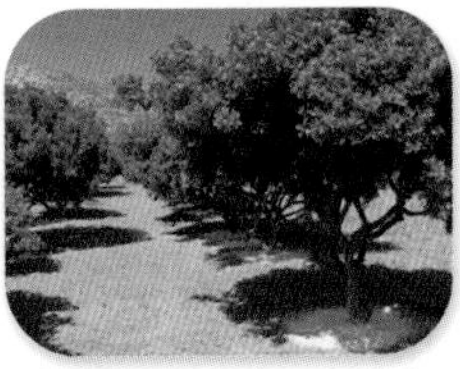

毛穴悩みにアプローチする成分配合

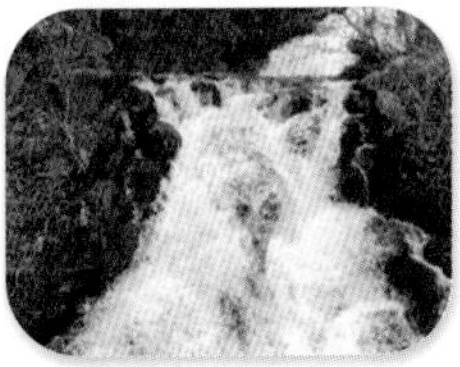

雄大な自然が育んだ北海道の水配合

な植物エキスも配合。「アーチチョーク葉エキス」や「マスチック樹脂」が、毛穴悩みにもアプローチし、ハリのあるなめらかな肌へ導く。すべての製品がパラベン・合成香料・合成着色料・旧指定成分フリーの無添加処方。乳液はアルコールも不使用で、敏感肌の方も安心して使える。使い方は、まず化粧水を洗顔後に500円玉大程度を手に取り、手を合わせて温めたら顔を包み込むようになじませる。首・耳の裏・デコルテも忘れずに。この工程を2度繰り返すことで、肌の奥までしっかり浸透する。化粧水が馴染んだら、しっとりプルプルとした肌触りの乳液をパール1個分程度手に取り温めて、顔の中心から外側に、ゆっくりとなじませていく。乾燥が気になる目元や口元、頬などは重ね付けすることでより効果的に。下から上に向かって軽く引き上げるようにしながらなじませていくことでリフトアップ効果も期待できる。「自分に合う基礎化粧品がない」という方に、ぜひ試していただきたい。（ライター／播磨杏）

髪と頭皮のお悩みにヘッドスパ専門店が開発
進化を続ける頭皮ケア製品『ひとときのしずく』

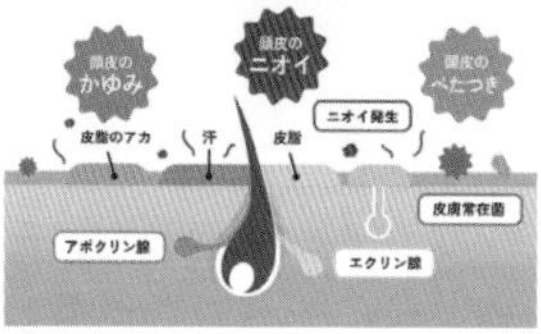

「ひとの暮らしと健康のために」をコンセプトに頭皮ケア、スキンケア商品、ヘッドスパ技術などの開発と販売を行う『Rアイディア株式会社』。『ひとときのしずく』は、専門家による監修とヘッドスパ専門店にて集積した情報を基に、時代のニーズに合わせた商品開発を行っている。頭皮のかゆみ、乾燥、におい、べタつき、乾燥や育毛、白髪など、様々なトラブルにお悩みの方に紹介したいのが『ひとときのしずく』の人気新商品『DORO HOT』。頭皮用クレンジングクレイ『DORO』が進化して新発売された温感保湿ヘッドスパクレイだ。岡山県産カオリンクレイ、三重県産モンモリナイト、沖縄県産クチャという三つの国産クレイを配合し、高いクレンジング効果を実現。頭皮の汚れや余分な皮脂を吸着して落としながら、保湿効果も発揮する。傷んだ髪に極めて短い時間で浸透する「ペリセア」、カラーやパーマ後の薬害を除去しメラニンを復元する「ヘマチン」などの毛髪保護成分、コラーゲン、CICA(ツボクサ)などの保湿成分もたっぷり配合。さ

Rアイディア 株式会社
アールアイディア
03-6455-1405 ✉ info@hitotoki-relax.com
㊟ 東京都渋谷区恵比寿西1-15-10-2F
https://ridea.info/

https://www.hitotoki-relax.com/

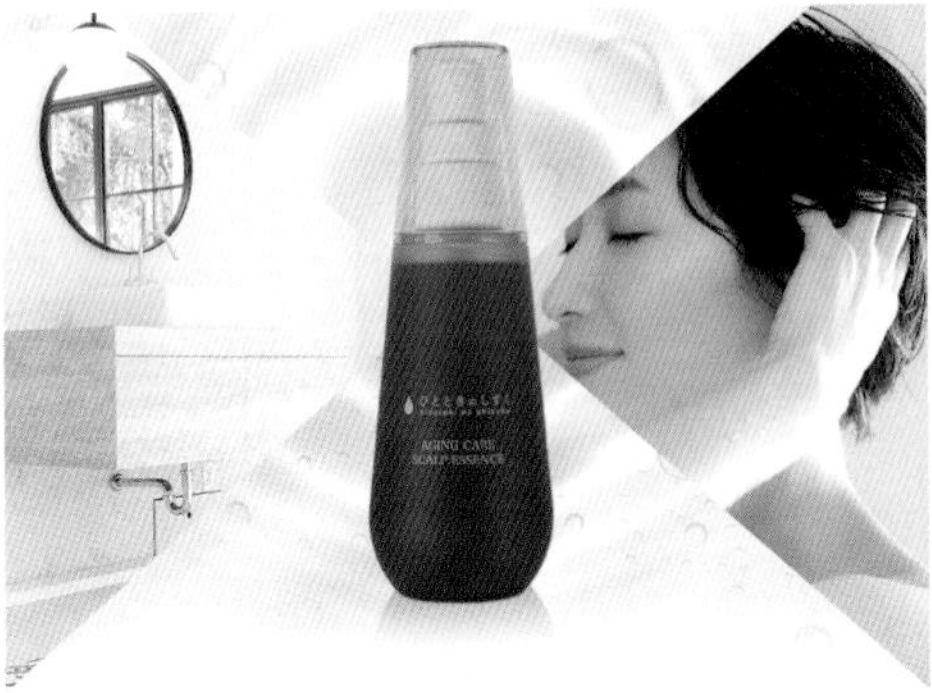

ヘッドスパ専門店「ひとときのしずく」
日々、サロンで使用感の検証も行っている。

『スカルプエッセンス』
120g 4,180円（税込）

『DORO HOT』
200g 3,080円（税込）

地肌に届く
ノズル

らにトウガラシの4倍の血行促進効果のあるバニリルブチル（バニラビーンズ）が血行促進、育毛など肌の状態を正常に導いていく。使用するのはシャンプー前。シャワーで地肌と髪を濡らしたらノズルから地肌に直接線を引くように塗り、揉み込みながら頭皮に馴染ませて洗い流すだけ。揉み込む際に頭全体、後頭部や首をマッサージすると血行がよくなりより効果アップ。週に1～2回で良いので気軽に取り入れられる。『DORO』に「温感保湿」効果をプラスした『DORO HOT』は、地肌に塗るとジワジワと温かさを感じ、効能を実感できる。3分以上置いて成分を浸透させると、より効果を発揮するのでオススメだ。また、『スカルプエッセンス』は、白髪・抜け毛・かゆみ・老化にアプローチする頭皮用美容液。厳選した成分で手軽に頭皮のエイジングケア。お風呂上りなどに頭皮へ吹きかけ、頭全体を軽くマッサージしながらなじませるだけでヘッドスパのような頭皮ケアが可能だ。新たな髪への新習慣、取り入れてみてはどうだろうか。

（ライター／播磨杏）

キューティクルケアに特化
シンプリストも愛するヘアオイル

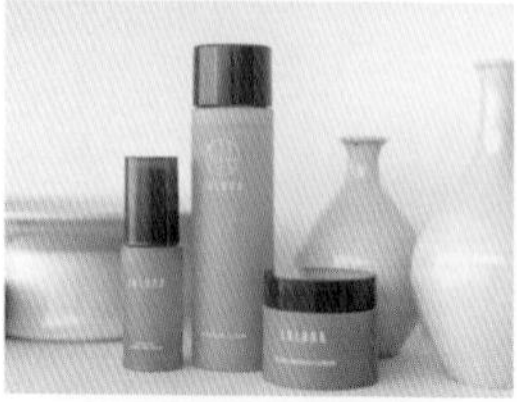

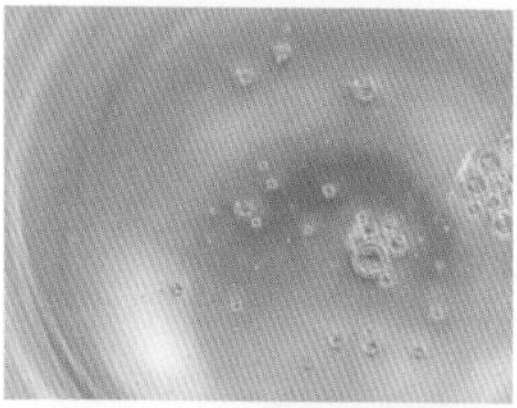

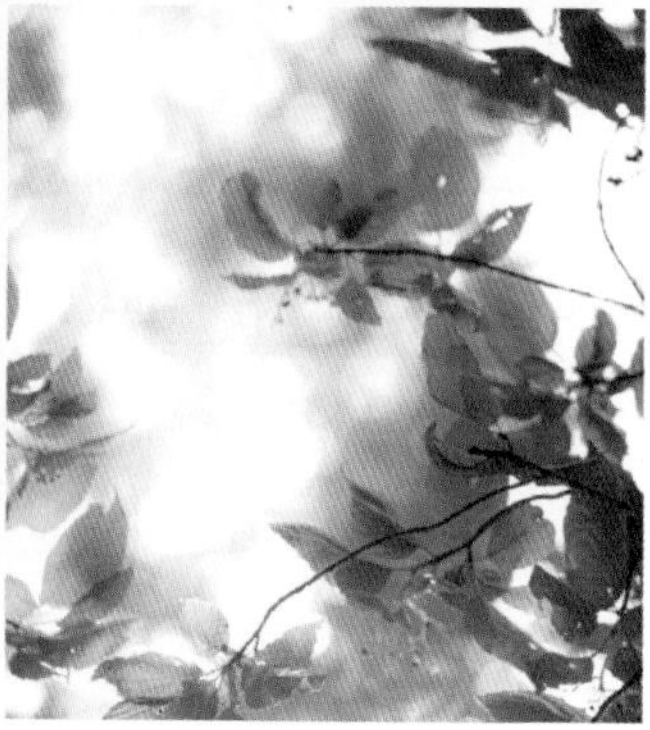

自分の中にあるこだわりに従い、本当にお気に入りのものだけを持つシンプリスト。「お気に入りの物だけに囲まれて素朴で無駄のない暮らしを送る人達にも選ばれるブランドでありたい」と細部にまでこだわった良質なヘアケア・スキンケア商品やサプリメントを展開する『株式会社ルルーナ』。

　花をたくさん咲かせる草花を育てるには、良質な土壌が必要。人間の身体や肌、髪も同じで、美しい素肌や髪を手に入れるためには土台からしっかりと整える必要がある。悩みが発生する理由や理想の状態へ導くための道筋など感覚で物を考えるのではなくロジカルに考えてモノづくりと向き合っている。膨大にある原料から本当に良いものだけを選び、処方やパッケージ、デザイン、製造環境に至るまで一貫してこだわりを持ち、お客様の元に信頼されるものを届けたいという想いで妥協しないモノづくりを行っている。

株式会社 **ルルーナ**

0120-954-531　support@luluna-hc.co.jp
住 東京都港区港南2-15-2 品川インターシティB棟9F
https://luluna-hc.co.jp/　@luluna_official_jp

LULUNA

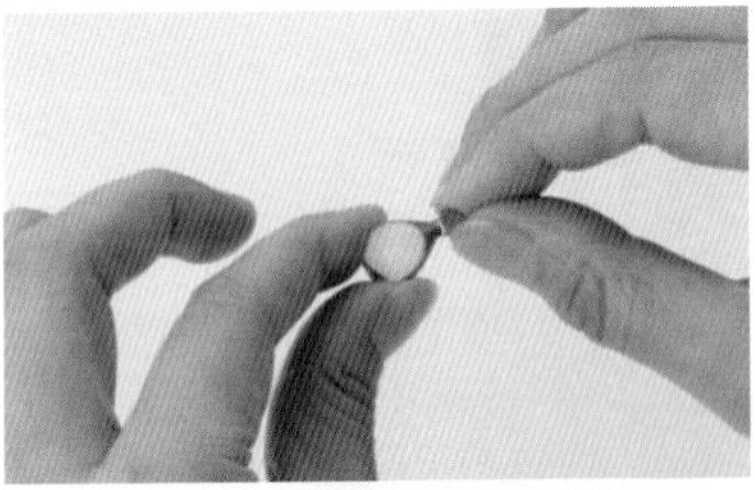

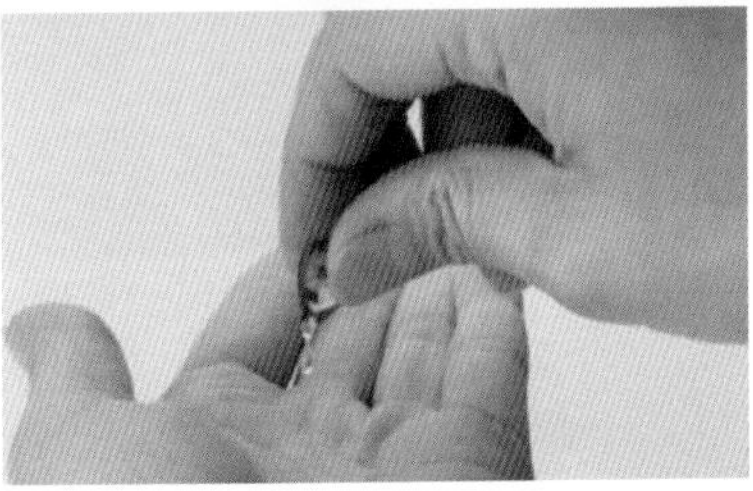

【カプセルの開け方】
カプセルの丸い部分を指で固定し、もう一方の指で先端部分を持ち、ひねってください。左右どちらの向きにひねっても開封できます。

『モイスチャーオイルカプセル』2,420円（税込）

オイルカプセルの主な保湿成分

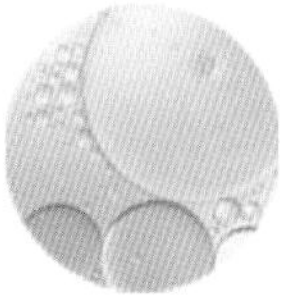

ビタミンC誘導体※

キューティクルの接着性を高めます。

※テトラヘキシルデカン酸アスコルビル

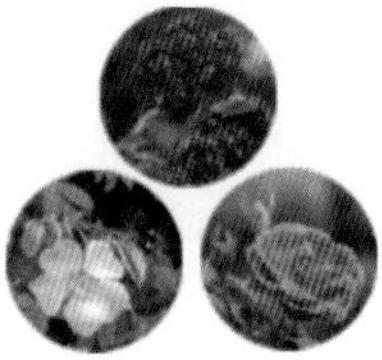

3種のバラエキス※

髪内部の油分を補い、ハリのある髪へ。

※カニナバラ果実／（センチフォリアバラ／ダマスクバラ）花エキス

ホホバオイル※

熱に強く、ドライヤーから髪を守ります。

※ ホホバ種子油

スクワラン

植物由来のスクワラン。浸透力が高く、髪内部からハリコシを与えます。

２０２３年11月6日にリリースされた『ルルーナ』初のアウトバスアイテム『モイスチャーオイルカプセル』は、キューティクルの乱れでパサつく髪にオススメのヘアオイル。キューティクル補修効果が高いビタミンC誘導体とホホバ・バラ・スクワランなどを配合したブレンドオイルを1回使い切りタイプのカプセルの中にぎゅっと詰め込んだ。カプセルに閉じ込め空気の接触による劣化を防ぐことで、香りやオイルをいつでもフレッシュな状態で使用できる。手で簡単にねじ切れるよう植物由来の皮膜を採用。手ぐしで髪全体にしっかりなじませるだけ。毛髪の内部まで油分がしっかり浸透して、水分の蒸発を防ぎ、潤いを逃さない。髪だけでなく頭皮マッサージや顔や身体の乾燥が気になる部分のケアにもオススメだ。調香師監修の「シトラスフローラルマリン」の爽やかな香りで気分もあがる。憧れの弾むように纏まるうるツヤ髪を手に入れてみては。

（ライター／彩未）

奇跡の木モリンガで腸活&肌育
身体の内側から健康的な美しさに

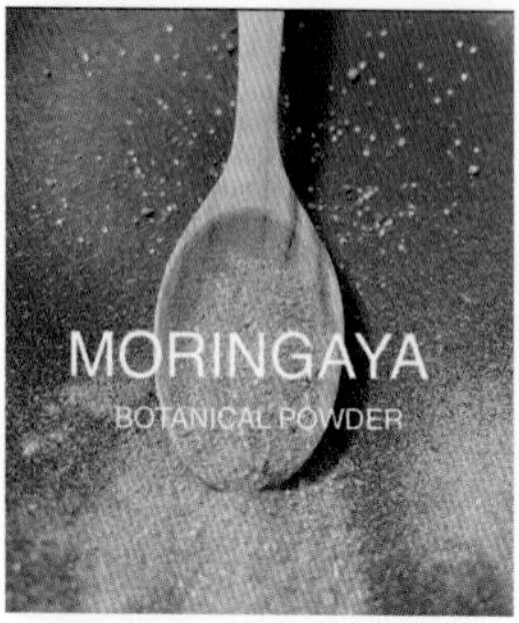

「奇跡の木モリンガ」

モリンガは、ビタミンやミネラル、ＧＡＢＡ、ポリフェノール、食物繊維など90種類以上の栄養素と18種類のアミノ酸がバランス良く含まれるスーパーフード。整腸作用や抗酸化作用、免疫力アップ、血圧降下作用、ストレス緩和作用の他、肥満予防や抗ガン作用、高血圧・心臓病・糖尿病などにも効果があると大きな注目を集めている。

『株式会社ＳＫスクエア』から好評発売中の「奇跡の木モリンガ」をベースにした二つのプレミアムパウダーは、無農薬で栽培したカルシウムや鉄分の含有量が高い沖縄県産のＪＡＳ認定オーガニックモリンガのみを使用している。

朝の『Special White 腸活の極み』は、モリンガに大麦若葉や島桑の葉、難消化性デキストリン、黒糖などを配合した飲みやすい腸活ドリンク。腸内環境からしっかり整えることで、便通の改善や免疫力アップ、睡眠の質を改善。夜の『Premium Black 肌育の極み』は、フィッシュコラーゲンやヒアル

株式会社 SKスクエア
エスケースクエア
070-4366-7105　moringaya.n6@gmail.com
㊟ 沖縄県沖縄県那覇市牧志2-17-27-401
https://totalbeauty.theshop.jp/

こちらからも
検索できます。

『Special White
腸活の極み』
1箱 8,900円(税込)

『Premium Black
肌育の極み』
1箱 10,500円(税込)

『Special &Premiumセット』
17,8,500円(税込)

ロン酸、ノビレチンなどを配合。肌の弾力や保湿を保ちお肌の老化を防ぐため、より美しい肌へと近づける。

　使用するモリンガは、水切れや腐敗させず苦みを抑えるため、太陽が登る前の新鮮なモリンガを手摘みで丁寧に収穫し、ビタミンやミネラルなどを損なわないよう2時間以内に乾燥させる。成分研究や原料・製造管理は、元製薬会社医薬品開発責任者、開発には管理栄養士が携わり、ベストレシピを生み出した。

　無農薬、無添加、無着色で、小さなお子様から高齢者まで家族みんなが安心して飲むことができる。「奇跡のモリンガ」を使用した次世代腸活ドリンクで身体の内側から美しく、健やかな身体づくりをサポート。一日1〜3本、水や牛乳、スムージーなどに混ぜて食事前に飲むのがオススメ。少し甘みがあり、おいしいと好評だ。

（ライター／彩未）

元WBC世界チャンピオン監修　理想の身体を追求するパーフェクトプロテイン

『チャンププロテイン
beautyプロテイン』
500g 9,800円（税込）

『チャンププロテイン
Musclesプロテイン』
500g 9,800円（税込）

元WBC世界スーパーライト級チャンピオン浜田剛史さんが監修する『浜田産業株式会社』の『チャンププロテイン』は、通常の食事だけでは不足しがちなタンパク質や栄養素を手軽に補えるため、健康増進や筋肉の増強、理想の美しい肉体を目指している方にオススメ。

　モリンガ入り『Beauty』は、必須アミノ酸やビタミン、カルシウム、ポリフェノールなど90種類以上の栄養素を含むスーパーフード「モリンガ」をはじめ、美容効果の高いコラーゲンやプラセンタなどをバランス良く配合したソイプロテイン。ほんのりとした甘さのマンゴー味で、水でそのまま飲むのはもちろん、トマトジュースや野菜ジュース、りんごジュース、牛乳などと混ぜて飲むのもオススメ。ソイプロテイン特有のザラザラした感覚がなく、飲みやすいと好評。

　クロレラ入り『Muscles』は、タンパク質や葉緑素、ビタミン、ミネラル、カロテノイド、食物繊維など40種類

以上の栄養素を含むクロレラをはじめ、強靭な筋肉や体力のために欠かせないグルコサミン・コンドロイチンをバランスよく配合したホエイプロテイン。水はもちろん、牛乳や飲むヨーグルトなどとも相性の良い抹茶ミルク味で美味しいと好評だ。体内への吸収が早いので、筋肉をつけたい方、身体や顔を引き締めたい方にオススメ。朝のお目覚めあとや運動の前後、小腹が空いた時などに手軽に栄養補給することができる。

「美味しい」「便秘が改善した」「肌がキレイになった」「身体が引き締まってきた」などお客様からの嬉しい声が多数。元世界チャンピオン、浜田剛史さんが厳しいトレーニングや減量により、人並み以上の筋力や持久力、健康的な身体を手に入れた経験とノウハウを活かして開発。健康と長寿、美しさを追求したい方にぜひ飲んでもらいたいプロテインだ。

（ライター／彩未）

日本成人病予防協会推奨品
炭の力で腸内環境をリセットするサプリ

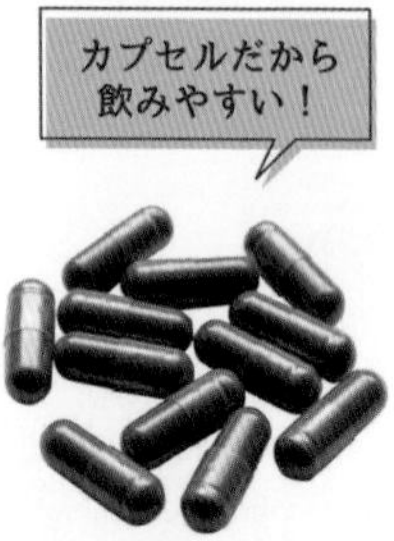
カプセルだから
飲みやすい！

POWER
of
CHARCOAL
supplement
MADE IN JAPAN

『炭deストーン』
6,500円（税・送料込）

炭が吸着 スッキリ！

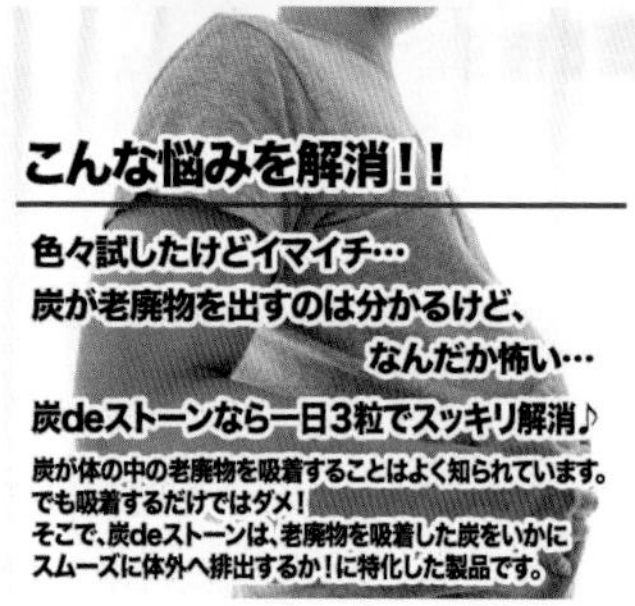
こんな悩みを解消！！
色々試したけどイマイチ…
炭が老廃物を出すのは分かるけど、
なんだか怖い…
炭deストーンなら一日3粒でスッキリ解消♪
炭が体の中の老廃物を吸着することはよく知られています。
でも吸着するだけではダメ！
そこで、炭deストーンは、老廃物を吸着した炭をいかに
スムーズに体外へ排出するか！に特化した製品です。

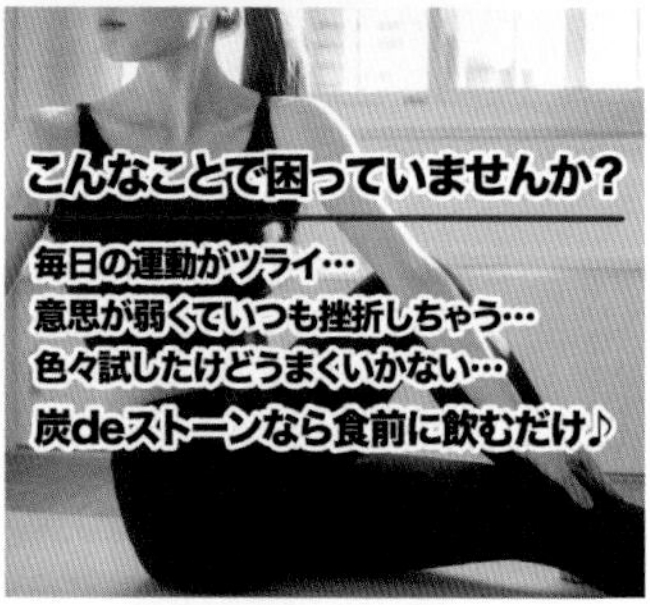
こんなことで困っていませんか？
毎日の運動がツライ…
意思が弱くていつも挫折しちゃう…
色々試したけどうまくいかない…
炭deストーンなら食前に飲むだけ♪

日本で唯一、炭の商品で品質と安全性の証しとして「医学団体日本成人病予防協会」の推奨品として認定を受けた『株式会社レコーゾーン』の『炭deストーン』は、チャコールクレンズに含まれる活性炭の力で体内の老廃物を吸着してスムーズに排出する炭サプリだ。高品質な伊那赤松妙炭やヤシ殻活性炭のデコボコした多孔な構造に体内の不要な脂や糖、過剰なミネラル、水分、体内の毒素、老廃物などをしっかりと吸着して、体外へ排出しデトックスする。有害物質が消化器で吸収される前に吸着できるので、胃腸の不快感の緩和効果も期待できる。

また、ただ吸着するだけでなくいかにスムーズに排出するかにも注目。体内の有害物質の多くは便から体外へ排出されるが、加齢や体質、食習慣や生活習慣の乱れなどによって排出機能が衰えてしまう方も多い。『炭deストーン』は、水に溶けるとゼリー状に変化して便に潤いを与える難消化デキストリンや腸内環境の乱れを改善す

株式会社 レコーゾーン
052-265-5939　infoi@recozone.jp
㊟ 愛知県名古屋市中区千代田3-9-10 日比野ビル2F
https://recozone.jp/

こちらからも
検索できます。

Recozone
オンラインショップ　https://ec.recozone.jp/ec/

腸内環境
デトックス
便秘
利尿
医学団体 日本成人病予防協会
推奨品
品質と安全性の証

炭de
ストーン
愛用者の声
•無味無臭でとっても飲みやすい
•毎日スッキリ！快適なお通じ！
•短期間で成果が出た
•デトックス出来てる感じが嬉しい
•よく眠れるようになった

炭deストーンの成分
•炭(伊那赤松妙炭、ヤシ柄活性炭)
•難消化性デキストリン
•紅麹
•乳酸菌
•マグネシウム
•ビタミンK
•L-グルタミン
炭de
ストーン

※個人の感想であり、効果・効能を示すものではありません。

る紅麹や乳酸菌、水分を吸収して便を柔らかくして腸を優しく刺激するマグネシウムなど、慢性的に便秘がちな方でも無理なく排便ができるよう成分の配合にもこだわる。

さらに、口臭・体臭やアンチエイジング、睡眠の質、免疫力、代謝など様々な期待ができる。「便秘に悩んでいる」「体調を整えたい」「つい食べ過ぎてしまう」「ダイエットが続かない」などの悩みを抱える方にオススメだ。いつもの食生活に一日たった3粒プラスするだけ。カプセルタイプで味にクセがなく、無味無臭で飲みやすいと好評。手軽に続けられるヘルシーな炭サプリで内側から腸内環境のバランスを整え、健康と美しさをサポートする。

毎日スッキリと出したい方はもちろん、美しい肌のインナーボディを目指す方、健康的な美ボディを目指したい方の身体のケアにも最適。

（ライター／彩末）

52のサロン開業出店支援
1000名以上のサロン開業支援実績あり!

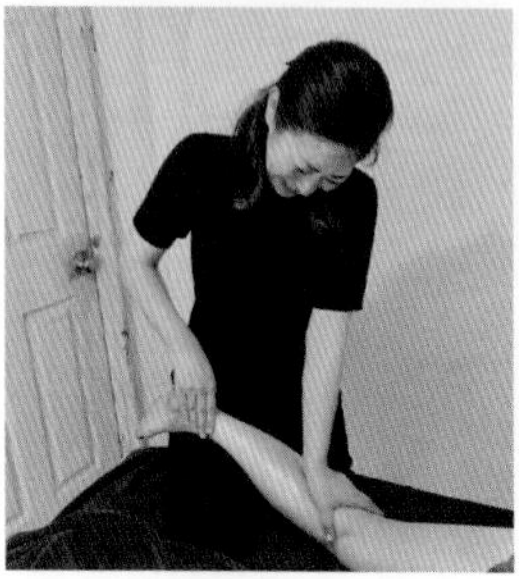

MINORI school
開業スクールだからこそできる
選ばれているポイントとは？！

東京心-美容矯正
MINORI school学院長
佐藤美智枝 さん

女性の自立を応援するセラピスト専門の開業スクール。
ほとんどが未経験からチャレンジ! あなたにぴったりのコースがきっと見つかる!

美容業界約23年目に入る『MINORI-school』学院長の佐藤美智枝さんは、自己資金0円で開業し、セラピストの本質追求とライフスタイルの充実さにこだわってきた。サロン開業で一番大切と感じるのは、「お客様にとって本当に価値のある技術でお客様を笑顔にしたい！」という『想い』だと確信している。これからのAI時代に取って代わることのできないセラピストという価値をセラピストの皆さんに伝えていきたいと考えている。

【2年で90%のサロンが廃業する中、なぜ卒業生は成功できるのか?】

それは、海外では国家資格でもある、医学的根拠のある『お客様を魅了する筋膜手技』の技術と、受講生の想いを形にするための集客ノウハウや経営ノウハウの全面バックアップによりお客様対応に専念できるからだ。同校は、この筋膜手技修得とバックアップサポートが、追加料金なしで活用でき、開業に向けてのコンセプトの決め方や経営者となるためのマインド、戦略なども学べる「独立開業50万円コース」が一番人気だ。

（ライター／山城隆輝）

心身の不調に合わせてオーダーメイド こだわりのトリートメントで身体をケア

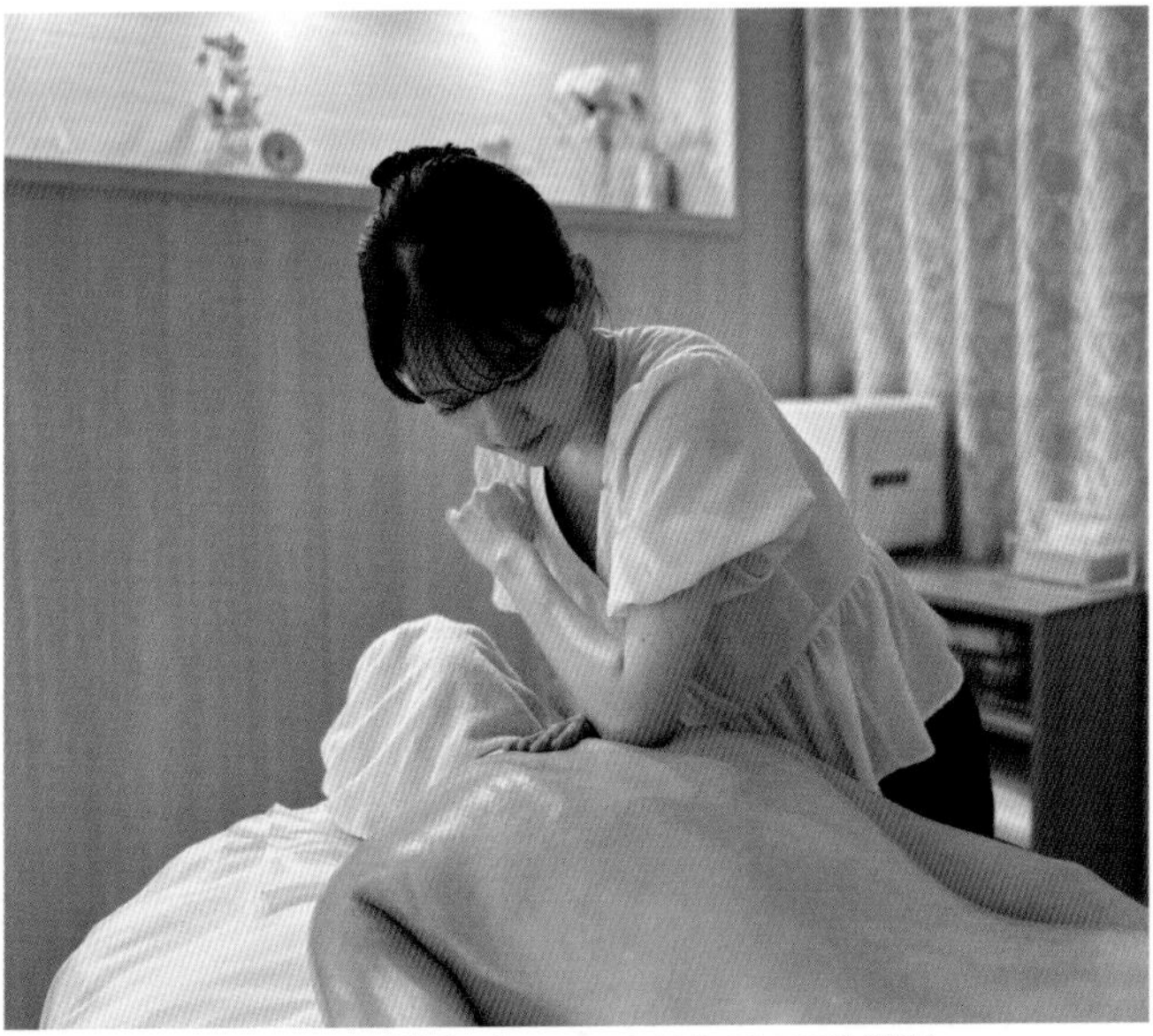

㊎ 11:00～20:00
（最終受付18:30）
㊡ 木曜日

オーナー
野本茉希さん

『Standard』90分 17,600円（税込）　『Premium』90分 21,000円（税込）
『Luxury』120分 31,900円（税込）など。

「いつでも理想的な癒しの空間を」をコンセプトに、一人ひとりの悩みに寄り添ったオールハンドの施術によるトリートメントを提供する『theratopia』。疲れやむくみ、身体の凝りや歪み、ストレスや倦怠感などお客様の悩みを細かく丁寧にカウンセリングし、悩みに寄り添いながら改善に向かうように必要なメニューを組み合わせた完全オーダーメイドのトリートメントを受けられる。身体のマッサージにおいては、悩みに合わせてその方だけのためにアロマを調合して行う「アロマセラピー」、筋肉の深部に働きかけながらコリや歪みを解消する「スティミュレーション」、温かいストーンとハンドのコンビネーショントリートメントで血行を促進する「ディープリラクゼーション」。その他にも3種類から選べる「ヘッドセラピー」や的確なハンドテクニックで悩みにアプローチをする「フェイシャルケア」、オーガニックハーブの蒸気を粘膜から吸収して自己治癒力をアップする「ハーブ蒸し」など特別なメニューも多数用意。サロンの雰囲気やリネンなどのアイテムすべてに細部までこだわった癒しの空間で、身体の悩みに合わせたきめ細かなケアをお届けする。

（ライター／彩未）

theratopia

セラトピア
㊟ 東京都中央区銀座1-27-10グロースメゾン銀座701
https://www.theratopia-salon.com/
@theratopia_salon　@theratopia

オールハンドの美顔エステ
柔らかな手の感触で癒されながら美しく

㊋ 10:00〜17:00　㊡ 不定休

オーナー・ビューティアドバイザー
髙橋早苗さん
「2024年で21周年を迎える『セレンナチュレ美顔ルーム』は、より一層みなさんを美肌へと導いていきます」

ツボを刺激されることで血行が良くなり、ハリのある肌に。

神奈川県横浜市保土ヶ谷区の『セレンナチュレ美顔ルーム』は、オールハンドの美顔エステで注目を集める人気の美容サロン。器具はいっさい使用せず、オーナーの髙橋早苗さんが、神の手業で施術を行う。東洋医学で用いられる経絡・経穴(ツボ)のマッサージを取り入れたオールハンドの美顔エステは、波が寄せては返すような絶妙な感覚で、最も心地よいとされているα波の眠りを誘う。ツボを刺激することで肌本来の持つハリと健やかさが蘇り、透明感と潤いのある美肌に導く。さらに身体機能の向上にもつながるので、施術後は身体全身が軽い。一日3名までの完全予約制。丁寧なカウンセリングでシミ・しわ・くすみ・たるみ・吹き出物など悩みと肌の状況を確認して、一人ひとりに合わせた施術を行う群。使用する化粧品は、飲んでも塗っても体に良いスクラワン配合の自然化粧品「アーバンイクストール」。敏感肌やアトピーの方も安心して使え、購入も可能。

(ライター/播磨杏)

セレンナチュレ 美顔ルーム
セレンナチュレ びがんルーム
✆ 090-4817-2174　✆ 045-334-0358　✉ info@selen-nature.com
㊟ 神奈川県横浜市保土ヶ谷区帷子町2-67-1ストークマンション保土ヶ谷・石田108
http://www.selen-nature.com/

健康的な素肌美を叶える『アーバンシリーズ』。

美と健康を追求するあなたを応援
豊富なメニューから最適なケアを

化粧品、石鹸の手作り。

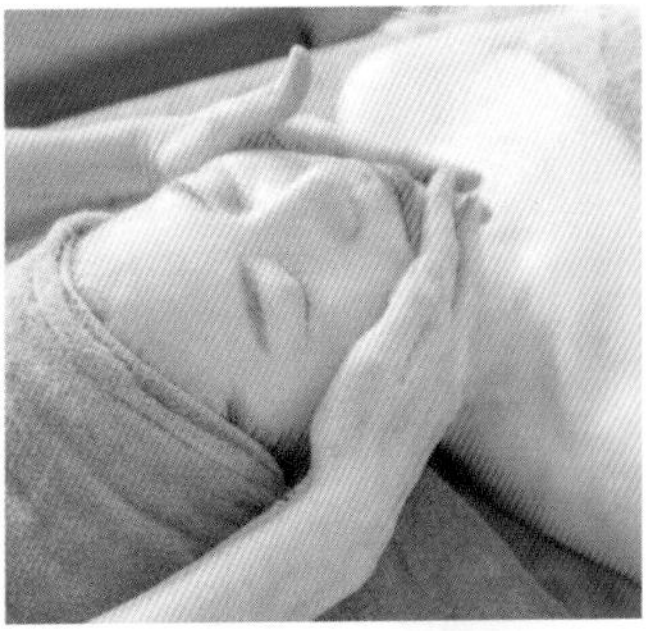

エステティシャン ソフィアさん

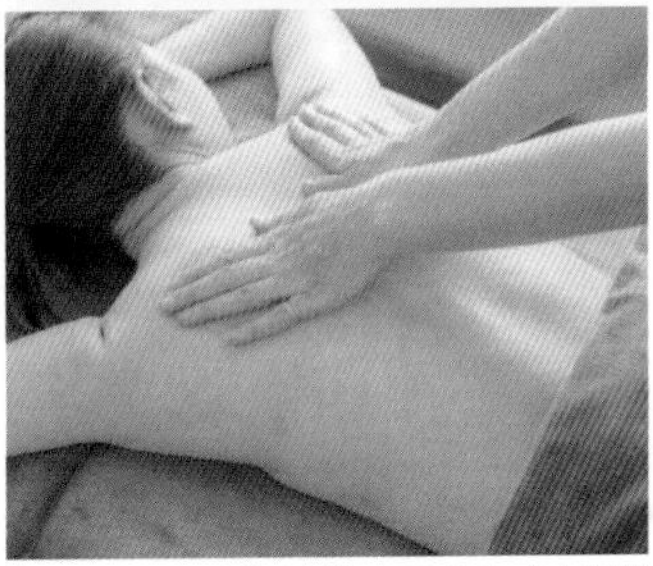

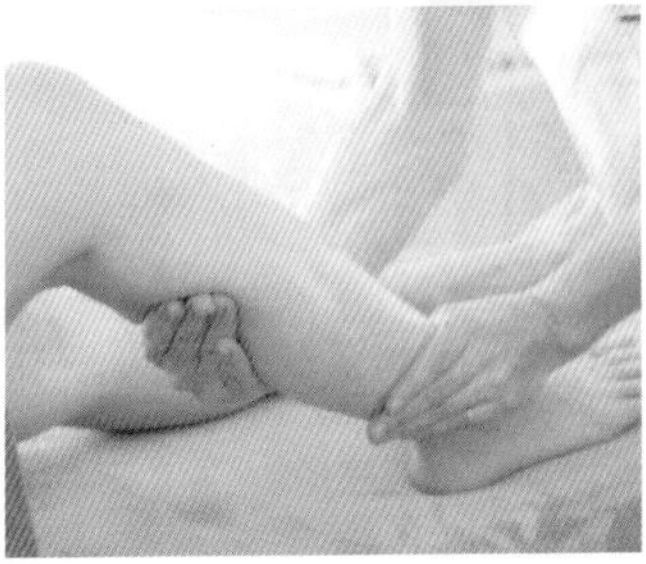

『リンパマッサージ』60分 4,500円 『小顔矯正』 3,500円

神奈川県横浜市の『Beauty Salon G&H』は、自分自身の美と健康を追求できるエステサロン。マッサージ、アロマトリートメント、ヘッドスパ、フットマッサージやフェイシャルなど豊富なメニューを揃え、ニーズに合わせた最適な施術を提供している。アロマオイルトリートメントでは、上質なオイルの様々な香りの中から気分やニーズに合ったアロマオイルを選び施術。心地よい香りが五感を刺激し、心と身体のストレスを和らげる。フェイシャルトリートメントでは、個々の肌質に合わせたオーダーメイドのケアを提供。最先端の技術と最高品質の製品を駆使して、肌の深部まで栄養を与え、健康的で輝く肌へと導いていく。ヘアマスクでは、多種多様なマスクを取り揃え、専門のスタッフが髪と頭皮の状態を見極め、最適なケアを行う。化粧品や石鹸の手作り教室なども開催。自身の手で作ることで、肌に触れる物質に対する理解を深め、自己の美と健康につなげる。

（ライター／播磨杏）

Beauty Salon **G&H**
ジーアンドエイチ
080-7371-0718 beautysalongh.jp@gmail.com
㊟ 神奈川県横浜市南区中村町4-289-5 阪東橋ガーデンハウス101
http://beautysalon-gh.com/ http://www.beautysalongh.ru/

㊕ 9:00～21:00
㊡ 日曜日
（ご相談下さい）

心と身体を癒すプライベートサロン
悩みも身体の不調もお任せ

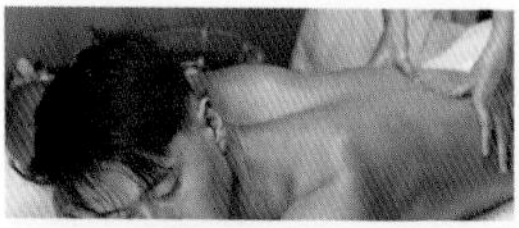

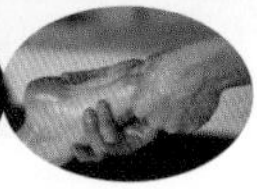

『男性用調整+もみほぐし』
初回限定 70分 5,500円(税込)
『男性用筋膜リリース+調整+もみほぐし』
初回限定　120分 12,000円(税込)

オーナー 東雅子さん

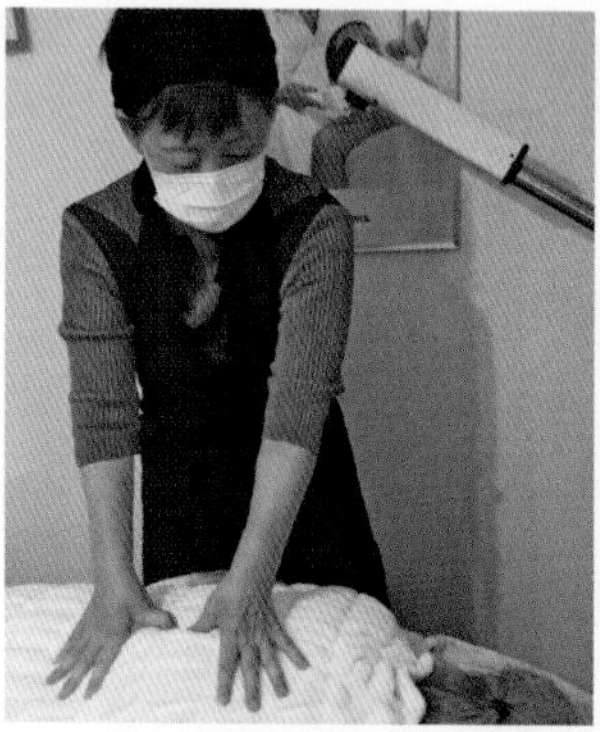

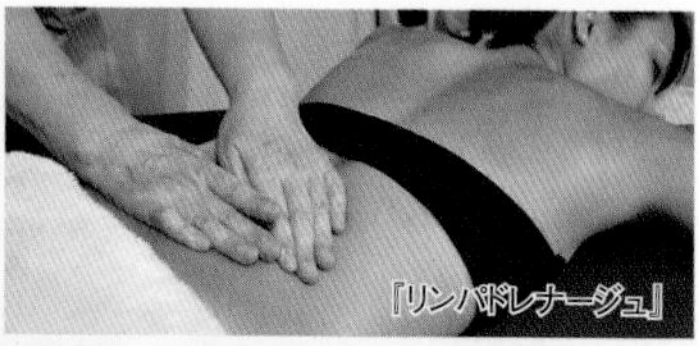

『リンパドレナージュ』

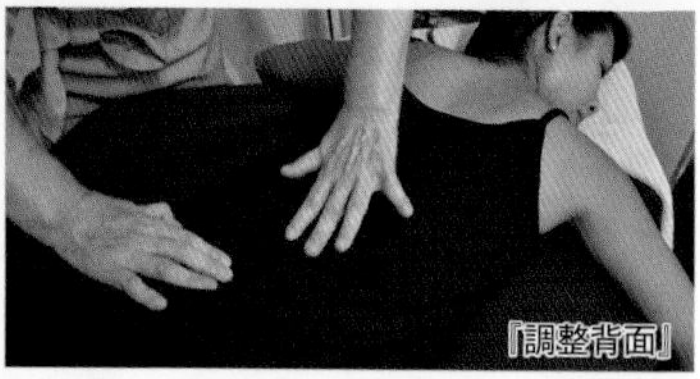

『調整背面』

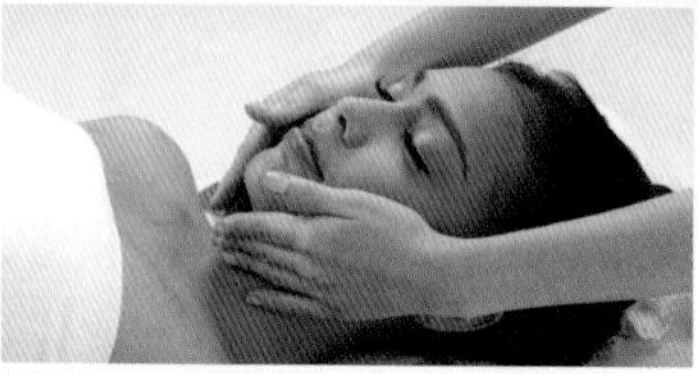

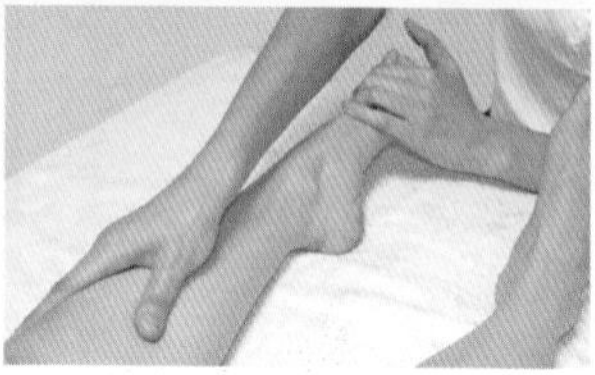

『筋膜リリース+調整+もみほぐし』初回限定 90分 9,000円(税込)
『フェイシャルW炭酸コース』初回限定 70分 5,500円(税込)
『調整+もみほぐし+全身リンパドレナージュ』初回限定 180分 11,000円(税込)

エステサロン『Angel』は、忙しい現代の女性の心と身体を癒プライベートサロン。身体的コースのほか、アメリカの手法「ニューロン・ランゲージプログラム（NLP）」の資格を持つオーナー東雅子さんによる「NLPコーチング」や「ヒプノセラピー」で、様々な悩みを相談することができる。『筋膜リリース』は器具を使わず、オールハンドで細かく微調整しながら施術。ゆっくりとした動きで筋膜を少しずつ伸ばしていくことで様々な痛みや不調を解消する。骨盤や背骨を本来の位置に戻す『美容調整』では、骨の位置を正しながら筋膜をほぐすことで不調を解消、慢性的な疲れを取りたい方にもオススメ。全身のリンパを流し、老廃物を除去して身体をスッキリさせる『リンパドレナージュ』に『美容調整』組み合わせたセットコースは、小顔効果も期待できて人気が高い。女性専用サロンだが、夕方からは男性専用メニューもあり、男性にもオススメだ。

（ライター／播磨杏）

エステサロン Angel
エンジェル
☎ 0586-85-8858　✉ beauty_salon_angel@yahoo.co.jp
㊟ 愛知県一宮市新生2-7-4 コーポあゆ201
http://www.angel-hand.com/

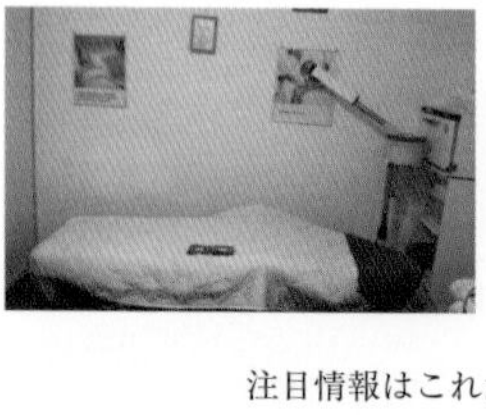

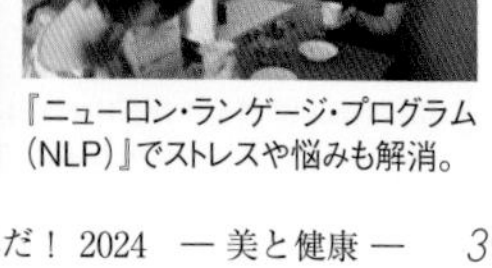

『ニューロン・ランゲージ・プログラム(NLP)』でストレスや悩みも解消。

経験したことのないほど気持ち良いタイ古式マッサージ

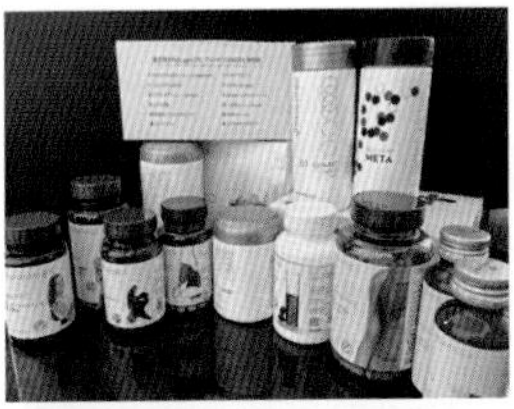

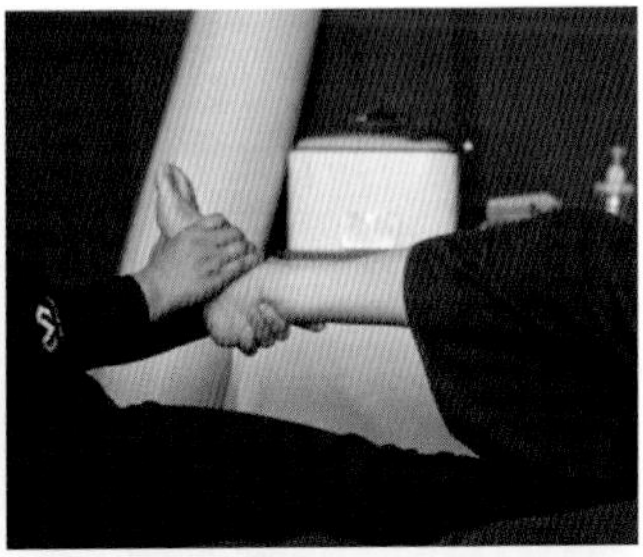

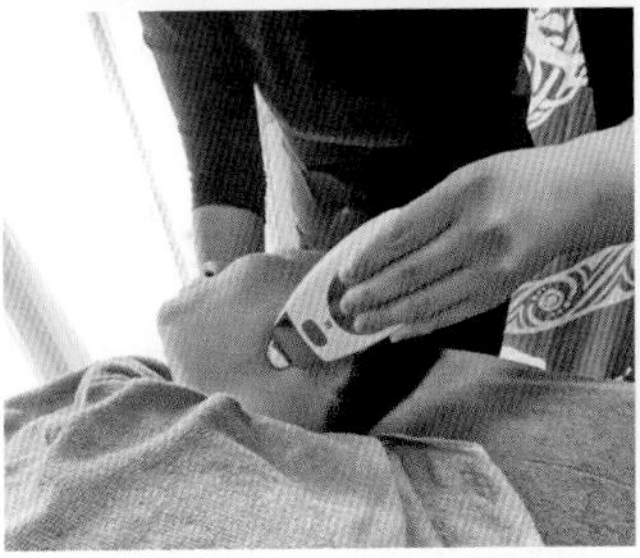

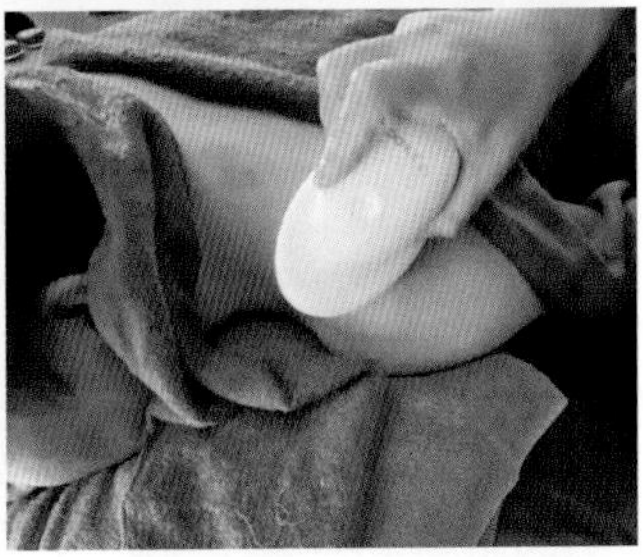

㊌ 11:00 ～ 23:00
（受付20:00まで）
㊡ 曜日・日曜日・祝日
※完全予約制

タイの伝統を心と身体で体感できる本物の技。
『タイ式マッサージ』90分 8,000円（税込） 120分 10,000円（税込）
『オイルホットストーン』90分 7,000円（税込） 120分 9,000円（税込）

広島県東広島市にあるタイ古式マッサージを含むトータルサロン『Relaxation.Healing E.KaNaFu』は、気になる箇所をトータルでケアしてくれる癒しの場所。様々な技術を持ったエステシャンがあなたに合った施術内容をカスタマイズしてくれる。マッサージの他、オイルホットストーン（リンパドレナージュ）ボディケア（揉みほぐし）、ドライヘッドスパ、天然漢方よもぎ蒸し、HSPドームサウナなどメニューも豊富。

オススメは、本場タイで技術を学んできた『本格タイ古式マッサージ』。定期的にタイで修行を行い、技術をさらに向上させているのだという。

「短時間で気持ち良い時間を過ごしただけで、ここまで変化が出せるオーナーさんはまさにゴットハンド！」「自分の肌に触れて、見て、驚くばかり。本当に私の肌かと思うくらい」との声も。ぜひ自分の目で、体で体験してみて欲しい。

（ライター／河村ももよ）

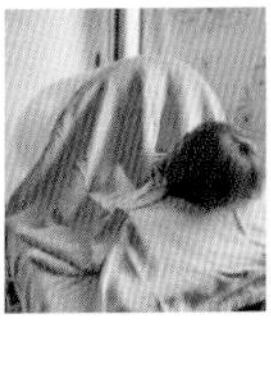

Relaxation.Healing E.KaNaFu

リラクゼーション．ヒーリング．イー．カナフ

☎ 090-1353-2869 ✉ relaxationhealingekanafu@gmail.com
㊟ 広島県東広島市西条中央8-21-12
https://e-kanafu.com/

透明感や柔らかさも色で表現
自分に似合う最高のヘアスタイルに

㊋ 9:30〜19:30　㊡ 不定休

オーナー 小林将太さん

「髪を通して癒しをお届けする美容室」をコンセプトに、豊富な知識と再現性のある高い技術力でお客様に似合う最高のスタイルを提供する『siiqa』。カラーの発色の良さや色味をしっかりと出し、透明感や柔らかさも色で表現することができることが特長だ。ブリーチワークやインナーカラーも得意としており、自分のスタイルに馴染んだ美しいカラーに仕上げて貰うことができる。忙しい朝のスタイリングを楽にしたい、小顔効果のあるヘアスタイルにしたい、キレイなカラーにしたい、髪質に悩んでいるなどお客様の悩みや要望を丁寧にカウンセリング。少数精鋭のスタッフによる高い技術力と幅広い商材の取り扱いにより、様々な要望に応えることが可能だ。

人目が気にならないように配慮された癒やしのスペースでほっと一息つきながら施術してもらえるのも魅力。オシャレと髪の悩みに向き合う女性を理想のヘアスタイルに近づくよう導いてくれる。

（ライター／彩未）

siiqa
シーカ
☎ 0287-55-1271　✉ coba20100122@gmail.com
㊟ 栃木県那須塩原市緑1-8-79
http://siiqa.com/

二度打ち不要の最新脱毛器
学生も安心の良心的価格で即効脱毛

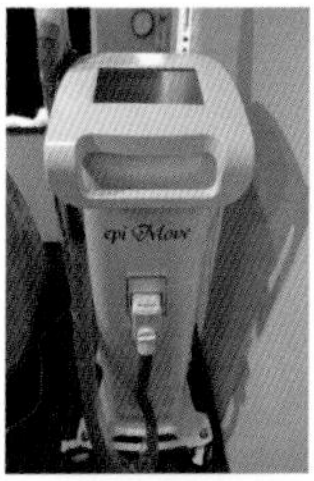

高速脱毛器
『epi Move®』

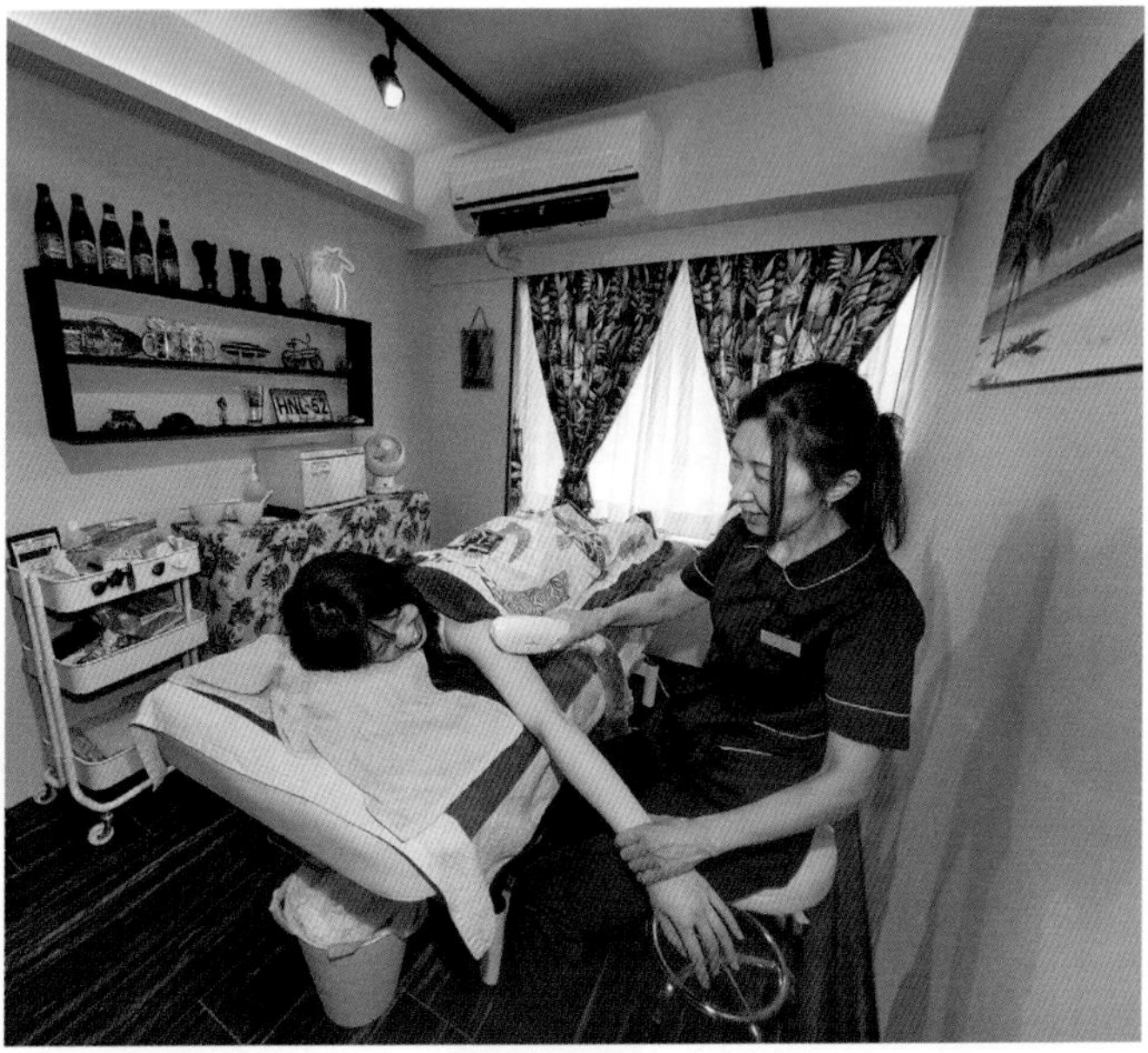

10年の研究で生み出した脱毛力。エコ設計で長持ち、サポートも充実。

東京・西新宿の『Salon Ohana』は、学生でも通える安心料金と即効性で、若い人たちを応援する脱毛サロン。代表は遠藤高史さん。

「40年前は、学生が簡単に脱毛ができる時代ではなく、自力でカミソリで剃っては体毛が濃くなり、肌も荒れていく繰り返しでした。ムダ毛で悩む若い人たちを少しでも減らし、学生でも安心して通えるサロンを作りたいという思いで開業しました」

同サロンに導入されているのが最新鋭高速器『epi move®（エピムーヴ）』。一度の照射でしっかりと毛にダメージを与えられ、2度打ちが一切不要で、施術の往復も不要。コストと時間も2分の1に抑えられ、全身脱毛が約12分という業界No.1レベルのスピードを誇る。瞬間冷却機能により照射面の温度をマイナス5℃まで冷やすことができ、照射時の痛みを最小限に抑えられる。実際に体験した方からは、「脱毛というと、痛みが一番不安だったけど、全く痛くなかった」など驚きと喜びの声があがっている。（ライター／播磨杏）

Salon Ohana
サロン オハナ
✆ 090-3208-3982
㊟ 東京都新宿区西新宿7-1-7 新宿ダイカンプラザA館910

マシンを一番知っているからこその指導力
効率的に身体をひき締めるトレーニング

メガフィット24
実籾店
24時間利用
4,800円(税込)

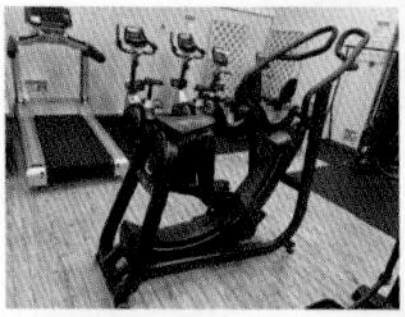
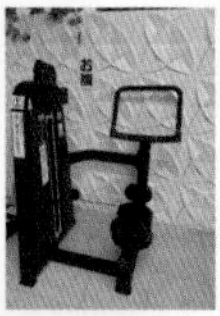

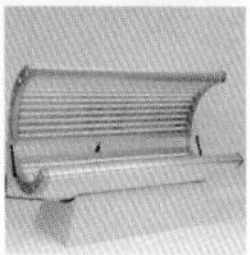

メガフィット
イオンタウン東習志野店
レギュラー会員
3,200円(税込)

24時間いつでも好きな時に身体を鍛えられるトレーニングジム『メガフィット24』。筋トレと新しいマシンが大好きなオーナーの粕谷太郎さんが企画・開発を手掛けたこだわりのトレーニングマシンが設置されている。肩を鍛える筋トレ『ショルダープレス』や太もも、ふくらはぎなど美脚から理想の下半身を手に入れるために、効果的なマシントレーニングの一つ『レッグプレス』をはじめ、お尻のカタチや膝の動きが気になる方に外転筋を強化する『アブダクター』や『プローンレッグカール』、『ロータリートルソー』『ペックフライ』など新シリーズのマシンを導入。また、東習志野店にある20分間寝ているだけで633nmの可視光線の力で気になる肌トラブルを改善する『コラーゲンマシン』も人気。粕谷さんは、海外の専用工場から厳選したマシンの買い付けも行っている。故障しても自分で治せるマシンの提供とマシンを一番知っているからこその的確な指導で美しく痩せたい方や筋肉をつけたい方、健康的な身体づくりをしたい方をサポートする。

(ライター/彩未)

メガフィット24　株式会社 BEAUTYQUEEN
メガフィットにじゅうよん
実籾店 ✆ 047-456-8207 ✉ megafitstaff@gmail.com
㊟ 千葉県習志野市実籾4-4-3
https://megafit-24.com/

メガフィット24

『東習志野店』✆ 047-456-8207(実籾店につながります)
㊟ 千葉県習志野市東習志野6-7-8 イオンタウン

業界初! 髪からつま先までまるごとケア 究極のオールインワンクリーム

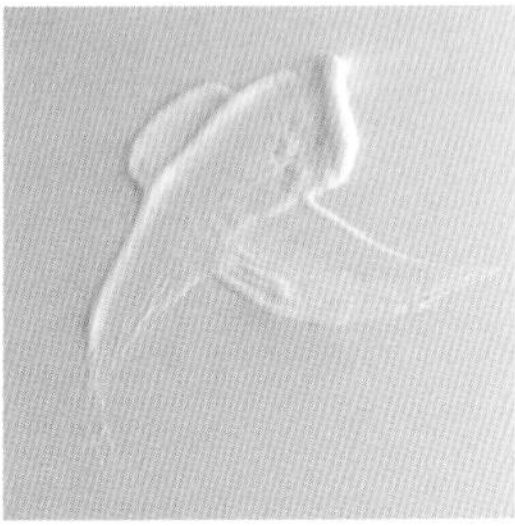

身体全体に使えるフレッシュでエレガントな香りのクリーム。

『セルリエンテ マルチユースクリーム』
50g 4,780円(税込)

髪からつま先まで、全身まるごと保湿ケアできると話題の『株式会社ルーリス』の『セルリエンテ マルチユースクリーム』。セラミドやケラチン、イノンド種子エキス、8種のアミノ酸、マンダリンオレンジ果皮エキス、アルガンオイル、スクワランなど髪や肌に良い成分だけをバランスよく配合。エタノール、鉱物油、合成着色料、紫外線吸収剤などを一切使用していないので肌が弱い方でも安心して使用できる。

肌を保湿して整えるオールインワンクリームとしてだけでなく、ドライヤーなどの熱から髪を保護したり、髭剃り後のケアにもオススメ。スッと馴染むテクスチャーで、ベタつかないと好評だ。持ち運びに安心なエアバックレス容器を採用しており、プライベートやビジネスシーンにも使用しやすい。爽やかに香るフレッシュフローラルで気分もリフレッシュ。男女問わず使え、忙しい日常の隙間時間で気軽に全身ケアができる万能保湿クリームだ。

(ライター/彩未)

株式会社 ルーリス

03-6555-3741 info@rurith.com
㊟ 東京都台東区元浅草4-3-7-204
https://rurith.com/

こちらからも
検索できます。

頑張るあなたに「ちょうどいい」スキンケア
お肌を優しく包み心に潤いを

『chodo バランシングセラム』
6,248円（税込）

べたつかないのに、しっかり潤う。ベタベタもカサカサもこれ1本。

忙しい毎日を頑張る女性に「ちょうどいい」アイテムを提供したいとの想いで誕生したスキンケアブランド『ｃｈｏｄｏ』。とろみのあるテクスチャーでお肌を優しく包んで保湿し、透明感のあるつやサラ肌へと導いてくれる『ｃｈｏｄｏバランシングセラム』は、脂性肌も乾燥肌も整えてくれる美容液。お肌の潤いを保つヒト型セラミドや皮脂量のバランスを調整するイノシトール、ポリフェノールやビタミンが豊富で潤いのあるお肌へ導く甲州ぶどう酵母発酵液、ハリのあるお肌へ導くアーチチョーク葉エキスなど28種類の美肌成分を配合。防腐剤、香料、着色料、石油系界面活性剤、鉱物油、アルコール不使用。洗顔後に化粧水などでお肌を整えたあとに2～3プッシュして使用するだけ。気になる部分には、何度か重ねて使うのがオススメ。

　お肌に優しいにこだわったスキンケア美容液が仕事や家事、育児で忙しい日々のお肌と心に潤いを運んでくれる。

（ライター／彩未）

chodo 株式会社 ジャストコーポレーション
チョウド
☎ 0120-907-501 ✉ info@chodo.skin
㊟ 福井県福井市殿下町46-3
https://chodo.skin/shop/ @chodo_skin

こちらからも
検索できます。

無添加の高機能植物化粧品
植物の感覚に着目したスキンケア

『NINE SENSE
オールインワン
ジェル』50g
5,610円（税込）

『NINE SENSE
ジェントルスキン
クリアローション』
120ml 4,180円（税込）

3大植物成分を配合。

植物が研ぎ澄ましてきた感覚に着目した新感覚の化粧品『NINE SENSE PHYTOLIFT』シリーズは、『スタージュ株式会社』が開発した高機能植物化粧品をリニューアルさせた新製品。超高分子で水分を立体的に抱え込む3Dコラーゲン、高密度な網目構造で肌を包み込み水分を与える3Dヒアルロン酸が、ハリ・弾力・うるおいを持続させ、3Dハリネット成分W※1が引き締まった肌へ導く。贅沢な成分をぎゅっと詰め込み、1本で9役を果たす『ナインインワン』は、肌の奥まで浸透※2し、常識を越える高保湿とエイジングケアを叶える次世代型オールインワンアイテム。『ジェントルスキンクリアローション』は、メラニンを含む古い角質をクリアするふきとり化粧水。朝は睡眠時に分泌された汗や皮脂汚れによるダメージをケアし、夜は日中に蓄積された紫外線やストレスによるダメージをケア。角質のすみずみにアプローチして、次に使うスキンケアを浸透しやすくする。（ライター／播磨杏）

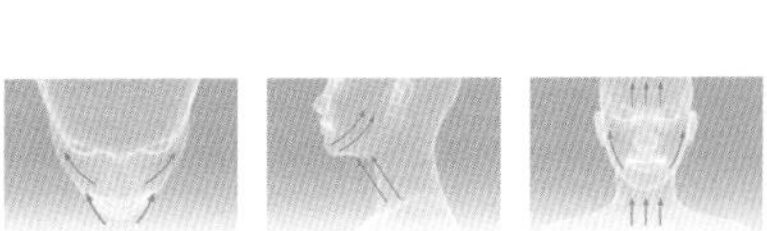

三つの3D美容成分を配合。
※1 ボタニカルハリネット&セラミドハリネットのこと。
※2 角質層まで

スタージュ 株式会社

0120-2880-76　p-info@starge.jp
㊟ 東京都中央区日本橋本町1-8-16 アポロタワー日本橋7F
https://www.phytolift.jp/

天然美容成分が肌本来の魅力を引き立てる「アーユルヴェーダ」の智慧から作られた石鹸

『メディミックス アロマソープ・アソートセットDXⅡ』
2,073円（税込）

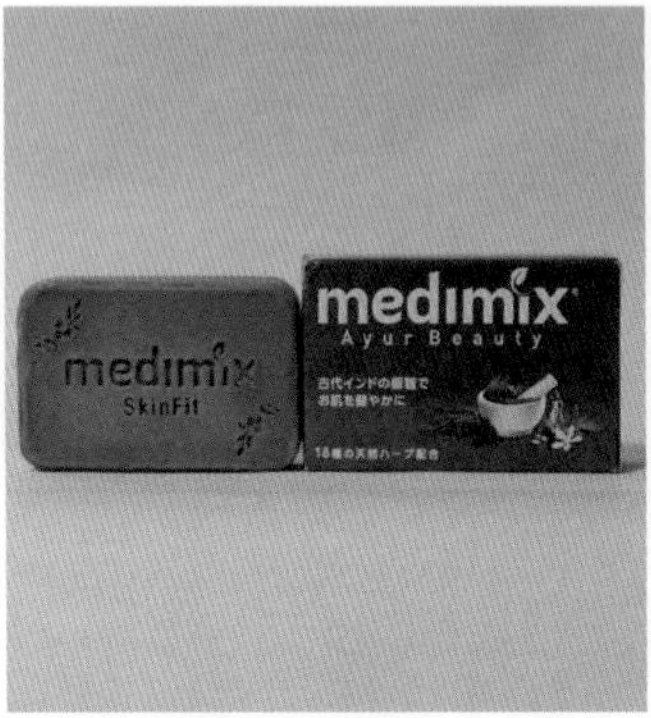

グリーン 440円（税込）

スカイブルー 440円（税込）

フレッシュグリーン 440円（税込）

オレンジ 440円（税込）

ゴールド 495円（税込）

近頃、日本の美容界にも広がりを見せている「アーユルヴェーダ」。インド・スリランカ発祥の伝統医学として、世界保健機構（WHO）からも認められている世界三大伝統医学の一つ。「アーユルヴェーダ」は、病気になってから治療するのではなく、病気になりにくい心身をつくるための予防医学の考え方に立っている。『medimix アロマソープ』は、「アーユルヴェーダ」の叡智から忠実に選ばれた、お肌を健やかにする天然ハーブとお肌を整える天然美容オイルを高濃度で配合。そして、こだわりの枠練り製法で長い時間をかけて丁寧に作られた、今話題の固形石鹸だ。ハーブの香りやきめ細かな泡に包まれ、心も体もリラックス。頭皮・顔・身体の全身がこの石鹸一つでOKなのも嬉しいポイント。また、いやなニオイをすっきり洗い流してくれるのもアロマソープの特長。グリーンは、ニキビ・肌荒れ・あせもの悩みを解決してくれるメディミックスを代表する人気の商品。乾燥肌用のフレッシュグリーン、保湿＋ハリ肌用のオレンジ、保湿＋美肌用のゴールド、保湿＋爽快感のスカイブルーの選べる5種類。自分に合ったアイテムに出会い、「アーユルビューティー」の世界へいざなう。一度使ったらファンになる、そんな商品だ。

（ライター／河村ももよ）

medimix 日本正規総代理店 ハイローズ 株式会社
メディミックス
0120-181-141 info@hir.co.jp
㊟ 東京都千代田区外神田1-10-5
https://medimixsoap.com/

メディミックス
medimix®
Ayur Beauty

孟宗竹由来の若返りホルモン配合
細胞レベルから整え透明感のある肌に

Before ▶▶ After

「『華美粧』は、孟宗竹に含まれるホルモン（還元力の作用により、細胞の若返り効果の強い、アブシジン酸細胞の修復力のあるジベレリン・免疫力を向上させるサイトカイニンなど）により、“世界中の女性が心身ともに輝いてもらいたい”と考えました。化粧品専門メーカーのソーシンと共同開発しましたのが、この『華美粧』です。美しい健康な素肌にすることが目的です。同時に、充実した品質と充分な内容量でみなさんのご期待にお応えしたいと努力しています」

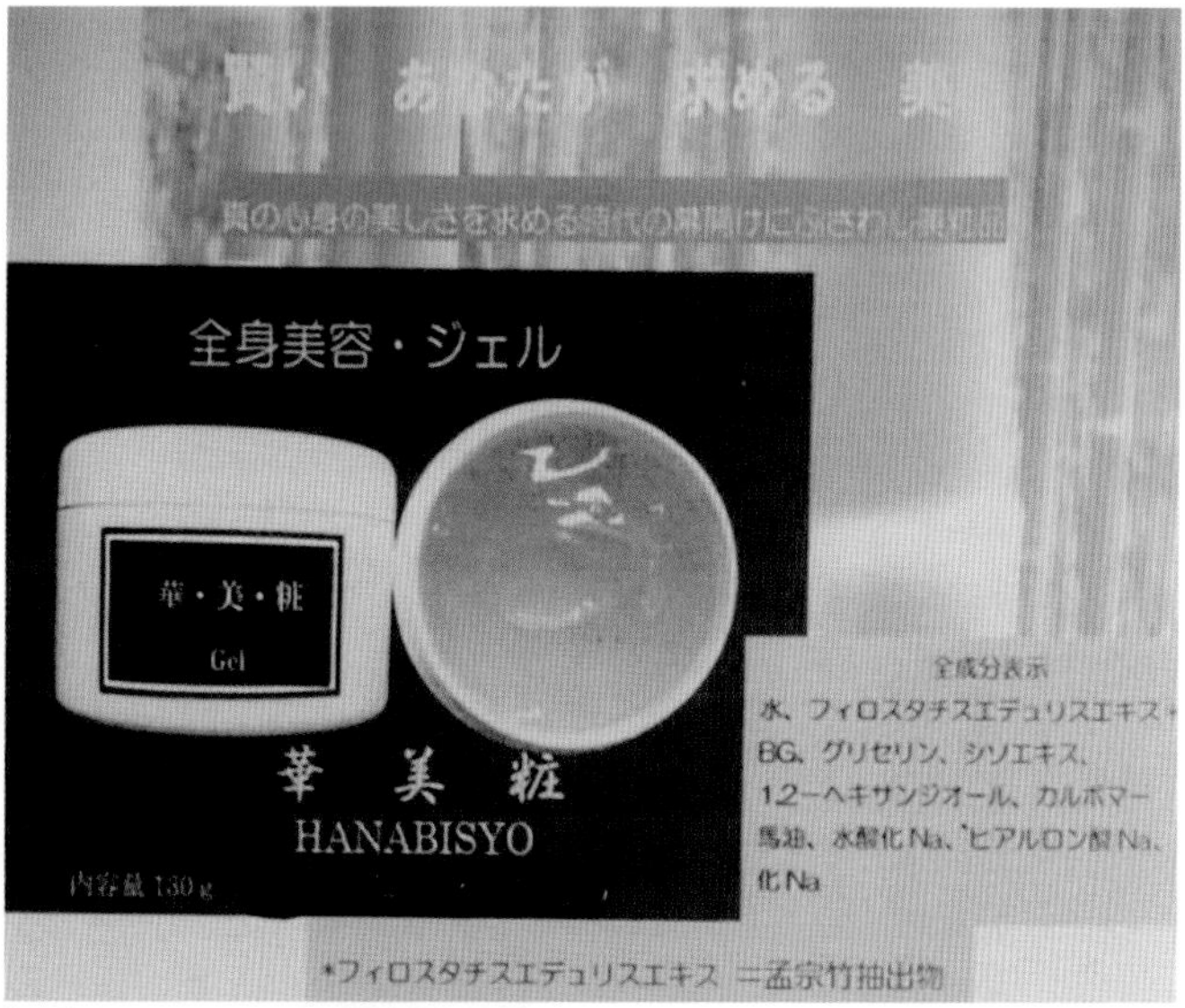

『華美粧』130g 16,500円（税込）　特許第5164454号（2013年12月登録）
シミ、ソバカス、小ジワ、火傷の跡、傷痕、顔コリなど、蕁麻疹、気になる方にスッキリと孟宗竹エキス（煮沸法）から爽やかにお届け。

孟宗竹エキスの優れた還元力で細胞レベルからお肌を整え、若々しく透明感のある肌へと導く『フォレストラボ』。「世界中の女性に美しく輝いてもらいたい」と化粧品専門メーカーと共同開発した孟宗竹エキス35％・ヒアルロン酸20％配合全身美容ジェル『華美粧』は、シミやそばかす、小じわ、火傷の跡や蕁麻疹などの悩みに孟宗竹の力でアプローチする。特許技術を用いて孟宗竹から抽出したエキスに含まれている還元力作用により細胞の若返り効果が強い「アブシジン酸」、細胞の修復力のある「ジベレリン」、血管の汚れを流すとともに免疫力を向上させる「サイトカイニン」などの若返りホルモンによるアンチエイジング効果が期待できる。スキンケア用として顔に塗るだけでなく、手のひらやふくらはぎなどのボディマッサージにもオススメ。『フォレストラボ』で販売している孟宗竹エキス配合商品は、アメリカやイギリス、ドイツ、中国など様々な国でも特許を取得している。

（ライター／彩未）

フォレストラボ

090-6415-0692　FAX 050-1496-7828
住 広島県三原市皆実6-15-14
https://forest-labo8.com/

Forest★Labo

美と健康にアップルペクチン
腸内環境とダイエットに効果抜群

『Appleゼリー』

『美楽』

『Apple Eight』

『APPLE PLIGO PECTIN ドリンク』

優れた効能と安全性はお墨付き、医学博士との共同研究で誕生した製品。

食物繊維が豊富で、腸内環境の改善やダイエットに効果的といわれている「アップルペクチン」。国立富山医科薬科大学医学部名誉教授医学博士田澤賢次氏と共同開発し、青森県産りんごから特殊製法で抽出したのが「低分子アップルオリゴペクチン」のシリーズ。『アップルオリゴペクチンドリンク』は、水溶性の食物繊維アップルオリゴペクチンたっぷりの50mℓ瓶ドリンク。まろやかで後味はスッキリ。スティック状の『アップルゼリー』は、おやつ感覚で美味しくいただける。『アップルエイト』は、さらにポリフェノールやその他りんごの様々な栄養素も詰め込んだ顆粒の健康補助食品「低分子アップルオリゴペクチン」には、食物繊維のほかカリウム、ペクチンオリゴ糖、ポリフェノールも豊富で、むくみの軽減だけではなく筋力低下、不整脈、消化器系の機能不全、精神病、多尿症、ビフィズス菌の増加、動脈硬化予防、血圧低下、美肌効果、アレルギーの改善にも効果が期待できる。美味しい青森県産りんごの有効成分をそのまま抽出した製品なので、安心・安全な機能性食品だ。（ライター／播磨杏）

アップルペクチン研究所《アップルペクチンけんきゅうしょ》

https://apple-pectin-oligo.com/

成田製薬株式会社
✆ 03-5830-3489
✉ info@naritapharm.com
㊟ 東京都台東区西浅草2-8-2
https://www.naritapharm.com/

QWCホールディングス株式会社
✆ 03-6271-0719
㊟ 東京都中央区東日本橋2-28-4
https://www.qwchd.com/

ミニトマト&チアシードでちりつも美容
新食感腸活ゼリーで美しさと健康を

高糖度のミニトマト。

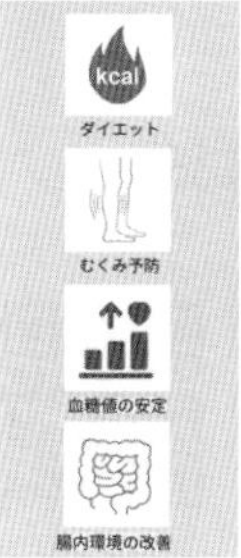

栄養素の宝庫チアシード。

『Pomuree』5,980円（税込）

熊本県横島町のミネラル豊富な土壌で美味しく育ったミニトマトと栄養価が高いチアシードを使った新食感の腸活ゼリースティック『Pomuree（ポミューレ）』。

ミニトマトは、抗酸化力が高く、肌や血管の老化を防ぐリコピンやビタミンC、貧血予防に効果的な鉄分などの栄養素が豊富に含まれる。チアシードは肌や髪を潤し、抗酸化作用で若々しい輝きをサポートするオメガ-3脂肪酸が豊富で、低カロリーながら栄養価抜群なスーパーフードとして高い注目を集めている。また、食物繊維も豊富に含まれており、腸内環境を整えて善玉菌を増やすことで老廃物の排出を促進する効果がある。便通改善や美肌効果、体質改善、むくみ予防、免疫力アップなどが期待できる。個包装で持ち運びも便利。

ミニトマトとチアシードの力を最大限活かした腸活ゼリーで腸を整えることで健康と美容が両方手に入る。

（ライター／彩未）

Pomo Labo
ポモ ラボ
050-1808-5838　info@pomolabo.jp
https://www.pomolabo.jp/
@pomolabo

野生のパワーを秘めたNS乳酸菌
腸活&口活で健やかな毎日をサポート

大草原の乳酸菌®

『NS-Max』
1袋36粒
4,600円(税込)

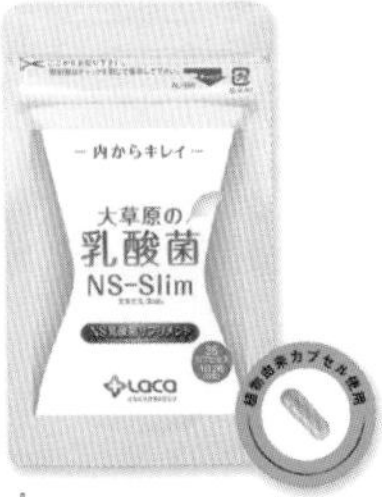

『NS-Slim』
1袋36粒 4,600円(税込)

なめるサプリ チイサナミカタ®

『チイサナミカタ®』1袋 30粒 2,980円(税込)

開発者の金鋒博士。

フローラの
未来を
ととのえる。

こちらからも
検索できます。

モンゴル遊牧民が作る伝統食から発見された大型で発酵力が強いNS乳酸菌を特別な配合で植物由来カプセルに詰め込んだ『株式会社ラクア』の腸活サプリ『大草原の乳酸菌®』。体調を崩しやすい方向けの『NS-Max』とスリムを目指す方向けの『NS-Slim』の2種を用意。片方でも効果はあるが、一緒に飲むと7種のNS乳酸菌をバランス良く摂取、より高い便通改善効果や免疫力アップ効果などが期待できる。乳酸菌は、培養を繰り返すと性質が変わってしまうことから、使用するNS乳酸菌は、高い発酵力を維持するため、種菌を毎年現地に採取しに行くという。舐めるサプリ『チイサナミカタ®』は、プロバイオティクス、バイオジェニックス、プレバイオティクスの三つの働きで口腔内ケアと腸内ケアが同時に可能。特殊製法により、口腔内で15分程度の滞留時間を実現。三つの力で隅々まで行き渡った乳酸菌が口腔内と腸内を整え、健やかな毎日をサポートする。

(ライター/彩未)

株式会社 ラクア

☎ 0120-098-529 ✉ info.1@laca.co.jp
㊟ 東京都千代田区神田小川町2-3-13 M&Cビル3F
https://laca.co.jp/

ともに生きるよろこび
laca

NS乳酸菌は、モンゴルの遊牧民が作る保存食などから発見された大型の乳酸桿菌。

心と身体を整える『ミネラルファスティング®』で「起業しませんか？」

半日ファスティングセット
定期購入 月額11,340円（税込）

代表
渡辺正明さん
分子整合医学美容食育協会認定のプロフェッショナル・ファスティングマイスター、健康美容食育士でもあり、杏林予防医学研究所「細胞環境デザイン学」認定講師の渡辺正明支部長の直接指導が受けられる。

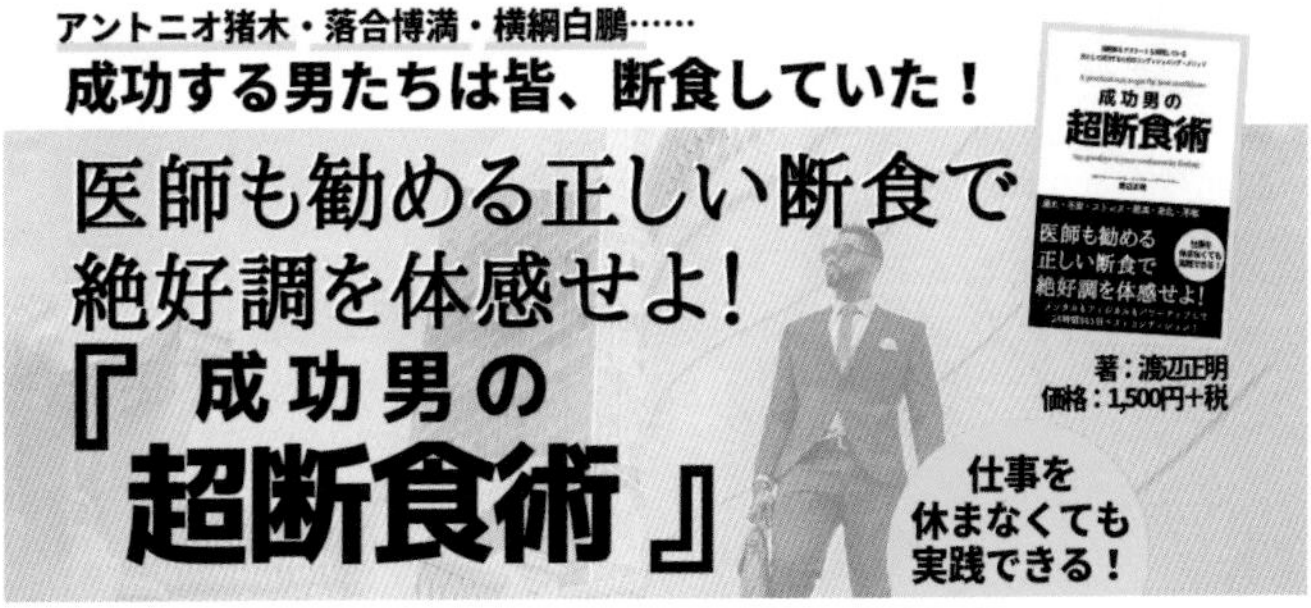

YouTube https://youtu.be/DSrrrSorR4I?si=RJB40VauBULYgs4I

心と身体を整える夢のようなツールで起業の夢を叶える方法がある。細胞環境デザイン学に基づく『ミネラルファスティング®』だ。すでにトップアスリートやミュージシャン、企業経営者などセレブやエグゼクティブの間で知られている『ミネラルファスティング』。苦しい修行というイメージがある断食ではなく、医療と食への深い知識に基づく『ミネラルファスティング』で個人や家族のダイエット指導に留まらず、健康指導者としてのファスティングマイスターや健康美容食育士の資格取得までサポートしているのが『ファスティングマイスター学院横浜とつか支部』だ。

「一家に一人ファスティングマイスターがいれば日本中が元気になります」

整体師でもある支部長の渡辺正明さんの手法は、著書『成功男の超断食術』でも紹介されており、オンライン講座は全国各地から老若男女が受講している。

「ミネラルファスティングは大人の人生を変え、食育は子どもの未来をつくる。あなたもファスティングマイスターになりませんか?」

（ライター／斎藤紘）

ファスティングマイスター学院 横浜とつか支部
ファスティングマイスターがくいん
090-7887-4277（健康道渡辺横浜事務所） masawata01@gmail.com
㊟ 神奈川県横浜市戸塚区吉田町778-9-401
https://fastingmeister.com/

詳細情報はこちら。　LINE

あなたの願望成就に必要な香り ダウジングで調香する至高のオイル

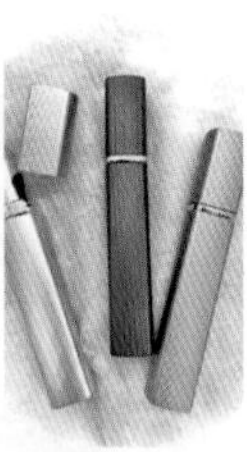

オーナー　平野美佐子さん

『縁結びブレンド』4,000円（税込）～

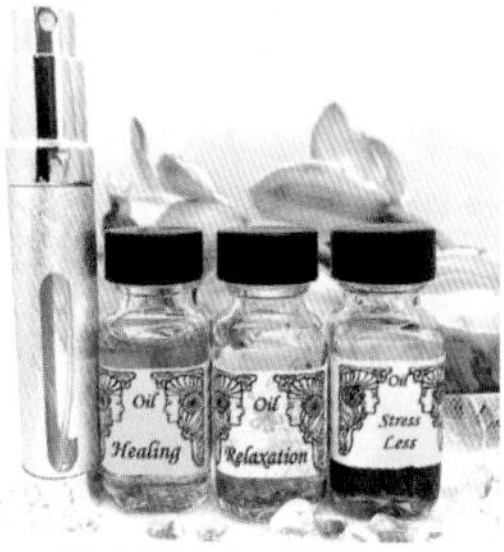

『ストレス軽減ブレンド』4,000円（税込）～

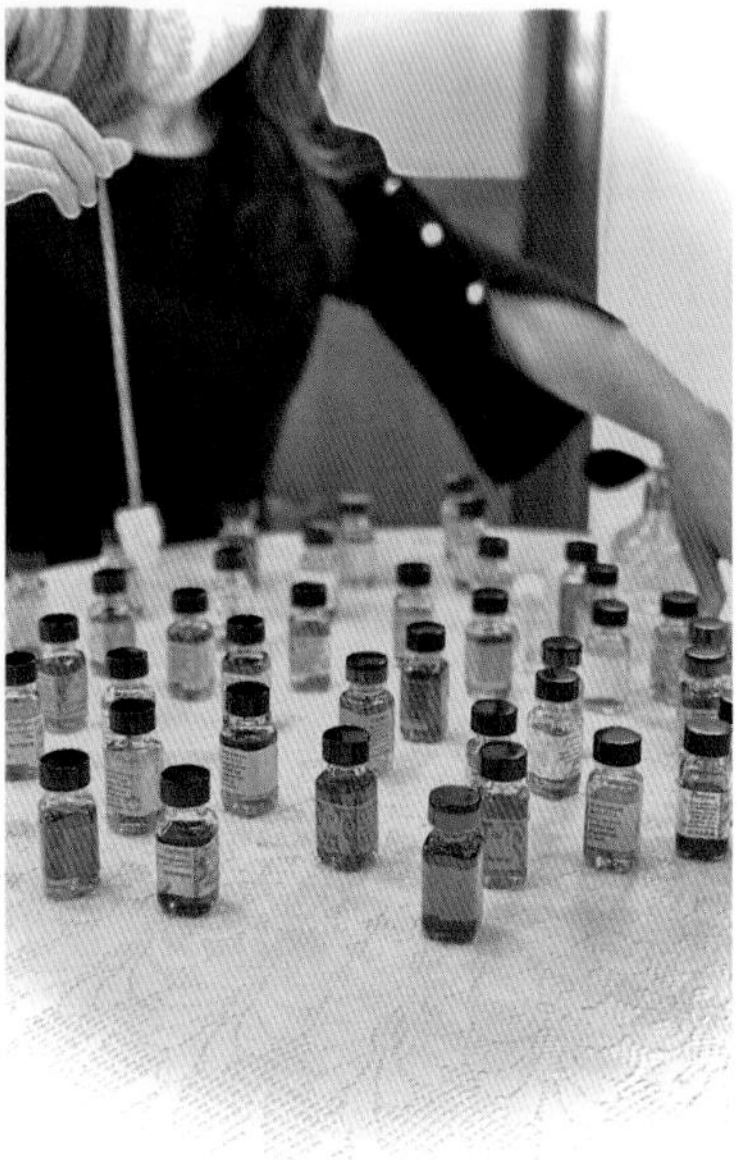

オリジナルオイルを作成。
4,000円（税込）

人間の身体や感情、その奥の霊的な部分に優しく深いエネルギーで働きかけ、夢や目標を叶えるための後押しをしてくれる『アンシェントメモリーオイル』。『美・esthe』では、ダウジングによって今の自分に必要なオイルだけを引き出して選別し、オリジナルオイルをブレンドしてもらうことができる。「縁結びブレンド」や「ストレス軽減ブレンド」、「浄化ブレンド」など今の悩みに合わせてブレンドし、かわいいアトマイザーに入れてもらえる。室内の香りづけはもちろん、ハンカチやお守りなどの小物などにつけたり、自身のオーラにスプレーするなど楽しみ方は様々。

オイルの香りで癒やされることで前向きな気持ちで物事を考えられるようになり、自分と周りの環境を向上させて願いが叶うように導く。人生を豊かにするオリジナルオイルで自身の中に眠っているメッセージを引き出し、心も身体もケアするためのお手伝いをしてくれる。

（ライター／彩未）

エステサロン **美・esthe**
び・エステ
☎ 072-458-1351　✉ biesthe1351@gmail.com
㊟ 大阪府泉佐野市下瓦屋2-1084 泉佐野スポーツクラブ内
https://www.biesthe.net/　@misako.no.heya

Instagram

オンライン
ショップ

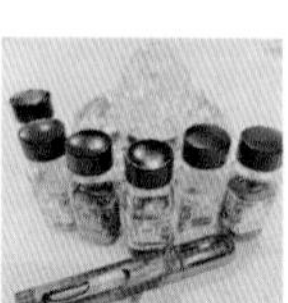

健康長寿を目指す自然派健康食品
純国産タモギダケで健康な毎日を

長くなっていく人生を
健康に過ごしたい貴方へ

●平均寿命:厚生労働省
「令和元年簡易生命表」
●健康寿命:厚生労働省
「令和元年簡易生命表」
「令和元年人口動態統計」
「令和元年国民生活基礎調査」
総務省「令和元年推計人口」

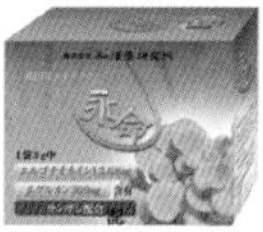
『タモギタケ
「永命」』
30袋入
希望小売価格
17,280円(税込)

人々の健康寿命を伸ばすことを目指し、人が本来持つ自然治癒力を最大限に生かすための医薬品を販売する『和漢薬研究所』。自然はくすりという考えから、自然薬を開発し続けている。「人生100年時代」を支えるために開発された『永命』は、強い抗酸化作用をもち神経細胞を強化するといわれているエルゴチオネインと、免疫力を活性化させるβグルカン、肌の潤いを保つセラミドを多く含む「タモギダケ」に、「サンザシ」を加えた健康食品。「タモギダケ」は、独自の菌床で育てた純国産にこだわっている。他にもクマザサ葉・赤松葉・朝鮮人参から抽出した有効成分により虚弱体質、胃腸虚弱、病中病後、食欲不振、肉体疲労の時に優れた効果をあらわす滋養強壮薬『松寿仙』、オウバク、カンゾウのエキスにハッカを配合し、食欲不振や胸やけなど、胃腸のトラブルにオススメの胃腸薬『ササイサン』など、自然の力を最大限に活かした製品を幅広く展開している。

(ライター／播磨杏)

株式会社 和漢薬研究所
わかんやくけんきゅうじょ
お客様相談室 0120-432-894
㊟ 東京都新宿区新宿1-29-8
https://capony-wakanyaku.co.jp/

松寿仙と
健康ライフ

『松寿仙(しょうじゅせん)』
510ml(170ml×3)
6,710円(税込)

和漢薬研究所の
数々の商品

『ササイサン』
45包 3,190円(税込)

つらい頭痛とさようなら
専門の整体で頭痛知らずの毎日へ

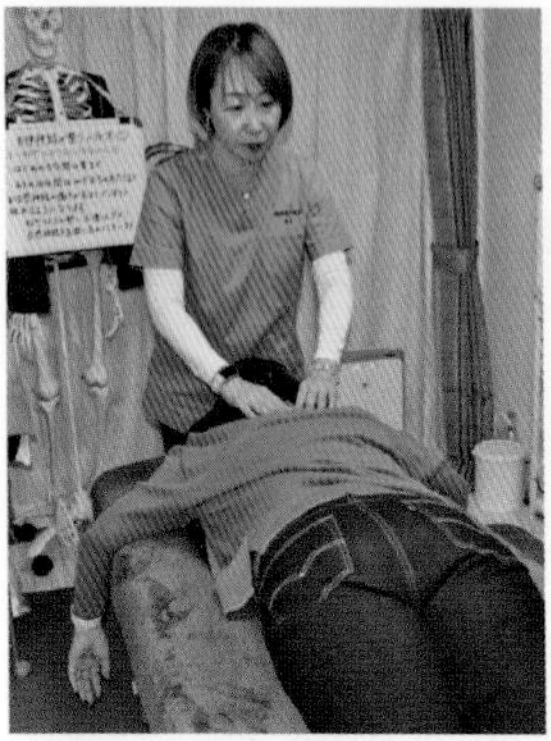

『日だまりショット』で、頭痛を改善。カウンセリングから施術後の診断の解説・セルフケアのアドバイスまで行う。

こちらからも
検索できます。

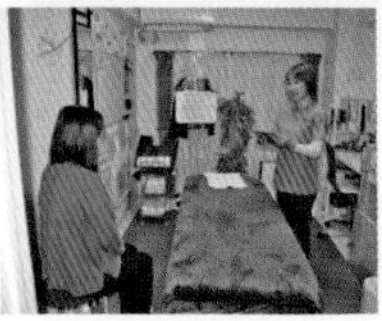

頭痛専門整体 **彩り**
いろどり
✆ 042-444-2043 ✉ yoyaku.irodori.zutsu@gmail.com
㊟ 東京都調布市飛田給1-49-11 パレス欅201
https://www.irodori-zutsu.com/

東京・調布市にある『頭痛専門整体彩り』は、女性と子どもの頭痛に特化した専門の整体を行っている。『頭痛セラピー日だまりショット』は、短時間の優しい施術で頭痛と改善方法がわかるという。薬や道具を使わずに手だけで頭痛を治す手技療法で、頚椎2番という首の骨を優しいタッチで調整。首から頭部につながる血行をスムーズにし、痛みを軽減。施術時間は約10分、その場で頭痛が消えていくことも多いという。

（ライター／河村ももよ）

「発酵食・薬膳料理・ファスティング」
味噌講師を目指せる講座も

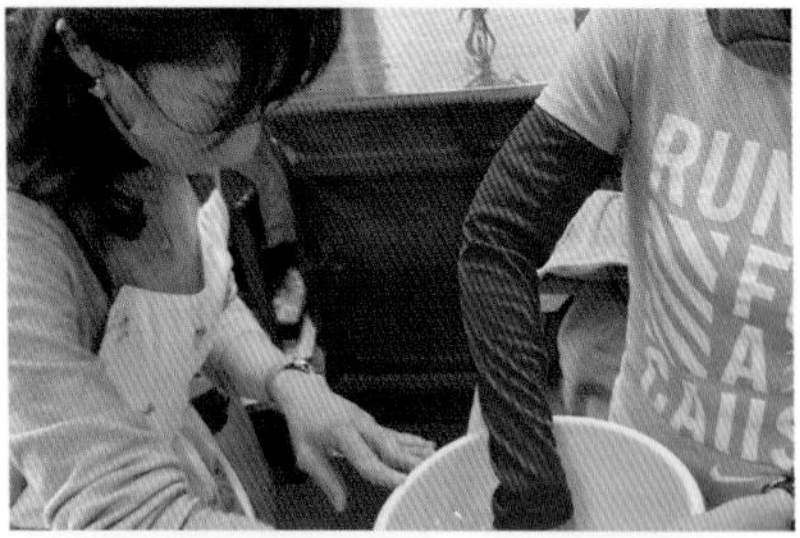

こちらからも
検索できます。

『ジップロック30日で完成。甘味噌オンライン教室』
3,500円（税込）
『味噌汁で腸活リセット「味噌汁ファスティング3日間」の進め方講座』 1,000円（税込）など

薬膳料理教室と講師育成スクール **Mirax**
ミラクス
✉ tetotemika@gmail.com
㊟ 愛知県名古屋市
https://tetote-m.stores.jp/ @yourkitchen_sup_mika

発酵食・薬膳料理教室と料理講師を育成・サポートするスクール『Mirax』。「1ヵ月で完成する甘味噌」「奄美の伝統発酵飲料ミキ」「味噌汁ゆるファスティング」「失敗しない味噌講師育成」「体質改善のための個別カウンセリング」などすべてオンライン講座開講中。講師は、薬膳料理講師10年、薬膳アドバイザー・発酵食品ソムリエの兼子実加さん。今こそ内側からにじみ出る健康と免疫を毎日の食事から。

（ライター／播磨杏）

今日一日を飾る ボリュームアップヘアスプレー

『ARUN+3D STYLEボリュームアップスプレー』
（カラー:ナチュラルブラック、ダークブラウン、ライトブラウン）
各160g 2,200円（税込）

株式会社 ピノーレ

0480-40-3361　pinole@pinole.co.jp
㊟ 埼玉県幸手市東5-18-20
https://pinole.co.jp/　https://arunpinole.com/

『株式会社ピノーレ』の『ARUN＋(アルンプラス）3D STYLE ボリュームアップスプレー』は、40代からの男性を主なターゲットに年齢と共に気になってくる髪のボリュームを簡単・自然にボリュームアップしてくれるヘアスプレーだ。スプレーするだけの、たったワンステップで自然に毛髪がボリュームアップする優れもの。部分白髪も簡単に自然にカバーできる。毛量や白髪が気になっている方に、ぜひ使用してみてほしい。もっと自由に、一日をポジティブに始められるはず。

（ライター／河村ももよ）

最前線医療の現場と
頼れる専門ドクター

いざ病気になってしまった時に、
信頼できるドクターを探しても、
なかなか見つからないもの。
任せて安心できる病院やドクターを紹介。

医療体制の前進を目指す理念を維持し次世代が大きな物語を紡いで行くことを願う

中尾達也 院長
広島大学医学部卒。2014年『新東京病院』副院長兼心臓血管外科主任部長。三学会構成心臓血管外科専門医。三学会構成心臓血管外科専門医認定機構修練指導医。日本冠疾患学会評議員。腹部、胸部ステントグラフト実施医。2023年6月『新東京病院』院長就任。

国内有数の手術症例数
先進医療の普及に尽力

「たまに風で吹き飛ばれそうなときは信頼できる仲間の存在を感じます」

東京と隣接する千葉県北西部最大の医療拠点、21の診療科を擁し、2024年に開院55周年を迎える『新東京病院』の舵取りを担う管理者となって10ヵ月になる中尾達也院長が吐露した心境だ。医師と医療スタッフが一丸となって船を漕ぐようなチーム医療を重視し、課題を洗い出しながら「信頼と協力」の下、地域医療の充実化に貢献する決意を新たにしている。

「どんな病院にも理念がある。そして病院全職員の頭の中にも理念があり続けるべきです。全員で大きなことを達成するメリットは同じ船にいる人達だからこそ、味わえるものです。今後は、病院に対しての帰属意識が芽生え、理念に向けて前に進んでいるという進行感を病院職員一人ひとりが感じてもらえるような仕組み作りを頑張って進めていきたいと思っています」

三学会構成心臓血管外科専門医である中尾院長が主任部長を兼務する心臓血管外科では、2023年12月から完全内視鏡下での大動脈弁置換術を開始し、2024年1月にはICUがICU専門

『オープンステントグラフト』図

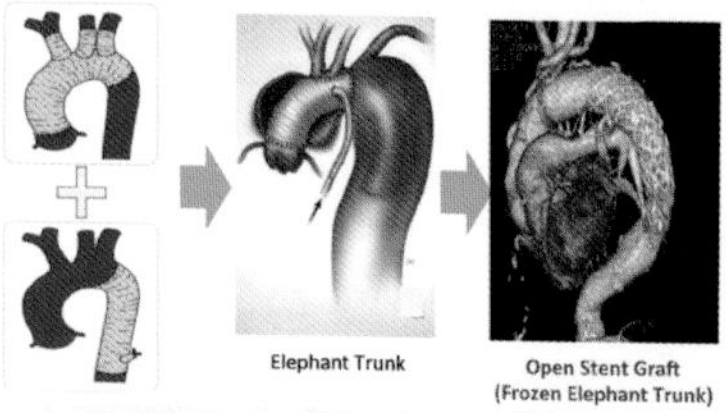

弓部＋下行大動脈手術の変遷

	1980年代	1990年代
手技	正中切開＋左開胸	Elephant Trunk
特徴	侵襲大	2期的手術が7割必要

	2000年以降
手技	Open Stent Graft
特徴	手術が1回で済む可能性が高い。2期的には低侵襲な追加ステントグラフトを施行（1.5割）

医療法人社団 誠馨会
新東京病院

医療法人社団 誠馨会 新東京病院
しんとうきょうびょういん
047-711-8700
㊟ 千葉県松戸市和名ヶ谷1271
http://www.shin-tokyohospital.or.jp/

医二人体制のスーパーICUになるなど医療体制が前進したのに加え、2023年1年間に施行した心臓胸部大血管手術総数は306例とコロナ禍前の実績に戻ってきているという。

中尾院長が指導医として、その医療技術の高さを示してきたオープンステントグラフクラフト法による大動脈瘤の手術治療は、2014年7月から2023年12月までに339例にものぼり、国内トップクラスの症例数を誇る。

また、中尾院長はこの手術法の海外への普及にも力を入れ、特に保険償還が決まった台湾の病院まで足を運び技術指導やアジア心臓胸部外科学会やイタリアでの研究会などでの講演に積極的に努めてきた。この活動が評価され、AME Case reports というオンライン国際雑誌の編集委員にも任命された。2024年5月にタイのバンコクで開催される第2回世界心臓・循環器系疾患会議では、ゲストスピーカーとしてオープンステントグラフト手術法を解説する予定のほか、台中最大の心臓血管センターとの協力体制を進め、中国の病院からの心臓外科医の見学も受け入れる予定だ。

院長前は部屋の中にいて窓から外を見つめていたが、今は屋根の上から外をみている状態という中尾院長。ドリームズ・カム・トゥルーの「晴れたらいいね」の歌詞を大きく超える物語をいろんな次世代が紡いでいってくれることを屋根に座って願っているという。

（ライター／斎藤紘）

中尾院長が留学したオーストラリア、シドニーにあるアーターモン小学校時代の長女（担任のムースン先生の向かって右隣り）。

2024年6月から孫の長男が通う予定の同じアーターモン小学校前で（長女と二人の孫）。

修学旅行の時に『新東京病院』を訪ねた広島基町高校の医療系進学コース40人の生徒。

著書「いのちを救い、縁を繋ぐ生き方
心臓血管外科医が次代へ伝えたいメッセージ」
現代書林刊

ソーシャルワーカー・保健師による対応時間
月〜土曜日9:00〜17:00

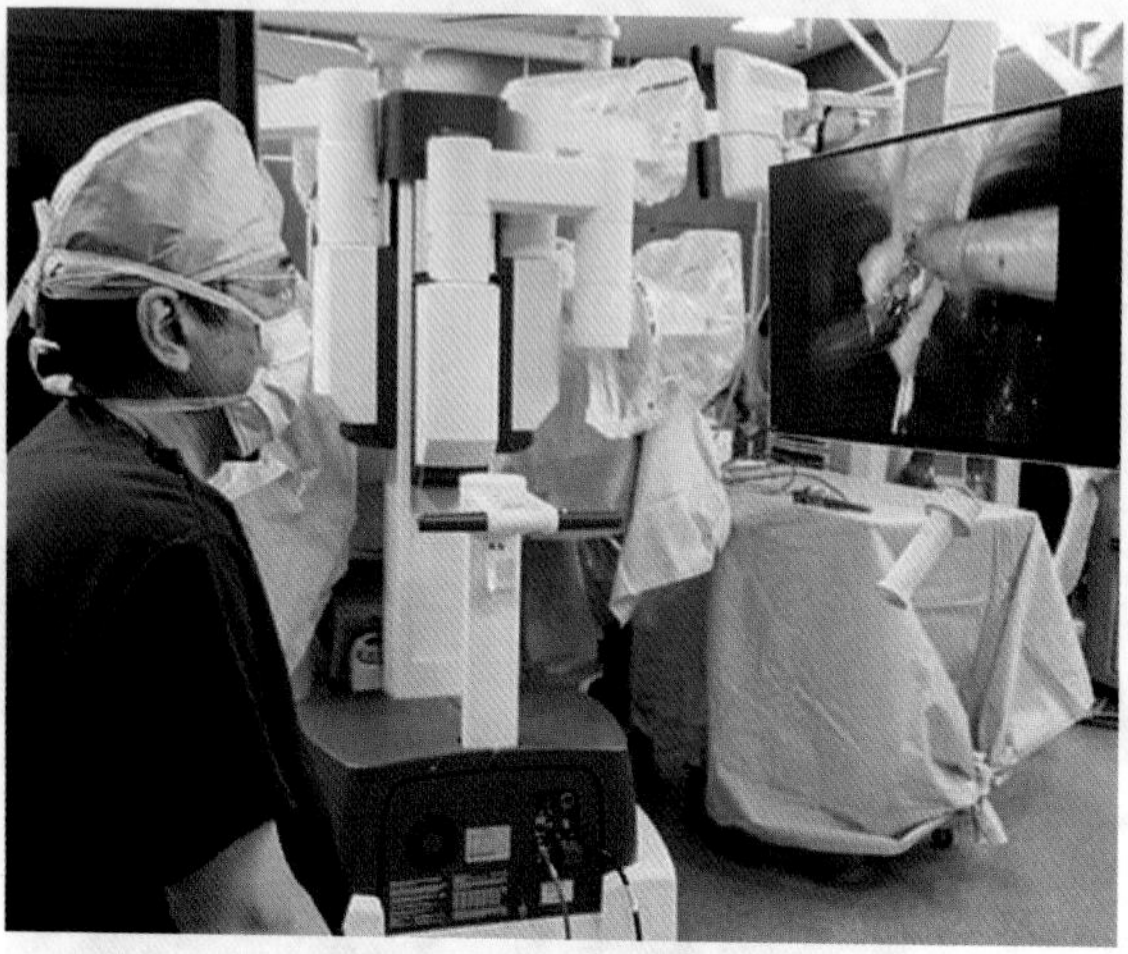

『前立腺がん』の治療に光る豊かな経験と学識
高精度のロボット手術で国内屈指の実績

腫瘍含めた前立腺全摘
技術習得の医師を育成

米国発の胸腔、腹腔の内視鏡下手術用ロボット「ダビンチ」を使った手術で国内屈指の施行実績を持つのが『東京国際大堀病院』の大堀理（まこと）理事長だ。ロボット手術センターには、Ｘｉ、Ｘの最新鋭機種2台を導入、泌尿器科系と婦人科系の疾患の手術治療に使っているが、中でも実績が際立つのが前立腺がんに対する前立腺全摘術による治療。開院した２０１９年から２０２３年12月までのロボット支援手術１５８４例の約6割を占める８７９例にのぼる。

大堀理事長は、前立腺がんの病理学的特徴と新たな診断法に関する研究で医学博士の学位を取得、またダビンチを開発した米インテュイティブサージカル社からダビンチを操作できる専門医の認定資格（da Vinci Certificate）も得た後、ダビンチを日本で初めて導入した東京医科大学で２０１４年からロボット手術支援センター長として国内で最も多くの前立腺ロボット手術を担当した経験を持つ。

「前立腺がんは、日本人男性で最も多い疾患。血液検査値ＰＳＡ値が上昇し発見されることが多く、現在では多くが早期がんで見つ

大堀理 理事長
岩手医科大学卒。米国メモリアルスロンケタリング癌センター前立腺診断センター副所長、東京医科大学教授など歴任。日本泌尿器科学会専門医・指導医。

OHORI
医療法人社団實理会
東京国際大堀病院

㊟ 8:30～11:30 13:00～16:00
土曜日8:30～11:30
㊡ 日曜日・祝日

医療法人社団 實理会 **東京国際大堀病院**
とうきょうこくさいおおほりびょういん
☎ 0422-47-1000 ✉ ohorills@ohori-hosp.jp
㊟ 東京都三鷹市下連雀4-8-40
https://ohori-hosp.jp/

かります。早期がんであれば手術、放射線治療、内分泌治療、経過観察などから治療方法を選びます。転移のある進行がんですと内分泌治療が中心となります。手術は、ロボット支援前立腺全摘術といい、全身麻酔下で腫瘍を含めた前立腺と精嚢を尿道と膀胱から切り離して摘出し、膀胱と尿道をつなぎ合わせる手術です。手術時間は約2~3時間、入院は約10日間です」

大堀理事長が泌尿器科系と婦人科系の疾患の手術治療にダビンチを使う理由は明確だ。

「ダビンチを用いたロボット手術は、腹腔鏡下手術と同様に患者さんの体に小さな穴を開けて行う傷口が小さい身体への負担の少ない治療方法です。お腹の中に二酸化炭素を注入し膨らませることで止血効果をもたらします。執刀医は、精細な拡大3D画像を見ながら、7方向360度という人間の手よりも自由度が高く精密な動きが可能となるアームの先端を活かして手術操作を行います。従来の手術に比べて傷口が小さく、術中の出血量が減少し、術後の痛みも少ないため、患者さんの早期社会復帰が期待できます。ダビンチによる前立腺がんの全摘術は保険が適用されるのも利点です」

大堀理事長は、日本ロボット外科学会認定国際A級ライセンス(日本で9名のみ)日本泌尿器内視鏡・ロボティクス学会認定のプロクター(指導医)の資格も持ち、ロボット手術の習得を目指す医師の育成にも力を注ぐ。

（ライター／斎藤紘）

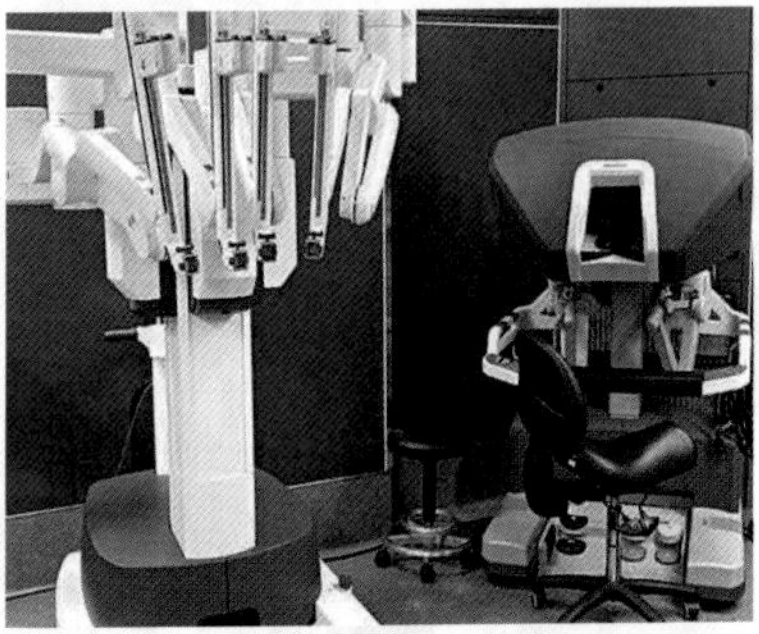

ロボット支援前立腺全摘術

【症例別ロボット手術件数の割合】

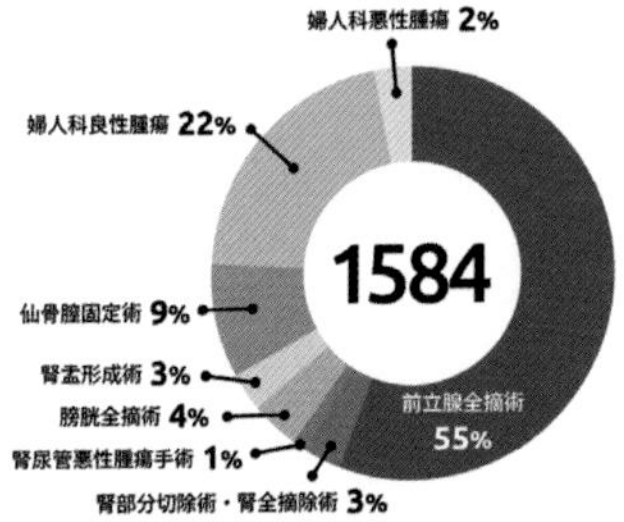

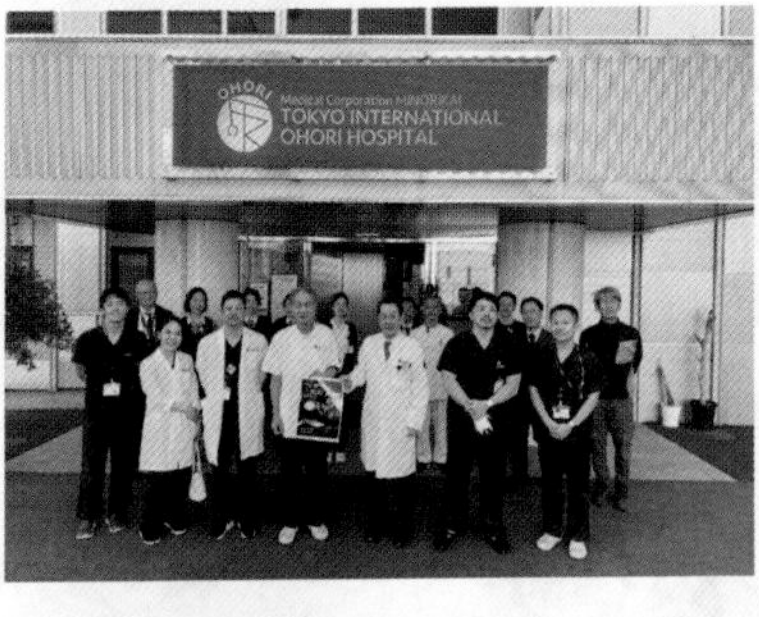

「ロボット手術と
膀胱がん・尿管がん」
祥伝社新書
1,012円（税込）

大山伸雄 院長
昭和大学医学部小児科学教室、英国エヴェリーナ・ロンドン小児病院勤務などを経て開院。医学博士。昭和大学病院講師。日本小児MR研究会理事。

イギリスで学んだ ファミリードクター実践 院内での感染防止に 分離動線などを導入

子どもの家族をも診療 子育ての悩み事に対応

『おおやまこどもクリニック』の大山伸雄院長は、乳幼児の血管に炎症が起こる川崎病の冠動脈病変の検査方法に関する研究で医学博士の学位を取得した。昭和大学病院で兼任講師を務める小児心臓MRI研究の第一人者である。海外での研究発表の機会も多く、世界を渡り歩いてきた。２０１６年からの２年間、英国ロンドンの小児病院で臨床研究医として働き、帰国後は日本小児心臓MR研究会理事として尽力した。昭和大学病院で小児循環器医として専門分野での仕事と後輩たちの育成に努めてきた。２０２３年、更なる活躍の場を求め嘗てからの夢であったクリニックを開院した。

「大学での仕事も続けています。大学病院の仕事とクリニックと忙しくはなりましたが、地域のこどもたちの為に働く機会を頂けてとても嬉しく思っています」

日本小児科学会専門医でもある院長は、子どもたちの健康をサポートするだけにと止まらず、ファミリードクターとして、その家族も診療している。「イギリスでは、開業医をGP(General Practitioner)と呼び、大人も子どももどのような症状でもまずはかかりつけのGPの診察を受けます。日本のように小児科や内科など細分化していなく、GPは全ての患者さん、すべての疾患を診察し、その上で必要と判断した場合にのみ専門医に紹介し、患者さんは大きな病院で治療を受ける仕組みになっています」

子どもたちを取り巻く家族も含め可能な限り患者さんに寄り添う医療を提供したいと、この仕組みを取り入れたという。

英国ロンドン小児病院にて。恩師との写真。
中央:Dr Shakeel Qureshi
右:Dr Kuberan Pushparajah

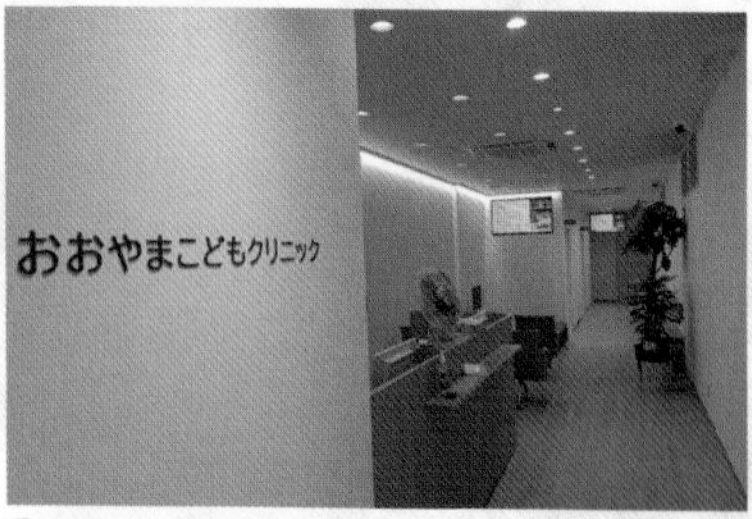

㊟ 9:00～12:00　15:00～18:00
(乳児健診・予防接種13:30～15:00)
㊡ 日曜日・祝日・木、土曜日午後

おおやまこどもクリニック

✆ 045-583-0080
㊟ 神奈川県横浜市鶴見区矢向6-7-15
https://oyamaclinic.jp/

もう一つの大山院長の心配りが伝わるのが院長自ら設計したというクリニック内の空間構造だ。院内での感染拡大を防ぐために発熱の患者さんの入口、待合室、診察室を一般外来と完全に分離しているほか、予防接種や健診を受けるこども連れの患者さんたちが混み合わないように動線を確保した。

「これまでの経験を生かし、広く使いやすい待合室、発熱外来用の別動線、十分な診察室を組み込みこみました。診察室の前の長い廊下や長椅子でこどもたちが走ったりゴロゴロして遊んでいる姿を見ると心が温まります」

　季節によって壁紙の姿が変わるのも、来院した子どもたちを楽しませている。

　クリニックの診療時間は工夫され、午前と午後の一般診療の他に、乳児健診と予防接種の専用の時間を分けて設けている。

「コロナ下の影響で感染対策についてはとてもみなさん敏感になっています。このようになったのは必然だと思います」

　クリニックに来院したみなさんに気持ちよく帰って頂きたいのが院長の願いである。

「感染症が流行る時期は、どうしても混んでしまいます。待合室も混雑しますし、待たせてしまう患者さまも増えてしまいます。一人ひとり丁寧に診察をしていると時間もかかります」

　クリニックでの待ち時間を少なくし、患者さん同士が可能なかぎり接触しないで済むように、診療の順番をメールやＳＭＳでお知らせし、混雑状況をＷＥＢで確認できるシステムを導入している。待ち時間の間を自宅や外で待機できるため、システムをうまく活用している患者さんには好評だという。

「開業医としてまだまだ未熟で至らないところもたくさんありますが、一人でも多くの笑顔を見られるように努力していきます。私を支えてくれている妻やスタッフには感謝の気持ちでいっぱいです」

　時折見られる笑顔の奥に、患者さんのことを一生懸命に考えて努力し工夫されている大山院長に感銘を受けた。

（ライター／斎藤紘）

CSI国際カテーテル学会にて。海外での発表の機会も多く、活躍している。

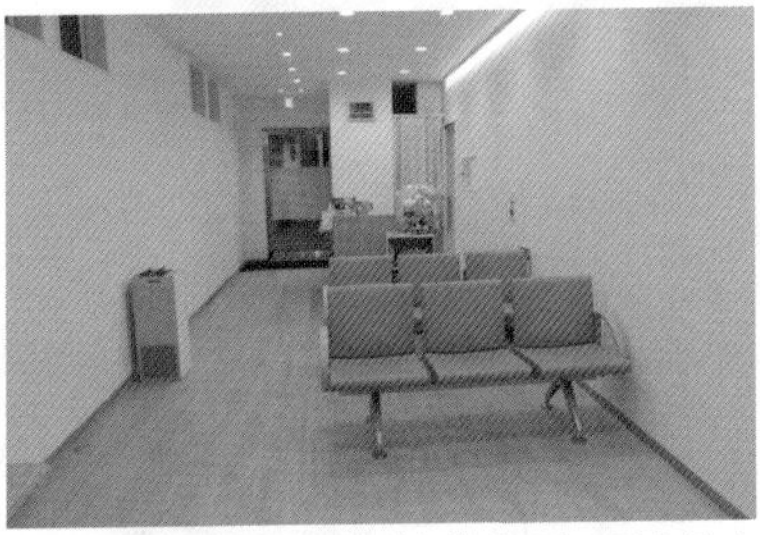

長細い建物であるが、圧迫感を感じさせない工夫をした広々した待合室。

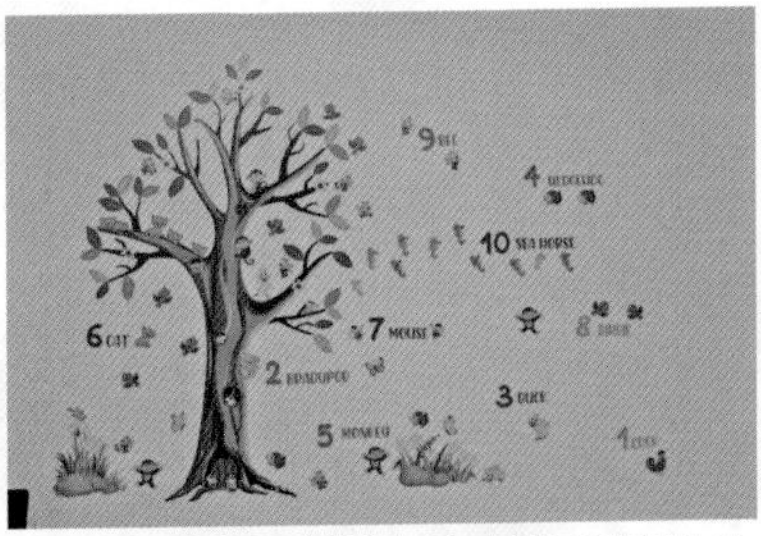

処置室には患者さんを飽きさせないための工夫として、いろいろなステッカーが貼られている。

スタッフのみなさんと。

高齢化で需要高まる
訪問歯科診療重視
住民の健康づくりに
貢献する診療体制

すべての患者さんの安心と満足のために心のこもった“おもてなし”を。

QOLを高める四つの目標
歯科の枠越えた医療も

鹿児島県薩摩川内市の『しげなが歯科医院』は、10人の歯科医師をはじめ歯科技工士、歯科衛生士、歯科助手など合わせて約60人の陣容を擁する歯科医療の総合病院的な存在だ。創立者の重永誠之理事長から2022年に医院の運営を託された田中帝臣院長は、高齢化が加速する中で需要が高まる訪問診療に力を入れてきた重永理事長の運営方針に共鳴して同医院に入職した初心を大事に、訪問歯科診療のさらなる拡充を目標に掲げ、予防歯科の強化と合わせ、地域住民の健康な体づくりに貢献していく考えだ。

田中院長が訪問歯科診療を重視するのは、要介護者の約9割が歯科治療や専門的口腔ケアが必要であるのに対し、実際に治療を受けたのは3割に満たないという厚生労働省の資料や全国平均より高い推移で高齢者人口が増加している北薩地域の実情が背景にある。

現在、同医院では、口腔ケア専門スタッフによる五つのチームを編成し、医院への通院が困難な高齢者の自宅や施設を専用の器具を持って毎日訪ね、治療やメンテナンスを行っている。「誤嚥性肺炎の予防」「寝たきりにしない」「口から食べ

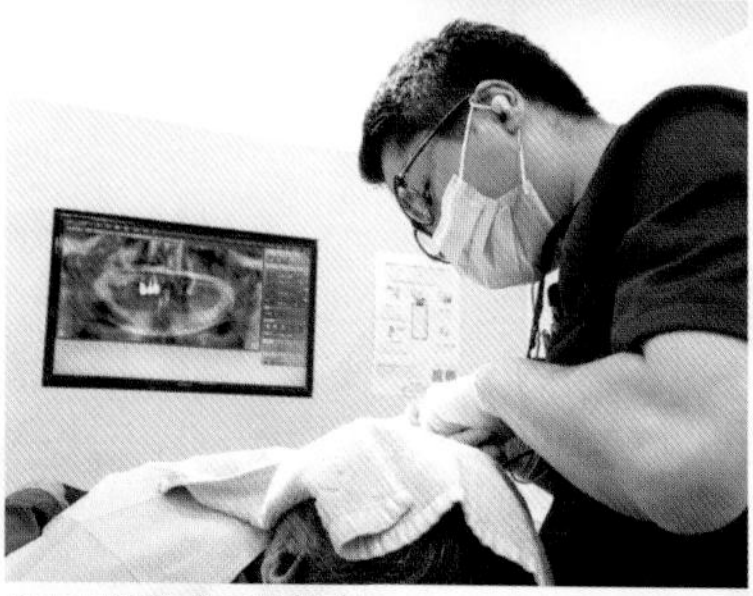

田中帝臣（ただおみ）院長
鹿児島大学歯学部卒。同学部義歯補綴科で研究を重ねるのと並行して『しげなが歯科医院』に非常勤として入職し訪問歯科診療を担当。同学部義歯補綴科助教を経て、2014年同医院の常勤になり、2022年院長に就任。

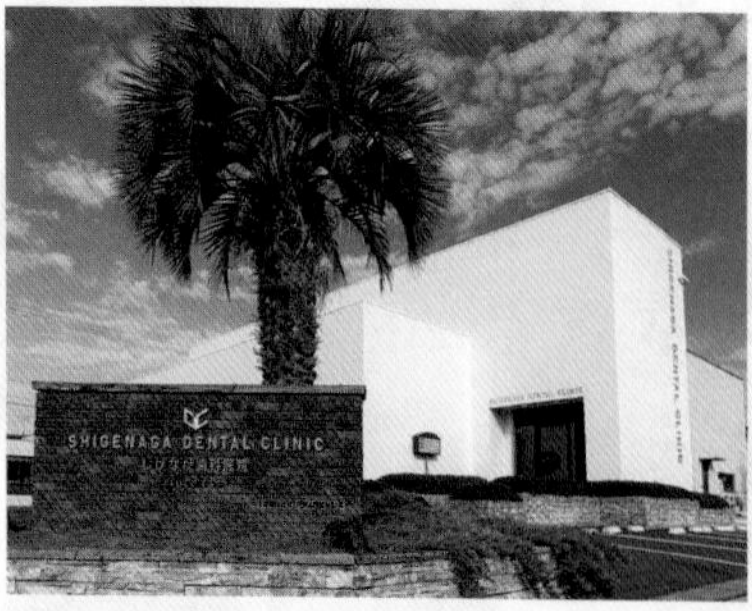

医療法人 誠真会 **しげなが歯科医院**
しげながしかいいん
0996-25-3139
㊟ 鹿児島県薩摩川内市平佐1-135
https://www.shigenaga-dc.com/

る喜びをもたらす」「認知症を減らす」の四つが高齢者のQOLを高めるための目標だ。

「当医院の訪問歯科医療のエリアは、医院から半径16㎞以内の薩摩川内市及び周辺地域で、市内全体にいる要介護者約6千人の6～7%しかカバーできていません。訪問歯科を必要としている高齢の方にどのようにアプローチしていくか、地域への情報発信がもっと必要になってくるでしょうし、もっと広い範囲で応えていける体制を整えていく必要もあります。また、訪問歯科診療の四つの目標を達成するためには、歯科の領域だけでは達成できません。医師や介護職などとの連携も積極的に進めていく必要もあります。訪問診療のニーズは今後益々増えていきますので、訪問医療の質と量をさらに向上させていきたいと思っています」

同院には、田中院長がオペレーションを統括する分院「川内駅前矯正歯科クリニック」があり、矯正治療やセラミック修復などの自由診療に特化した診療スタイルをとっている。「歯科の枠を飛び越えた医療の提供による地域住民の方々の健康長寿への貢献」を目標に掲げ、他分野の専門家とチームを組んで口腔内、全身双方向から健康な体づくりにも取り組んでいく方針だ。

（ライター／斎藤紘）

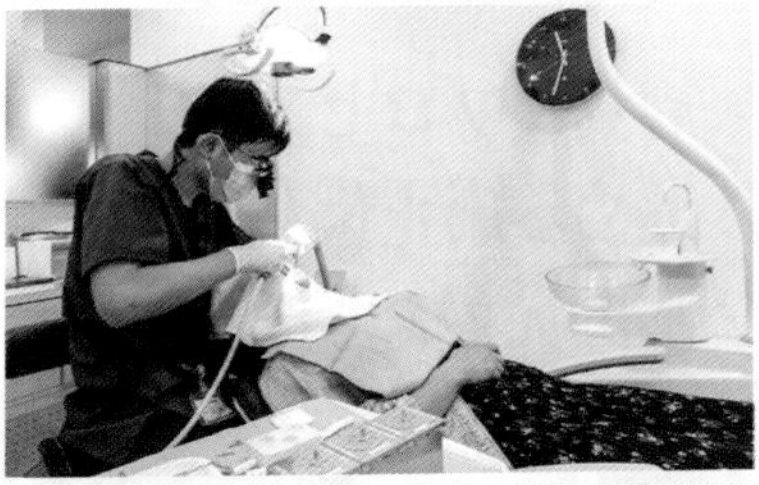
初診時に痛みがある場合は、症状の緩和・除去を優先した治療を行う。

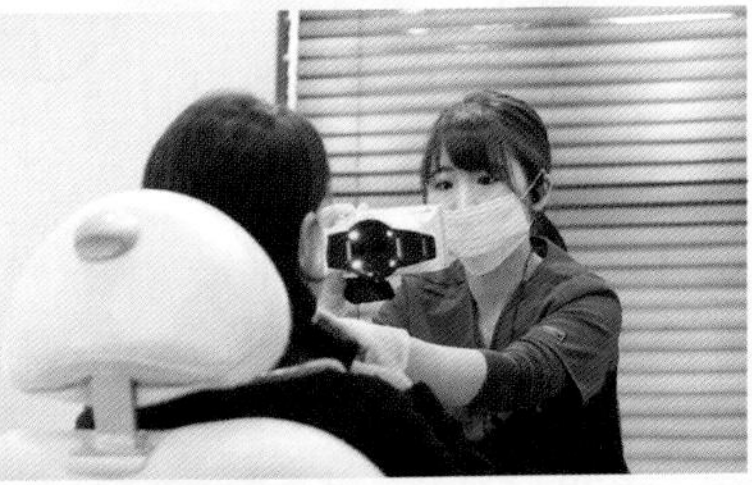
2回目以降、口の中の詳細な資料取りを行い、希望・要望などをヒアリングする。

「初診時カウンセリングシステム」
ご要望に合わせた治療の選択肢を複数提案。

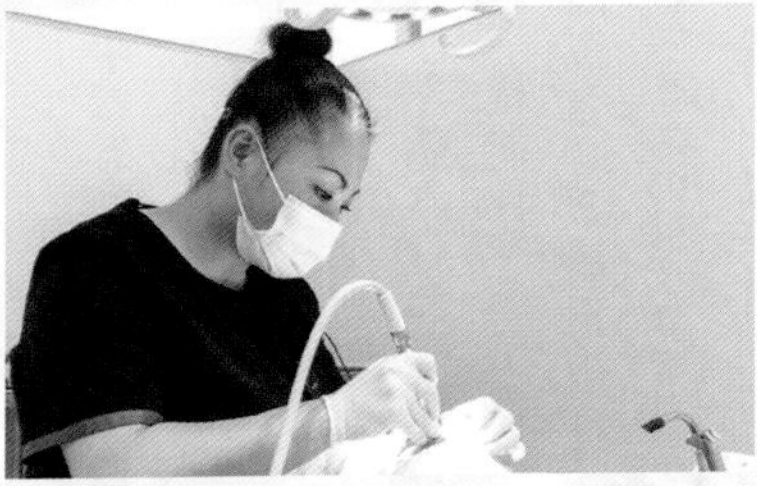
治療終了後はすべての方へ継続的な予防診療を提案している。

㊡ 9:00～13:00
14:00～18:00（最終17:30）
㊡ 水・土・日曜日・祝日

医療法人誠良会
しげなが歯科医院
SHIGENAGA DENTAL CLINIC

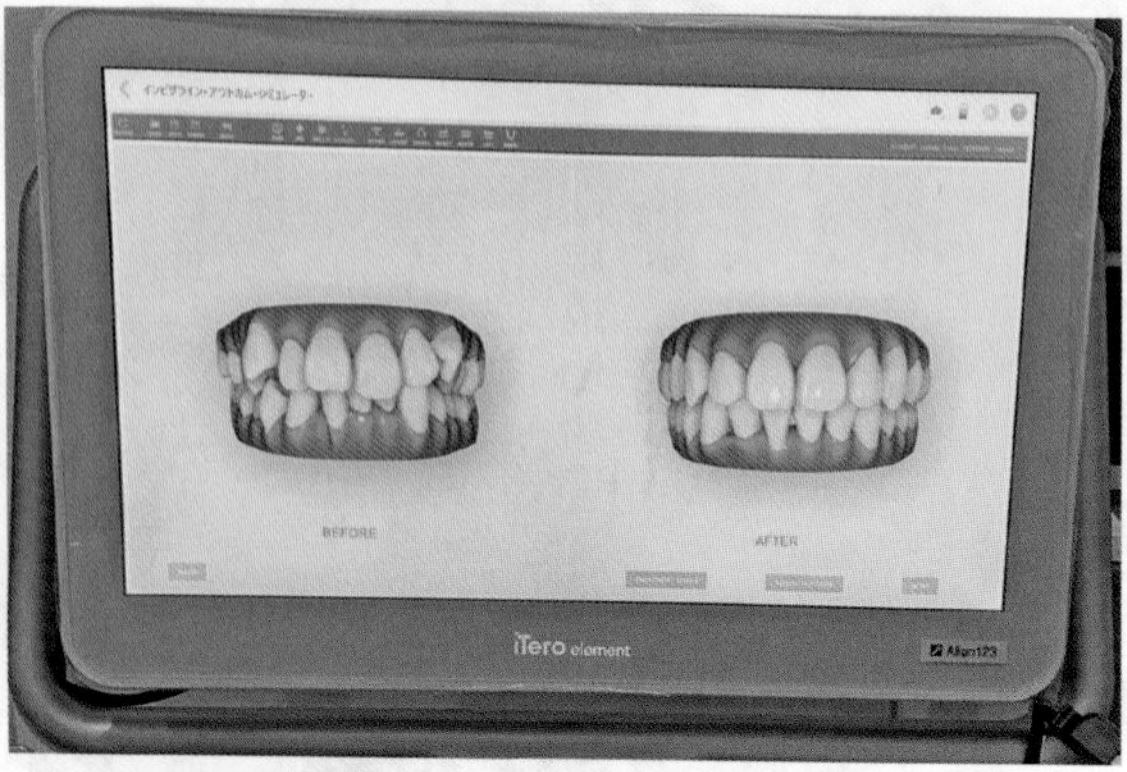

口腔内スキャナー『iTero』

周到なプロセスで進める矯正歯科が好評 米国発の透明なマウスピースで歯を移動

スキャナで歯型を採取 歯周病の治療も重要視

「あらゆる選択肢にはメリットとデメリットがあり、治療選択の際は本当に患者さんのためになるかという視点が重要」

『多摩府中うめはら歯科』の梅原康佑院長が診療で貫くスタンスだ。口腔粘膜細胞と骨形成因子に関する研究で歯学博士の学位を取得し、生体機能的補綴システムクリニカル認定医の資格も合わせ持つ日本補綴歯科学会専門医の専門知識と豊富な臨床経験が精緻な診断と的確な治療に表出する。

中でも受診者が増えているのが、光学口腔3Dスキャナとマウスピースを利用して悪い歯ならびや噛み合わせを治し、機能性や審美性を回復させる矯正歯科。推奨するのは、米アライン・テクノロジー社が提供するインビザライン®システムだ。

「噛み合わせが悪いと、歯がよく磨けず、虫歯や歯周病になりやすかったり、よく噛めなくて胃腸に負担がかかったりしますので、矯正治療が必要になります。インビザライン®システムは、金具やワイヤーを使わず、取り外し可能な透明なマウスピース型の装置を一日20時間以上装着し、1～2週間

梅原康佑 院長
北海道大学歯学部卒。東京医科歯科大学大学院卒。歯学博士。2017年『多摩府中うめはら歯科』開院。2021年『医療法人社団TFUD』設立。2023年6月1日『多摩府中うめはら歯科南口院』開院。

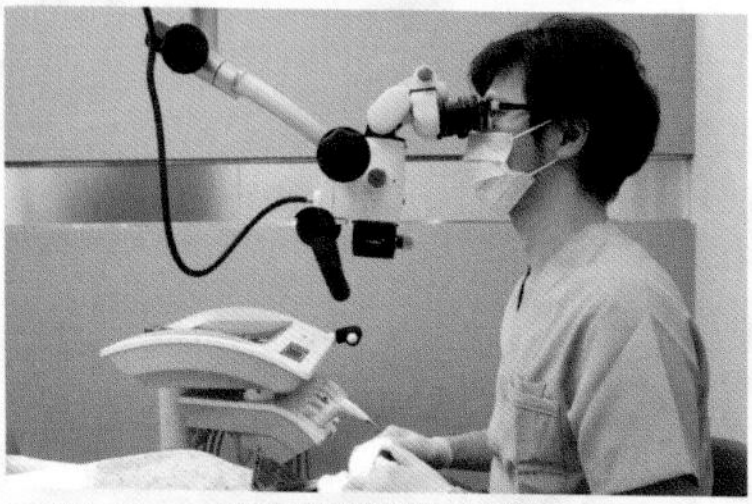
マイクロスコープ（歯科顕微鏡）を使用することで、より正確な診療が可能となり、治療のレベルが格段に向上。

医療法人社団 TFUD **多摩府中うめはら歯科**
たまふちゅううめはらしか
042-306-9877 tama.fuchu.umehara.dental@gmail.com
住 東京都府中市八幡町1-4-7parkN-1F
https://umeharadental.com/

ごとに新しいマウスピースに交換していくことによって歯をゆっくり移動させて歯並びを治す歯科矯正法です。装着しているのを気づかれることはほとんどなく、歯磨きの際に取り外しができるのも利点です」

　このシステムによる治療プロセスは周到だ。

「従来は、口の中にシリコン材などを入れて歯型を採っていましたが、当医院ではiTero elementという光学口腔内3Dスキャナで口腔内を細部までスキャンし、精密な歯型を採取し、歯並びのシュミレーションに基づいて治療計画を立て、それに合わせて必要数のマウスピースを最初の段階で作製しますので、頻繁に歯科医院へ通って歯型を取る必要はありません。矯正期間や費用、治療開始の最適なタイミングなどについては丁寧に説明し、患者さん納得の上で治療を進めます」

　もう一つ、梅原院長が力を入れるのが歯周病の治療だ。

「近年、全身疾患と歯周病には密接な関係があるということがわかってきています。例えば、歯周病のケアをすることにより、糖尿病の状態がよくなるケースもあります。歯周病を単にお口の中だけの病気ととらえず、全身に影響を与える病気ととらえることが今後必要になってくるでしょう」

　梅原院長は、公益社団法人日本糖尿病協会の登録歯科医に認定されている。

　2023年6月1日には、さらなる地域貢献を目指し、府中市宮西町ザ・パークハウス府中1階にて『多摩府中うめはら歯科南口院』が新規開院。

（ライター／斎藤紘）

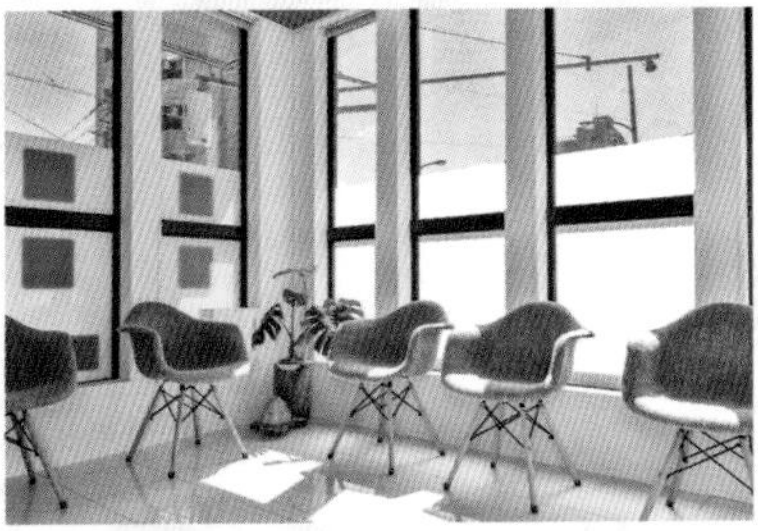

院内は清潔感あふれる広々とした空間で、利用者がリラックスできるよう配慮されている。

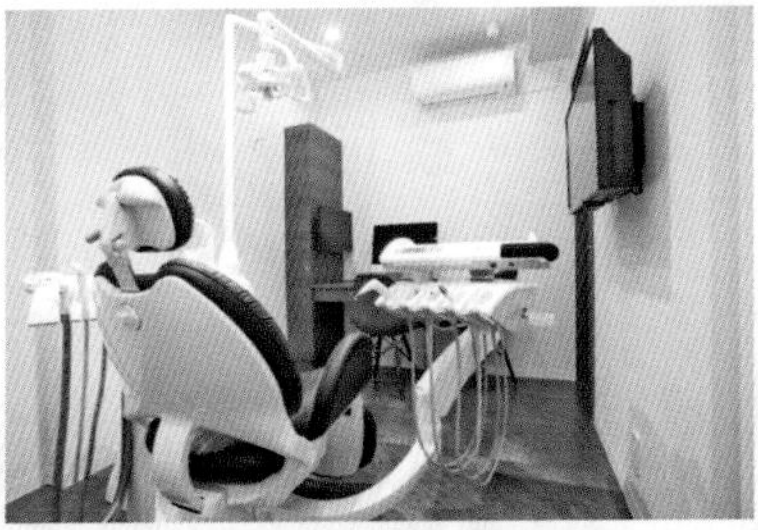

診察室は「完全個室」と「半個室」があり、治療中、他の患者さんと顔を合わせないようになっており、プライベートなことを含め、些細なことも相談できる環境が用意されている。

㊗ 9:00～13:00 14:30～19:00
（土・日曜日14:00～17:00）
㊡ 月曜日・祝日
提携無料駐車場、駐輪場あり。

光で歯を白くする
最新式ホワイトニング
殺菌効果も
高く美と健康を同時に実現

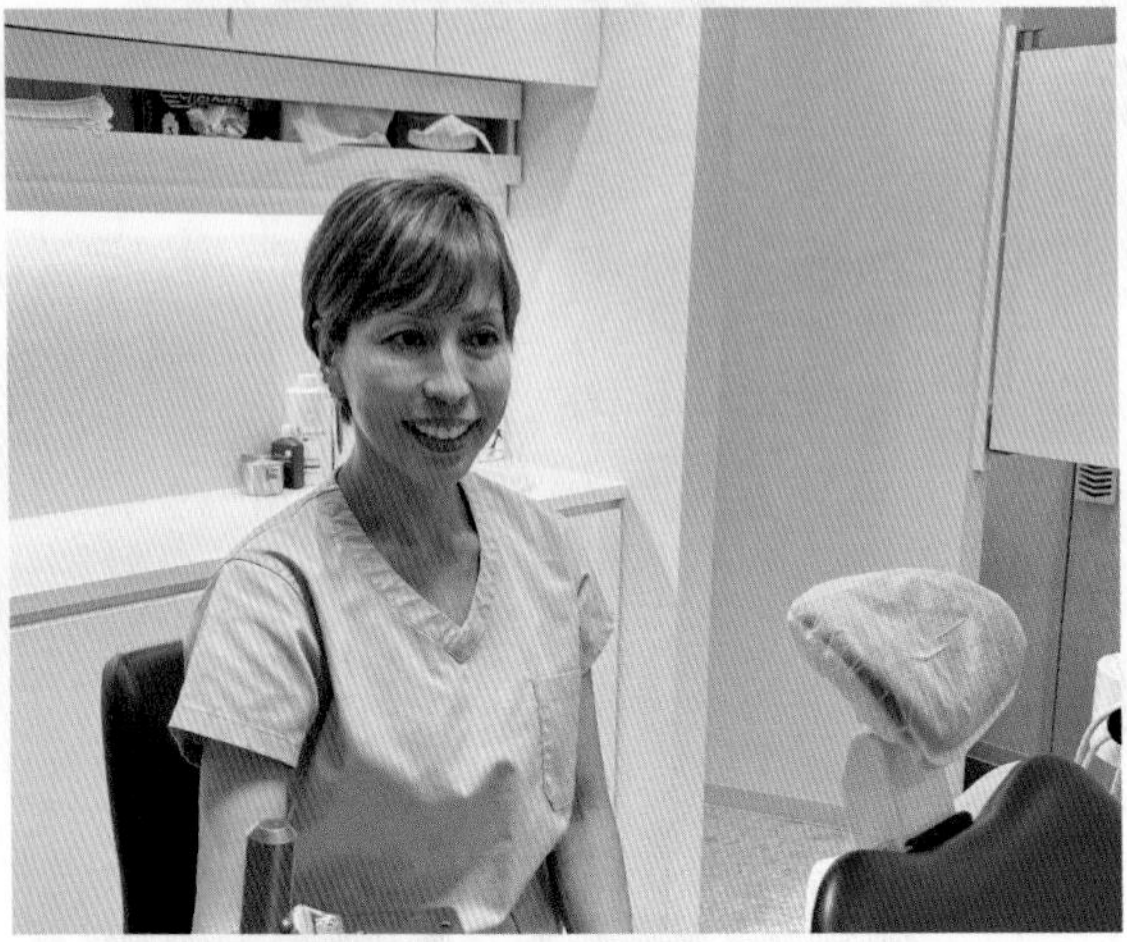

米国で審美治療を学ぶ
国内12台の希少機器

「白い歯は人生を変える力がある」をテーマに、お口元美容専門クリニックとして2022年4月に開院した『Lips and Teeth Clinic 牛込歯科』の康明実院長は、米ニューヨーク大学歯学部審美歯科で臨床研修医として学び、米国流審美歯科を修得した歯科医師。その経験と医学知識で自信を持って勧めるのが、薬剤を使用せず、国内にわずか12台しかないという医療用高出力パルス青色LED光照射器「CoolBright エックスリミット」を使って行う『トランセントホワイトニング』だ。

「『トランセントホワイトニング』は、Cool Bright という青色LED光を利用した、従来のホワイトニング機序とは全く別のホワイトニング方法です。バクテリアや食物、飲み物、薬物、喫煙などによって歯のエナメル質に付着した外部着色や加齢とともに増す血液由来のポルフィリンなどによる象牙質などの内部着色まで分解し、白くすることができます。従来の薬剤ホワイトニングで困難だった、抗生物質の副作用で変色したテトラサイクリン歯、歯髄が死んだ失活歯、加齢による歯の黄ばみにも適応できますし、矯正中や妊娠中、授乳中の女性、

康明実 院長
昭和大学歯学部卒業。都内医院で勤務後、アメリカで日本との歯科の違いを学びたいと渡米、ニューヨーク大学歯学部審美歯科で臨床研修医として学ぶ。

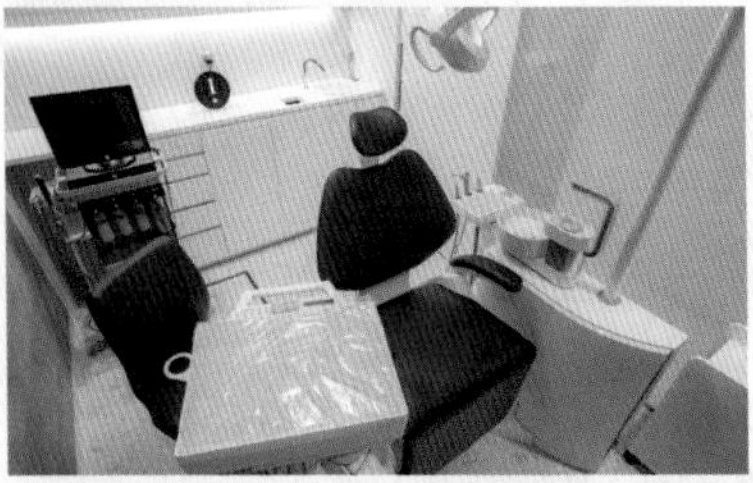

診 10:00～18:30　休 月·木曜日·祝日

Lips and Teeth Clinic 牛込歯科
リップ アンド ティース クリニック うしごめしか
03-6265-0502
住 東京都新宿区市谷薬王寺町70-8 プラザー若林マンション1F
https://lipsdental.com/

永久歯が生えそろったお子様にも施術可能です。この光は虫歯菌、歯周病菌に対する殺菌効果や口臭除去効果も高く、美と健康を同時に実現できるのも大きな特長です」

「CoolBright エックスリミット」は、日本の医薬品医療機器等法で認証された医療機器で、青色LED光照射によるホワイトニングはアメリカでの長年の研究で有効性が実証されているという。

　康院長はまた、『トランセントホワイトニング』と合わせ、『EXクリーナー』という厚労省認可の歯磨剤によるクリーニングも勧める。

「『EXクリーナー』は、歯のプラークを化学的に除去する歯磨剤で、これを使ってブラッシングすることで、炭酸ガスのきめ細やかな泡によってクリーニングを促進し、外部着色物質除去効果でホワイトニング後の白さを維持するのはむろん、歯石の沈着も抑制します。口腔内細菌への殺菌効果もあり、お口の中を清潔に保ちます」

　同歯科は、一般歯科、予防歯科、歯科口腔外科も診療科目に掲げているが、主軸は審美歯科。

「米国では、口もとや歯並びの美しさも人を判断する上で重要な要素と考えられていて、美容も考えた歯の治療が普及しています。歯を白く美しく整えることの大切さをこの『Lips and Teeth Clinic』から発信していきたいと考えています」

（ライター／斎藤紘）

POPで可愛いサロン歯科。

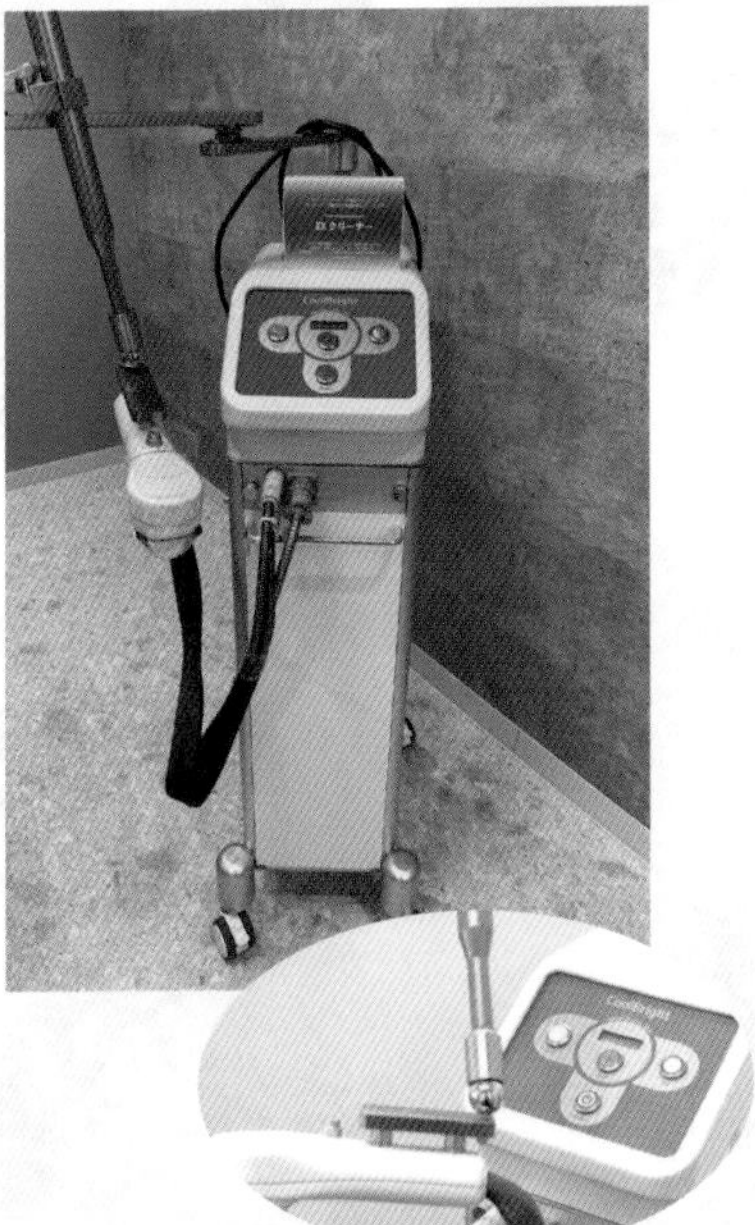

医療用高出力パルス青色LED照射器
「COOLBrightエックスリミット」

Lips and Teeth Clinic

山根宏昭 院長
日本外科学会専門医、日本消化器外科学会専門医、日本がん治療認定医機構がん治療認定医、日本臨床腫瘍学会がん薬物療法専門医、緩和ケア研修会修了。

末期がんの診療を手がけた経験を生かし早期発見や緩和治療終末期のケアに注力

充実したがん検診体制 診療全般で検査を重視

『医療法人緑康会山根クリニック』は、山根基理事長、息子の宏昭院長の体制で内科、外科、消化器内科、肛門科、乳腺科、訪問診療など幅広く手がけ、「究極の家庭医」を標榜する医院。がん薬物療法専門医である宏昭院長が力を入れているのが、がんの早期発見と緩和治療、終末期のケアだ。

「勤務医時代は、外科医として、がんの手術や全身管理に携わった経験を生かし、生活習慣病をはじめ壮年期から終末期まで一貫した医療の提供に努めています。特にがんは早期発見が重要であり、マンモグラフィ検査などによる乳がん検診、上部消化管内視鏡検査などによる胃がん検診、下部消化管内視鏡検査による大腸がん検診に力を入れています。また、末期がん、脳梗塞の麻痺、神経性疾患などの患者さんがご自宅で過ごして頂けるように訪問診療も行っています」

宏昭院長は、診療における検査に血球計算機、血糖値、HbA1c の迅速検査機などを導入し、より早い検査結果の判明で、綿密な診療が行えるようにしている。

（ライター／斎藤紘）

山根基 理事長

診 9:00～12:30
14:30～18:00
休 日曜日・祝日・
水、土曜日午後

医療法人 緑康会 **山根クリニック**
やまねクリニック
0829-38-5177 yamanecl2@outlook.com
住 広島県廿日市市宮内3-10-15
https://www.yamaneclinic.com/

糖尿病の診療に光る
深い知見と臨床経験
初期診療に当たる
医師向けの著書も刊行

岩岡秀明 糖尿病・内分泌内科部長
千葉大医学部卒。2023年4月より現職。日本糖尿病学会専門医、研修指導医、評議員、日本内科学会総合内科専門医、日本内分泌学会専門医。

重大合併症に注意喚起
糖尿病の診療日を開設

『医療法人鎗田病院』の岩岡秀明糖尿病・内分泌内科部長が2024年1月に刊行した「プライマリ・ケア医のための新・糖尿病診療」は、長年の診療経験でつかんだ薬剤選択や合併症管理、患者支援の勘所を余すことなく紹介した、糖尿病の初期診療に当たる医師の教科書ともいうべき一冊だ。病院での診療もその深い知見と豊富な臨床経験が生かされる。

「日本の糖尿病患者さんの数は、予備軍を含めると約2050万人、うち糖尿病が強く疑われる人は約950万人ですが、40~50代の6割近くは治療せずに放置したり、治療を中断したりしています。2型糖尿病は、早期にはほとんど自覚症状がありませんが、血糖コントロールが不良なままで経過すると、神経障害、網膜症、腎障害、壊疽、脳梗塞、狭心症などいつの間にか命に関わる全身の重大な合併症を引き起こしてしまいます。糖尿病で重要なのは、早く見つけて早く対処することです」

糖尿病・内分泌内科では、木曜日、日曜日以外、土曜日の午後も含め糖尿病に特化した専門外来を開設して診療に当たっているという。

（ライター／斎藤紘）

鎗田病院の糖尿病ケアチーム。

㊟ 8:00～12:00　13:30～17:00
㊡ 日曜日・祝日

医療法人 **鎗田病院**
やりたびょういん
0436-21-1655
㊟ 千葉県市原市五井899
https://www.yarita-hosp.or.jp/

医療法人 清仁会 水無瀬病院

鼠径ヘルニアの低侵襲な治療で高実績 根治性の高い美容的な腹腔鏡下修復術

消化器外科 井上善博 医師
日本内視鏡外科学会技術認定医、日本肝胆膵外科学会肝胆膵外科高度技能専門医、日本消化器外科学会専門医・指導医、日本外科学会専門医・指導医。

傷が小さく美容的 早期の社会復帰が可能

厚生労働省の統計によると、国内で年間15万人が手術を受けると推定される鼠径部(そけいぶ)ヘルニア。おなかの筋肉の膜が薄くなりできたすき間から腸などの内臓が飛び出すこの疾患の腹腔鏡下手術による低侵襲治療で声価を高めているのが、『水無瀬病院』消化器外科の井上善博医師だ。大阪医科薬科大学病院の消化器外科で准教授を務めた経験と専門知識が診療の信頼性を支える。

「鼠径ヘルニアは、最悪の場合、飛び出した内臓が戻らず、血の流れが悪くなって内臓が腐ってしまうこともある疾患です。自然に治ることはなく、手術以外に治療手段はありません。当院では、約98%の手術を腹腔鏡下鼠径ヘルニア修復術で行っています。小さな孔から操作鉗子をお腹の中に挿入し、腹腔鏡でお腹の中をモニターに拡大して見ながら行う手術で、ヘルニアになりやすい弱い部分すべてをメッシュ状の人工シートで覆うことができ、根治性の高い、低侵襲で美容的な治療です」

術後1〜2日目で退院し、早期に社会復帰が可能になるという。

(ライター/斎藤紘)

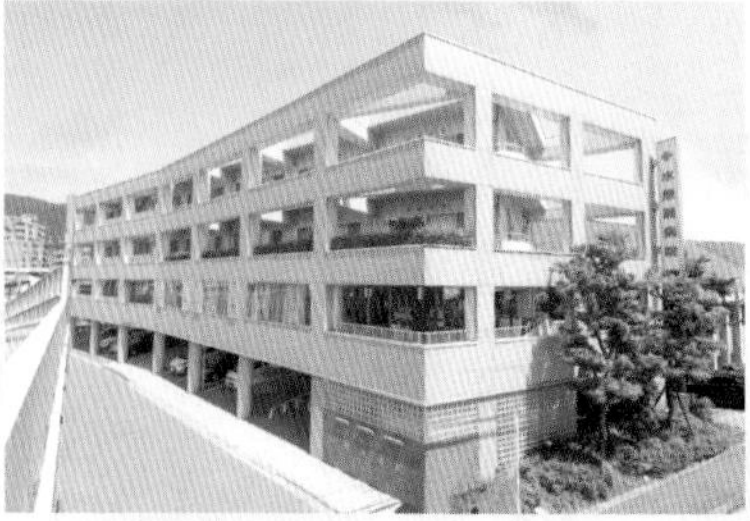

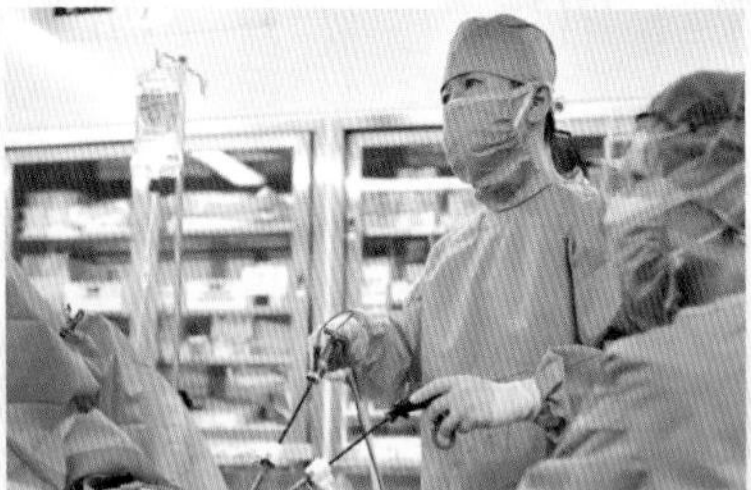

腹腔鏡下ヘルニア修復術

㊟ 9:00〜12:00 13:00〜16:00
㊡ 日曜日・祝日・土曜日午後

医療法人 清仁会 **水無瀬病院**
みなせびょういん
075-962-5151
㊟ 大阪府三島郡島本町高浜3-2-26
https://minasehp.jp/minase-hospital/

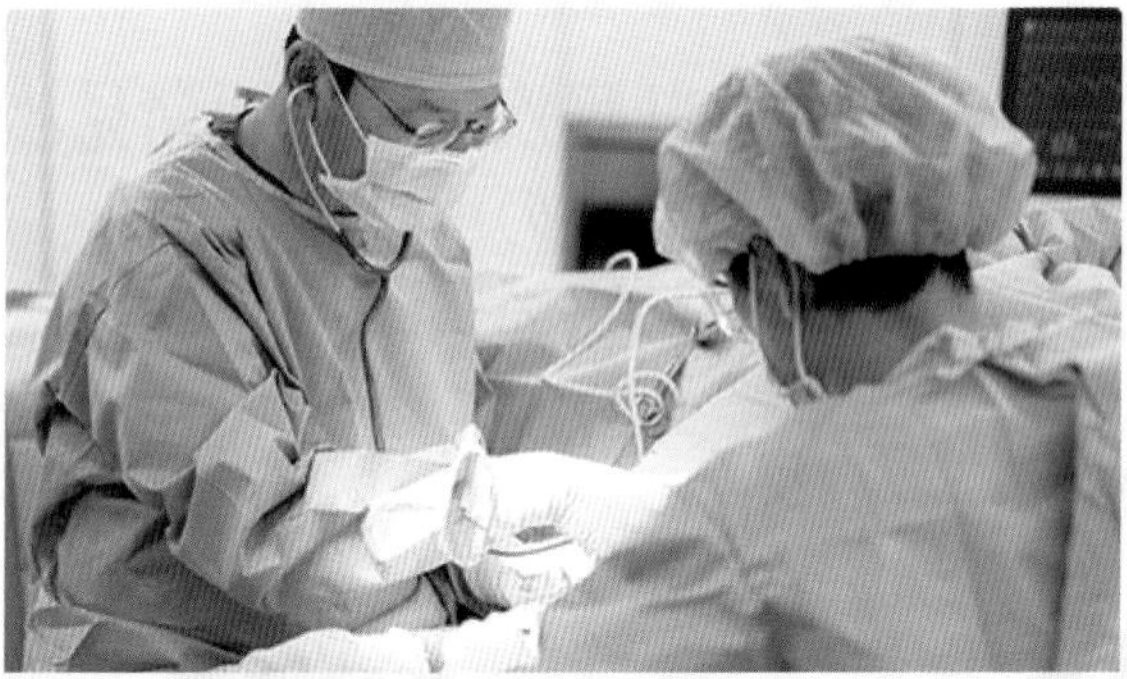

電子制御の最新機器で安心の透析治療実施 高度の医療技術が光るシャントの作製や修復

基本的に日帰りで手術 在宅での血液透析支援

福岡市の『池田バスキュラーアクセス・透析・内科』は、人工透析床49床を擁する腎臓病治療専門の医療拠点。免震ビル内で電子制御された最新機器による安心の透析治療が可能で、血液を体外に取り出すための経路、バスキュラーアクセス（シャント）の作製や修復でも日本透析医学会透析専門医の池田潔院長の高度の医療技術が生かされる。

同院で可能なシャント手術は、シャント作製術・修復術のほか、人工血管留置術、シャント瘤除去術、シャント血流コントロール術、動脈表在化手術、動脈・静脈直接穿刺、カフ付きカテーテル挿入術、シャント閉塞時血栓除去術など多岐にわたり、全てのシャント手術を体に負担のかからない透析技術の研究を続けてきた池田院長自ら執刀し、局所麻酔で約30分〜1時間の手術を基本的に日帰りで行っている。造影剤アレルギーがある場合はエコー超音波診断装置下で行う。また、透析を行うための機器を患者宅に設置し、留置カテーテルへの接続方法や片付けの仕方などを指導して行う在宅血液透析も進めている。

（ライター／斎藤紘）

池田潔 院長
大分大学医学部卒。日本透析医学会評議員。日本内科学会認定内科医、日本透析医学会透析専門医・指導医。

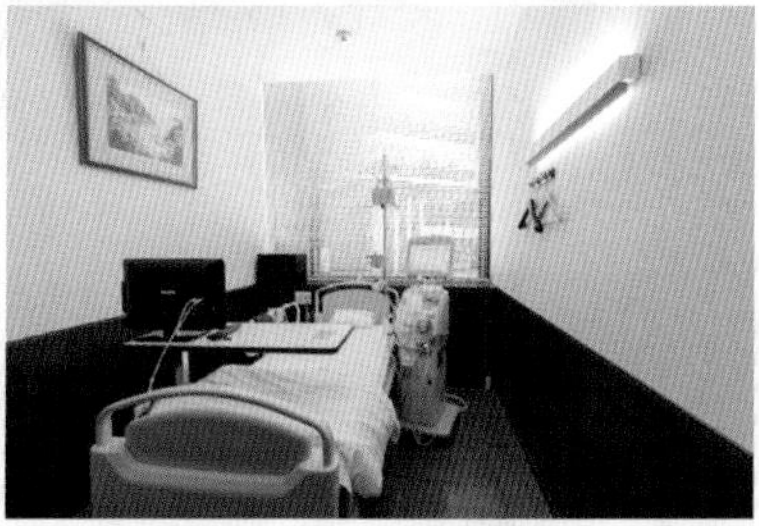

㊁ 月水金10:00〜16:00　火木土10:00〜13:00
㊡ 日曜日・祝日

医療法人 心信会 池田バスキュラーアクセス・透析・内科
いけだバスキュラーアクセス・とうせき・ないか
092-526-4810　fukuoka-access@fukuoka-vaccess.jp
㊟ 福岡県福岡市中央区白金1-20-3 紙与薬院ビル1F/2F
https://www.fukuoka-vaccess.jp/

肝臓疾患の早期発見と治療の重要性強調 治療の基本は肝臓を攻撃する原因の排除

末期症例見た経験から治せるうちの診療重視

『吉兼内科クリニック』の吉兼誠院長は、大学病院や基幹病院で末期の肝臓疾患の症例を数多く見てきた日本肝臓学会認定肝臓専門医。

見るに堪えない状況にならないように、治せる段階から診療に携わっていきたいという思いで開業したといい、診療のウイングは肝炎ウイルス検診、B型肝炎やC型肝炎の治療、脂肪肝やアルコール性肝障害の治療と生活指導、肝硬変の検査と治療、肝臓がんの検査まで幅広い。

「人が健康に生きていくうえで何一つ欠かせない働きをしている肝臓は、痛みを感じる神経がなく、沈黙の臓器と呼ばれています。ダメージには強く壊れても再生しますが、毎日少しずつダメージを受けることに弱く、それが長年蓄積すると、肝炎、そして硬く小さくなる肝硬変になって機能は低下し、最悪は肝がんになっていくのです」

こう指摘した上で吉兼院長は、「肝臓の治療の基本的な考え方は何を加えるかよりも何を引くかだ」といい、肝臓にダメージを与える原因の排除と、病変の早期発見のための健康診断の受診の重要性を説く。

（ライター／斎藤紘）

吉兼誠 院長
福岡大学医学部卒。1996年「福岡大学病院消化器内科」入局。「福岡大学病院救命救急センター」、「福岡赤十字病院」を経て、2014年開院。日本肝臓学会認定肝臓専門医、日本内科学会認定医。

㊟ 9:00〜13:00　14:30〜18:00
㊡ 日曜日・祝日・木、土曜日午後

吉兼内科クリニック
よしかねないかクリニック
092-554-3500
㊟ 福岡県福岡市南区塩原1-4-21
http://yoshikane-cl.com/

透明な装置による見た目がいい歯列矯正 デジタル画像で作る『アライナー』使用

軽度の歯列不正に最適
着脱でき歯磨きしやすい

『アライナー』

『アライナー』を使用した注目の「マウスピース矯正」。矯正していることを気がつかれにくく、外して洗えるので清潔で、歯磨きも普段通りできる。

　見た目が悪い、虫歯になりやすい、歯ブラシがうまくできないという欠点を補うことのできる矯正治療で実績を重ねているのが『田中歯科医院』だ。治療法には、ワイヤー矯正や舌側矯正、マウスピース矯正などがあるが、日本歯科審美学会認定医の田中譲治院長が軽度な歯列不正に最適と推奨するのが『アライナー』という矯正装置を使ったマウスピース矯正だ。

「『アライナー』は、弾力性のある薄い透明なプラスチックでできた装置。口腔内スキャナーにて、口腔内のデジタル画像を採取し、それを基に歯の移動をシミュレーションし、『アライナー』を複数作成します。当院では、マウスピース矯正の進んでいる米国とネットでやり取りし、製作した『アライナー』は航空便で送られてきます。患者さんに、その『アライナー』を順次装着してもらうことで、少しずつ矯正していく方法です。ワイヤー矯正に比べて見た目がよく、着脱が可能なので歯みがきも普段通り行えます。治療期間は、全体にでこぼこな歯並びの場合は1年以上かかりますが、軽度のものでは、半年ぐらいでほぼ終了できるケースも多くあります」

　このような利点から、この矯正法を希望する人が増えているという。歯並びで悩んでいる方はぜひ相談に行ってみては。

（ライター／斎藤紘）

田中譲治 院長

1989年、地元柏市にて『田中歯科医院』開院。2008年、日本大学松戸歯学部臨床教授。日本口腔インプラント学会指導医、日本歯科審美学会理事。日本アンチエイジング歯科学会理事。

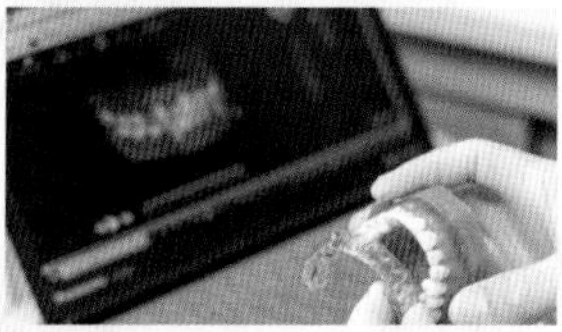

笑顔がつくれるよう、患者さんに寄り添った矯正治療。マウスピース矯正にも力を入れている。

診 9:00～12:30
14:00～20:00
（土 17:00まで）
休 日曜日・祝日
https://www.shinbi-implant.com/

田中歯科医院
たなかしかいいん
04-7164-3000（代）
住 千葉県柏市千代田3-15-1 エクセレントビル2F
柏市 田中歯科医院 検索

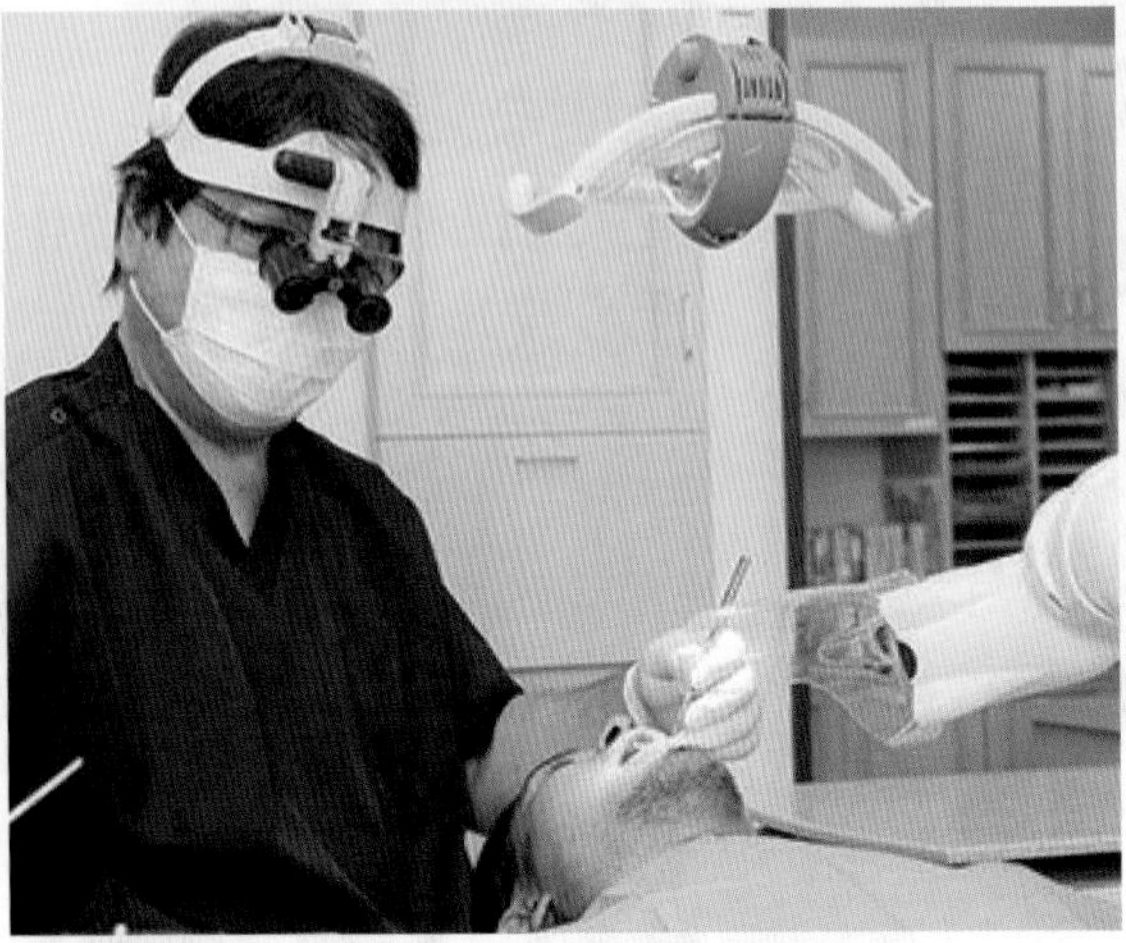

大木晴伸 院長
東邦大学医学部口腔外科医局長を務めた後、『大木歯科クリニック』開院。歯科衛生士学校の口腔外科非常勤講師も務める。「症例に合わせた適切な治療の提供」と患者さんとの信頼関係を大切に心を込めた診療を行う。

適切な治療とコミュニケーション信頼関係を大切にかかりつけの歯科

痛みの少ない治療 患者さんのために工夫

群馬県太田市の『大木歯科クリニック』は、患者さん一人ひとりの症例に合わせた適切な治療に取り組むクリニック。コミュニケーションを大切にしていて、丁寧なカウンセリングで治療方針を提案し、了承を得てからの診療を行う。

大木晴伸院長が心がけているのは、「痛みの少ない治療」。麻酔は、本麻酔の前に表面麻酔を行い、麻酔の針の刺入の痛みを軽減して患者さんの表情を診ながら可及的に痛くないようにしてくれる。恐怖感や不安感を取り除き、患者さんがリラックスできるよう会話や雰囲気づくりにも配慮している。きめ細やかなケア、確かな技術とともに「痛みや不安で来院された患者さんに最後は笑顔で帰ってもらいたい」という院長の温かな人柄も評判となっている。

虫歯の治療はもちろん、歯周病チェック、予防歯科、親知らずの抜歯、入れ歯、義歯治療、ホワイトニングなどなど様々なあらゆる口のお悩みに対応。

子育て経験豊富なスタッフが在籍し、治療中は子どもを見ていてくれるので、小さなお子様がいても安心して自分の歯の治療を受けられる。

（ライター／播磨杏）

㊟ 月・火・金曜日9:00～20:00
水曜日9:00～19:00
木曜日16:00～20:00
土曜日9:00～17:00
㊡ 日曜日・祝日

大木歯科クリニック
おおきしかクリニック
☎ 0276-22-6480
㊟ 群馬県太田市鳥山下町606-4
https://www.ohki-dental.net/

大久保拓馬 院長（中央）
鶴見大学歯学部卒。名古屋第一赤十字病院口腔外科で研修医などを経て、2018年に開院。日本口腔外科学会などに所属。臨床研修指導医、臨床研修プログラム責任者。

オーダーメイド式
メインテナンスに特長
訪問診療も行う
地域の総合歯科医療の拠点

治療カウンセラー在籍
長期的予防をサポート

岐阜県中津川市の『しろやま歯科』は、40人超のスタッフと外来のほか訪問、メインテナンス、インプラントの3部門を擁する地域の一大歯科医療拠点。口腔外科で臨床経験を重ねた大久保拓馬院長が構築した診療体制で異彩を放つのが、治療カウンセラーが治療前にヒアリングするオーダーメイド式の治療方針だ。

「治療を行う前に、院内研修、認定を受けた治療カウンセラーがカウンセリングルームで歯の状況や希望などをヒアリングし、治療について丁寧に説明したうえで、患者さんお一人おひとりのお口の状態に合った治療を行います。治療終了後も口腔内の状態や希望に合わせたメインテナンスを行い、長期的な予防ができるようサポートします」

同医院は、初診から治療終了までの患者さん用と治療が終了し、メインテナンスを行っている患者さん用の入口とに待合室が分かれており、メインテナンスのために継続的に通院しやすい環境だ。通院が困難な人のための訪問診療も行い、地域住民の口の健康を生涯守る姿勢が鮮明だ。

（ライター／斎藤紘）

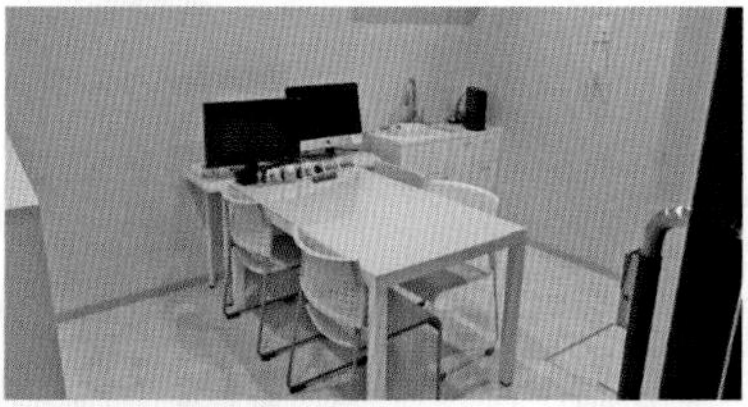

カウンセリングルーム

受付

㊟ 8:30～12:30　14:00～18:00
㊡ 日曜日・祝日

医療法人 YOTH **しろやま歯科**
しろやましか
0573-67-7777
㊟ 岐阜県中津川市苗木字柳ノ木4900-8
https://shiroyamashika.com/

西早稲田
ライフケアクリニック

足の症状から根本原因を探り早期に治療 注目度を高める先駆的なフットケア外来

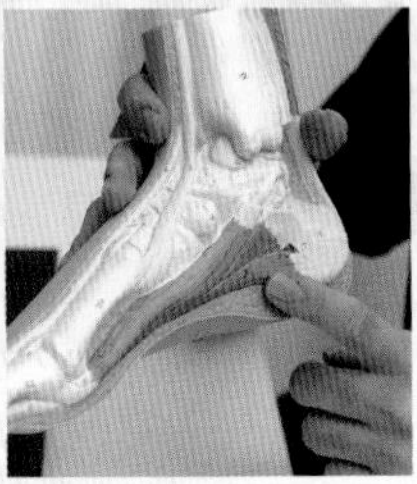

井倉和紀 院長
聖マリアンナ医科大学医学部卒。医学博士。日本内科学会総合内科専門医、日本糖尿病学会糖尿病専門医、日本フットケア・足病医学会認定師。

糖尿病専門医の学識と臨床経験を生かし開設

『西早稲田ライフケアクリニック』の井倉和紀院長は、糖尿病足潰瘍患者の下肢切断などの予測因子に関する研究で医学博士の学位を取得した学識と糖尿病専門医、日本フットケア・足病医学会の認定医として足のトラブルを多く診てきた臨床経験を生かし、足に出る様々な症状から根本原因の病変を探り、早期治療につなげる「フットケア外来」で注目度を高めている医師だ。

「例えば、足の痛みやしびれは、日常生活でよくある症状の一つですが、原因は、足底腱膜炎、変形性関節症、腰部脊柱管狭窄症、糖尿病神経障害、閉塞性動脈硬化症など様々であり、これらの病気が複合的に影響して症状を起こしていることも多いです。放置すると生活に支障をきたす場合もあるので、しっかりと原因を精査することが必要です。フットケア外来では、厚くなった爪のケアや巻き爪、胼胝など様々な足のトラブルに対する治療を行っています。また内科医の視点から、全身をトータルでサポートしていきたいと思っています。一般内科や糖尿病、脂質異常症といった生活習慣病の診療も行っているので、何でもお気軽にご相談下さい」（ライター／斎藤紘）

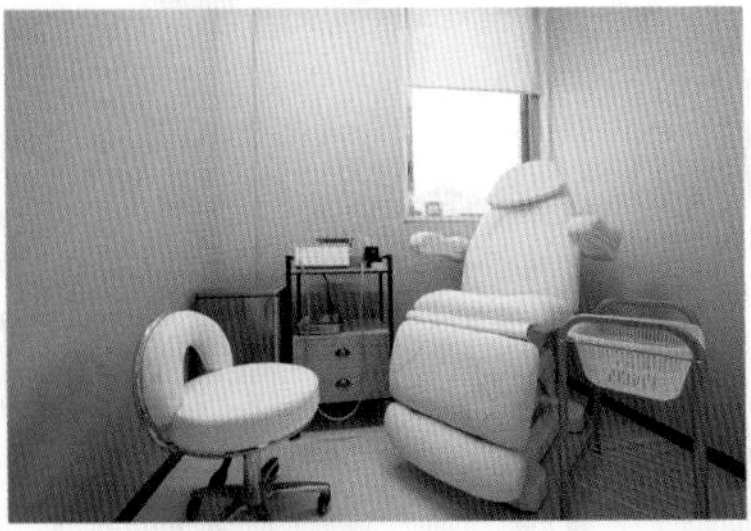

(診) 8:30～12:30 14:00～18:00
土曜日8:30～12:00 13:30～15:30
(休) 金・日曜日・祝日

西早稲田ライフケアクリニック
にしわせだライフケアクリニック
03-6709-6721
(住) 東京都新宿区高田馬場1-1-1 メトロシティ西早稲田3F
https://nishiwaseda-lifecare.com/

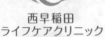

with Smile
進化する
デジタル技術で製作する
透明なマウスピース矯正
矯正歯科
矯正歯科の先進国アメリカ発祥のマウスピース矯正を使う治療法。透明で目立ちにくく、痛みや違和感が少ないのが特長。口腔内の健康と審美性、クオリティーオブライフの向上を実現する。
アライナー矯正
TANAKA DENTAL CLINIC
田中歯科医院
田中歯科医院 Tel.04-7164-3000 (代)
千葉県柏市千代田3-15-1 エクセレントビル2F
田中歯科医院
検索

注目情報はこれだ！

住宅や医療、食品に美容や健康他各種サービスなど、人々の豊かな暮らしを支える上で欠かせない、且つこの先、世間の耳目を集めるであろう企業や人物を、一年に一度、多岐にわたり紹介した一冊。

監修／石井洋行　大室徹郎
進行／加藤真一
表紙・本デザイン／イープル

※価格、電話番号、ホームページアドレスなどの情報は2024年3月現在のものです。

2024年度版 注目情報はこれだ!

2024年3月7日初版第1刷
2024年3月13日初版第2刷

編集人　加藤　真一

発行者　石井　洋行

発行所　株式会社　ミスター・パートナー
〒160-0022 東京都新宿区新宿2丁目15番2号岩本和裁ビル5F
電話 03-3352-8107　FAX 03-3352-8605
http://www.mrpartner.co.jp

発売所　株式会社　星雲社（共同出版社・流通責任出版社）
〒112-0005 東京都文京区水道1丁目3番30号
電話 03-3868-3275　FAX 03-3868-6588

印刷・製本　磯崎印刷株式会社

ISBN978-4-434-33699-7

※本誌で掲載された情報は一部を除き、2024年3月現在のものです。
※情報の内容は変更される場合がございます。あらかじめご了承ください。